혜원국어 FINAL
동형 모의고사

군무원편

고혜원 편저

도서
출판 오스틴북스

머리말

합격! 이것이 바로 수험생의 목표입니다.

그것도 실제 시험장에서 문제를 잘 풀어서 고득점하는 것입니다. 고득점의 가장 좋은 방법은 시험의 출제 경향과 유형을 잘 분석하여 좋은 문제를 선별해 반복하여 풀어 보는 것입니다. 그런 학습 훈련을 거듭하여 몸에 배어 있어야 실제 시험장에서 빠르고 정확하게 문제를 풀 수 있기 때문입니다.

고혜원의 《FINAL 동형 모의고사》 시리즈는 모든 수험생들에게 합격에 이르는 지름길을 제시하는 실전 대비 동형 모의고사입니다. 매일의 실력 향상을 위해서 또 시험 마무리 정리를 위해서 큰 도움이 될 것입니다. 그동안 강의하면서 수많은 수험생들을 만났는데, 군무원을 준비하는 수험생들이 막바지에 자신의 실력을 체크하고 약점을 메꿀 수 있는 실전 대비형 맞춤 문제가 절실히 필요하다는 것을 깨닫게 되었습니다.

군무원 시험은 다른 일반 공무원 시험과 달리 군무원만의 특징을 지닌 유형의 문항들이 있어 대비를 단단히 해 두어야 합니다. 그래서 고심하고 또 고심했습니다.

그리고 마침내!!!

고혜원의 《FINAL 동형 모의고사》 군무원편이 세상 밖으로 나왔습니다.

나의 빈틈을 발견하고 메꿀 수 있는 기회를 만들어 주고, 더불어 실력 향상도 가져오는 시험 직전 대비용 동형 모의고사입니다. 군무원 시험을 준비하는 수험생들이라면 큰 도움을 받으실 수 있을 것입니다.

고혜원의 《FINAL 동형 모의고사》 군무원편은

첫째, 출제 빈도가 높은 영역과 유형에 대한 완벽한 분석과 변형에 초점을 두었습니다.

둘째, 최근 들어 길어지는 제시문과 다양화된 문제 유형에 대비하여 다양한 제시문으로 연습할 수 있도록 구성하였습니다.

셋째, 어휘 역시 기본을 확장하는 공부를 할 수 있도록 문제를 배분하였습니다.

넷째, 최근 들어 높은 난도의 문제가 많이 출제되어 난도를 적절히 조절하였고, 실제 시험장에서 긴장하지 않고 풀어 낼 수 있도록 구성하였습니다.

다섯째, 실제 시험에서는 시간 배분이 무엇보다도 중요합니다. 따라서 모의고사 매 회마다 시작 시간과 마치는 시간을 기록할 수 있도록 하여 수험생 스스로가 시간을 잘 관리할 수 있도록 하였습니다.

여섯째, 문제를 풀고 나서 정답을 확인한 후에 자신의 약점을 확인하고 스스로 점검할 수 있도록 해설을 자세히 다루었습니다.

일곱째, 수험생들이 문제를 풀 때 가독성이 떨어지지 않게 하려고 2도의 색을 사용하여 구성하였습니다.

군무원 시험을 준비하는 여러분! 합격이란 목표점에 꼭 도달할 수 있게 고혜원의 《FINAL 동형 모의고사》 군무원편이 **동반자가 되어 드리겠습니다.** 모두의 건투를 빕니다!

혜원국어가 끊임없이 성장할 수 있도록 늘 믿고 신뢰를 보내 주시는 수험생 여러분, 항상 필요를 살피며 함께하는 혜원국어연구소 가족들, 좋은 교재를 위해 많은 노력을 기울여 주시는 오스틴북스, 특히 성백철 차장님, 그리고 늘 무한한 지지로 응원해 주는 사랑하는 가족들과 언제나 도움의 손길을 주시는 하 선생님께 깊은 감사의 마음을 전합니다.

2023년 4월

노량진 연구실에서

고 혜 원

군무원이란?

군부대에서 군인과 함께 근무하는 공무원으로서 신분은 「국가공무원법」상 특정직 공무원으로 분류됩니다.

군무원의 종류

▶ 일반 군무원
- 기술 · 연구 또는 행정일반에 대한 업무 담당
- 행정, 군사정보 등 46개 직렬
- **계급구조**: 1~9급

▶ 전문군무경력관
- 특정업무 담당
- 교관 등
- **계급구조**: 가군, 나군, 다군

▶ 임기제 군무원

근무처

- 국방부 직할부대(정보사령부, 군사안보지원사령부, 국군지휘통신사령부, 국군의무사령부 등), 육군 · 해군 · 공군본부 및 예하부대

직렬별 주요 업무 내용

직군	직렬	업무 내용
행정(6)	행정	- 국방정책, 군사전략, 체계분석, 평가, 제도, 계획, 연구 업무 - 일반행정, 정훈, 심리 업무 - 법제, 송무, 행정소송 업무 - 세입 · 세출결산, 재정금융 조사분석, 계산증명, 급여 업무 - 국유재산, 부동산 관리유지 · 처분에 관한 업무
	사서	- 도서의 수집 · 선택 · 분류 · 목록 작성 · 보관 · 열람에 관한 업무
	군수	- 군수품의 소요/조달, 보급/재고관리, 정비계획, 물자수불(청구, 불출) 업무 - 물품의 생산 · 공정 · 품질 · 안전관리 · 지원 활용 등 작업계획, 생산시설 유지 · 생산품 처리 업무
	군사정보	- 주변국 및 대북 군사정보 수집, 생산관리, 부대전파 및 군사보안 업무
	기술정보	- 외국정보 및 산업, 경제, 과학기술 정보의 수집, 생산관리 보안 업무 - 정보용 장비, 기기 등에 의한 정보수집 업무
	수사	- 범죄수사, 비위조사, 범죄예방, 계몽활동 등에 관한 업무

※ 그 외에 시설, 정보 통신, 공업, 함정, 항공, 기상, 보건 직군별 직렬의 업무 내용은 국방부 군무원채용관리 사이트(http://recruit.mnd.go.kr/main.do)에서 확인할 수 있습니다.

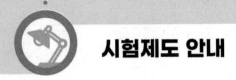

시험제도 안내

군무원 선발업무 주관부서

구분	국방부	육군	해군	공군
선발대상	각군 5급 이상 및 국직부대 전 계급	6급 이하	6급 이하	6급 이하
주관부서	국방부 군무원정책과	육군 인사사령부	해군 인사참모부	공군 인사참모부
연락처	02) 748-5105, 5106	042)550-7145	042)553-1284	042)552-1453

시험 방법

▶ 채용 절차

채용공고 ⇒ 원서접수 ⇒ 서류전형(경력경쟁채용) ⇒ 필기시험 ⇒ 면접시험 ⇒ 합격자발표
⇒ 채용후보자 등록(신체검사) ⇒ 임용
※ **채용공고**: 신문(국방일보, 일간신문), 인터넷(군무원 채용관리 공지사항)

▶ 채용 시험

시험 구분	시험 방법
공개경재채용시험	필기시험 ⇒ 면접시험
경력경쟁채용시험	서류전형 ⇒ 필시시험 ⇒ 면접시험

※ 시험 시기: 연 1회(4~10월경)

▶ 시험 출제 수준

- **5급 이상**: 정책의 기획 및 관리에 필요한 능력·지식을 검정할 수 있는 정도
- **6~7급**: 전문적 업무수행 능력·지식을 검정할 수 있는 정도
- **8~9급**: 업무수행에 필요한 기본적 능력·지식을 검정할 수 있는 정도

시험제도 안내

시험과목 안내

⭕ 군무원 임용시험 과목

   - 『군무원인사법 시행규칙』 제15조 관련〈개정 2010.8.17.〉 2012.1.1일부터 시행

⭕ 공개경쟁채용 시험과목 (영어는 영어능력시험으로 대체, 국사는 한국사검정능력시험으로 대체)

직군	직렬	시험 과목
행정(6)	행정	**5급** 국어, 국사, 영어, 행정법, 행정학, 경제학, 헌법 **7급** 국어, 국사, 영어, 행정법, 행정학, 경제학 **9급** 국어, 국사, 영어, 행정법, 행정학
	사서	**5급** 국어, 국사, 영어, 자료조직론, 도서관경영론, 정보학개론, 참고봉사론 **7급** 국어, 국사, 영어, 자료조직론, 도서관경영론, 정보봉사론 **9급** 국어, 국사, 영어, 자료조직론, 정보봉사론
	군수	**5급** 국어, 국사, 영어, 행정법, 행정학, 경제학, 경영학 **7급** 국어, 국사, 영어, 행정법, 행정학, 경영학 **9급** 국어, 국사, 영어, 행정법, 경영학
	군사정보	**5급** 국어, 국사, 영어, 국가정보학, 정보사회론, 정치학, 심리학 **7급** 국어, 국사, 영어, 국가정보학, 정보사회론, 심리학 **9급** 국어, 국사, 영어, 국가정보학, 정보사회론
	기술정보	**5급** 국어, 국사, 영어, 국가정보학, 정보사회론, 정보체계론, 암호학 **7급** 국어, 국사, 영어, 국가정보학, 정보사회론, 암호학 **9급** 국어, 국사, 영어, 국가정보학, 정보사회론
	수사	**5급** 국어, 국사, 영어, 형법, 형사소송법, 행정법, 교정학 **7급** 국어, 국사, 영어, 형법, 형사소송법, 행정법 **9급** 국어, 국사, 영어, 형법, 형사소송법

※ 그 외에 시설, 정보 통신, 공업, 함정, 항공, 기상, 보건 직군별 직렬의 공개경쟁채용 시험과목은 국방부 군무원채용관리 사이트 (http://recruit.mnd.go.kr/main.do)에서 확인할 수 있습니다.

채용시험 응시연령

※ 최종시험의 시행 예정일이 속한 연도에 다음의 계급별 응시연령에 해당하여야 함.
   - 7급 이상: 20세 이상
   - 8급 이하: 18세 이상

응시자격증

❧ 군무원 공채시험 응시자는 채용직렬/계급에서 요구하는 자격증을 보유하여야 함.

- 직렬별 군무원 공채시험 응시자격증 및 면허증, 응시자격증은 홈페이지 참조
- 자격증은 필기시험 전일까지 취득하여야 함.

〈참고〉

※ 폐지된 자격증으로서 국가기술자격법 등에 의해 그 자격이 계속 인정되는 경우에는 응시자격증으로 인정한다.
※ 공무원임용시험령 [별표 10]에 의한 가산점 적용 자격증이 응시자격증으로 적용된 경우에는 가산점을 인정하지 아니한다.
※ 응시계급별 자격등급 적용기준
  - 5급 및 7급: 기사 이상, 9급: 산업기사 이상
  - 단, 9급에 기능사 자격증을 적용하는 경우에 7급을 산업기사 자격증 이상으로 적용 가능

합격자 결정

❧ 서류전형(경력경쟁채용의 경우만 해당)

- 응시자의 경력 · 학력 · 전공과목 등과 임용예정직급의 직무내용과의 관련정도에 따라 합격여부 결정

❧ 필기시험

- 매 과목 4할 이상, 전과목 총점의 6할 이상 득점한 자 중에서 고득점자 순으로 선발예정인원의 13할의 범위 안에서 합격자 결정
- 단, 선발예정인원의 13할을 초과하여 동점자가 있는 경우 그 동점자 모두를 합격자로 하며, 기술분야 6급 이하의 일반군무원 및 임용시험은 매 과목 4할 이상을 득점한 자 중에서 고득점자 순으로 합격자 결정

❧ 면접시험

아래의 평정요소마다 각각 상(3점), 중(2점), 하(1점)로 평정하여 15점 만점으로 하되, 각 면접시험위원이 채점한 평점의 평균이 중(10점) 이상인 자 중에서 고득점 순으로 합격자 결정

1. 군무원으로서의 정신자세
2. 전문지식과 그 응용능력
3. 의사발표의 정확성과 논리성
4. 창의력 · 의지력 기타 발전가능성
5. 예의 · 품행 및 성실성

❧ 최종합격자 결정

- 필기시험 합격자 중 면접시험을 거쳐 결정

목차

PART **I** 모의고사 01~05회

01회 모의고사 ——————————————— 12

02회 모의고사 ——————————————— 23

03회 모의고사 ——————————————— 32

04회 모의고사 ——————————————— 41

05회 모의고사 ——————————————— 49

PART **II** 모의고사 06~10회

06회 모의고사 ——————————————— 60

07회 모의고사 ——————————————— 68

08회 모의고사 ——————————————— 75

09회 모의고사 ——————————————— 83

10회 모의고사 ——————————————— 93

PART **III** 모의고사 11~15회

11회 모의고사 ———————————————— 104

12회 모의고사 ———————————————— 112

13회 모의고사 ———————————————— 121

14회 모의고사 ———————————————— 130

15회 모의고사 ———————————————— 138

PART **IV** 모의고사 16~20회

16회 모의고사 ———————————————— 148

17회 모의고사 ———————————————— 156

18회 모의고사 ———————————————— 164

19회 모의고사 ———————————————— 171

20회 모의고사 ———————————————— 180

정답 및 해설 ———————————————— 192

2023 혜원국어
FINAL 동형 모의고사
군무원편

P A R T

모의고사 01~05회

01회 모의고사 —————————— 12

02회 모의고사 —————————— 23

03회 모의고사 —————————— 32

04회 모의고사 —————————— 41

05회 모의고사 —————————— 49

01

다음 중 아래의 특징을 모두 만족하는 단어가 쓰이지 않은 것은?

> • 어떤 경우에도 조사와 결합하지 않는다.
> • 독립된 품사로 단어와 띄어 쓴다.
> • 주로 체언을 꾸며 준다.

① 그는 나와 취향이 다른 사람이다.
② 은행에서 헌 돈을 새 돈으로 바꾸었다.
③ 10년 뒤 찾은 고향은 옛 모습 그대로이다.
④ 옛날 강원도의 한 마을에 효자가 살고 있었다.

02

다음 중 아래 글의 내용에 대한 설명으로 가장 적절한 것은?

> 유리왕(瑠璃王)은 주몽의 맏아들로, 어머니는 예씨(禮氏)이다.
> 처음에 주몽이 부여에 있을 때 예씨와 결혼하여 아이를 잉태했는데, 주몽이 떠난 뒤에 세상에 태어나니 그가 바로 유리다.
> 어린 유리가 밖에 나가 놀면서 새를 쏘다가 실수로 물 긷는 부인의 동이를 깨뜨리자 여자가 꾸짖었다.
> "이 아이가 아비가 없어 사납기가 이와 같구나!"
> 유리가 부끄러워서 집에 돌아와 어머니한테 물었다.
> "내 아버지는 어떤 사람이며 지금 어디에 계십니까?"
> 어머니가 말했다.
> "네 아버지는 보통 사람이 아니다. 이 나라에 용납되지 못해 남쪽 땅으로 도망가서 나라를 세우고 왕이 되셨다. 떠나시면서 나에게 만약 사내아이를 낳거든 일곱 모난 돌 위 소나무 아래 감추어 둔 유물을 찾으면 아들로 인정하겠다는 말을 전하라 하셨다."
> 이 말을 들은 유리는 산골짜기로 가서 유물을 찾았지만, 찾아내지 못하고 지쳐서 돌아왔다. 어느 날 아침 마루 위에서 듣자니 주춧돌 사이에서 무슨 소리가 나는 것 같았다. 나아가 살펴보니 주춧돌이 일곱 모로 되어 있었다. 이에 그 아래를 뒤지니 부러진 칼 한 토막이 나왔다.
> 유리는 옥지(屋智), 구추(句鄒), 도조(都祖) 세 사람과 함께 졸본(卒本)을 찾아가서 부왕을 뵙고 부러진 칼 토막을 바쳤다. 왕이 자기가 지니고 있던 부러진 칼을 꺼내어 합치자 한 자루 온전한 칼이 되었다. 왕이 기뻐하며 유리를 태자로 삼았다.
> – 작자 미상, 〈유리왕 설화〉

① 인물이 내적 갈등이 잘 드러나 있다.
② 인물 간의 갈등이 해소되지 않고 있다.
③ 인물의 행적을 중심으로 전개되고 있다.
④ 배경 묘사를 통해 주제를 부각하고 있다.

03

다음 중 ㉠에 들어갈 속담으로 가장 적절한 것은?

> 정례 모친은 그 후 두 달 걸려서 교장 영감의 오만 원 돈은 갚았으나, 석 달째 가서는 이 상점 주인이 바뀌어 들고야 말았다. 정말 교장 영감의 조카가 나서는가 하였더니, 교장의 딸 내외가 들어앉았다. 상점을 내놓고 만 바에는 자질구레한 셈속을 따진대야 죽은 아이 귀 만져 보기지 별수 없지만, 하여튼 이십만 원의 석 달 변리 육만 원이 또 늘어서 이십육 만 원인데, 정례 모녀가 사글세의 보증금 팔만 원마저 못 찾고 두 손 털고 나선 것을 보면, 그 팔만 원을 에끼고 남은 십팔만 원이 점방의 설비와 남은 물건값을 치른 것이었다. 물론 옥임 이가 뒤에 앉아 맡은 것이나, 권리 값으로 오만 원 더 얹어서 교장 영감에게 팔아넘긴 것이었다. 옥임이는 좀 더 남겨 먹었 을 것이로되, 교장 영감이 그 돈 받아 내는 데에 공로 가 있었 기 때문에 오만 원 얻어 먹고 말았고, 또 교장은 이북에서 내 려온 딸 내외에게는 꼭 알맞은 장사라는 생각이 들어서 애초 부터 침을 삼키고 눈독을 들이던 것이라, 이 상점을 손에 넣 으려고 애도 썼지마는, 매득하였다고 좋아하였다. 정례 모녀 는 일 년 반 동안이나 죽도록 벌어서 (㉠)고 절통을 하였 으나, 그보다도 정례 모친은 오래간만에 몸이 편해져서 그렇 기도 하였겠으나, 몸살감기에 울화가 터져서 그만 몸져누운 것이 반달이나 끌었다.
>
> "마누라, 염려 말아요. 김옥임이 돈쯤 먹자고만 들면 삼사 십만 원쯤 금시 녹여내지, 가만있어요."
>
> 정례 부친은 앓는 마누라 옆에 앉아서 이렇게 위로하였다.
>
> "옥임이 돈을 먹자는 것두 아니지만, 무슨 재주루?"
>
> 마누라는 말리는 것도 아니요, 부채질하는 것도 아닌 소리 를 하였다.
>
> "김옥임이도 요사이 자동차를 놀려 보구 싶어 한다는데, 마 침 어수룩한 자동차 한 대가 나섰단 말이지. 조금만 참아요. 우리 집문서는 아무래두 김옥임 여사의 돈으로 찾아 놓고 말 것이니……."
>
> 하며, 정례 부친은 앓는 아내를 위하여 뱃속 유하게 껄껄 웃 었다.
>
> – 염상섭, 〈두 파산〉

① 초록은 동색이다

② 죽 쑤어 개 준다

③ 백지장도 맞들면 낫다

④ 목마른 놈이 우물 판다

04

다음 중 아래 시에 대한 설명으로 가장 거리가 먼 것은?

> 아직 서해엔 가 보지 않았습니다
> 어쩌면 당신이 거기 계실지 모르겠기에
>
> 그곳 바다인들 여느 바다와 다를까요
> 검은 개펄에 작은 게들이 구멍 속을 들락거리고
> 언제나 바다는 멀리서 진펄에 몸을 뒤척이겠지요
>
> 당신이 계실 자리를 위해
> 가 보지 않은 곳을 남겨 두어야 할까 봅니다
> 내 다 가 보면 당신 계실 곳이 남지 않을 것이기에
>
> 내 가 보지 않은 한쪽 바다는
> 늘 마음속에서나 파도치고 있습니다
>
> – 이성복, 〈서해〉

① 화자의 처지를 반어적 표현을 통하여 드러내고 있다.

② 설의법을 통해 대상에 대한 화자의 생각을 나타내고 있다.

③ 도치법을 통해 화자의 행동이나 의지를 강조하는 기법 을 사용하고 있다.

④ 높임의 종결 어미나 보조사를 통해 대상에 대한 화자의 태도를 드러내고 있다.

05

③~②에 대한 수정 방안이 적절한 것은?

> ③ 이 일은 반드시 비밀을 지켜야 한다.
> ⓒ 나는 누나를 두 명이나 가지고 있다.
> ⓒ 오늘날은 과학이 매우 발달되져 있다.
> ② 이 글은 장점과 단점을 보완해야 한다.

① ③: 부사어와 서술어의 호응이 바르지 않다.
  → 이 일은 절대로 비밀을 지켜야 한다.
② ⓒ: 우리말답지 않은 번역체가 사용되었다.
  → 나는 누나가 둘이나 있다.
③ ⓒ: 불필요한 피동 표현이 쓰였다.
  → 오늘날은 과학이 매우 발달해졌다.
④ ②: 주어와 서술어의 호응이 바르지 않다.
  → 이 글은 장점을 살리고 단점을 보완해야 한다.

06

다음 중 밑줄 친 낱말의 뜻을 적은 것으로 가장 옳은 것은?
① 윗사람이 아랫사람을 <u>그느르다</u>.
  → 나무라다
② 그의 행동은 꽤나 <u>덕적스러웠다</u>.
  → 훌륭하다
③ 그들은 한동안 서로 <u>서름하게</u> 지냈다.
  → 친하다
④ 그녀는 <u>스스러운지</u> 눈을 아래로만 향했다.
  → 부끄럽다

07

다음은 우리나라의 고유 소재로 전통문화를 소개하려고 쓴 글이다. 아래의 조건이 가장 잘 반영된 것은?

> ─ 조건 ─
> ㄱ. 두 대상을 대조할 것
> ㄴ. 비유적 표현을 사용할 것
> ㄷ. 추상적 대상을 구체적으로 표현할 것

① 한복: 여인의 유려한 자태처럼 부드러운 곡선미. 완만한 곡선은 손에 잡힐 듯하고 길게 늘인 옷고름은 한없는 기품을 느끼게 합니다. 기품의 아름다움이 살아 있는 한복은 우리의 자랑입니다.
② 식혜: 식혜 속에 느껴지는 달콤한 그리움. 인스턴트커피처럼 간편하지는 않지만 어머니의 밥상처럼 정성을 담아내는 식혜. 우리 전통의 맛은 바로 어머니의 품과 같이 달콤하고 그리운 맛입니다.
③ 한옥: 한옥 속에 숨어 있는 놀라운 과학적 원리. 한옥은 우리 조상들의 지혜가 집약되어 있는 효과적이고도 과학적인 주거 시스템입니다. 온돌 속의 조상들의 지혜가 살아 숨 쉬는 듯 따뜻하게 느껴집니다.
④ 맷돌: 생명력 없는 맷돌이 만들어 내는 살아 있는 맛들의 향연. 투박하고 거친 맷돌 사이에서 정성으로 탄생하는 섬세하고 부드러운 맛의 탄생. 맷돌을 통해 탄생하는 전통의 맛이야말로 우리의 맛입니다.

08

다음 밑줄 친 한자의 쓰임이 가장 적절한 것은?
① 실직자를 위한 기금 <u>出演</u>을 요청하다.
② 그 사람의 주장은 <u>操作</u>이었음이 곧 밝혀졌다.
③ 동네 <u>夫人</u>들이 공원에 모여 남편에 대해 이야기하고 있다.
④ 이두가 있기는 했으나, 이것은 한문 <u>解讀</u>에 편의를 주기 위한 것이다.

09

다음 글을 통해 알 수 없는 것은?

현재 인류의 생명을 획기적으로 연장시키는 데 가장 큰 공헌을 하는 것은 항생제와 백신이다. 전자는 감염성 질병의 치료약으로, 후자는 감염성 질병을 예방하는 약으로 각 분야에서 대표적으로 이용되고 있다. 이 중에서 백신은 항원인 감염성 병원균(antigen)의 특성을 이용하여 체내에서 이들에 대항할 수 있는 항체(antibody) 및 면역 세포를 생성시켜 면역 반응을 유도함으로써 질병을 예방한다.

백신의 개발은 병원균 전체를 백신으로 쓰던 단계에서 병원균의 일부만을 분리하여 백신으로 이용하는 단계로 발전해 왔다. 전 세대의 백신이라고 할 수 있는 병원균 전체를 백신으로 이용하는 방법도 약독화 백신(attenuated vaccine)과 불활성화 백신(killed vaccine)의 두 가지로 나뉜다. 전자는 병원균이 생존하기 힘든 조건하에서 여러 세대에 걸쳐 배양하는 계대 배양 등을 통해 독성이 없는 돌연변이를 선택하여 백신으로 이용하기 때문에, 독성은 없으나 병원균이 증식할 수 있는 능력은 살아 있다. 따라서 일반적으로 한 번의 접종만으로도 장기간에 걸친 백신의 효과가 나타난다. 하지만 돌연변이가 정상적인 병원체로 다시 전환되는 위험도 간혹 있다는 치명적인 약점도 동시에 가지고 있다. 후자의 경우 화학 약품이나 방사선을 처리하여 완전히 죽은 병원체를 백신의 재료로 이용한다는 점에서 전자보다는 안전한 방법이라고 할 수 있다. 죽은 병원체를 이용하기 때문에 자체적으로 증식을 하거나 다시 살아나서 독성을 나타내는 경우는 없다. 하지만 필요한 예방 효과를 위해서는 여러 번의 접종이 필요하다는 것과 화학 약품에 의한 불활성화가 제대로 이루어지지 않아서 독성을 가진 병원균이 남아 있을 수 있는 위험성이 있다는 단점이 있다. 또한 면역성의 유발에 매우 중요한 세포성 면역 반응을 유발하는 데 비효율적이라는 단점도 있다.

이 두 가지 형태의 백신은 매우 드물지만 백신 자체에 의한 감염의 위험이 있다. 따라서 병원균에서 항원성이 있는 일부의 물질만을 분리하여 백신으로 이용하는 새로운 백신의 개발이 시도되고 있다. 예를 들어 폐렴 병원체의 세포벽을 구성하는 다당류를 백신 항원으로 활용하고 있으며, 디프테리아나 파상풍은 병원균이 분비하는 독소를 활용하고 있다. 한편 B형 간염은 병원균의 표면에 발현되는 항원성 단백질을 분리하여 항원으로 활용하고 있다.

현재 개발 중인 새로운 백신의 대부분은 항원성 단백질을 이용하는 재조합 항원 백신이다. 근래에는 이들보다 더 단순화된 방법이 시도되고 있는데, 병원균의 항원성 단백질 중 일부를 인공적으로 합성하여 백신으로 활용하는 것이다. 이 방법은 항원성 단백질을 분리하여 백신으로 이용하는 방법과 유사하지만, 전체 단백질이 아닌 대략 10개 내외의 아미노산으로 이루어진 펩티드 조각을 이용한다. 특정 단백질에서 면역 세포를 활성화할 수 있는 성질이 있는 부위를 규명하여 그 부분만 대량으로 합성하여 백신으로 이용하는 것이다. 이 방법은 기존의 것과 달리 순수하게 화학적인 방법으로 합성하기 때문에 다른 이물질에 오염될 위험은 거의 없다는 장점이 있다.

① 화학적인 방법으로 합성된 항원성 단백질도 백신으로 활용할 수 있다.
② 재조합 항원 백신은 병원균의 일부 물질만을 분리하여 항원으로 활용한다.
③ 백신은 항체를 직접 접종함으로써 면역 반응을 유도하여 감염성 질병을 예방한다.
④ 약독화 백신은 증식 능력이 살아 있는 병원균을 활용함으로써 장기간 효과를 발휘한다.

10

(가)~(라)의 중심 내용으로 적절하지 않은 것은?

현대 사회에서 윤리는 무시되기 십상이다. 하지만 그럴수록 윤리적 존재의 필요성은 더욱 커진다. 그러면 어떻게 해야 윤리적 존재가 될 수 있을까? 윤리적인 존재가 된다는 것은 타자를 배려할 때 가능한 것이 아니다. 물론 타자의 배려는 중요하며, 타자에 대한 폭력이나 무관심보다는 윤리적이다. 그러나 진정으로 윤리적 존재가 된다는 것은 내가 타자가 '되려는' 노력을 함축한다. 내가 다른 존재가 되려는, 내 몸 자체가, 내 행위와 기분, 감정 모두가 타자가 되려는 노력이 없이는 진정한 윤리는 불가능하다. 자기 자리에 앉아서 자신의 동일성에는 흠 하나 내지 않으면서 사람들에게 윤리적인 삶에 대해 이야기하는 것만큼이나 위선적인 것도 없다.

(가) 물론 타자가 된다는 것은 쉬운 일이 아니다. 인간이란 누구나 '자기'를 소중히 여기고 그것을 양보하려 하지 않는 존재이기 때문이다. 특히 어떤 기득권을 누리는 사람이 타자가 되기 위해 그것을 포기한다는 것은 분명 어려운 일이다. 비정규직에 종사하는 타자가 되기 위해 자신의 직장을 버리는 사람은 아마 없을 것이며, 그렇게 하라고 종용한다면 그것은 너무 비현실적인 윤리, 강요적 윤리일 것이다.

(나) 그러나 바로 그렇게 되려는 노력이 전제되지 않는 한 어떤 진정한 윤리도 불가능하다. 정규직에 앉아 있는 사람들이 자기의 자리를 확고하게 지키면서 비정규직 종사자들을 걱정하는 척하는 것만큼 혐오스러운 것도 없다.

그들은 비정규직을 걱정하는 척하지만, 속으로는 그들과 자신들의 차이를 지키려 안간힘을 쓴다. 왜냐하면 그 차이가 존속되어야만, 즉 그 차이가 실체화되고 고착화되어야만 자신의 동일성도 유지될 수 있기 때문이다. 이런 자들이 이야기하는 윤리나 도덕은 위선 그 자체인 것이다. 정규직과 비정규직의 동일성을 바꾸어 나가려 할 때에만 윤리적 행위가 성립하는 것이다.

(다) 모든 진정한 윤리의 근원은 남을 걱정하거나 남을 배려하거나 남을 위하는 것이 아니다. 바로 자기 자신을 변화시키는 것이 윤리의 근원인 것이다. 자신의 '존재' 자체를 타자화하려는 노력이 윤리의 근본이다. 그 극한적 형태는 자신이 가장 비참한 타자가 되는 것, 스스로 가장 낮은 곳으로 내려가는 행위에서 나타난다. 자신의 기득권을 버리고 사회에서 가장 비참한 타자가 되어 그들의 삶을 이해하고 사랑을 실천하려는 행위에서 우리는 궁극적인 형태의 윤리를 볼 수 있는 것이다.

(라) 이 극한적인 행위를 통해 감동적인 삶을 보여 준 인물을 우리는 '성인'이라고 부른다. 이 점에서 '성인'은 윤리의 극한을 보여 준 인물이라고 하겠다. 비록 우리 모두가 성인이 된다는 것은 불가능한 일이다. 하지만 성인의 예를 따라 타자화되려는 노력들이 존재할 때, 거기에 윤리가 존재할 수 있는 것이다. 더 나아가 사회 구성원들의 이러한 노력들이 더해질 때 보다 윤리적인 사회가 구축될 것이다.

① (가): 윤리적 존재가 되기 어려운 이유
② (나): 진정한 윤리가 불가능한 이유
③ (다): 윤리의 근원과 궁극적 형태
④ (라): 윤리적 존재가 되기 위한 노력의 필요성

11

다음 중 아래 작품에 대한 설명으로 가장 옳지 않은 것은?

> 잘하고 자로 하네 에히요 산이가 자로 하네.
>
> 이봐라 농부야 내 말 듣소 이봐라 일꾼들 내 말 듣소.
> 잘하고 자로 하네 에히요 산이가 자로 하네.
>
> 하늘님이 주신 보배 편편옥토가 이 아닌가.
> 잘하고 자로 하네 에히요 산이가 자로 하네.
>
> 물꼬 찰랑 돋아 놓고 쥔네 영감 어디 갔나.
> 잘하고 자로 하네 에히요 산이가 자로 하네.
>
> 잘한다 소리를 퍽 잘하면 질 가던 행인이 질 못 간다.
> 잘하고 자로 하네 에히요 산이가 자로 하네.
>
> 잘하고 자로 하네 우리야 일꾼들 자로 한다.
> 잘하고 자로 하네 에히요 산이가 자로 하네.
>
> 이 논배미를 얼른 매고 저 논배미로 건너가세.
> 잘하고 자로 하네 에히요 산이가 자로 하네.
>
> 담송담송 닷 마지기 반달만치만 남았구나.
> 잘하고 자로 하네 에히요 산이가 자로 하네.
>
> 일락서산(日落西山)에 해는 지고 월출동령(月出東嶺)에 달 돋는다.
> 잘하고 자로 하네 에히요 산이가 자로 하네.
>
> 잘하고 자로 하네 에히요 산이가 자로 하네.
> 잘하고 자로 하네 에히요 산이가 자로 하네.
>
> 잘하고 못하는 건 우리야 일꾼들 솜씨로다.
>
> – 작자 미상, 〈논매기 노래〉

① 선후창으로 이루어져 있다.
② 후렴구를 통해 운율을 형성하고 있다.
③ 농사에 대한 농부들의 자부심과 긍지가 반영되어 있다.
④ 힘들고 고단한 농사일에 대한 농부들의 심정을 진솔하게 드러내고 있다.

12

다음 글을 이용하여 높임법에 관한 수업을 진행하였다. 발표 내용으로 가장 적절한 것은?

> ㉠ 옆집 누나는 할아버지께 안부를 여쭈었어.
> ㉡ 선생님, 만나 뵙고 싶은데 시간이 있으십니까?
> ㉢ 어머니께서는 숙소에 가시자마자 바로 주무셨습니다.
> ㉣ 오늘 아버지께서 할머니께 드릴 손수건을 구입하셨어요.

① ㉠은 특수 어휘를 사용한 주체 높임 표현과, 청자를 낮추는 상대 높임 표현이 실현된 문장입니다.
② ㉡은 조사와 선어말 어미를 사용하여 주체를 간접적으로 높이는 표현과, 청자를 높이는 상대 높임 표현이 실현된 문장입니다.
③ ㉢은 조사와 특수 어휘, 선어말 어미를 사용한 주체 높임 표현과, 청자를 높이는 상대 높임 표현이 실현된 문장입니다.
④ ㉣은 조사와 선어말 어미를 사용한 주체 높임 표현, 조사와 특수 어휘를 사용한 객체 높임 표현, 청자를 낮추는 상대 높임 표현이 실현된 문장입니다.

13

다음 글의 전개 순서로 가장 적절한 것은?

(가) 만약 산소가 들어가는 길과 이산화탄소가 나오는 길이 다르다면 어떻게 될까? 이러한 구조를 갖고 있는 것이 조류이다. 조류의 호흡계는 크게 기관(氣管), 기낭, 허파로 구성되어 있다. 조류의 호흡계에서 특징적인 것은 기낭(氣囊)인데, 조류는 허파의 앞뒤 쪽에 5~9개의 기낭을 가지고 있다. 기낭은 숨을 들이마실 때 팽창하고, 숨을 내쉴 때 수축하면서 조류의 호흡 과정에서 중요한 역할을 한다.

(나) 또한 조류의 허파는 사람과는 판이한 구조로 되어 있다. 조류의 허파는 부기관이라는 아주 미세한 수많은 관으로 되어 있다. 이 부기관 사이로 공기가 일방향으로 끊임없이 흐르고 이 부기관 둘레에 혈관들이 공기 흐름의 반대 방향으로 배열되어 있어 공기 중의 산소의 확산을 크게 증가시켜 준다. 이 원리는 간단하다. 공기 중의 산소와 피 속의 이산화탄소의 교환은 각각의 압력 차에 의한 확산에 의해서 이루어진다. 그런데 만약 공기와 피가 같은 방향으로 흐른다면 공기에서 피 속으로 확산된 산소가 50%에 달하게 될 경우 공기 중에 남아 있는 50%의 산소는 더 이상 확산될 수 없게 된다. 이것을 역으로 생각해서, 공기와 피가 반대 방향으로 흐르게 되면 항상 기관 내의 산소 압력이 피 속의 산소 압력보다 높아서 기관과 핏줄이 만나는 모든 부위에서 산소의 확산이 이루어지게 되고 공기 중의 산소 대부분이 지속적으로 확산될 수 있다.

(다) 조류의 호흡은 두 가지의 순환 과정을 통해 이루어진다. 먼저 새가 숨을 들이마시면 공기가 기관을 통해 후기낭으로 들어가는데, 이때 공기의 일부는 허파 쪽으로 들어간다. 그리고 새가 숨을 내쉬면 후기낭에 있던 공기가 허파로 들어간다. 이것이 첫 번째 순환이다. 다시 새가 숨을 들이마시면 허파에 있던 공기가 전기낭으로 들어가고, 새가 숨을 내쉬면 전기낭에 있던 공기가 기관을 통해 밖으로 빠져 나간다. 이것이 두 번째 순환이다. 그런데 첫 번째 순환과 두 번째 순환은 연속적으로 일어나기 때문에 새의 허파에는 늘 새로운 공기가 공급되고, 공급된 공기는 일방향으로 이동하게 된다.

(라) 이처럼 조류는 그야말로 완전한 호흡계를 갖고 있다고 할 수 있다. 새는 이러한 호흡계 덕분에 6,000m 상공에서도 호흡에 지장이 없이 날 수 있고, 많은 양의 에너지를 만드는 데 필요한 산소를 나는 동안에도 충분히 공급받을 수 있다.

① (가) - (나) - (라) - (다)
② (가) - (다) - (나) - (라)
③ (다) - (가) - (나) - (라)
④ (다) - (가) - (라) - (나)

14

다음 중 밑줄 친 한자의 독음이 가장 옳지 않은 것은?

① 자주독립의 <u>旗幟</u> 아래 독립군이 조직됐다. → 기치
② 팔월 한 달은 아무래도 추석 <u>憑藉</u>로 넘어간다. → 빙자
③ 승인서에는 당사자의 도장 대신 <u>捺印</u>이 찍혀 있었다.
　　→ 날인
④ 국적 불명의 외래문화에 우리의 전통문화가 <u>侵蝕</u>당하고 있다. → 침식

[15-16] 다음 글을 읽고 물음에 답하시오.

우리가 친숙한 사람뿐만 아니라 낯선 사람과도 일련의 의사소통 과정을 자연스럽게 이어나갈 수 있는 것은 분명 의사소통이 어떤 원리나 규칙에 의해 진행되기 때문일 것이다. 그렇다면 이러한 언어적 의사소통을 가능하게 해 주는 운용 원리는 무엇일까?

그라이스(Grice)는 대화 진행을 위한 요건으로 협력의 원리를 제시한 바 있다. 협력의 원리란 의사소통의 기본 전제인 상호성을 바탕으로 하는 것으로 화자는 지금 이루어지고 있는 의사소통의 목적, 의사소통의 맥락이나 상황, 흐름과 일치되는 발화를 통해서 결속성을 유지하고, 청자는 상대방의 발화를 지금 이루어지고 있는 의사소통의 목적이나 상황, 흐름과 관련하여 추론하고 해석한다는 것이다.

그라이스는 대화가 일종의 협동 작업이라는 일반 원리에서 대화자들이 대화를 정상적으로 진행시키기 위해서 어떤 격률을 지킨다는 사실에 주목했다. 그는 이것을 네 가지 격률로 요약하여 제시해 주고 있다. 첫째는 '양의 격률'로서 필요 이상의 정보를 제공하지 말고 대화의 목적에 필요한 만큼만 정보를 제공하라는 것이다. 둘째는 '질의 격률'로서 진실한 정보만을 제공하라는 것이다. 거짓이나 증거가 불충분한 말은 하지 말라는 의미이다. 셋째는 '관련성의 격률'인데, 대화에 적합한 말을 하라는 것이다. 마지막은 '태도의 격률'인데 모호한 표현을 피하고 간결하고 조리 있게 말하라는 것이다.

그라이스가 제시한 격률은 한마디로 대화 참여자는 언제나 대화에서 필요한 만큼의 내용을 자기가 진실하다고 믿는 대로, 대화 맥락에 부응하도록, 간단명료하게 말해야 한다는 것이다. 그라이스가 제시한 협력 원리의 대화 격률들은 대화를 원활하게 하기 위해서나 정보 전달을 위한 대화 국면에서는 매우 타당하면서도 바람직한 지침으로 보인다.

이러한 지침들을 실제 모든 대화에 적용하는 데에는 적지 않은 문제들이 있다. 실제 의사소통 과정에서 사람들은 의도

적으로 이 대화의 격률들을 위반함으로써 자신의 발화 의도를 함축적으로 전달하기 때문이다. 다음의 예를 보자.

> **엄마:** (채근하듯) 야, 너 정말 시험공부 안 할 거야?
> **아들:** (딴전 피우며) 오늘 날씨 한 번 좋네요. 어디 바람이나 쐬러 갈까?

표면적으로는 관련성의 격률을 위배하고 있는 이 대화는 　　<u>　⑦　</u>　　라는 '대화 함축'을 전달하고 있다. 대화 함축은 발화 내용의 표면적 의미를 넘어서 화자가 어떤 의도를 암시하거나 함의하고 있다는 전제에서 의미 해석이 이루어지게 한다. 이러한 예에서 볼 수 있듯이 대화를 움직이는 진짜 힘은 각 문장의 표면적 의미가 아니라 함축적 의미라고 할 수 있다.

15

다음 글의 화제로 가장 적절한 것은?

① 의사소통의 다양한 원리
② 대화 격률의 역사적 변화
③ 표면적 의미와 함축적 의미
④ 그라이스 격률의 유용성과 한계

16

문맥상 ⑦에 들어갈 문장으로 적절하지 않은 것은?

① 나의 공부는 내가 알아서 하겠다.
② 날씨가 좋으니 교외로 놀러 가야겠다.
③ 나에게 시험은 별로 중요한 것이 아니다.
④ 시험에 대해서는 더 이상 이야기하기 싫다.

17

다음 중 수사(數詞)가 쓰인 것은?

① 너한테는 잘못이 하나도 없다.
② 이 문제는 너희들 몇의 문제가 아니다.
③ 김 씨네는 첫째가 벌써 초등학교 5학년이다.
④ 혼자서는 힘든 일도 이렇게 여럿이 하니까 금방이다.

18

다음 글의 내용을 이해한 것으로 가장 적절하지 않은 것은?

고대 그리스인들의 시간에 대한 개념을 최초로 형상화하고 있는 것은 우주 생성 신화이다. 그러나 이 신화가 시간에 대한 정의나 본질을 직접 다루고 있는 것은 아니다. 이 세계가 어떻게 생겨나게 되었는지를 사유하는 가운데 시간과 관련된 개념들이 간접적으로 논의되고 있을 뿐이다. 이와 관련하여 가장 대표적으로 꼽을 수 있는 신화는 올림포스 신화와 오르페우스 신화이다.

올림포스 신화의 시간관은 선형적인 특성을 보이며 근본적으로 시간을 불가역적인 것으로 본다. 이 신화에는 카오스를 통해 최초의 운동이나 변화가 시작된 사실이 설명된다. 태초에 카오스가 생겨나고 그다음에 대지의 여신 가이아와 타르타로스, 그리고 에로스가 생겨났다. 이어서 가이아는 '하늘'을 의미하는 우라노스와 '바다'를 의미하는 폰토스를 낳고, 다시 이들과 결합하여 수많은 하늘과 바다의 신들을 낳는다. 이러한 우주 생성 과정에 대한 묘사는 흘러가는 시간 속에서 세대가 교체되는 시간의 변화 과정을 기술한 것으로 보인다. 이를 통해 그리스인들은 천체의 운동과 변화를 시간의 척도로 삼고 있었음을 알 수 있다.

그리스인들은 시간의 경로에 따르는 자연의 변화에서 윤리적 계기를 찾아냈다. 자연의 변화에서 질서와 법칙을 도출하여 그것을 인간 세계의 법과 질서에 유비적(類比的)으로 연결하였다. 즉, 인간이 죄를 지어 법과 질서를 깨트리면 천체의 법과 질서에도 영향을 끼쳐 조화와 균형이 깨어지고 홍수나 가뭄 같은 천재지변을 겪게 된다고 보았다.

이에 비해 오르페우스 신화의 시간관은 주기적인 순환의 특성을 보이며 시간을 영원 회귀하는 것으로 본다. 오르페우스 신화에 따르면 시간의 신 크흐로노스(Chronos)는 우주 생성 신화의 가장 중심적인 존재이다. 크흐로노스는 올림포스 신화의 크로노스(Cronos)와 구별되는 신인데, 모든 것을 탄생시키고 모든 것을 지배하는, 자기 충족적이며 무한하고 영원한 생명력의 원천이다. 또한 크흐로노스는 늙지 않는데, 이는 시간의 불멸성을 의미하는 것으로 모든 것이 한 번 생성되었다가 소멸되는 인간의 시간과는 전혀 다른 신적인 시간을 상징한다. 아낙시만드로스와 같은 그리스의 자연 철학자들은 이러한 순환적 시간관을 체계화하였다. 이 세계에 존재하는 모든 것은 특정한 원리에 의해 지배되며 주기적으로 순환하는데, 궁극적인 원소들의 결합과 분리에 의해 끊임없이 생성·소멸한다는 주장이 그것이다.

이러한 관점에서는 인간도 예외 없이 끊임없는 생성과 소멸을 반복하는 것으로 이해되었다. 즉 인간의 신체는 소멸하지만 불멸하는 영혼은 끊임없이 다른 신체들에 들어가 윤회한다고 생각하였다. 그러나 인간의 영혼이 윤회한다는 인식은 인간의 비참한 삶이 끊임없이 반복되리라는 두려움을 불러일으켰고 윤리적으로 반성할 계기를 마련하게 하였다. 이 세계에서 죄를 짓지 않고 올바르게 산다면 윤회에서 벗어나 지극히 복된 삶을 살 수 있을 것이라는 믿음이다. 플라톤은 이러한 순환적 시간관을 수용하여 영혼 불멸론과 함께 영혼 윤회설을 주장한다. 이러한 영혼의 윤회에서 벗어나 신들의 세계로 돌아가기 위해서는 영원불멸하는 진리를 인식해야만 한다고 주장하여 인식론적 계기와 윤리학적 계기를 결합한 것이다.

① 그리스의 자연 철학자들은 순환적 시간관을 체계화하였다.
② 그리스인들은 특정한 신의 특성을 모방 윤리학을 정립하였다.
③ 그리스인들은 천체의 운동과 변화를 시간의 척도로 인식하였다.
④ 그리스의 우주 생성 신화에는 시간관이 간접적으로 나타나 있다.

19

다음 밑줄 친 부분 중에서 문장 성분이 다른 것은?

① 내가 고마운 <u>마음에서</u> 드리는 말씀입니다.
② 우리는 아침에 <u>도서관에서</u> 만나기로 하였다.
③ 이번 대회는 우리 <u>학교에서</u> 우승을 차지했다.
④ 그는 <u>기업에서</u> 돈을 받은 혐의로 조사 중이다.

20

다음 중 아래 글의 내용에 대한 설명으로 가장 옳은 것은?

말이란 무엇인가? 인간은 말을 통해 실세계를 그려 낸다. 그렇다면 말이 곧 실세계인가? 이러한 문제와 관련해 서구 학자들은 일찍부터 말에 관심을 가졌고, 말이 인간의 인식 능력과 관계있음을 밝히고자 하였다. 인간의 인식 정도가 인간이 말을 알고 있는 정도에 불과하다고 한 것이나 인간이 인식하는 데 한계가 있는 것이 말에 한계가 있기 때문이라고 한 것은 모두 말을 인간의 인식 능력과 관련지어 연구하다 얻은 결론이다. 학자들이 말을 보는 견해 가운데 우리가 주목할 만한 것 중의 하나는 언어 적대관이다.

언어 적대관(敵對觀)은 "말로 표현된 것은 단지 언어 표현 이전 실세계의 허상에 지나지 않으므로, 말이 진리(실세계)를 숨긴다."라고 보는 견해다. 즉 언어의 의미는 실세계를 추상적으로 그려 내는 것이기 때문에 실세계를 언어로 표현했다고 하여 언어와 실세계가 동일한 것은 아니라는 것이다. 극단적으로 말하면, 언어 적대관은 말이 실세계와 무관하다고 보는 견해라고도 할 수 있다. 그러므로 언어 적대관은 우리가 진리를 찾아내기 위해선 언어에서 벗어나야 한다는 주장이라고 할 수 있다. 이러한 주장의 바탕에는 다음과 같은 생각이 깔려 있다. 첫째, 말로 표현된 것은 늘 불확정적이고 분명하지 못하다는 것이다. 둘째, 말이란 인간의 사고에 영향을 끼치기 때문에 진리 자체를 드러내는 것이 아니라는 것이다. 셋째, 말은 형이상학적인 체험이나 개인만이 가진 생각을 표현하기에는 늘 모자란다는 것이다.

한편, 하이데거는 "말은 존재의 집이다. 인간은 말로 만든 집에서 산다."라고 했다. 왜 이런 말을 했을까? 존재하는 것은 무엇인가? 존재하는 것이 형체가 있든 없든, 우리가 존재한다고 하는 것은 말로써 명명된 것뿐이다. 그렇다면 말로 명명되지 않은 존재는 있는가? 설령 있다 해도 말로 이름이 붙여질 때까지 우리는 알지 못한다. 그러니 우리는 말로 우리 세계를 만들고 그 속에서 살고 있는 셈이다. 그러므로 우리가 실세계를 인식하려면 반드시 말이 있어야 한다. 다만, 우리가 만든 세계는 고정된 것이 아니라는 특색이 있을 뿐이다. 말로 존재하는 것은 영구히 변하지 않는 것이 아니라 살아 움직인다는 것이다. 말에 창조적 기능이 있다고 한 것도 이와 관련된 것이다.

이러한 하이데거의 주장은 언어 상대성 가설로 이어진다. 언어 상대성 가설이란 인간의 세계관이나 사고방식이 사용하는 말에 따라 달라진다는 것이다. 즉 인간의 세계관이나 사고방식은 그가 사용하는 말의 영향을 받게 된다는 것이다. 예를 들어, 우리말과 같이 '누나와 누이, 형과 아우, 오빠와 동생' 등으로 분화된 말을 쓰는 사람과 'brother와 sister'로 분화된 말을 쓰는 사람 간에는 세계관이나 사고방식에 차이가 있다.

전자를 쓰는 사람은 자식들을 남녀와 위아래로 구분해 보지만, 후자를 쓰는 사람은 남녀로만 구분해 본다. 이러한 생각은 우리가 특정 상대에게서 겪는 사고방식의 차이나 관습 및 문화의 차이를 감안하면, 언어 차이의 중요성을 인식한 언어 상대성 가설을 인정하지 않을 수 없다.

그렇다면 우리가 취해야 할 언어관은 무엇인가? 먼저 우리는 언어 상대성 가설을 받아들여 우리가 쓰는 말에 담겨 있는 세계관과 사고방식을 확인하며 언어생활을 해야 한다. 다음으로는 언어 적대관을 받아들여 우리가 쓰고 있는 말에 어떤 문제가 있는가를 알아보아야 한다. 즉 언어 상대성 가설로 먼저 우리 것을 알고, 언어 적대관으로 새로운 것을 만드는 자세가 필요한 것이다.

① 대립되는 두 이론을 소개한 후, 이를 대하는 바람직한 자세를 논하고 있다.
② 화제에 대한 두 이론을 소개한 후, 각각의 이론의 장단점을 비교하고 있다.
③ 현상에 대한 다양한 이론을 소개한 후, 가장 합리적인 이론을 소개하고 있다.
④ 대상에 대한 두 이론을 소개한 후, 둘을 절충한 새로운 이론을 제시하고 있다.

21

다음 글에서 확인할 수 있는 '독서 전략'이 아닌 것은?

옛날 아직 책이 없을 때에 성인(聖人)이 후세에 도학(道學)이 전해지지 못할까 염려하여 자신이 오랫동안 쌓은 학문을 발휘하여 후세에 알려 주었으니, 이것이 책이 생기게 된 까닭이다. 이러한 책을 읽는 것은 성인의 뜻을 알고자 해서인데, 지금 많은 책을 두루 읽어 문장을 짓는 행위나 이것저것 주워 모아서 말을 만드는 행위는 상자만 사고 그 안의 구슬은 돌려주는 것과 같은 짓일 뿐이니, 어떻게 저술한 사람의 본심을 알아서 자신을 위해 수용할 수 있겠는가. 마땅히 경계해야 할 일이다.

무릇 책을 읽는 사람은 처음에는 전혀 의심이 없다가 조금 뒤에 약간의 의심이 생겨나고 한참 뒤에는 구절마다 글자마다 모두 의심을 하게 된다. 의심이 있다가 의심이 없는 단계에 이르러야 비로소 의미를 깨달을 수 있는 것이니, 처음부터 의심이 없는 것이 진실로 글의 조리가 분명하여 막힘이 없어서 그러한 것이겠는가. 장자(張子)가 말하기를 "의심이 없던 곳도 의심을 가지고 보아야 한다." 하였는데, 아마도 이러한 점이 있기 때문일 것이다. 배우는 사람이 배우기만 하고 생각하지 않으면 끝내 깨달음에 이를 수 없다. 그러므로 고인(古人)들은 의심나는 것이 있는지 없는지를 가지고 자기 공부가 진보했는지의 여부를 증험하였던 것이니, 마땅히 유념해야 할 일이다.

벗들이 함께 도와 가며 학문을 닦으라는 것은 성현의 가르침이니, 후학들이 반드시 따르지 않을 수가 없는 것이다. 그러나 간혹 한가롭게 혼자 거처하는 경우에는 논의할 것이 한두 가지가 아니고 질문할 거리도 매우 많게 되는데, 갑자기 엄한 스승과 좋은 벗을 만나더라도 마음과 입이 서로 호응하지 않아 이것저것 말은 많지만 하나도 몽매함을 깨치지 못하게 된다. 이것은 사람들의 보편적인 근심거리이다. 마땅히 일마다 기록하되, 이해한 부분은 그 말을 기록하여 훗날 강론의 자료로 삼고, 난해한 부분은 의심나는 점을 기록해 두었다가 물어보는 것이 좋다. 특히 난해한 부분을 서찰을 통해 스승이나 좋은 벗에게 물어보는 것은 심오한 의미를 탐구하는 방법에 있어서 아주 유익하다. 정자(程子)는 "서찰이 유자(儒者)의 일에 가장 가깝다." 하였으니, 대현(大賢)이 필시 견해가 있어서 한 말일 것이다. 나는 서찰을 왕래하면 세 가지 이점이 있다고 늘 말하였다. 적시에 질문하여 점차로 오묘한 뜻을 깨달을 수 있는 것이 첫 번째 이점이고, 질문에 대답하는 사람 또한 감히 경솔하게 학설을 세울 수 없는 것이 두 번째 이점이고, 글 상자에 보관하여 나중에 잊지 않게 할 수 있는 것이 세 번째 이점이다. 옛날에 노선생(老先生)께서도 이러한 말씀을 하여 사람을 훈계한 일이 있었다. 한번 생각해 볼 일이다.

– 이익, 〈신당으로 독서하러 가는 극기에게 써서 주다〉

① 글쓴이의 의도를 헤아려 가며 읽는다.
② 개괄적인 내용 파악을 통하여 예측하며 읽는다.
③ 글을 온전하게 이해하기 위하여 의문을 제기해 가며 읽는다.
④ 나중의 활용에 대비하여 자신이 이해한 내용은 정리해 가며 읽는다.

22
다음 중 함축적 의미가 다른 하나는?

> 구룸 비치 조타 ㅎ나 검기를 즈로 흔다.
> 브람 소리 몱다 ㅎ나 그칠 적이 하노매라.
> 조코도 그츨 뉘 업기는 믈뿐인가 ㅎ노라.
> 〈제2수〉
>
> 고즌 므스 일로 퓌며셔 쉬이 디고,
> 플은 어이ㅎ야 프르는 듯 누르ㄴ니,
> 아마도 변티 아닐손 바회뿐인가 ㅎ노라.
> 〈제3수〉
> – 윤선도, 〈오우가〉

① 구룸 　　② 브람
③ 곳 　　④ 바회

23
다음 밑줄 친 낱말 중 띄어쓰기가 옳은 것은?
① 기분이 좋은 지 휘파람을 분다.
② 그는 친구를 잃었을 뿐더러 사랑도 잃었다.
③ 어디서 배운 버릇이냐. 본 데 없는 놈 같으니라고.
④ 하루빨리 남북한 간에 활발한 교류가 이루어져야 한다.

24
다음 중 의미가 가장 명확한 문장은?
① 내가 친구 한 명을 소개해 줄게.
② 철수와 그녀는 올해 결혼을 하였다.
③ 형은 어떤 사람이든지 만나고 싶어 한다.
④ 나는 형과 누나가 추천한 영화를 보았다.

다음 중 밑줄 친 ㉠~㉣에 대해 설명으로 가장 적절하지 않은 것은?

원수 승세(勝勢)하여 대호(大呼)하기를,
"반적 흉노야. ㉠ 네 종시 항복하지 아니하고, 나와 더불어 자웅(雌雄)을 결단하고자 하니 분하도다."
하고 청룡도를 높이 들고 용총마 상에 번듯 올라, 우레같이 호통하며 달려드니, 이때 적진 중에서 삼십육 장이 합세하고 군사를 정제하여 원수를 에워싸고 좌우로 치거늘, 원수 대노하여 용맹을 떨쳐 청룡도 드는 칼로 적장 십여 원을 베고 진중에 달려들어 군사를 무찌르니, 적장이 달려들어 좌우로 에워싸도 번듯하며 적장 팔 원을 베어 들고 교전 팔십여 합에 적장 삼십여 원을 베고, 또 중군에 달려드니, 한 장수 나와 맞거늘 일 고성 높은 소리 검광이 빛나더니 적장을 베어 들고 사방을 충돌하니 사방에 원수 놓일레라. 오추마 함성소리 검광 좇아 일어나고 원수의 호령 소리 중천에 진동하니, 제 아무리 강병인들 뉘 능히 당할쏘냐. 장졸의 주검이 구산같이 쌓여 있고 십 리 사장에 피 흘러 모래를 물들이고, 남은 피는 말굽을 적시는데, 용린갑*에 물든 피는 소상강 대수풀에 세우 맺혀 떨어진 듯 점점이 맺혔구나.
이때 흉노 성세 가장 급한지라. 약간 남은 장졸을 거느리고 사잇길로 도망하여 북으로 향하여 달아나더라. 가련하다. 흉노의 일백삼십만 병이 살아가는 자가 불과 삼천에 지나지 못할레라. 일검(一劍)으로 증당백만사(曾當百萬師)*를 오늘날도 보리로다.
원수 적병을 파하고 군장 기계를 거두어 성에 들어가 천자를 모셔 환궁하고 백성을 안돈(安頓)하니, 성외 성내 백성들이 원수를 송덕하며 즐기더라.
이때 원수 제장을 모아 군영에 호궤*한 후 임금을 뵙고 말미를 받아, 기주에 내려가 살던 집을 찾아보니 고루거각이 빈 터만 남았구나. 옛일을 생각하고 부모를 생각하니 쓸쓸하고 한스러운 마음 절로 난다. 말에서 내려앉아 방성대곡 우는 말이,
"우리 부친 나라에 직간하다가 소인의 참소 만나 만 리 적소로 가는 길에 부자 동행 되었으니, 무도한 선인 놈의 해를 입어 천 리 해상 깊은 물에 부자 함께 빠졌더니, 대봉은 천행으로 용왕의 덕을 입어 살아나서, 천지 신령이 도우시사 대원수 상장이 되어 호적(胡狄)을 파하고 살던 집을 찾아오니 빈 터만 남았구나. 상전벽해한다는 말이 날로 두고 이름이라. 가련하다. ㉡ 우리 모친 집을 지켜 계시더니, 흉적의 난을 만나 죽었는지 살았는지 어느 날에 만나 보리까."
가슴을 두드리며 앙천통곡하고 황성으로 올라가 황제께 숙배하니 상이 크게 칭찬하시고, 궐내에 대연을 배설하여 원수 공을 못내 치사하실 새, 원수 고하기를,

"차중(此中)에 승상 왕희 없나이까?"
하니 이때 왕희 자신의 죄를 알아 대하에 내려 엎드려 죄를 청하거늘, 원수 대노하여 청룡도로 겨루면서,
"너는 나와 불공대천(不共戴天)의 원수라. 당장에 죽일 것이로되, ㉢ 흉노를 잡아 사해를 평정한 후에 죽일 것이니, 지금은 용서하노라."
하고 전옥에 가두라 하고 상께 고하기를
"㉣ 흉노 비록 패하여 갔사오나 후환을 알지 못하니, 소장이 필마단창으로 호국에 들어가 흉노를 잡아 후환이 없게 하오리다."

– 작자 미상, 〈이대봉전〉

* 용린갑: 용의 비늘 모양으로 미늘을 달아 만든 갑옷.
* 일검(一劍)으로 증당백만사(曾當百萬師): 한 칼로 일찍이 백만 군사를 상대함.
* 호궤: 군사들에게 음식을 주어 위로함.

① ㉠에서 승세에 힘입어 흉노의 사기를 완전히 제압하고자 적개심을 표출하고 있다.
② ㉡에서 모친의 생사 소식을 알 수 없어 답답하고 한스러운 심정을 드러내고 있다.
③ ㉢에서 왕희에게 자신의 잘못을 바로잡을 기회를 주려는 생각을 드러내고 있다.
④ ㉣에서 도망간 흉노가 후일 다시 침범할 수 있다는 우려를 표출하고 있다.

01

다음 중 띄어쓰기가 가장 옳은 것은?

① 목이 말랐던지 아이는 꼴까닥거리며 물 한병을 다 비웠다.

② 올해는 비가 너무 많이 와서 과일 농사가 안 돼 큰일이구 먼그래.

③ 교사는 학생이 상상력과 창의력을 키울 수 있도록 도와주어야 한다.

④ 우리 가게에서는 옷 외에도 신발, 화장품, 액세서리, 모자 들을 팔고 있다.

02

다음 중 합성법으로 만들어진 단어는?

① 나는 생맥주를 자주 마신다.

② 알고 봤더니 그 사람 순 날짜야.

③ 긴 홀아비 생활에서 벗어나게 되었다.

④ 방에 혼자 있기가 맛적어 이내 일어났다.

03

다음 중 사자성어가 가장 적절하게 쓰이지 않은 것은?

① 적군에게 부하들을 잃은 그는 偕老同穴을 하며 복수의 염을 불태웠다.

② 지금은 국가의 운명이 百尺竿頭에 선 절박한 시기라는 것을 잊지 마라.

③ 能小能大한 인재를 원하신다면 다양한 경력을 가진 저를 뽑아 주십시오.

④ 수돗물에 대한 불신이 일면서 생수 회사가 雨後竹筍으로 생겨나고 있다.

04

다음 중 밑줄 친 부분의 한자가 나머지 셋과 다른 것은?

① 아이는 뜻밖의 환대를 받자 감지덕지 어쩔 줄을 몰랐다.

② 주민들은 철거 인부들의 무지막지한 욕설에 몸서리를 쳤다.

③ 동생은 옷을 애지중지하며 다른 사람은 만지지도 못하게 한다.

④ 우리나라는 강대국의 틈에 끼어 좌지우지를 못하는 모양이었다.

05

밑줄 친 부분의 띄어쓰기가 잘못된 것은?

① 남부 지방은 홍수가 잘난다.

② 그 일이 못된 게 남의 탓이겠어.

③ 고생하는 것을 보니 마음이 안됐다.

④ 가정에서부터 교육을 잘해야 나라가 산다.

06

다음 중 글을 통해 파악할 수 있는 주제로 가장 적절한 것은?

자본주의 초창기에 기업가들은 시장도 소비자도 몰랐고 알 필요도 없었다. 무작정 제품을 만들어 시장에 내 놓았고 필요한 사람들이 그것을 사 갔다. 그러나 오늘날 생산자는 시장을 알아야 한다. 단순히 수요를 측정하기 위해서가 아니라 소비자의 요구와 욕망을 파악하기 위해서다. 생산자는 소비자가 실제 생활에 필요한 물건을 만드는 것이 아니라 그들의 욕구와 욕망을 자극하는 물건을 생산한다. 결국 소비자는 생산자에 의해 조직되고 유도된다. 소비자의 욕구를 자극하는 역할을 담당하는 것이 바로 광고이다. 광고 전문가는 단순히 상품을 소비자에게 소개하는 매개자가 아니라 현대 사회의 전지전능한 마술사이다.

① 소비자는 광고를 통해 상품을 구매한다.
② 광고는 생산자와 소비자를 연결하는 매개체다.
③ 현대 사회에서 광고는 막강한 위력을 발휘하고 있다.
④ 소비자는 광고에 현혹되어 충동적으로 구매해서는 안 된다.

07

다음 글을 통해 이끌어 낼 수 없는 것은?

최근 기획 재정부와 통계청에 따르면 지난해 1인 가구와 농어촌 가구를 제외한 전 가구 중 중산층이 차지하는 비중은 가처분 소득 기준으로 66.7%인 것으로 집계되었다. 이는 17년 사이에 11.9%, 6년 전과 비교해 볼 때 3.4% 하락한 수치이다. 같은 기간 빈곤층 역시 11.6%에서 15.1%로 상승하였다. 경제 협력 개발 기구 OECD에 따르면 전체 근로자 중 가장 중간에 있는 사람들의 소득인 중위 소득을 기준으로 50% 미만은 빈곤층, 50~150%는 중산층, 150% 이상은 상류층으로 각각 분류하고 있다. 중산층은 1993년 정점에 이른 후 계속적으로 하락하고 있다. 혹자는 66.7%면 그래도 중산층의 몰락으로 말하기는 어렵다고 생각할 수 있다. 그러나 이것은 통계상의 수치를 말하는 것이고, 실제로 우리나라의 중산층 중에는 절반 이상이 가처분 소득이 부족해 매달 적자가 발생하는 것으로 알려져 있다. 통계의 허점을 보여 주는 것이다.

중산층의 몰락은 우리나라 국민들의 삶의 질 하락과 생활 만족도의 하락을 가져오는 가장 큰 원인이 된다. 그리고 중산층의 하락은 소득 불균형 현상을 보여 주는 증거이고, 근로 의욕을 떨어뜨려 생산 능력의 저하를 가져온다. 궁극적으로는 국가 경쟁력의 하락을 초래하는 문제를 낳게 된다. 더구나 중산층 비율의 하락은 젊은이들의 결혼 기피와 출산율 하락으로도 이어지게 된다는 점에서 단순한 문제가 아니다. 국가는 상류층을 위한 정책을 유보하고, 저소득층의 수익을 증대할 수 있는 길을 열어줌으로써 중산층을 보다 두껍게 만드는 일을 최우선의 정책으로 삼아야 할 것이다.

① 중산층 중 상당수는 빈곤층으로 이동했을 것이다.
② 중산층의 비율 하락은 다른 사회적 문제를 초래한다.
③ 통계상의 수치와 실제 현실 사이에는 괴리가 존재한다.
④ 빈곤층의 상승은 생활 만족도를 떨어뜨리는 주된 원인이다.

08
다음 글을 읽고 알 수 있는 내용과 거리가 먼 것은?

현대 유전학은 1860년대 아우구스티누스회 수도사였던 그레고리 멘델이 완두콩의 교배로 유전학의 기본 원리를 발견하면서 시작되었다. 멘델은 1866년에 발표한 논문에서 부모는 자손에게 분리된 유전자를 전달한다고 주장하였다. 그는 이 유전자가 대대손손 독립성을 유지하고 있다고 강조하였다.

멘델은 완두콩을 연구 대상으로 하여 '꽃의 색깔, 꽃의 위치, 씨의 색깔, 씨의 모양, 콩깍지의 모양, 콩깍지의 색깔, 줄기 길이' 등 일곱 가지 특성을 관찰 대상으로 정하고, 각각 서로 다른 특징을 가진 순종을 교배시켜 다음 세대에 어떤 특성이 나타나는지 알아보았다. '꽃의 색깔'을 대상으로 한 실험의 경우 멘델은 보라색 꽃 완두콩과 흰색 꽃 완두콩의 교배부터 시작하였다. 이들 부모 식물은 한 가지 특성만 다른 순종인데, 멘델은 이 두 순종을 교배하여 얻은 잡종 1대 식물이 모두 보라색 꽃을 피운다는 것을 관찰하였다. 그렇다면 교배의 결과 흰색 꽃의 유전자는 없어져 버렸다는 말인가? 잡종 1대끼리 교배해 보니 그 대답은 '아니다'였다. 잡종 1대끼리 교배하는 자가수분을 통해 얻은 잡종 2대 식물 925 개체 중 약 3/4에 해당하는 705 개체는 보라색 꽃을 피웠고, 나머지 1/4에 해당하는 224 개체는 흰색 꽃을 피웠다. 즉 잡종 2대에서는 보라색 꽃을 피우는 식물과 흰색 꽃을 피우는 식물이 약 3 : 1의 비율로 나타났다. 멘델은 이러한 결과를 바탕으로 꽃 색깔을 희게 하는 유전자가 잡종 1대 식물에서 없어진 것이 아니며, 다만 잡종 1대의 꽃 색깔을 결정하는 데에는 보라색 꽃을 만드는 유전자만이 작용했다고 결론을 내렸다. 그는 또한 잡종 1대는 꽃의 색깔을 결정하는 두 가지 유전자 즉, 꽃의 색깔을 보라색으로 만드는 유전자와 흰색으로 만드는 유전자를 모두 갖고 있었음이 분명하다고 추론하였다. 멘델은 여러 실험의 결과를 종합하여 다음과 같은 4가지 가설을 세웠다. 현재 우리가 사용하는 표현을 써서 그의 가설을 소개하면 다음과 같다.

첫째, 유전되는 특성을 결정하는 단위인 유전자에는 두 가지 형태가 있다. 예를 들어 완두콩 식물에서 꽃의 색깔을 결정하는 유전자는 보라색을 나타내는 유전자 하나와 흰색을 나타내는 유전자 하나가 존재한다. 이러한 두 가지 형태의 유전자를 '대립유전자'라 한다. 둘째, 한 개체는 각각의 형질에 대해 부모로부터 하나씩 물려받은 두 개의 유전자를 갖고 있다. 이 유전자는 같은 대립유전자일 수도 있고 서로 다른 대립유전자일 수도 있다. 셋째, 생식세포가 만들어질 때 각각의 대립유전자 쌍이 나뉘지므로 정자나 난자는 각각의 형질에 대해 하나의 대립유전자만을 갖게 된다. 또한 수정이 되어 정자와 난자가 결합하면 나뉘어졌던 대립유전자가 다시 합쳐져 자손은 두 개의 대립유전자 쌍을 갖게 된다. 넷째, 쌍을 이룬 유전자가 서로 다른 대립유전자일 경우, 하나의 대립유전자는 완전히 표현되는 데 반해 다른 대립유전자는 개체의 표현형에 영향을 미치지 못한다. 이러한 대립유전자를 각각 '우성 대립유전자'와 '열성 대립유전자'라 한다.

멘델은 그가 주목했던 일곱 가지 특성이 모두 똑같은 유전 양상을 나타낸다는 것을 발견하였다. 그 중 쌍을 이루는 두 개의 대립유전자가 생식세포 형성 시 성질이 변하지 않고 분리되어 각각 다른 생식세포로 들어감으로써 특정한 형질이 유전되는 양상을 설명한 것이 멘델의 '분리의 법칙'이다. 즉 유전자 쌍은 생식세포가 만들어지는 과정에서 서로 나뉘어졌다가 수정에 의해 두 개의 생식세포가 합쳐질 때 다시 한번 쌍을 이룬다는 것이다. 멘델 이후 이루어진 많은 연구 결과로 사람을 포함한 유성생식을 하는 모든 생물의 유전에 분리의 법칙이 적용됨을 알게 되었다.

① 대립유전자는 그 속성이 겉으로 드러나는 경우도 있고, 드러나지 않는 경우도 있다.
② 멘델이 완두콩 실험에서 발견한 유전자의 분리의 법칙은 인간에게도 유사하게 나타난다.
③ 멘델은 완두콩의 교배가 자연 상태 그대로 이루어지도록 방치하지 않고 인위적으로 관리하였다.
④ 우성 대립유전자는 열성 대립유전자에 영향을 미쳐 그 속성을 자신의 속성과 동일하게 변화시킨다.

09

다음 중 아래 시의 ⊙과 ⓛ에 부합하는 사람으로 가장 옳은 것은?

이상하게도 내가 사는 데서는
새벽녘이면 산들이
학처럼 날개를 쭉 펴고 날아와서는
종일토록 먹도 않고 말도 않고 엎뎃다가는
해질 무렵이면 기러기처럼 날아서
틀만 남겨 놓고 먼 산 속으로 간다.

산은 날아도 새둥이나 꽃잎 하나 다치지 않고
짐승들의 굴 속에서도
흙 한 줌 돌 한 개 들성거리지 않는다.
새나 벌레나 짐승들이 놀랄까 봐
지구처럼 부동(不動)의 자세로 떠간다.
그럴 때면 새나 짐승들은
기분 좋게 엎데서
사람처럼 날아가는 꿈을 꾼다.

산이 날 것을 미리 알고 사람들이 달아나면
언제나 사람보다 앞서 가다가도
고달프면 쉬란 듯이 정답게 서서
사람이 오기를 기다려 같이 간다.
산은 양지바른 쪽에 사람을 묻고
높은 꼭대기에 신(神)을 뫼신다.

산은 사람들과 친하고 싶어서
기슭을 끌고 마을에 들어오다가도
사람 사는 꼴이 어수선하면
달팽이처럼 대가리를 들고 슬슬 기어서
도로 험한 봉우리로 올라간다.

산은 나무를 기르는 법으로
벼랑에 오르지 못하는 법으로
사람을 다스린다.

산은 울적하면 솟아서 봉우리가 되고
물소리를 듣고 싶으면 내려와 깊은 계곡이 된다.

산은 한 번 신경질을 되게 내야만
⊙ 고산(高山)도 되고 ⓛ 명산(名山)도 된다.

산은 언제나 기슭에 봄이 먼저 오지만
조금만 올라가면 여름이 머물고 있어서
한 기슭인데 두 계절을
사이좋게 지니고 산다.

– 김광섭, 〈산〉

① 타인의 권위를 인정할 줄 아는 사람
② 인간의 한계에 도전할 줄 아는 사람
③ 세상의 불의에 분노할 줄 아는 사람
④ 자신의 잘못을 인정할 줄 아는 사람

10

다음 중 아래 글의 제목으로 가장 옳은 것은?

인상파가 찰나성이나 유동(流動)하는 느낌 등 빛의 정서적 측면을 강조했다면, 신인상파의 창시자 조르주 피에르 쇠라는 이를 과학적으로 분석했다. 그래서 전자를 '낭만적 인상주의', 후자를 '과학적 인상주의'라고 부르기도 한다. 빛에 대한 관심을 공유한다는 점에서 낭만적 인상주의와 과학적 인상주의 사이에는 분명 연속성이 있지만, 낭만적 추구와 과학적 추구 사이에는 그 현격한 시각 차이에 따른 단절이 존재할 수밖에 없었다.

쇠라는 특히 삼원색과 색채 대비, 보색에 관해 심혈을 기울여 공부했고, 자신의 연구 성과를 적용하여 들라크루아의 작품을 분석함으로써 미술계 안팎에서 화제를 모으기도 했다. 이 같은 열성적인 탐구 끝에 나온 그의 독특한 조형법에 점묘법이라는 이름이 붙여졌다. 쇠라에서 비롯되어 시냐크와 피사로에 의해 적극적으로 시도된 점묘법은 반 고흐와 툴루즈로트렉, 마티스에까지 이어졌다. 점묘법은 팔레트 위에서 물감을 섞는 대신 화포(畫布)에 원색의 점을 찍어 어느 정도 떨어져서 보면 보는 사람의 망막에서 색채가 혼합되는 원리를 이용한 화법이다. 이렇게 하면 색채가 더욱 신선하고 풍부한 느낌이 든다. 예컨대 화면에 빨간색과 노란색 점을 여러 개 찍으면 팔레트에서 빨간색과 노란색을 섞어 만든 주황색보다 훨씬 더 신선한 주황색으로 느껴지는 것이다. 신인상파는 이러한 점묘법과 형태나 구도의 황금 분할 등을 이용하여 고전주의 회화에서 보이는 균형미와 안정감을 추구했다. 쇠라가 죽은 뒤에는 시냐크가 이런 경향을 대표하는 화가로 손꼽혔다.

쇠라는 색채 이론과 광학을 바탕으로 인상파의 빛 표현법을 고도로 과학화하고 이론화하는 데에 관심을 쏟았다. 그래서 한때 자신의 작품 스타일에 '크로모 루미니즘'이라는, 과학적인 느낌이 나는 이름을 붙이기도 했다. 그는 슈브뢸과 헬름홀츠 등의 과학 이론을 기초로 자신의 색채 이론을 정립했다. 쇠라는 과학자처럼 집요하게 빛과 색의 성질을 탐구함으로써 매우 개성적인 조형 세계를 열었다. 그리하여 마침내 현대 미술의 중요한 선구자 가운데 한 사람이 되었다.

쇠라의 그림이 인상파 화가들의 그림과 다른 점을 든다면,

인상파 화가들의 그림의 빛과 그림자는 찰나의 인상을 주는 반면, 쇠라의 그림의 빛과 그림자는 영속적이고 영구적인 느낌을 준다는 데에 있다. 쇠라의 그림이 주는 이런 독특한 인상은 찰나가 과학적 관찰의 대상이 되면서 영원으로 고정되었기 때문이다. 이를 위해 화면 위로 붓을 휘두르지 않고 작은 점을 고르게 찍어 표현하는 점묘법을 사용했다. '병치 혼합'이라고 불리는 이 시각적 마술이 화면에 독특한 안정감과 기념비성을 더해 준다. 이처럼 견고한 그림이 원숙한 노대가가 아니라 불과 서른한 살의 나이로 죽은 젊은 예술가에 의해 탄생했다는 사실이 신기할 따름이다. 그는 젊음의 에너지를 격렬하게 분출하기보다 이처럼 냉철하고 이지적인 시선으로 사물의 질서를 깔끔하게 드러내는 것을 더 선호했던 것이다.

① 신인상파와 점묘법 − 요절한 화가 쇠라의 과학적 회화
② 미술과 과학의 경계 − 그 경계를 허문 인상파 화가 쇠라
③ 낭만적 인상주의의 본질 − 빛과 색의 성질에 관한 탐구에 몰두
④ 빛에 대한 관심으로 일관한 화가 쇠라 − 열정과 격정을 화폭에 구현

11

다음 중 ㉠과 ㉡에 알맞은 말을 순서대로 나열한 것은?

잠수함은 어떤 원리로 물 위에 떠 있기도 하고 바닷속으로 잠수할 수도 있는 것일까? 이를 알려면 부력의 개념을 알아야 한다. 일정한 크기의 밀폐된 봉지에 가벼운 모래를 채워서 물속으로 넣었을 때, 봉지가 가라앉도록 아래쪽으로 작용하는 힘은 봉지와 모래에 작용하는 중력이고, 봉지가 떠오르도록 위쪽으로 작용하는 힘은 봉지 주변의 물에 의해 봉지에 가해지는 부력이다. 물체의 부피가 일정하다면 물속에 잠긴 상태에서 물체에 가해지는 부력은 모두 같다. 단, 물체가 물속에 완전히 잠기지 않은 상태에서는 수면 아래로 잠긴 부분이 많을수록 부력이 크다.

봉지가 물 위에 떠 있지도 않고 완전히 가라앉지도 않은 채 물의 중간 깊이쯤에 잠겨 있을 때, 이 봉지를 중간쯤에 떠 있게 하는 힘은 무엇일까? 이때에는 중력과 부력이 힘의 평형을 이루고 있는 상태이다. 봉지에 있는 모래를 빼내고 대신 무거운 돌멩이를 채우면 봉지는 바닥으로 가라앉을 것이다. 이는 봉지에 작용하는 부력보다 봉지 속에 채워진 물질의 무게가 더 커져서, 즉 부력보다 중력이 더 커져서 봉지가 아래로 가라앉기 때문이다.

이와 같은 원리를 이용하여 잠수함도 무게를 조절하면서 잠수와 부상을 자유롭게 할 수 있다. 잠수함에는 앞부분과 뒷부분에 주부력 탱크가 있는데, 이 주부력 탱크에 압축 공기를 불어넣거나 뺌으로써 바닷물이 잠수함에서 배출되거나 채워지면서 잠수함의 무게가 조절된다. 잠수함이 바닷속으로 잠수해야 하는 경우에는 주부력 탱크에 바닷물을 많이 채워서 잠수함의 무게를 늘려 중력이 더 커지게 한다. 반대로 잠수함이 물속에 잠겨 있다가 떠올라야 할 경우에는 주부력 탱크에 압축 공기를 불어넣어 탱크 안의 바닷물을 잠수함 밖으로 배출시킨다. 그러면 잠수함의 무게가 줄어들어 부력이 중력보다 커지게 되고 잠수함은 물 위로 떠오르게 되는 것이다. 이렇게 부력이 중력보다 커서 잠수함이 부상하는 상태가 되는 것을 '양성 부력', 중력이 부력보다 커서 잠수함이 가라앉게 되는 상태를 '음성 부력', 중력과 부력이 같은 상태를 '중성 부력'이라고 한다.

한편 장소에 따라 해수 염분의 농도가 달라지면 잠수함의 부력도 변한다. 잠수함이 염분의 농도가 높은 해수 쪽으로 이동하면 상대적으로 잠수함의 부력이 커져서 (㉠) 상태가 되어 떠오른다. 이것은 바닷물에서 염류의 농도 때문에 해수의 밀도가 높아져서 민물에서보다 몸이 더 잘 떠오르는 것과 같은 원리이다. 잠수함이 염분의 농도가 낮은 해수 쪽으로 이동하면 상대적으로 잠수함의 부력이 작아져서 (㉡) 상태가 되어 가라앉는다.

㉠	㉡
① 양성 부력 − 중성 부력
② 양성 부력 − 음성 부력
③ 음성 부력 − 중성 부력
④ 중성 부력 − 음성 부력

12

다음 상황을 가리키기에 적절하지 않은 것은?

누은들 잠이 오며 기다린들 임이 오랴
내 생각이 무삼 헤아림인고 이다지 많삽더고
남경 장사 남경 가니 반전 장사 밑졌는가
이 생각 저 생각 아무 생각도 그만 헤면 다 헤려니
헤다가 다 못 헤니 무한한 헴이로다

− 안조환, 〈만언사〉

① 勞心焦思　　② 輾轉反側
③ 同病相憐　　④ 自暴自棄

13

밑줄 친 말이 한자어와 고유어의 결합이 아닌 것은?

① <u>귓병</u> 때문에 청각을 잃고 말았다.

② 한여름에 먹는 <u>촛국</u>이 또한 별미이다.

③ 매달 첫 번째 일요일이 우리의 <u>곗날</u>입니다.

④ 감정이 격해지면 술잔 기울이는 <u>횟수</u>도 잦아진다.

14

다음 중 ㉠과 발상이 가장 비슷한 것은?

> 하늘이 파랬다. 구름이 둥둥 떠내려가는 것이었다. 그러나 하늘이 갑자기 바다같이 느껴졌다. 구름은 바다 위로 둥둥 떠내려가는 해파리만 같았다. 진영이 자신이 누워서 하늘을 보는 것이 아니라 어쩌면 엎드려서 바다를 내려다보는지도 모른다는 그러한 착각이 든다.
>
> ㉠<u>해가 서쪽으로 좀 기울었다. 쌍나무의 그늘이 두서너 치나 늘어난 것 같다.</u> 진영은 몸을 왼쪽으로 돌려서 마루 밑의 땅을 내려다보고 있었다.
>
> – 박경리, 〈불신 시대〉

① 삼월달 바다가 꽃이 피지 않아서 서글픈
　나비 허리에 새파란 초승달이 시리다.
　　　　　　　　　　　　　　　　– 김기림, 〈바다와 나비〉

② 끊임없는 광음을
　부지런한 계절이 피어선 지고
　큰 강물이 비로소 길을 열었다.
　　　　　　　　　　　　　　　　– 이육사, 〈광야〉

③ 나의 울음은 차츰 아닌 밤 돌개바람이 되어
　탑을 흔들다가
　돌에까지 스미면 금(金)이 될 것이다.
　　　　　　　　　　　　　　　　– 김춘수, 〈꽃을 위한 서시〉

④ 나는 떠난다. 청동의 표면에서
　일제히 날아가는 진폭(振幅)의 새가 되어
　광막한 하나의 울음이 되어
　하나의 소리가 되어.
　　　　　　　　　　　　　　　　– 박남수, 〈종소리〉

15

다음 중 표준어가 아닌 것은?

① 수평아리　　　　　② 마구잡이

③ 떨어먹다　　　　　④ 밀뜨리다

16

다음 중 아래 글의 내용을 설명하기에 가장 적절하지 않은 것은?

> 표준 발음법 제29항에 의하면 합성어 및 파생어에서 앞 단어나 접두사의 끝이 자음이고 뒤 단어나 접미사의 첫 음절이 '이, 야, 여, 요, 유'인 경우에는, 'ㄴ' 소리를 첨가하여 [니, 냐, 녀, 뇨, 뉴]로 발음하고, 'ㄹ' 받침 뒤에 첨가되는 'ㄴ' 소리는 [ㄹ]로 발음한다. 두 단어를 이어서 한 마디로 발음하는 경우에도 이 규정의 적용을 받는다.

① 영호는 학급 회장으로서 <u>한 일[한닐]</u>이 매우 많다.

② 우리 삼촌은 내년이면 <u>스물여섯[스물녀섣]</u> 살이 된다.

③ 심한 감기에 걸려 감기에 잘 듣는 <u>물약[물략]</u>을 마셨다.

④ 잔칫상을 두고도 속이 좋지 못해 <u>눈요기[눈뇨기]</u>만 하다 왔다.

17

아래의 글에 나타나지 않은 설명 방식은?

원생대(선캄브리아기의 마지막 시대) 초엽에 나타나기 시작한 자유 유영을 하는 진핵 세포들은 고농도의 산소를 필요로 하지 않았다. 왜냐 하면 이 현미경적 크기의 세포들에서는 세포벽의 간격이 매우 좁아서 산소가 쉽게 확산되어 들어갈 수 있었기 때문에 설령 대기 중에 0.1%의 산소만 있어도 생존에는 별로 지장을 받지 않았을 것이다. 그러나 이와 반대로 중생대에 살았던 커다란 동물들, 예컨대 공룡과 같은 존재들은 엄청난 수의 세포들이 병렬로 배열된 몸체를 지니고 있어서 오직 산소가 풍부히 존재하는 환경 속에서만 생존이 가능하였다. 이러한 점은 그 동물들이 유영을 하는 동안에는 아주 강인한 힘을 발휘해야만 했기 때문에 특히 그러했다.

몸체가 크기 때문에 야기되는 문제점의 예는 일산화탄소에 의한 중독 현상이다. 우리들처럼 몸집이 큰 동물에 있어서 일산화탄소 중독은 치명적이다. 일산화탄소는 적혈구가 산소를 신체 구석구석까지 전달하는 것을 방해하기 때문에 혈액 속에 약간의 일산화탄소만 흡입되어도 가히 치명적이 된다. 그러나 몸집이 작은 생쥐와 같은 동물들은 혈액 속에 일산화탄소 농도가 포화 상태에 이르더라도 죽지 않는다. 생쥐들에 있어서는 산소가 피부를 통해서나 또는 허파의 표면을 통해서 신체 조직에 침투할 수 있기 때문에 일산화탄소에 중독되어 죽지 않는 것이다.

① 인과   ② 예시
③ 대조   ④ 유추

18

다음 중 (가)~(다)를 문맥에 맞는 순서대로 나열한 것은?

생명의 진화 과정에서 중요한 사건 중의 하나는 생물이 바다에서 나와 육상으로 진출한 것이었다.

(가) 그러나 최초로 육상에 진출한 생물은 중력이라는 한계에 직면하게 되었다. 물속에서는 부력 때문에 덜했지만, 지상에서는 중력 때문에 무거운 몸을 움직이기 힘들었던 것이다.

(나) 한편, 조류는 몸의 무게를 줄이고 모양을 유선형으로 만들어 하늘을 날 수 있게 되었다. 인간은 또 다른 방식으로 중력에 저항한 경우에 속한다. 인간은 두 발로 서게 됨에 따라 다른 포유류보다 지표면에서 멀리 몸통을 일으켜 세울 수 있었고, 더불어 두 손의 자유를 얻게 된 것이다.

(다) 이 때부터 육상 동물은 중력과의 투쟁을 시작했다. 육상 동물은 다리가 어정쩡한 상태로 기어 다니던 양서류에서 완전히 수상생활과 결별한 파충류를 거쳐 좀 더 긴 다리와 튼튼한 근육을 가진 포유류로 진화하는 과정을 거치면서, 지면에서 점차 몸통을 높이 일으킬 수 있게 된 것이다.

① (가) → (나) → (다)
② (가) → (다) → (나)
③ (나) → (가) → (다)
④ (나) → (다) → (가)

19

다음 중 밑줄 친 부분과 유사한 화자의 태도가 나타난 것은?

> 초암(草庵)이 적료(寂廖)흔듸 벗 업시 혼자 안자,
> 평조(平調) 한 닙히 백운(白雲)이 절로 존다.
> <u>언의 뉘 이 죠흔 쯧을 알 리 잇다 흐리오.</u>
>
> – 김수장

① 엇그제 저멋더니 흐마 어이 다 늘거니. 소년 행락(少年行樂) 생각흐니 일러도 속절업다. 늘거야 서른 말슴 흐자니 목이 멘다.

　　　　　– 허난설헌, 〈규원가〉

② 공명(功名)도 날 씌우고 부귀(富貴)도 날 씌우니, 청풍명월(淸風明月) 외(外)예 엇던 벗이 잇스올고. 단표누항(簞瓢陋巷)에 훗튼 혜음 아니 흐닉.

　　　　　– 정극인, 〈상춘곡〉

③ 강산풍월(江山風月) 거늘리고 내 백 년(百年)을 다 누리면 악양루상(岳陽樓上)의 이태백(李太白)이 사라 오다. 호탕 정회(浩蕩情懷)야 이에서 더흐소냐.

　　　　　– 송순, 〈면앙정가〉

④ 평생(平生) 흔 쯧이 온포(溫飽)애는 업노왜라. 태평천하(太平天下)애 충효(忠孝)를 일을 삼아 화형제(和兄弟) 신붕우(信朋友) 외다 흐리 뉘 이시리.

　　　　　– 박인로, 〈누항사〉

20

밑줄 친 말의 표기가 잘못된 것은?

① 쓰레기통에는 파리가 <u>꼬이기</u> 마련이다.
② 타향살이하는 나의 처지가 <u>설기</u> 그지없다.
③ 그는 세상에 의지할 곳 없는 <u>가엾은</u> 존재이다.
④ 담을 타고 올라갔다가 늘어진 호박 <u>넝쿨</u>이 탐스럽다.

21

(가)의 관점에서 (나)를 비판하는 글을 쓰려고 한다. 글에 담길 주장으로 가장 적절한 것은?

> (가) 장애인 또한 우리 사회를 구성하는 일원이라는 점은 틀림없으며, 그들에 대한 사회적 배려가 요구된다는 점 또한 이의를 제기할 수 없다. 하지만 그러한 사회적 배려는 사회 구성원들의 인식을 개선하는 차원에 그쳐서는 안 되며, 장애인 스스로 직무 면에서 경쟁력을 가질 수 있도록 지원하는 제도의 마련까지 이어져야 한다.
>
> (나) '의무 고용'이라는 명칭 때문일까, 장애인이 직업을 갖고 우리 사회 구성원으로서 참여할 수 있는 기회를 갖도록 지원하는 것에 대해 부정적인 시선이 있다. 얼마 전 우리 학급의 토론에서도 이러한 부정적인 시선을 느낄 수 있었다. 장애인 의무 고용제도는 1991년 시행된 '장애인고용촉진 등에 관한 법률'에 따라 시행되는 것으로, 일정 규모 이상의 사업자에게 일정 비율 이상의 장애인을 고용하도록 의무를 부과하고 이를 이행하지 않으면 부담금을 내도록 하고 장애인 의무 고용률을 초과한 사업자에게는 고용 장려금을 지급하고 있다. 이를 통해 비장애인에 비해 고용상 취약계층이라고 할 수 있는 장애인의 고용기회를 넓히는 것을 목적으로 한다.
>
> 이러한 취지를 고려할 때, 장애인 의무 고용 제도는 건강한 사회를 위해서 꼭 있어야 하는 법적 규제라 할 수 있다. 개인적 차원에서는 장애인들로 하여금 사회 구성원으로서의 보람과 긍지를 느낄 수 있게 하고, 국가적 차원에서는 사장되고 있는 장애인의 노동력을 활용하는 효과를 낼 수 있다. 특히 저출산, 고령화로 인해 노동력이 감소하고 있는 상황에서 일정 수준 이상의 노동력을 확보하는 것은 국가 차원에서 매우 중요하다는 점을 잊지 말아야 한다. 물론 장애인의 의무 고용이 개별 기업에 부담을 지우는 것이라는 비판도 가능하지만, 국가에서 비용의 일부를 고용 장려금 형태로 보조하고 있다는 점에서 기업이 일방적으로 부담을 갖는다는 주장은 타당하지 않다.
>
> '의무 고용'이라는 명칭에서 제도에 대한 부정적인 인식을 가질 수도 있다. 하지만 우리 사회를 구성하는 일원인 장애인에 대한 배려를 담은 법적 제도가 필요할 만큼 그들에 대한 사회적 배려가 부족했던 것은 아닌지 이 제도에 반대하는 이들은 돌아보길 바란다. 장애인에 대한 인식을 되돌아 보고, 그 오해나 편견을 거둘 필요가 있다.

① 장애인들의 직업 경력을 위해 장애인을 대상으로 한 아르바이트 기회가 많이 제공되어야 한다.
② 사회적 경험 없이 자아를 실현하기는 어려우므로 장애인의 사회 진출에 대한 부정적인 인식을 거두어야 한다.
③ 장애인들의 직무 능력 향상 기회를 박탈할 수 있으므로 장애인의 특성을 고려하지 않은 획일적인 근무 환경 개선은 지양되어야 한다.
④ 사회적 차원의 장애 인식 개선 교육이 요구되며, 직업 능력 개발 센터와 같이 장애인이 직무 능력을 기를 수 있도록 돕는 제도의 도입도 필요하다.

22

밑줄 친 '놓다'의 활용형이 지닌 의미가 나머지 셋과 다른 것은?

① 그는 워낙 약해 <u>놓아서</u> 겨울이면 꼭 감기가 든다.

② 그 친구가 워낙 멋쟁이라 <u>놓아서</u> 누구에게나 인기가 있다.

③ 보고서를 이미 작성해 <u>놓았지만</u> 언제 제출해야 할지 모르겠다.

④ 그는 보통내기가 아니라 <u>놓아서</u> 어설픈 논리로는 설득할 수 없다.

23

다음 중 '간접 화법'으로 발화한 것이 아닌 것은?

① (건물 내에서 흡연하려는 사람에게) 이 건물은 금연 장소입니다.

② (헤어지면서 내일 다시 오기를 청하며) 내일은 오전 8시가 좋겠네요.

③ (창가에 있는 사람에게 창문을 열어 달라는 뜻으로) 실내가 좀 덥지 않으세요?

④ (결혼식장에서 주례가 하객들을 향해) 두 사람이 이 순간부터 남편과 아내가 됩니다.

24

밑줄 친 단어들 중 고유어가 아닌 것은?

- ⊙ <u>기린</u>은 동물 가운데 목이 제일 길다.
- 젊디젊은 ⓒ <u>삭신</u>을 놀리지 말고 열심히 일하세.
- 공터에 밭을 일구어 여러 가지 ⓒ <u>남새</u>를 길러 먹었다.
- 아버지는 반찬 ② <u>타박</u>이 심해서 늘 어머니를 힘들게 하신다.

① ⊙   ② ⓒ

③ ⓒ   ④ ②

25

다음 중 밑줄 친 단어를 〈표준 발음법〉에 맞게 발음한 것은?

- 감이 덜 익어 맛이 <u>떫지</u>?
- 아이들이 <u>줄넘기</u>를 하면서 노래를 부른다.
- <u>삯돈</u>이 늦어져 인부들은 외상을 달고 밥을 먹었다.
- 매정한 어머니는 아무것도 모르는 <u>젖먹이</u>를 떼어 놓고 집을 나갔다.

① 떫지 - [떨:찌]

② 줄넘기 - [줄넘끼]

③ 삯돈 - [상똔]

④ 젖먹이 - [점머기]

01

다음 중 밑줄 친 단어의 표기가 옳은 것을 모두 고른 것은?

- 불그름히 ㉠ 물들은 바다.
- 이 얼마나 ㉡ 자랑스런 일입니까!
- ㉢ 동그란 얼굴 왼쪽 뺨에 까만 점이 귀엽다.
- 그녀는 어딘지 위엄을 풍기면서도 조용하고 ㉣ 어집니다.

① ㉠, ㉡　　　　　　② ㉡, ㉢
③ ㉢, ㉣　　　　　　④ ㉠, ㉢, ㉣

02

㉠~㉣에 들어갈 말을 모두 바르게 연결한 것은?

- 뽀얗게 밀가루를 쓴 엿가락을 (㉠).
- 그 배역을 맡기 위해 체중을 30kg이나 (㉡).
- 바짓단을 길게 (㉢) 수선은 세탁소에서 할 수 있다.
- 알뜰한 며느리가 들어오더니 금세 재산을 (㉣) 부자가 되었다.

	㉠	㉡	㉢	㉣
①	늘리다	늘였다	늘이는	늘여
②	늘이다	늘였다	늘리는	늘여
③	늘리다	늘렸다	늘리는	늘려
④	늘이다	늘렸다	늘이는	늘려

[3-4] 다음 작품을 읽고 물음에 답하시오.

　버스의 덜커덩거림이 좀 덜해졌다. 버스의 덜커덩거림이 더하고 덜하는 것을 나는 턱으로 느끼고 있었다. 나는 몸에서 힘을 빼고 있었으므로 버스가 자갈이 깔린 시골길을 달려오고 있는 동안 내 턱은 버스가 껑충거리는 데 따라서 함께 덜그럭거리고 있었다. 턱이 덜그럭거릴 정도로 몸에서 힘을 빼고 버스를 타고 있으면, 긴장해서 버스를 타고 있을 때보다 피로가 더욱 심해진다는 것을 알고 있었지만 그러나 열린 차창으로 들어와서 나의 밖으로 드러난 살갗을 사정없이 간질이고 불어 가는 유월의 ㉠ 바람이 나를 반수면 상태로 끌어넣었기 때문에 나는 힘을 주고 있을 수가 없었다. 바람은 무수히 작은 입자(粒子)로 되어 있고 그 입자들은 할 수 있는 한 욕심껏 수면제를 품고 있는 것처럼 내게는 생각되었다. 그 바람 속에는 신선한 햇살과 아직 사람들의 땀에 밴 살갗을 스쳐보지 않았다는 천진스러운 저온(低溫), 그리고 지금 버스가 달리고 있는 길을 에워싸며 버스를 향하여 달려오고 있는 산줄기의 저편에 바다가 있다는 것을 알리는 소금기, 그런 것들이 이상스레 한데 어울리면서 녹아 있었다. 햇빛의 신선한 밝음과 살갗에 탄력을 주는 정도의 공기의 저온, 그리고 해풍(海風)에 섞여 있는 정도의 소금기, 이 세 가지만 합성해서 수면제를 만들어 낼 수 있다면 그것은 이 지상(地上)에 있는 모든 약방의 진열장 안에 있는 어떠한 약보다도 가장 상쾌한 약이 될 것이고 그리고 나는 이 세계에서 가장 돈 잘 버는 제약회사의 전무님이 될 것이다. 왜냐하면 사람들은 누구나 조용히 잠들고 싶어 하고 조용히 잠든다는 것은 상쾌한 일이기 때문이다.

　그런 생각을 하자 나는 ㉡ 쓴웃음이 나왔다. 동시에 무진이 가까웠다는 것이 더욱 실감되었다. 무진에 오기만 하면 내가 하는 생각이란 항상 그렇게 엉뚱한 공상들이었고 뒤죽박죽이었던 것이다. 다른 어느 곳에서도 하지 않았던 엉뚱한 생각을 나는 무진에서는 아무런 부끄럼 없이, 거침없이 해내곤 했었던 것이다. 아니 무진에서는 내가 무엇을 생각하고 어쩌고 하는 게 아니라 어떤 생각들이 나의 밖에서 제멋대로 이루어진 뒤 나의 머릿속으로 밀고 들어오는 듯했었다.

　"당신 안색이 아주 나빠져서 큰일 났어요. 어머님의 산소에 다녀온다는 핑계를 대고 무진에 며칠 동안 계시다가 오세요. ㉢ 주주 총회에서의 일은 아버지하고 저하고 다 꾸며 놓을게요. 당신은 오랜만에 신선한 공기를 쐬고 그리고 돌아와 보면 대회생 제약회사의 전무님이 되어 있을 게 아니에요?"

라고, 며칠 전날 밤, 아내가 나의 파자마 깃을 손가락으로 만지작거리며 나에게 ㉣진심에서 나온 권유를 했을 때 가기 싫은 심부름을 억지로 갈 때 아이들이 불평을 하듯이 내가 몇 마디 입안엣소리로 투덜댄 것도 무진에서는 항상 자신을 상실하지 않을 수 없었던 과거의 경험에 의한 조건반사였었다.

내가 나이가 좀 든 뒤로 무진에 간 것은 몇 차례 되지 않았지만 그 몇 차례 되지 않은 무진행이 그러나 그때마다 내게는 서울에서의 실패로부터 도망해야 할 때거나 하여튼 무언가 새 출발이 필요할 때였었다. 새 출발이 필요할 때 무진으로 간다는 그것은 우연이 결코 아니었고 그렇다고 무진에 가면 내게 새로운 용기라든가 새로운 계획이 술술 나오기 때문도 아니었었다.

— 김승옥, 〈무진기행〉

03

이 작품의 서술적 특징으로 가장 적절한 것은?

① 내면 의식의 서술을 통해 주인공의 성격을 드러내고 있다.
② 인물 간의 대화를 빈번하게 제시하여 갈등을 해소시키고 있다.
③ 역사적인 사건을 회고적으로 서술하여 시대 배경을 부각시키고 있다.
④ 장면의 잦은 전환을 통해 인물의 가치관이 달라지고 있음을 드러내고 있다.

04

㉠~㉣에 대한 이해로 적절하지 않은 것은?

① ㉠: '나'에게 긴장을 풀고 공상에 빠지게 하는 존재이다.
② ㉡: 엉뚱한 공상을 하던 '나'에 대해 자조하는 모습이 엿보인다.
③ ㉢: '나'의 무진행의 계기 중 하나로 작용한다.
④ ㉣: '아내'의 말을 긍정하며 그녀의 말을 적극적으로 수용하는 '나'의 태도를 드러낸다.

05

밑줄 친 ㉠의 상황에 가장 적절한 한자성어는?

우리는 어떤 도덕적 질문을 받을 때 거의 무의식적으로 우리 사회에 널리 수용되고 있는 확고한 도덕적 견해, 즉 우리가 자명한 것으로 간주하는 도덕적 직관에 호소해서 답을 찾는 경향이 있다. 이러한 직관주의 윤리학은 우리가 기존에 가지고 있던 도덕적 신념과 정합적이라는 점에서, 또 상식의 도덕에 나름의 이론적 근거와 체계성을 부여한다는 점에서 설득력과 대중적 지지를 확보하고 있다. 반면에 노예 제도나 여성 차별이 한때 대부분의 나라에서 상식에 속했다는 사실에서 알 수 있듯이 직관주의 윤리학은 우리의 도덕적 편견을 고착화하고 정당화할 위험을 안고 있으며, 전통적인 도덕적 질서를 옹호하는 도덕적 보수주의를 대변할 위험도 있다. 더욱이 직관주의 윤리학은 도덕적 직관들이 시대와 장소, 계층과 사람에 따라 다양하고 서로 갈등할 수 있다는 사실 때문에 한계가 나타날 수 있다. 다양한 직관들의 충돌로 인해 갈등을 겪을 때, 그 갈등을 해결하기 위해서 또 다른 직관에 호소한다면 순환 논증의 오류를 범하게 되고, 반대로 ㉠직관에 기초하지 않는 윤리 이론에 호소한다면 직관의 우위와 자명성을 스스로 부인하게 된다.

① 사필귀정(事必歸正)
② 결자해지(結者解之)
③ 자가당착(自家撞着)
④ 자승자박(自繩自縛)

06

다음 글에 대한 설명으로 옳은 것은?

우리 시대를 특징짓는 양상 가운데 하나는 정보 통신 기술의 혁신적 발달과 그로 인한 사회적·문화적 변화들이다. 멀티미디어, 정보 고속도로, 쌍방향 커뮤니케이션, 사이버 스페이스, 가상현실 등 요즘 주목받는 새로운 용어들의 매력은 급변하는 기술·미디어 환경에 대한 우리의 호감과 기대의 표현에 다름 아니다. 그러나 지금 정확히 무엇이 변하고 있는지, 이 변화의 미래는 어떠한지에 대해서는 낙관과 비관의 시나리오들이 혼재한 상태이다.

널리 알려진 맥루한(H. M. McLuhan)의 명제 "미디어는 메시지이다."에 따르면 미디어의 가장 중요한 인식론적 효과는 전달되는 내용보다는 오히려 미디어의 형식에서 야기된다. 그렇다면 사이버 스페이스에서 그 효과는 무엇일까? 컴퓨터의 상호 작용성은 상상할 수 없을 정도의 사실감을 인공적으로 만들어 낼 수 있는 능력의 원천이다. 컴퓨터 게임 앞에서 우리는 드물지 않게 컴퓨터라는 기계, 그리고 게임 소프트웨어를 인격체처럼 대한다. "영리한데!", "멍청이!", "대단한 놈이군!" 등의 반응이 그것이며 단지 프로그램일 뿐인 상대방을 살아 있는 대상으로 여기곤 한다.

이 인공 현실은 어떤 의미에서는 진짜 현실보다 우월하다. 그것은 축축하지 않으며, 먼지도 없고, 귀찮은 부모나 선생님도 없는 공간이다. 그렇게 '정화(淨化)된' 현실이다. 가상의 공간은 정화되었을 뿐 아니라 순치(馴致)된 것이기 때문에 더욱 가상적이다. 컴퓨터, 사이버 스페이스에서 모니터 위에 나타나는 영상을 조작할 수 있으며, 불러올 수 있고, 쫓아 보낼 수 있다. 모니터에서는 모든 장소와 사람, 시간이 소환될 수 있다. 컴퓨터에서 모든 공간, 모든 거리는 나와 키보드, 나와 마우스 간의 거리로 재조정되어 있다. 마우스까지만 갈 수 있다면, 나는 아무 곳이나 갈 수 있고, 어디로부터 떠나올 수 있다. 그 공간에서 거리는 컴퓨터가 반응하는 약간의 시간이라는 의미밖에 갖지 않으며, 따라서 겪어야 하는 거리로서의 공간이라는 의미는 존재하지 않는다. 공간과 더불어 시간도 압축하는 것이다.

이러한 시공간의 변형, 그를 통한 현실의 순치는 어떤 인식론적 효과를 가져올까? 그 분절과 축약은 이 세계의 어떤 부분을 생략하고 보여 주지 않는다. 생생한 인간의 고통과 슬픔, 나아가 인간의 기쁨과 환희가 그 공간에서는 지워진 감정이다. 바람이 불러일으키는 살갗의 시원한 느낌과 그 느낌이 복잡하게 구성되는 체험 전체와 기억 전체의 얼개는 이 축약의 구조가 압축할 수 있는 성질의 것이 아니다. 따라서 우리에게 압축될 수 없는 경험의 내용이 사이버 스페이스의 시공간 구조에서 은밀하게 지워져 나가리라는 지적은 일리가 있다. 문제는 어떤 경험만이 아니라, 그 경험의 주체마저도 '상

실'되는 데 있다. 그러나 이 상실의 구조는 더 깊이 천착될 필요가 있다.

새로운 미디어는 옛 미디어들을 원래의 자리로 돌려놓을 뿐, 그것들을 폐기하지 않는다. 인쇄가 쓰기를 대체하지 않았으며, 쓰기가 이야기를 없애지 않았다. 영화가 연극을 사라지게 하지 않았고, 텔레비전 이후에도 라디오는 어떤 영역에서 자신의 역할을 다하고 있다. 새로운 미디어들은 옛 미디어들에게 그것의 고유한 기능을 되찾도록 강제할 뿐이다. 사이버 스페이스에서도 사정은 마찬가지다. 사이버 스페이스는 현실보다 더 현실 같은 인공의 세계를 보여 줌으로써 우리가 겪어 왔던 진짜 현실의 본래 자리를 돌아보게끔 한다.

인간의 정체성은 그가 살고 있는 장소, 문화의 세세한 면면에 의해 만들어진 것이다. 그렇기 때문에 삶의 물리적·역사적 측면은 자기 인식의 근원이며, 인간이 갖는 모든 정보의 근원이 된다. 그 세계로부터의 정보들—느리고 난해하며 이진 부호로 압축할 수 없는 정보들, 유전자 코드를 통해 면면히 이어지는 정보들—사이버 스페이스가 정말 환기시켜 주는 것은 그것들의 자리와 가치다.

① 속담을 인용해 논지를 펼칠 근거로 삼는다.
② 대상이 변천하는 과정과 그 의의를 살펴본다.
③ 대립적인 견해를 절충하여 결론을 이끌어 낸다.
④ 대상이 지닌 문제보다는 그 내면적 의의에 초점을 둔다.

07

밑줄 친 부분이 어법에 맞는 것은?

① (엄마가 아들의 옷을 직접 입히는 상황) 엄마가 아들에게 옷을 입히게 하였다.
② (엄마가 아기에게 젖을 직접 먹이는 상황) 엄마가 아기에게 젖을 먹이게 하였다.
③ (아빠가 아들에게 책을 읽으라고 말하는 상황) 아빠가 아들에게 책을 읽히게 하였다.
④ (엄마가 딸에게 팽이를 돌리라고 말하는 상황) 엄마가 딸에게 팽이를 돌리게 하였다.

08

밑줄 친 말 중 '관용어'에 해당하지 않는 것은?

① 그는 이웃을 돕는 일에 <u>발 벗고 나서는</u> 사람이다.
② 그 사람은 우리 가게에 <u>발을 끊은</u> 지 오래되었다.
③ 학교 근처를 돌아다니다 보면 <u>발에 채는</u> 것이 PC방이다.
④ 오래 앉아 있었더니 <u>발이 저려서</u> 도저히 걷지를 못 하겠다.

09

㉠에 대한 이해로 가장 적절하지 않은 것은?

> 프로이센의 철학자인 ㉠ <u>임마누엘 칸트</u>는 근대 계몽주의를 정점에 올려놓음은 물론 독일 관념철학의 기초를 세운 것으로 유명하다. 그는 인식론을 다룬 저서는 물론 종교와 법, 역사에 관해서도 중요한 책을 썼는데, 특히 칸트가 나이가 들어서 출간한 『실천이성비판』은 이후 윤리학과 도덕 철학 분야에 지대한 영향을 끼쳤다.
> 이 책에 따르면 악은 단순히 이 세상의 행복을 얻으려는 욕심의 지배를 받아 이를 실천의 원리로 삼는 것이며, 선은 이러한 욕심의 지배에서 벗어나 내부에서 우러나오는 단호한 도덕적 명령을 받는 것이다. 순수하게 도덕적 명령을 따른다는 것은, 오직 의무를 누구나 지켜야만 할 의무이기에 이행한다는 태도, 즉 형식적 태도를 의미한다. 칸트는 태초에 선과 악이 처음에 있어서 원리가 결정되는 것이 아니라 그 반대라는 것을 선언한 것이다.

① 만년(晩年)에 『실천이성비판』을 출간했다.
② 행복을 악으로, 도덕적 명령을 선으로 규정했다.
③ 임마누엘 칸트는 독일 관념철학의 기초를 세웠다.
④ 철학은 물론 종교와 법, 역사에 관한 책을 저술했다.

10

〈보기〉의 설명을 이해한 반응으로 적절하지 않은 것은?

> **보기**
>
> 어휘는 역사성을 지니므로 일정한 시간이 지나면 그 의미가 변한다. 의미 변화의 양상은 다음과 같이 크게 세 가지로 나눌 수 있다.
> (가) 의미 확대: 그 의미의 영역이 넓어진 경우
> (나) 의미 축소: 그 의미의 영역이 좁아진 경우
> (다) 의미 전이: 그 의미의 영역이 자리를 옮긴 경우

① '세수하다'라는 말은 원래 손을 씻는 행위를 나타내었지만, 지금은 얼굴까지 씻는 행위를 나타내는 말로 바뀌었다. 따라서 (가)의 예로 볼 수 있다.
② '놈'이라는 말은 (나)의 예로 볼 수 있다. 원래 '놈'은 남자를 일반적으로 이르는 말이었는데 지금은 남자를 낮추는 말로 사용되고 있기 때문이다.
③ '씩씩하다'라는 말은 (나)의 예로 들 수 있다. 이 말은 원래 엄한 태도를 이르는 '식식하다'에서 온 말이지만, 지금은 용감하고 굳셈을 의미하는 말이 되었기 때문이다.
④ '어여쁘다'라는 말은 원래 '불쌍하다'라는 뜻을 지닌 '어엿브다'에서 온 말이지만, 지금은 '아름답다, 예쁘다'라는 의미로 바뀌어 쓰이고 있다. 그러니까 (다)의 예가 될 수 있다.

11

밑줄 친 ㉠~㉣에 해당하는 한자로 적절하지 않은 것은?

- 이사들은 회장의 발언에 이견을 ㉠ 개진하다.
- 장관이 처음으로 이번 사태에 대해 ㉡ 언급하다.
- 그는 자신의 인생과 학문을 담담하게 ㉢ 술회하다.
- 교사는 적성에 맞는 진로 선택의 중요성을 ㉣ 역설하다.

① ㉠: 開陳   ② ㉡: 言及
③ ㉢: 述懷   ④ ㉣: 逆說

12

㉠에 들어갈 시구로 가장 적절한 것은?

> 살어리 살어리랏다 청산에 살어리랏다
> 멀위랑 드래랑 먹고 청산에 살어리랏다
> 얄리얄리 얄라셩 얄라리 얄라
>
> 우러라 우러라 새여 자고 니러 우러라 새여
> 널라와 시름 한 나도 자고 니러 우니로라
> 얄리얄리 얄라셩 얄라리 얄라
>
> 가던 새 가던 새 본다 믈 아래 가던 새 본다
> 잉 무든 장글란 가지고 믈 아래 가던 새 본다
> 얄리얄리 얄라셩 얄라리 얄라
>
> 이링공 뎌링공 ᄒᆞ야 나즈란 디내와손뎌
> _____㉠_____ 바므란 쏘 엇디 호리라
> 얄리얄리 얄라셩 얄라리 얄라
>
> — 작자 미상, 〈청산별곡〉

① 니믈 뫼셔 녀곤
② 미리도 괴리도 업시
③ 오리도 가리도 업슨
④ 즈믄 히를 외오곰 녀신들

[13-14] 다음 글을 읽고 물음에 답하시오.

예술은 인간의 삶과 밀접한 관련을 맺으면서 발전해 왔다. 예술에 대한 인간의 인식은 고정불변의 것이 아니었고, 시대에 따라 다른 양상을 띠면서 변화해 왔다.

고대인은 오늘날 우리가 예술로 이해하는 활동들을 다른 종류의 기술들과 분리하여 생각하지 않았다. 그들은 회화, 조각, 목공술, 의술 등을 공히 '기예'라고 불렀다. 세상의 모든 것은 이데아(idea)를 모방한 것이라고 보았던 고대 그리스의 철학자 플라톤은 회화나 조각이 이데아를 모방한 현실 세계를 다시 모방한 것이라고 생각하여 예술을 사이비 기술로 간주하였다. 그에게는 예술이란 오히려 다른 기술보다 못한 것이었던 셈이다. 그러나 플라톤의 제자 아리스토텔레스는 시(詩)를 인간 행위들을 특정한 규칙에 따라 재현하는 기예로 간주함으로써, 예술적 모방을 인간의 삶에 대한 높은 이해와 동일시하였다. 그는 시를 철학적이고 도덕적인 가치를 지니고 있는 정신 활동이라고 보았다.

아리스토텔레스가 예술적 모방을 의미 있는 정신 활동으로 이해함으로써 회화나 조각도 시와 동일하게 지적인 정신 활동으로 인정될 수 있는 가능성이 열리게 된다. 그러나 이와 같은 가능성이 현실화되는 데에는 적지 않은 시간이 요구되었다. 즉 17세기가 되어서야 그것들이 기술과 구별되어 '예술'이라는 고유한 이름으로 불리며 교양 학문에 속하게 된 것이다. 교양 학문은 말 그대로 자유롭고 한가한 사람들이 문화에 대한 폭넓은 지식을 함양하는 데 필요한 학문을 의미한다. 예술이 교양 학문에 속하게 된 것은 중요한 변화를 함의한다. 교양 학문과 기술의 구분은 사회적 계층의 분할에 상응하는 것이었기 때문에 예술이 교양 학문에 속했다는 것은 예술이 실용적 목적의 생산 활동에 종사하던 노예들의 기술과 구별되었다는 것을 의미한다. 교양 학문이 됨으로써 예술은 정신적 가치를 표현하는 다른 이성적 학문들과 동등한 지위를 획득할 수 있게 되었던 것이다.

이후 예술이 교양 학문으로부터 분리되어 하나의 독립적 사유의 대상이 되고 그것을 통해 새로운 사유 체제가 확립된 것은 또 다른 변화를 통해서이다. 근대에 이르러 자유로운 표현 활동이라는 예술의 내재적 특징에 주목하기 시작하면서 예술은 전통적인 방식으로 규정된 교양 학문의 틀에서 벗어나기 시작하였다. 즉 예술은 이성적 규범에 얽매이지 않는 자유로움이 있기 때문에 이성적 활동으로서의 교양 학문과는 다른 독자적인 학문이 될 수 있는 가능성을 발견하였던 것이다. 이러한 가능성을 가장 먼저 알아차린 사람은 독일의 철학자 바움가르텐이었다. 그는 감성적 인식을 바탕으로 한 자유분방한 인간의 창작 활동을 예술로 보았고, 예술은 고유한 영역을 지닌 독자적인 학문으로 이론화될 수 있다고 보았다. 바움가르텐은 근대에 나타난 이러한 예술에 대한 새로운 사유 체계를 '미학'이라는 학문으로 정립하였다. 그가 감성적 인식의 학문으로서 미학을 ㉠ <u>주창한</u> 것은 바로 이러한 예술에 대한 근대인들의 인식 변화에 대한 응답이었다고 할 수 있다.

13

다음 글의 내용과 일치하지 않는 것은?

① 예술이 기술과 구별되어 고유한 이름을 갖게 된 것은 17세기에 이르러서였다.
② 예술은 교양 학문이 되면서 정신적 가치를 표현하는 학문으로 인정받게 되었다.
③ 이성에 얽매이지 않는 속성이 중시되면서 예술은 교양 학문에 편입될 수 있었다.
④ 예술의 내재적 특징에 주목하면서 감성적 인식으로서의 미학이 탄생하게 되었다.

14

㉠의 사전적 뜻풀이로 가장 적절한 것은?

① 주의나 사상을 앞장서서 주장하다.

② 어떤 일을 책임지고서 맡아 관리하다.

③ 학설 따위를 별 판단 없이 믿고 따르다.

④ 일이 잘되도록 여러 가지 방법으로 힘쓰다.

15

발화 의도를 고려할 때, ㉠과 가장 관련이 있는 말은?

> 큰 키의 사내는 후딱 몇 걸음 물러서며 오버 주머니에 오른손을 잽싸게 넣었다.
>
> 그의 시선은 억구가 양복 윗주머니의 불룩한 것을 움켜쥐고 있는 것에 머물러 있었다.
>
> "아까두 말했지만, 그 술집에서 난 놈에게 이주걱댔죠. 그래 자넨 분명 우리 아버질 잡았겄다? 그래 벌초를 매년 해 왔다구? ㉠아 고마워, 고마워…… 하고 말입네다. 헌데 그 득칠일 난 그날 밤 죽이고야 만 것입니다. 글쎄, 나두 그걸 모르겠수다. 왜 내가 그 득칠일 죽였는지……."
>
> 여직 들어 보지 못한 맥 빠진, 그렇게 풀이 죽은 목소리로 말했다.
>
> — 전상국, 〈동행〉

① 結草報恩   ② 感慨無量

③ 晩時之歎   ④ 表裏不同

16

다음 글에 나타난 '공방'의 태도로 가장 적절하지 않은 것은?

> 공방이 아랫사람들에게 하는 말이,
>
> "내가 얼마 전에 임금님을 뵙고 혼자 천하의 정치를 도맡아 보아 장차 나라의 경제와 백성의 재물을 넉넉하게 하고자 하였더니, 이제 하찮은 죄로 내버림을 당하게 되었지만, 나아가 쓰이거나 쫓겨나 버림을 받거나 나로서는 더하고 손해날 것이 없다. 다행히 나의 남은 목숨이 실오라기처럼 끊어지지 않고, 진실로 주머니 속에 감추어 말없이 내 몸을 성하게 지녔다. 가서 뜬 마름과 같은 자취로 곧장 강가로 돌아가 낚싯줄을 드리워 고기나 낚아 술을 사며, 뱃길로 돈을 번 사람들과 더불어 술 실은 배에 둥실 떠 마시면서 한평생을 마치면 그만이다. 비록 천종(千鍾)의 녹(祿)과 오정(五鼎)의 밥인들 내 어찌 그것을 부러워하여 이와 바꾸랴. 그러나 나의 술(術)이 아무래도 오래면 다시 일어나리로다."
>
> 하였다.
>
> — 임춘, 〈공방전〉

① 자신의 훗날을 기약하고 있다.

② 자신의 과거 행적을 옹호하고 있다.

③ 자신이 처한 상황을 수용하고 있다.

④ 자신의 잘못에 대해 용서를 구하고 있다.

17

㉠과 ㉡을 수행하는 접사가 사용된 예로 적절하지 않은 것은?

> 현대 국어에서 어근에 접사가 결합하여 파생어를 만들어 내는 문법적인 방법을 파생법이라고 한다. 접사는 어근이 되는 원래 단어의 문법적인 성질은 바꾸지 않고 특정한 의미만을 덧붙이는 ㉠한정적 기능을 하거나, 어근에 특정한 뜻만을 덧붙이는 것이 아니라 문장의 통사적 구조를 바꾸거나 어근의 품사를 바꾸는 ㉡지배적 기능을 한다.

① ㉠: 남의 말을 <u>엿</u>듣고 있었다.

② ㉠: 그들이 <u>헛</u>소문을 퍼뜨렸다.

③ ㉡: 거리에 사람이 들<u>끓</u>었다.

④ ㉡: 도둑이 경찰에게 잡<u>히</u>었다.

18

다음 대화에 대한 이해로 적절하지 않은 것은?

> 창수: ㉠이 책을 우리 동아리에서 '이달의 책'으로 정해서 읽는 것이 어떨까?
>
> 주연: 글쎄……, ㉡그 책은 고등학생이 읽기에는 어렵다는 평이 있더라고. 이 책은 어때?
>
> 창수: 어제 이 책을 읽었는데 다소 어렵긴 하더라고. 그럼, 네가 말한 책을 '이달의 책'으로 정할까?
>
> 주연: ㉢그게 좋겠는데, ㉣우리끼리 정할 수는 없어. 은혜가 아직 오지 않았잖아.
>
> 창수: 어쨌든 책이 정해지면 내일부터 읽기 시작해야겠네. 은혜에게 전화해 봐야겠다. (은혜에게 전화를 걸어 통화하며) 은혜야, 어디쯤 ㉤오고 있니? ㉥우리 약속을 잊은 건 아니지?
>
> 은혜: (통화하며) 미안. 지금 ㉦가고 있어. 곧 도착할 거야.
>
> 주연: (걱정스러운 말투로) 무슨 일 있는 건 아니지? 전에는 ㉧이런 일이 없었잖아.

① ㉠과 ㉡은 동일한 대상을 가리키고 있는 표현이다.

② ㉢과 ㉧은 대상에 대한 물리적 거리를 나타내는 표현이다.

③ ㉣과 ㉥은 가리키는 대상이 서로 동일하지 않은 표현이다.

④ ㉤과 ㉦은 동일한 행위이지만, 발화자에 따라 달라진 표현이다.

19

다음 글의 순서로 가장 적절한 것은?

> (가) 커뮤니케이션 이론을 연구해 온 학자들은, 누군가를 설득하려고 할 때 이득을 강조하는 것보다 손실을 강조하는 것이 더욱 효과적이라고 말한다. 따라서 매스 커뮤니케이션에서는 수신자에게 위협이나 공포감을 느끼게 하여 설득하는 전략을 자주 이용하는데, 이것을 '위협 소구(fear appeal)'라고 한다. 안전 운전을 유도하기 위해 교통사고의 참혹한 장면을 담은 영상을 보여주는 공익 광고나, '당신이 이 세상에 존재하지 않게 되었을 때를 대비하라.'라는 메시지를 전달하는 보험 광고 등은 모두 이러한 전략을 활용한 것이라고 할 수 있다.
>
> (나) 이러한 실험 결과들을 보면서 재니스는 자신이 앞서 했던 실험이 완전한 것이 아니었음을 알게 되었다. 하지만 그는 여전히 수신자들의 반응을 결정하는 가장 중요한 요인은 위협의 강도라는 생각을 바꾸지 않았다. 그는 다시 여러 실험을 통해 정상적인 사람에게 아주 낮은 강도의 위협이 주어지면 일반적으로 행동이 크게 변하지 않

으며, 반대로 아주 높은 강도의 위협이 주어져도 오히려 경계심을 높여 설득 효과가 크지 않다는 것을 밝혀내었다. 이러한 연구 결과에 기초하여 그는 위협 소구와 관련된 새로운 모델을 만들었다. 이 모델에 따르면, 위협의 강도와 태도 변화 간의 관계는 곡선을 형성하게 된다. 너무 높은 수준이나 너무 낮은 수준의 위협은 약간의 태도 변화를 일으키지만, 중간 수준의 위협은 상당히 큰 태도 변화를 유도할 수 있다는 것이다. 이와 같이 수정된 재니스의 이론은 오랫동안 위협 소구와 설득 효과의 관계를 설명하는 지배적 관점이 되었다.

> (다) 하지만 그 뒤에 이어진 레벤달의 실험은 재니스의 연구 결과와는 다른 것이어서 새롭게 주목을 받았다. 레벤달은 설득 효과에 영향을 주는 요인을 위협 강도가 아닌 다른 데서 찾았다. 즉 그는 수신자에게 요구하는 내용이 수신자의 입장에서 자신에게 올 수 있는 위협을 제거하는 데 효과적일 것이라고 지각될 때만 위협 소구가 수신자의 태도와 행동 변화에 영향을 미칠 수 있으며, 이것은 위협의 강도와는 상관이 없다고 주장하였다. 또한 요구하는 내용의 구체성을 조작하여 실험한 결과, 위협 강도와는 관계없이 위협 소구에서 요구하는 내용이 구체적이고 자세할수록 수신자들을 설득하는 데 더 효과가 있었다고 주장하였다. 그리고 레벤달이 나일스와 함께 한 실험에서는 요구하는 내용이 이행하기 쉬우면 쉬울수록 설득 효과가 높아진다는 결론을 얻기도 하였다.

> (라) 재니스는 우선 위협의 강도에 따라 위협 소구의 설득 효과가 달라질 것이라고 생각하고 이와 관련된 실험을 수행하였다. 한 고등학교 신입생들을 세 집단으로 나눈 후, 이들을 대상으로 치아 위생과 관련된 세 가지 수준의 위협 메시지를 각각 수업의 형태로 전달했다. 그리고 수업을 듣고 난 일주일 후에는 학생들에게 치아 위생과 관련된 생활 습관에 대해 설문을 실시하였다. 이 실험 결과에 의하면 치아 위생을 위한 행동 변화에는 가장 약한 수준의 위협 메시지가 가장 효과적이었고, 가장 강한 수준의 위협 메시지는 가장 효과가 적은 것으로 나타났다. 이것을 통해 재니스는 위협의 강도가 너무 강한 위협 소구는 설득 효과를 오히려 감소시킨다는 결론을 이끌어 냈다.

> (마) 그런데 위협을 이용한 모든 설득 전략이 동일한 설득 효과를 갖는 것은 아니다. 어떤 경우에는 위협 소구를 이용한 광고를 본 수신자가 상당한 행동 변화를 보이기도 하지만, 어떤 경우에는 행동 변화가 거의 일어나지 않기도 한다. 오랫동안 위협 소구를 연구해 온 재니스는 모두 위협 소구를 사용했음에도 불구하고 설득 효과에 차이가 나타나는 것에 대해 의문을 갖게 되었다.

① (가) - (나) - (마) - (다) - (라)

② (가) - (마) - (라) - (다) - (나)

③ (라) - (가) - (나) - (다) - (마)

④ (라) - (다) - (가) - (마) - (나)

20

다음 중 밑줄 친 단어가 의미에 맞게 사용되지 않은 것은?

① 우리는 날씨가 맑기를 <u>기대</u>했다.
② 도서관의 장서는 해마다 <u>증가</u>하고 있다.
③ 제품의 문제점을 <u>보완</u>해 상품을 다시 출시했다.
④ 나는 지난날의 잘못을 주변 사람들에게 <u>숙고</u>했다.

21

문장 부호의 사용이 적절하지 않은 것은?

① 빨강 · 초록 · 파랑이 빛의 삼원색이다.
② (   )이/가 우리나라의 보물 제1호이다.
③ 아이들이 모두 학교[에, 로, 까지] 갔어요.
④ 김 과장은 기획–실무–홍보까지 직접 발로 뛰었다.

22

다음 중 ㉠의 예로 적절하지 않은 것은?

> 대화의 목적에 성공적으로 도달하기 위해 대화 참여자가 대화의 각 단계에서 지켜야 하는 원리를 '협력의 원리'라고 한다. 그중 대화의 목적에 필요한 만큼의 정보를 제공해야 한다는 원리를 '양의 격률'이라 하고, 대화의 목적이나 주제와 관련된 것을 말해야 한다는 원리를 '관련성의 격률'이라고 한다. 또 명확한 의미를 간결한 표현에 담되 언어 예절을 지켜야 한다는 원리를 '태도의 격률'이라고 하며, 타당한 근거를 들어 진실을 말해야 한다는 원리를 '질의 격률'이라고 하는데, <u>㉠ 때로는 일부러 이를 어김으로써 자신의 의사를 효과적으로 전달하거나 표현의 재미를 높이는 경우도 있다.</u>

① A: 나 만 원만 잠깐 빌려 줘.
　B: 며칠 전에 생일선물을 사느라 용돈이 바닥났어.
② A: 영어 공부 많이 했어?
　B: 아마 내 몸을 꾹 짜면 알파벳이 쏟아질걸.
③ A: 미안하지만, 지우개 좀 주워 줘.
　B: 너는 손이 없니, 발이 없니?
④ A: 너는 키가 몇이니?
　B: 나의 키가 궁금하구나. 나는 185센티미터야.

23

다음 중 밑줄 친 외래어 표기가 옳은 것은?

① 내 키는 153<u>센치미터</u>(centimeter)이다.
② 야구 <u>글로브</u>(glove) 없이 야구하기란 쉽지 않다.
③ 조카에게 <u>후라이드치킨</u>(fried chicken)을 사 주었다.
④ 동생은 음식점에서 <u>발레파킹</u>(valet parking) 일을 한다.

24

'안동 할머니'의 행동과 관련이 있는 한자 성어로 적절한 것은?

> 안동 할머니께서는 이번은 이왕에 그렇게 되었지만 다음 기회를 위해서 묘방을 쓰자고 제안하셨다. 어린것의 이름에 '사내 남(男)' 자를 넣자는 것이다. 고모 아주머니가 두 번째 딸을 낳고 그 이름 끝의 자에 '사내 남' 자를 넣더니 셋째 번에는 아들을 낳았다. 청안댁 아주머니는 딸만 셋 낳았으나, 딸아이를 옥남(玉男)이라 짓고서 다음번에는 옥동자를 낳았다. 안동 할머니께서 아시는 신기한 사례는 얼마든지 있었다. 사내 남(男) 자를 넣고도 여전히 여자아이를 낳은 어머니들의 숫자도 그만큼 있음직한데 그런 말씀은 하지 않으셨다.
>
> – 김태길, 〈삼남 삼녀(三男三女)〉

① 암중모색(暗中摸索)
② 견강부회(牽强附會)
③ 부화뇌동(附和雷同)
④ 동상이몽(同床異夢)

25

⊙에 담긴 의미를 가장 잘 표현한 것은?

> 그동안 나는
> 내 뒷모습이 아름다워지기를 바라는 사치를 부려 왔다.
> 내 뒷모습에 가끔 함박눈이 내리고
> 세한도의 소나무가 서 있고
> 그 소나무에 흰 눈꽃이 피기를 기다려 왔으나
> 내 뒷모습에도 그믐달 같은 슬픈 얼굴이 있었다.
> 오늘은 내 뒷모습에 달린 얼굴을 향해 개가 짖는다.
> 아이들이 달려와 돌을 던진다.
> 뒷모습의 그림자끼리 비틀비틀 걸어가는 어두운 골목
> 보행등의 흐린 불빛조차 꺼져 버린다.
> 내일은 내 남루한 뒷모습에 강물이 흘러라.
> 내 뒷모습의 얼굴은 둥둥 강물에 떠내려가
> ⊙ 배고픈 백로한테 쪼아 먹혀라.
>
> – 정호승, 〈뒷모습〉

① 나의 희생을 기대하는 사람에게 나를 바치고 싶어라!
② 나약한 모습이라도 다른 사람에게 힘이 될 수 있겠군!
③ 죽음의 순간만큼은 아름다운 자연에서 맞이하고 싶구나!
④ 초라한 나의 모습이 산산이 부서져 없어져 버렸으면 좋겠다!

01

다음 중 밑줄 친 외래어 표기가 옳은 것은?

① 벤치에 앉아 <u>스프링쿨러</u>(sprinkler)를 바라보고 있었다.
② <u>레프리</u>(referee)에게 항의하던 선수는 결국 퇴장을 당했다.
③ 날이 좀 쌀쌀해진다고 해서 <u>카디건</u>(cardigan)을 가지고 나왔어.
④ 현대 사회에서 <u>라이센스</u>(license)의 취득은 여러 가지 면에서 중요하다.

02

띄어쓰기 규정에 맞지 않는 것은?

① 내일은∨비가∨올∨듯도∨싶다.
② 나는∨실수로∨그릇들을∨깨버렸다.
③ 그는∨잡은∨물고기를∨줄에∨매달아∨놓았다.
④ 아이들의∨요구를∨다∨들어∨주다∨보면∨버릇이∨나빠질∨수∨있다.

03

다음 중 밑줄 친 단어가 의미에 맞게 사용된 것을 모두 고른 것은?

> ㉠ 내가 돈이 생기면 <u>한목</u>에 갚을게.
> ㉡ 그는 시골구석에서 재능을 <u>썩이고</u> 있다.
> ㉢ 그녀는 초저녁에 와서 <u>입때</u> 너를 기다렸다.
> ㉣ 어머니는 죽을 쑤시려는지 쌀을 <u>찧고</u> 계셨다.

① ㉠, ㉡　　　　　　　② ㉢, ㉣
③ ㉠, ㉢, ㉣　　　　　④ ㉡, ㉢, ㉣

04

밑줄 친 단어 중 한글 맞춤법에 모두 맞는 문장으로 옳은 것은?

① 오늘이 종강인데 <u>찌개</u>를 먹으면서 <u>뒷풀이</u>를 합시다.
② 냉장고의 <u>급냉</u>을 위한 칸에 <u>미숫가루</u>를 태운 물을 넣었다.
③ 지게꾼은 몹시 화가 나신 듯 얼굴이 <u>붉으락푸르락</u> 달아올랐다.
④ <u>엊그저께</u> 친 시험의 성적표를 받으니, 내 머릿속이 <u>백짓장</u>처럼 변했다.

05

아래의 문장이 들어가기에 가장 적절한 위치는?

> 그렇다. 현대 미술은 이미 게임이 된 지 오래다.

> 흔히 현대 미술은 친절하지 않다고들 말한다. 일반 관객에게 그 자리에서 모든 것을 알려 주어야 하는데, 첫눈에 그 정체를 파악하기가 도무지 쉽지 않다. (㉠) 미술에 대한 고정관념의 테두리 안에서 본다면 현대 미술이 영 마땅치 않을 것이다. (㉡) 어떤 게임이든 게임에는 룰이 있으며 그것을 모르고서는 그 게임에 직접 끼어들 수도, 즐겁게 관전할 수도 없다. (㉢) 우리가 어떤 스포츠 경기라도 그 룰을 아는 만큼 즐길 수 있듯이, 현대 미술도 정말 아는 만큼 그 매력에 빠져들 수 있는 분야다. (㉣) 다만 비교적 간단한 룰이 적용되는 일반적인 스포츠나 게임들과는 달리 현대 미술은 그 룰이 꽤 복잡하고 다면적이며 그것을 이해하는 만큼 눈에 들어오고 느껴지는 감성의 폭이 매우 다르다.

① ㉠　　　　　　　　② ㉡
③ ㉢　　　　　　　　④ ㉣

06

문맥상 ㉠과 바꿔 쓸 단어로 가장 적절한 것은?

세계화는 확실히 오늘날 거역할 수 없는 거대한 추세다. 우리가 이를 반기든 싫어하든 세계화는 엄연한 현실이다. 이러한 추세가 어느 정도로 언제까지 계속될지는 누구도 알지 못한다. 다만 세계화의 추진 엔진이었던 미국이 세계화의 물결로부터 거꾸로 헤엄치기 시작하면 지금의 추세는 크게 변화할 것이다.

세계화는 한편으로는 생산의 효율성을 높임으로써 인류의 복리 증진에 기여하지만, 다른 한편으로는 가혹한 경쟁의 결과로 많은 사람들을 ㉠ 몹시 곤궁하여 고통스러운 지경에 빠뜨린다. 그리고 이런 경쟁은 자본주의의 가장 큰 모순인 '부익부 빈익빈'을 가속화시켜 계층 간의 격차를 더욱 확대한다는 문제를 안고 있다. 21세기의 오늘을 살아가는 사람들에게 세계화는 기회이자 위협인 셈이다.

① 도탄(塗炭)　　　　② 고충(苦衷)
③ 난관(難關)　　　　④ 곤욕(困辱)

07

다음 글의 ㉠에 나타난 글쓴이의 태도를 가장 잘 나타낸 것은?

내가 집이 가난해서 말이 없으므로 혹 빌려서 타는데, 여위고 둔하여 걸음이 느린 말이면, 비록 급한 일이 있어도 감히 채찍질을 가하지 못하고 조심조심하여 곧 넘어질 것같이 여기다가, 개울이나 구렁을 만나면 내려서 걸어가므로 후회하는 일이 적었다. 발이 높고 귀가 날카로운 준마로서 잘 달리는 말에 올라타면, 의기양양하게 마음대로 채찍질하여 고삐를 놓으면 언덕과 골짜기가 평지처럼 보이니 심히 장쾌하였다. 그러나 어떤 때에는 위태로워서 떨어지는 근심을 면치 못하였다.

㉠ 아! 사람의 마음이 옮겨지고 바뀌는 것이 이와 같을까? 남의 물건을 빌려서 하루아침 소용에 대비하는 것도 이와 같거든, 하물며 참으로 자기가 가지고 있는 것이랴.

그러나 사람이 가지고 있는 것이 어느 것이나 빌리지 아니한 것이 없다. 임금은 백성으로부터 힘을 빌려서 높고 부귀한 자리를 가졌고, 신하는 임금으로부터 권세를 빌려 은총과 귀함을 누리며, 아들은 아비로부터, 지어미는 남편으로부터, 비복(婢僕)은 상전으로부터 힘과 권세를 빌려서 가지고 있다. 그 빌린 바가 또한 깊고 많아서 대개는 자기 소유로 하고 끝내 반성할 줄 모르고 있으니 어찌 미혹(迷惑)한 일이 아니겠는가?

그러다가도 혹 잠깐 사이에 그 빌린 것이 도로 돌아가게 되면, 만방(萬邦)의 위에 있던 임금도 짝 잃은 지아비가 되고, 백승(百乘)을 가졌던 집도 외로운 신하가 되니, 하물며 그보다 더 미약한 자야 말할 것이 있겠는가?

맹자가 일컫기를 "남의 것을 오랫동안 빌려 쓰고 있으면서 돌려주지 아니하면 어찌 그것이 자기의 소유가 아닌 줄 알겠는가?" 하였다. 내가 여기에도 느낀 바가 있어서 차마설을 지어 그 뜻을 넓히노라.

― 이곡, 〈차마설(借馬說)〉

① 인간의 옳지 못한 본성을 탄식한다.
② 새로운 사실을 깨닫고 만족스러워한다.
③ 다른 사람도 자신과 같은지 확인하려 한다.
④ 마음이 쉽게 변하는 이유를 궁금하게 여긴다.

08

㉠의 '뒤-'와 의미가 가장 유사한 것은?

어려운 시기를 넘기더니 그는 완전히 새사람으로 ㉠ 뒤바뀌어 있었다.

① 거리는 갑자기 몰려나온 인파로 뒤끓고 있었다.
② 바다와 하늘이 어둠 속에 한데 뒤엉키고 있었다.
③ 남이 이야기하면 항상 그 말을 뒤받는 사람이 있다.
④ 민간 여객기 납치 사건은 온 세계를 뒤흔들어 놓았다.

09

다음 작품에 대한 설명으로 가장 적절한 것은?

> 정작 큰오빠 스스로가 자신이 그려 놓은 신화에 발이 묶이고 말았다. 공장에서 돈을 찍어 내서라도 동생들을 책임져야 했던 시절에는 우리들이 그의 목표였다. 새로운 사업을 시작할 때마다 실패할 수 없도록 이를 악물게 했던 힘은 그가 거느린 대가족의 생계였다. 하지만 지금은 동생들이 모두 자립을 하였다. 돈도 벌 만큼 벌었다. 한때 그가 그렇게 했듯이 동생들 또한 젊고 탱탱한 활력으로 사회 속에서 뛰어가고 있었다. 저들이 두 발로 달릴 수 있게 된 것은 누구 때문인가, 라고는 묻고 싶지 않지만 노쇠해 가는 삶의 깊은 구멍은 큰오빠를 무너지게 하였다. 몇 년 전의 대수술로 겨우 목숨을 건진 이후부터는 눈에 띄게 큰오빠의 삶이 흔들거렸다. 이것도 해선 안 되고 저것도 위험하며 이러저러한 일은 금하여라, 는 생명의 금칙이 큰오빠를 옥죄었다. 열심히 뛰어 도달해 보니 기다리는 것은 허망함뿐이더라는 그의 잦은 한탄을 전해 들을 때마다 나는 큰오빠가 잃은 것이 무엇인가를 생각해 보지 않을 수 없었다. 내가 수없이 유년의 기록을 들추면서 위안을 받듯이 그 또한 끊임없이 과거의 페이지를 넘기며 현실을 잊고 싶어 하는지도 모를 일이었다. 그러면서 한 발자국 한 발자국씩 이 시대에서 멀어지는 연습을 하는지도.
>
> (중략)
>
> 기대했던 대로 홀 안은 한껏 어두웠다. 살그머니 들어온 탓인지 취흥이 도도한 홀 안의 사람들 가운데 나를 주목한 이는 한 사람도 없었다. 구석에 몸을 숨기고 서서 나는 무대를 쳐다보는 중이었다. 이제 막 여가수 한 사람이 스포트라이트를 받으며 등장하는 중이었다. 은자의 순서는 끝난 것인지, 지금 등장한 여가수가 바로 은자인지 나로서는 전혀 알 도리가 없었다. 내가 서 있는 자리에서 무대까지는 꽤 먼 거리였고 색색의 조명은 여가수의 윤곽을 어지럽게 만들어 놓기만 하였다. 짙은 화장과 늘어뜨린 머리는 여가수의 나이조차 어림할 수 없게 하였다. 이십오 년 전의 은자 얼굴이 어땠는가를 생각해 보려 애썼지만 내 머릿속은 캄캄하기만 하였다. 노래를 들으면 혹시 알아차릴 수도 있을 것 같아 나는 긴장 속에서 여가수의 입을 지켜보았다. 서서히 음악이 흘러나오기 시작하였다. 악단의 반주는 암울하였으며 느리고 장중하였다. 이제까지의 들떠 있던 무대 분위기는 일시에 사라지고 오직 무거운 빛깔의 음악만이 좌중을 사로잡았다.
>
> – 양귀자, 〈한계령〉

① 작품 밖의 서술자가 사건의 전모를 분석함으로써 독자의 내용 이해를 용이하게 하고 있다.

② 서술자가 자신의 이야기를 직접 서술함으로써 주인공의 내면 심리를 섬세하게 표현하고 있다.

③ 작품 내의 서술자가 다양한 관점에서 사건을 서술하여 독자가 입체적으로 내용을 이해하게 한다.

④ 서술자가 객관적 위치에서 체험한 사실을 전달함으로써 독자가 그 장면을 직접 보는 느낌을 주고 있다.

10

(가)와 (나)의 공통점으로 가장 적절한 것은?

> (가) 생사(生死)길은
>   예 있으매 머뭇거리고
>   나는 간다는 말도
>   못다 이르고 어찌 갑니까.
>   어느 가을 이른 바람에
>   이에 저에 떨어질 잎처럼
>   한 가지에 나고
>   가는 곳 모르온져
>   아아, 미타찰(彌陀刹)에 만날 나
>   도(道) 닦아 기다리겠노라.
>
> – 월명사, 〈제망매가(祭亡妹歌)〉
>
> (나) 나 하늘로 돌아가리라.
>   새벽빛 와 닿으면 스러지는
>   이슬 더불어 손에 손을 잡고,
>   나 하늘로 돌아가리라.
>   노을빛 함께 단 둘이서
>   기슭에서 놀다가 구름 손짓하면은,
>
>   나 하늘로 돌아가리라.
>   아름다운 이 세상 소풍 끝내는 날,
>   가서, 아름다웠더라고 말하리라……
>
> – 천상병, 〈귀천(歸天)〉

① 자신의 생각에 확신이 없는 어조가 나타난다.

② 반복을 통해 의미를 점층적으로 강화하고 있다.

③ 죽음을 끝이 아닌 새 삶의 시작으로 받아들이고 있다.

④ 작자의 의도를 말하고자 하는 것과 정반대로 말하고 있다.

11

다음 글에 대한 설명으로 가장 적절한 것은?

우리나라의 유명 감독이 연출한 영화의 일부를 패러디해 만든 단편 영화가 중국의 여러 인터넷 사이트에 나돌고 있다. 분개한 감독은 거액의 소송을 내겠다고 밝혔다. 이런 예에서 보듯 중국의 인터넷 공간은 지적 재산권의 무풍지대로 악명이 높다. 다양한 할리우드 영화와 중국 히트곡, 인기 높은 온라인 게임과 소프트웨어 등이 여러 사이트에서 무단으로 사용됐다. 1억 1천 명의 네티즌과 69만여 개의 사이트를 거느린 인터넷 대국에서 지적 재산권은 늘 뒷전이다. 중국 당국은 지난 연말 넉 달 동안 인터넷 단속을 통해 170여 건의 침해 사례를 적발했다. 중국 당국은 76개 사이트를 폐쇄 조치하고 29개 사이트에 대해 모두 1억 원의 벌금을 부과했다. 형법을 위반한 18건은 사법 기관으로 넘겼다. 인터넷에 대한 중국 당국의 관리감독은 더욱 강화되는 추세이다. 그러나 일각에서는 지적 재산권 보호 노력이 언론 통제로 이어지지 않을까 우려하는 목소리도 높다.

① 지적 재산권에 대한 관심이 세계로 확산되는 현실을 알리고 있다.
② 중국의 지적 재산권 침해에 대해 한국 정부의 대책을 촉구하고 있다.
③ 지적 재산권에 대한 중국의 대책이 우리에게 미칠 영향을 알리고 있다.
④ 중국에 만연된 지적 재산권 침해와 중국 정부의 대응책을 소개하고 있다.

12

다음 중 안긴문장의 개수가 다른 하나는?

① 내가 기른 강아지는 다리가 짧다.
② 친구가 읽고 있는 책은 소설책이다.
③ 철수는 수민이 이미 떠났음을 알았다.
④ 그는 나에게 내가 참 예쁘다고 말했다.

13

우리말 어법에 맞는 문장으로 옳은 것은?

① 그 사람은 벌써 갔는 모양이다.
② 선생님께서 너 오시라고 하셨어.
③ 좋은 사람이 있으면 소개시켜 줄래?
④ 그가 범인으로 생각되어 경찰에 신고했다.

14

다음 중 음운 변동의 유형이 다른 하나는?

① 여인은 나에게로 와서 나의 웃음이 되었다.
② 동생은 키가 커서 농구 경기에서 유리하다.
③ 아버지는 처음 보는 기계를 능숙하게 다뤘다.
④ 대학교 동창을 오랜만에 봐서 기분이 좋았다.

15

㉠~㉢에 대한 사례로 적절하지 않은 것은?

관형어와 부사어는 다른 문장 성분이나 문장 전체를 꾸며 주는 기능을 한다. ㉠ 관형어는 체언을 꾸며 주고, 부사어는 용언과 관형사, 다른 부사 및 문장 전체를 꾸며 준다. 그러나 예외적으로 ㉡ 부사어가 명사나 대명사 등의 체언을 수식하는 경우도 있다. 관형어와 부사어는 다른 문장 성분의 의미를 더욱 풍부하게 해 주는 역할을 하므로 ㉢ 문장의 성립에 꼭 필요한 필수 성분은 아니다. 그러나 부사어 중에는 ㉣ 문장의 성립에 꼭 필요한 필수 부사어도 있다.

① ㉠: 산과 바다 가운데 어느 곳을 더 좋아하니?
② ㉡: 우리 동네 우체국은 경찰서 바로 옆에 있다.
③ ㉢: 동생은 나와 많은 면에서 다르지만, 식성은 같다.
④ ㉣: 간호사를 아주 천한 직업으로 여기던 때도 있었습니다.

16

㉠~㉣ 중 '된소리되기'가 일어나는 단어를 모두 고른 것은?

- 이번 달은 불법 무기 자진 ㉠ 신고 기간입니다.
- 아이는 어떤 양말을 ㉡ 신고 갈까 고민하고 있다.
- ㉢ 잠자리에서 막 일어나는데 전화벨 소리가 울렸다.
- 꽃망울을 단 수련 위로 ㉣ 잠자리가 미끄러지듯 난다.

① ㉠, ㉢   ② ㉠, ㉣
③ ㉡, ㉢   ④ ㉡, ㉣

[17-18] 다음 글을 읽고 물음에 답하시오.

근읍(近邑) 수령이 모여든다. 운봉 영장(營將), 구례, 곡성, 순창, 옥과, 진안, 장수 원님이 차례로 모여든다. 좌편에 행수 군관(行首軍官), 우편에 청령 사령(聽令使令), 한가운데 본관(本官)은 주인이 되어 하인 불러 분부하되,

"관청색(官廳色) 불러 다담을 올리라. 육고자(肉庫子) 불러 큰 소를 잡고, 예방(禮房) 불러 고인(鼓人)을 대령하고, 승발(承發) 불러 차일(遮日)을 대령하라. 사령 불러 잡인(雜人)을 금하라."

이렇듯 요란할 제, 기치(旗幟) 군물(軍物)이며 육각 풍류(六角風流) 반공에 떠 있고, 녹의홍상(綠衣紅裳) 기생들은 백수나삼(白手羅衫) 높이 들어 춤을 추고, 지야자 두덩실 하는 소리 어사또 마음이 심란하구나.

"여봐라, 사령들아. 네의 원전(員前)에 여쭈어라. 먼 데 있는 걸인이 좋은 잔치에 당하였으니 주효(酒肴) 좀 얻어먹자 여쭈어라."

저 사령 거동 보소.

"어느 양반이관대, 우리 안전(案前)님 걸인 혼금(閽禁)하니 그런 말은 내도 마오."

등 밀쳐 내니 어찌 아니 명관(名官)인가. 운봉이 그 거동을 보고 본관에게 청하는 말이

"저 걸인의 의관은 남루하나 양반의 후예인 듯하니, 말석에 앉히고 술잔이나 먹여 보냄이 어떠하뇨?"

본관 하는 말이

"운봉 소견대로 하오마는……."

하니 '마는' 소리 훗입맛이 사납겄다. 어사 속으로, '오냐, 도적질은 내가 하마. 오랏줄은 네가 져라.' 운봉이 분부하여

"저 양반 듭시래라."

어사또 들어가 단좌(端坐)하여 좌우를 살펴보니, 당상(堂上)의 모든 수령 다담을 앞에 놓고 진양조 양양(洋洋)할 제 어사또 상을 보니 어찌 아니 통분하랴. 모 떨어진 개상판에 닥채 저붐, 콩나물, 깍두기, 막걸리 한 사발 놓았구나. 상을 발길로 탁 차 던지며 ㉠운봉의 갈비를 직신,

"갈비 한 대 먹고지고."

"다리도 잡수시오."

하고 운봉이 하는 말이

"이러한 잔치에 풍류로만 놀아서는 맛이 적사오니 차운(次韻) 한 수씩 하여 보면 어떠하오?"

"그 말이 옳다."

— 작자 미상, 〈춘향전(春香傳)〉

17

이 글에 대한 설명으로 적절하지 않은 것은?

① 4·4조의 운율을 지닌 운문체와 산문체가 섞여 있다.
② 인물을 해학적으로 표현하여 웃음을 유발하고 있다.
③ 암행어사 설화와 같은 근원 설화가 바탕에 깔려 있다.
④ 사건이나 인물 서술에 서술자의 개입이 제한되어 있다.

18

〈보기〉를 참고할 때, 표현 방법이 ㉠과 가장 유사한 것은?

> ┌ 보기 ┐
> 언어유희는 말이나 글자를 소재로 하여 말을 재미있게 꾸며 표현하는 방법이다. 언어유희에는 동음이의어를 이용한 것, 유사 음운의 반복에 의한 것, 언어 도치에 의한 것, 발음의 유사성을 이용한 것 등이 있다.

① "그만 정신없다 보니 말이 빠져서 이가 헛 나와 버렸네."
② "마구간에 들어가 노새 원님을 끌어다가 등에 솔질을 솰 솰 하여"
③ "이 양반이 허리 꺾어 절반인지, 개다리소반인지, 꾸레미전에 백반인지."
④ "개잘량이라는 '양' 자에 개다리소반이라는 '반' 자 쓰는 양반이 나오신단 말이오."

19

표준 발음과 로마자 표기의 연결이 옳지 않은 것은?

① 신라: [실라] − Silla
② 같이: [가치] − gachi
③ 담요: [담ː뇨] − damnyo
④ 샛별: [샏ː뼐] − saetbbyeol

20

다음 글을 논리적 순서에 맞게 나열한 것은?

> (가) 또 그는 현대 건축 이론 중 하나인 '도미노 이론'을 만들었는데, 도미노란 집을 뜻하는 라틴어 '도무스(Domus)'와 혁신을 뜻하는 '이노베이션(Innovation)'을 결합한 단어이다.
>
> (나) 그는 이 이론의 원칙을 통해 인간이 효율적으로 살 수 있는 집을 꾸준히 연구해 왔으며, 그가 제안한 건축방식 중 필로티와 옥상정원 등이 최근 우리나라 주택에 많이 쓰이고 있다.
>
> (다) 최소한의 철근콘크리트 기둥들이 모서리를 지지하고 평면의 한쪽에서 각 층으로 갈 수 있게 계단을 만든 개방적 구조가 이 이론의 핵심이다. 건물을 돌이나 벽돌을 쌓아 올리는 조적식 공법으로만 지었던 당시에 이와 같은 구조는 많은 이들에게 적지 않은 충격을 주었다.
>
> (라) 스위스 출신의 프랑스 건축가 르 코르뷔지에(Le Corbusier)는 근대주택의 기본형을 추구했다는 점에서 현대 건축의 거장으로 불린다. 그는 현대 건축에서의 집의 개념을 '거주 공간'에서 '더 많은 사람이 효율적으로 살 수 있는 공간'으로 바꿨다.

① (가) - (나) - (다) - (라)
② (가) - (다) - (나) - (라)
③ (라) - (가) - (다) - (나)
④ (라) - (다) - (가) - (나)

21

고유어의 쓰임이 적절하지 않은 것은?

① 고기를 흐무러지게 <u>고아서</u> 어머니께 드리면 좋아하시겠지?
② 결혼 후 처음으로 회사 동료, 친구들을 불러 <u>집들이</u>를 했다.
③ 누군가 수고를 했다면, 그 수고에 대한 <u>입씻이</u>는 하나의 예절이다.
④ 그는 농구화의 코끝을 적실 듯이 찰랑대는 물가에 <u>바투</u> 붙어 섰다.

22

㉠과 ㉡의 공통점을 〈보기〉에서 골라 묶은 것은?

현대 사회가 다원화되고 복잡해지면서 중앙 정부는 물론, 지방 자치 단체 또한 정책 결정 과정에서 능률성과 효과성을 우선시하는 경향이 커져 왔다. 이로 인해 전문적인 행정 담당자를 중심으로 한 정책 결정이 빈번해지고 있다. 그러나 지방 자치 단체의 정책 결정은 지역 주민의 의사와 무관하거나 배치되어서는 안 된다는 점에서 이러한 정책 결정은 지역 주민의 의사에 보다 부합하는 방향으로 보완될 필요가 있다.

행정 담당자 주도로 이루어지는 정책 결정의 문제점을 극복하기 위해 그동안 지방 자치 단체 자체의 개선 노력이 없었던 것은 아니다. 지역 주민의 요구를 수용하기 위해 도입한 ㉠민간화와 ㉡경영화가 대표적인 사례이다. 이 둘은 모두 행정 담당자 주도의 정책 결정을 보완하기 위해 시장 경제의 원리를 부분적으로 받아들였다는 점에서는 공통되지만, 운영 방식에는 차이가 있다. 민간화는 지방 자치 단체가 담당하는 특정 업무의 운영권을 민간 기업에 위탁하는 것으로, 기업 선정을 위한 공청회에 주민들이 참여하는 등의 방식으로 주민들의 요구를 반영하는 것이다. 하지만 민간화를 통해 수용되는 주민들의 요구는 제한적이므로 전체 주민의 이익이 반영되지 못하는 경우가 많고, 민간 기업의 특성상 공익의 추구보다는 기업의 이익을 우선한다는 한계가 있다. 경영화는 민간화와는 달리, 지방 자치 단체가 자체적으로 민간 기업의 운영 방식을 도입하는 것을 말한다. 주민들을 고객으로 대하며 주민들의 요구를 충족하고자 하는 것이다. 그러나 주민 감시나 주민자치위원회 등을 통한 외부의 적극적인 견제가 없으면 행정 담당자들이 기존의 관행에 따라 업무를 처리하는 경향이 나타나기도 한다.

이러한 한계를 해소하고 지방 자치 단체의 정책 결정 과정에서 지역 주민 전체의 의견을 보다 적극적으로 반영하기 위해서는 주민 참여 제도의 활성화가 요구된다. 현재 우리나라의 지방자치 단체가 채택하고 있는 간담회, 설명회 등의 주민 참여 제도는 주민들의 의사를 간접적으로 수렴하여 정책에 반영하는 방식인데, 주민들의 의사를 더욱 직접적으로 반영하기 위해서는 주민 투표, 주민 소환, 주민 발안 등의 직접 민주주의 제도를 활성화하는 방향으로 주민 참여 제도가 전환될 필요가 있다.

직접 민주주의 제도의 활성화를 통해 지역 주민들이 직접적으로 정책 결정에 참여하게 되면, 정책 결정에 대한 주민들의 참여가 지속적이고 안정적으로 이루어질 수 있다. 그리고 각 개인들은 지역 문제에 대한 관심이 높아지고 공동체 의식이 고양되는 효과도 기대된다. 또한 이러한 직접 민주주의 제도를 통해 전체 주민의 의사가 가시적으로 잘 드러날 뿐만 아니라, 이에 따라 행정 담당자들도 정책 결정에서 전체 주민의 의사를 더 적극적으로 고려하게 된다. 아울러 주민들의 직접적인 참여를 통해 정책에 대한 지지와 행정에 대한 신뢰가 높아짐으로써 주민들이 정책 집행에 대해 적극적으로 협조하는 경향이 커지게 될 것이다.

보기
a. 지방 자치 단체가 외부에 정책 결정권을 위임하는 방식이다.
b. 행정 담당자 주도의 정책 결정을 보완하기 위하여 도입되었다.
c. 지방 자치 단체의 정책 결정에 지역 주민의 요구를 반영하기 위해 도입되었다.

① a, b
② a, c
③ b, c
④ a, b, c

[23-24] 다음 시를 읽고 물음에 답하시오.

(가) 막차는 좀처럼 오지 않았다.
　　대합실 밖에는 밤새 ㉠ 송이눈이 쌓이고
　　흰 보라 수수꽃 ㉡ 눈 시린 유리창마다
　　톱밥난로가 지펴지고 있었다.
　　그믐처럼 몇은 졸고
　　몇은 감기에 쿨럭이고
　　그리웠던 순간들을 생각하며 나는
　　한 줌의 톱밥을 불빛 속에 던져 주었다.
　　내면 깊숙이 할 말들은 가득해도
　　청색의 손바닥을 불빛 속에 적셔 두고
　　모두들 아무 말도 하지 않았다.
　　산다는 것이 때론 술에 취한 듯
　　한 두름의 굴비 한 광주리의 사과를
　　만지작거리며 귀향하는 기분으로
　　침묵해야 한다는 것을
　　모두들 알고 있었다.
　　오래 앓은 기침소리와
　　쓴 약 같은 입술 담배 연기 속에서
　　싸륵싸륵 ㉢ 눈꽃은 쌓이고
　　그래 지금은 모두들
　　눈꽃의 화음에 귀를 적신다.
　　자정 넘으면
　　낯설음도 뼈아픔도 다 설원인데

단풍잎 같은 몇 잎의 차창을 달고
㉣ 밤 열차는 또 어디로 흘러가는지
그리웠던 순간들을 호명하며 나는
한 줌의 눈물을 불빛 속에 던져 주었다.
　　　　　　　　　　　－ 곽재구, 〈사평역에서〉

(나) 1947년 봄
심야(深夜)
황해도(黃海道) 해주(海州)의 바다
이남(以南)과 이북(以北)의 경계선(境界線) 용당포(浦)

사공은 조심 조심 노를 저어가고 있었다.
울음을 터뜨린 한 영아를 삼킨 곳
스무 몇 해나 지나서도 누구나 그 수심(水深)을 모른다.
　　　　　　　　　　　－ 김종삼, 〈민간인〉

23
(가)와 (나)에서 공통적으로 드러나 있는 자아의 정서는?
① 挫折
② 悲哀
③ 企待
④ 虛無

24
(가)의 ㉠~㉣ 중 이미지가 다른 것은?
① ㉠
② ㉡
③ ㉢
④ ㉣

25

⊙과 ⓛ에 드러난 화자의 심리를 가장 잘 반영하고 있는 것은?

적막한 빈방 안에 오락가락 다니면서
장래사 생각하니 더욱 답답 민망하다.
부친 하나 반편이요, 모친 하나 숙맥불변
날이 새면 내일이요, 세가 되면 내년이라.
혼인 사설 전폐하고 가난 사설뿐이로다.
⊙ 어디서 손님 오면 행여나 중매신가
아희 불러 힐문한즉 풍헌(風憲) 약정(約正) 환자 최촉(還子催促)
ⓛ 어대서 편지 왔네 행여나 청혼선가
아희다려 물어보니 외삼촌의 부음이라
애닯고 설운지고 이내 간장 어이할꼬.
                              – 작자 미상, 〈노처녀가〉

① 님 그린 상사몽(相思夢)이 실솔(蟋蟀)이 넉시 되어
   추야장(秋夜長) 깁픈 밤에 님의 방(房)에 드럿다가
   날 잇고 깁피든 잠을 씨와 볼가 ㅎ노라.
                              – 박효관

② 재 너머 성권롱(成勸農) 집에 술 익닷 말 어제 듣고
   누운 소 발로 박차 언치 놓아 지즐 타고
   아이야 네 권롱(勸農)계시냐 정좌수 왔다 하여라.
                              – 정철

③ 높프락 나즈락ㅎ며 멀기와 갓갑기와
   모지락 동그락ㅎ며 길가와 져르기와
   平生(평생)을 이리 ㅎ엿시니 무삼 근심 잇시리.
                              – 안민영

④ 마음이 어린 후(後)니 하는 일이 다 어리다
   만중운산(萬重雲山)에 어느 님 오리마는
   지는 잎 부는 바람에 행여 귄가 하노라.
                              – 서경덕

01

다음 밑줄 친 '달다'가 사전의 '달다³'의 「2」에 해당하는 것은?

> • 달다³ 「동사」
> 「1」 물건을 일정한 곳에 걸거나 매어 놓다.
> 「2」 물건을 일정한 곳에 붙이다.
> 「3」 어떤 기기를 설치하다.
> 「4」 글이나 말에 설명 따위를 덧붙이거나 보태다.

① 자동차에 에어컨을 달고 싶지만 돈이 없다.
② 한문 원문에 토를 다니 읽기가 훨씬 수월하다.
③ 국경일인데도 대문에 태극기를 단 집이 생각보다 적다.
④ 유치원생들이 가슴에 이름표를 달고 한 줄로 서 있었다.

02

밑줄 친 관형절의 종류가 다른 하나는?

① 그가 물건을 훔친 증거가 남아 있지 않았다.
② 그녀는 음치가 아니라는 말을 듣기 싫어한다.
③ 할머니께서 어제 작곡하신 노래는 감동적이었다.
④ 선생님께서 수행 평가를 실시할 계획을 취소하셨다.

03

띄어쓰기 규정에 맞는 것은?

① 나도∨당신만큼∨할∨수∨있다.
② 나는∨내일∨꼭∨극장에∨갈테야.
③ 너는∨정말∨공부∨밖에∨모르는구나.
④ 일꾼은∨일도∨잘할∨뿐더러∨성격도∨좋다.

04

〈보기〉의 '㉠ : ㉡'와 관계가 가장 유사한 것은?

> ┌ 보기 ┐
> ㉠ 동생이 다리를 다치다.
> ㉡ 섬을 잇는 다리가 놓였다.

① ㉠ 하늘을 보다.
  ㉡ 마땅한 기회를 보다.
② ㉠ 손을 힘껏 흔들다.
  ㉡ 권력을 손에 넣다.
③ ㉠ 배에 돛을 달다.
  ㉡ 커피를 너무 달게 탔다.
④ ㉠ 서재에 책이 많이 있다.
  ㉡ 난처한 지경에 있다.

05

밑줄 친 부분의 맞춤법이 옳은 것은?

① 그녀는 면접관의 물음에 짧막하게 대답하였다.
② 나는 그 녀석을 늘씬하게 두들겨야 속이 풀릴 것 같다.
③ 피로에 지친 그에게 기력을 북돋와 주려고 쉴 곳을 마련해 주었다.
④ 재수를 하고 있는 내 앞에서 학교 자랑을 하는 친구를 보니 은근히 부화가 났다.

[6-7] 다음 시를 읽고 물음에 답하시오.

> 내 마음은 호수요
> 그대 노 저어 오오
> 나는 그대의 흰 그림자를 안고, 옥같이
> 그대의 뱃전에 부서지리다.
>
> 내 마음은 촛불이요,
> 그대 저 문을 닫아 주오.
> 나는 그대의 비단 옷자락에 떨며, 고요히
> 최후의 한 방울도 남김없이 타오리다.
>
> 내 마음은 나그네요,
> 그대 피리를 불어 주오.
> 나는 달 아래 귀를 기울이며, 호젓이
> 나의 밤을 새이오리다.
>
> 내 마음은 낙엽이요,
> 잠깐 그대의 뜰에 머물게 하오.
> 이제 바람이 일면 나는 또 나그네같이, 외로이
> 그대를 떠나오리다.
>
> – 김동명, 〈내 마음은〉

06

이 시에 대한 설명으로 가장 옳지 않은 것은?

① 요운(腰韻)을 사용하여 리듬감을 형성하고 있다.
② 수미상관을 통해 구조적 안정감을 나타내고 있다.
③ 사랑과 이별에 대한 낭만적인 정서를 드러내고 있다.
④ 다양한 보조 관념을 사용하여서 대상을 표현하고 있다.

07

이 시에서 주로 쓰인 표현법과 동일한 표현법이 쓰인 것은?

① 물결은 번질번질 살진 말처럼 달리는데
② 이동하는 파이프 오르간, 기선의 기적들
③ 길은 한 줄기 구겨진 넥타이처럼 풀어져
④ 이국 처녀들처럼 저희끼리만 지껄이되 일종의 연정이 가는 갈매기 소리들

08

㉠~㉣ 중 한자어의 뜻풀이가 바른 것을 모두 고른 것은?

> ㉠ 起因: 근본이 되는 원인
> ㉡ 代替: 다른 것으로 대신함.
> ㉢ 敷設: 어떤 기관 따위에 부속시켜 설치함.
> ㉣ 補完: 모자라거나 부족한 것을 보충하여 완전하게 함.

① ㉠, ㉢   ② ㉠, ㉣
③ ㉡, ㉢   ④ ㉡, ㉣

09

〈보기〉를 참고할 때, '세포분열'과 구조가 유사한 것은?

> ┌ 보기 ┐
> 두 개 이상의 어근이 붙어서 된 말을 합성어라고 한다. 하나의 어근이 다른 어근과 결합하는 방식은 다양하다. '세포분열'의 경우는 '세포'와 '분열'이 결합하여 하나의 합성어를 이룬 것으로 여기서 '세포'와 '분열'은 의미상 주술 관계가 성립한다. 곧 이 말에서 '세포'는 의미상 주어의 역할을 하고 있으며, '분열'은 서술어의 역할을 하고 있다.

① 정년퇴직   ② 모의평가
③ 산소결핍   ④ 기술혁명

10

〈보기〉의 설명에 해당하는 예문으로 가장 적절한 것은?

> ┌ 보기 ┐
> 우리말의 높임 표현에는 화자에게는 높이지 않아도 되는 대상을 청자를 의식해서 높여 주는 경우가 있다.

① (손자가 할아버지에게) 아버지가 방 안에서 잡니다.
② (회사 직원이 상사에게) 오늘 부산에 출장 가시지요?
③ (동생이 형에게) 어제 받은 세뱃돈을 어머니께 드렸어.
④ (큰아버지가 조카에게) 영호야, 너희 아버지는 나가셨니?

11

〈보기〉를 참고할 때 ㉠~㉣에 대한 비유가 적절하지 않은 것은?

보기
허전의 〈고공가〉는 국사(國事)를 한 집안의 농사일에 비유하여 정사(政事)를 게을리하는 조정 백관을 집안의 게으르고 어리석은 머슴에 빗댄 작품이다.

집의 옷 밥을 언고 들 먹는 져 ㉠雇工(고공)아,
우리 집 긔별을 아는다 모로는다.
비오는 늘 일 업술 지 숫쁘면셔 니르리라.
처음의 한어버이 사롬스리하려 홀 지,
仁心(인심)을 만히 쓰니 사롬이 절로 모다,
풀 뷧고 터을 닷가 ㉡큰 집을 지어 내고,
셔리 보십 장기 쇼로 田畓(전답)을 起耕(기경)하니,
오려논 터밧치 여드레 그리로다.
子孫(자손)에 傳繼(전계)하야 代代(대대)로 나려오니,
논밧도 죠커니와 雇工(고공)도 勤儉(근검)터라.
저희마다 녀름 지어 가음여리 사던 것슬,
요스이 雇工(고공)들은 혬이 어이 아조 업서,
㉢밥 사발 큰나 쟈그나 동옷시 죠코 즈나,
모음을 듯호는 듯 호슈을 시오는 듯,
무숨 일 감드러 흘깃할깃 하느순다.
너희니 일 아니코 時節(시절) 죳ᄎ ᄉ오나와,
ᄀ득의 니 셰간이 플러지게 되야는듸,
엇그지 ㉣火强盜(화강도)에 家産(가산)이 蕩盡(탕진)하니,
집 하나 불타 붓고 먹을 껏시 전혀 업다.
큰나큰 歲事(세사)를 엇지 ᄒ여 니로려료
金哥(김가) 李哥(이가) 雇工(고공)들아 시 모음 먹어슬라.
– 허전, 〈고공가〉

① ㉠: 벼슬아치   ② ㉡: 나라를 세우고
③ ㉢: 식량   ④ ㉣: 왜적

12

(가)~(라)에 들어갈 말로 적절한 것은?

음절 끝에는 두 개의 자음이 올 수 없기 때문에 겹받침 중 하나가 탈락하게 된다. 그래서 '삶' 같은 경우는 (가) 이 떨어져 [삼]으로 발음한다. 이것은 음운의 (나) 이/가 일어난 것이다. 한편 '삶' 뒤에 모음으로 시작하는 조사 '이'가 오면 겹받침 중 뒤의 것을 뒤 음절의 첫소리로 옮겨 발음하므로 [살기]라고 발음한다.
'밝다' 역시 (가) 이 탈락하여 [박따]로 발음한다. 그러나 뒤에 (다) (으)로 시작하는 어미가 오면 (라) 이 탈락하여 [발꼬]로 발음한다.

	(가)	(나)	(다)	(라)
①	ㄹ	교체	ㄱ	ㄱ
②	ㄹ	탈락	ㄱ	ㄱ
③	ㄱ	탈락	ㄹ	ㄹ
④	ㄱ	교체	ㄹ	ㄹ

13

다음 작품에 대한 설명으로 가장 적절한 것은?

아범은 금년 구월에 그 아내와 어린 계집애 둘을 데리고 우리 집 행랑방에 들었다. 나이는 한 서른 살쯤 먹어 보이고 머리에 상투가 그냥 달라붙어 있고 키가 늘씬하고 얼굴은 기름하고 누르퉁퉁하고 눈은 좀 큰데 사람이 퍽 순하고 착해 보였다. 주인을 보면 어느 때든지 그 방에서 고달픈 몸으로 밥을 먹다가도 얼른 일어나서 허리를 굽혀 절한다. 나는 그것이 너무 미안해서 그러지 말라고 이르려고 하면서 늘 그냥 지내었다. 그 아내는 키가 자그마하고 몸이 퉁퉁하고, 이마가 좁고, 항상 입을 다물고 아무 말이 없다. 적은 돈은 회계할 줄 알아도 '원'이나 '백 냥' 넘는 돈은 회계할 줄 모른다.

그리고 어멈은 날짜 회계할 줄을 모른다. 그러기에 저 낳은 아이들의 생일을 아범이 그 전날 내일이 생일이라고 일러 주지 않으면 모른다고 한다. 그러나 결코 속일 줄을 모르고 무슨 일이든가 하라는 대로 하기는 하나 얼른 대답을 시원히 하지 않고 꾸물꾸물 오래 하는 것이 흠이다. 그래도 아침에는 일찍이 일어나서 기름을 발라 머리를 곱게 빗고 빨간 댕기를 드려 쪽을 찌고 나온다.

그들에게는 지금 입고 있는 단벌 홑옷과 조그만 냄비 하나밖에 아무것도 없다. 세간도 없고 물론 입을 옷도 없고 덮을 이부자리도 없고 밥 담아 먹을 그릇도 없고 밥 먹을 숟가락 한 개가 없다. 있는 것이라고는 보기 싫게 생긴 딸 둘과 작은 애를 업는 홑누더기와 띠, 아범이 벌이하는 지게가 하나 — 이것뿐이다. 밥은 우선 주인집에서 내어 간 사발과 숟가락으로 먹고 물은 역시 주인집 어린애가 먹고 비운 가루 우유통을 갖다가 떠먹는다.

- 전영택, 〈화수분〉

① 현재형의 시제를 통해 긴장감을 불러일으키고 있다.
② 주로 묘사의 방법을 활용하여 인물을 형상화하고 있다.
③ 역순행적 구성 방식을 통해 사건의 전말을 상세히 밝히고 있다.
④ 서술자가 자신의 이야기를 하기 때문에 독자와의 거리가 가깝게 느껴진다.

14

㉠~㉣에 대한 수정 방안으로 적절하지 않은 것은?

원래 일은 '고통'이 아니고 '보람'이었다. ㉠ 눈앞에 보이는 열매로 배를 채우고 뒷동산에서 사냥을 즐기던 원시 시대에는 일이 즐거운 놀이였다. 자기가 하고 싶을 때에만 일을 할 수 있었던 옛날에는 일과 놀이가 구별되지 않았다. ㉡ 그래서 사회가 점점 커지고 복잡해져서 일의 분업이 생기고, 자기가 필요할 때에 자기가 원하는 일을 하지 못하고 다른 사람들의 필요 때문에 남이 시키는 일을 강제로 하게 되면서 고통이 뒤따랐다. 이런 현상은 ㉢ 미리 원시 사회에서 나타났다. 씨족 사회와 부족 사회로 발전하면서 우두머리의 명령에 따라 몸이 지치도록 사냥만 한다든지, 농사만 짓는다든지, 또는 수천 마리의 양떼를 친다고 할 때, 일은 힘든 수고와 노력을 강요하게 되며, ㉣ 이것은 고통으로 다가올 것이다.

① ㉠: 눈앞 → 눈∨앞
② ㉡: 그래서 → 그러나
③ ㉢: 미리 → 이미
④ ㉣: 이것은 고통으로 다가올 것이다. → 이것은 고통으로 다가올 수밖에 없었다.

15

〈보기〉에 대한 이해로 가장 적절한 것은?

보기

중세 국어의 체언 중에는 조사와 결합할 때 'ㅎ'이 생기는 말들도 있었는데, 이러한 체언을 'ㅎ 종성 체언'이라고 부른다. 'ㅎ 종성 체언'은 단독으로 쓰이거나 관형격 조사 'ㅅ'과 결합할 경우 'ㅎ'이 나타나지 않는다. 반면에 모음으로 시작하는 조사가 결합할 경우 'ㅎ'을 뒤따르는 모음에 연음한다. 또한 'ㄱ, ㄷ'으로 시작하는 조사가 결합할 경우 끝소리인 'ㅎ'과 축약되어 'ㅋ'과 'ㅌ'으로 나타난다. 현대 국어에서 'ㅎ 종성 체언'은 '안+밖'이 '안팎'이 되는 것처럼 합성어를 만들 때 그 흔적이 나타나기도 한다.

① '옳지 않다'가 [올치 안타]로 축약이 되는 현상은 'ㅎ 종성 체언'의 흔적이다.
② '안과 밖'에서 '안과'는 중세 국어에서는 '안콰'로 쓰지 않고 '안과'로 썼을 것이다.
③ '안'에 주격 조사 '이'가 결합하면, 중세 국어에서는 현대 국어와 달리 'ㅎ'이 나타난다.
④ '안+밖'이 '안팎'이 되는 과정에서 'ㅂ'이 'ㅍ'으로 바뀐 것은 음운의 교체 현상 때문이다.

16
글쓴이의 견해와 일치하지 않는 것은?

수레의 제도는 무엇보다도 궤도(軌度)를 똑같이 하여야 한다. 궤도를 똑같이 하여야 된다는 것은 무슨 뜻이겠는가? 두 바퀴 사이에 일정한 본을 어기지 말아야 한다는 말이다. 그리하면 수레가 천이고 만이고 간에 그 바퀴 자리는 하나로 통일될 것이니, 이른바 거동궤(車同軌)라는 게 바로 이걸 두고 한 말이다. 만일 두 바퀴 사이를 마음대로 넓히고 좁힌다면, 길 가운데 바퀴 자리가 한 틀에 들 수 있겠는가? 그리고 수레가 같아야 가다가 고장이 나도 쉽게 고칠 수 있을 것이며 그 수고로움이 절감될 것이다.

중국 검각 지방의 아홉 굽이의 험한 잔도(棧道)나 태행산의 양장(羊腸)처럼 위태한 고개가 없는 것은 아니지만, 역시 수레를 채찍질하여 지나지 못하는 곳은 없다. 그래서 관(關), 섬(陝), 천(川), 촉(蜀), 강(江), 광(廣)같이 먼 곳에도 큰 장사꾼들이나 또는 온 가족을 이끌고 부임하러 가는 벼슬아치들의 수레바퀴가 서로 이어져 마치 자기 집 뜰 앞을 거니는 것이나 다름없다. 우렁차게 삐걱거리는 수레바퀴 소리가 대낮에도 늘 우레 치는 것처럼 끊이지 않는다. 중국의 그 가파른 곳, 막힌 곳, 험한 곳. 높은 곳을 우리나라 사람도 모두 목격하였지만, 그렇다고 수레를 없애고 안 가는 곳이 있던가? 이러므로 중국의 재산이 풍족할뿐더러 한 곳에 지체되지 않고 골고루 유통되는 것이 모두 수레를 쓰는 이익일 것이다.

이제 가까운 예를 든다면, 우리 사신 일행이 모든 번폐(煩弊)로움을 없애 버리고 우리가 만든 수레에 올라타고 바로 연경에 닿을 텐데, 무엇을 꺼려서 하지 않는단 말인가? 그래서 영남 어린이들은 새우젓을 모르고, 관동 백성들은 아가위 열매를 절여서 장 대신 쓰며, 서북 사람들은 감과 감자의 맛을 분간하지 못한다. 바닷가 사람들은 새우나 정어리를 거름으로 밭에 내건만 서울에서는 한 움큼에 한 푼이나 하니 이렇게 귀한 것은 무슨 까닭인가?

사대부들은 평소에 글을 읽으면서, "《주례》는 성인이 지으신 글이야." 하면서 윤인(輪人)이니 여인(輿人)이니 거인(車人)이니 주인(輈人)이니 하고 떠들어 대지만, 끝내 그 수레를 만드는 기술이 어떠하며 그 움직이는 방법이 어떠한가 하는 것은 도무지 연구를 하지 않았기 때문이다. 이는 이른바 '한갓 글만 읽을 뿐'이었으니, 참된 학문에 무슨 유익이 있으랴.

아아, 슬프다. 황제(皇帝)가 수레를 창조하여 헌원씨(軒轅氏)라 불린 뒤로 백 천 년의 세월이 지나는 동안, 많은 성인이 기술 개발에 힘썼다. 게다가 상앙(商鞅)이나 이사(李斯) 같은 이들 덕분에 제도도 통일되었으니, 이는 참으로 저 현관(縣官)들의 학술에 비하여 얼마나 나은가? 그들의 연구가 정미(精微)롭고 행하기도 간편한 것이 어찌 우연한 일이랴. 이는 참으로 민생의 살림에 이익이 되고, 나라의 경우에도 큰 그릇이 되지 않겠는가? 이제 날마다 내 눈에 놀랍고 반가운 것들이 나타나는데, 이 수레의 제도로 미루어 모든 일을 짐작할 수 있겠다. 어렴풋하게나마 몇 천 년 모든 성인의 고심을 이해할 수 있겠다.

① 나라의 유통 구조에 문제가 있다.
② 물자 유통이 잘 돼야 민생이 윤택해진다.
③ 각종 기구는 표준화된 규격을 갖추는 것이 좋다.
④ 각종 기구를 고안하는 기술자들이 존중받아야 한다.

17
다음 작품에 대한 설명으로 가장 적절한 것은?

바쁜 사람들도
굳센 사람들도
바람과 같던 사람들도
집에 돌아오면 아버지가 된다.

어린것들을 위하여
난로에 불을 피우고
그네에 작은 못을 박는 아버지가 된다.

저녁 바람에 문을 닫고
낙엽을 줍는 아버지가 된다.

바깥은 요란해도
아버지는 어린것들에게는 울타리가 된다.
양심을 지키라고 낮은 음성으로 가르친다.

아버지의 눈에는 눈물이 보이지 않으나,
아버지가 마시는 술에는 눈물이 절반이다.

아버지는 가장 외로운 사람들이다.
가장 화려한 사람들은
그 화려함으로 외로움을 배우게 된다.

– 김현승, 〈아버지의 마음〉

① 시간의 흐름에 따른 대상의 변화를 표현하고 있다.
② 대조적인 이미지를 통해 대상의 속성을 강조하고 있다.
③ 단정적인 어조를 통해 현실에 대한 부정적 인식을 드러내고 있다.
④ 구체적 행동을 통해 대상이 고정관념에서 벗어난 모습을 보여주고 있다.

18

다음 글의 내용을 고려할 때, 빈칸에 들어갈 말로 옳은 것은?

옛날 어떤 외진 마을에 전염병이 돌았다. 그 마을에는 존경받는 승려와 의사가 한 분씩 있었다. 처음에는 사람들이 의사의 말을 믿고 따랐다. 환자를 격리시키고 서로서로 접촉을 피했다. 그러나 병들어 죽는 사람들이 점차 늘어나자 사람들은 흔들렸다. 승려는 기도의 힘으로 악마를 물리쳐야 한다며, 모든 마을 사람들을 절로 불러 모았다. 의사의 반대에도 불구하고 모든 마을 사람들은 절에 모여서 합숙 생활을 하며 밤낮없이 부처님께 기도를 올렸다. 그 결과는 뻔했다. 절은 마을 사람들의 무덤이 되고 말았다.

이 이야기는 지혜가 없는 맹목적 믿음의 위험성을 경고하고 있다. 교활한 범죄가 보여 주는 바와 같이 사랑이 없는 지혜도 무서운 것이지만, 지혜가 없는 맹목적 믿음도 뜻밖의 무서운 결과를 초래한다. 지혜가 없는 믿음뿐 아니라 지혜가 없는 정의도 마찬가지이다. 사랑과 정의의 실천은 이중적으로 힘이 든다.

특히 오늘날과 같이 복잡하고 세분화되어 있는 사회에서는 사랑과 정의의 실천에 필요한 지혜를 갖기가 더욱 어렵다. 작은 예를 든다면, 자기 자식에 대한 사랑을 효과적으로 베풀려면 청소년 문제 전문가의 지혜를 빌려야 하며, 부당한 행정 조치에 대해 항의를 하는 일도 전문가의 전문 지식을 빌려야 한다. _____

① 우리 사회는 한편으로 전문가가 되기를 원하면서도 한편으로는 전문가를 존중하지 않는다.

② 지나친 세분화에 따른 문제점이 심각하기 때문에 모든 방면에 전문가를 두는 것은 지양해야 한다.

③ 현대 사회에서는 더욱 세분화된 전문 지식이나 능력을 지닌 전문가들에 대한 의존도가 높아지고, 그들의 역할이 더욱 존중될 수밖에 없다.

④ 전문가가 제 역할을 못하는 사회도 큰 문제지만, 아무나 전문가 흉내를 낼 수 있고 전문적 식견의 권위가 존중받지 못하는 사회 역시 큰 문제이다.

[19-20] 다음 글을 읽고 물음에 답하시오.

송강(松江)의 '관동별곡(關東別曲)', '전후사미인곡(前後思美人曲)'은 우리나라의 이소(離騷)이나, 그것은 문자(文字)로 써는 쓸 수가 없기 때문에 오직 악인(樂人)들이 구전(口傳)하여 서로 이어받아 전해지고 혹은 한글로 써서 전해질 뿐이다. ㉠ 어떤 사람이 칠언시로써 '관동별곡'을 번역하였지만, 아름답게 될 수가 없었다. 혹은 택당(澤堂)이 소시(少時)에 지은 작품이라고 하지만 옳지 않다.

구마라습(鳩摩羅什)이 말하기를, "천축인(天竺人)의 풍속은 가장 문채(文彩)를 숭상하여 그들의 찬불사(讚佛詞)는 극히 아름답다. 이제 이를 중국어로 번역하면 단지 그 뜻만 알 수 있지, 그 말씨는 알 수 없다." 하였다. 이치가 정녕 그럴 것이다.

사람의 마음이 입으로 표현된 것이 말이요, 말의 가락이 있는 것이 시가문부(詩歌文賦)이다. 사방의 말이 비록 같지는 않더라도 진실로 말할 수 있는 사람이 각각 그 말에 따라서 가락을 맞춘다면, 다같이 천지를 감동시키고 귀신을 통할 수가 있는 것은 유독 중국만이 그런 것은 아니다. 지금 우리나라의 시문은 자기 말을 버려두고 다른 나라 말을 배워서 표현한 것이니, 설사 아주 비슷하다 하더라도 이는 단지 앵무새가 사람의 말을 하는 것이다. 여염집 골목길에서 나무꾼이나 물 긷는 아낙네들이 '에야디야' 하며 서로 주고받는 노래가 비록 저속하다 하여도 그 진가(眞假)를 따진다면, 정녕 학사(學士) 대부(大夫)들의 이른바 시부(詩賦)라고 하는 것과 같은 입장에서 논할 수는 없다.

하물며 이 삼별곡(三別曲)은 천기(天機)의 자발(自發)함이 있고, 이속(夷俗)의 비리(鄙俚)함도 없으니, 자고로 좌해(左海)의 진문장(眞文章)은 이 세 편뿐이다. 그러나 세 편을 가지고 논한다면, '후미인곡'이 가장 높고 '관동별곡'과 '전미인곡'은 그래도 한자어를 빌려서 수식을 했다.

– 김만중, 《서포만필(西浦漫筆)》

19

이 글을 통해 알 수 있는 '글쓴이'의 생각으로 적절하지 않은 것은?

① 문학은 사람들에게 감동을 주는 힘을 지니고 있다.

② 각 나라의 말에는 모두 각각의 장단과 가락이 있다.

③ 자기 나라 말의 가락을 맞추면 좋은 시가 될 수 있다.

④ 좋은 문학에는 서민들의 진솔한 감정이 나타나야 한다.

20

㉠의 이유로 가장 적절한 것은?

① 뜻을 얻을 뿐 그 말의 가락을 얻지 못했기 때문이다.
② 번역하는 과정에서 원작의 주제가 사라졌기 때문이다.
③ 국어가 한문의 묘미를 제대로 살려내지 못했기 때문이다.
④ 내용이 방대하여 칠언시로 다 담아내지 못했기 때문이다.

21

㉠ '명시한'의 '시'와 한자가 동일한 것은?

> 사업주가 근로자를 채용할 경우에는 근로 조건을 ㉠명시한 근로 계약서를 작성해야 한다.

① 어린아이의 시각에서 세상을 보다.
② 내가 자네보다 못 배웠다고 무시 말게.
③ 그는 시위에 가담하다 경찰에 체포되었다.
④ 사고 당시의 충격으로 입원하여 치료 중이다.

22

다음 글을 이해한 내용으로 가장 적절하지 않은 것은?

> 블랙홀이란 무엇인가? 그것은 상상을 초월할 만큼의 거대한 중력 때문에, 빛이라 해도 그 밖으로 빠져나갈 수 없는 시공의 영역이다.
> 블랙홀의 중심에는 '특이점'이라 불리는 밀도가 무한대인 한 점이 있다. 블랙홀로 빨려 들어간 모든 물질이 도착하는 점이 바로 이 특이점이다. 그곳에는 시간과 공간이 존재하지 않으며, 모든 물리 법칙이 성립하지 않는다. 특이점 주위는 중력이 엄청나게 강한 공간으로, 특이점에서 어떤 영역 안쪽에는 빛이라 해도 밖으로 빠져나갈 수 없는 면이 형성된다. 이 면을 '사건(事件)의 지평면(地平面)'이라 한다. 따라서 특이점은 밖의 세계에 아무런 영향을 미치지 않으며, 반대로 밖의 세계에서는 블랙홀의 내부를 관찰할 수 없다.
> 그러면 블랙홀은 어떻게 해서 태어나는 것일까? 그것은 거대한 질량을 가진 별의 최후와 깊은 관련이 있다. 별은 성간 물질이 모여 형성된 암흑 성운에서 태어난다. 원시 별로서 태어난 별은 일생의 대부분을 태양과 동일한 주계열성(主系列星)으로 보낸다. 별의 내부에서는 수소에 의한 핵융합이 이루어지는데, 이것이 별의 에너지로 쓰이고 있다. 그러나 그 수소가 모두 연소되고 나면, 적색 거성으로 팽창해 간다. 별에 따라서는 청색 거성이 되는 경우도 있다. 거대한 질량을 가진 별의 중심부는 점점 수축해 들어가 마지막에는 초신성 폭발을 일으킨다. 대폭발로 별의 표면층이 날아가고 결국 고속으로 자전하는 중성자의 핵만 남게 된다. 그러나 별의 중량이 상상을 초월할 만큼 크므로 수축은 계속되어, 마침내 밀도가 무한대인 특이점이 생겨 결국 블랙홀이 된다. 이때 생기는 블랙홀은 회전하는 커 블랙홀(Kerr Black Hole)인 것으로 생각된다.
> 블랙홀의 지평면에서는 상상할 수 없는 일들이 벌어지고 있다. 블랙홀로 빨려 들어가는 물체를 멀리서 관찰할 수 있다면, 지평면으로 다가갈수록 물체의 속도가 점점 느려지고, 마침내 지평면의 바로 앞에서 완전히 정지한다는 것을 알게 될 것이다. 그러나 물체와 함께 블랙홀에 빨려 들어가는 사람은 계속해서 지평면을 가로질러 가고 있다. 아인슈타인의 일반 상대성 이론에 따르면 중력은 시간의 진행을 느리게 한다. 블랙홀의 지평면 부근의 시간은 막대한 중력의 영향으로 먼 곳의 시간과는 무한대의 차이를 나타낸다. 그래서 먼 곳에 있는 관찰자가 보면 지평면 부근의 시간은 완전히 정지하고 블랙홀로 빨려 들어가는 물체는 언제까지나 지평면을 가로지를 수 없게 된다. 이 효과는 블랙홀로 빨려 들어가는 빛에도 영향을 미친다. 지평면에 다가설수록 시간이 느려지기 때문에 빛의 진동수가 적어지고 파장은 길어진다. 그래서 먼 곳의 관찰자가 보면 빛의 빛깔도 황색에서 주황색, 적색, 그리고 차츰 보이지 않게 된다는 것을 알 수 있다.
> 블랙홀의 지평면은 우리 세계와 블랙홀 안의 세계를 완전히 갈라놓는 경계면이다. 지평면 안에서는 어떠한 물체도, 빛도, 정보도 그 밖으로 나올 수 없다. 우리는 블랙홀 안에서 도대체 어떤 일이 벌어지고 있는지 영원히 알 수 없을 것이다.

① 블랙홀의 중력은 거의 무한대이다.
② 블랙홀은 빛을 전혀 발산하지 않는다.
③ 태양도 어느 시점에는 블랙홀이 될 것이다.
④ 블랙홀 내·외부 시간의 진행 속도는 유사하다.

23

다음 중 '중세 국어'에 대한 설명으로 적절하지 않은 것은?

① 어두 자음군을 사용하였다.
② 동국정운식 한자음으로 표기하였다.
③ 소리의 길이에 따른 방점이 존재하였다.
④ 고대 국어보다 언문일치(言文一致)가 이루어졌다.

24

다음 글의 내용과 일치하지 않는 것은?

뼈는 생명이 없는 유기물 및 미네랄 성분으로 되어 있음에도 불구하고 살아 있는 세포를 포함하는, 역동적으로 살아 있는 조직이다. 뼈가 역동적으로 살아 있는 조직이라는 것은 아동기에 성장할 능력이 있다는 사실뿐만 아니라 골절 후 스스로를 치유할 수 있고 뼈에 가해지는 힘에 반응하여 구조를 적응시킬 수 있다는 사실로도 분명히 드러난다. 예를 들어 무거운 물건을 주기적으로 드는 사람의 경우, 무게를 감당하는 뼈는 굵기와 강도가 점점 증가한다. 반면, 주로 앉아 있거나 침대에 누워만 있는 사람의 경우에는 시간이 감에 따라 뼈 무게가 감소한다. 뼈의 이러한 변화를 재형성이라고 한다.

뼈의 재형성에서 중심적 역할을 하는 것은 골모 세포와 파골 세포라는 이동성 세포이다. 이들은 둘 다 뼈조직의 외부 표면과 골수강*에서 찾아볼 수 있다. 골모 세포는 뼈조직을 만드는 일을 하는데, 이 과정을 뼈의 침착이라고 한다. 파골 세포는 뼈조직을 분해하는 일을 하는데, 이 과정을 흡수라고 한다. 골모 세포의 활동이 파골 세포의 활동보다 왕성할 때, 즉 침착이 흡수를 초과할 때 뼈의 성장이 이루어진다.

골모 세포는 유골*을 저장하여 뼈의 침착을 시작하게 한다. 그리고 이어서 석회화라고 하는 인산칼슘의 침착 과정이 이루어진다. 뼈 형성 과정에서 골모 세포는 골세포라고 하는 다른 형태의 세포로 전환된다. 골세포는 골모 세포와는 달리 더 이상 능동적으로 새로운 뼈조직을 저장하지는 않는다. 골세포는 골세관이라고 하는 뼈조직 내의 통로를 통해 뻗어 있는 긴 필라멘트 모양의 돌기가 있어서 다른 뼈세포와 구별되는데, 이 통로를 통해 다른 세포들과 다양한 물질을 교환한다. 파골 세포는 침착 과정에서 형성된 인산칼슘 결정을 용해시키는 산을 분비하고 유골을 분해하는 효소를 분비하여 뼈조직의 흡수 작용을 한다. 뼈 흡수의 결과 용해된 칼슘과 인산이 혈류 속으로 방출된다.

키의 성장은 긴뼈의 성장으로 이루어지므로, 뼈의 침착은 키가 크는 데도 필요하다. 일반적으로 우리가 알고 있는 긴뼈의 모양은 거의 원통형의 긴 축을 중심으로 양쪽 끝에 둥근 모양의 골단이 있는 구조로 되어 있다. 성장하는 어린이의 뼈에서 골단판이라는 얇은 층의 조직이 골단과 축을 분리하는데, 이 조직은 유골과 비슷한 연조직 물질인 연골로 되어 있다.

성장기에는 뼈의 축 양쪽 끝에 새로운 골조직이 추가되면서 뼈의 길이가 늘어난다. 이 과정은 골단판에 있는 연골 세포의 활동으로부터 시작된다. 이 세포는 뼈가 아니라 연골을 생성한다는 점을 제외하면 골모 세포와 비슷하다. 성장 호르몬의 영향하에 연골 세포는 크기와 수가 늘어나 연골층을 형성하여 골단판이 더 넓어지도록 한다. 새로운 연골이 생성되면서 축 근처의 연골 세포는 죽고 가까이에 있는 골조직의 골모 세포가 이들을 대체한 후 연골을 뼈로 전환하기 시작한다. 이런 방법으로 새로운 뼈가 뼈의 축 끝부분에 추가된다.

사춘기 후기가 되면 골단판이 골조직으로 완전히 채워지는데, 이 과정을 골단판 폐쇄라고 한다. 이 과정이 종료되면 성장 호르몬이 뼈의 길이 성장을 더 이상 자극하지 못하며, 따라서 길이 성장이 끝난다. 이 때문에 일반적으로 사춘기가 지나면 키가 크지 않는 것이다.

* 골수강: 뼈 내부의 공간. 골수를 포함함.
* 유골: 석회화되기 이전의 미성숙한 골(뼈).

① 뼈는 상황에 따라 바뀔 수 있는 역동적인 조직이다.
② 뼈의 길이가 늘어나는 것은 연골 세포의 활동에서 비롯된다.
③ 파골 세포의 활동은 긴뼈의 성장 과정에서는 나타나지가 않는다.
④ 뼈의 성장은 골모 세포의 활동이 파골 세포의 활동보다 왕성할 때 이루어진다.

25

다음 글을 이해한 내용으로 가장 적절하지 않은 것은?

공유와 경제가 합쳐진 공유경제는 다양한 맥락에서 정의되는 용어이지만, 공유경제라는 개념은 '소유권(Ownership)'보다는 '접근권(Accessibility)'에 기반을 둔 경제모델을 의미한다. 전통경제에서는 생산을 담당하는 기업들이 상품이나 서비스를 생산하기 위해서 원료, 부품, 장비 등을 사거나 인력을 고용했던 것과 달리, 공유경제에서는 기업뿐만 아니라 개인들도 자산이나 제품이 제공하는 서비스에 대한 접근권의 거래를 통해서 자원을 효율적으로 활용하여 가치를 창출할 수 있다. 소유권의 거래에 기반한 기존 자본주의 시장경제와는 다른 새로운 게임의 법칙이 대두한 것이다.

공유경제에서는 온라인 플랫폼이라는 조직화된 가상공간을 통해서 접근권의 거래가 이루어진다. 온라인 플랫폼은 인터넷의 연결성을 기반으로 유휴자산(遊休資産)을 보유하거나 필요로 하는 수많은 소비자와 공급자가 모여서 소통할 수 있는 기반이 된다. 다양한 선호를 가진 이용자들이 거래 상대를 찾는 작업을 사람이 일일이 처리하는 것은 불가능한 일인데, 공유경제 기업들은 고도의 알고리즘을 이용하여 검색, 매칭, 모니터링 등의 거래 과정을 자동화하여 처리한다.

공유경제에서 거래되는 유휴자산의 종류는 자동차나 주택에 국한되지 않는다. 개인이나 기업들이 소유한 물적·금전적·지적 자산에 대한 접근권을 온라인 플랫폼을 통해서 거래할 수만 있다면 거의 모든 자산의 거래가 공유경제의 일환이 될 수 있다. 가구, 가전 등의 내구재, 사무실, 공연장, 운동장 등의 물리적 공간, 전문가나 기술자의 지식, 개인들의 여유시간이나 여유자금 등이 모두 접근권 거래의 대상이 될 수 있다.

① 공유경제의 등장에는 인터넷의 발달이 중요한 역할을 하였다.
② 기존의 시장경제는 접근권(Accessibility)보다 소유권(Ownership)에 기반을 두었다.
③ 인터넷 등장 이전에는 이용자와 그에 맞는 거래 상대를 찾는 작업을 일일이 처리할 수 없었다.
④ 온라인 플랫폼을 통해 자신이 타던 자동차를 판매하여 소유권을 이전하는 것도 공유경제의 일환이 될 수 있다.

P A R T

Ⅱ

모의고사 06~10회

06회 모의고사 ———————— 60

07회 모의고사 ———————— 68

08회 모의고사 ———————— 75

09회 모의고사 ———————— 83

10회 모의고사 ———————— 93

01

밑줄 친 한자어의 쓰임이 적절하지 않은 것은?

① 국회는 성폭력 특별법의 연내 <u>制定</u>을 추진할 방침이다.
② 그 운동은 환경을 보존하자는 <u>趣旨</u>로 시민 단체가 시작한 것이다.
③ 그분을 내가 직접 만나 봤는데, 사회적인 <u>名聲</u>과 다르게 상당히 검소하더군요.
④ 신문 기자들은 독자들의 호기심 <u>招來</u>를 위해 일부러 재미있는 표제를 짓기도 한다.

02

〈표준 발음법〉에 대한 이해로 적절하지 않은 것은?

〈표준 발음법〉

제6항 모음의 장단을 구별하여 발음하되, 단어의 첫음절에서만 긴소리가 나타나는 것을 원칙으로 한다.

예 밤나무[밤ː나무]   쌍동밤[쌍동밤]

다만, 합성어의 경우에는 둘째 음절 이하에서도 분명한 소리를 인정한다.

예 반신반의[반ː신바ː늬/반ː신바ː니]

[붙임] 용언의 단음절 어간에 어미 '-아/-어'가 결합되어 한 음절로 축약되는 경우에도 긴소리로 발음한다.

예 보아 → 봐[봐ː]

제7항 긴소리를 가진 음절이라도, 다음과 같은 경우에는 짧게 발음한다.

1. 단음절인 용언 어간에 모음으로 시작된 어미가 결합되는 경우

   예 감다[감ː따] – 감으니[가므니]

2. 용언 어간에 피동, 사동의 접미사가 결합되는 경우

   예 감다[감ː따] – 감기다[감기다]

---

① 제6항의 '다만'에 따라 '재삼재사'는 [재ː삼재ː사]로 발음한다.
② 제6항의 [붙임]에 따라 '봐'는 길게 발음한다.
③ 제7항에 따라 '알다[알ː다]' 활용형인 '알아'는 짧게 발음한다.
④ 제7항의 '1'에 따라 '밟히다'의 첫음절은 짧게 발음한다.

03

'반의어'와 '유의어'에 대한 설명으로 적절하지 않은 것은?

① '종이를 자르다.'에서 '자르다'의 반의어는 '붙이다'이다.
② '직원을 자르다.'에서 '자르다'의 유의어는 '해고하다'이다.
③ '고무줄을 자르다.'에서 '자르다'의 유의어는 '끊다'이고, 반의어는 '잇다'이다.
④ '베다'는 '자르다'로 항상 바꿀 수 있고 '자르다' 역시 '베다'로 항상 바꿀 수 있다.

04

밑줄 친 단어 중 한글 맞춤법에 모두 맞는 문장으로 옳은 것은?

① <u>빚장이</u>의 독촉 때문에 <u>서둘러</u> 집을 팔고 말았습니다.
② 그는 <u>셋방</u>에 살면서도 자식들만은 <u>남부럽지</u> 않게 키웠다.
③ 내일은 가게에 <u>들려서</u> 부탁하신 것을 꼭 사 가지고 <u>갈게요</u>.
④ 톱으로 몇 번 <u>쓱싹쓱싹</u>하니까 <u>나무가지</u>가 힘없이 툭 떨어졌다.

05

다음 글의 ㉠~㉣에 들어갈 가장 적절한 부사로 옳은 것은?

- 그는 (㉠) 이해할 수가 없다.
- 그것은 (㉡) 우연한 일이 아니었다.
- 이 음식은 (㉢) 맛이 없어서 먹을 수가 없다.
- 그 실력으로 (㉣) 취직 시험에 합격할 수 있을까?

	㉠	㉡	㉢	㉣
①	결코	과연	도대체	도무지
②	도무지	도대체	결코	과연
③	도대체	결코	도무지	과연
④	도무지	과연	결코	도대체

06

(가)~(다)의 공통점으로 가장 적절한 것은?

(가) 떫냐[떨:랴], 넓냐[널랴], 짧냐[짤랴]

(나) 물약[물략], 불여우[불려우], 들일[들:릴]

(다) 막일[망닐], 색연필[생년필], 한국 요리[한:궁뇨리]

① 첨가에 속하는 음운 변동이 적용되었다.
② 음운의 개수를 바꾸는 음운 변동이 적용되었다.
③ 동일한 유형의 음운 변동이 두 가지 이상 적용되었다.
④ 음절 끝의 자음을 다른 자음으로 바꾸는 음운 변동이 적용되었다.

07

다음 글의 전개 방식으로 옳지 않은 것은?

자유란 인간의 특성 중의 하나로서 한 개인이 스스로 판단하고 행동하며 그 결과에 대해 책임질 수 있는 능력을 의미한다. 그러한 능력을 극대화하기 위해서는 개인이 사회적인 여러 제약들, 가령 정치적, 경제적 및 문화적 제도나 권위, 혹은 억압으로부터 어느 정도의 거리를 유지하지 않으면 안 된다. 그러나 그 거리가 확보되면 될수록 개인은 사회로부터 고립되고 소외당하며 동시에 안정성과 소속감을 위협받을 뿐만 아니라 새로운 도전에 적나라하게 노출될 수밖에 없다. 이와 같이 새롭게 나타난 고독감이나 소외감, 무력감이나 불안감으로부터 벗어나기 위해 자유로부터의 도피를 감행하게 된다.

① 인과　　　　　② 분석
③ 정의　　　　　④ 예시

08

〈보기〉의 밑줄 친 부분에 대한 이해로 적절한 것은?

> ─ 보기 ─
>
> (가) 그는 어제 무슨 일이 <u>있는지</u> 말하려 하지 않았다.
> (나) 선생님께서는 "지구는 평평하다."<u>라고</u> 주장하셨다.
> (다) 상진이는 나에게 자신이 직접 만든 작품을 <u>보였다</u>.
> (라) 34번 고객님, 주문하신 따뜻한 커피 <u>나오셨습니다</u>.

① (가): 서술어가 요구하는 목적어가 없는 상황이기 때문에 '있는지'를 '있는지를'로 고쳐 써야 하므로 어법에 맞지 않다.
② (나): 큰따옴표 뒤에 붙어 앞말이 직접 인용되는 말임을 나타내는 조사 '고'로 고쳐 써야 하므로 어법에 맞지 않다.
③ (다): 나에게 작품을 보게 하는 사동의 의미를 나타내기 위해 사동 접미사 '-이-'를 사용했으므로 어법에 맞다.
④ (라): 고객의 소유물인 커피를 간접적으로 높여서 실제 높이고자 하는 대상인 고객을 높인 표현이므로 어법에 맞다.

09

밑줄 친 부분이 모두 '필수적 부사어'인 것은?

① ┌ 나는 <u>친구와</u> 숙제를 했다.
　└ 내가 본 것은 <u>이것과</u> 다르다.
② ┌ 형은 나를 <u>하인으로</u> 여긴다.
　└ 어제 <u>통장에</u> 많은 돈을 넣었다.
③ ┌ 나는 <u>고향에서</u> 누나를 만났다.
　└ 오빠는 지역 <u>예선에서</u> 탈락했다.
④ ┌ 나는 오늘 <u>오전에</u> 일을 마쳤다.
　└ 이 지역 토양은 <u>벼농사에</u> 적합하다.

10

다음 글을 통해 추론한 내용으로 적절하지 않은 것은?

우리 주변에는 아주 많은 종류의 물질이 있다. 이들 물질은 다양한 원소로 구성되어 있다. 원소는 한 종류의 원자로만 구성된 순물질을 일컫는다. 그렇기 때문에 원소와 원자의 종류는 동일하다. 원자의 종류는 원자핵에 들어 있는 양성자와 중성자의 수로 구별되는데, 양성자와 중성자의 수를 더한 것이 그 원자의 질량수가 되며, 양성자 수는 그대로 원자 번호가 된다. 현재까지 지구에 자연적으로 존재하는 원소로는 철, 염소, 리튬, 우라늄 등의 98가지가 알려져 있다. 그렇다면 지구에 존재하는 다양한 원소들은 변함없이 그대로 유지되고 있는 것일까? 그렇지 않다. 지구의 원소들은 대부분 시간이 지나면서 다른 원소로 바뀌고 있다.

수소보다 무거운 모든 원자의 핵에는 양성자 외에 중성자가 들어 있다. 양성자는 전하를 띠고 중성자는 전하를 띠지 않는다. 중성자와 달리, 양성자들은 같은 전하를 띠므로 전기적인 반발력이 상호 간에 작용한다. 그러나 양성자와 중성자 같은 소립자들은 짧은 거리에서 서로 강하게 잡아당기는 핵력이 작용하기 때문에 양성자와 중성자는 서로 뭉친다. 그런데 핵력은 아주 가까운 거리에서만 작용하므로 양성자 수가 많아 핵의 크기가 크면 핵력이 잘 미치지 않게 되고 전기적인 반발력의 효과가 커져서 핵이 불안정해진다. 그렇다면 원자 번호가 크면 원자핵은 불안정한 것일까? 반드시 그런 것은 아니다. 원자번호가 커도 원자핵이 안정적인 것이 있다. 그것은 중성자 수가 양성자 수보다 많기 때문이다. 중성자는 핵을 안정시키는 역할을 한다. 중성자는 질량이 양성자와 전자를 합한 것보다도 크다. 그에 따라 원소는 중성자의 수가 많을수록 무거워진다.

중성자 수는 동일한 원소라도 다를 수 있다. '헬륨-3'에서 3이라는 숫자는 양성자 2개와 중성자 1개를 말한다. 대부분의 헬륨은 '헬륨-4'로 중성자가 2개 존재한다. 이처럼 같은 원소라도 양성자 수는 같지만 중성자의 수가 다른 원소를 '동위 원소'라고 부른다. 각 원소에는 중성자 수가 다른 동위 원소가 여러 개 존재할 수 있다. 그런데 중성자가 불안정한 입자로 자유 공간으로 나오면 양성자와 전자로 붕괴한다. 이러한 현상은 핵 안에서도 일어나는데, 중성자가 양성자와 전자로 붕괴되면 원소도 바뀐다. 예를 들어, 탄소 동위 원소인 '탄소-14'는 중성자가 양성자와 전자로 붕괴되면 '질소-14'로 바뀐다.

원자핵은 다른 입자와의 충돌로 원자 번호, 질량수 등이 다른 별개의 원소의 원자핵으로 변환되기도 한다. 이때 핵 안에서 중성자가 양성자로 바뀌기도 하고 때로는 핵자*인 양성자나 중성자가 원자에서 튀어나오기도 한다. 이는 핵붕괴 현상에 해당한다. 핵붕괴는 핵융합과 달리 무거운 원소가 가벼운

원소로 바뀌는 현상이다. 핵붕괴가 일어나면 자연적으로 입자나 전자기파가 방출되며 원자가 다른 원자로 바뀐다. 이와 같은 변화에 의해 특정 원소의 원자 수가 원래 수의 반으로 줄어드는 데에 걸리는 시간을 '반감기'라고 한다. 반감기는 원소에 따라 고유한 값을 지니며, 주위의 물리적 · 화학적 조건에 영향을 전혀 받지 않는다.

원소의 핵붕괴는 아주 천천히 일어나지만, 우라늄, 토륨 등과 같이 핵붕괴가 일어나는 물질이 지구에 많이 존재하기 때문에 그 붕괴의 영향을 무시할 수 없다. 지각에는 우라늄이 은보다 40배나 많으며, 토륨은 우라늄보다 수배나 많다. 핵이 붕괴하면 방사선이 나오는데, 방사선으로 나오는 입자는 운동 에너지를 가지고 나오기 때문에 방사선의 운동 에너지가 열에너지로 바뀌어 지구 내부를 데우고 있다. 지구의 맨틀에서 나오는 대부분의 열은 방사선 때문에 생기는 것이다. 우라늄의 반감기가 45억 년인 것을 고려하면, 지구 생성 초기에는 지금보다 2배 이상 핵붕괴가 활발했을 것이고, 열도 훨씬 더 많이 났을 것이다.

* 핵자: 원자핵을 구성하는 기본 입자로, 양성자와 중성자가 여기에 속함.

① 여러 종류의 원자로 구성된 것은 원소가 아니다.

② 핵력이 없다면 양성자와 중성자는 서로 뭉치지 못할 것이다.

③ 중성자 수가 양성자 수보다 더 많아지면, 전기적인 반발력이 더 커진다.

④ 지구 생성 초기는 핵붕괴로 인한 방사선 입자의 운동에너지가 지금보다 더 컸을 것이다.

11

다음 글에 대한 반응으로 가장 적절한 것은?

온라인 공간의 데이터가 기하급수적으로 증가하고 있다. 그야말로 빅데이터 시대다. 빅데이터란 과거 아날로그 환경에서 생성되던 데이터에 비해 그 규모가 방대하고, 생성 주기도 짧고, 문자와 영상 데이터까지 포함하는 대규모 데이터를 말한다.

빅데이터 환경에서 기업은 SNS나 인터넷 검색어 및 댓글을 분석해 성공적인 마케팅 전략을 수립하고 있다. 과거 IBM이 캐나다 의회의 문서를 활용하여 영어·불어 자동 번역 시스템을 개발하다 실패한 것과는 달리 구글은 64개 언어 간 자동 번역 시스템 개발에 성공했다. 또한 그들이 개발한 독감 동향 서비스는 미국의 질병 통제 본부보다 예측력이 뛰어난 것으로 밝혀졌는데, 이 결과들은 기술력의 축적 시간보다는 데이터의 규모 차이에 의한 결과로 평가된다.

공공 부문에서도 세계 각국은 빅데이터를 활용해 위험 관리 시스템 마련, 부정행위 방지, 공공 데이터 공개 정책 등 사회적 비용 감소와 공공 서비스 품질 향상을 실현하고 있다. 국내 공공 부문에서는 지금까지 민간 기업의 빅데이터 활용 방식을 도입했지만, 고객 맞춤형 서비스 제공에는 한계가 있었다. 우리 정부는 향후 빅데이터 활용 방안을 재난 전조 감지, 구제역 예방, 맞춤형 복지 서비스, 물가 관리, 맞춤형 의료 시스템 구축의 다섯 분야로 제시하여 추진할 계획이다.

하지만 빅데이터 기반 서비스는 편익을 증대시키는 동시에 인권 침해의 문제가 야기된다. 검색 엔진을 제공하는 기업의 개인 정보 통합 관리는 이러한 논란의 중심에 서 있다. 개인 정보가 유출될 가능성이 높아졌고 그에 따른 피해가 예상되기 때문이다. 또한 정부 기관의 국민 사생활 침해 가능성도 문제다. 국가 정보원은 법원의 감청 허가서가 발급되면 인터넷 회선을 감청하여 개인 활동을 살펴볼 수 있다. 이 경우 같은 회선을 이용하는 제3자의 개인 정보까지도 노출된다.

이 같은 문제와 관련해 최근 이슈가 되고 있는 것이 '잊혀질 권리'이다. '잊혀질 권리'란 개인이 온라인 사이트에 있는 자신과 관련된 정보의 삭제를 요구할 수 있는 권리를 말한다. 최근에 있었던 유럽 사법 재판소의 '잊혀질 권리' 판결에 영향을 받아 우리나라도 '잊혀질 권리'의 법제화를 추진 중이다. 잘못된 개인 정보의 수정과 삭제 요청 조항을 담은 정보 통신망법의 규정을 강화하려는 의도다. 인터넷 시대에는 자신의 경험이나 거주지, 학교, 직장, 친구와 관련된 정보를 익명으로 짧게 올린 경우에도 검색을 통해 그 개인의 정보를 완성하는 이른바 '프로파일링'이 가능하고, 그러한 정보를 언제든지 유포시킬 수 있는 소위 '신상 털기'도 가능하다. 이에 따른 당사자들의 정신적 충격을 구제해야 할 현실적 필요성이 존재한다는 것이 법제화에 찬성하는 이들의 생각이다.

하지만 '잊혀질 권리'가 무제한의 권리로 행사된다면 권력이나 자본을 소유한 사람에게 악용될 소지가 높다는 점, 광범위한 정보망에서 개인의 일부 정보만 지우는 것이 기술적으로 어렵다는 점 등을 들어 반대하는 목소리도 있다. 또한 관련법의 집행 시 인력과 비용 문제가 기업에 부담이 될 수 있다는 점, 언론사의 기사나 자료를 과도하게 삭제하거나 접근 경로를 차단하면 환경 감시자로서 언론 본연의 역할이 무너질 가능성이 크다는 점 등을 논거로 잊혀질 권리를 입법화하는 데 신중해야 한다는 의견도 있어 앞으로 국내 잊혀질 권리 법제화의 귀추가 주목된다.

① 국내의 빅데이터 활용 범위는 공공 부문이 민간 부문에 앞서 있겠군.
② 데이터 규모의 증가 속도는 새로운 기술 개발에 장애가 되기도 하겠군.
③ 민간 의료에 대한 국민들의 의존도가 공공 부문에 비해 커지고 있겠군.
④ 데이터 활용 프로그램의 경쟁력은 기술 개발 비용이 핵심이 아닐 수 있겠군.

12

㉠과 가장 관련이 있는 한자 성어는?

마침 좌의정 이공필의 집이 금부정 옆이었는데 이공의 실내(室內)가 그 소문을 듣고 구경차 나왔다가 바라보고 한숨을 쉬고 탄식하며 말하였다.

"슬프고 가련하다. 누가 능히 저 원정(原情)을 해득하여 흑백을 분별하며 무죄한 사람을 살려 내리요?"

하며 슬픔을 마지아니하니 마침 소저가 곁에 있다가,

"세상 사람 다 ㉠ 총명치 못하며 지인지감이 없고, 또 국가의 신자(臣子)가 되어 저같이 무식들 하니 어찌 한심치 아니리요?"

하고 다시 부인께 고하였다.

– 작자 미상, 〈정두경전(鄭斗卿傳)〉

① 羊頭狗肉   ② 袖手傍觀
③ 魚魯不辨   ④ 桑田碧海

13

(가)와 (나)에 나타난 화자의 공통된 정서로 가장 적절한 것은?

> (가) 그립다
> 말을 할까
> 하니 그리워.
>
> 그냥 갈까
> 그래도
> 다시 더 한 번……
>
> 저 산(山)에도 까마귀, 들에 까마귀,
> 서산(西山)에는 해 진다고
> 지저귑니다.
>
> 앞 강(江)물, 뒤 강(江)물,
> 흐르는 물은
> 어서 따라오라고 따라가자고
> 흘러도 연달아 흐릅디다려.
>
>   – 김소월, 〈가는 길〉
>
> (나) 바람이 어디로부터 불어와
> 어디로 불려 가는 것일까.
>
> 바람이 부는데
> 내 괴로움에는 이유가 없다.
>
> 내 괴로움에는 이유가 없을까.
>
> 단 한 여자를 사랑한 일도 없다.
> 시대를 슬퍼한 일도 없다.
>
> 바람이 자꾸 부는데
> 내 발이 반석 위에 섰다.
>
> 강물이 자꾸 흐르는데
> 내 발이 언덕 위에 섰다.
>
>   – 윤동주, 〈바람이 불어〉

① 체념   ② 기다림
③ 괴로움   ④ 자책감

[14-15] 다음 글을 읽고 물음에 답하시오.

> ㉠ 돌하 노피곰 도도샤
> 어긔야 머리곰 비취오시라
> 어긔야 어강됴리 / 아으 다롱디리
> ㉡ 져재 녀러신고요
> 어긔야 즌ᄃᆡ를 ㉢ 드ᄃᆡ욜셰라
> 어긔야 어강됴리
> 어느이다 노코시라
> 어긔야 내 가논 ᄃᆡ ㉣ 졈그ᄅᆞᆯ셰라
> 어긔야 어강됴리 / 아으 다롱디리
>
>   – 어느 행상인의 아내, 〈정읍사(井邑詞)〉

14

이 작품에 대한 설명으로 가장 적절한 것은?
① '달'은 화자가 그리워하고 있는 대상이다.
② 후렴구를 활용하여 중심 내용을 강조하고 있다.
③ 색채 대비를 통해 애상적 분위기를 고조시키고 있다.
④ 다른 대상에게 말을 건네는 방식으로 정서를 드러내고 있다.

15

〈보기〉는 이 작품의 관련 설화이다. 〈보기〉를 바탕으로 이 작품에 대해 보인 반응으로 적절하지 않은 것은?

> 보기
>
> 정읍은 전주에 소속된 현(縣)이다. 이 고을 사람이 행상을 떠나 오래도록 돌아오지 않았다. 그 아내는 산 위 바위에 올라가 남편이 있을 먼 곳을 바라보면서 남편이 밤길에 오다가 해를 입지나 않을까 염려하였다. 고개에 올라 남편을 기다리던 아내는 언덕에 망부석으로 변해 남아 있다고 한다.
>
>   – 《고려사》

① ㉠은 남편을 기다리는 아내가 남편의 안위에 대해 기원하는 대상이라고 볼 수 있다.
② ㉡은 돌아오지 않는 남편이 가 있을 것이라고 아내가 생각하는 곳이라고 볼 수 있다.
③ ㉢은 산에서 망부석이 된 아내의 처지가 반영되어 있는 구절이라고 볼 수 있다.
④ ㉣은 시간의 경과에 대한 아내의 불안감이 드러나 있는 구절이라고 볼 수 있다.

16

문장의 종류가 〈보기〉와 동일한 것은?

┌ 보기 ┐
어려움이 있더라도 반드시 성공할게요.
└─────┘

① 오늘은 폭우가 오고 강풍이 불겠습니다.
② 우리가 그 일을 하기에는 인원이 부족하다.
③ 너처럼 계속 무리하면 건강에 문제가 생겨.
④ 나는 어제 간 음악회에서 옛 친구를 만났다.

17

다음 글의 내용과 일치하지 않는 것은?

우리 민족은 고유한 주거문화로 바닥 난방 기술인 구들을 발전시켜 왔는데, 구들은 우리 민족에 다양한 영향을 주었다. 우선 오랜 구들 생활은 우리 민족의 인체에 적지 않은 변화를 초래하였다. 태어나면서부터 따뜻한 구들에서 누워 자는 것이 습관이 된 우리 아이들은 사지의 활동량이 적고 발육이 늦어졌다. 구들에서 자란 우리 아이들은 다른 어떤 민족의 아이들보다 따뜻한 곳에서 안정감을 느꼈으며, 우리 민족은 아이들에게 따뜻함을 느낄 수 있는 환경을 만들어주기 위해 여러 가지를 고안하여 발전시켰다.

구들은 농경을 주업으로 하는 우리 민족의 생산도구의 제작과 사용에 많은 영향을 주었다. 구들에 앉아 오랫동안 활동하는 습관은 하반신보다 상반신의 작업량을 증가시켰고 상반신의 움직임이 상대적으로 정교하게 되었다. 구들 생활에 익숙해진 우리 민족은 방 안에서의 작업뿐만 아니라 농사를 비롯한 야외의 많은 작업에서도 앉아서 하는 습관을 갖게 되었는데 이는 큰 농기구를 이용하여 서서 작업을 하는 서양과는 완전히 다른 방식이었다.

① 우리 민족은 앉아서 작업하는 습관이 있다.
② 구들은 아이들의 체온을 높여 발육을 방해한다.
③ 우리 민족은 상반신 작업이 정교한 특징이 있다.
④ 구들은 실내뿐 아니라 실외 활동에도 영향을 주었다.

18

표준 발음으로 옳지 않은 것은?

① 국밥을 시켰다. – [국빱]
② 말을 더듬지 마라. – [더듬찌]
③ 어찌할 바를 모르겠다. – [어찌할빠]
④ 동생은 얼굴이 넓둥글다. – [널뚱글다]

19

다음 밑줄 친 '현란'이 ㉠에 해당하는 것은?

• 현란¹(眩亂)
정신을 차리기 어려울 정도로 어수선함. ········ ㉠
• 현란²(絢爛)
「1」 눈이 부시도록 찬란함.
「2」 시나 글 따위에 아름다운 수식이 많아서 문체가 화려함.

① 화려한 문체는 현란한 어휘에서 뒷받침하고 있다.
② 다리 위로 변두리 야시장 불빛이 현란하게 타오르고 있었다.
③ 태양은 그 어느 때보다 현란한 빛으로 그 모든 것을 비추고 있었다.
④ 새해에는 현란한 마음일랑 버리고 평안한 마음으로만 살았으면 좋겠습니다.

20

㉠을 빗댄 표현으로 가장 적절한 것은?

노화를 극복하려면 노화의 원인을 먼저 알아야 한다. 하지만 노화는 한마디로 정의하기가 어렵고 그 이론 또한 무수히 많다. 노화에 관한 대표적인 이론으로 ㉠텔로미어 이론이 있다. 텔로미어 이론에서 말하는 텔로미어란 인간의 세포 염색체 끝에 있으면서 염색체를 보호하는 단백질이다. 텔로미어는 세포가 분열할 때마다 짧아진다. 마치 카세트 테이프가 돌다가 언젠가 멈추는 것처럼 세포가 분열하면서 텔로미어가 조금씩 짧아져 결국 세포 분열이 중단돼 죽는다는 것이 텔로미어 이론이다. 실제로 사람의 세포를 떼어내 시험관에서 배양하면 40~60회 정도 분열을 하고 더 이상 분열을 하지 않는다. 세포는 계속해서 죽는 반면 더 이상 세포가 생기지 않으니 사람이 수명이 다하면 죽는 것은 당연하다.

① 시간이 지나면서 조금씩 타들어가는 촛불
② 일정 횟수만큼만 사용하게 만든 일회용 카메라
③ 폭발물의 뇌관에 불을 붙일 수 있게 만든 도화선
④ 오랜 시간 흐른 다음 바다에 이르면 멈추는 시냇물

21

다음 내용을 고려할 때, ㉠에 들어갈 말로 가장 적절한 것은?

> S# 102. 어느 공장 안
>
> 시무룩한 표정으로 모여 있는 삼동회 회원들, 모두들 의기소침해 있다.
>
> **동섭:** 이건 완전히 (㉠)야! 신문에도 한 자도 안 나왔잖아.
> **삼봉:** 그래, 학생들이 데모할 때는 쉬워 보였는데 보통 어려운 게 아니더랑께.
> **대병:** 이러다가 내일도 흐지부지 끝나는 거 아니야?
>
> 회원들의 말을 듣고 있던 태일, 굳은 목소리로
>
> **태일:** 근로 기준법 책을 불태워 버리자. 사람들이 모일 때 탁자 하나를 준비해 뒀다가 내가 그 위에 올라설게. 근로 기준법 조문들을 큰 소리로 읽고 나서, 지키지도 않을 이따위 법은 차라리 불태워 버리자.
>
> – 이창동 외, 〈아름다운 청년 전태일〉

① 언 발에 오줌 누기
② 계란으로 바위 치기
③ 불난 집에 부채질하기
④ 섶을 지고 불로 들어가기

22

〈보기〉에 대한 설명으로 적절한 것은?

> ─ 보기 ─
> ㉠ 어서 {와라/오너라}.
> ㉡ 다음 괄호에 적절한 말을 (쓰라/써라).
> ㉢ 학교가 끝나면 집에 와서 네가 할 일을 <u>하여라</u>.
> ㉣ 선생님께서 물음에 알맞은 답의 번호를 고르라고 하셨다.

① ㉠: 동사 '오다'에는 명령형 종결 어미로 '-아라'와 '-어라'가 모두 결합될 수 있다.
② ㉡: 구체적인 청자가 있을 경우에는 '써라'가, 그렇지 않을 경우에는 '쓰라'가 적절한 표현이다.
③ ㉢: '하여라'는 '하다'에 불특정 다수를 대상으로 하는 종결 어미 '-여라'가 결합하여 허락의 의미를 나타내고 있다.
④ ㉣: 선생님이 직접 말하는 상황이라면 '물음에 알맞은 답의 번호를 고르라.'가 적절한 표현이다.

23

㉠~㉣ 중 성격이 가장 이질적인 하나는?

> **엄마:** ㉠<u>누구</u> 좀……. 엄마 심부름을 갈 수 있니?
> **민지:** 어떤 심부름인데요? 여기 있는 우리들은 어느 ㉡<u>누구</u>라도 사랑하는 엄마 심부름을 할 만반의 준비가 되어 있습니다.
> **엄마:** 정말? 고마운 일인데……. 창고에 가서 프라이팬을 가져오면 돼.
> **민지:** 엄마가 말씀하신 프라이팬이 어떤 프라이팬인지 잘 몰라서 아는 사람이 가야 하는 것 아니에요?
> **엄마:** 맞아. 저번에 심부름 갔던 사람이 ㉢<u>누구</u>지? 아, 내가 어제 입구 첫 번째 선반에 올려 뒀으니까 그 ㉣<u>누가</u> 가도 금방 알 수 있어.

① ㉠
② ㉡
③ ㉢
④ ㉣

24

⊙~@을 수정하기 위한 의견으로 적절하지 않은 것은?

　우리나라 국민들은 얼마나 책을 읽을까? 2019년에 실시한 국민 독서 실태 조사에 의하면 만 19세 이상 성인의 연간 독서량(지난 1년간 읽은 일반 도서 권수)이 7.5권으로 2017년 조사에 비해 0.8권이 줄었다.

　더군다나 최근에는 대중교통을 이용하는 시민들 중에도 책을 읽는 사람은 거의 없고, 대부분의 사람들이 휴대폰을 들여다보고 있다. 이미 책의 자리를 휴대폰이 차지했다고 해도 ⊙ 지나친 과언이 아니다.

　일부 전문가들은 국가의 문화 선진 정도를 평가할 때 독서량을 따질 필요가 없다고 한다. 물론 국민 독서량이 문화 선진국의 절대적인 기준이 되는 것은 아니다. 하지만 우리가 문화 선진국이라고 평가하는 영국, 미국, 프랑스의 국민 독서량은 우리를 훨씬 ⓒ 상회한다. 미국은 한 달 평균 독서량이 6권을 넘고, 프랑스도 5.9권이다. 이에 비해 문화 선진국 국민들은 1년에 거의 80권의 책을 읽는 셈이다. ⓒ 위에서 언급한 조사 결과를 계산해 보면 우리 국민들 중 약 2분의 1이 1년 동안 15권의 책도 읽지 않는다는 결론이 나온다.

　따라서 우리나라 국민들은 책을 더 많이 읽어야 한다. 이를 위해서는 정부가 국민 독서량을 늘리기 위한 다양한 정책들을 펼칠 필요가 있다. 또한 시민 단체들도 국민 독서량 증가에 앞장서야 한다. 우리 국민들이 책을 많이 읽을 때, @ 전세계가 대한민국을 문화 선진국으로 인정해 줄 것이다.

① ⊙: 같은 의미가 중복되었으므로 '과언(過言)이 아니다'로 바꿔야 한다.
② ⓒ: 단어가 잘못 쓰였으므로 '상위한다'로 고쳐야 한다.
③ ⓒ: 글의 흐름을 고려하여 바로 앞 문장과 위치를 바꿔야 한다.
④ @: 띄어쓰기가 잘못되었으므로 '전 세계'로 고쳐야 한다.

25

다음 글에 대한 이해로 적절하지 않은 것은?

　처음 배우는 이는 먼저 뜻을 세우되 반드시 성인이 될 것을 스스로 기약해야 하며, 조금이라도 자기 자신을 별 볼일 없게 여겨 물러나려는 생각을 가져서는 안 된다. 일반 사람도 그 본성은 성인과 똑같다. 비록 기질에는 맑고 흐림과 순수하고 뒤섞인 차이가 없을 수 없으나 참답게 알고 실천하여 구습(舊習)을 버리고 그 본성을 되찾을 수 있다면, 털끝만큼도 더 보태지 않아도 온갖 선함을 다 갖출 수 있을 것이다. 그러니 일반 사람이라 해서 성인이 될 것을 스스로 기약하지 않을 수 있겠는가. 그러므로 맹자가 성선설(性善說)을 주장하시면서 요순(堯舜)을 들어 실증하면서, "사람이면 누구나 요순처럼 될 수 있다." 하였으니, 어찌 우리를 속인 것이겠는가.

　사람이 비록 학문에 뜻이 있어도 용맹스럽게 앞으로 나아가 성취할 수 없음은 옛 습관이 방해함이 있어서이다. 그 옛 습관이라 함은 다음과 같다. 첫째, 뜻을 게을리하고 그 몸가짐을 함부로 하고, 다만 편히 지낼 것만 생각하고 구속되기를 몹시 싫어하는 것. 둘째, 항상 돌아다닐 생각만 하고 조용히 안정하지 못하며 분주히 드나들며 떠들면서 세월을 보내는 것. 셋째, 같은 것은 즐기고 다른 것은 미워하여 속된 데로 빠져들었다가 좀 신칙해 보자니 무리와 어긋날까 두려워지는 것이다.

　옛 습관 중에 마음을 해치는 것이 대개 이와 같은데 그 나머지는 다 열거하기 어렵다. 이러한 습관은 사람의 뜻을 견고하지 못하게 하고 행실도 독실하지 못하게 하여, 오늘 한 것은 내일도 고치기 어렵게 하고 아침에 후회하였던 행동을 저녁에 다시 저지르게 하니, 모름지기 용맹스러운 뜻을 크게 떨쳐 한칼에 나무를 뿌리째 베 버리는 것처럼 하고 마음을 깨끗이 씻어 털끝만 한 찌꺼기도 없도록 해야 한다. 그리고 때때로 통렬히 반성하여 마음에 한 점도 옛 습관에 물든 더러움이 없게 된 뒤에야 학문에 나아가는 공부를 논할 수 있을 것이다.

① 사람은 기질의 차이를 극복하고 선을 실현할 수 있다.
② 옛 습관 중에 특히 마음을 해치는 것들을 경계하여야 한다.
③ 누구나 뜻을 세우고 학문에 정진한다면 성인의 경지에 이를 수 있다.
④ 학문에 나아가면 통렬히 반성해 옛 습관에 물든 더러움을 없앨 수 있다.

01

밑줄 친 어휘 중 표준 발음인 것은?

① 그 아이는 티 없이 맑게[막께] 자랐다.
② 그는 드디어 조국 땅을 밟게[발:께] 되었다.
③ 그는 엄마 잔소리를 귀가 닳도록[달또록] 들어 왔다.
④ 김 부장은 너무 외곬으로[외골쓰로] 고지식하기만 하다.

02

다음 중 '유의 관계'가 아닌 것은?

① 位階－序列
② 强調－浮刻
③ 禁止－不許
④ 寬容－中庸

03

밑줄 친 단어 중 어법에 맞지 않는 것은?

① 그는 젊었을 때 구두닦이로 먹고 살았다.
② 과일에는 비타민 시가 풍부하게 함유되어 있다.
③ 마을 입구 고샅에 아기를 업은 새댁이 서 있었다.
④ 바닷가의 아담한 방갈로에서 며칠 쉬다 왔으면 좋겠다.

04

아래 글의 (㉠)과 (㉡)에 들어갈 적절한 접속어로 가장 옳은 것은?

> 오늘날 가장 문제가 되는 것은 개인이 원하지 않는 사적 정보를 유출하는 행위다. 물론 사적 정보가 필요할 때도 있다. 폭력이나 살인 같은 형사 사건이 발생했을 때 경찰은 수사와 관련하여 특정인의 통화 기록을 통신 회사로부터 넘겨받을 수도 있다. 경제 관련 사건이 발생했을 때는 은행 계좌 기록을 은행으로부터 넘겨받을 수도 있다. (㉠) 한 사람의 사적인 정보를 타인에게 넘겨줄 때는 법원의 영장이 필요하다. 영장이 없으면 그 목적이 아무리 순수하더라도 자료를 넘겨줄 필요가 없다. (㉡) 정당한 법적 절차 없이 개인의 사적인 정보가 유출되고 있는 것이 우리의 현실이다. 하루가 다르게 정보 기술이 발달해 가는 시대에 이런 일은 비일비재하게 일어난다. 이런 일은 개인의 자유보다는 국가의 이익을 우선시하는 전체주의적 사회에서 훨씬 더 빈번하게 발생한다.

	㉠	㉡
①	그래서	그리하여
②	그리고	하지만
③	그런데	따라서
④	그러나	그렇지만

05

㉠~㉣에 대한 설명으로 가장 적절하지 않은 것은?

> • 아버지가 모는 트럭은 기름이 많이 ㉠ 닳는다.
> • 남의 ㉡ 삯일까지 해야 할 만큼 고생이 심했다.
> • 누나는 아침마다 ㉢ 직행열차를 타고 출근한다.
> • 그는 방방곡곡을 떠돌며 시를 ㉣ 읊고 풍류도 즐겼다.

① ㉠은 탈락과 교체가 일어나 음운의 개수가 하나 줄었다.
② ㉡은 탈락, 첨가, 교체가 일어나 음운의 개수에 변함이 없다.
③ ㉢은 축약과 교체가 일어나 음운의 개수가 하나 줄었다.
④ ㉣은 탈락과 교체가 일어나 음운의 개수가 하나 줄었다.

06

밑줄 친 단어 중 ㉠에 해당하지 않는 것은?

> 용언이 활용할 때, 어간의 모양은 바뀌지 않고 어미만 교체되며 어미는 모든 어간에 공통되는 형식으로 결합한다는 원칙이 있다. 그런데 이 원칙에서 벗어나는 경우가 있는데 그 벗어나는 양상은 크게 세 가지 유형으로 나눌 수 있다. 어간과 어미의 모양이 모두 바뀌는 유형, ㉠ 어간의 모양만 바뀌는 유형, 어미의 모양만 바뀌는 유형이 그것이다.

① 그녀는 보기보다 무겁다.
② 당신의 목소리를 듣고 싶습니다.
③ 시인이 요즘에는 소설을 짓고 있다.
④ 아이가 거의 다 죽을 지경에 이르다.

07

문맥상 ㉠에 들어갈 단어로 가장 적절한 것은?

> 건강은 우리 시대의 새로운 종교가 되었다. 자신의 건강을 지키기 위해 애쓰는 사람들의 노력은 감동마저 (㉠)한다. 다른 일엔 더할 나위 없이 게을렀던 사람들이 건강을 위해서라면 '지옥 훈련'도 마다하지 않을 기세다.

① 추출(抽出)
② 창출(創出)
③ 유발(誘發)
④ 촉진(促進)

08

㉠~㉣에 대한 설명으로 적절하지 않은 것은?

> • ㉠ 오늘 우리 만나자.
> • ㉡ 형의 옷을 빌려 입었다.
> • 그는 천심이 ㉢ 착한 사람이다.
> • 어머니께서 ㉣ 큰 사과를 밭에서 따 오셨다.

① ㉠은 체언이 관형어로 쓰인 예이다.
② ㉡은 '옷'을 꾸미니까 관형어이다.
③ ㉢의 품사는 형용사, 문장 성분은 관형어이다.
④ ㉣은 형용사 '크다'가 활용한 용언의 관형사형이다.

09

두 속담의 의미 관계가 다른 하나는?

① 그 아버지에 그 아들
　– 어미 모르는 병 열수 가지를 앓는다
② 되로 주고 말로 받는다
　– 가는 말이 고와야 오는 말이 곱다
③ 구운 게도 다리를 떼고 먹는다
　– 돌다리도 두들겨 보고 건너라
④ 웃느라 한 말에 초상난다
　– 고기는 씹어야 맛이요, 말은 해야 맛이라

10

㉠~㉣ 중 화자가 지향하는 삶의 모습과 가장 거리가 먼 것은?

> 나의 ㉠ 무덤 앞에는 그 차가운 빗돌을 세우지 말라.
> 나의 무덤 주위에는 그 노오란 ㉡ 해바라기를 심어 달라.
> 그리고 해바라기의 긴 줄거리 사이로 끝없는 ㉢ 보리밭을 보여 달라.
> 노오란 해바라기는 늘 태양같이 태양같이 하던 화려한 나의 사랑이라고 생각하라.
> 푸른 보리밭 사이로 하늘을 쏘는 ㉣ 노고지리가 있거든 아직도 날아오르는 나의 꿈이라고 생각하라.
> 　– 함형수, 〈해바라기의 비명 – 청년 화가 L을 위하여〉

① ㉠
② ㉡
③ ㉢
④ ㉣

11

(가)와 (나)의 형태소에 대한 설명으로 적절하지 않은 것은?

> (가) 나는 산으로 가서 별을 보았다.
> (나) 형은 나와 함께 바다로 가서 물고기를 먹었다.

① (가)의 형태소 개수는 11개이다.
② (가)의 실질 형태소 개수는 형식 형태소 개수보다 많다.
③ (나)의 자립 형태소 개수는 의존 형태소 개수보다 적다.
④ (나)의 실질 형태소 개수는 (가)의 실질 형태소 개수보다 3개 많다.

12

다음 글에 대한 반응으로 가장 적절한 것은?

'역사란 무엇인가' 하는 질문은 여러 가지 문제들을 포괄하는 것으로, 몇 마디로 다 대답할 수 없으나 가장 핵심적인 두 가지 점을 밝히면 다음과 같다. 첫째, 역사는 현재, 즉 우리들이 일상 당면하고 있는 현실 세계와 깊은 관련이 있다는 점이다. 19세기의 유명한 역사가 랑케의 말에 의하면 역사가는 다만 과거의 역사적 사실 그 자체로 하여금 말하도록 하는 데 그쳐야 한다. 즉 역사가의 임무는 과거에 일어났던 그대로의 사실을 밝히는 것이라고 하였다.

그러나 한때 능가할 수 없을 정도로 강력했던 이러한 주장은 20세기의 역사가들에 의해서 그대로 받아들여지지 않았다. 왜냐하면 과거의 사실은 역사가라는 산 인간을 통해서 다시 해석되고 서술되므로 절대적 객관성이란 것은 기대될 수 없기 때문이다. 다음으로 만일 과거가 완전히 지나가 버린 사실 자체라고 본다면 역사는 우리의 현재와 관계가 없어지기 때문이다. 그리하여 20세기의 역사가들은 현재와의 관련에서 역사를 보아야 한다고 주장하고 역사가의 사관(史觀) 수립을 중요시하였다.

이리하여 우리는 자연히 역사학의 두 번째 과제에 부딪치게 된다. 역사학 연구의 과제는 과거 사실의 역사적 의미를 파악하는 것이다. 역사상의 수많은 사실들은 오늘날 우리들의 관심을 불러일으키며 연구의 대상이 되어야 할 존재 이유를 갖고 있다. 역사적 사실이 갖는 의미는 첫째로 사실이 갖는 당시대적 의미, 둘째로 그 사실이 후세에까지 영향력을 미치는 지속적인 의미로 나누어 생각할 수 있다. 당시대적 의미는 특정한 사건 또는 형성물이 그 당시의 사회적, 사상적 상황에 끼친 영향을 말한다. 당시대적 의미를 갖는 과거는 일시적인 영향에 그치는 것으로 시간의 경과에 따라 의미를 상실한다. 예를 들면 로마사에서 커다란 사회 혁명의 기원이 된 포에니 전쟁을 들 수 있다. 로마가 지중해의 패권을 둘러싸고 카르타고와 싸운 이 전쟁은 결국 로마의 승리로 돌아갔으며, 그 결과 로마는 지중해 세계를 통합하는 세계 제국으로 발전하였다. 그럼에도 불구하고 포에니 전쟁이 그 후의 유럽 문명에 끼친 영향은 거의 고려되지 않는다. 이와 대조적으로 역사적 사실의 지속적인 의미를 생각할 수 있다. 예를 들면 그리스의 철학 사상이 그것이다. 플라톤과 아리스토텔레스가 사고한 내용은 오늘날에 이르는 서양 철학사에서 주요 논쟁의 기원이 되었다. 중세 천 년을 지배한 정신적 질서였던 그리스도교나 현대 법제의 기초가 된 로마법의 경우도 역사에 있어서의 지속적 의미에 관한 예이다. 이와 같이 역사학은 과거의 사실이 갖는 지속적 의미를 밝혀내고 동시에 그러한 의미가 어떠한 역사적 방향에 계속 작용할 것인가를 본질적인 과제로 삼게 되는 것이다.

① 과거 사실의 당시대적 의미 파악에 주력하는 현대 역사가들도 많겠군.

② 당시대적 의미를 갖는 역사적 사실들은 주로 정신적 의미를 가진 사건일 거야.

③ 현대의 역사가들은 이전의 역사가들에 비하면 학문적 의견 대립이 줄어들 거야.

④ 역사적 사실의 의미를 규정할 때, 미래적 상황을 염두에 두는 역사가도 많을 거야.

13

㉠에 들어갈 시구로 가장 적절한 것은?

'(㉠)'처럼 한 종류의 감각을 다른 종류의 감각으로 전이시켜 나타낸 표현은 감각적 이미지를 효과적으로 드러내는 방법이라고 할 수 있다.

① 언제부턴가 갈대는 속으로
   조용히 울고 있었다.
                        – 신경림, 〈갈대〉

② 서(西)으로 가는 달같이는
   나는 아무래도 갈 수가 없다.
              – 서정주, 〈추천사–춘향의 말1〉

③ 아무도 그에게 수심(水深)을 일러 준 일이 없기에
   흰 나비는 도무지 바다가 무섭지 않다.
              – 김기림, 〈바다와 나비〉

④ 그 푸른 물소리에 귀를 씻고 입을 헹구고
   푸른 댓가지가 후려치는 회초리도 몇 대 아프게 맞으며.
            – 복효근, 〈대숲에서 뉘우치다〉

14

한자 독음이 모두 바른 것은?

① 筆頭(필두) − 法悅(법열) − 傑作(걸작) − 傍觀(방관)

② 相衝(상충) − 派閥(파벌) − 發足(발족) − 倦怠(나태)

③ 復活(부활) − 坐礁(자초) − 請託(청탁) − 遲滯(지체)

④ 起伏(기부) − 懲役(징역) − 賻儀(부의) − 放縱(방종)

15

다음 시에 대한 설명으로 가장 옳은 것은?

꽃이 지기로서니
바람을 탓하랴.

주렴 밖에 성긴 별이
하나 둘 스러지고,

귀촉도 울음 뒤에
머언 산이 다가서다.

촛불을 꺼야 하리
꽃이 지는데

꽃 지는 그림자
뜰에 어리어

하이얀 미닫이가
우련 붉어라.

묻혀서 사는 이의
고운 마음을

아는 이 있을까
저어하노니

꽃이 지는 아침은
울고 싶어라.

― 조지훈, 〈낙화〉

① 같거나 비슷한 내용을 반복하여 정서를 강조했다.
② 묘사를 통하여 분위기를 제시한 후 정서를 서술했다.
③ 정서의 긴장과 이완에 따라 시행의 길이를 조절했다.
④ 시간의 순서에 따른 꽃의 변화 상태를 묘사하고자 했다.

16

㉠~㉢에 대한 이해로 적절하지 않은 것은?

㉠ 주식은 어떤 회사에 자금을 투자한 사람에게 그 대가로 발행하는 일종의 소유 지분을 기록한 증서다. 주식 투자자들이 얻을 수 있는 수익에는 배당과 시세 차익이 있다. 주식을 발행해 모은 자금으로 세워진 주식회사는 투자자들에게 이자를 지불할 필요는 없지만, 회사 경영을 통해 얻은 수익을 투자자의 투자 지분에 따라 나눠 주어야 한다. 이를 배당이라고 한다. 한편 회사가 수익을 많이 내면 그 회사가 발행한 주식 가격도 오르게 마련이다. 주식 가격이 낮게 형성되어 있을 때 주식을 사들였던 투자자들이 가격이 오른 시점에 팔면 그 차액만큼 이익을 얻게 되는데, 이것을 시세 차익이라고 한다.

㉡ 채권은 채무자가 채권자에게 미래의 정해진 시점에 원금과 이자를 지급하기로 약속한 증서다. 따라서 채권에는 만기일, 원금(액면가), 지급 이자가 기록되어 있다. 채권을 보유해 얻을 수 있는 기본적인 수익은 채권 발행 기관에서 약속한 이자다. 하지만 채권 역시 시세 차익을 얻을 수 있다. 현금이 급하게 필요한 투자자로부터 채권을 싸게 구입해서 일정 기간을 보유한 후 다른 사람에게 비싸게 되팔았을 때 시세 차익을 얻게 된다. 한편, 채권은 정부나 공공 기관, 금융 기관, 그리고 신용도가 높은 주식회사 등에서 발행하기 때문에 주식에 비해 원금과 이자의 안전성이 높은 편이다.

㉢ 펀드는 주식이나 채권 등 유가 증권에 투자하기 위해 조성되는 투자 기금으로, 일정 금액 규모의 자금 운용 단위를 말한다. 펀드 투자는 바로 이 펀드에 가입하는 것을 말한다. 펀드는 여러 사람의 돈을 모아서 전문가가 투자하여 수익을 올린 후에 투자자의 지분 비율에 따라 이익금을 나누어 준다. 전문적인 지식이 부족하거나 시간이 없는 사람들이 주식이나 채권에 직접 투자하기보다는 펀드를 운용하는 회사의 펀드에 가입함으로써 간접 투자를 할 수 있는 제도가 펀드 투자 제도라 할 수 있다. 펀드에 투자할 때는 펀드를 운용하는 회사가 가입자를 위해서 성실하게 노력하는 회사인지 세심하게 살펴볼 필요가 있다.

① ㉠과 ㉡은 시세 차익을 얻을 수 있다는 공통점이 있다.
② ㉠과 ㉡은, ㉢과 비교할 때 직접 투자의 성격이 강하다.
③ ㉢은 ㉠이나 ㉡에 투자하기 위해 마련되는 투자 기금이다.
④ ㉠과 ㉢은 시간적 여유나 전문성이 부족한 투자자가 선호한다.

17

다음 글에 대한 설명으로 가장 적절한 것은?

어느 의미에서는 고정불변(固定不變)의 신비로운 전통이라는 것이 존재한다기보다 오히려 우리 자신이 전통을 찾아내고 창조한다고도 할 수가 있다. 따라서 과거에는 훌륭한 문화적 전통의 소산(所産)으로 생각되던 것이, 후대(後代)에는 버림을 받게 되는 예도 허다하다. 한편, 과거에는 돌보아지지 않던 것이 후대에 높이 평가되는 일도 한두 가지가 아니다. 연암 박지원의 문학은 바로 그러한 예인 것이다.

비단 연암의 문학만이 아니다. 우리가 현재 민족 문화의 전통과 명맥을 이어준 것이라고 생각하는 것의 대부분이 그러한 것이다. 신라의 향가, 고려의 가요, 조선 시대의 사설시조, 백자, 풍속화 같은 것이 그러한 것이다.

① 비유를 통해 대상의 속성을 드러낸다.
② 과거의 일을 회상하는 방식을 사용한다.
③ 말하고자 하는 바를 예로 들어 설명한다.
④ 익살스러운 문체로 풍자의 효과를 살린다.

18

다음 글을 수정·보완할 방안으로 가장 적절하지 않은 것은?

한국 문화를 논할 때에는 시기성(時期性)이 고려되어야 한다. ⊙ 물론 우리의 전통문화 활동들은 거의 모두가 세계 공통적인 내용과 면모를 지닌 것이 태반이다. 우리 민족만의 고유한 문화를 규정하고자 할 때, 오늘날까지 지속적으로 계승되어 온 것인가 또는 과거의 어느 한 시기에만 있었던 것인가 또는 오랜 과거에는 없다가 근세(近世)에 갑자기 생겨난 것인가 등에 대한 반성이 ⓒ 수립되어야 한다. 왜냐하면 오랜 옛날 어느 특정 시기에 있었던 문화 현상이 오늘날에도 우리의 전통문화의 일부인 것처럼 주장되기도 하고, 근세에 비로소 생겨난 현상이 아득한 옛날부터의 전통인 것처럼 ⓒ 잘못 알고 오해되는 경우도 있기 때문이다. 한편, 고대의 특정 시기에만 있었던 것으로 알려진 문화 현상들이라도 그 모습을 다소 달리하여 꾸준히 지속되었다고 생각할 수 있는 것은 우리 민족의 고유한 ② 전통이라고 할 수 있다.

① ⊙은 글의 내용을 고려할 때 일관성을 해치므로 삭제한다.
② ⓒ은 단어의 쓰임이 적절하지 않으므로 '수반'으로 바꾼다.
③ ⓒ은 뒤의 '오해되는'과 의미가 중복되므로 삭제한다.
④ ②은 '것은'과 호응하지 않으므로 '전통이기 때문이다'로 수정한다.

19

⊙과 의미가 통하는 한자 성어는?

⊙ 소문난 잔치에 먹을 것 없다더니 맛있는 집이라는 소문을 듣고 일부러 먼 길을 달려왔는데 막상 먹어 보니 맛이 없더라.

① 漢江投石　　　② 坐不安席
③ 有備無患　　　④ 外華內貧

20

〈보기〉와 진술 방식이 가장 유사한 것은?

보기

민속학(民俗學)은 우리 선조들이 행하였고, 또 만들어 놓은 습관, 예의, 신앙을 조금도 변모시키지 않고, 그대로 존속시키려는 희망을 근거로 하고, 그 전승, 관습, 행동과 그 배후의 심의(心意)를 연구 대상으로 하는 학문이다. 그리고 그 전승 문화의 기원, 전파, 변천의 자취를 더듬어서, 그 유형, 형태, 법칙, 성향 등을 발견하려는 것이 민속학의 목적이기도 하다.

① 기름 파동을 이겨내기 위한 세계의 움직임은 부산하다. 인도의 수상은 마차를 타고 출퇴근을 하고, 네덜란드의 수상은 자전거 타기에 앞장섰다. 이 모든 본보기들은 세계의 기름 파동이 얼마나 심각한가를 단적으로 보여 준다.
② 여자는 사고 유형(思考類型)이 남자와 다르다. 여자는 대개 현재의 상태를 생각하는 경향이 있다. 남자가 미래에 눈을 주고 있는 것과는 다르다. 여자는 보통 가정, 사랑, 안정성 등을 생각한다. 이는 남자들이 모험, 사업, 성 문제를 중심으로 생각하는 것과는 다르다.
③ 동요는 어린이들이 부르는 노래로, 누구나 어렸을 때 많이 불러 보았기 때문에 짙은 향수를 느끼게 하는 노래이다. 특히 동요는 놀이를 하면서 부르는데다가 사회를 풍자하고 앞일을 예언하는 구실도 하기 때문에 재미도 있을 뿐만 아니라, 음미할수록 가슴 깊이 파고드는 정을 느끼게 한다.
④ 법의 양면성은 울타리와 비교될 수 있다. 울타리는 우리의 시야를 가리고 때로는 바깥출입의 자유를 방해한다는 점에서는 답답한 존재이다. 그러나 부질없이 낯선 사람의 눈총을 막아 주고 악의에 찬 사람을 막아서 가정의 안전하고 포근한 삶을 보장하는 점에서 울타리는 고마운 존재다. 법은 이러한 울타리처럼 달갑지 않은 면이 있으면서도 우리 사회에 없어서는 안 되는 필수 불가결한 것이다.

21

㉠의 '諾'과 독음이 동일한 것은?

> 물건에 대한 매매 계약은 매수인의 청약과 매도인의 ㉠承諾으로 성립된다. 이 점에서 계약 체결 당사자들은 스스로 체결한 계약에 대해 구속을 받는다고 할 수 있다.

① 一諾   ② 受諾
③ 快諾   ④ 許諾

22

다음 글의 핵심적인 내용으로 가장 적절한 것은?

지금까지는 채산성의 문제로 국산 만화 영화는 텔레비전의 체면치레용으로 일 년에 한두 편 만들어져 상영되었다. 그러나 만화 영화 주인공을 상품에 응용하는 팬시(fancy: 기호품), 머천다이징(merchandising: 만화 영화 주인공을 상품에 이용한 것) 산업의 활발한 응용을 통해 수입 만화 영화가 채산성에 성공한 예를 통해 본다면, 앞으로 국산 만화 영화도 활발한 상업적 응용으로 채산성을 높여 자체 제작의 전망을 밝혀야 할 것이다.

그러나 역시 워낙 고가의 제품이라서 일본이나 미국처럼 세계를 대상으로 수출할 작품을 만들지 않으면 결국 수지를 맞추기 어렵다. 수지가 맞지 않으면 계속 제작이 불가능하므로 우리의 현실적 과제는 세계에 진출할 수 있는 작품의 양산으로, 바로 여기에 정책적 배려와 투자가 절실히 요구되는 것이다. 이 두 가지만 갖춘다면 우리는 비교적 적은 경쟁자와 겨루면서 세계 시장에 진출할 수 있다.

이것이 정책적으로도 중요한 것은, 만화 영화의 수출이 단지 몇 푼의 외화 획득에 그치는 것이 아니기 때문이다. 제작한 나라의 문화와 긍정적인 이미지를 동시에 수출하는 것이며 그 나라 상품에 대한 호감도를 높이기 때문에, 국가 홍보는 물론이거니와 나아가 문화 수출, 외교적 이득까지 고려할 수 있는 일석 다조의 효과가 있는 것이다. 전 세계에 만화 영화를 수출하고 그 뒤를 경제로 제패한 일본의 예가 대표적이다.

따라서 정부는 만화 영화를 수출 주력 산업의 하나로 지정하여 모든 정책적인 혜택을 베풀고, 대기업도 이 분야의 수지 타산성을 따져 과감한 투자를 한다면, 우리 만화 영화를 통해 우리 아이들이 진정한 '한국인'으로 성장할 수 있는 밑거름이 됨은 물론, 수출 증대의 바람직한 결과를 기대할 수 있지 않을까 생각한다. 이렇게 될 때 자연적으로 전문 고급 인력이 양성되고 한국은 세계의 만화 영화 왕국을 향해 도전해 볼 수도 있을 것이다.

① 수입 만화 영화에 대해 철저한 규제를 내려야 한다.
② 만화 영화에 대한 편견을 불식하여 그 중요성을 인식해야 한다.
③ 국산 만화 영화를 육성하여 활성화하는 정책 방안을 마련해야 한다.
④ 국산 만화 영화를 통하여 문화 수출을 하는 외교적 이득을 고려해야 한다.

23

(가)와 (나)의 공통점이 아닌 것은?

(가) 이자(李子)가 남으로 한강을 건너는데, 함께 건너는 또 한 배가 있었다. 배의 크기도 같고 노군의 수효도 비슷했으며 실은 인마(人馬)의 수도 거의 같았다. 잠시 후에 보니, 한 배는 뜨자마자 나는 듯하여 이미 저쪽 언덕에 닿았는데, 내가 탄 배는 머뭇거리며 나아가지 않았다.

까닭을 물은즉 배 안에 있는 사람이,

"저 배는 사공에게 술을 먹였기 때문에 그들이 있는 힘을 다하여 노를 젓는 거지요."

했다. 나는 부끄러움을 참을 수 없었고 인하여 탄식하기를

"아아, 하찮은 작은 배 한 척이 물을 건너는 데에도 뇌물이 있고 없음에 따라 그 나아감이 빠르고 더디며 앞서고 뒤서는데, 하물며 벼슬의 넓은 바다를 다투며 건너는 데 있어서랴. 돌아보매 내 손에 돈 한 푼 없으니, 지금까지 얕은 벼슬 하나 하지 못한 것이 어찌 당연한 일이 아니겠는가?"

했다. 이것을 기록하여 다른 날에 보고자 써 둔다.

– 이규보, 〈주뢰설〉

(나) 행랑채가 퇴락하여 지탱할 수 없게끔 된 것이 세 칸이었다. 나는 마지못하여 이를 모두 수리하였다. 그런데 그중의 두 칸은 앞서 장마에 비가 샌 지가 오래되었으나, 나는 그것을 알면서도 이럴까 저럴까 망설이다가 손을 대지 못했던 것이고, 나머지 한 칸은 비를 한 번 맞고 샜던 것이라 서둘러 기와를 갈았던 것이다. 이번에 수리하려고 본즉 비가 샌 지 오래된 것은 그 서까래, 추녀, 기둥, 들보가 모두 썩어서 못 쓰게 되었던 까닭으로 수리비가 엄청나게 들었고, 한 번밖에 비를 맞지 않았던 한 칸의 재목들은 완전하여 다시 쓸 수 있었던 까닭으로 그 비용이 많지 않았다.

나는 이에 느낀 것이 있었다. 사람의 몸에 있어서도 마찬가지라는 사실을. 잘못을 알고서도 바로 고치지 않으면 곧 그 자신이 나쁘게 되는 것이 마치 나무가 썩어서 못 쓰게

되는 것과 같으며, 잘못을 알고 고치기를 꺼리지 않으면 해(害)를 받지 않고 다시 착한 사람이 될 수 있으니, 저 집의 재목처럼 말끔하게 다시 쓸 수 있는 것이다.

뿐만 아니라 나라의 정치도 이와 같다. 백성을 좀먹는 무리들을 내버려 두었다가는 백성들이 도탄에 빠지고 나라가 위태롭게 된다. 그런 연후에 급히 바로잡으려 하면 이미 썩어 버린 재목처럼 때는 늦은 것이다. 어찌 삼가지 않겠는가.

– 이규보, 〈이옥설〉

① 유추에 의한 사고 전개 과정을 보이고 있다.
② 자신의 경험을 바탕으로 글을 전개하고 있다.
③ 대조적인 대상을 통해 주제 의식을 전달하고 있다.
④ 문제 상황에 대한 구체적인 해결 방안을 제시하고 있다.

24

㉠의 사례로 적절하지 않은 것은?

용언 가운데 원래 가지고 있던 뜻이 변하거나 약해져서 단독으로 용언의 기능을 발휘하지 못하고 다른 용언 뒤에서만 쓰이는 용언을 보조 용언이라고 한다. 보조 용언들은 다양한 문법적 의미를 갖는다. 완료의 의미뿐만 아니라 보조 용언은 ㉠ 어떤 행위나 동작의 진행을 나타내는 경우나 어떤 행위를 시도해 본다는 의미를 나타내는 경우도 있다.

① 연탄불이 꺼지니 방이 식어 갔다.
② 동생은 아껴 둔 새 옷을 입어 보았다.
③ 삼촌은 한 회사에서 10년 동안 일해 왔다.
④ 손님들은 식당에서 한국 음악을 듣고 있었다.

25

'글쓴이'에 대한 설명으로 가장 적절한 것은?

향기로운 엠제이비(MJB)의 미각을 잊어버린 지도 이십여 일이나 됩니다. 이곳에는 신문도 잘 아니 오고 체전부(遞傳夫)는 이따금 하도롱 빛 소식을 가져옵니다. 거기는 누에고치와 옥수수의 사연이 적혀 있습니다. 마을 사람들은 멀리 떨어져 사는 일가 때문에 수심이 생겼나 봅니다. 나도 도회에 남기고 온 일이 걱정이 됩니다.

건너편 팔봉산에는 노루와 멧돼지가 있답니다. 그리고 기우제 지내던 개골창까지 내려와서 가재를 잡아먹는 곰을 본 사람도 있습니다. 동물원에서밖에 볼 수 없는 짐승, 산에 있는 짐승들을 사로잡아다가 동물원에 갖다 가둔 것이 아니라, 동물원에 있는 짐승들을 이런 산에다 내어놓아 준 것만 같은 착각을 자꾸만 느낍니다. 밤이 되면 달도 없는 그믐 칠야(漆夜)에 팔봉산도 사람이 침소로 들어가듯이 어둠 속으로 아주 없어져 버립니다.

그러나 공기는 수정처럼 맑아서 별빛만으로라도 넉넉히 좋아하는 '누가 복음'도 읽을 수 있을 것 같습니다. 그리고 또 참 별이 도회에서보다 갑절이나 더 많이 나옵니다. 하도 조용한 것이 처음으로 별들의 운행하는 기적이 들리는 것도 같습니다.

객줏집 방에는 석유 등잔을 켜 놓습니다. 그 도회지의 석간(夕刊)과 같은 그윽한 내음새가 소년 시대의 꿈을 부릅니다. 정 형! 그런 석유 등잔 밑에서 밤이 이슥하도록 호까 — 연초갑지(煙草匣紙) — 붙이던 생각이 납니다. 베짱이가 한 마리 등잔에 올라앉아서 그 연둣빛 색채로 혼곤한 내 꿈에 마치 영어 티(T) 자를 쓰고 건너긋듯이 유(類)다른 기억에다는 군데군데 언더라인을 하여 놓습니다. 슬퍼하는 것처럼 고개를 숙이고 도회의 여차장이 차표 찍는 소리 같은 그 성악을 가만히 듣습니다. 그러면 그것이 또 이발소 가위 소리와도 같아집니다. 나는 눈까지 감고 가만히 또 자세히 들어 봅니다.

그리고 비망록을 꺼내어 머룻빛 잉크로 산촌의 시정(詩情)을 기초(起草)합니다.

그저께신문을찢어버린
때묻은흰나비
봉선화는아름다운애인의귀처럼생기고
귀에보이는지난날의기사

얼마 있으면 목이 마릅니다. 자리물 — 심해처럼 가라앉은 냉수를 마십니다. 석영질 광석 내음새가 나면서 폐부에 한란계(寒暖計) 같은 길을 느낍니다. 나는 백지 위에 그 싸늘한 곡선을 그리라면 그릴 수도 있을 것 같습니다.

– 이상, 〈산촌 여정〉

① 산촌에서 글을 쓰며 지내고 있다.
② 자신의 의지와 상관없이 산촌에 오게 되었다.
③ 산촌 생활에 대해 부정적인 시각을 드러내고 있다.
④ 자신이 떠나온 도시의 삶을 완전히 잊은 채 지내고 있다.

08회 모의고사

⏱ 시작 시간   시   분
⏱ 종료 시간   시   분
⏱ 총 소요 시간   시   분

01

(가)와 (나)에 제시된 단어에서 알 수 있는 로마자 표기의 원칙을 〈보기〉에서 찾아 바르게 연결한 것은?

> (가) 울산(Ulsan), 샛별(saetbyeol), 낙동강(Nakdonggang)
>
> (나) 묵호(Mukho), 집현전(Jiphyeonjeon), 오죽헌(Ojukheon)

보기
ㄱ 된소리되기는 표기에 반영하지 않는다.
ㄴ 고유 명사의 로마자 표기는 첫 글자를 대문자로 표기해야 한다.
ㄷ 체언에서 'ㄱ, ㄷ, ㅂ' 뒤에 'ㅎ'이 따를 때에는 'ㅎ'을 밝혀 적는다.
ㄹ 발음상 혼동의 우려가 있을 때에는 음절 사이에 붙임표(-)를 쓸 수 있다.

	(가)	(나)		(가)	(나)
①	ㄱ	ㄷ, ㄹ	②	ㄱ, ㄴ	ㄷ, ㄹ
③	ㄱ	ㄴ, ㄷ	④	ㄱ, ㄴ	ㄷ

02

밑줄 친 단어 중 표기가 모두 옳은 것은?
① 오랜 타향살이 때문에 곯병을 얻었다.
② 나뭇꾼은 토끼를 나뭇단 속에다 숨겨 주었다.
③ 새침데기 아가씨가 오늘은 웬일로 알은체를 하였다.
④ 나는 과거의 부끄러운 행적이 선행으로 덮이기를 바랬다.

[3-4] 다음 작품을 읽고 물음에 답하시오.

> (가) 기왕(岐王)ㅅ 집 안해 상녜 보다니,
> 최구(崔九)의 집 알픠 몃 디윌 드러뇨.
> 정(正)히 이 강남(江南)애 풍경(風景)이 됴ᄒ니,
> 곳 디ᄂ 시절(時節)에 또 너를 맛보과라.
>
> (나) ᄀᆞᄅ미 ᄑᆞᄅᆞ니 새 더욱 히오,
> 뫼히 퍼러ᄒ니 곳 비치 블 븓ᄂ 듯도다.
> 옰보미 본ᄃᆡᆫ ᄯᅩ 디나가ᄂ니,
> 어느 나리 이 도라갈 히오.

03

(가)와 (나)의 공통점으로 가장 적절한 것은?
① 화자가 청자를 설정하여서 말을 건넨다.
② 자연과 화자를 대조하여 정서를 부각한다.
③ 청각적 이미지를 사용하여 과거를 회상한다.
④ 색채의 대비를 통해 장면을 선명하게 부각한다.

04

〈보기〉를 참고할 때, (가)에 대한 감상으로 적절하지 않은 것은?

보기

ㄱ 과거 → ㄴ 현재 → ㄷ 미래

① ㄱ의 상황을 ㄴ의 시점에서 회상하고 있군.
② 시적 대상은 ㄱ에서 인생의 전성기를 누렸군.
③ ㄴ의 공간적 배경은 '강남'으로 볼 수 있군.
④ 화자는 대상과 ㄷ에서의 만남을 기약하고 있군.

05

아래의 문장이 들어가기에 가장 적절한 위치는?

> 이를 통해 이것은 잠자는 사람이 깨는 것을 방지해 주는 역할을 하여 깊은 수면을 유도함을 알 수 있다.

(가) 수면은 피로가 누적된 심신을 회복하기 위해 주기적으로 잠을 자는 상태를 의미한다. 이렇게 수면은 심신의 회복과 생명 유지에 필수적이기 때문에 셰익스피어는 수면을 '자연의 부드러운 간호사'라고 했다. 수면은 '비-REM수면'과 급속한 안구 운동을 동반하는 'REM(Rapid Eye Movement)수면'이 교대로 나타난다. 일반적으로 비-REM수면 이후 REM수면이 진행된다. 비-REM수면은 4단계로 진행되면서 깊은 잠에 빠져들게 되는 수면이다. 이러한 수면의 양상은 수면 단계에 따라 달리 측정되는 뇌파로 살펴볼 수 있다.

(나) 먼저 막 잠이 들기 시작하는 1단계 수면 상태에서 뇌는 '세타파'를 내보낸다. 세타파란 옅은 잠을 자는 상태에서 나타나는 뇌파로, 이때는 언제든 깰 수 있을 정도의 수면 상태이다. 이 단계는 각성 상태에서 수면으로 넘어가는 과도기적 상태로 뇌파가 각성 상태보다 서서히 느려진다.

(다) 2단계 수면에서는 세타파 사이사이에 '수면 방추'와 'K-복합체'라는 독특한 뇌파의 모습이 보인다. 수면방추는 세타파 중간마다 마치 실이 감겨 있는 것처럼 촘촘한 파동의 모습인데, 분당 2~5번 정도 나타나며 수면을 유지시켜 주는 역할을 한다. K-복합체는 2단계 수면에서 나타나는데, 세타파 사이사이에 아래위로 갑자기 삐죽하게 솟아오르는 모습을 보인다. 실험에 의하면 K-복합체는 수면 중 갑작스러운 소음이 날 때 활성화된다.

(라) 깊은 수면의 단계로 진행되면 뇌파 가운데 가장 느리고 진폭이 큰 '델타파'가 나타난다. 3단계와 4단계는 '델타파'의 비중에 따라 구별된다. 보통 델타파의 비중이 20~50%일 때는 3단계로, 50%를 넘어서 더 깊은 수면에 빠지는 상태가 되면 4단계로 본다. 때문에 4단계 수면은 '서파수면(slow-wave-sleep)'으로도 알려져 있다.

(마) 서파수면은 대뇌의 대사율과 혈류량이 각성 수준의 75%까지 감소되는 깊은 잠의 상태이고, REM수면은 잠에 빠져 있음에도 정신 활동이 이루어지는 상태이다. 때문에 서파수면 상태에 있는 사람을 깨우면 정신을 못 차리고 비틀거리며 혼란스러워하고, REM수면 상태의 사람을 깨우면 금세 각성 상태로 돌아온다.

(바) 자극에 반응을 하지 않을 정도의 비-REM수면은 온전한 휴식을 통해 진정한 심신의 회복을 가져다준다. 자면서도 정신활동이 이루어지는 REM수면은 인간의 뇌의 활동

> 이나 학습에도 도움을 준다. 비-REM수면이든 REM수면이든 문제가 생기면 인간의 활동은 영향을 받게 된다.

① (나)문단 뒤   ② (다)문단 뒤
③ (라)문단 뒤   ④ (마)문단 뒤

06

밑줄 친 ㉠~㉣에 해당하는 한자로 적절하지 않은 것은?

'칠정'은 중국 유가의 경전인 『예기(禮記)』에 등장하는 개념으로 기쁨(喜), 노여움(怒), 슬픔(哀), 두려움(懼), 아낌(愛), 미워함(惡), 원함(欲) 등의 ㉠ 감정을 가리킨다. 인간이 ㉡ 표출하는 감정을 총칭하는 칠정은 발생할 당시에는 선악의 가치를 띠고 있지 않은 것인데, 그것을 조절하지 못하고 ㉢ 방치하게 되면 중용을 잃게 되어 악으로 흐를 위험이 농후한 것이라고 간주된다. 여기서 '정(情)'의 선악을 가리키는 기준은 다음과 같다. 정이 선하다는 것은 정이 발출되어 나온 결과가 당연한 이치 또는 예절에 ㉣ 부합하는 상태를 말한다. 이 상태는 당연한 이치 또는 예절에 꼭 들어맞는다는 의미에서 '중(中)'이라고 한다. 그리고 중을 통해 다른 존재들과의 '화(和)', 즉 조화가 가능하다고 생각했다. 따라서 정의 선악을 따지는 기준은 '중'과 '화'에 있다고 할 수 있다.

① ㉠: 감정(憾情)   ② ㉡: 표출(表出)
③ ㉢: 방치(放置)   ④ ㉣: 부합(符合)

07

밑줄 친 부분 중 어법에 맞지 않는 것은?
① 사사건건 참견하는 그녀가 <u>눈엣가시</u>였다.
② <u>개밥에 도토리</u>처럼 내돌림을 당하는 신세가 되었다.
③ 하루 종일 하는 일이 없으니 <u>별에별</u> 생각이 다 나더라.
④ 그 옷은 다 좋은데 살짝 소매 길이가 짧은 게 <u>옥에 티</u>였다.

08

㉠에 들어갈 말로 가장 적절한 것은?

> 속담 '말 많은 집은 장맛도 쓰다.', '물은 깊을수록 소리가 없다.'는 우리말의 문화적 전통을 보여준다. 이 속담들은 공통적으로 ⎡ ㉠ ⎤하였다는 과거의 의사소통 문화를 보여주고 있다. 하지만 과거와 달리 현대 사회에서는 적극적인 의사 표현이 무척 중요하다고 생각한다.

① 언행의 일치를 중시
② 다른 사람의 말을 경청
③ 함부로 말하는 것을 경계
④ 경쟁보다는 협력과 상생을 강조

09

㉠~㉢과 동일한 활용 양상을 보이는 단어를 올바르게 연결한 것은?

> • 드디어 밀린 외상값을 전부 ㉠치러 마음이 후련하다.
> • 시간이 어느덧 자정에 ㉡이르러 나는 하던 공부를 정리했다.
> • 수지는 콧노래를 곧잘 ㉢불러 사람들을 즐겁게 만들어 주곤 하였다.

	㉠	㉡	㉢
①	따르다	푸르다	오르다
②	푸르다	오르다	따르다
③	오르다	푸르다	따르다
④	푸르다	따르다	오르다

10

(가)~(라)에서 '나'와 '연필'에 대한 설명으로 가장 적절하지 않은 것은?

> (가) 마른 향내 나는
>   갈색 연필을 깎아
>   글을 쓰겠습니다.
>
> (나) 사각사각 소리 나는
>   연하고 부드러운 연필 글씨를
>   몇 번이고 지우며
>   다시 쓰는 나의 하루
>
> (다) 예리한 칼끝으로 몸을 깎이어도
>   단정하고 꼿꼿한 한 자루의 연필처럼
>   정직하게 살고 싶습니다.
>
> (라) 나는 당신의 살아 있는 연필
>   어둠 속에서도 빛나는 말로
>   당신이 원하는 글을 쓰겠습니다.
>
> – 이해인, 〈살아 있는 날은〉

① (가): '나'와 '연필'은 단순히 사용자와 도구의 관계로 등장한다.
② (나): '나'가 '연필'로부터 깨달음을 얻게 된다.
③ (다): '연필'에 인격이 부여되고 있다.
④ (라): '나'와 '연필'이 하나가 된다.

11

다음 글의 내용을 가장 잘 나타내는 것은?

> 돈 쓰는 방식의 변화를 보면 생리적 욕구를 벗어나면서 사람들은 이제 더욱 풍요롭고, 더욱 자유로우며, 더욱 우아하고 세련되고 달콤하며 감미롭고 즐거운 소비 생활을 꿈꾸기 시작한다. 욕구는 단순하기 때문에 일단 최소한의 물질이 충당되면 쉽게 포만감을 느끼지만, 상징과 기호에 의하여 충동되는 소비는 아무리 먹어도, 아무리 입어도, 아무리 꾸며도, 계속해서 모자라다고 느낀다.

① 得隴望蜀
② 騎虎之勢
③ 同價紅裳
④ 走馬看山

12

(가)~(라)에 대한 설명으로 가장 적절하지 않은 것은?

> (가) 과학 기술은 인간에게 많은 행복과 풍요를 가져다 주었다. 석유 정제 기술과 자동차 기술의 발전으로 우리는 추운 겨울에도 따뜻하게 먼 곳까지 단숨에 달려갈 수 있게 되었다. 농·생명 기술의 발전으로 기름진 음식과 달콤한 과일을 마음껏 맛볼 수도 있고, 의·생명 기술의 발전으로 무병장수의 시대를 맞게 될 수도 있다.
>
> (나) 그러나 무엇이든 지나치면 탈이 나듯이, 요즈음 끝을 모르고 질주하는 첨단 과학 기술은 때로 과학자들까지도 섬뜩하게 한다. 이미 우리는 석유 에너지의 남용으로 지구 온난화와 오존층 감소라는 위기를 맞고 있다. 최근 10년도 채 안 되는 사이에 비약적으로 발전한, 그리고 인간에게 엄청난 풍요와 삶의 질 향상을 가져다 줄 나노·바이오·정보 기술은 적절히 통제되지 않을 경우 우리를 더욱 빠져나올 수 없는 수렁에 빠지게 할지도 모른다.
>
> (다) 미국·프랑스·독일 등의 선진국은 이미 20~30년 전부터 의회 등에 기술평가국과 같은 기구를 두어, 첨단 과학 기술이 미래 사회에 미치는 영향과 예상되는 역기능에 대해 다각적으로 연구하고 공론화하여 국가적·시민적 합의를 도출하려는 노력을 하고 있다. 우리나라도 늦은 감은 있지만, 과학기술부 산하에 기술영향평가위원회를 구성하여 나노·바이오·정보 융합 기술에 대한 평가를 실시한 바 있다.
>
> (라) 나노·바이오·정보 기술은 앞으로 최소한 10년간 우리에게 많은 새로운 성장 산업을 창출하고 건강한 삶의 유지를 가능케 할 것이다. 그리고 이 기술들의 세계 시장 규모는 2030년에 약 19조4000억 달러가 될 것으로 추정되므로 산업과 경제 성장에 지대한 역할을 할 것이다. 그러나 사회 문화적·환경적 측면에서 볼 때에 예상되는 역기능도 만만치 않다. 우선 첨단 기술의 발전은 근로자들의 일자리를 박탈해 고용 감소를 초래할 것이다. 특히 나노와 바이오와 정보의 새로운 기술로 인한 부(富)와 혜택이 특정 소수 계층에 편중되고 독점될 위험성이 크다. 그러므로 부익부 빈익빈을 더욱 심화시킬 가능성이 커서, 소위 '디지털 격차', '나노 격차'와 같은 용어도 나오고 있다. 그리고 나노, 바이오, 정보 융합 기술의 정교한 감지·검출 기술이 생명 의료 기술과 결합되어 질병의 유전적 원인이 성공적으로 검출되는 경우, 사회·윤리적 문제도 야기된다. 즉 질병의 적절한 치료법이 마련되지 못할 경우에는 당사자에 대한 차별로 이어지고, 보험 등에 악용되면 사회의 불확실성과 위험으로부터 사람들을 보호하는 보험의 사회적 기능이 위축될 수 있다는 의견도 있다. 또한 이 첨단 기술들이 군사적으로 또는 테러에 악용되거나, 인간과 환경과 생태계를 교란시킬 경우에는 큰 재앙이 초래될 수도 있다.

① (가): 과학 기술의 혜택을 구체적 예를 들어서 설명하고 있다.

② (나): 과학 기술의 부정적인 측면을 예를 들어서 설명하고 있다.

③ (다): 과학 기술을 평가하기 위한 각국의 노력을 제시하고 있다.

④ (라): 과학 기술이 가져올 부작용을 사회적인 측면에서 제시하고 있다.

13

다음 중 〈보기〉와 관련이 없는 것은?

> 보기
>
> 겉으로 보기에는 분명히 모순되고 부조리하지만, 표면적 진술을 떠나 자세히 생각해 보면 근거가 확실하든지, 깊은 진실을 담고 있는 표현을 뜻한다.

① 우리들의 사랑을 위하여서는
  이별이, 이별이 있어야 하네.

  　　　　　　　　　　　　　 – 서정주, 〈견우의 노래〉

② 분분한 낙화……
  결별이 이룩하는 축복에 싸여
  지금은 가야 할 때.

  　　　　　　　　　　　　　 – 이형기, 〈낙화〉

③ 그 곁을 지날 때면 언제나
  가만히 눈물을 머금는다.
  저도 몰래 주먹을 쥔다.
  가슴이 소리 없이 외친다.

  　　　　　　　　　　　　 – 리진, 〈구부정 소나무〉

④ 먼 훗날 당신이 나를 찾으시면
  그 때에 내 말이 '잊었노라.' //
  당신이 속으로 나무라면
  '무척 그리다가 잊었노라.'

  　　　　　　　　　　　　　 – 김소월, 〈먼 후일〉

14

밑줄 친 파생어의 의미로 적절한 것은?

① 내복을 덧입으니 한결 따뜻하다.
→ 속에 넣어 입으니

② 나는 창문으로 방 안을 엿보았다.
→ 미루어 보았다

③ 설익은 과일을 따 먹고 배탈이 났다.
→ 심하게 익은

④ 가방 하나 값이 내 월급과 맞먹는다.
→ 대략 비슷하다.

15

다음 글의 ㉠에 나타난 태도가 유사한 것은?

손[客] 중에 퉁소를 부는 이 있어 노래를 따라 화답(和答)하니, 그 소리가 슬프고도 슬퍼 원망하는 듯 사모하는 듯, 우는 듯 하소하는 듯, 여음(餘音)이 가늘게 실같이 이어져 그윽한 골짜기의 물에 잠긴 교룡(蛟龍)을 춤추이고 외로운 배의 홀어미를 울릴레라.

㉠ 소자(蘇子)가 근심스레 옷깃을 바루고 곧추 앉아 손에게 묻기를 "어찌 그러한가?" 하니, 손이 말하기를 "'달은 밝고 별은 성긴데, 까막까치가 남쪽으로 난다.'는 것은 조맹덕(曹孟德)의 시가 아닌가? 서쪽으로 하구(夏口)를 바라보고 동쪽으로 무창(武昌)을 바라보니 산천(山川)이 서로 얽혀 빽빽히 푸른데, 예는 맹덕이 주랑(周郎)에게 곤욕(困辱)을 받은 데가 아니던가? 바야흐로 형주(荊州)를 깨뜨리고 강릉(江陵)으로 내려갈 제, 흐름을 따라 동으로 감에 배는 천리에 이어지고 깃발은 하늘을 가렸어라. 술을 걸러 강물을 굽어보며 창을 비끼고 시를 읊으니 진실로 일세(一世)의 영웅(英雄)이러니 지금 어디에 있는가? 하물며 나는 그대와 강가에서 고기잡고 나무하며, 고기와 새우를 짝하고 고라니와 사슴을 벗함에랴. 한 잎의 좁은 배를 타고서 술을 들어 서로 권하고, 하루살이 삶을 천지(天地)에 부치니 아득한 넓은 바다의 한 알갱이 좁쌀알이로다. 우리 인생의 짧음을 슬퍼하고 긴 강(江)의 끝없음을 부럽게 여기노라. 날으는 신선을 끼고 즐겁게 노닐며, 밝은 달을 안고서 길을 마치는 것은 갑자기 얻지 못할 줄 알새, 끼치는 소리를 슬픈 바람에 부치노라."

소자 말하되 "손도 저 물과 달을 아는가? 가는 것은 이와 같으되 일찍이 가지 않았으며, 차고 비는 것이 저와 같으되 마침내 줄고 늚이 없으니, 변하는 데서 보면 천지(天地)도 한 순간일 수밖에 없으며, 변하지 않는 데서 보면 사물과 내가 다 다함이 없으니 또 무엇을 부러워하리오. 또, ㉠ 천지 사이에

사물에는 제각기 주인이 있어, 나의 소유가 아니면 한 터럭이라도 가지지 말 것이나, 강 위의 맑은 바람과 산간(山間)의 밝은 달은 귀로 들으면 소리가 되고 눈에 뜨이면 빛을 이루어서, 가져도 금할 이 없고 써도 다함이 없으니, 조물주(造物主)의 다함이 없는 갈무리로 나와 그대가 함께 누릴 바로다."

손이 기뻐하며 웃고, 잔을 씻어 다시 술을 드니 안주가 다하고 잔과 쟁반이 어지럽더라. 배 안에서 서로 팔을 베고 누워 동녘 하늘이 밝아 오는 줄도 몰랐어라.

① 이화(梨花)에 월백(月白)하고 은한이 삼경인 제
일지춘심(一枝春心)을 자규야 알랴마는
다정(多情)도 병인 양하여 잠 못 이뤄 하노라.
– 이조년

② 청산(青山)은 내 뜻이요 녹수(綠水)는 임의 정이
녹수 흘러간들 청산이야 변할손가
녹수도 청산을 못 잊어 울어 예어 가는고?
– 황진이

③ 십 년을 경영하여 초려삼간(草廬三間) 지어내니
나 한 간 달 한 간에 청풍 한 간 맡겨두고
강산은 들일 데 없으니 둘러두고 보리라.
– 송순

④ 이 몸이 죽어가서 무엇이 될꼬 하니
봉래산 제일봉에 낙락장송 되었다가
백설(白雪)이 만건곤할 제 독야청청하리라.
– 성삼문

16

〈보기〉에 대한 설명으로 바른 것은?

> 보기
>
> ㉠ 믈>물, 블>불, 플>풀
> ㉡ 깡총깡총>깡충깡충, 오똑이>오뚝이

① ㉠은 혀의 앞뒤 위치가 바뀌는 변화이고, ㉡은 혀의 높낮이가 바뀌는 변화이다.

② ㉠은 입술 모양이 바뀌는 변화이고, ㉡은 혀의 높낮이가 바뀌는 변화이다.

③ ㉠은 혀의 높낮이가 바뀌는 변화이고, ㉡은 입술 모양이 바뀌는 변화이다.

④ ㉠은 혀의 높낮이가 바뀌는 변화이고, ㉡은 혀의 앞뒤 위치가 바뀌는 변화이다.

17

다음 글에 대한 설명으로 옳지 않은 것은?

> 고개를 넘어, 산허리를 돌아내렸다. 산 밑이 바로 들, 들은 그저 논뿐의 연속이다. 두렁풀을 말끔히 깎았다. 논배미마다 수북수북 담긴 벼가 연하여 백리금파를 이루었다.
>
> 여기저기 논들을 돌아다니는 더벅머리 떼가 있다. '우여, 우여' 소리를 친다. 혹 '꽝꽝' 석유통을 두드리기도 한다. 참새들을 쫓는 것이다.
>
> 참새들은 자리를 못 붙여 한다. 우선 내 옆에 있는 더벅머리 떼가 '우여' 소리를 쳤다. 참새 떼가 와르르 날아갔다. 천 마리는 될 것 같다. 날아간 참새들은 원을 그리며 저편 논배미에 앉아 본다. 저편 애놈들은 날아 앉은 새 떼를 보았다. 깨어져라 하고 석유통을 두들긴다. 일제히,
>
> "우여!" / 소리를 친다. 이 아우성을 질타할 만한 담력(膽力)이 참새의 작은 심장에 있을 수가 없다. 참새들은 앉기가 무섭게 다시 피곤한 나래를 쳐야 한다. 어디를 가도 '우여 우여'가 있다. '꽝꽝'이 있다. 참새들은 쌀알 하나 넘겨 보지 못하고 흑사병(黑死病) 같은 '우여, 우여', '꽝꽝' 속을 헤매는 비운아(悲運兒)들이다. 사실 애놈들도 고달플 것이다.
>
> 나와 내 당나귀는 이 광경을 한참 바라보고 있다.
>
> 나는 나귀 등에서 짐을 내려놓고 그 속에서 오뚜기 하나를 냈다.
>
> "얘들아, 너들 이리 와 이것 좀 봐라."
>
> 하고, 나는 '오뚜기'를 내 들고 애놈들을 불렀다.
>
> 애놈들이 모여들었다.
>
> "얘들아, 이놈의 대가리를 요렇게 꼭 누르고 있으면 요 모양으로 누운 채 있단 말이다. 그렇지만 한 번 이놈을 쑥 놓기만 하면 요것 봐라, 요렇게 발딱 일어선단 말이야."
>
> 나는 두서너 번 오뚜기를 눕혔다 일으켰다 하였다.
>
> "이것을 너들에게 줄 테다. 한데 씨름들을 해라. 씨름에 이긴 사람에게 이것을 상으로 주마."
>
> 애놈들은 날래 수줍음을 버리지 못한다. 어찌어찌 두 놈을 붙여 놓았다. 한 놈이 '아낭기'에 걸려 떨어졌다. 관중은 그동안에 열이 올랐다. 허리띠를 고쳐 매고 자원하는 놈이 있다. 사오 승부(勝負)가 끝났다. 아직 하지 못한 애놈들은 주먹을 쥐고 제 차례 오기를 기다렸다. 승부를 좋아하는 저급한 정열은 인류의 맹장(盲腸) 같은 운명이다.
>
> 결국 마지막 한 놈이 이겼다. 나는 씨름의 폐회(閉會)를 선언하고 우승자에게 오뚜기를 주었다. 참새들은 그동안에 배가 불렀을 것이다.
>
> 이리하여, 나는 천석꾼이의 벼 두 되를 횡령(橫領)하고 재산의 7전(錢)가량을 손(損)하였다. 천 마리의 참새들은 오늘 밤 오래간만에 배부른 꿈을 꿀 것이다.
>
> – 김상용, 〈백리금파에서〉

① 직접 경험한 일에서 잔잔한 감동을 주고 있다.

② 해학적인 내용이 주제를 효과적으로 드러내고 있다.

③ 약자를 사랑하는 다정다감한 글쓴이의 태도가 드러난다.

④ 상반되는 내용을 대비하여 글쓴이의 생각을 보여 주고 있다.

18

고유어에 대한 설명이 적절하지 않은 것은?

① 새우잠 – 잘 만큼 잔 후에 또 더 자는 잠

② 나비잠 – 갓난아기가 두 팔을 머리 위로 벌리고 자는 잠

③ 갈치잠 – 비좁은 방에서 여럿이 모로 끼어 자는 잠

④ 멍석잠 – 너무 피곤하여 아무 데서나 쓰러져 자는 잠

19

관용어의 쓰임이 적절하지 않은 것은?

① 그는 어떤 일을 맡겨도 해낼 수 있는 <u>피가 뜨거운</u> 사람이었다.

② 우리는 어머니의 모습이 <u>눈에 밟혀</u> 차마 발걸음을 옮길 수 없었다.

③ 사고 소식을 듣고 마을 사람들 모두 <u>코가 빠져</u> 아무 일도 하지 못했다.

④ 무리한 다이어트는 건강을 해친다고 여러 의사들은 <u>입을 딱 벌리고</u> 이야기한다.

20

호칭어와 한자 표기가 모두 바른 것은?

① (누나의 딸) 甥姪

② (아버지의 형) 白父

③ (아버지의 누나) 姑母

④ (아버지의 남동생) 堂叔

21

다음 중 '喫怯'과 의미가 통하는 말은?

① 눈이 뒤집히다
② 귀가 번쩍 뜨이다
③ 머리칼이 곤두서다
④ 손톱도 안 들어가다

22

다음 글을 논리적 순서에 맞게 나열한 것은?

(가) 마르시아스가 그 피리를 불자 사람의 마음을 빼앗는 듯 아름다운 소리가 났다.
(나) 장난꾸러기인 에로스가 여신이 기묘한 얼굴로 피리 부는 것을 보고 무례하게 웃자 아테나는 분노하여 피리를 내던졌다.
(다) 피리는 땅으로 떨어졌고, 마르시아스가 그것을 줍게 되었다.
(라) 마르시아스는 자만한 나머지 아폴론과 음악 경쟁을 했다.
(마) 아테나는 피리를 발명했고, 피리를 불어 하늘에 있는 모든 청중을 즐겁게 하였다.

① (라) － (마) － (가) － (다) － (나)
② (라) － (다) － (가) － (마) － (나)
③ (마) － (다) － (나) － (가) － (라)
④ (마) － (나) － (다) － (가) － (라)

23

띄어쓰기 규정에 맞지 않는 것은?

① 과일에는∨사과,∨포도,∨감∨들이∨있다.
② 그녀가∨그러는∨것도∨이해할∨만은∨했다.
③ 그∨사람은∨연수∨차∨작년에∨미국으로∨떠났다.
④ 너∨고향에∨자주∨가던데∨집에∨무슨∨일∨있니?

24

㉠과 ㉡에 해당하는 예문이 모두 올바른 것은?

• (으)로
  1. 원인 ·· ㉠
  2. 재료 예 얼음으로 조각 작품을 만들었다.
  3. 도구 예 아저씨는 붓으로 글씨를 쓰신다.
  4. 변화의 결과 예 물이 포도주로 변했다.
  5. 자격 ·· ㉡
  6. 방향 예 우리는 지금 대전으로 간다.

① ┌ ㉠ 작은 실수로 인해 큰 사고가 났다.
  └ ㉡ 우리는 그를 대표로 뽑았다.
② ┌ ㉠ 그는 큰 소리로 떠들었다.
  └ ㉡ 그들은 갈등을 대화로 해결했다.
③ ┌ ㉠ 작은 실수로 인해 큰 사고가 났다.
  └ ㉡ 그는 큰 소리로 떠들었다.
④ ┌ ㉠ 그들은 갈등을 대화로 해결했다.
  └ ㉡ 우리는 그를 대표로 뽑았다.

25
다음 글을 읽고 알 수 있는 내용은?

해저는 대륙 주변부와 대양저의 두 지역으로 나눌 수 있다. 대륙 주변부는 해안에 가까운 비교적 얕은 해저로 대륙붕과 대륙 사면으로 이루어져 있다. 대륙 주변부는 인접 대륙과 구조나 성분이 같지만, 육지에서 멀리 떨어진 대양저는 생성 기원이나 지각의 특성 등이 대륙과 상당히 다르다. 대양저는 지구 표면의 절반 이상을 차지하고 있으며, 주로 대양저 산맥과 부근의 평원으로 이루어져 있는데, 열수공, 해산, 기요, 해구 등과 같은 지형들이 나타난다.

지구 전체 표면 중 해수면 위 육지 면적은 29%, 대양저 산맥과 관련된 구조는 약 23%에 해당된다. 대양저 산맥은 지각의 확장 축을 따라 발달한 젊은 현무암으로 이루어진 산악이 연결되어 있다. 대양저 산맥은 그 길이가 지구 둘레의 1.5배에 해당하는 65,000km 정도에 이르고, 마치 야구공의 봉합선처럼 지구를 둘러싸고 있다. 지역에 따라서는 지각 운동에 의해 물 밖으로 노출되어 아조레스 제도, 이스터 섬과 같은 섬이 되기도 한다. 대양저 산맥에서 열곡부는 판*이 벌어지는 곳으로 해저의 깊은 골짜기에 해당된다. 산맥의 중앙부에는 가장 연령이 낮은 암석이 있고 멀어질수록 암석들의 연령이 높아진다. 이러한 산맥의 암석은 지각 운동에 의해 열곡부에서 생성된 후 점차 중앙부에서 주변부로 밀려나면서 냉각되어 수축되고 침강하면서 만들어진다. 이와 같은 과정을 통해 대양저 산맥의 확장이 이루어지는데, 확장 속도가 느린 산맥은 해저가 천천히 벌어지면서 열곡부 중앙 부근에서부터 식고 침강하기 때문에 확장 속도가 빠른 산맥보다 경사가 가파르게 된다.

대양저에는 열수공이라 불리는 지형이 있다. 열수공은 주로 뜨거운 온도의 검은 물을 분출하는 곳으로, 검은 연기라고도 불린다. 물이 대양저 바닥의 깨어져 있는 틈 사이로 내려가 마그마나 뜨거운 암석을 만나고, 거기서 초고온으로 가열되어 융해된 광물과 기체들이 함께 열수공으로 빠져나오는 것으로 추측되고 있다. 빠져나온 물이 식을 때 일부 무기 황화물이 침전되어 색깔이 검게 변하지만, 물기둥과 열수공 주변의 색깔이 검은색만 있는 것은 아니다. 열수공 주변의 저층수에는 황화수소, 이산화탄소, 산소 등이 많이 용해되어 있으며, 여러 심해저 생물들이 서식하고 있다.

대양저에는 수면 밖으로 나오지 않는 수천 개의 화산들이 돌출해 있다. 이들 화산들은 해저 지각판의 확장 중심부에서 만들어진 다음에 활동이 멈춘 채 물속에 잠겨 있는 것으로 해산이라고 불린다. 해산은 해저로부터 높이가 1,000m 이상이고, 급한 경사를 갖고 있으며, 10~100개 정도의 그룹으로 나타나기도 한다. 특히 중앙 태평양의 서부에는 꼭대기가 평평한 해산들이 있는데, 이를 기요라고 한다. 기요는 한때 수면

밖이나 거의 수면 가까이 올라왔던 해산이다. 꼭대기가 평평한 것은 이것들이 해수면 부근에 있을 때 파도에 의해 침식된 것을 나타내고 있다.

해구는 대양저에서 가장 깊은 곳으로, 주위 대양저보다 약 3~4km 정도 더 깊다. 수온은 주변 해저의 수온보다 더 낮아 거의 빙점에 근접한데, 이는 오래되고 차가운 해양 지각이 비교적 밀도가 작은 지각 아래로 들어가 있는 것을 나타낸다. 지질 구조 작용과 화산 활동 때 판이 섭입*하면서 해구를 이루고, 암석권의 물질들이 녹아서 용암 상태로 지표로 나와 해구 뒤쪽에 열도를 만드는데 이를 호상 열도라 한다. 카리브 해의 섬들, 몰디브 열도, 마리아나 열도 등이 이에 해당된다.

* 판: 지구의 겉 부분을 둘러싸는, 두께 100km 안팎의 암석권. 현재의 지구는 크고 작은 10여 개의 판이 모자이크 모양을 이루고 있음.
* 섭입: 하나의 암석권 판이 다른 판 밑으로 내려가는 과정.

① 대양저는 지각의 특성이 대륙과 상당히 유사하다.
② 대양저 산맥은 현무암으로 이루어진 산악 지형으로 지각이 물 밖으로 노출되지 않는다.
③ 열수공에서 빠져나온 물이 식을 때에 무기 황하물이 침전되어 주변이 모두 검게 변한다.
④ 해구 뒤쪽에 만들어진 열도는 암석권의 물질들이 녹아서 된 용암이 지표로 분출되어 만들어진 것이다.

01

다음 중 자연스러운 문장으로 옳은 것은?

① 극심한 가뭄으로 큰 해를 입었다.
② 여성의 담배 흡연율이 매우 높아졌다.
③ 당신의 단점은 마지막에 쉽게 포기한다.
④ 내 친구는 혼자 많은 돼지를 사육시킨다.

02

〈보기〉의 음운 변동 과정에 나타나지 않는 것은?

> 보기
> • 닫히다 → 다티다 → [다치다]
> • 홑이불 → 홀이불 → 홑니불 → [혼니불]

① 비음화
② ㄴ 첨가
③ 구개음화
④ 자음군 단순화

03

밑줄 친 ㉠~㉣에 해당하는 한자로 적절하지 않은 것은?

> • 그의 병세에 ㉠차도가 보이기 시작했다.
> • 예전보다 자동차 회사의 서비스가 ㉡신장하였다.
> • 아무 데나 침을 뱉는 것은 ㉢양식 있는 행동이 아니다.
> • 종교적인 면에서는 기독교가 민간 신앙을 ㉣대치하고 있다.

① ㉠: 差度
② ㉡: 伸張
③ ㉢: 良識
④ ㉣: 對峙

04

㉠과 가장 관련이 있는 속담은?

> 총명한 선비에게는 괴이하게 생각되는 것이 없으나 ㉠무식한 사람에게는 의심스러운 것이 많다. 그야말로 견문(見聞)이 적으면 괴이하게 여김이 많다는 뜻이다. 총명한 선비는 한 가지를 들으면 눈에는 열 가지가 형상화되고 열 가지를 보면 마음에는 백 가지가 설정되어 천 가지 괴이한 것과 만 가지 신기로운 것에 대해, 그 물건의 본질에 충실하여 객관적으로 보려 하되 주관을 섞지 않는다. 그런 까닭으로 마음에 여유가 있어서 응수를 무궁무진하게 할 수 있다. 본 것이 적은 사람은 해오라기를 가지고 까마귀를 비웃고 물오리를 들어서 학의 자태를 위태롭게 여긴다. 그 사물 자체는 전혀 괴이하다 생각하지 않는데 자기 혼자 성을 내어 꾸짖으며, 한 가지라도 제 소견과 달라도 천하 만물을 다 부정하려고 덤벼든다.

① 소경 갓난아이 더듬듯
② 댓구멍으로 하늘을 본다
③ 고슴도치도 제 새끼가 함함하다면 좋아한다
④ 장님에게 눈으로 가리키고 벙어리에게 속삭인다

05

㉠을 나타내기에 가장 적절한 한자 성어는?

> 일신(一身)이 사쟈 흔이 ㉠물껏 계워 못 견딜쐬
> 피(皮)ㅅ겨 ᄀᆞᆺ튼 갈앙니 볼리알 ᄀᆞᆺ튼 슈통니 줄인니 ᄀᆞᆺ진니 준 별록 굴근 별록 강별록 왜(倭)별록 긔는 놈 쒸는 놈에 비파(琵琶) ᄀᆞᆺ튼 빈대 삿기 사령(使令) ᄀᆞᆺ튼 등에아비 갈다귀 삼의약이 셴 박희 눌은 박희 박음이 거절이 불이 쐬쪽흔 목의 달이 기다흔 목의 야윈 목의 술진 목의 글임애 쐬록이 주야(晝夜)로 뷘 째 업씨 물건이 쏘건이 쏠건이 쯧건이 심(甚)흔 당(唐)빌리 예셔 얼여왜라
> 그중(中)에 ᄎᆞ마 못 견들쏜 오유월(五六月) 복(伏) 더위예 쉬프린가 ᄒᆞ노라

① 허장성세(虛張聲勢)
② 가렴주구(苛斂誅求)
③ 침소봉대(針小棒大)
④ 좌정관천(坐井觀天)

06

밑줄 친 단어의 기본형으로 맞지 않는 것은?

① 설탕을 넣고 커피를 <u>저어</u> 마시다. - 젓다

② 우리에게 네 죄를 숨김없이 <u>불어라</u>. - 붇다

③ 부모님께 <u>여쭤워</u> 보고 결정하겠습니다. - 여쭙다

④ 큰일을 <u>치렀으니</u> 몸살이 날 만도 하지. - 치르다

07

〈보기〉를 참고할 때, ㉠~㉤을 바르게 분류한 것은?

민정: 철수야, 내 연설문 작성 좀 도와줄래?

철수: 그래. 내가 도와줄게.

민정: 제일 먼저 단상에 올라갔을 때 ㉠ <u>시선</u>은 어떻게 하는 게 좋을까?

철수: 우선 청중을 전체적으로 훑어보고 너무 한곳에 시선이 머무르지 않도록 자연스럽게 시선을 옮기면서 말하면 좋을 것 같아.

민정: 그게 좋겠다. ㉡ <u>억양</u>은 어때? 지금 내 억양으로 괜찮을까?

철수: 음, 지금 억양도 좋긴 한데, 내용을 효과적으로 전달하려면 억양을 좀 더 올릴 필요가 있을 것 같아. 그리고 똑같은 억양으로 말하는 것보다는 중요한 내용을 말한 때는 더 강하는 말하는 것이 효과적이야.

민정: 그렇겠네. 발표 내용의 흐름에 따라 리듬을 타듯이 말해야겠군.

철수: 맞아. 노래 부를 때 리듬을 타는 것처럼, 말할 때도 강약을 조절해야겠지.

민정: 평소 내 ㉢ <u>발음</u> 많이 들어 봤잖아. 내 발음은 어때?

철수: 음, 평소 대화할 때는 상관없지만, '의' 발음 같은 경우 좀 불분명할 때가 있더라. '의' 발음을 할 때 의식해서 정확히 하려고 노력하면 좋을 것 같아.

민정: ㉣ <u>옷차림</u>은 어때? 어차피 교복을 입을 텐데, 다른 방법이 없을까?

철수: 공약 중에 스포츠클럽 활성화가 있던데, 체육복을 입고 연설하는 것도 하나의 방법일 것 같아. 교복을 입고 연설하는 다른 후보들에 비해 인상적일 것 같아.

민정: 철수야, 정말 고맙다. 벌써 내 도움에 학생회장이 된 것만 같아.

철수: 김칫국 먼저 마시지 말고. 마지막까지 준비 잘해. 그리고 나는 너의 늘 웃는 모습이 참 좋거든. 그런데 처음 보는 학생들한테는 가벼워 보일 수도 있을 것 같아. 좀 더 진지한 ㉤ <u>표정</u>으로 연설하면 좋을 것 같아.

민정: 내가 그랬구나. 전혀 몰랐네. 평소 나를 잘 아는 친구라서 여러 도움이 되는구나. 고맙다.

철수: (웃으며) 친구끼리 당연히 도와야지.

> **보기**
>
> '언어적 표현'은 음성 언어로 의미를 담아 전달하는 것이다. 한편, '비언어적 표현'은 언어적 표현이 아닌 외적인 요소로 생각이나 느낌을 나타내는 것이고, '준언어적 표현'은 언어적 표현에 포함되어 있어 말의 느낌을 효과적으로 만들어 주는 것이다.

	비언어적 표현	준언어적 표현
①	㉠, ㉡, ㉣	㉢, ㉤
②	㉠, ㉢, ㉤	㉡, ㉣
③	㉠, ㉣, ㉤	㉡, ㉢
④	㉢, ㉣, ㉤	㉠, ㉡

08

㉠~㉢에 대한 설명으로 가장 적절하지 않은 것은?

> ㉠ 저 사람은 <u>웃옷의 소매가 짧다</u>.
> ㉡ 우리는 <u>남의 도움 없이</u> 그 일을 시작했다.
> ㉢ <u>앞발이 짧은</u> 토끼가 뜀질을 잘 하는 이유를 알겠지?
> ㉣ 나는 <u>오른쪽 길이 바다로 통하는</u> 길이라고 판단하였다.

① ㉠의 밑줄 친 부분 속에는 또 다른 안긴문장이 있다.

② ㉡의 밑줄 친 부분은 '시작했다'의 의미를 한정해 준다.

③ ㉠~㉢의 밑줄 친 부분은 문장 속에서 하는 구실이 서로 다르다.

④ ㉠~㉣의 밑줄 친 부분은 모두 다른 문장 속에 안긴문장이다.

09

(가)와 (나)에 대한 설명으로 가장 적절하지 않은 것은?

> (가) 출하리 싀어디여 범나븨 되오리라.
> 곳나모 가지마다 간디 죡죡 안니다가
> 향 므든 늘애로 님의 오시 올므리라.
> 님이야 날인 줄 모르셔도 내 님 조추려 호노라.
> — 정철, 〈사미인곡〉
>
> (나) 출하리 싀여디여 낙월(落月)이나 되야이셔
> 님 겨신 창(窓) 안히 번드시 비최리라.
> 각시님 둘이야크니와 구준 비나 되쇼셔.
> — 정철, 〈속미인곡〉

① (가)는 화자의 독백으로 끝맺고 있으나, (나)는 화자가 아닌 다른 사람의 위로의 말로 마무리 짓고 있다.

② (가)의 화자는 현실에서의 임과의 사랑을 체념하고 있으나, (나)의 화자는 현세적 사랑을 간절히 염원하고 있다.

③ (가)의 화자는 나비가 되어 임을 직접 찾아가려는 적극적인 태도를 보이지만, (나)에서 각시님은 임을 직접 찾아가지 못하는 소극적인 태도를 보이고 있다.

④ (가)의 화자에게서는 임이 몰라주어도 임을 따르겠다는 의지가 드러나지만, (나)에서는 다른 사람의 입을 빌려 임이 화자의 마음을 알아주기를 바라는 태도가 드러난다.

10

다음 글에 대한 설명으로 가장 적절한 것은?

> 이튿날도 이러한 상태는 계속되었으나 오후가 되어 약간 조용해진 듯하였다. 그러나 이것은 좋아진 것이 아니라 악화되고 최후를 예고하는 저 폭풍 전야와도 같은 극히 위험한 순간이었다. 아니나 다르랴, 그는 지극히 냉정해져서 거의 정상적인 인간처럼 말하였다.
> "3년을 이슥토록 공부하옵기는 입신양명(立身揚名)하와 이현부모(以顯父母)하고 문호를 빛내고자 하였더니 괴이한 병을 얻어 집에 돌아와 부모께 불효를 끼치오매 이제 구천지하(九泉地下)에 죄인이 되올지와 인력으로 하올 바 아니오니, 다만 엎디어 바라건대 양친은 소자를 생각하지 마시고 만수무강하옵소서. 추 낭자를 다시 보지 못하고 죽기를 당하오니 진실로 눈을 감지 못할지라. 봉서 하나를 닦아 두옵나니 소자 죽거든 서간을 갔다가 추 낭자에게 전하여 함원치사(含怨致死)함을 알게 하시고, 소자의 시신을 추 낭자 왕래하는 길가에 묻어 주사 죽은 혼백이라도 낭자 얼굴을 다시 보게 하소서."
> 이것이 그의 부모에게 하직하는 마지막의 말이었다.
> 아! 얼마나 불행한 양산백이었던가. 그는 그렇게도 사랑하는 사람을 더 만나지 못하고 감기지 않는 눈을 억지로 감아 버렸다. 왕씨와 양현이 손을 잡고 늘어지며 천지가 진동하도록 울어댔으나 이 엄연한 현실에는 아무 소용도 없었다. 그는 다시 눈을 뜨지 않았다.
> 양현과 왕씨의 비애는 말이 아니었다. 그들은 아들을 따라 죽겠다고 몸부림을 치며 몇 번인가 실신 졸도하였다. 그래서 더구나 이 양상서의 집은 슬픔이 몇 배로 늘어났다. 충실한 비복들의 헌신적인 노력으로 겨우 수습은 되었으나 이 다시 없는 불행을 씻을 길은 없었다.
> — 작자 미상, 〈양산백전(梁山柏傳)〉

① 서술자의 개입을 통해 사건이 서술되고 있다.

② 배경이 되는 시대 상황이 구체적으로 드러나 있다.

③ 현재와 과거 장면을 교차하며 이야기를 진행하고 있다.

④ 보여주기(showing) 기법을 중심으로 서사를 전개하고 있다.

11

(가)를 수정한 (나)에 대한 평가로 적절한 것은?

> (가) 다원성을 존중하는 가운데 합의 가능성을 찾아 모색하는 민주주의 사회에서 그 구성원이 갖추어야 할 덕목으로 가장 강조되는 것은 관용의 정신입니다. 관용의 정신은 자신과 다른 생각에 대하여 존경하는 미덕이라 말할 수 있습니다. 관용의 정신은 나와 남의 생각이 다르다는 것을 전제로 합니다. 자신의 생각과 같은 다른 사람의 주장을 듣고만 있다면 이는 '동의'일 뿐, 관용이라고 할 수는 없으며, 자신의 생각과 다르지만 다른 사람의 주장에 대하여 어떠한 영향력도 행사할 수 없는 지위에 있기 때문에 듣고만 있다면 이는 '굴종'일 뿐입니다. 그러나 나와 남이 다르다는 사실을 인정하고 자신의 의견을 관철시킬 수 있는 독자성이 필요합니다.
>
> (나) 다원성을 존중하는 가운데 합의 가능성을 모색하는 민주주의 사회에서 그 구성원이 갖추어야 할 덕목으로 가장 강조되는 것은 관용의 정신입니다. 관용의 정신은 자신과 다른 생각에 대하여 존중하는 미덕이라 말할 수 있습니다. 관용의 정신은 나와 남의 생각이 다르다는 것을 전제로 합니다. 자신의 생각과 같은 다른 사람의 주장을 듣고만 있다면 이는 '동의'일 뿐, 관용이라고 할 수는 없습니다. 자신의 생각과 다르지만 다른 사람의 주장에 대하여 어떠한 영향력도 행사할 수 없는 지위에 있기 때문에 듣고만 있다면 이는 '굴종'일 뿐입니다. 그러나 나와 남이 다르다는 사실을 인정하고 그것을 존중하는 자세로서의 관용의 정신이 필요합니다.

① 문장의 호흡이 너무 길어 산만한 느낌을 준다.
② 접속어의 연결이 자연스럽지 못한 부분이 있다.
③ 유사한 의미의 어휘를 반복 사용하여 표현이 비경제적이다.
④ 글의 통일성을 해치는 부분이 있어 글쓴이의 주장이 모호하다.

[12-13] 다음 소설을 읽고 물음에 답하시오.

> "산야(山野) 사람이 대승상께 뵈나이다."
> 승상이 이인인 줄 알고 황망히 답례 왈,
> "사부는 어디로부터 오신고?"
> 호승이 웃어 왈,
> "평생 고인을 몰라보시니 귀인(貴人)이 잊음 헐타는 말이 옳도소이다."
> 승상이 자세히 보니 과연 낯이 익은 듯하거늘 홀연 깨쳐 능파 낭자를 돌아보며 왈,
> "소유가 전일 토번을 정벌할 제 ⊙ 꿈에 동정 용궁에 가 잔치하고 돌아오는 길에 남악에가 놀았는데, 한 화상이 법좌(法座)에 앉아서 경(經)을 강론하더니 노부가 그 화상이냐?"
> 호승이 박장대소하고 가로되,
> "옳다, 옳다. 비록 옳으나 몽중에 잠깐 본 일은 생각하고 십 년을 동처(同處)하던 일을 알지 못하니 뉘 양 장원을 총명타 하더뇨?"
> 승상이 망연하여 가로되,
> "소유가 십오륙 세 전은 부모 좌하(座下)를 떠나지 않았고 십육 세에 급제하여 연하여 직명이 있었으니, 동으로 연국(燕國)에 봉사하고 서로 토번을 정벌한 밖은 일찍 경사를 떠나지 않았으니 언제 사부로 더불어 십 년을 상종(相從)하였으리오?"
> 호승이 웃어 왈,
> "상공이 오히려 ⊙ 춘몽(春夢)을 깨지 못하였도소이다."
> 승상 왈,
> "사부가 어찌하면 소유로 하여금 춘몽을 깨게 하리오?"
> 호승 왈,
> "이는 어렵지 아니하니이다."
> 하고, 손 가운데 석장을 들어 석난간을 두어 번 두드리니 홀연 네 녘 산골로부터 구름이 일어나 대 위에 끼이어 지척(咫尺)을 분변(分辨)치 못하니, 승상이 정신이 아득하여 마치 ⊙ 취몽(醉夢) 중에 있는 듯하더니 오래되어서야 소리 질러 가로되,
> "사부가 어이 정도(正道)로 소유를 인도치 아니하고 환술(幻術)로 서로 희롱하느뇨?"
> 말을 떨구지 못하여서 구름이 걷히니 호승이 간 곳이 없고 좌우를 돌아보니 여덟 낭자 또한 간 곳이 없는지라. 정히 경황(驚惶)하여 하더니, 그런 높은 대와 많은 집이 일시에 없어지고 제 몸이 한 작은 암자 중의 한 포단 위에 앉았으되, 향로에 불이 이미 사라지고, 지는 달이 창에 이미 비치었더라.
> 스스로 제 몸을 보니 일백여덟 낱 염주가 손목에 걸렸고 머리를 만지니 갓 깎은 머리털이 가칠가칠하였으니, 완연히 소화상의 몸이요 다시 대승상의 위의(威儀) 아니니, 정신이 황홀하여 오랜 후에 비로소 제 몸이 연화 도량 성진 행자인 줄 알고 생각하니, 처음에 스승에게 수책(受責)하여 풍도(酆都)로 가고 인세에 환도하여 양가의 아들 되어 장원 급제 한림학사하고 출장입상하여 공명신퇴하고 두 공주와 여섯 낭자로 더불어 즐기던 것이 다 하룻밤 꿈이라. 마음에
> '이 필연 사부가 나의 염려를 그릇함을 알고 나로 하여금 이 ⊙ 꿈을 꾸어 인간 부귀와 남녀 정욕이 다 허사인 줄 알게 함이로다.'

— 김만중, 〈구운몽(九雲夢)〉

12

이 소설의 내용으로 볼 때 제목의 뜻을 가장 잘 설명한 것은?

① 아홉 개의 개별 이야기를 통해 '인생무상'이라는 하나의 주제를 의미한다.

② 아홉 개의 주제를 환몽구조를 통해 보여줌으로써, 세속적 욕망이 헛됨의 깨달음을 의미한다.

③ 등장인물들이 부귀영화를 누리고, 세속적인 깨달음을 얻음을 의미한다.

④ 등장인물들이 속세의 삶을 갈망하다가, 꿈에서 부귀영화를 누린 후에 허망함을 느끼고, 인생의 덧없음을 깨달음을 의미한다.

13

㉠~㉣ 중 지시 대상이 같은 것을 바르게 묶은 것은?

① ㉠, ㉡   ② ㉠, ㉢

③ ㉡, ㉣   ④ ㉢, ㉣

14

밑줄 친 단어의 형성 방법이 서로 동일한 것은?

① ┌ 집에 들어가니 <u>밥내</u>가 구수하게 풍긴다.
　 └ 그는 기나긴 투병 생활 끝에 <u>마침내</u> 세상을 떠났다.

② ┌ 손님이 오셨으니 사랑방에 <u>군불</u>을 좀 넣어야겠다.
　 └ 우리는 불씨가 남아 있는 모닥불에 밤을 넣어 <u>군밤</u>을 만들었다.

③ ┌ 타조 알은 다른 <u>날짐승</u>의 알에 비해 훨씬 크다.
　 └ 그녀가 레스토랑에서 주문한 스테이크는 거의 <u>날고기</u>나 다름이 없었다.

④ ┌ 누나는 <u>덧니</u>를 교정하느라 치과에 다니고 있다.
　 └ 정비소 직원은 차량 점검 요령에 엔진 오일 교환 주기에 대한 설명을 <u>덧붙였다</u>.

15

다음 중 '높임 표현'에 대한 설명으로 가장 적절한 것은?

① 서술의 객체가 목적어일 경우에는 조사 '께'를 사용해야 한다.

② 주체 높임법은 조사 '이/가' 대신에 '께서'를 사용하고, 목적어에 '-시-'를 붙인다.

③ 객체 높임법은 서술의 객체인 목적어나 부사어가 지시하는 대상을 높이는 방법이다.

④ 주로 서술의 주체를 높이기 위해 '여쭈다', '드리다' 등과 같은 특수 어휘를 사용한다.

16

다음 시에 대한 설명으로 적절하지 않은 것은?

> 문 열자 선뜻!
> 먼 산이 이마에 차라.
>
> 우수절(雨水節) 들어
> 바로 초하루 아침,
>
> 새삼스레 눈이 덮인 멧부리와
> 서늘옵고 빛난 이마받이하다.
>
> 얼음 금 가고 바람 새로 따르거니
> 흰 옷고름 절로 향기로워라.
>
> 옹송그리고 살아난 양이
> 아아 꿈같기에 설어라.
>
> 미나리 파릇한 새순 돋고
> 옴짓 아니 기던 고기 입이 오물거리는,
>
> 꽃 피기 전 철 아닌 눈에
> 핫옷 벗고 도로 춥고 싶어라.
>
> — 정지용, 〈춘설(春雪)〉

① 공간의 이동에 따라 시상을 전개하고 있다.

② 영탄적 표현으로 화자의 정서를 드러내고 있다.

③ 각 연을 2행으로 배치하여 형태적 안정감을 얻고 있다.

④ 감각적 이미지를 통하여 시적 상황을 생동감 있게 드러내고 있다.

17

외래어와 로마자 표기가 모두 옳은 것은?

① 꽁트(conte), Baekje(백제)

② 플랭카드(placard), haedodi(해돋이)

③ 지그재그(zigzag), Jongro-gu(종로구)

④ 리더십(leadership), Yeongdeungpo(영등포)

18

다음 글을 통해 알 수 없는 것은?

초음파 가습기는 물을 가열하지 않으므로 뜨겁지 않아 가열식 가습기처럼 화상을 입을 염려가 없다. 그러나 실내에서 기화되기 때문에 기화열에 의한 주변 온도 강하(降下) 현상이 나타난다. 또한 물을 끓이지 않고 분사하므로 물속에 들어 있던 세균이 살균되지 않은 채로 습기와 함께 방 안으로 분출되기도 하며, 중금속이나 염소 같은 것도 분출되어 가구나 가전제품, 벽 등을 더럽히는 백화 현상을 일으키기도 한다. 따라서 초음파 가습기를 사용할 때에는 물을 매일 갈아 주어야 하며, 가능하면 끓였다 식힌 물을 사용하는 것이 좋다. 그리고 정수 필터도 청소해 주어야 하는 번거로움이 있다. 그러나 이러한 단점에도 불구하고 초음파 가습기는 가열식 가습기에 비해 낮은 전력 소모로 운영비가 적게 들고, 가습량은 가열식 가습기에 비해 훨씬 풍부하다는 장점이 있다.

최근에는 물을 히터로 가열하여 증기를 발생시키는 가열식 가습기의 장점을 살리면서, 초음파 가습기의 작동 원리를 그대로 적용하여 제작한 복합식 가습기가 인기를 끌고 있다. 복합식 가습기의 핵심 기술은 물의 온도가 상승함에 따라 물의 표면 장력이 약해지는 원리를 이용해서 가습량을 증가시키는 것이다. 데워진 물은 상온의 물에 비해 표면 장력이 감소하기 때문에 물 입자들이 훨씬 쉽게 쪼개질 수 있다. 이런 원리를 이용한 복합식 가습기는 가열식 가습기나 초음파 가습기보다 최소 50%에서 최대 100% 이상으로 가습량을 늘릴 수 있어 실내 공기의 습도를 빠른 시간 내에 조절할 수 있을 뿐 아니라, 여러 단계의 가습 조절 양식을 설치할 수 있어 사용자들이 편리하게 원하는 습도를 유지할 수 있다.

또한 복합식 가습기는 물을 75~80℃로 데운 후 초음파로 가습하도록 되어 있어 인체에 유해한 미생물이나 세균을 없애 주며, 가습기 내부의 불순물 침전도 초음파 가습기에 비해 적다. 또한 복합식 가습기는 분사되는 물의 온도가 35℃ 정도로 체온과 비슷하기 때문에 가열식 가습기와 달리 화상의 위험이 없을 뿐 아니라 실내의 온도를 따뜻하게 유지시켜 주는 등 여러 가지 장점이 있다.

① 복합식 가습기의 제조 과정

② 초음파 가습기의 장점과 단점

③ 초음파 가습기 사용 시 유의점

④ 가열식 가습기와 복합식 가습기의 공통점

19

밑줄 친 단어의 품사가 서로 다르지 않은 것은?

① ┌ 너는 무슨 잘못을 저질렀니?
  └ 아무래도 음식을 잘못 먹은 것 같아.

② ┌ 오늘이 다 가기 전에만 와 다오.
  └ 오늘 해야 할 일을 다음날로 미루어서는 안 돼.

③ ┌ 이 시는 너무 길어서 인용할 수가 없다.
  └ 짧게 깎았던 머리가 그 사이에 꽤 많이 길었다.

④ ┌ 이 지역은 수압이 높아서 물의 공급이 원활하다.
  └ 우리나라는 목재의 수입 의존도가 얼마나 높지요?

20

두 토론자가 공통적으로 인정하고 있는 것은?

사회자: 지난해 샛별 마을 일대가 유네스코에 의해 생물권 보전 지역으로 선정되었습니다. 이에 따라 시에서는 마을 일대에 생태 공원을 조성하겠다고 발표했습니다. 그런데 이 방안이 오히려 생태계를 파괴한다는 주장이 제기되어 논란이 일고 있습니다. 오늘은 사업 책임자인 시청의 김 국장님과 생태학자이신 이 박사님을 모시고 이에 대한 의견을 나눠 보도록 하겠습니다. 먼저 김 국장님, 사업을 추진하게 된 배경을 말씀해 주시죠.

김 국장: 샛별 마을이 생물권 보전 지역으로 선정됨에 따라 시에서는 샛별 마을의 생태계를 보전하기 위한 효과적인 방안을 다각도로 모색해 보았습니다. 그 결과, 생태 공원을 조성하기로 결정한 것입니다.

사회자: 생태 공원 조성 사업의 목적이 생태계 보전에 있다는 말씀이군요. 이 박사님은 이 사업에 대해 어떻게 생각하십니까?

이 박사: 생태계를 보호하는 가장 좋은 방법은 자연을 있는 그대로 놓아두는 것입니다. 그동안 사람들이 벌인 자연 보호라는 활동은 자연의 입장에서 보면 자연을 괴롭히는 활동입니다. 생태 공원 역시 그동안의 자연 보호 활동처럼 인간을 위한 사업이지 자연, 즉 생태계를 위한 사업은 아닙니다.

사회자: 박사님은 생태계 공원 건설에 반대하시는군요. 그렇다면 이 박사님, 혹시 생태계를 보전할 수 있는 구체적인 방안을 갖고 계시나요?

이 박사: 유네스코가 샛별 마을 일대를 생물권 보전 지역으로 지정한 것은 그 지역에 사는 생물과 사람들이 접촉하지 않도록 하라는 의도가 담겨 있습니다. 저는 그곳의 출입을 통제하는 것이 가장 확실한 생태계 보전 방안이라고 생각합니다.

김 국장: 생태계 보전을 위해 사람들의 출입을 막으면 지금 그곳에 사는 주민들은 어떻게 해야 합니까? 주민들이 모두 길거리에 나앉아도 좋다는 말씀입니까? 이는 현실을 무시한 발상입니다. 인간이 원시 모습으로 돌아가지 않는 한 생태계의 변화는 불가피합니다. 박사님의 방안은 생태계를 위해 인간은 죽어도 된다는 생각을 담고 있습니다.

사회자: 김 국장님, 흥분하신 것 같은데 흥분 좀 가라앉히세요. 그리고 논리적 비약이 있는 말씀은 삼가주시기 바랍니다. 이 박사님은 이 주장에 어떻게 생각하세요?

이 박사: 약간의 오해가 있으신 것 같은데, 저 역시 인간의 생존을 위해서라면 어느 정도 생태계의 모습을 바꿀 수도 있다고 생각합니다. 하지만 지금 시청이 제시한 생태 공원 사업을 들여다보면 이것은 생태계의 변화가 아니라 파괴를 불러올 것이 뻔합니다. 자전거 도로와 산책로를 설치하고 각종 관찰원을 만든다는데, 이런 시설은 생태계에 혼란만 가져올 뿐입니다.

사회자: 생태 공원이 오히려 생태계를 위협할 수도 있다는 말씀이군요. 시에서는 왜 이런 비판을 감수하면서까지 사업을 추진하려는 겁니까?

김 국장: 우리 시는 지역민의 경제도 책임져야 합니다. 생태 공원은 생태계 보전이 주목적이지만, 생태 테마 여행 등의 프로그램 설치를 통해 관광객을 유치하여 지역 경제를 활성화시킬 예정입니다. 이런 점에서 생태 공원 조성은 자연도 보호하고 지역 경제도 살리는 일석이조의 방안이라고 봅니다.

① 인간의 삶을 위해 생태계를 변화시킬 수 있다.
② 생태 공원은 생태계를 파괴할 수 있는 사업이다.
③ 생물권 보전 구역에 사람들이 출입해서는 안 된다.
④ 생태 공원의 주목적은 지역 경제를 활성화하는 것이다.

21
㉠~㉢에 들어갈 말을 바르게 묶은 것은?

사람들의 소비 형태에는 어떤 성질이 있을까?

첫째로 (㉠) 원리라는 것이 있다. 소득 수준이 높아질 때에는 돈벌이가 잘 되니까 쓰는 것도 풍성풍성해져서 소비 수준도 같이 높아지기 마련이고 생활에 대한 만족도도 높아진다. 그러나 경기가 나빠지고 돈벌이가 안 될 때라고 해서 소득 수준이 낮아지는 만큼 소비 수준을 낮추기는 어렵다. 왜냐하면, 잘 살던 버릇을 고치기가 어렵기 때문이다. 다시 말하면 소비 수준을 낮추면 만족도도 떨어지는데, 만족도가 높아질 때는 즐겁지만, 만족도가 떨어지면 참기가 힘들기 때문에 종전의 소비 수준을 낮추려고 하지 않는다.

소비의 둘째 성질은 소비가 생존과 생활의 편리함을 위해서 이루어지지 않고 남에게 보여 주기 위해서도 일어난다는 점이다. 이런 소비 형태의 성질을 '소비의 (㉡)'이라고 부르는데, 이것이 있으면 객관적인 만족 수준은 높이지 못하면서 지출만 증대한다. 그러니 슬기로운 소비의 길이라 할 수 없다. 따라서 소비는 자기 자신의 생존과 생활의 편리를 추구하는 데에 목적이 있다는 점을 새겨 두고, 유난히 편리한 소비 생활 방법이 무엇인지를 찾아서 물건을 사 써야 할 것이다.

소비의 셋째 성질은 우리가 흔히 대기업들의 집중적이고 지속적인 선전에 말려들어 소비 충동을 느낀다는 점이다. 사실 80년대에 들어와서는 우리나라에서도 파는 쪽의 사람이나 기업이 시장을 좌우하지 못하고, 사는 쪽의 사람이나 기업이 시장을 좌우할 만큼 생산력이 커졌다. 그러다 보니 대기업들은 그들이 만든 상품의 구매 충동을 일으키기 위해서 온갖 광고망을 통해서 끈질기고 교묘한 방법으로 선전 활동을 벌이고 있다. 소비자들은 실제로 꼭 필요한 물건도 아니고 급하게 쓸 것이 아닌데도 사고 싶은 충동이 생겨서 소비 지출을 늘리는 경우를 많이 볼 수 있다.

그런 소비 형태를 (㉢)이라고 부르는데, 소비자 저마다의 자유의사에 따라 이루어지지 않고 선전 광고에 따라 생기는 현상을 말한다. 선전 광고에 따라 소비 욕구가 생기는 경우에는 소비가 소비자의 생존이라든가 편리를 헤아려 이루어지기가 어렵다. 한편으로는 꼭 필요하지 않음에도 불구하고 구매 충동을 일으켜 과도한 소비 지출을 하면 늘 돈은 없애고도 그 소비가 그만큼의 만족을 주지 않는다. 따라서 선전 광고가 극성맞은 세상일수록 선전 광고에 휩쓸려 소비 충동을 일으키지 않도록 단단히 마음을 다져야 할 것이다. 선전 광고는 오직 비슷한 여러 상품을 소비자가 견주어 보기 위한 상품 정보를 얻기 위한 수단으로만 활용하는 것이 바람직하다.

	㉠	㉡	㉢
①	의존성	불가역성	과시성
②	의존성	과시성	불가역성
③	과시성	의존성	불가역성
④	불가역성	과시성	의존성

22

다음 글을 통해 확인할 수 있는 당시 '조선'의 모습은?

정조는 즉위 직후 학문에 바탕을 둔 개혁 정치를 구상하였다. 규장각은 이러한 정조의 의지가 압축적으로 표출된 공간이었다. 정조는 당파나 신분을 불문하고 젊고 참신한 능력 있는 젊은 인재들을 규장각에 모았다. 정약용을 비롯하여 박제가, 유득공, 이덕무 등 당대를 대표하는 학자들이 함께 규장각에 나와 연구하면서 정조 개혁 정치의 동반자가 되었다. 이들 중에는 신분상 당시 관리로 등용되기 어려웠던 서얼 출신들도 상당수 있었다. 규장각의 가장 중요한 업무는 역대 왕들의 글이나 책 등을 정리하고, 이것을 바탕으로 개혁 정치의 방향을 설정하는 것이었다. '전통을 본받아 새것을 창출한다'는 것은 규장각 설립 취지에 가장 부합되는 정신이었다.

정조 시대 이후 규장각의 소장 자료들을 대부분 보유하고 있는 서울 대학교 규장각에는 주목할 만한 고서적들과 고지도, 고문서들이 있다. 세계 기록 유산으로 지정된 《조선왕조실록》과 《승정원일기》와 같은 방대한 연대기 자료를 비롯하여, 조선 왕실의 주요 행사를 기록과 그림으로 정리한 의궤, 조선 시대 지도의 종합판인 《대동여지도》 등 제목 정도는 들어 봤을 법한 자료들이 다수 소장되어 있다.

규장각의 소장 자료 중에는 동·서양의 여러 나라들과 접촉한 상황을 보여 주는 것들도 많다. 중국에 사신으로 다녀온 후 여행에 대한 상세한 기록을 담은 연행록과 일본에 파견된 통신사들의 기행문은 그 이전 시대에 흔치 않았던 세계와의 만남을 생동감 있게 기록하고 있다. 이외에 《지봉유설》이나 《성호사설》, 《오주연문장전산고》 등의 백과사전에는 당시 지식인들의 넓은 학문 세계가 기록되어 있다. 《노걸대언해》, 《박통사언해》 등의 외국어 학습서도 눈길을 끈다. 특히 〈혼일강리역대국도지도〉, 〈화동고지도〉, 〈천하도지도〉, 대원군 대에 제작된 472장의 군현지도를 통해서는 선조들의 세계에 대한 인식이 변해가는 모습을 읽을 수 있다.

기록 유산의 보고(寶庫)인 규장각이 있다는 것은 후대를 살아가는 우리들에게는 큰 행운이다. 문집 한 책, 지도 한 점, 초상화 한 첩에 이르기까지 모두 기록을 중시했던 전통의 숨결이 엿보인다.

① 세계와의 접촉 노력
② 탈춤, 판소리 등 서민 문화의 융성
③ 부를 중시하는 자본주의 정신의 태동
④ 등용 과정에서 신분 질서를 철저히 중시

23

다음 글에 대한 설명으로 적절한 것을 〈보기〉에서 모두 고른 것은?

사회 조직은 구성원들로 하여금 일정한 규범이나 의례를 지키도록 하여 구성원들을 하나로 묶는 역할을 한다. 종교 조직 또한 다수의 사람들이 신앙이라는 공통된 목표를 위하여 모인 사회적 단위라는 점에서 일종의 사회 조직이다. 개인은 종교 조직에 참여함으로써 정체성을 확립하고 연대감을 느낄 수 있으며, 세계관을 재정립할 수 있다. 그리고 종교 조직 내부와 외부 사회와의 바람직한 관계에 대해서도 해답을 찾고자 노력하게 된다.

종교 조직은 대개 절대적인 권위를 지니고 있는 창시자의 종교 운동에서 비롯된다. 창시자가 자신이 깨우치거나 계시를 받은 내용을 사람들에게 전한 이후에, 창시자를 추종하는 세력들이 늘어나면 종교 운동이 된다. 창시자의 가르침 및 그에 대한 믿음으로 인해 신앙의 체계, 즉 교리가 형성되고, 공식적이고 집단적인 종교 의례가 생긴다. 이후 교리의 정교화, 신앙과 관련된 규칙 제정과 실천, 예배 방식의 표준화 등이 이루어지면서 종교 조직이 만들어진다.

이렇게 형성된 종교 조직이 지속되기 위해서는 몇 가지 조건들이 충족되어야 한다. 첫째, 동일한 종교적 신념을 가진 신참을 확보해야 한다. 조직 밖으로부터의 개종이나 전도에 의해 새 구성원들을 확보하여 조직원의 수를 유지 혹은 증가시켜야 한다는 것이다. 둘째, 새로운 구성원들을 훈련하고 교육하는 사회화 과정이 필요하다. 종교 조직의 규범, 교리, 수행 방식 등을 새로운 구성원들에게 가르쳐서 믿음과 의례 체계를 전달하며 집단의 목표를 추구하도록 해야 한다. 셋째, 구성원들이 동일한 공동체에 속해 있다는 느낌을 받도록 해야 한다. 그래야 구성원들에게 조직에 대한 헌신적인 자세를 기대할 수 있다. 만일 이러한 요건들을 충족하지 못하는 종교 조직은 내부 분열이나 외부 위협에 직면하여 결국 붕괴하게 된다.

종교 조직이 점차 거대해져서 기능이나 효율 면에서 분화되고 전문화되면 제도화의 단계에 놓인다. 종교 조직의 제도화는 종교 조직을 운영하는 형식이나 절차가 확립되는 것을 의미한다. 이것은 조직을 효율적으로 운영할 수 있도록 돕는 측면도 있지만, 종교의 본래 목표를 고려한다면 부정적인 측면도 없지 않다. 먼저, 조직의 관료주의화에 따른 문제를 들 수 있다. 관료주의화는 조직 내의 기능적 전문화와 위계화를 뜻한다. 종교 조직의 관료주의화는 점차 거대해지는 종교 조직을 적절하게 통제하기 위해 정교한 프로그램을 마련하여 효율성이나 기능을 강조하면서 나타난다. 효율적 경영을 강조하게 되면 결국 종교의 원래적 가치에 대한 충성보다는 조직 유지나 구성원 확장에 대한 공헌을 중시할 수밖에 없고, 소수에게 권력이 집중되기도 한다. 소수의 사람들이 중요한 결정을 내리면 종교 조직 내에서 다양한 분쟁이 발생할 수 있다. 다음으로는 목적 전도 현상에 따른 문제를 들 수 있다. 목적 전도 현상은 변화되는 현대 사회에서 종교의 전통적 가치가 적합하지 않거나 중요하지 않은 것처럼 인식되는 현상을 뜻한다. 종교 조직에서 종교 고유의 가치보다는 새로운 가치, 즉 성공과 출세, 복락과 건강과 같은 세속적 가치에 우위를 두거나, 조직 외부 사회의 정의 실현을 목표로 삼게 되는 경우가 그에 해당한다고 볼 수 있다.

> ── 보기 ─────────────────────
> ㉠ 화제의 다양한 특성을 구체적으로 밝히고 있다.
> ㉡ 유사한 성격을 지닌 다른 대상과 비교하여 설명하고 있다.
> ㉢ 화제와 상반된 이론을 제시하고 절충 방안을 제시하고 있다.
> ㉣ 열거의 방식을 통해 대상이 유지되기 위한 조건을 밝히고 있다.

① ㉠, ㉡   ② ㉠, ㉣
③ ㉡, ㉢   ④ ㉢, ㉣

24
다음 중 필자의 견해로 볼 수 없는 것은?

과거에는 흔히 어느 특정한 개별 언어는 어느 특정한 종족과 불가분리의 연관성이 있다고 생각했으나, 그것은 잘못된 생각이다. 언어와 종족 사이에 불가분리의 본질성이 연관성이 없는 것처럼 특정 언어와 특정한 문화 사이에도 그런 연관성이 없다. 즉 언어가 다르다면 문화도 반드시 다르다든가, 서로 다른 문화를 가진 사회는 각기 다른 언어를 가진다든가 하는 것이 아니다. 단지 문화와 언어 사이에는 긴밀한 관계가 있는 것만은 사실이다. 어떤 특정한 언어로 쓰인 문학 작품이 다른 언어로 만족스러운 번역이 안 되는 일이 흔히 있는 것은 이쪽 언어를 사용하는 문화권에 있는 말들이 저쪽 언어를 사용하는 문화권에는 없거나, 그 개념이 똑같이 않기 때문이다.

미개 사회의 언어는 미개하고, 문명 사회의 언어는 더 발달하고 복잡한 구조를 가졌다고 생각하는 사람들이 많다. 그러나 이것도 잘못된 생각이다. 문화의 발전도와 언어 구조의 추

상성이나 복잡성의 정도와는 아무 관계가 없다. 미개인들의 언어도 분명한 사회의 언어만큼 복잡하고 추상적이다. 문명 사회의 언어로 표현할 수 있는 것이면 미개 사회의 언어로 모두 표현할 수 있으며, 반대로 미개 사회의 언어로 표현할 수 없는 것이면 문명 사회의 언어로도 표현할 수 없는 것이 얼마든지 있다. 언어가 미개한 것이 있고 더 발전한 것이 있다는 생각이 잘못인 것처럼, 언어가 옛날로 올라갈수록 더 순수하고 고생했던 것이 후대에 내려오면서 타락했다는 생각 역시 잘못된 생각이다. 모든 사물이 그러하듯이 언어도 시간의 흐름에 따라 변한다. 음운, 문법, 단어의 의미 모두가 변한다. 언어는 타락하는 것이 아니라 다만 변하는 것뿐이다.

유명한 언어학자이면 동시에 인류학자였던 에드워드 사피어는 "인간은 우리가 보통 생각하듯이 객관적인 세계에서 살고 있는 것이 아니다. 우리는 언어를 매개로 해서 살고 있는 것이다. 언어는 단순히 표현의 수단만은 아니다. 실세계(實世界)라고 하는 것은 언어 관습의 기초 위에 세워져 있다. 우리는 언어가 노출시키고 분절시켜 놓은 세계를 보고 듣고 경험하는 것이다."라고 했으며, 그의 제자인 벤저민 워프도 "언어는 우리의 행동과 사고의 양식을 결정하고 주조한다."라고 하였다. 그것은 우리가 실세계를 있는 그대로 보고 경험하는 것이 아니라 언어를 통해서 비로소 인식한다는 뜻이다.

예를 들면, 광선이 프리즘을 통했을 때 나타나는 색깔인 무지개 색이 일곱 가지라고 생각하는 것은 우리가 색깔을 분류하는 말이 일곱 가지이기 때문이라는 것이다. 즉, 서로 인접하고 있는 색, 예컨대 녹색과 청색 사이에는 분명한 경계선이 있는 것이 아니다. 그 경계선은 녹색도 청색도 아니다. 그 부분을 지칭하는 단어가 있다면, 그런 모호한 색깔도 분명하게 인식될 것이다. 그러나 그런 말이 없기 때문에 우리가 그 색을 분명히 인식하지 못하는 것일 분이다. 이는 말이 우리의 사고를 지배한다는 뜻이 된다. 말을 바꾸어서, 우리는 언어를 통해서 객관 세계를 보기 때문에 우리가 보고 느끼는 세계는 있는 그대로의 객관 세계라기보다 언어에 반영된 주관의 세계라는 것이 된다.

이와 같은 이론적 견지에 서 있는 사람들은 다음과 같은 말도 한다. 인구어(印歐語) 계통의 말에는 '열(熱)'이라는 말이 명사로 존재하지만, 그에 해당하는 동사형은 없다. 따라서 지금까지 수백 년 동안 유럽의 과학자들은 열을 하나의 실체로서 파악하려고 노력해 왔다. 명사는 실상을 가진 물체를 지칭하는 것이 보통이므로, '열'이 실체가 아니라 하나의 역학적 현상이라는 것을 파악하기까지 오랜 시일이 걸린 것이다. 아메리카 인디언 말 중 호피 어에는 '열'을 표현하는 말이 동사형으로만 존재하기 때문에, 만약 호피 말을 아는 과학자가 열의 정체를 밝히려고 애를 썼다면, 열이 역학적 현상에 지나지 않는 것이고 실체가 아니라는 사실을 쉽게 알아냈을 것이라

고 말한다. 또, 행동주의 심리학의 거장인 왓슨 같은 사람은 "언어가 없는 사고는 없다. 우리가 머릿속에서 생각하는 것은 소리 없는 언어일 뿐이다."라고 말한다.

그러나 실제로는 언어가 그만큼 우리의 사고를 철저하게 지배하는 것은 아니다. 물론 언어상의 차이가 다른 모양의 사고 유형이나 다른 모양의 행동 양식으로 나타나는 것은 사실이지만, 그것이 절대적인 것은 아니다. 앞에서 말한 색깔의 문제만 해도, 어떤 색깔에 해당하는 말이 없다고 해서 전혀 그 색깔을 인식할 수 없는 것은 아니다. 진하다느니 연하다느니 하는 수식어를 붙여서 같은 종류의 색깔이라도 여러 가지로 구분하는 것은 그 한 가지 예이다. 물론 해당 어휘가 있는 것이 없는 것보다 인식 하기에 빠르고 또 오래 기억할 수 있는 것이지만, 인식이 불가능한 것은 아니다. 또, 열의 문제에 있어서도 혹자들이 말하는 것처럼 시각이 오래 걸렸는지는 알 수 없지만, 결국 열의 본질이 그들의 손에 의해서 밝혀졌다.

① 언어와 민족은 불가분의 관계가 아니다.
② 언어를 미개 언어와 문명 언어로 구분할 수 없다.
③ 언어에 의해 사고가 철저히 지배되는 것은 아니다.
④ 언어가 언중의 창조한 문화와 밀접한 관계에 있는 것은 아니다.

25
다음 글의 내용과 일치하지 않는 것은?

미술작품을 연구함에 있어 문헌사료의 중요성은 선사 시대 미술연구의 한계를 통해서 절감할 수 있다. 울산의 천전리 암각화의 연구 성과를 예로 든다면 청동기 시대에 새겨졌다는 공통된 의견만 있을 뿐, 암각화의 제작 배경이나 작품의 내용에 대한 해석은 연구자의 주관적인 의견 제시에 그칠 수밖에 없다. 그러므로 고대 미술작품과 관련된 직·간접적인 기록이 존재하지 않는다면 그 작품은 감상의 범주를 벗어나기 어렵다.

미술사 연구의 시작은 작품의 제작시기를 파악하는 것에서부터 출발한다. 일반적으로 미술사에서는 양식사적 비교 편년에 의해 작품의 제작시기를 판단하는데, 이때 무엇보다도 중요한 것이 양식비교의 기준이 되는 작품이 존재해야 한다는 것이다. 비교 편년의 기준이 되는 작품을 흔히 '기준작'이라고 하는데, 기준작의 전제조건은 제작시기가 작품에 명시되어 있거나, 작품의 제작과 연관된 신뢰할 만한 기록을 보

유한 작품이어야 한다는 점에서 기준작의 설정은 기록의 도움을 받을 수밖에 없다. 그러나 기준작의 설정을 전적으로 기록에만 의존하는 것도 곤란하다. 왜냐하면 물질자료와 달리 기록은 상황에 따라 왜곡되거나 윤색될 수도 있고, 후대에 가필되는 경우도 있기 때문이다. 따라서 작품에 명문이 있다 하더라도 기준작으로 삼기 위해서는 그것이 과연 신뢰할 만한 사료인가에 대한 엄정한 사료적 비판이 선행되어야 한다.

예를 들어, 일본 호류지 금당의 금동약사여래좌상 광배의 뒷면에는 스이코 천황과 쇼토쿠 태자가 요메이 천황의 유언에 따라 607년에 조성했다는 명문이 있다. 하지만 일본 학계에서는 이 불상을 7세기 초의 기준으로 거론하지 않는다. 그 이유는 명문의 서체와 조각양식 및 제작기법 분석을 통해 이 불상이 670년 호류지가 화재로 소실된 이후 재건되면서 새롭게 조성되었다는 견해가 지배적이기 때문이다. 이러한 사례는 기준의 선정을 위해서 작품과 관련 기록에 대한 엄격한 사료의 비판이 전제되어야 한다는 것을 잘 보여준다.

한국 불교미술사에서 석굴암은 8세기 중엽 신라 불교미술의 기준작으로 확고하게 정착되어 있다. 절대연대가 확인되지 않은 통일신라시대 불교미술품은 석굴암을 기준으로 이전과 이후로 구분하여 제작시기를 파악하고 있으며, 석굴암이 8세기 중엽의 기준작으로 설정된 근본적인 원인은 13세기 말에 편찬된 『삼국유사』 제5권의 '불국사 창건 기록'에 근거하고 있다.

① 미술작품을 연구할 때 문헌사료의 직·간접적 기록이 중요하다.
② 석굴암은 8세기 중엽 신라 불교미술의 기준작으로 정착되어 있다.
③ 전적으로 문헌사료의 기록에 의존해 기준작을 설정하는 것이 중요하다.
④ 금동약사여래좌상은 작품과 관련기록에 대한 비판이 전제되어야 함을 보여준다.

⏱ 시작 시간   시   분
⏱ 종료 시간   시   분
⏱ 총 소요 시간   시   분

01

다음 중 의미가 가장 명확한 문장은?

① 철수의 평가 점수가 가장 높다.
② 아기가 웃으면서 아빠에게 달려갔다.
③ 그 마을 남자들은 한 여성을 사랑한다.
④ 이번 수사에서 불법 자금의 거래가 포착되었다.

02

밑줄 친 단어 중 표준어인 것은?

① 동료와 <u>치고박으며</u> 싸운 적이 있다.
② 네가 원한다면 <u>구태여</u> 나서지는 않겠다.
③ 방에 혼자 있기가 <u>맛쩍어</u> 이내 일어났다.
④ 택시기사는 무리하게 <u>끼여들기</u>를 시도했다.

03

㉠ : ㉡과 의미 관계가 가장 유사한 것은?

• 갈수록 ㉠눈이 나빠진다.
• 그물의 ㉡눈이 너무 성기다.

① ┌ ㉠길을 건널 때는 조심해라.
  └ 관계를 회복할 ㉡길이 없다.
② ┌ 정치인의 ㉠뒤를 캐고 다닌다.
  └ 내 ㉡뒤를 봐주는 사람이 많다.
③ ┌ 오래 걸었더니 ㉠발이 아프다.
  └ 소파의 ㉡발이 둥근 것을 샀다.
④ ┌ 오늘 나온 생선은 ㉠물이 좋다.
  └ ㉡물을 많이 마시면 몸에 좋다.

04

다음 중 로마자 표기법에 어긋난 것으로만 묶인 것은?

① ┌ 임실: Imsil
  └ 낯지: nachi
② ┌ 법학: beopak
  └ 벚꽃: Beotkkot
③ ┌ 인왕리: Inwang-ni
  └ 현충사: Hyeonchungssa
④ ┌ 극락전: Geuknakjeon
  └ 대관령: Daegwallyeong

05

㉠~㉣의 한자 성어와 의미가 유사한 속담은?

| ㉠ 금지옥엽(金枝玉葉) | ㉡ 점입가경(漸入佳境) |
| ㉢ 일석이조(一石二鳥) | ㉣ 동병상련(同病相憐) |

① ㉠: 불면 꺼질까 쥐면 터질까.
② ㉡: 노루 피하니 범이 온다.
③ ㉢: 변죽을 치면 복판이 운다.
④ ㉣: 병 주고 약 준다.

06

다음에 대한 설명으로 적절하지 않은 것은?

東京明期月良	동경 붉기 드라라
夜入伊遊行如可	밤 드리 노니다가
	- "삼국유사" 권2

① '明'은 한자의 뜻을 빌린 표기이다.
② '月'은 한자의 음을 빌린 표기이다.
③ '夜'는 한자의 뜻을 빌린 표기이다.
④ '伊'는 한자의 음을 빌린 표기이다.

07

(가)와 (나)에 대한 설명으로 가장 적절한 것은?

(가) 벼는 서로 어우러져
　　기대고 산다.
　　햇살 따가워질수록
　　깊이 익어 스스로를 아끼고
　　이웃들에게 저를 맡긴다.

　　서로가 서로의 몸을 묶어
　　더 튼튼해진 백성들을 보아라.
　　죄도 없이 죄지어서 더욱 불타는
　　마음들을 보아라. 벼가 춤출 때,
　　벼는 소리없이 떠나간다.

　　벼는 가을 하늘에도
　　서러운 눈 씻어 맑게 다스릴 줄 알고
　　바람 한 점에도
　　제 몸의 노여움을 덮는다.
　　저의 가슴도 더운 줄을 안다.

　　벼가 떠나가며 바치는
　　이 넓디넓은 사랑,
　　쓰러지고 쓰러지고 다시 일어서서 드리는
　　이 피 묻은 그리움,
　　이 넉넉한 힘……
　　　　　　　　　　　　　　　　－ 이성부, 〈벼〉

(나) 풀이 눕는다
　　비를 몰아오는 동풍에 나부껴
　　풀은 눕고
　　드디어 울었다
　　날이 흐려서 더 울다가
　　다시 누웠다

　　풀이 눕는다
　　바람보다도 더 빨리 눕는다
　　바람보다도 더 빨리 울고
　　바람보다 먼저 일어난다

　　날이 흐리고 풀이 눕는다
　　발목까지
　　발밑까지 눕는다
　　바람보다 늦게 누워도
　　바람보다 먼저 일어나고
　　바람보다 늦게 울어도

바람보다 먼저 웃는다
날이 흐리고 풀뿌리가 눕는다
　　　　　　　　　　　　　　　　－ 김수영, 〈풀〉

① (가)와 (나) 모두 대상의 속성의 변화가 나타난다.
② (가)와 (나) 모두 자연과 인간을 대립시켜 주제를 부각하고 있다.
③ (가)와 달리 (나)의 화자는 의지적 자세를 보인다.
④ (나)와 달리 (가)에는 대상의 공동체적 속성이 드러난다.

08

다음 작품에 대한 설명으로 가장 적절한 것은?

당당당(唐唐唐) 당츄ᄌ(唐楸子) 조협(皁莢) 남긔
홍(紅)실로 홍(紅)글위 ᄆ요이다.
혀고시라 밀오시라 뎡쇼년(鄭少年)하
위 내 가논 ᄃᆡ ᄂᆞᆷ 갈셰라.
엽(葉) 샥옥셤셤(削玉纖纖) 솽슈(雙手)ㅅ길헤 샥옥셤셤(削玉纖纖) 솽슈(雙手)ㅅ길헤
위 휴슈동유(携手同遊)ㅅ 景(경) 긔 엇더ᄒᆞ니잇고.
　　　　　　　　　　　　　　　　－ 한림제유, 〈한림별곡〉

① 소재의 상징성을 살려 이상향에 대한 동경을 그리고 있다.
② 전통적인 소재를 통해 민중들의 생활 풍습을 묘사하고 있다.
③ 동일한 음절의 반복으로 운율을 맞추어 리듬감을 살리고 있다.
④ 시각적 이미지를 통해 소박하고 정적인 분위기를 형성하고 있다.

09

㉠~㉢에 대한 이해로 적절하지 않은 것은?

'유무(有無)'는 중국 철학에서 세계를 설명하는 주요 범주 가운데 하나이다. 중국 철학사에서 가장 먼저 '무' 개념을 제시한 인물은 ㉠ 노자이다. 노자는 천하의 모든 사물은 '유'에서 생기고, '유'는 '무'에서 생긴다[有生於無]고 하였다. 이때 노자가 말하는 '무'는 '유'와 대립하는 상대적 '무'가 아니라, 그 안에 '유'를 포괄하는 절대적 '무'를 말하며, 결국 모든 것을 초월하는 '도(道)'를 가리키는 것이다. 이러한 노자의 유무관은 위진 시대 현학*의 학자들에게 영향을 주게 되었는데, '유'와 '무'를 어떻게 받아들일 것인지에 대해서는 학자들마다 의견이 달랐다.

위진 현학의 학자들은 예법(禮法)과 제도(制度)를 중시한 유가(儒家) 사상이 변질되어 당대의 현실 문제를 일으켰다고 보고, 이를 극복하고자 자연(自然)과 무위(無爲)의 정치를 추구한 노자의 도가(道家) 사상을 유가 사상에 접목하려고 하였다. 그 과정에서 노자의 '유'와 '무'에 대해 서로 다른 의견을 내세웠는데, 이 중 대표적인 인물로 ㉡ 왕필(王弼)과 ㉢ 배위(裴頠)가 있다. 먼저 왕필의 입장은 '귀무론(貴無論)'으로 불린다. 왕필에게 '무'는 가장 근본적인 본체(本體)*이고, '유'는 본체가 밖으로 표현된 현상이다. '유'가 효과나 용도에 해당하는 말단[末]이라면, '무'는 그것의 근거인 뿌리[本]이다. 따라서 '무'는 '유'가 존재할 수 있는 궁극적인 근거가 된다. 그에 의하면, '무'는 언어를 초월하며 어떠한 구체적인 성질도 없는 절대적인 것이고, '유'는 세상에 존재하는 온갖 사물들에 대한 총칭이다.

이처럼 왕필은 만물을 자라게 하는 근원으로 '무'를 상정하면서 이를 사회적 범주로 확장시키려고 하였다. 즉 왕필은 '무'를 곧 '도(道)'라 부르며 '성인(聖人)', 즉 이상적인 통치자는 이 '도'를 체현한 자라고 하였다. 이런 의미에서 '무'는 모든 예법과 제도를 낳는 원천이 된다. 왕필은 인위적인 것을 최소화하여 만물을 통솔해야만 세계에 질서가 생긴다고 생각하였으며, 이는 노자가 말한 '무위(無爲)'와 연결된다. 왕필은 무위가 오히려 예에 의한 정치와 인의를 실현하는 근본이 될 수 있다고 여긴 것이다.

왕필이 이처럼 '무'를 '유'보다 더 중시한 것은 예법과 제도를 무시한 결과라고 비판하며 등장한 것이 배위의 '숭유론(崇有論)'이다. 배위는 '무'를 글자 그대로 없는 것이라고 보고, '무'는 '유'를 생성할 수 없으므로 '유'는 저절로 생겨난다고 본다. 그에 의하면 천지 만물, 즉 '유'의 존재 근거는 '유'일 수밖에 없다. 배위의 입장에서는 천지 만물은 그 자체로 궁극적인 도이며, 세계의 근원인 '유'에 의해 천지 만물 모두가 하나로 묶인다고 보았다. 다시 말해서 '유'는 또 다른 '유'와 상호 의존적 관계를 맺고 있다는 것이다. 이처럼 배위는 '상호 의존'이

라는 천지 만물의 자연 질서를 기반으로 인간 사회의 도덕 질서를 세워야 한다고 보았다.

배위는 왕필의 '무'와 같은 형이상학적 대상이 아니라 만물과 인간의 상호 의존적 특성에 기초하여 도덕질서의 정당성을 확보하려고 하였다. 그는 '유'를 천시하게 되면 인간의 본성에 근거하여 만들어진 사회 제도를 버리게 되고, 결국에는 예법과 제도를 상실하여 인간에 의한 정치를 할 수 없게 되는 상황이 올 것이라고 우려했다. 그래서 배위는 본체를 현상과 구별되는 것에서 찾지 않고 현상 그 자체라고 하였는데, 이것은 사회 전체의 질서 속에 개인의 삶을 올바로 세우려는 데에 목적이 있었기 때문이었다. 이처럼 배위의 숭유론은 당대 현실을 있는 그대로 인정하고 출발하자는 철학적 의도가 담겨 있다는 점에서 현실주의적 성격이 짙었다고 할 수 있다.

* 현학(玄學): 중국 위(魏)·진(晉) 시대에 나타난 철학 사조로, 도가 사상을 바탕으로 유가의 경서들을 해석하며 형이상학적인 철학 논변을 전개함.
* 본체: 세계의 온갖 현상들을 낳는 근원.

① ㉠이 설파한 '무' 개념은 초월적 성격을 지닌 것이었다.
② ㉡은 '무'를 예법과 제도의 근본이자 원천이라고 생각했다.
③ ㉡은 '무'를 언어로 표현할 수 없는 절대적인 개념으로 보았다.
④ ㉢은 형이상학적 본체로부터 예법과 사회제도가 나타나게 되었다고 본다.

10

다음 글의 (   )에 들어갈 말로 적절하지 않은 것은?

> 문학과 과학의 만남은 오늘날의 중요한 (①)가 되었고 일종의 유행처럼 번지고 있다. 저명한 사회생물학자인 윌슨이 1998년에 발간한 『통섭(Consilience)』은 그 유행의 (②)로 작용했다. 이 책에서 윌슨은 학문들 사이의 경계를 가로지르면서 이를 하나로 엮는 작업의 중요성을 (③)했다. 윌슨은 21세기 대학 개혁의 목적이 자연과학과 인문사회과학을 통섭하는 것이라며, 대학생들이 '과학과 인문학의 관계는 무엇이고, 그 관계가 인류의 복지에 얼마나 중요한가?'라는 질문에 대답할 수 있도록 교육을 받아야 한다고 (④)했다.

① 화두(話頭)
② 기폭제(起爆劑)
③ 설파(說破)
④ 지지(支持)

11

(가)~(다)에 해당하는 것을 〈보기〉에서 찾아 바르게 연결한 것은?

> (가) 음운 변동의 결과 조음 방법만 변한 것
> (나) 음운 변동의 결과 조음 위치와 조음 방법이 모두 변한 것
> (다) 음운 변동의 결과 조음 위치와 조음 방법이 모두 변하지 않은 것

보기
- 미국은 세계 최대의 ⊙ 곡물 수출국이다.
- 예상한 바와 ⓛ 같이 주가가 크게 떨어졌다.
- 그 사람은 큰일 하기에는 그릇이 몹시 ⓒ 작다.
- 드디어 내가 동아리 내에서 ② 권력을 잡게 되었다.
- 참으로 처참해서 ⑩ 낯 들고는 볼 수 없을 지경이었다.

	(가)	(나)	(다)
①	⊙	ⓒ, ⑩	ⓛ, ②
②	②	ⓛ, ⑩	⊙, ⓒ
③	⊙, ⓛ	ⓒ, ②	⑩
④	⊙, ②	ⓛ, ⑩	ⓒ

12

⊙~②에 대한 설명으로 가장 적절하지 않은 것은?

> 구보(仇甫)는
>
> 집을 나와 천변 길을 광교로 향하여 걸어가며, 어머니에게 단 한마디 '네' 하고 대답 못 했던 것을 뉘우쳐 본다. 하기야 중문을 여닫으며 구보는 '네' 소리를 목구멍까지 내어 보았던 것이나 중문과 안방과의 거리는 제법 큰 소리를 요구하였고, 그리고 공교롭게 활짝 열린 대문 앞을, 때마침 세 명의 여학생이 웃고 떠들며 지나갔다.
>
> 그렇더라도 대답은 역시 하여야만 하였었다고, 구보는 ⊙ 어머니의 외로워할 때의 표정을 눈앞에 그려 본다. 처녀들은 어느 틈엔가 그의 시야에서 사라졌다.
>
> 구보는 마침내 다리 모퉁이에까지 이르렀다. 그의 일 있는 듯싶게 꾸미는 걸음걸이는 그곳에서 멈추어진다. 그는 ⓛ 어딜 갈까, 생각하여 본다. 모두가 그의 갈 곳이었다. 한 군데라 그가 갈 곳은 없었다.
>
> 한낮의 거리 위에서 구보는 갑자기 격렬한 두통을 느낀다. 비록 식욕은 왕성하더라도, 잠은 잘 오더라도, 그것은 역시 신경 쇠약에 틀림없었다.
>
> (중략)
>
> 전차 안에서
>
> 구보는, ⓒ 우선, 제 자리를 찾지 못한다. 하나 남았던 좌석은 그보다 바로 한 걸음 먼저 차에 오른 젊은 여인에게 점령당했다. 구보는, 차장대(車掌臺) 가까운 한구석에 가 서서, 자기는 대체, 이 동대문행 차를 어디까지 타고 가야 할 것인가를, 대체, 어느 곳에 행복은 자기를 기다리고 있을 것인가를 생각해 본다.
>
> 이제 이 차는 동대문을 돌아 경성 운동장 앞으로 해서…… 구보는, 차장대, 운전대로 향한, 안으로 파아란 융을 받쳐 댄 창을 본다. 전차과(電車課)에서는 그곳에 뉴스를 게시한다. 그러나 사람들은, 요사이 축구도 야구도 하지 않는 모양이었다.
>
> 장충단으로. 청량리로. 혹은 성북동으로…… 그러나 요사이 구보는 교외를 즐기지 않는다. 그곳에는, 하여튼 자연이 있었고, 한적(閑寂)이 있었다. 그리고 ② 고독조차 그곳에는, 준비되어 있었다. 요사이, 구보는 고독을 두려워한다.
>
> – 박태원, 〈소설가 구보 씨의 일일〉

① ⊙은 어머니에 대한 자신의 태도를 돌이켜 보게 하는 역할을 한다.
② ⓛ은 구보가 도시에서 분주하게 생활하고 있음을 보여 준다.
③ ⓒ은 안정되지 못하고 방황하는 인물의 삶을 의미한다.
④ ②은 고독을 마음껏 누릴 수 있는 곳이라는 뜻이다.

13

다음 설명문의 전개 방식으로 옳은 것은?

> 건축적 공간은 아무것도 없이 비어 있는 상태를 의미하는 허공과는 다르다. 건축적 공간은 비어 있음과 물질적 경계를 모두 포함하는 개념이다. 방이라는 단어가 벽과 그 벽으로 둘러싸인 내부를 포함하는 것과 같다. 건축적 공간은 존재와 부재를 동시에 포용하는 단어다. 건축적 공간은 비어 있음이 존재하는 방식을 의미한다. 즉 건축적 공간은 비어 있음 자체가 아니고 비어 있음이 조직된 체계다.

① 비교, 대조   ② 대조, 정의
③ 정의, 분류   ④ 유추, 분류

14

다음 글의 ㉠~㉣에 대한 표기가 옳은 것은?

> • 그의 얼굴은 ㉠ 몇일 씻지 않은 사람처럼 ㉡ 볼썽사나웠다.
> • 야구에는 ㉢ 규정되 있지 않지만 해서는 안 될 ㉣ 불문률이 있다.

① ㉠   ② ㉡
③ ㉢   ④ ㉣

15

㉠~㉤에 해당하는 예로 가장 적절한 것은?

> 합성어는 어근과 어근이 결합하여 만들어진 단어를 말한다. 합성어는 결합 전후의 형태 변화에 따라 ㉠ 형태를 유지하는 경우와 ㉡ 형태가 바뀌는 경우로 구분할 수 있다. 또한 어근 간의 의미 관계에 따라 두 어근이 동일한 자격으로 결합되는 ㉢ 대등 합성어, 한 어근이 다른 어근에 의미상 종속되는 ㉣ 종속 합성어, 어근들이 합쳐져서 새로운 뜻을 갖게 되는 ㉤ 융합 합성어 등으로 나뉜다.

① ㉠, ㉣: 날씨가 차가워지니 손발부터 시린 것 같다.
② ㉠, ㉤: 밤낮 놀지만 말고 책 좀 읽으라고 기어이 꾸중을 듣고 말았다.
③ ㉡, ㉢: 온 마당에 부삽과 곡괭이, 호미 등이 흩어져 있다.
④ ㉡, ㉤: 건너편 산의 소나무가 오늘 따라 창창 푸르게 빛난다.

16

다음 글에 대한 추론으로 가장 타당한 것은?

> 사람들은 단순히 공복을 채우기 위해서가 아니라 다른 많은 이유로 '먹는다'는 행위를 행한다. 먹는다는 것에 대한 비생리학적인 동기에 관해서 연구하고 있는 과학자들에 따르면 비만인 사람들과 표준체중인 사람들은 식사 패턴에서 꽤나 차이를 보이는 것을 알 수 있다고 한다. 한 연구에서는 비만인 사람들에 대해 식사 전에 그 식사에 대한 상세한 설명을 하면 설명을 하지 않은 경우에 비해서 식사량이 늘었지만, 표준체중인 사람들에게서는 그런 현상이 보이지 않았다. 또한 표준체중인 사람들은 밝은색 접시에 담긴 견과류와 어두운색 접시에 담긴 견과류를 먹은 개수의 차가 거의 없는 것에 비해, 비만인 사람들은 밝은색 접시에 담긴 견과류를 어두운색 접시에 담긴 견과류보다 2배 더 많이 먹었다는 연구도 있다.

① 표준체중인 사람들에 비해 비만인 사람들의 식사량이 적다.
② 표준체중인 사람들에 비해 비만인 사람들은 감각이 보다 예민하다.
③ 표준체중인 사람들에 비해 비만인 사람들의 식습관은 외부 자극에 영향을 받기 쉽다.
④ 표준체중인 사람들에 비해 비만인 사람들은 생리적 필요성보다 심리적 필요성에 의해 식사를 한다.

17

㉠과 ㉡에 대한 예의 연결이 바른 것은?

> 한글 맞춤법은 표준어를 ㉠ 소리대로 적되, ㉡ 어법에 맞도록 함을 원칙으로 한다.

	㉠	㉡
①	구우니, 구운, 구워	굽고, 굽는
②	굽고, 구운, 굽는	구우니, 구워
③	구우니, 구운	굽고, 굽는, 구워
④	구운, 구워	구우니, 굽고, 굽는

18

다음 글을 이해한 내용으로 가장 적절하지 않은 것은?

한옥은 집 자체부터 무궁무진하게 변하는 가변성을 그 특징으로 한다. 가변성은 안과 밖에서 동시에 나타나는데 창을 매개로 삼아 이루어진다. 한옥에서는 열고 닫는 정도에 따라 매우 다양한 창 조작이 일어난다. 이걸 밖에서 보면 집이 한 가지 상태로 머물지 않고 수시로 변하는 것처럼 보인다. 안에서도 비슷한 가변 작용이 일어나는데 그중 풍경 작용이 으뜸이다.

풍경 작용이란 말 그대로 집이 창을 통해 주변을 하나의 풍경화처럼 만들어 낸다는 뜻이다. 풍경 작용을 좌우하는 것은 '마당', '경치', '창' 등의 세 가지이다. 모두 한옥의 특징을 대표하는 것들이며 한옥은 이 세 가지 기준에 따라 건축에 필요한 제반 조건들이 달라진다. 이 중에서 특히 창은 열고 닫는 정도를 여러 가지로 조작하는 것을 통해 한옥이 만들어 내는 풍경 작용을 다양하게 연출하게 된다. 창을 통해 풍경 작용의 다양성을 추구한 이유는 자연 현상과 만물의 작동 원리를 '변화무쌍함'으로 파악한 동양 사상, 집을 하나의 풍경 요소로 파악하여 자연과 함께 어우러지는 것을 중시한 전통적 가치관을 반영하였기 때문이다. 그리고 여름에는 시원한 바람을 잘 받고 겨울에는 따뜻한 햇볕을 집 안 깊숙이 끌어들여 계절에 따라 달라지는 자연의 기운을 온전히 받아들이기 위한 실용적 목적이 있었기 때문이다.

한옥에서 일어나는 풍경 작용이 매우 다양한 것은 방의 구조와 집 전체 크기에 따라 창의 골격이 달라지고, 액자에 해당되는 창을 열고 닫는 정도와 그것을 바라보는 위치에 따라 풍경 작용이 다양하게 변하기 때문이다. 이것은 풍경을 담고 있는 액자가 다양하게 변한다는 의미인 동시에 액자를 바라보는 관찰자의 위치와 시선 등도 다양해진다는 의미이다. 그에 따라 액자 안의 풍경에 시선의 초점이 맞추어지기도 하고 원근 효과가 더해져 공간의 깊이감도 다양하게 연출된다.

한옥이 보여 주는 다양한 풍경 작용은 관조의 입장에서 자연을 이해한 결과라고 할 수 있다. 관조는 이성적 시비 판단이나 공리적 이해타산을 하지 않고 그저 내 마음을 텅 비워 대상을 받아들이는 입장이다. 분석해서 우열의 가치를 판단하지 않으며 좋고 싫음의 차별도 하지 않겠다는 입장이다. 흥이 나면 감정을 실어 자연과 하나가 될 수 있고, 그렇지 못하더라도 자연과 동등한 입장에서 자연의 존재론적 특질과 가치를 온전히 인정하겠다는 입장이라고 할 수 있다.

① 한옥이 풍경 작용의 다양성을 추구한 것에는 실용적 목적도 있다.

② 한옥은 추구하는 풍경 작용에 따라 건축의 제반 조건들이 달라진다.

③ 한옥은 자연을 경외의 대상으로 인식하는 가치관을 반영하여 지어진다.

④ 한옥의 안과 밖에서 일어나는 가변 작용은 창을 매개로 하여 이루어진다.

19

다음 시의 주제를 가장 잘 나타내는 것은?

별들의 바탕은 어둠이 마땅하다
대낮에는 보이지 않는다
지금 대낮인 사람들은
별들이 보이지 않는다
지금 어둠인 사람들에게만
별들이 보인다
지금 어둠인 사람들만
별들을 낳을 수 있다

지금 대낮인 사람들은 어둡다

– 정진규, 〈별〉

① 진퇴양난(進退兩難)　　② 흥진비래(興盡悲來)

③ 각주구검(刻舟求劍)　　④ 고진감래(苦盡甘來)

20

다음 중 밑줄 친 단어가 의미에 맞게 사용되지 않은 것은?

① 닭이 모이를 찾으려고 온 마당을 <u>버릇고</u> 다닌다.

② 그는 두 사람을 <u>갈마보며</u> 서로 화해할 것을 권하였다.

③ 잔뜩 찌푸린 여름의 하늘이 <u>철겹게</u> 비가 주룩주룩 내린다.

④ 아이들은 <u>해찰하기</u> 일쑤라서 가끔 주의를 환기할 필요가 있다.

21

다음 대담을 이해한 반응으로 가장 적절하지 않은 것은?

사회자: 안녕하세요? 오늘은 '언론의 사회적 역할'에 대해 알아보도록 하겠습니다. 도움 말씀을 주실 이 박사님 모셨습니다. 안녕하십니까?

박　사: 네, 안녕하십니까?

사회자: 박사님. 흔히들 언론의 역할은 여러 가지 사건과 사실들을 객관적인 태도로 대중들에게 알려 주는 것으로 알고 있는데, 맞는 건가요?

박　사: 네, 그렇습니다. 많은 사람들이 언론 보도를 통해 정보를 접하고 이해하게 되지요. 그런데 문제는 언론의 보도가 모두 사실인가 하는 데 있습니다. 가령 어떤 기업에서 신제품을 개발했다는 기사가 신문에 나왔다고 합시다. 신제품이라는 것은 매일 홍수처럼 쏟아져 나올 텐데 왜 유독 그 기업의 신제품만 기사화되었을까요? 혹시 신문사나 방송사가 그 회사와 이해관계가 있기 때문은 아닌지 의심을 품어 볼 만하지 않을까요?

사회자: 아, 그럴 수 있겠군요. 그런데 발생하는 일들은 많고 보도할 수 있는 내용은 한정되어 있기 때문에 선택된 기사들은 거의 대부분 그런 성질을 지니고 있지 않을까요?

박　사: 물론 그렇습니다. 현장에서 취재해 온 기사가 방송이나 신문에 모두 실리지는 않습니다. 편집국에서 그다지 중요하지 않다고 판단되는 기사를 빼기도 하지요. 그런데 중요하다고 여기더라도 기사를 빼라는 신문사나 방송사 사주의 외압이 있는 경우 그 기사는 신문에 실리거나 방송을 탈 수 없게 됩니다. 이렇게 어떤 메시지가 선택되거나 거부되는 현상을 '게이트키핑(gate-keeping)'이라고 하지요.

사회자: 아, 그렇다면 같은 사건, 사안이라도 언론사의 입장에 따라 확대되거나 축소될 수 있겠군요. 게이트키핑은 일종의 언론 통제라고 할 수 있겠네요.

박　사: 바로 그겁니다. 흔히 신문의 생명을 객관성과 공정성이라고 하는데, 엄밀하게 따지면 진보적인 신문이나 보수적인 신문이나 기사를 통제하기는 마찬가지입니다. 신문사가 가진 이데올로기에 따라서 그 신문사가 행하는 게이트키핑의 내용은 달라질 수밖에 없지요.

사회자: 게이트키핑이 그렇게 보편적으로 진행되고 있다면 문제는 게이트키핑의 진정성에 있겠군요?

박　사: 정확히 보셨습니다. 게이트키핑이 특정 집단의 이익만을 배타적으로 증가시켜 주느냐, 아니면 사회 전체 나아가 인류 전체의 공익을 증진시켜 주느냐 하는 데 그 진정성이 달려 있습니다. 언론의 사회적 역할이라는 것은 바로 이런 진정성을 확보함으로써 비로소 가능하게 되는 것입니다.

① 갑: 외압에 의해 기사가 선택되거나 버려지는 일이 있군.
② 을: 양심 있는 언론은 게이트키핑을 하지 않아야 하겠군.
③ 병: 우리가 읽는 모든 기사는 선택된 것으로 볼 수 있겠군.
④ 정: 기사를 읽을 때는 비판적인 태도를 지니고 읽어야겠군.

22

띄어쓰기 규정에 맞지 않는 것은?

① 경영자들의 비금전적 동기를 강조하는 설명으로서 경영자들이 더 큰 이윤∨보다 더 큰 권력을 선호한다는 견해가 있다.
② 주주들의 견제를 덜 받는 경영자들이 기업의 가치를 증진시킴으로써 주주들의 이익보다는 자신들의 이익을 위해 다각화를 선호한다는 것이다.
③ 각각의 제품을 생산하여 판매하는 일을 서로 다른 기업들이 따로 하는∨것보다 한 기업이 전담하는 방법을 통해 비용의 효율성을 높일 수 있다는 것이다.
④ 경영자가 가지고 있는 경영 재능이나 기업의 생산 및 유통 시스템을 여러 사업 분야에 확산시키는 방법을 통해 자원을∨보다 효율적으로 활용할 수 있다고 보는 것이다.

23

밑줄 친 단어의 형태소의 개수가 동일한 것으로만 이루어진 것은?

① ┌ 바닷물이 새파랗다.
　└ 떡을 노그름히 구워 먹었다.
② ┌ 큰집에 양아들로 들어갔다.
　└ 다시 만나게 되어 정말 기쁘다.
③ ┌ 그는 새로운 일거리를 잡았다.
　└ 시나브로 낙엽이 쌓이기 시작했다.
④ ┌ 주름치마의 주름을 다리미로 곱게 다렸다.
　└ 방 안까지 추우니 바깥날은 얼마나 춥겠니?

24

⊙에 들어갈 말로 가장 적절한 것은?

현대를 흔히 '과학의 시대' 혹은 '과학 기술의 시대'라고 부른다. 그만큼 과거에는 생각할 수 없을 정도로 과학과 그것을 응용한 기술이 현대 사회에서 갖는 위치가 커졌기 때문이다. 당장 에너지 문제에서부터 환경 오염, 식량 증산, 인구 조절, 무기 개발 억제 등 인류가 당면한 큰 문제들이 모두 과학과 유관(有關)한 문제라는 것이 이를 잘 말해 준다.

그러나 이렇게 과학이 사회에서 점점 중요한 위치를 차지해 오는 동안 과학의 내용은 점점 전문화되고 어려워져 왔다. 특히 복잡한 수식이 도입된 과학 분야들은 일반 지식인들로서는 전혀 이해할 수 없을 정도로 전문화되었고, 많은 과학자들까지도 자기 분야 이외의 다른 분야의 과학 내용을 이해할 수가 없게 되었다. 결국, 사회에서 과학이 가지는 중요성은 높아지면서, 그러한 사회를 이끌어 갈 일반 그 지식인들이 과학의 내용을 이해하는 것은 거의 불가능하게 된 것이다. 이것은 퍽 우려할 일이다. 즉 현대 사회의 중요한 문제들에 접해서 많은 선택과 결정을 내려야 할 사람들이 이들 문제의 바탕이 되는 과학의 내용을 이해하기는커녕, 접근하기조차 힘들 정도로 과학이 일반 지식인들로부터 유리(遊離)된 것은 커다란 문제인 것이다. 더구나 이런 실정이 쉽게 해결되기가 힘든 뚜렷한 이유, 즉 (⊙   ) 문제는 더욱 심각하다.

그러나 이러한 과학의 유리 상태를 심화시키는 데에 과학 내용의 어려움보다 더 크게 작용하는 것은 과학에 관한 널리 퍼져 있는 잘못된 생각이다. 흔히들 현대 사회의 많은 문제들이 과학의 책임인 것으로 생각한다. 즉 과학이 인간의 윤리나 가치 같은 것은 무시한 채 맹목적으로 발전해서 많은 문제를 야기하면서도 이에 대해서는 아무런 책임을 지지 않고 있다는 생각이 그것이다.

① 과학에 대한 지식인의 무관심이 점점 고조되기 때문에
② 과학의 내용 자체가 가지는 어려움이 계속 심화되기 때문에
③ 과학이 인간의 욕구를 충족시킬 수 없는 방향으로 변화하기 때문에
④ 과학이 인간의 윤리와 상관없이 한 방향으로 발전을 계속하기 때문에

25

다음 글의 갈래적 특징으로 적절하지 않은 것은?

순은 또 돈을 거둬들여 재산 모으기를 좋아하니, 시론(時論)이 그를 더럽다 하였다. 임금께서 묻기를,
"경(卿)은 무슨 버릇이 있느냐."
하니, 대답하기를,
"옛날에 두예(杜預)는 좌전(左傳)의 벽(癖)이 있었고, 왕제(王濟)는 말[馬]의 벽이 있었고, 신(臣)은 돈 벽이 있나이다."
하니, 임금께서 크게 웃고 권고(眷顧)가 더욱 깊었다.

일찍이 임금님 앞에 주대(奏對)할 때, 순이 본래 입에 냄새가 있으므로 임금께서 싫어하여 말하기를,
"경이 나이 늙어 기운이 말라 나의 씀을 감당치 못하는가."
라 하였다.

순이 드디어 관(冠)을 벗고 사죄하기를,
"신이 받은 벼슬을 사양하지 않으면 마침내 망신(亡身)할 염려가 있사오니, 제발 신(臣)을 사제(私第)에 돌려주시면, 신(臣)은 족히 그 분수를 알겠나이다."
라고 하였다. 임금께서 좌우(左右)에게 명하여 부축하여 나왔더니, 집에 돌아와 갑자기 병들어 하루저녁에 죽었다. 아들은 없고, 족제(族弟) 청(淸)이, 뒤에 당(唐)나라에 벼슬하여 벼슬이 내공봉(內供奉)에 이르렀고, 자손이 다시 중국에 번성하였다.

사신(史臣)이 말하기를,
"국씨(麴氏)의 조상이 백성에게 공(功)이 있었고, 청백(淸白)을 자손에게 끼쳐 창(鬯)이 주(周)나라에 있는 것과 같아 향기로운 덕(德)이 하느님에게까지 이르렀으니, 가히 제 할아버지의 풍이 있다 하겠다. 순이 설병(挈瓶)의 지혜로 독 들창에서 일어나서, 일찍 금구(金甌)의 뽑힘을 만나 술 단지와 도마에 서서 담론하면서도 옳고 그름을 변론하지 못하고, 왕실(王室)이 미란(迷亂)하여 엎어져도 붙들지 못하여 마침내 천하의 웃음거리가 되었으니, 거원(巨源)의 말이 족히 믿을 것이 있도다."
라고 하였다.

– 임춘, 〈국순전(麴醇傳)〉

① 사물에 인격을 부여하여 의인화를 하고 있다.
② 고사를 인용하여 인물의 행적을 서술하고 있다.
③ 개인적 정서를 우의적(寓意的)으로 표현하고 있다.
④ 인물의 일대기를 시간의 흐름에 따라 서술하고 있다.

M·E·M·O

2023 혜원국어
FINAL 동형 모의고사
군무원편

PART

III

모의고사 11~15회

11회 모의고사 ———————— 104

12회 모의고사 ———————— 112

13회 모의고사 ———————— 121

14회 모의고사 ———————— 130

15회 모의고사 ———————— 138

01

띄어쓰기 규정에 맞는 것은?

① 지금∨시작하는∨게∨좋을텐데.
② 합격자는∨너밖에도∨여러∨명이∨있었다.
③ 소희는∨얼굴이∨예쁜∨데다가∨마음씨도∨참∨곱다.
④ 어려운∨사람을∨돕는데에∨애∨어른이∨어디∨있겠습니까?

02

지명을 로마자로 표기한 것이 옳은 것은?

① 의정부: uijeongbu
② 반구대: Ban-gudae
③ 인왕리: Inwang-ni
④ 삼죽면: Samjung-myeon

03

밑줄 친 단어 중 어법에 맞지 않는 것은?

① 날씨가 건조하여 얼굴이 <u>땅겼다</u>.
② 합격자 발표를 기다리며 <u>안절부절하다</u>.
③ 단체 여행에서는 개인행동을 <u>삼가야</u> 한다.
④ 친구들에게 놀림을 당한 영수는 <u>삐져서</u> 집에 갔다.

04

〈보기〉를 참고할 때, '내가 아버지도 모시고 수영장에 갔어요.'를 바르게 분석한 것은?

> ─ 보기 ─
> 국어의 높임법은 높임의 대상이 무엇이냐에 따라 크게 셋으로 나뉜다. 주체 높임법에서는 문장의 주어가 가리키는 인물, 객체 높임법에서는 문장의 목적어나 부사어가 지시하는 대상, 상대 높임법에서는 말을 듣는 상대, 즉 청자가 높임의 대상이 된다. 그런데 실제로는 대개 두세 가지의 높임법이 동시에 사용된다. 존대를 [+]로 비존대를 [−]로 나타낸다면, '동주야, 어머니 오셨어.'와 같은 문장은 [주체 높임 +], [객체 높임 −], [상대 높임 −]로 표시할 수 있다.

① [주체 높임 +], [객체 높임 +], [상대 높임 +]
② [주체 높임 +], [객체 높임 −], [상대 높임 −]
③ [주체 높임 −], [객체 높임 +], [상대 높임 +]
④ [주체 높임 −], [객체 높임 +], [상대 높임 −]

05

㉠과 ㉡에 대한 이해로 가장 적절한 것은?

> (가) 翩翩 ㉠黃鳥
>   雌雄相依
>   念我之獨
>   誰其與歸
> (나) 房(방)안에 혓는 燭(촉)불 눌과 離別(이별)ᄒᆞ엿관ᄃᆡ,
>   것츠로 눈물 디고 속 타는 줄 모르는고.
>   뎌 ㉡燭(촉)불 날과 갓트여 속 타는 줄 모로도다.

① ㉠과 ㉡은 모두 화자의 분신을 상징한다.
② ㉠과 ㉡은 모두 화자의 심정과 대조되는 소재이다.
③ ㉠은 화자의 처지와 대조되고, ㉡은 화자와 동일시된다.
④ ㉠과 ㉡에 대해 화자는 모두 선망의 시선으로 바라보고 있다.

06

다음 예문의 밑줄 친 ㉠에 들어갈 말로 적절하지 않은 것은?

> • 지금은 국가의 운명이 ___㉠___ 인 절박한 시기라는 것을
> 잊지 마라.
> • 임기 말년에 주가 조작 파문에까지 휘말린 그는 처지는
> ___㉠___ 이다.

① 百尺竿頭　　　　　② 累卵之勢
③ 바람 앞의 등불　　　④ 돼지에 진주목걸이

07

다음 글의 내용을 통해 답할 수 있는 것은?

> 물체를 볼 때 우리가 지각하는 색의 선명도는 표면에서 반
> 사된 광선들과 굴절되어 내부로 들어갔다가 나오는 광선들
> 의 상대적 세기에 좌우된다고 할 수 있다. 표면에서 반사되어
> 나오는 광선이 비교적 약하고 내부로부터 나오는 광선이 비
> 교적 강한 경우 우리 눈에 들어오는 광선은 물체 내부에 있는
> 원자들의 정보가 더 많이 담겨 있기 때문에 더 선명한 색으로
> 보인다. 표면에서 반사된 광선과 굴절되었다가 다시 나오는
> 광선의 상대적인 세기는 들어오는 빛과 표면에 위치한 전자
> 들 사이의 상호작용, 즉 이 전자들이 빛에 반응해서 움직이는
> 방식에 좌우된다.
> 돌이 물에 젖게 되면 돌 표면에 묻어 있는 물 분자들은 돌
> 표면의 전자들이 빛의 대부분을 돌 속으로 투과되도록 하는
> 데 영향을 미친다. 이때 돌 내부에 있는 원자들의 정보가 반
> 사되어 나가는 빛에 포함되어 돌의 색이 더 선명하게 보이게
> 되는 것이다. 이러한 현상은 물에서 빛이 굴절되는 정도가 돌
> 표면에서 빛이 굴절되는 정도와 비슷하기 때문에 나타난다.
> 반면에 돌에 묻어 있던 물기가 마르면 빛이 돌 속으로 투과되
> 도록 돕는 역할을 했던 물 분자들이 사라지게 되므로, 전자들
> 이 더 많은 빛을 반사하게 되고 이에 따라 내부로 투과되는
> 빛의 양이 줄어들게 되어 돌의 색은 상대적으로 덜 선명하게
> 보인다.

① 해가 질 때 구름의 색이 변하는 것은 왜일까?
② 투명한 얼음을 빙수기로 갈면 왜 흰색으로 보일까?
③ 왜 옷의 색상이 짙을수록 자외선 차단 효과가 커질까?
④ 물기를 머금은 장미가 더 빨갛게 보이는 이유는 무엇일까?

08

《訓蒙字會》에 대한 설명으로 옳은 것은?

① 중종 22년에 최세진이 편찬한, 아녀자들의 한자 학습을
　위한 교습서이다.
② 초성에만 쓰이는 자음으로는 'ㄱ, ㄴ, ㄷ, ㄹ, ㅁ, ㅂ, ㅅ,
　ㅿ, ㅎ' 등이 있다.
③ 모음의 수는 'ㅏ, ㅓ, ㅗ, ㅜ, ㅐ, ㅔ, ㅟ, ㅚ, ㅡ, ㅣ, ·' 11개
　로 규정하였다.
④ '언문자모(諺文字母)'는 훈민정음의 28자 중에서 'ㆆ'이
　빠진 체계를 보여 준다.

09

다음 글의 ㉠, ㉡과 바꾸어 쓸 수 있는 한자어로 옳은 것은?

> 요즘 젊은이들의 말버릇을 두고 "버르장머리가 없다"는 말
> 을 자주 듣게 된다. 언어 사용에서 마땅히 지켜야 할 예의를
> 갖추지 않았다고 나무라는 말이다. 요즘 젊은이들의 말버릇
> 의 무엇보다도 큰 특징의 하나는 버릇이 없고, 거리낌이 없다
> 는 것이다. 이들은 격식을 갖추려 하지 않는다. 그저 나오는
> 대로 말한다. 그리하여 반말을 예사로 ㉠ 쓰고, 비어(卑語)나
> 욕설을 거침없이 내뱉는다. 격식을 갖춘 말은 소원한 사이에
> 서 쓰는 것이다. 따라서 친숙함을 나타내기 위하여 반말을 쓰
> 는 것이다. 비어나 욕설을 쓰는 것도 마찬가지다. 공손한 말
> 투는 찾아보기 힘들다. 어른이 부르면 "왜요?" 하고 볼멘 표
> 정이고, 말을 하면 "그게 아니고요."라고 이유를 댄다. 길들여
> 지지 않은 망아지같이 천방지축 날뛰는 것이 요즘의 젊은이
> 들의 말버릇이다. 격식을 갖춰 높임말을 써야 할 경우에도 격
> 식체인 '합쇼'체 아닌, 비격식체인 '해요'체를 즐겨 쓴다. 그리
> 고 1인칭의 겸양어인 '저'를 쓰지 않는다. '나'를 쓴다. 이들은
> 높임법을 제대로 배워 익히지 않았기 때문에 이를 어떻게 써
> 야 바로 ㉡ 쓰는 것인지조차 모르는 실정이다. 그러기에 이들
> 의 말버릇은 더욱 엉망이다.

　　　　㉠　　　　　　　㉡
① 拉用하고　　　通用하는
② 適用하고　　　兼用하는
③ 濫用하고　　　使用하는
④ 活用하고　　　愛用하는

10

〈보기〉의 조건을 모두 충족하는 것을 고른 것은?

> **보기**
> • 주어가 생물이 아닐 것
> • 이중 피동 표현을 사용하지 않을 것
> • 지나친 명사화 구성을 쓰지 않을 것

> ㉠ 역사의 중요성을 강조하시던 선생님의 말씀이 아직까지도 잊히지 않는다.
> ㉡ 한글이 과학적이고 독창적인 문자라고 하는 사실은 이미 널리 알려져 있다.
> ㉢ 과학자들이 과학 기술 부문과 관련된 경제사회의 제반 문제를 연구, 분석한다.
> ㉣ 학교 축제에는 전체 학생들이 참여하기 때문에 학생들의 일체감을 이룰 수 있다.

① ㉠, ㉡　　　　　　② ㉠, ㉣
③ ㉡, ㉢　　　　　　④ ㉡, ㉣

11

㉠~㉣에 대한 설명으로 적절하지 않은 것은?

> • 그 아이는 체구는 작지만 ㉠ 암팡스러워 보인다.
> • 철쭉꽃이 ㉡ 흐드러지게 피어 꽃밭의 물결을 이루었다.
> • 손님을 모시고 그 집 가르쳐 주고 오너라. ㉢ 선걸음에 와야 한다.
> • 학교 가는 ㉣ 길섶에 잎이 돋아 제법 파래서 봄이 자리 잡은 것 같은 생각이 납니다.

① ㉠: 문맥으로 보아 '몸은 작아도 야무지고 다부진 면이 있다.'라는 뜻이다.
② ㉡: '흐드러진 웃음소리', '홍시가 터져서 흐드러졌다' 등으로도 쓸 수 있다.
③ ㉢: 주로 '선걸음에', '선걸음으로' 꼴로 쓰이며, '이미 내디뎌 걷고 있는 그대로의 걸음'이라는 뜻이다.
④ ㉣: '길의 가장자리'라는 의미이므로 '길가', 또는 '길옆'이라는 말과 바꿔 써도 된다.

12

다음 중 '관계 관형절'을 모두 고른 것은?

> ㉠ 여기에 모두를 깜짝 놀라게 할 소식을 가져왔어.
> ㉡ 너희들이 성공해서 돌아온 사실도 모르고 있었어.
> ㉢ 지난봄에 우리가 함께 올랐던 저 산은 단풍도 아름답다.
> ㉣ 20세기 중에서 내가 태어난 1999년에는 많은 사건들이 있었다.

① ㉠, ㉡　　　　　　② ㉢, ㉣
③ ㉠, ㉢, ㉣　　　　④ ㉡, ㉢, ㉣

13

다음 글의 제목으로 가장 적절한 것은?

　　많은 경제학자들은 제도의 발달이 경제 성장의 중요한 원인이라고 생각해 왔다. 예를 들어 재산권 제도가 발달하면 투자나 혁신에 대한 보상이 잘 이루어져 경제 성장에 도움이 된다는 것이다. 그러나 이를 입증하기는 쉽지 않다. 제도의 발달 수준과 소득 수준 사이에 상관관계가 있다 하더라도, 제도는 경제 성장에 영향을 줄 수도 있지만 경제 성장으로부터 영향을 받을 수도 있으므로 그 인과관계를 판단하기 어렵기 때문이다.

① 경제 발전과 소득 수준　　② 경제 성장과 제도 발달
③ 소득 수준과 제도 발달　　④ 제도 발달과 투자 수준

14

다음 글에 대한 설명으로 가장 적절한 것은?

　　소년들 사이에서는 격렬한 대응으로 이어지는 도발이 있은 후에는 화해가 이루어진다. 그것이 소년들의 일반적인 공식이다. 그렇지만 그런 공식은 소녀들 사이에서는 거의 통하지 않는다. 소녀들의 싸움 방식에 관해 쓴 레이첼 시먼스에 따르면 소녀들의 싸움은 표면상으로는 대리석처럼 고요하고 매끄럽다. 소녀들 사이의 긴장 상태는 아주 교묘하게 일어나기 때문에 심지어 당사자인 소녀도 그런 긴장 상태가 어떻게 시작되었는지 알지 못할 때가 있다. 소녀들의 싸움은 폭력적인 대응이 적절치 않고, 실제로 그런 반응을 하는 경우도 거의 없다. 왜냐하면 도발이라고 정의를 내리기조차 어려운 상황이 벌어지기 때문이다.
　　소녀들의 싸움은 긴장 상태가 여러 주 또는 여러 달에 걸쳐 조용히 형성되어 마침내 우정 관계가 완전히 끊어질 때까지

서서히 잠식해 들어간다. 시먼스는 사춘기 소녀들 사이에 지속적으로 진행되는 암투를 '대안적 공격'이라는 말로 설명한다. 소녀들 사이의 긴장 상태가 하나의 공격이라는 사실을 일깨워준다는 점에서 '대안적 공격'이라는 용어는 아주 적절하다. 때때로 부모들은 소녀들 사이에서 벌어지는 대안적인 공격이 남길 상처를 제대로 인식하지 못한다. 가해자는 흔히 어른들에게 공손하고 '예의 바른 소녀'이기 때문에 자신의 본 모습을 드러내지 않는다. 일반적으로 다른 소녀들을 피해자로 만드는 소녀는 남을 괴롭히는 전형적인 소년과는 정반대로 상당히 사교적이고 심지어는 인기도 많은 아이일 가능성이 높다.

남을 괴롭히는 여자 깡패는 남자 깡패하고는 사뭇 다르다. 남을 못살게 구는 소년들은 품성이 좋지 않을 아이일 가능성이 높다. 그런 소년들은 친구도 거의 없고 사회성도 부족하며 학교생활도 제대로 하지 못하는 경우가 많다. 그런 소년은 자신의 지위를 향상시키기 위한 방편으로 피해자에게 집적거린다. '만약 타일러가 나를 두려워하게 되면 친구들은 내가 이 학교에서 가장 한심한 애라고 생각하지 않을 거야.'라고 생각하는 것이다. 실제로 그 아이는 아마도 타일러에 대해 잘 모를 것이다. 그 아이가 그런 행동을 하는 까닭은 타일러가 무슨 짓을 했거나 무슨 말을 해서가 아니다. 그 아이는 단지 다른 사람을 비참하게 만들면 자기 '자신의 불안감'이 해소되고 기분이 조금이라도 좋아지지 않을까 하는 막연한 희망 때문에 남을 괴롭힌다. 그런 아이는 또한 희생자를 괴롭힘으로써 다른 아이들의 환심을 사려고 한다.

소녀들의 경우는 상황이 완전히 정반대이다. 소년들은 잘 알지 못하는 아이를 못살게 구는 반면, 소녀들은 거의 언제나 같은 그룹에 속한 아이를 괴롭힌다. 피해를 당하는 소녀들은 대부분 은밀한 경쟁 상대이다. 그들은 서로에 대해 잘 알고 있다. 그리고 상대방의 어느 부분을 건드리면 가장 크게 상처를 받을지도 잘 알고 있다.

시먼스의 연구에 따르면 다른 아이들에게 배척당하는 소녀들은 대체로 외모, 남자 친구, 돈, 멋있는 옷 등 대부분의 소녀들이 갖고 싶어 하는 요소들을 갖춘 아이들이다. 딸아이가 학교에서 왕따를 당한다면 부모는 생활지도 선생님과 일대일로 얼굴을 맞대고 면담해야 한다. 그리고 딸이 뭔가 '좋지 못한' 일을 해서라기보다 단지 다른 소녀들의 시기심을 유발했기 때문에 배척당할 수도 있다는 점을 항상 기억하고 있어야 한다.

① 가설을 설정하고 사례를 통해 이를 입증하고 있다.
② 알기 쉬운 대상에 빗대어 어려운 개념을 풀이하고 있다.
③ 대상이 지닌 특성을 대조의 방식을 통해 부각시키고 있다.
④ 시간의 흐름에 따라 대상이 발달하는 과정을 서술하고 있다.

[15-17] 다음 글을 읽고 물음에 답하시오.

울지 마라
외로우니까 사람이다
살아간다는 것은 외로움을 견디는 일이다
공연히 오지 않는 전화를 기다리지 마라
눈이 오면 눈길을 걸어가고
비가 오면 빗길을 걸어가라
갈대숲에서 가슴 검은 도요새도 너를 보고 있다
가끔은 하느님도 외로워서 눈물을 흘리신다
새들이 나뭇가지에 앉아 있는 것도 외로움 때문이고
네가 물가에 앉아 있는 것도 외로움 때문이다
산 그림자도 외로워서 하루에 한 번씩 마을로 내려온다
종소리도 외로워서 울려 퍼진다

– 정호승, 〈수선화에게〉

15
이 시와 관련이 없는 표현법을 사용한 것은?
① 강물은 아무런 말없이 계속 흐른다.
② 살어리 살어리랏다 청산에 살어리랏다.
③ 꽃은 안개와 같고, 사람은 구름과 같다.
④ 떡 줄 사람은 생각도 않는데 김칫국부터 마신다.

16
이 시에서 청자 '너'가 의미하는 대상으로 가장 적절한 것은?
① 사람　　② 도요새
③ 수선화　　④ 하느님

17
이 시의 주제로 가장 적절한 것은?
① 人生의 本質　　② 存在의 意義
③ 孤獨의 屬性　　④ 自然의 攝理

18

다음은 《용비어천가(龍飛御天歌)》의 일부이다. 밑줄 친 부분과 의미가 통하는 한자를 모두 바르게 연결한 것은?

> 불휘 기픈 남ᄀᆞᆫ ᄇᆞᄅᆞ매 아니 뮐ᄊᆡ 곶 됴코 ㉠여름 하ᄂᆞ니
> ᄉᆡ미 기픈 므른 ᄀᆞ무래 아니 그츨ᄊᆡ ㉡내히 이러 바ᄅᆞ래 가ᄂᆞ니
>
> — 2장
>
> 적인(狄人)ㅅ 서리예 가샤 적인(狄人)이 ᄀᆞ롤외어늘 기산(岐山) 올ᄆᆞ샴도 ㉢하ᄂᆞᆳ 뜨디시니
> 야인(野人)ㅅ 서리예 가샤 야인(野人)이 ᄀᆞ롤외어늘 덕원(德源) 올ᄆᆞ샴도 하ᄂᆞᆳ 뜨디시니
>
> — 4장
>
> 굴허에 ᄆᆞᆯ 디내샤 ㉣도ᄌᆞ기 다 도라가니 반(半) 길 노ᄑᆡᆫ ᄃᆞᆯ 년기 디나리잇가
> 석벽(石壁)에 ᄆᆞᆯ 올이샤 도ᄌᆞ골 다 자ᄇᆞ시니 현 번 ᄠᅱ운ᄃᆞᆯ ᄂᆞ미 오ᄅᆞ리잇가
>
> — 48장

	㉠	㉡	㉢	㉣
①	夏	我	天	器
②	夏	川	一	器
③	實	我	一	盜
④	實	川	天	盜

19

한자 성어의 쓰임이 적절하지 않은 것은?

① 우리 동생은 너무나도 天衣無縫하여 사람들에게 잘 속곤 한다.
② 만석지기 부잣집 도련님이 영양실조라니 言語道斷이라 생각하네.
③ 의병들은 적의 대군을 맞아 용감하게 선전하여 衆寡不敵으로 승리했다.
④ 이때 디저트와 함께 즐기는 디저트 와인은 만찬의 畵龍點睛에 해당한다.

20

다음 글의 ㉠~㉣이 내포하는 의미로 적절하지 않은 것은?

> 마당이 있는 집에 산다고 하면 다들 채소를 심어 먹을 수 있어서 좋겠다고 부러워한다. 나도 첫해에는 열무하고 고추를 심었었다. 그러나 매일 하루 두 번씩 오는 채소 장수 아저씨가 단골이 되면서 채소 농사가 시들해졌고 작년부터는 아예 안 하게 되었다.
> ㉠트럭에다 각종 채소와 과일을 싣고 다니는 순박하고 건강한 아저씨는 싱싱한 채소를 아주 싸게 판다. 멀리서 그 아저씨가 자기 트럭에 싣고 온 온갖 채소 이름을 외치는 소리가 들리면 뭐라도 좀 팔아 줘야 할 것 같아서 마음보다 먼저 엉덩이가 들썩들썩한다. 그를 기다렸다가 뭐라도 팔아 주고 싶어 하는 내 마음을 아는지 아저씨도 손이 크다. 너무 많이 줘서 "왜 이렇게 싸요?" 소리가 절로 나올 때도 있다. 그러면 아저씨는 ㉡물건을 사면서 싸다고 하는 사람은 처음 봤다고 웃는다. 내가 싸다는 건 딴 물가에 비해 그렇다는 소리지 얼마가 적당한 값인지 알고 하는 소리는 물론 아니다.
> 트럭 아저씨는 다듬지 않은 채소를 넉넉하게 주기 때문에 그걸 손질하는 것도 한 일이다. 많이 주는 것 같아도 다듬어 놓고 나면 그게 그걸 거라고, ㉢우리 식구들은 내 수고를 별로 달가워하지 않는 것 같다.
> 내가 뒤란으로 난 툇마루에 퍼더버리고 앉아 흙 묻은 채소를 다듬거나 콩이나 마늘을 까는 건 내가 좋아서 하는 일이지 누가 시켜서 하는 건 아니다. 뿌리째 뽑혀 흙까지 싱싱한 채소를 보면 채소가 아니라 푸성귀라고 불러 주고 싶어진다. 손에 흙을 묻혀 가며 푸성귀를 손질하노라면 같은 흙을 묻혔다는 걸로 그걸 씨 뿌리고 가꾼 사람들과 연대감을 느끼게 될 뿐 아니라 흙에서 나서 자란 ㉣그 옛날의 시골 계집애와 현재의 나와의 지속성까지를 확인하게 된다. 그건 아주 기분 좋고 으쓱한 느낌이다. 어쩌다 슈퍼에서 깨끗이 손질해서 스티로폼 용기에 담고 랩을 씌운 채소를 보면 컨베이어 벨트를 타고 나온 공산품 같지 푸성귀 같지가 않다.
>
> — 박완서, 〈야채 트럭 아저씨〉

① '아저씨'에 대한 '나'의 태도가 드러나 있다.
② '나'의 행동을 조롱하는 태도가 드러나 있다.
③ 식구들에 대한 서운함이 드러나 있다.
④ 글쓴이가 자기 스스로를 대상화하여 제시하고 있다.

21

(가)에 이어질 글의 순서로 가장 적절한 것은?

(가) 지구 주위를 돌고 있는 달은 태양계 위성 중에서 다섯 번째로 큰 위성이다. 따라서 지구는 작은 크기에 어울리지 않는 큰 위성을 거느리고 있는 셈이다. 달의 지름은 약 3,476킬로미터로, 1만 2,740킬로미터인 지구 지름의 약 4분의 1이며, 지구에서 달까지의 평균 거리는 약 38만 4,000킬로미터이다. 달은 타원 궤도를 따라 지구를 돌고 있기 때문에 지구에서 달까지의 거리는 계속 달라진다.

(나) 그러나 아폴로 우주인들이 여섯 차례에 걸쳐 지구로 가져온 달 암석의 성분을 분석한 과학자들은 두 가지 결론을 내렸다. 먼저 월석의 화학 성분이 지구 암석의 성분과 비슷해서, 달이 지구와 다른 장소에서 형성되었을 것이라는 가설을 제외할 수 있었다. 또한 달의 조성과 지구의 조성이 똑같지는 않았기 때문에 지구와 달이 같은 물질에서 동시에 만들어지지도 않았다고 결론지을 수 있었다.

(다) 직접 달에 가서 월석을 가져와 분석하기 전까지는 달의 기원을 설명하는 이론이 팽팽하게 대립하고 있었다. 첫 번째 이론은 지구가 형성될 때 달도 함께 형성되었다는 것이었고, 두 번째 이론은 커다란 운석이 충돌할 때 지구에서 떨어져 나간 질량이 모여 달을 형성했다는 것이었으며, 세 번째 이론은 외계에서 만들어진 천체가 지구 부근을 지나다가 지구 중력에 붙잡혀 지구를 도는 달이 되었다는 것이었다.

(라) 따라서 달의 성분의 지각의 성분과 같을 것이라고 생각했다. 그러나 월석을 분석한 후 새롭게 등장한 충돌설에서는 화성 크기의 천체가 지구와 충돌하면서 지구에서 방출된 물질에 천체가 가지고 있던 물질이 첨가되었다고 본다. 충돌할 때의 강력한 힘 때문에 지구에서 떨어져 나간 물질 및 지구에 충돌한 천체의 물질 중 많은 부분이 우주 공간으로 날아가 버리고, 지구 주변에 남아 있던 물질이 모여 달을 형성했다는 것이다. 과학자들은 이 충돌이 지구가 형성된 후 1억 년 이내에 일어난 것으로 추정하고 있다.

(마) 지구와 달이 다른 장소에서 만들어진 것도 아니고, 같은 물질로 이루어진 것도 아니라면 달은 어떻게 만들어졌을까? 과학자들은 월석의 분석 결과를 종합하여 태양계 형성 초기에 있었던 대규모 충돌에 의해 달이 만들어졌다고 생각하였다. 이러한 새로운 충돌설은 예전의 충돌설과는 다른 것이었다. 예전의 충돌설에서는 커다란 운석이 지구에 충돌하면서 태평양 지역의 물질이 공간으로 날아올라 갔고, 이 물질들이 서로 뭉쳐 달이 만들어졌다고 주장했다.

① (나) - (다) - (라) - (마)
② (나) - (라) - (마) - (다)
③ (다) - (나) - (마) - (라)
④ (다) - (마) - (라) - (나)

22

〈보기〉에 밑줄 친 부분이 '이형태 관계'인 것을 모두 고른 것은?

형태소란 뜻을 가진 말의 가장 작은 단위이다. 여기서 '뜻'이란 실질적인 의미는 물론 문법적 기능까지 포함하는 말이다. 형태소 중 '이형태(異形態)'란 주격 조사 '이'나 '가'처럼 실질적 의미나 문법적인 기능은 동일하지만 주변의 환경에 따라 음상을 달리하는 형태소를 이르는 말이다.

┌ 보기 ┐

㉠ ┌ 나는 아침을 먹었다.
　 └ 그는 신문을 보았다.

㉡ ┌ 노력으로써 성공하였다.
　 └ 학생으로서 서 최선을 다했다.

㉢ ┌ 그는 걸어서 학교에 다닌다.
　 └ 옷에 방울을 달아서 장식했다.

㉣ ┌ 집을 대궐만큼 크게 짓다.
　 └ 명주는 무명만치 질기지 못하다.

① ㉠, ㉡
② ㉠, ㉢
③ ㉢, ㉣
④ ㉠, ㉢, ㉣

23

다음 글의 중심 화제로 가장 적절한 것은?

> 음악은 음을 재료로 하여 이루어지는 예술이므로 재료인 음이 다르면 음악도 달라진다. 우리 음악에서 사용하는 음은 악기 소리든 노랫소리든 서양 악기나 서양 발성의 소리와 확연히 다른 특징이 있다. 서양의 악기나 발성법이 공명(共鳴) 위주로 소리를 띄우고 둥글게 밖으로 내보내려 하는 데 비하여, 우리의 악기나 발성법은 공명을 최소한으로 유지하고 소리를 안에서 잡고 있으면서 밀기도 하고 당기기도 하며 재료의 본질을 살려 소리를 낸다. 전통 음악은 공명 못지않게 재료 본연의 자연스러운 소리를 중시하기 때문에, 가야금과 대금을 만들 때에는 재료인 오동나무와 대나무를 고르는 데 정성을 쏟고, 판소리 명창은 목을 단련하는 데 많은 시간을 쏟는다.
>
> 전통 음악의 특징은 장단에 잘 나타나 있다. 서양 음악의 박자 구조와 달리 전통 음악의 장단은 리듬의 형태를 가진 박자의 개념과 함께 빠르기, 강약, 리듬 주기(pattern) 개념까지 포함하고 있다. 전통 음악에서 한 장단은 느린 진양조부터 빠른 자진모리에 이르기까지 그 길이가 매우 다양하다. 거기에 비하면 서양 음악의 박자는 2박자, 3박자, 4박자 등이 있어서 장단보다 단위도 짧고 구조도 규칙적이고 단순하다. 장단의 흐름이랄까 세(勢)로 보면, 서양 음악이 짧은 예비에 이어서 강박이 나오는 반면, 전통 음악은 길게 뜸을 들여서 후반부에 힘을 모으고 다시 풀어 주는 식이므로 서로 상당한 차이를 나타낸다.
>
> 전통 음악의 특징은 선율에도 잘 나타난다. 전통 음악의 선율은 어떤 음과 음들을 그냥 '똥~똥' 치기만 한다고 해서 완성되지 않는다. 각 음들의 기능을 최대한 살려서 어떤 음은 농현(弄絃)을 해주고 어떤 음은 위 음에서 아래 음으로 꺾어 내려 주기도 하면서 갖가지 시김새를 구사하여 선율을 만들어야 된다. 어떤 경우에는 한 음을 역동적으로 쭉 뻗기도 하고, 또 어떤 경우에는 음을 위에서 아래로 슬픈 감정을 가지고 끌어내리기도 하면서, 음악을 죄었다 풀었다 하는 효과를 내기도 한다. 어떻게 화성(和聲)이 발달하지 않은 우리 음악이 화성이 있는 서양 음악과 같은 표현력을 가질 수 있는 것인지, 무엇 때문에 판소리가 오페라 못지않은 극적 표현력을 가질 수 있는 것인지, 그 비밀은 바로 전통 음악의 선율법과 그것을 표현하는 창법에 있다고 해도 과언이 아니다.
>
> 전통 음악의 합주는 여러 악기가 각개의 음색을 가지고 그 악기가 지닌 특성과 시김새를 최대한 살리면서 함께 연주하는 것이다. 합주의 선율적인 뼈대는 같다. 그러나 각 악기의 음색이 다르고 연주법이 다르기 때문에 그것들의 어우러짐이 음향의 충실함을 만들어 주고 한국적 음악미를 만들어 낸다. 각 악기들은 다른 악기에 종속되는 것이 아니고 각자의 독립성을 유지하며 완성도 있는 음악을 만들어 낸다. 그래서 우리의 합주곡은 합주 자체도 연주곡으로 인정받지만, 그 합주곡의 한두 악기 부분만 떼어 내어 연주해도 독립된 연주곡으로 인정받는다. 부분에 해당하는 각 악기의 독립성과 전체에 해당하는 합주의 독립성이 함께 인정되는 얼개인 것이다.

① 전통 음악의 우수성
② 전통 음악의 연주 방법
③ 전통 음악의 미학적 특징
④ 전통 음악과 서양 음악의 만남

24

음운 변동에 대한 설명으로 적절한 것은?

① '밭이랑[반니랑]'은 첨가 및 교체가 일어났고, 음운의 개수는 두 개 늘었다.
② '늑막염[능망념]'은 첨가 및 교체가 일어났고, 음운의 개수는 한 개 늘었다.
③ '값어치[가버치]'는 탈락 및 교체가 일어났고, 음운의 개수가 한 개 줄었다.
④ '닫히다[다치다]'는 축약 및 교체가 일어났고, 음운의 개수는 두 개 줄었다.

25

다음 글에 대한 설명으로 옳지 않은 것은?

공주가 16세가 되자, 왕은 상부(上部) 고씨(高氏)에게 시집 보내려 하였다. 그러자 공주가 왕에게 말하였다.

"대왕께서는 늘 '너는 반드시 온달의 아내가 될 것이다.'라고 말씀하셨는데, 이제 무슨 이유로 예전의 말씀을 바꾸십니까? 필부(匹夫)도 오히려 식언(食言)하지 않으려 하거늘, 하물며 지존(至尊)이야 어떠하겠습니까? 그러므로 왕 노릇 하는 사람에게는 희언(戱言)이 없다고 합니다. 지금 대왕의 명령은 잘못되었사오니, 소녀는 감히 받들지 못하겠습니다."

왕은 노하여 말하였다.

"네가 나의 가르침을 따르지 않는다면, 진실로 내 딸이라 할 수 없다. 어찌 함께 살 수 있겠느냐? 네가 가고 싶은 데로 가거라."

그러자 공주는 값비싼 팔찌 수십 개를 팔에 매달고 홀로 궁궐을 나와, 길에서 만난 사람에게 온달의 집을 물었다. 그 집에 이르러 눈먼 노모(老母)가 있음을 보고, 다가가서 절하고 그 아들이 있는 곳을 물었다. (중략)

온달이 우물쭈물하면서 결정을 내리지 못하자 그 어머니가 말하였다.

"내 자식은 미천한 사람이니 귀인의 배필이 될 수 없고, 우리 집은 몹시 비좁아서 귀인이 살기에는 마땅치 않습니다."

공주가 대답하였다.

"옛 사람의 말에 '한 말의 곡식도 찧어서 나눠 먹을 수 있고, 한 자의 베라도 옷을 지어 같이 입을 수 있다.'라고 하였습니다. 만약 마음만 같다면, 어찌 꼭 부귀한 다음에야 함께 지낼 수 있겠습니까?"

그러고는 금팔찌를 팔아서 밭, 집, 종, 소, 말, 그릇 등을 사들여 살림을 온전히 장만하였다.

처음에 말을 살 때에 공주는 온달에게 말하였다.

"부디 시정(市井)의 말은 사지 말고, 반드시 병들고 야위어서 버려진 국마(國馬)를 사 오세요."

온달은 공주의 말대로 했는데, 공주가 부지런히 말을 먹였더니 그 말은 날로 살찌고 건강해졌다. (중략)

온달은 떠날 때 이렇게 맹세하였다.

"계립현(鷄立峴)과 죽령(竹嶺) 서쪽의 땅을 다시 되찾지 못한다면, 나는 돌아오지 않겠다."

드디어 출전하였는데, 온달은 신라 군사와 아단성(阿旦城) 아래에서 싸우다가 어디선가 날아든 화살에 맞아서 죽었다. 장사를 지내려 하였지만, 관이 전혀 움직이지 않았다. 공주가 와서 관을 어루만지며 말하였다.

"죽고 사는 것이 이미 결정되었습니다. 아아, 돌아가소서."

드디어 관을 들어 장사 지냈다. 대왕이 그 소식을 듣고 매우 슬퍼하였다.

— 작자 미상, 〈온달전(溫達傳)〉

① 역사상 실존 인물을 설화화(說話化)하여 제시하고 있다.
② 기존의 관습(慣習)에서 벗어난 인물의 행위가 나타나고 있다.
③ 중심인물을 통해 여성의 주체적인 삶의 방식을 형상화하고 있다.
④ 주인공의 탄생에서부터 죽음까지 신이한 요소들이 많이 드러나 있다.

01

한글 맞춤법 규정에 맞는 문장은?

① 잠시 눈을 부치고 나니 피로가 풀렸다.
② 이 약으로 간편케 칼슘을 보충해 보자.
③ 내가 짐작컨대 그는 장차 크게 될 아이다.
④ 엄마는 산에서 뜯어 온 약초를 정성껏 다렸다.

02

다음 중 어법에 맞고 가장 자연스러운 것은?

① 저녁에 나눈 대화는 결코 가벼운 주제가 아니었지만 모두가 유쾌하게 대화에 참여하였다.
② 한국인의 협동은 언제나 집단보다는 개개인의 이해관계를 중심으로 하여 협동한다.
③ 이 작품은 세대 간의 갈등을 다루고 있으며 힘의 변화에 대한 통찰을 엿볼 수 있다.
④ 그는 시간을 아끼기 위해 초대를 받으면 신중하게 따져 보는 것이 당연한 일이었다.

03

띄어쓰기 규정에 맞는 것은?

① 부모와∨자식간에도∨예의는∨지켜야∨한다.
② 내일이∨이충무공∨탄신∨500돌이라고∨합니다.
③ 이번∨여름에는∨카리브∨해로∨휴가를∨가기로∨했어.
④ 그는∨물샐∨틈∨없이∨정확한∨거래를∨할∨모양이었다.

04

밑줄 친 부분이 ㉠에 해당하는 것은?

안은문장은 전체 문장이 홑문장을 안고 있는 겹문장으로, 이때 전체 문장 속의 한 성분으로 안겨 있는 홑문장을 절이라고 한다. 절에는 여러 종류가 있는데, 그중에서 명사절은 문장이 명사화하여 이루어진 것으로, 서술어가 명사형 어미 '-(으)ㅁ'이나 '-기' 또는 의존 명사 '것'을 취하여 형성된다. 이러한 명사절은 일반 명사처럼 ㉠ <u>주어</u>도 될 수 있고, 목적어도 될 수 있으며, 부사어가 될 수도 있다.

① <u>그 일을 하기</u>는 쉽지 않았다.
② 경찰은 <u>그가 범인임</u>도 밝혀냈다.
③ 지금은 <u>집에 가기</u>는 이른 시간이다.
④ 부모님은 <u>우리가 행복하기</u>만 바라신다.

05

다음 시의 주된 정조를 가장 잘 나타내는 것은?

秋風唯苦吟
世路少知音
窓外三更雨
燈前萬里心

― 崔致遠, 〈秋夜雨中〉

① 傲霜孤節
② 緣木求魚
③ 結草報恩
④ 首丘初心

06

다음 글의 밑줄 친 ㉠~㉣에 대한 설명으로 적절하지 않은 것은?

자, 그러니 말이지요. 우리 아저씨라는 양반이 작히나 양심이 있고 다 그럴 양이면, 어허, 내가 어서 바삐 몸이 충실해져서, 어서 바삐 돈을 벌어다가 저 아내를 편안히 거느리고 이 은공과 전날의 죄를 갚아야 하겠구나…… 이런 맘을 먹어야 할 게 아니라구요? ㉠ 아주머니의 은공을 갚자면 발에 흙이 묻을세라 업고 다녀도 참 못다 갚지요.

그러고저러고 간에 자기도 인제는 속 차려야지요. 하기야 속을 차려서 무얼 하재도 전과자니까 관리나 또 회사 같은 데는 들어가지 못하겠지만, 그야 자기가 저지른 일인 걸 누구를 원망할 일도 아니고, 그러니 막 벗어부치고 노동이라도 해야지요. ㉡ 대학교 출신이 막벌이 노동이란 게 꼴 가관이지만 그래도 할 수 없지, 뭐.

그런 걸 보고 가만히 나를 생각하면, 만약 우리 종조할아버지네 집안이 그렇게 치패를 안 해서 나도 전문학교나 대학교를 졸업을 했으면, 혹시 우리 아저씨 모양이 됐을지도 모를 테니 차라리 공부 많이 않고서 이 길로 들어선 게 다행이다…… 이런 생각이 들어요.

사실 우리 아저씨 양반은 대학교까지 졸업하고도 인제는 기껏 해 먹을 거란 막벌이 노동밖에 없는데, ㉢ 보통학교 사년 겨우 다니고서도 시방 앞길이 환히 트인 내게다 대면 고즈카이만도 못하지요.

아, 그런데 글쎄 막벌이 노동을 하고 어쩌고 하기는커녕 조금 바스스 살아날 만하니까 이 주책 꾸러기 양반이 무슨 맘보를 먹는고 하니, 내 참 기가 막혀!

아니, 그놈의 것하고는 무슨 대천지원수가 졌단 말인지, 어쨌다고 그걸 끝끝내 하지 못해서 그 발광인고?

그러나마 그게 밥이 생기는 노릇이란 말인지? 명예를 얻는 노릇이란 말인지. 필경은 붙잡혀 가서 징역 사는 놀음?

㉣ 아마 그놈의 것이 아편하고 꼭 같은가 봐요. 그렇길래 한번 맛을 들이면 끊지를 못하지요?

그렇지만 실상 알고 보면 그게 그다지 재미가 난다거나 맛이 있다거나 그런 것도 아니더군 그래요. 불한당패던데요. 하릴없이 불한당팹디다.

– 채만식, 〈치숙(癡叔)〉

① ㉠: 아저씨에 대한 평가와는 달리 아주머니에 대해는 긍정적인 평가를 내리고 있다.
② ㉡: 전과자가 된 아저씨의 처지에 대해 냉소적인 태도를 보인다.
③ ㉢: 배운 것은 없지만 앞길이 창창한 자신의 미래에 대해 자부심을 보이고 있다.
④ ㉣: 실생활에는 관심 없이 환상만을 좇고 있는 아저씨를 비판하고 있다.

07

다음 작품의 '밤'에서 느낄 수 있는 분위기와 가장 유사한 것은?

낙동강 빈 나루에 달빛이 푸릅니다.
무엔지 그리운 밤 지향 없이 가고파서
흐르는 금빛 노을에 배를 맡겨 봅니다.

낯익은 풍경이되 달 아래 고쳐 보니,
돌아올 기약 없는 먼 길이나 떠나온 듯,
뒤지는 들과 산들이 돌아 돌아 뵙니다.

아득히 그림 속에 정화(淨化)된 초가집들,
할머니 조웅전에 잠들던 그날 밤도
할버진 율(律) 지으시고 달이 밝았더이다.

미움도 더러움도 아름다운 사랑으로
온 세상 쉬는 숨결 한 갈래로 맑습니다.
차라리 외로울망정 이 밤 더디 새소서.

– 이호우, 〈달밤〉

① 오누이들의
정다운 얘기에
어느 집 질화로엔
밤알이 토실토실 익겠다. //
콩기름 불
실고추처럼 가늘게 피어나던 밤.

– 김용호, 〈눈 오는 밤에〉

② 목숨을 버린 밤이었다.
길을 가면서 길을 물었던 밤이었다.
마지막으로 너를 만났던
너를 잃으면 모든 것을 잃게 되었던
첫눈 내리던 밤이었다.

– 정호승, 〈겨울 밤〉

③ 소금실이 밀수출 마차를 띄워 놓고
밤새 가며 속 태우는 젊은 아낙네,
물레 젓던 손도 맥이 풀려서
'파!' 하고 붙는 어유(魚油) 등잔만 바라본다.
북국(北國)의 겨울 밤은 차차 깊어 가는데.

– 김동환, 〈국경의 밤〉

④ 달빛이 흡사 비 오듯 쏟아지는 밤에도
우리는 헐어진 성터를 헤매이면서
언제 참으로 그 언제 우리 하늘에
오롯한 태양을 모시겠느냐고
가슴을 쥐어뜯으며 이야기하며 이야기하며
가슴을 쥐어뜯지 않았느냐?

– 신석정, 〈꽃덤불〉

08

밑줄 친 ㉠~㉣에 해당하는 한자로 적절한 것은?

- 그는 법학과에 입학한 뒤 ㉠ 두문불출하고 사법 고시에만 전념하였다.
- 두 나라는 금방이라도 전쟁이 일어날 것만 같은 일촉즉발의 대치 ㉡ 상태였다.
- 나는 회사의 부도를 막기 위해 ㉢ 동분서주해 보았지만 결국 아무 소용이 없었다.
- 당장 소문이 마을에 쫙 퍼져서 일부러 ㉣ 구경 오는 사람들로 문전성시를 이루었다.

① ㉠: 頭門不出　　　② ㉡: 常態
③ ㉢: 東奔西走　　　④ ㉣: 究景

09

아래의 문장이 들어가기에 가장 적절한 위치는?

> 이에 반하여 추상 충동은 외계 현상에 의한 인간의 큰 내적 불안의 결과라 하며, 이러한 불안 감정이 예술적 창작의 뿌리로서 가정될 때 현실의 미메시스는 추상을 지향하게 된다고 보았다.

추상 미술은 왜 나타나게 되었을까? (㉠) 독일의 미술사학자인 빌헬름 보링어는 「추상과 감정이입」이란 글에서 감정 이입 충동과 추상 충동을 양극으로 보고, 감정 이입 충동이 인간과 외계 현상과의 행복한 친화 관계를 조건으로 하고 있다고 하였다. (㉡) 그는 순수하게 기하학적인 합법칙성으로 이루어진 단순한 선과 그 선의 발전은 불명료하고 혼란된 현상에 의해 불안하게 된 인간에게 큰 행복감을 제공한다고 주장했다. (㉢) 보링어에 의하면 순수 추상이란 세계상의 혼란과 애매함으로부터의 유일한 휴식의 가능성이다. (㉣)

① ㉠　　　　　　　② ㉡
③ ㉢　　　　　　　④ ㉣

10

(가)와 (나)의 공통점으로 가장 적절한 것은?

(가) 이런들 엇더ᄒ며 져런들 엇더하료
　　 만수산(萬壽山) 드렁츩이 얼거진들 엇더ᄒ리
　　 우리도 이ᄀᆞ치 얼거져 백 년(百年)ᄭᅵ지 누리리라
　　　　　　　　　　　　　　　　　　 – 이방원

(나) 암반(巖畔) 설중 고죽(雪中孤竹)이야 반갑도 반가왜라
　　 묻나니 고죽(孤竹)아 고죽군(孤竹君)이 네 어떤닌
　　 수양산(首陽山) 만고청풍(萬古淸風)에 이제(夷齊)를 본 듯하여라
　　　　　　　　　　　　　　　　　　 – 서견

① 추상적인 대상을 구체적인 사물로 형상화하고 있다.
② 문장의 순서를 도치하여 의미를 강조하고 있다.
③ 유사한 어구의 대구를 통해 주제를 드러내고 있다.
④ 자연물을 통해 인간의 삶의 모습을 떠올리고 있다.

11

다음 사전에 대한 설명으로 가장 옳지 않은 것은?

- 장치⁵(裝置) 「명사」
  「1」 어떤 목적에 따라 기능하도록 기계, 도구 따위를 그 장소에 장착함. 또는 그 기계, 도구, 설비
  「2」 어떤 일을 원만하게 수행하기 위하여 설정한 조직 구조나 규칙 따위를 비유적으로 이르는 말
- 장치-하다¹(裝置하다) 「동사」
  【…에 …을】 어떤 목적에 따라 기능하도록 기계, 도구 따위를 그 장소에 장착하다.
- 장치-하다²(藏置하다) 「동사」
  【…에 …을】
  「1」 간직하여 넣어 두다.
  「2」 남몰래 감추어서 보관하여 두다.
  「3」 통관(通關)하려고 하는 수출입 물품을 보세 구역 안에 임시로 보관하다.

① '장치하다¹'과 '장치하다²'는 서로 동음이의어이다.
② '장치하다²'는 다의어이지만 '장치하다¹'은 다의어가 아니다.
③ '장치하다¹'은 '장치⁵'에 동사 '하다'가 붙어서 만들어진 합성어이다.
④ '장치⁵'의 「2」의 예문으로는 '원만한 기술 이전을 위한 제도적 장치 마련이 시급하다.'가 있다.

12

다음 글의 논지로 가장 옳은 것은?

환경 결정론을 간단히 정의하면 모든 인간의 행동, 노동과 창조 등은 환경 내의 자연적 요소들에 의해 미리 결정되거나 통제된다는 것이다. 이에 대하여 환경 가능론은 자연 환경은 단지 인간이 반응할 수 있는 다양한 가능성의 기회를 제공할 뿐이며, 인간은 환경을 변화시킬 수 있는 능동적인 힘을 가지고 있다고 반박한다.

환경 결정론 사조 형성에 영향을 준 사상은 1859년에 발표된 다윈의 진화론이다. 다윈의 진화 사상과 생물체가 환경에 적응한다는 개념은 인간도 특정 환경에 적응해야 한다는 것으로 수용되었다. 이러한 철학적 배경하에서 형성되기 시작한 환경 결정론의 발달에 공헌한 사람으로는 라첼, 드모랭, 샘플 등이 있다. 라첼은 인간도 자연 법칙하에서 살고 있다고 보았으며, 따라서 문화의 형태도 자연적 조건에 의해 결정되고 또한 적응한 결과라고 간주하였다. 드모랭은 보다 극단적으로 사회 유형은 환경적 힘의 산물이라고 보고 초원 지대의 유목 사회, 지중해 연안의 상업 사회를 환경 결정론적 사고에 입각하여 해석하였다.

환경 결정론이 인간의 의지와 선택의 자유를 인정하지 않는다는 점이 문제라면 환경 가능론은 환경이 제공한 많은 가능성 중 왜 어떤 가능성이 선택되어야 하는가를 설명하기 힘들다. 과학 기술의 발달에 의해 인간이 자연의 많은 장애물을 극복하게 된 것은 사실이지만 실패로 인해 고통받는 사례도 많다. 사실 결정론이냐 가능론이냐 결론을 내리는 것은 그리 중요하지 않다. 인간과 환경과의 관계는 매우 복잡하며 지표상의 경관은 자연적인 힘과 문화적인 힘에 의해 이루어지기 때문에 어떤 한 가지 결정 인자를 과소평가하거나 과장하면 안 된다. 인간 활동의 결과로 인한 총체적인 환경 파괴 문제가 현대 문명 전반의 위기로까지 심화되는 오늘날 인간과 자연의 진정한 상호 관계는 어떠해야 할지 생각해 보아야 할 것이다. 이제 자연이 부여한 여러 가지 가능성 중에서 자연 환경과 조화를 이룰 수 있는 가능성을 선택해야 할 때이다.

① 이제는 자연과 공존하는 삶을 생각해야 한다.
② 자연의 위력 앞에서 인간은 맞서 싸워야 한다.
③ 인간의 끝없는 욕망이 오늘의 재앙을 불러왔다.
④ 인간의 능력을 잘 살려 환경 문제를 극복해야 한다.

13

밑줄 친 부분의 한자가 모두 바른 것은?

① ┌ 그녀와 결혼할 <u>의사(意思)</u>가 전혀 없다.
　 └ 그는 결혼 생활이 <u>파탄(破綻)</u>에 이르렀다.
② ┌ 그는 사소한 <u>시비(是非)</u> 끝에 사람을 죽였다.
　 └ 그는 자신의 소신을 당당하게 <u>피력(披力)</u>했다.
③ ┌ 갖은 <u>진통(鎭痛)</u>을 겪은 새 법률이 공포되었다.
　 └ 그들이 <u>반감(反感)</u>을 품지 않도록 말을 조심해라.
④ ┌ 선생님이 속히 <u>쾌유(快遊)</u>하시기를 기원하겠습니다.
　 └ 그는 적의 <u>사주(使嗾)</u>를 받아 내부의 기밀을 유출했다.

14

다음 대화에 나타난 화법 유형을 바르게 짝지은 것은?

종업원:어서 오세요, ㉠ 날씨가 참 춥죠?
손님 1:네, 커피 두 잔 주세요.
손님 2:잠깐만요. ㉡ 커피 먹다가 잠 못 자서 코피가 나면 어떡해? 하하하하. ㉢ 우리 커피보다 몸에 좋은 차를 마시자.
손님 1:하하, 그래. 차 마시자. 저희 홍차 두 잔 주세요.
종업원:홍차 두 잔 나왔습니다. ㉣ 빨대는 왼쪽 선반에 있습니다.

	친교적 화법	정보 전달적 화법	설득적 화법	오락적 화법
①	㉠	㉡	㉢	㉣
②	㉠	㉣	㉢	㉡
③	㉡	㉠	㉣	㉢
④	㉡	㉢	㉠	㉣

15

다음 글의 중심 화제로 적절한 것은?

사회 통제란, 사회적 규범에 동조하기를 장려하면서 일탈을 방지하고 일탈이 일어나면 통제를 가하려는 일련의 사회적 노력이다. 사회의 존속과 통합을 위해서는 사회 통제가 불가결한 것이라 할 수 있다. 물론, 이 말은 기존 질서가 그 질서의 참여자들에 의해 정당한 것으로 인정될 때에만 타당하다. 역으로 기존 질서와 그 질서의 바탕이 되는 규범 체계가 특정 집단의 이익을 옹호하는 방향으로 조직화되어 있다면, 사회 통제는 전체 사회의 존속보다는 기득권을 가진 특정 집단의 이해관계를 지속시키는 수단으로 전락하고 만다.

한편, 사회 통제는 그것이 통제하려는 일탈을 오히려 창출해 낸다는 점에서 역기능을 지니고 있다. 일탈 행동의 방지와 제재를 목적으로 하는 사회 통제가 역으로 그러한 행위를 유발하곤 한다. 우연한 기회에 어떤 사람이 사소한 범죄를 저질러 경찰에 검거되어 형사 재판을 받게 되면 범법자란 사회적 낙인을 부여받게 된다. 물론 이러한 낙인을 성공적으로 극복해 냄으로써 정상적인 사회 성원이 되는 경우도 적지 않지만, 사회가 부여한 범인이라는 낙인 때문에 오히려 범죄적 생활 양식을 고착화시키는 사람들도 많다.

사회 통제는 일탈을 통해 촉진될 수 있는 사회 변동의 가능성을 억제한다는 면에서도 역기능적이다. 이 사실은 사회 통제가 지배적 권력 집단의 이익에 봉사한다는 점과 상통한다. 따지고 보면 사회 통제는 그 성격상 현상 유지적이다. 지배층은 기존 질서에 도전하는 일탈자에게 때때로 정신 이상자라는 딱지를 붙여 이들의 주장에 대한 사회적인 정당성과 호응도를 무너뜨리려고 한다. 이처럼 변화 지향적인 일탈자를 정신 이상자와 등식화하는 일은 이들의 개혁적 이념과 진보적 가치관이 사회적으로 파급되는 것을 가장 효과적으로 저지할 수 있게 한다. 그러나 지배 집단의 이러한 전략은 결국 현실을 왜곡시키는 결과를 빚고 만다.

① 사회 통제의 여러 가지 유형
② 사회 통제의 부작용과 역기능
③ 사회 통제의 필요성과 중요성
④ 사회 통제와 일탈의 상관관계

16

다음 글의 대화에서 며느리의 말하기 특징으로 바른 것을 〈보기〉에서 모두 고른 것은?

"눈길을 혼자 돌아가다 보니 그 길엔 아직도 우리 둘 말고는 아무도 지나간 사람이 없지 않았겠냐? 눈발이 그친 신작로 눈 위에 저하고 나하고 둘이 걸어온 발자국만 나란히 이어져 있구나."

"그래서 어머님은 그 발자국 때문에 아들 생각이 더 간절하셨겠네요?"

"간절하다뿐이었겠냐. 신작로를 지나고 산길을 들어서도 굽이굽이 돌아온 그 몹쓸 발자국들에 아직도 도란도란 저 아그의 목소리나 따뜻한 온기가 남아 있는 듯만 싶었제. 산비둘기만 푸르륵 날아올라도 저 아그 넋이 새가 되어 다시 되돌아오는 듯 놀라지고, 나무들이 눈을 쓰고 서 있는 것만 보아도 뒤에서 금세 저 아그 모습이 뛰어나올 것만 싶었제야. 하다 보니 나는 굽이굽이 외지기만 한 그 산길을 저 아그 발자국만 따라 밟고 왔더니라. 내 자석아, 내 자석아, 너하고 둘이 온 길을 이제는 이 몹쓸 늙은것 혼자서 너를 보내고 돌아가고 있구나!"

"어머님 그때 우시지 않았어요?"

"울기만 했겠냐. 오목오목 디뎌 논 그 아그 발자국마다 한도 없는 눈물을 뿌리며 돌아왔제. 내 자석아, 내 자석아, 부디 몸이나 성히 지내거라. 부디부디 너라도 좋은 운 타서 복받고 살거라…… 눈앞이 가리도록 눈물을 떨구면서 눈물로 저 아그 앞길만 빌고 왔제……."

– 이청준, 〈눈길〉

㉠ 어머니의 행동을 격려하고 있다.
㉡ 어머니의 감정을 공감하고 있다.
㉢ 어머니의 말을 요약하고 정리하고 있다.
㉣ 어머니가 계속 말할 수 있도록 유도하고 있다.

① ㉠, ㉡   ② ㉡, ㉣
③ ㉢, ㉣   ④ ㉠, ㉡, ㉣

17

단어의 활용 양상이 동일한 것은?

① ┌ 인부들에게 품삯을 <u>치르다</u>.
  └ 그녀는 주말마다 북한산에 <u>오른다</u>.
② ┌ 오늘은 하늘이 유독 <u>푸르르지</u> 않아?
  └ 그는 40대이지만 생각만큼은 여전히 <u>푸르다</u>.
③ ┌ 문고리를 딸그락하며 문을 단단히 <u>잠그다</u>.
  └ 그러한 결정에 반대가 <u>뒤따를</u> 것은 뻔한 이치다.
④ ┌ 빗길에서의 야간 운전에는 항상 위험이 <u>따른다</u>.
  └ 무엇을 발견하면 연기가 곧게 <u>오르는</u> 늑대의 똥을 태워라.

18

(가)와 (나)의 밑줄 친 단어의 품사와 문장 성분을 바르게 연결한 것은?

> (가) 그는 목표를 달성하기 위하여 <u>갖은</u> 노력을 다했다.
> (나) 공문서를 작성할 때는 맞춤법을 <u>틀리게</u> 쓰면 안 된다.

	(가)	(나)
①	형용사, 관형어	동사, 서술어
②	관형사, 관형어	동사, 부사어
③	관형사, 서술어	형용사, 서술어
④	형용사, 서술어	형용사, 부사어

19

㉠과 ㉡이 모두 일어나는 단어는?

> 음운 변동이란 어떤 음운이 일정한 환경에서 변하는 양상을 말한다. 한 음운이 다른 음운으로 바뀌는 ㉠ 교체, 한 음운이 단순히 없어지는 ㉡ 탈락은 모두 음운 변동에 해당한다. 교체와 달리 탈락이 일어나면 음운 개수의 변화가 나타난다.

① 이 차는 기름이 많이 <u>닳는다</u>.
② 어머니는 사과 <u>깎는</u> 데는 기계야.
③ 넓은 방에 의자만 댕강 놓여 있다.
④ 몸에 <u>닿은</u> 삼베 이불이 까끌까끌했다.

20

다음 글에 대한 반응으로 적절하지 않은 것은?

오늘날 인간의 욕망은 더 이상 멈추려 하지 않는다. 세계도 욕망의 자유로운 이동 공간으로 바뀌기 시작한 지 오래다. 이미 욕망의 새로운 이동화시대가 펼쳐지고 있는 것이다. 우리는 정지하기보다 이동하고 싶어 한다. 우리의 생활은 벌써 그것을 더욱 즐기고 선호한다. 우리는 정주보다 유목에 길들어 가고 있다. 어느새 우리는 욕망에 따라 이동하는 새로운 유목 시대에 살고 있는 것이다.

정주 문화를 상징해 온 인문학은 새로운 유목 시대와 갈등하고 있다. 그것은 새로운 문화 양식과의 갈등이다. 문화 기반이 전면적으로 교체되는 상황에서 인문학은 암흑시대를 경험한 중세 이래 오랜만에 갈피를 잡지 못해 방황하고 있다. 더구나 인간의 욕망이 경제 논리에 따라 이동하는 새로운 유목 시대에, 경제속도에 뒤지고 경제 논리에 어두운 인문학은 새로운 시스템에서 배제를 강요받는다. 무엇이 인문학을 이토록 벼랑 끝에 서게 하는 것일까?

먼저 시대 변화에 따른 가치의 전도가 가장 근본적인 이유일 것이다. 정주에서 새로운 유목으로 문화 양식의 전환과 욕망의 고정화에서 이동화로 생활양식의 전환은 인류가 이제까지 경험해 온 어떤 변화와도 견줄 수 없을 만큼 혁신적인 것이다. 특히 힘의 문화에서 속도 문화로의 전환은 모든 기존의 문화 틀과 가치를 쓸모없게 하거나 전도시키기에 충분하다. 정신문화의 근본보다는 물질문명의 첨단을 더욱 쓸모 있는 것으로 간주하기에 이른 것이다. 새로운 유목 문화는 인간 정신의 변할 수 없는 내면적 가치의 향유와 진작보다는 물질문명의 활용 수단과 전달 방법의 개발에 더 큰 가치를 부여한다.

인문학의 입지가 어느 때보다 좁아진 이유 중 하나는 대학이 앞장서서 그것을 외면하기 시작한 데도 있다. 대학을 가리켜 상아탑이라고 부르는 것은 현실에 영합하지 않는 대학 본래적인 사명과 역할 때문이었다. 그러나 대학들은 새로운 유목 시대의 경제 원리에만 경도되어 대학 교육의 새로운 틀 짜기에 매달려 왔다. 교양으로 인문학의 축소와 배제에 초점을 맞춘 교양 교육의 개편이 그것이고, 국문학과 영문학의 짝짓기를 강요하여 학제의 기형아를 탄생시킨 이른바 학부제로의 개편이 그러하다. 이것은 시대의 변화와 같이 달라진 외부 환경에서 비롯된 인문학의 위상 변화보다 더욱 심각한 원인일 수 있다.

마지막으로 인문학자 자신들에게서 찾지 않을 수 없다. 지나치게 말하면 오늘의 위기는 인문학자의 위기라고 해야 옳을지도 모른다. 이것은 정주민이기를 고수하며 인문학의 내용과 방법, 그 지위와 가치를 초시간적·초공간적이기를 고집하는 데서 비롯된 위기이다. 이것은 새로운 유목 시대가 변신하지 않으려는 정주적 인문학자의 권위주의적 오만을 어느 때보다 용인하지 않으려는 데서 비롯된 것이기도 하다. 또한 인문학이 유물화된 것은 옛 것을 새롭게 되살려야 할 책무를 외면하는 인문학자들의 불감증 탓이기도 하다.

시대가 바뀌면 그 시대를 상징하는 정신도 바뀔 뿐만 아니라, 새로워진 정신세계를 새로운 조리 도구와 방법으로 담아내는 학문도 바뀌게 마련이다. 무엇보다도 새로운 세대 자체가 옛 것을 그대로 놓아두거나 받아들이려 하지 않기 때문이다. 피자와 햄버거에 입맛을 빼앗겨 버린 세대에게 쌀밥과 된장국 같은 음식의 우수성을 아무리 강조한들 그들의 입맛을 되돌려 놓기란 불가능에 가까운 일이다. 그보다는 오히려 전통적인 식품인 쌀과 된장으로 더 맛있고 영양가 높은 요리를 개발하는 것이 손쉬운 일임에 틀림없다.

① 인문학자들이 요지부동(搖之不動)으로 권위의식에 사로잡혀 인문학이 위기에 처한 것이다.
② 인문학의 입지를 강화하기 위해서는 인문학자들은 온고지신(溫故知新)의 태도를 지녀야 한다.
③ 시장 원리에 따라 교양 교육을 개편하고 대학을 학부제로 바꾼 것은 전화위복(轉禍爲福)이 되었다.
④ 인문학을 교육해야 할 대학이 스스로 인문학을 축소한 행동은 반면교사(反面敎師)로 삼을 만하다.

21
밑줄 친 단어의 품사가 동일한 것은?

① ┌ 그는 <u>바른</u> 주먹으로 턱을 괴고 앉아 있었다.
  └ 그는 회사에서 가장 인사성이 <u>바른</u> 사람이다.
② ┌ 저는 선생님의 <u>곧은</u> 성품을 본받고 싶습니다.
  └ 나는 은행에 가서 <u>헌</u> 돈을 새 돈으로 바꾸었다.
③ ┌ <u>가벼운</u> 발걸음으로 집으로 돌아올 수 있었어요.
  └ 그들 역시 <u>여느</u> 가족들처럼 오순도순 살고 있다.
④ ┌ 나는 은영이 말고 <u>다른</u> 여자는 거들떠보지도 않았다.
  └ 우리에게는 이 길만 허용되고 <u>다른</u> 길은 용납되지 않아.

22
다음 글의 내용과 일치하지 않는 것은?

레이더는 접시 모양이나 평판 모양의 안테나로부터 발신된 전자파가 목표물에 반사되어 되돌아오는 신호를 분석해 목표물의 거리, 각도, 형태 등의 정보를 얻는 장치를 말한다. 현재 비행기에 사용되고 있는 대부분의 레이더들은 기계식 레이더로, 기수 부분에 있는 접시나 평판 모양의 안테나가 기계식 장치에 의해 회전하면서 전자파를 주사하고 수신하는 구조로 되어 있다. 그런데 좁은 기수 부분에 장착된 기계식 레이더는 구조적, 기계적 한계로 인해 목표물에 대한 정보를 습득하는 시간이 지연되고 사각지대가 발생할 수 있다. 이러한 기계식 레이더의 단점을 극복하기 위해 최근 개발, 보급되고 있는 것이 AESA 레이더, 즉 능동 전자 주사 레이더이다.

AESA 레이더는 기계식 레이더와 같이 기수 부분에 있는 평판을 통해 전자파를 발신하고 수신하지만 회전하지 않는 평판에 전자 모듈(TRM)을 장착하여, 전자파의 세기와 방향 등을 전자적으로 제어할 수 있는 레이더이다. 이 레이더는 크게 AESA 안테나 장치, RF 처리 장치, 냉각 장치로 구성되어 있는데, AESA 안테나 장치에는 전자파 송수신 고밀도 집적 장치인 TRM이 적게는 수백 개에서, 많게는 1,000개 이상 배열되어 있다. TRM은 탐지의 목적과 대상에 따라 전자파의 방향, 파장, 세기 등을 전자적으로 제어하여 주사하는 장치로, 기계식 레이더가 전자파를 한 방향으로 주사하는 것과 달리 TRM의 일부 혹은 전체를 서로 다른 방향과 세기, 파장으로 주사할 수 있다. 또 TRM은 반사된 전자파를 수신한 후 기계식 레이더에 비해 훨씬 간단한 경로로 RF 처리 장치에 전달해 정확한 정보를 빠르게 얻을 수 있도록 한다.

RF 처리 장치는 주사하고자 하는 전자파의 파장, 방향, 세기 등의 정보를 신호로 처리해 AESA 안테나 장치에 전달하는 역할을 한다. RF 처리 장치에서는 공중, 지상, 해상 또는 두 개 이상의 영역에 TRM이 전자파를 어떤 방향과 세기로 주사할 것인지를 신호로 전달한다. 아울러 TRM에서 수신된 전자파를 분석해 필요 없는 정보나 노이즈를 제거하고 유의미한 정보만을 선별한다. 마지막으로 냉각 장치는 TRM에서 발생하는 열을 처리하는 기능을 담당한다. 기계식 레이더의 경우 TRM이 없어 공랭식 냉각 장치를 사용하지만, AESA 레이더는 TRM과 전원 공급 장치에서 기계식 레이더에 비해 더 많은 열이 발생하므로 액체 형태의 유체를 순환시켜 냉각하는 방식을 사용한다.

이러한 구조적, 기능적 특성으로 인해 AESA 레이더는 기존의 기계식 레이더보다 다양한 기능과 뛰어난 성능을 발휘한다. 기계식 레이더의 경우 평판이 모터에 의해 회전하는데 이것이 한쪽 방향을 비추면 반대편에 사각지대가 발생하며, 특정 방향을 재탐지하는 데 약 1초의 시간이 소요된다. 따라서 빠르게 이동하는 물체에 대한 정보를 탐지하는 데 한계가 있다. 하지만 AESA 레이더는 TRM에서 전자파를 조절해 약 1/1,000초 정도의 시간에 특정 방향을 재탐지할 수 있어 목표물에 대한 지속적인 추적이 가능하다. 또 전자파를 동시에 여러 방향으로 주사하여 다양한 방향을 동시에 탐색할 수 있다. 즉 기계식 레이더로는 공중과 지상 또는 공중과 해상을 동시에 탐색하는 것이 어려웠지만, AESA 레이더는 동시에 여러 영역을 탐색하는 것이 가능하다.

이뿐만 아니라 AESA 레이더는 목표물이 먼 거리에 있는 경우, 비록 다른 대상에 대한 탐지 능력이 떨어지기는 하지만 TRM에서 주사되는 전자파를 특정 방향으로 집중시키면 원거리 탐지도 가능하다. 또 강력한 전자파를 집중시켜 상대의 레이더를 무력화하는 기능도 수행할 수 있다. 반대로 자신이 발신한 전자파의 신호를 상대가 분석해 추적하지 못하도록 상대의 레이더 전자파 감지 범위보다 약한 세기의 전자파를 발신하거나 전자파의 주사 간격을 조절해 은밀성을 높일 수 있다.

이러한 AESA 레이더의 장점과 기능으로 인해 최근에는 일부 항공기와 해군 함정에 장착된 기계식 레이더가 AESA 레이더로 교체되고 있다. 그리고 발열이 심하고 고가인 TRM의 소재에 대한 연구와 좁은 기수 부분에 TRM을 효율적으로 배열하고 집적도를 높이는 연구가 활발히 진행되고 있다.

① AESA 레이더는 기계식 레이더의 단점을 극복하기 위해 개발되었다.
② 기계식 레이더는 전자파를 주사하는 안테나가 한 방향으로 고정되어 있다.
③ AESA 레이더의 구성 요소인 TRM의 가격을 낮추기 위한 연구가 진행되고 있다.
④ 최근 일부 항공기와 함정에 장착된 기계식 레이더가 AESA 레이더로 교체되고 있다.

23

다음 중 '호칭'에 대한 설명으로 적절하지 않은 것은?
① 남편 누나의 남편을 '아주버님'이라고 불러야 한다.
② 미혼인 남편의 남동생을 '서방님'이라고 불러야 한다.
③ 아내의 언니의 남편을 '형님', '동서'라고 불러야 한다.
④ 남의 어머니를 지칭할 때는 '자당(慈堂)'이라고 불러야 한다.

24

㉠과 ㉡을 비교하여 설명한 것으로 가장 적절한 것은?

> 가난한 내가
> 아름다운 나타샤를 사랑해서
> 오늘 밤은 푹푹 눈이 나린다
>
> 나타샤를 사랑은 하고
> 눈은 푹푹 날리고
> 나는 혼자 쓸쓸히 앉아 소주(燒酒)를 마신다
> 소주를 마시며 생각한다
> 나타샤와 나는
> 눈이 푹푹 쌓이는 밤 흰 당나귀 타고
> ㉠산골로 가자 출출이 우는 깊은 산골로 가 마가리에 살자
>
> 눈은 푹푹 나리고
> 나는 나타샤를 생각하고
> 나타샤가 아니 올 리 없다
> 언제 벌써 내 속에 고조곤히 와 이야기한다
> 산골로 가는 것은 ㉡세상한테 지는 것이 아니다
> 세상 같은 건 더러워 버리는 것이다
>
> 눈은 푹푹 나리고
> 아름다운 나타샤는 나를 사랑하고
> 어데서 흰 당나귀도 오늘 밤이 좋아서 응앙응앙 울 것이다
> – 백석, 〈나와 나타샤와 흰 당나귀〉

① ㉠은 현실에 실재하는 공간이고, ㉡은 화자의 상상 속에 존재하는 공간이다.
② ㉠은 화자가 지향하는 이상적 공간이고, ㉡은 화자가 떠나고자 하는 공간이다.
③ ㉠은 화자가 연인과 함께 가려는 공간이고, ㉡은 화자가 홀로 가려는 공간이다.
④ ㉠은 화자가 깨달음을 얻는 공간이고, ㉡은 화자가 지난 삶을 반성하는 공간이다.

25

다음 글을 읽은 독자의 반응으로 적절한 것을 〈보기〉에서 모두 고른 것은?

소동파는 왕랑에게 보낸 편지에서 "젊은 사람이 배우지 못했다면 항상 한 권의 책을 가지고 여러 번 되풀이해서 읽어야 한다. 바다에 온갖 금은보화가 있다고 해도 사람들은 자신의 힘만큼밖에 가져오지 못한다. 독서도 마찬가지이다. 다만 자기가 바라는 것만큼 얻을 수 있을 뿐이다. 따라서 독서를 하는 사람은 언제나 한 가지 뜻을 좇아 목표를 이루고자 해야 한다. 예나 지금의 흥성과 멸망, 태평성대와 전란, 성인과 현자의 일 등을 알고자 한다면, 그곳에 뜻을 두고 독서해야 할 뿐 다른 생각을 해서는 안 된다. 또한 이와는 다른 역사적 자취나 사업 혹은 문물 등을 알고자 한다면 역시 그곳에 뜻을 두고 독서해야 한다. 그와 같은 방법으로 학문을 이룬다면 세상 어느 곳에서 어떤 사람이 질문을 해도 정확하고 세밀하게 대답할 수 있다. 건성으로 대충 독서한 사람과는 비교조차 할 수 없다."라고 적었다. 독서하는 사람은 마땅히 지침으로 삼아야 한다.

─ 보기 ─
㉠ 책을 읽으면서 얻어 내는 바는 사람마다 자신의 목표에 따라 달라질 수 있겠어.
㉡ 책의 내용이 혼자서 이해하기가 힘들 때는 다른 사람의 도움을 받는 것이 좋겠어.
㉢ 무작정 책을 읽기보다는 뜻을 세우고 그것에 맞게 독서를 하는 것이 좋을 것 같아.

① ㉠, ㉡
② ㉠, ㉢
③ ㉡, ㉢
④ ㉠, ㉡, ㉢

01

다음 중 로마자 표기법이 모두 옳지 않은 것은?

① ┌ 백마: Baekma
　└ 남원시: Namwon-si
② ┌ 알약: allyak
　└ 의정부시: Uijeongbu-si
③ ┌ 집현전: Jipyeonjeon
　└ 명륜동: Myeongnyun-dong
④ ┌ 광희문: Gwanghimun
　└ 압구정동: Apggujeong-dong

02

다음 중 밑줄 친 단어가 의미에 맞게 사용되지 않은 것은?

① ┌ 이 자리를 <u>빌려</u> 감사의 말씀을 드립니다.
　└ 그들 부부는 집집마다 다니며 밥을 <u>빌었다</u>.
② ┌ 어머니는 커다란 냄비에 물을 <u>붓고</u> 끓였다.
　└ 재산이 <u>붇는</u> 재미에 힘든 줄을 모르고 산다.
③ ┌ 예산을 대충 <u>걷잡아서</u> 말하지 말고 잘 뽑아 보시오.
　└ 그는 변덕이 심해서 어떤 행동이 나올지를 <u>걷잡을</u> 수가 없다.
④ ┌ 그의 죄상을 모조리 <u>들치어</u> 벌해야 한다는 여론이 일었다.
　└ 누군가 문득 천막포를 <u>들추고</u>, 그들의 대화에 느닷없이 끼어들었다.

03

밑줄 친 단어의 표준 발음이 옳은 것은?

① <u>꽃잎</u>[꼰입]마저 지니 왠지 마음이 우울하다.
② 한글 자모의 열한째 글자는 '<u>키읔</u>'이다[키으키다].
③ 나는 두 개의 <u>유리잔</u>[유리짠]에 샴페인을 가득 따랐다.
④ 입학식에서 신입생과 재학생은 <u>상견례</u>[상견녜]를 하였다.

04

㉠~㉢의 한자 표기가 모두 바른 것은?

> • 그 정권의 ㉠ 부정과 부패는 극에 이르렀다.
> • 이 지역은 고대 문명의 ㉡ 발상이 이루어졌던 곳이다.
> • 이제 상황은 혼란에서 벗어나 점차 ㉢ 수습 국면에 들어섰다.

	㉠	㉡	㉢
①	不淨	發祥	修習
②	不淨	發想	修習
③	不正	發想	收拾
④	不正	發祥	收拾

[5-6] 다음 글을 읽고 물음에 답하시오.

> 나는 그믐달을 몹시 사랑한다.
> 그믐달은 요염하여 감히 손을 댈 수도 없고, 말을 붙일 수도 없이 깜찍하게 예쁜 계집 같은 달인 동시에 가슴이 저리고 쓰리도록 가련한 달이다.
> 서산 위에 잠깐 나타났다 숨어 버리는 초생달은 세상을 후려 삼키려는 독부(毒婦)가 아니면 철모르는 처녀 같은 달이지마는, 그믐달은 세상의 갖은 풍상을 다 겪고, 나중에는 그 무슨 원한을 품고서 애처롭게 쓰러지는 원부(怨婦)와 같이 애절하고 애절한 맛이 있다.
> 보름에 둥근 달은 모든 영화와 끝없는 숭배를 받는 여왕과 같은 달이지마는, 그믐달은 애인을 잃고 쫓겨남을 당한 ㉠ 공주와 같은 달이다.
> 초생달이나 보름달은 보는 이가 많지마는, 그믐달은 보는 이가 적어 그만큼 외로운 달이다. 객창한등(客窓寒燈)에 정든 임 그리워 잠 못 들어 하는 분이나, 못 견디게 쓰린 가슴을 움켜 잡은 무슨 한(恨) 있는 사람이 아니면, 그 달을 보아 주는 이가 별로 없을 것이다.
> 그는 고요한 꿈나라에서 평화롭게 잠들은 세상을 저주하며, 홀로이 머리를 풀어뜨리고 우는 청상(靑孀) 같은 달이다. 내 눈에는 초생달 빛은 따뜻한 황금빛에 날카로운 쇳소리가

나는 듯하고, 보름달은 치어다보면 하얀 얼굴이 언제든지 웃는 듯하지마는, 그믐달은 공중에서 번듯하는 날카로운 비수와 같이 푸른빛이 있어 보인다. 내가 한(恨) 있는 사람이 되어서 그러한지는 모르지마는, 내가 그 달을 많이 보고 또 보기를 원하지만, 그 달은 한(恨) 있는 사람만 보아 주는 것이 아니라, 늦게 돌아가는 술주정꾼과 노름하다 오줌 누러 나온 사람도 보고, 어떤 때는 도둑놈도 보는 것이다.

어떻든지, 그믐달은 가장 정(情) 있는 사람이 보는 중에, 또는 가장 한(恨) 있는 사람이 보아 주고, 또 가장 무정한 사람이 보는 동시에 가장 무서운 사람들이 많이 보아 준다.

내가 만일 여자로 태어날 수 있다 하면, 그믐달 같은 여자로 태어나고 싶다.

05

이 글에 대한 설명으로 적절하지 않은 것은?

① 대상을 인간적 특성에 견주어 표현하고 있다.
② 대상에 대한 작자의 애정이 직접적으로 드러나 있다.
③ 대상에 대한 독특한 시각과 개성적 관찰을 보여 준다.
④ 단정적인 표현을 통해 작자의 단호한 의지를 드러내고 있다.

06

㉠의 처지를 가장 잘 드러낸 것은?

① 오월(五月) 오일(五日)애 아으 수릿날 아츰 약(藥)은
즈믄 힐 장존(長存)ᄒᆞ샬 약(藥)이라 받ᄌᆞᆸ노이다
아으 동동(動動)다리

② 유월(六月)ㅅ 보로매 아으 별해 ᄇᆞ룐 빗 다호라
도라보실 니믈 젹곰 좃니노이다
아으 동동(動動)다리

③ 칠월(七月)ㅅ 보로매 아으 백종(百種) 배(排)ᄒᆞ야 두고
니믈 ᄒᆞᆫ 듸 녀가져 원(願)을 비ᅀᆞᆸ노이다
아으 동동(動動)다리

④ 팔월(八月)ㅅ 보로믄 아으 가배(嘉俳) 나리마ᄅᆞᆫ
니믈 뫼셔 녀곤 오ᄂᆞᆯ낤 가배(嘉俳)샷다
아으 동동(動動)다리

07

〈보기〉의 형태소를 바르게 분류한 것은?

> **보기**
>
> 우리도 어느새 어른이 되었더라.

	〈의존 형태소〉	〈실질 형태소〉
①	도, 이, 되-, -었-, -더-, -라	우리, 어느새, 어른, 되-
②	도, -새, 이, 되-, -었-, -더-, -라	우리, 어느, 어른, 되-
③	도, 이, 되-, -었-, -더-, -라	우리, 어느, 새, 어른
④	도, 이, 되-, -었-, -더-, -라	우리, 어느, 새, 어른, 되-

08

아래 글의 (㉠)과 (㉡)에 들어갈 가장 적절한 말로 옳은 것은?

공황발작이란 일반적으로 극심한 불안을 말한다. 사람은 누구나 생명의 위협을 느끼거나 매우 놀라는 위기 상황에서 극심한 불안을 느끼며, 이는 정상적인 생리 반응이다. (㉠) 공황장애에서의 공황발작은 아무런 이유 없이 아무 때나 예기치 못하게 반복적으로 발생한다. 공황발작이 일어나면 심장이 두근거리기도 하고 가슴이 답답하고 아플 수도 있으며, 숨쉬기 어렵거나 숨이 막힐 것 같은 기분이 들 수 있다. 또한 구역질이 나거나 복통이 있을 수도 있고, 두통이나 어지러움이 느껴져 기절할 것 같은 느낌이 들고 땀이 나면서 온몸에 힘이 빠지거나 손발이 저릿할 수도 있다. 이러한 여러 가지 증상들이 모두 다 나타날 수도 있고, 이 중에 몇 가지만 나타날 수도 있는데, 특징적으로 이러다 미쳐버릴 것 같거나, 이러다 죽을지도 모른다는 공포감을 느끼게 된다. 특별한 위기 상황이나 스트레스 상황이 아닌데도 길을 걷다가, 앉아서 수업을 듣다가, 자려고 누웠다가 공황발작이 발생할 수 있다. (㉡) 예기치 못하게 공황발작이 나타나게 되면 다음에 또다시 발작이 생길까 걱정하며 본인 나름의 발작 이유나 결과에 대해 생각하며 행동의 변화가 생기게 된다. 특히 언제 다시 발작이 생길지 몰라 불안해하며, 발작이 생기면 도움을 청할 수 있는 사람과 함께 있으려 한다든지, 혼자 외출을 못하고 집에만 있으려고 해 일상생활이 어려워지는 경우도 많다.

	㉠	㉡
①	그러나	이와 같이
②	그러므로	이와 같이
③	그리고	따라서
④	하지만	그러나

09

⑤~㉣의 어미에 대한 이해로 가장 적절한 것은?

> ㉠ 몸은 비록 늙었<u>지마는</u> 마음은 젊다.
> ㉡ 형님께서 이 회사에 근무하시<u>는</u>군요.
> ㉢ 책을 읽<u>을</u> 때에는 자세를 바로 가져라.
> ㉣ 싫은 소리 한다고 기분 나쁘<u>게</u> 여기지 마.

	어미	위치에 따른 분류	기능에 따른 분류
①	㉠	어말 어미	연결 어미
②	㉡	선어말 어미	전성 어미
③	㉢	선어말 어미	연결 어미
④	㉣	어말 어미	종결 어미

10

다음 중 언어 예절에 맞는 문장은?

① 할머니, 어머니가 왔어요.
② 나이가 드니까 몸이 예전과 틀리다.
③ 아버지는 골동품 감별에 재주가 계십니다.
④ 저희나라 가수들은 해외에서도 인기를 얻고 있어요.

11

㉠에 대한 설명으로 가장 적절하지 않은 것은?

> 삶은 계란의 껍질이
> 벗겨지듯
> 묵은 사랑이
> 벗겨질 때
> ㉠ 붉은 파밭의 푸른 새싹을 보아라
> 얻는다는 것은 곧 잃는 것이다
>
> 먼지 앉은 석경 너머로
> 너의 그림자가
> 움직이듯
> 묵은 사랑이
> 움직일 때
> 붉은 파밭의 푸른 새싹을 보아라
> 얻는다는 것은 곧 잃는 것이다
>
> 새벽에 준 조로의 물이
> 대낮이 지나도록 마르지 않고
> 젖어있듯이
> 묵은 사랑이
> 뉘우치는 마음의 한복판에
> 젖어있을 때
> 붉은 파밭의 푸른 새싹을 보아라
> 얻는다는 것은 곧 잃는 것이다
>
> ― 김수영, 〈파밭가에서〉

① 색채의 대조를 통해 선명한 심상을 제시하고 있다.
② 역설적인 표현을 통해 주제 의식을 강조하고 있다.
③ 공감각적인 이미지를 통해 입체감을 부여하고 있다.
④ 추상적인 의미를 구체적인 대상에 비겨 표현하고 있다.

12

⊙~⊜의 '으로' 중 〈보기〉의 밑줄 친 부분에 해당하는 것은?

현재 핵 실험을 탐지하는 기술은 대부분 사후 탐지 기술이다. 사후 탐지 기술로는 가장 먼저 지진파 탐지법이 쓰인다. 이것은 지하에서 핵 실험을 할 경우 폭발 때 생긴 ⊙충격으로 지진파가 생기는데, 이를 지진계로 탐지하는 방법이다. 지진파로 핵 실험을 탐지할 때 중요한 사항은 지각 활동으로 생긴 자연 지진과 폭발로 생긴 인공 지진을 구분해야 한다는 점이다. 지진파에는 파의 진행 방향과 진동 방향이 같은 P파(종파)와 진행 방향에 대해 ⓛ수직으로 진동하는 S파(횡파)가 있다. P파는 고체뿐 아니라 액체까지 모든 매질을 통과할 수 있으며, 초속 7~8km로 빨라 지진파 중 가장 먼저 탐지 장소에 도달한다. S파는 고체로 된 매질만 통과할 수 있으며, 초속 3~4km로 느려 P파 ⓒ다음으로 도착한다. 핵 실험을 할 때 생기는 인공 지진은 자연 지진과 비교했을 때 지진파 중 P파가 강하게 나타나며 S파는 상대적으로 약하게 나타난다. 그 이유는 ⓔ인공적으로 폭발이 일어날 때 폭탄의 중심에서 바깥쪽으로 에너지가 퍼져 나가는데, 이때 에너지의 진행 방향과 진동 방향이 같기 때문이다.

보기

• **으로** 「조사」 ('ㄹ'을 제외한 받침 있는 체언 뒤에 붙어)
부사어임을 나타내는 격 조사
「1」 움직임의 방향을 나타내는 격 조사
「5」 어떤 일의 수단 · 도구를 나타내는 격 조사
「6」 어떤 일의 방법이나 방식을 나타내는 격 조사
<u>「7」 어떤 일의 원인이나 이유를 나타내는 격 조사</u>
「9」 시간을 나타내는 격 조사
「10」 시간을 셈할 때 셈에 넣는 한계를 나타내는 격 조사

① ⊙

② ⓛ

③ ⓒ

④ ⓔ

13

밑줄 친 ⊙~⊜에 대한 설명으로 가장 적절하지 않은 것은?

산골 마을 큰집 굴뚝은 할머니의 손길만큼이나 바쁘게 연기를 뿜어낸다. 설이 가까워 오면 할머니는 이른 새벽 닭 우는 소리에 일어나 하루 종일 바쁘게 일하시고 저녁 이슥해야 방에 돌아오시게 된다. (　⊙　) 쌀을 가마솥에 고슬고슬하게 쪄서 누룩과 섞은 뒤, 독에 담아 누런 담요를 덮어씌우고 아랫목에 두면 술 익는 냄새가 방 안 가득 진동한다. 술독이 벗어 놓은 누런 담요를 찐 밥과 엿기름이 들어 있는 식혜 독이 물려받아 뒤집어쓰고 다시 아랫목을 차지하면 노란 좁쌀이 동동 ⓛ<u>띄우는</u> 식혜가 다디달게 ⓒ<u>삶는다</u>.
고방에 둔 놋그릇을 닦는 날엔 촌수 가까운 아주머니들이 다 모인다. 기와 조각을 찧어 가루를 만든 뒤 젖은 지푸라기에 묻혀 놋그릇을 닦으면 광이 난다고 할머니가 말씀해 주셨기 때문이다. ⓔ<u>우리들은 깨진 기와 조각을 주우러 물 마른 도랑을 누빈다.</u>

① 글의 흐름을 고려하여 ⊙에서 문단을 나눠 줘야 한다.
② ⓛ은 사동 표현이 불필요하게 사용되었으므로 '띠는'으로 고쳐야 한다.
③ ⓒ은 어법에 어긋나므로 '삭는다'로 수정해야 한다.
④ ⓔ은 문맥을 고려할 때 앞 문장과 순서를 바꿔야 한다.

14

〈보기〉를 참고할 때, 높임법의 종류가 다른 하나는?

보기

국어의 높임법에는 직접 높임과 간접 높임의 두 가지가 있다. 간접 높임이란 높임을 받는 대상과 관련된 말을 높임으로써 간접적으로 그 대상을 높이는 것을 말한다.

① 할아버지께서는 귀가 밝으십니다.
② 어머니, 할머니께서 눈이 침침하시대요.
③ 어머니께서는 소원을 빌며 탑 주위를 도셨다.
④ 지금부터 교장 선생님의 말씀이 있으시겠습니다.

[15-16] 다음 글을 읽고 물음에 답하시오.

[앞부분의 줄거리] 한 마을에서 단짝동무로 지냈던 성삼과 덕재는 6·25 전쟁을 겪으면서 이념을 달리하는 적대 관계로 만나게 된다. 치안 대원이 된 성삼은 덕재가 체포되어 온 것을 보고는 청단까지의 호송을 자청하여 덕재를 데리고 나선다. 성삼은 농민 동맹 부위원장까지 지낸 덕재에 대한 심한 적대감을 품기도 했으나, 대화를 하는 사이에 점차 적대감이 누그러지면서 덕재가 사실은 땅밖에 모르는 순박한 농민이라는 것을 깨닫게 된다. 성삼은 덕재에 대한 증오심이 점차 우정으로 바뀌는 것을 느끼며, 덕재와 함께 고갯마루를 넘는다.

고갯마루를 넘었다. 어느새 이번에는 성삼이 편에서 외면을 하고 걷고 있었다. 가을 햇볕이 자꾸 이마에 따가웠다. 참 오늘 같은 날은 타작하기에 꼭 알맞은 날씨라고 생각했다.

고개를 다 내려온 곳에서 성삼이는 주춤 발걸음을 멈추었다. 저쪽 벌 한가운데 흰옷을 입은 사람들이 허리를 굽히고 섰는 것 같은 것은 틀림없는 학 떼였다. 소위 삼팔선 완충 지대가 되었던 이곳. 사람이 살고 있지 않은 그 동안에도 이들 학들만은 전대로 살고 있은 것이었다.

지난날 성삼이와 덕재가 아직 열두어 살쯤 났을 때 일이었다. 어른들 몰래 둘이서 올가미를 놓아 여기 학 한 마리를 잡은 일이 있었다. 단정학이었다. 새끼로 날개까지 얽어매 놓고는 매일같이 둘이서 나와 학의 목을 쓸어안는다, 등에 올라탄다, 야단을 했다. 그러한 어느 날이었다. 동네 어른들의 수군거리는 소리를 들었다. 서울서 누가 학을 쏘러 왔다는 것이다. 무슨 표본인가를 만들기 위해서 총독부의 허가까지 맡아 가지고 왔다는 것이다. 그 길로 둘이는 벌로 내달렸다. 이제는 어른들한테 들켜 꾸지람 듣는 것 같은 건 문제가 아니었다. 그저 자기네의 학이 죽어서는 안 된다는 생각뿐이었다. 숨 돌릴 겨를도 없이 잡풀 새를 기어 학 발목의 올가미를 풀고 날개의 새끼를 끌렀다. 그런데 학은 잘 걷지도 못하는 것이다. 그동안 얽매여 시달렸던 탓이리라. 둘이서 학을 마주 안아 공중에 후쳤다. 별안간 총소리가 들렸다. 학이 두서너 번 날갯짓을 하다가 그대로 내려왔다. 맞았구나. 그러나 다음 순간, 바로 옆 풀숲에서 펄럭 단정학 한 마리가 날개를 펴자 땅에 내려앉았던 자기네 학도 긴 목을 뽑아 한 번 울음을 울더니 그대로 공중에 날아올라, 두 소년의 머리 위에 동그라미를 그리며 저쪽 멀리로 날아가 버리는 것이었다. 두 소년은 언제까지나 자기네 학이 사라진 푸른 하늘에서 눈을 뗄 줄을 몰랐다……

"얘, 우리 학 사냥이나 한번 하구 가자."

성삼이가 불쑥 이런 말을 했다.

덕재는 무슨 영문인지 몰라 어리둥절해 있는데,

"내 이걸루 올가미 만들어 놀게. 너 학을 몰아오너라."

포승줄을 풀어 쥐더니, 어느 새 잡풀 새로 기는 걸음을 쳤다.

대번 덕재의 얼굴에서 핏기가 걷혔다. 좀 전에, 너는 총살감이라던 말이 퍼뜩 머리를 스치고 지나갔다. 이제 성삼이가 기어가는 쪽 어디서 총알이 날아오리라.

저만치서 성삼이가 확 고개를 돌렸다.

"어이, 왜 멍추같이 서 있는 게야? 어서 학이나 몰아오너라."

그제서야 덕재도 무엇을 깨달은 듯 잡풀 새를 기기 시작했다.

때마침 단정학 두세 마리가 높푸른 가을 하늘에 곧 날개를 펴고 유유히 날고 있었다.

― 황순원, 〈학(鶴)〉

15

이 작품에 대한 설명으로 적절하지 않은 것은?

① 등장인물들 간의 이념 차이로 인한 외적 갈등만 나타난다.

② 수식어의 사용이 적고 묘사가 간결하여 문장의 호흡이 짧다.

③ '단정학'은 평화롭게 살아가야 한다는 작가의 주제 의식을 드러낸다.

④ 시간의 순서에 따라 전개하면서 과거의 사건들을 삽입하는 역행적 구조이다.

16

이 작품과 서술 시점이 다른 것은?

① 닭이 두 홰를 치고 나서야 떡은 되었다. 아내는 시루를 이고 남편은 겨드랑이에 자리때기를 꼈다. 그리고 캄캄한 산길을 올라간다. 비탈길을 얼마나 올라가서야 콩밭은 놓였다. 전면이 우뚝한 검은 산에 둘이어 막힌 곳이었다. 가생이로 느티, 대추나무들은 머리를 풀었다.

― 김유정, 〈금 따는 콩밭〉

② 구경꾼은 자꾸 꾀어드는데, 정례 모친은 생전에 처음 당하는 이런 봉욕에 눈앞이 아찔하여지고 가슴에 꼭 메어 올랐으나, 언제까지 이러고 섰다가는 예서 더 무슨 창피한 꼴을 볼까 무서워서 선뜻 몸을 빠져 옆골목으로 줄달음질을 쳐 들어갔다. 뒤에서 발소리가 없으니 옥임이는 제대로 간 모양이다.

― 염상섭, 〈두 파산〉

③ 나는 또 회탁의 거리를 내려다보았다. 거기서는 피곤한 생활이 똑 금붕어 지느러미처럼 흐늑흐늑 허비적거렸다. 눈에 보이지 않는 끈적끈적한 줄에 엉켜서 헤어나지들을 못한다. 나는 피로와 공복 때문에 무너져 들어가는 몸뚱이를 끌고 그 회탁의 거리 속으로 섞여 들어가지 않는 수도 없다 생각하였다.

― 이상, 〈날개〉

④ 며칠 뒤, 고서방의 논을 비롯하여 여기저기에, 그예 입도 차압의 팻말이 붙기 시작했다. 농민들은 알아보지도 못하는 그 차압 팻말을 몇 번이나 들여다보고, 또 들여다보았다. ― 피땀을 흘려 가면서 지은 곡식에 손도 못 대다니? 그들은 억울하고 분하기보다, 꼼짝없이 이젠 목숨을 빼앗긴다는 생각이 앞섰다. 고서방은 드디어 야간 도주를 하고 말았다.

― 김정한, 〈사하촌〉

17

내용에 따른 (나)~(마)의 순서 배열로 가장 적절한 것은?

(가) 에스키모 하면 연상되는 것 중의 하나가 이글루이다.

(나) 이 과정을 반복하면서 눈 벽돌집은 얼음집으로 변하게 되며, 눈 사이에 들어 있던 공기는 빠져나가지 못하고 얼음 속에 갇히게 되면서 내부가 따뜻해진다.

(다) 이글루가 따뜻해질 수 있는 원리를 과정에 따라 살펴보면, 먼저 눈 벽돌로 이글루를 만든 후에 이글루 안에서 불을 피워 온도를 높인다.

(라) 온도가 올라가면 눈이 녹으면서 벽의 빈틈을 메워 주고 어느 정도 눈이 녹으면 출입구를 열어 물이 얼도록 한다.

(마) 이글루는 눈을 벽돌 모양으로 잘라 만든 집임에도 불구하고 사람이 거주할 수 있을 정도로 따뜻하다.

① (가) - (나) - (다) - (라) - (마)
② (가) - (나) - (라) - (다) - (마)
③ (가) - (다) - (나) - (마) - (라)
④ (가) - (마) - (다) - (라) - (나)

18

다음 글에서 확인할 수 없는 것은?

콜레스테롤은 필수 영양소로, 우리 몸의 호르몬과 담즙의 재료로 활용되며 세포를 보호하는 등 중요한 역할을 한다. 하지만 콜레스테롤은 잘못된 식생활로 인해 현대인의 건강을 위협하는 심근 경색증, 뇌졸중 등의 주범으로 인식되고 있다. 그렇다면 혈중 콜레스테롤 수치는 무조건 낮은 것이 좋을까?

결론부터 말하자면, 그렇지 않다. 콜레스테롤이 부족하면 성 기능 장애 등 생식 기능이 떨어지고, 피부가 거칠어지며, 두뇌 활동이 저하된다. 또한 면역 체계가 약화돼 암에 걸릴 위험이 커진다. 그러므로 혈중 콜레스테롤 수치가 낮으면 낮을수록 좋다는 생각은 위험하다. 특히 2살 이하의 영아나 유아는 체내에서 콜레스테롤을 합성할 수 없기 때문에, 콜레스테롤이 함유된 식품을 먹지 못한다면 심각한 발육 부진과 장애를 겪을 수 있다.

한편 콜레스테롤이 함유된 식품만 먹지 않으면 혈중 콜레스테롤 수치를 현저히 낮출 수 있다는 믿음도 사실과 다르다.

혈중 콜레스테롤은 음식물을 통해 흡수되거나 체내에서 합성되는 등 두 가지 방식으로 생성되는데, 혈중 콜레스테롤의 70~80%는 체내에서 합성된다. 음식을 통해 콜레스테롤이 많이 들어오면 간은 콜레스테롤 생산을 중단하고, 음식으로 섭취하는 콜레스테롤이 적으면 간은 콜레스테롤의 체내 생산을 유도하는 효소를 비롯한 인체의 신호 전달 경로를 통해 콜레스테롤을 활발히 만들어 적정 수치를 유지한다. 이러한 근거를 들어 ○○○ 연구소의 연구원은 자신의 칼럼에서 혈중 콜레스테롤 양은 우리가 먹는 콜레스테롤 양에 전적으로 좌우되지 않는다는 결론을 도출하기도 했다.

따라서 콜레스테롤 함유 식품이 우리의 건강을 위협하는 존재라고 단편적으로 판단해서는 안 된다. 달걀만 해도 그러하다. 모든 영양소를 고루 갖춘 완전식품의 대표격인 달걀은 각종 성인병의 원인이 되는 콜레스테롤 수치를 높이는 주범으로 비난받는 처지가 되었다. 하지만 엄밀히 말해 달걀은 죄가 없다. 콜레스테롤이 수행하는 중요한 역할을 생각한다면, 또 혈중 콜레스테롤 수치가 조절되는 기제를 이해한다면, 달걀에 비난의 화살을 겨눌 수는 없는 것이다.

이제 우리는 콜레스테롤에 대한 단편적인 지식은 우리의 건강에 결코 도움이 되지 않는다는 것을 알게 되었다. 콜레스테롤이 인체에 미치는 영향을 바르게 이해한다면 우리는 건강을 지키기 위한 올바른 지식을 한층 더 쌓을 수 있을 것이다.

① 콜레스테롤이 우리 몸에서 하는 역할
② 콜레스테롤 수치를 높이는 다양한 식품들
③ 우리 몸의 혈중 콜레스테롤 수치 조절 기능
④ 콜레스테롤 수치가 낮을 때 겪을 수 있는 문제

19

다음 글에서 알 수 있는 '광고'의 속성과 관련이 있는 말을 〈보기〉에서 모두 고른 것은?

자본주의의 입장에서 보면 광고와 같은 장치를 통해 끊임없이 소비 욕망이 생겨나고, 소비 행위가 장려되어야 한다. 광고가 구현하는 이러한 상품 미학은 사람이 사물 혹은 물건에 예속되는 특정한 방식으로 그 관계를 규정할 뿐만 아니라, 물신 숭배의 세계로 사람들을 끊임없이 유혹하는 힘의 근원이 된다. 광고는 멋진 등장인물들과 다채로운 상품으로 구성된 번쩍이는 외양과 만화경적인 꿈의 세계로 사람들을 끊임없이 초대하고 현혹한다. 그리고 특정 상품의 구매가 그들의 정체성을 얻을 수 있다는 기대감과, 소비는 미덕이자 자유로운 선택이라는 현대판 신화들을 만들어 낸다. 즉 광고는 문화 권력이자 제도로서 소비의 권력화 과정에 적극 개입하고 있는 것이다.

┌─ 보기 ─────────────────────
│ ㉠ 천의무봉(天衣無縫)   ㉡ 감탄고토(甘呑苦吐)
│ ㉢ 가기이방(可欺以方)   ㉣ 감언이설(甘言利說)
└──────────────────────────

① ㉠, ㉡
② ㉡, ㉢
③ ㉢, ㉣
④ ㉠, ㉡, ㉣

20

밑줄 친 한자어의 표기가 적절하지 않은 것은?
① 연구 보고서들이 창고에서 死藏되고 있습니다.
② 내용물의 成分을 분석한 결과 독극물이 검출되었다.
③ 경제 發展이 국민 의식의 성장에 미치는 영향이 크다.
④ 정신 이상자의 防火로 집이 불에 타고 인명 손실이 났다.

21

다음 글에서 확인할 수 없는 전개 방식은?

암호는 군사, 정치, 경제 분야 등 다양한 필요에 의해서 오래전부터 발전해 왔다. 암호의 종류는 암호를 만드는 방식에 따라 스테가노그래피와 크립토그래피로 나눌 수 있다. 스테가노그래피는 메시지의 존재 자체를 감추는 비밀 통신 방법이다. 하지만 이 방법은 메시지의 존재가 발견될 경우 그 내용 또한 단번에 적에게 알려질 가능성이 있다. 이런 이유에서 크립토그래피도 함께 발전해 왔다. 이는 메시지의 존재 자체를 감추는 것이 아니라 메시지의 의미를 감추는 비밀 통신 방법이다.

크립토그래피는 전치법과 대체법으로 나뉜다. 전치법은 단순히 메시지 안에 들어 있는 문자의 위치를 바꾸는 방법이다. 영어권에서는 이와 같은 방법을 애너그램이라 부르기도 한다. 한 단어 정도의 경우에는 이 방법이 별로 안전하지 못하다. 하지만 메시지에 사용되는 문자의 수가 많아지면 재배열의 수는 기하급수적으로 증가해서 해독이 거의 불가능하게 된다. 글자의 위치를 무작위로 바꾸는 이 방법은 보안성이 아주 높다.

대체법은 메시지에 사용되는 글자를 짝을 이루는 다른 글자로 대체하는 방법이다. 대체법을 군사적으로 처음 사용한 사람은 카이사르이다. 카이사르가 사용한 암호법은 메시지에 쓸 각각의 글자를 알파벳에서 세 자리 뒤에 나오는 글자로 대체하는 간단한 방법이다. 암호 전문가들은 원문에 사용되는 글자들을 원문 알파벳이라 부르고, 이를 대체한 암호문 알파벳을 사이퍼 알파벳이라 부른다. 원문 알파벳과 사이퍼 알파벳을 정하는 약속을 알아야 암호를 해석할 수 있기 때문에 적군에게 메시지가 발견되어도 적군은 암호를 해석하기 힘들다.

이후 암호의 역사는 지속적으로 발전되어 암호의 기계화가 이루어진다. 이 중 슈르비우스가 고안한 에니그마라는 암호화 기계가 만들어지게 된다. 에니그마는 전선으로 이어진 세 부분으로 이루어져 있다. 원문 텍스트의 글자를 입력하는 자판, 원문 텍스트의 각 글자를 대체하는 스크램블러, 그리고 암호문에 들어갈 글자를 나타내는 여러 개의 램프로 이루어진 램프보드이다. 자판에서 원문 알파벳에 해당하는 글자를 누르면, 중앙 스크램블러를 거쳐 램프보드의 해당 사이퍼 알파벳 글자 램프에 불이 켜진다.

스크램블러는 전선으로 뒤엉킨 두꺼운 고무 디스크로, 이 기계에서 가장 중요한 역할을 하는 부분이다. 자판에서 나온 전선은 여섯 개의 경로를 거쳐 스크램블러로 들어간 뒤, 스크램블러 안에서 복잡한 회로를 거쳐 다시 여섯 개의 램프가 있는 디스플레이, 즉 램프보드로 나온다. 이때 스크램블러 안의 회로가 어떻게 구성되어 있는지에 따라 원문 텍스트의 글자가 어떤 암호로 바뀌는지 결정된다. 예를 들어 a를 입력하면 B에 불이 켜지고, b를 입력하면 A에 불이 켜지고. c를 입력하면 D에 불이 켜지고, e를 입력하면 F에 불이 켜지며, f를 입력하면 C에 불이 켜진다. 이런 식으로 'cafe'라는 메시지는 DBCF로 암호화된다. 그러나 슈르비우스는 여기서 그치지 않고 글자 하나를 암호화할 때마다 스크램블러의 디스크가 한 칸씩 회전하게 만들었다. 이 암호문은 같은 방식을 적용한 에니그마가 없으면 해독이 힘들기 때문에 보안성이 아주 높다.

① 분석　　　　　　② 예시
③ 분류　　　　　　④ 유추

22

(가)~(라)에 대한 설명으로 적절하지 않은 것은?

(가) 일찍이 중국을 비롯한 동양 사회가 왕조의 교체에도 불구하고 발전이 없는 악순환의 과정을 되풀이하여 왔다는 정체성(停滯性) 이론이 소위 과학적인 근거를 바탕으로 제시된 적이 있었다. 이에 의하면 관개농경(灌漑農耕)의 원예적 방법이 서양과 같은 고대 사회의 형성을 저지하였고, 대규모의 치수 사업은 중앙 집권적인 전제적 관인국가(專制的官人國家)를 형성하게 하였다는 것이다. 그리고 이 잘못된 출발은 그 이후의 역사의 순조로운 발전을 저해하는 결과를 초래했다는 것이다. 그리하여 전제적 사회에서는 옛 왕조가 몰락하고 새로운 왕조가 등장하더라도 성격적 차이를 찾아볼 수 없는 악순환만이 되풀이되었다고 한다. 이러한 정체성 이론은 서양의 근대 문명에 압도된 동양 여러 나라에서 많은 동조자를 얻게 되었다. 그리고 이 이론은 한국의 경우에도 그대로 적용될 수 있는 것으로 생각되었다.

(나) 그러나 동양 사회가 그 자체 속에 발전의 계기를 내포하고 있지 않았다는 정체성 이론은 점차 비판의 대상이 되고 있다. 동양 사회도 모든 인류 사회가 밟아야 할 일정한 발전 단계를 반드시 거쳤으리라는 것이다. 그러나 이러한 소위 반(反) 정체성 이론은 구체적인 역사적 사실의 연구가 뒷받침되어서 나왔다기보다는, 오히려 연역적(演繹的)인 당위론(當爲論)에 기댄 것이었다. 때문에, 그러한 발전에 따르는 시대 구분의 시기를 언제로 잡아야

하는가 하는 데에는 의견이 구구하였다. 연구가 미흡한 한국사에 있어서 이러한 혼란은 더욱 심하였다. 그렇다고 이러한 혼란이 정체성 이론을 정당화하는 방증이 되는 것은 아니다.

(다) 우리는 여기서 이 정체성의 이론이 제기되게 된 연유를 살핌으로써 어느 정도나마 문제 해결의 전망을 제시할 수 있다고 믿는다. 동양 사회의 정체성 이론은 소위 서세동점(西勢東漸)의 결과로, 동양 여러 나라가 서구 열강의 식민지 내지는 반식민지로 바뀌었다는 현실에 대한 해명의 필요에서 생겨난 역사적인 산물이었다. 중화 존대(中華尊大)의 사상이 지극하던 중국인조차도 서양의 정치, 경제, 문화에 압도된 나머지, 소위 전반 서구화를 들고 나올 정도였다. 때문에, 이 이론에는 의식적이건 무의식적이건 간에 서양인의 우월감과 동양인의 열등감이 작용하고 있다고 보아야 할 것이다. 동양에서 제일 먼저 서양화의 길을 밟은 일본의 학자들이 일본보다 서양화에 뒤늦은 한국의 사회적 발전을 후진적인 것으로 본 것은 그 아류였던 셈이다.

(라) 이런 사실을 고려해 보면 동양 사회가 서양 사회와 어깨를 겨루게 되는 날에는 필연적으로 동양 사회의 발전적인 요소를 탐구하려는 노력이 행해질 것은 의심 없는 일이다. 가령, 각 왕조의 교체를 단순한 악순환으로 보지 않고, 그 속에서 발전적인 여러 가지 현상을 찾으려는 시도가 행해지고 있는 것은 그 하나의 예가 될 것이다. 또, 서구 자본주의의 침투 이전에 이미 동양 사회에 자본주의적 요소가 있었다는 증거를 찾으려고 열심인 것도 그러한 풍조로 생각해야 할 것이다.

① (가): 정체성 이론을 소개함으로써 글의 논점을 설정하였다.
② (나): 정체성 이론에 대한 기존의 비판과 그 한계를 지적했다.
③ (다): 문제 해결을 위해 정체성 이론의 등장 배경을 규명하였다.
④ (라): 정체성 이론이 지닌 장점을 구체적 예를 들어 논증하였다.

[23-24] 다음 작품을 읽고 물음에 답하시오.

> 바람도 없는 공중에 수직의 파문을 내이며, 고요히 떨어지는 ⊙ 오동잎은 누구의 발자취입니까.
>
> 지리한 장마 끝에 서풍에 몰려가는 무서운 검은 구름의 터진 틈으로, 언뜻언뜻 보이는 ⓛ 푸른 하늘은 누구의 얼굴입니까.
>
> 꽃도 없는 깊은 나무에 푸른 이끼를 거쳐서, 옛 탑 위의 고요한 하늘을 스치는 알 수 없는 향기는 누구의 입김입니까.
>
> 근원은 알지도 못할 곳에서 나서, 돌부리를 울리고 가늘게 흐르는 작은 시내는 굽이굽이 누구의 노래입니까.
>
> 연꽃 같은 발꿈치로 가이없는 바다를 밟고, 옥 같은 손으로 끝없는 하늘을 만지면서, 떨어지는 날을 곱게 단장하는 ⓒ 저녁놀은 누구의 시(詩)입니까.
>
> 타고 남은 재가 다시 기름이 됩니다. 그칠 줄 모르고 타는 나의 가슴은 누구의 밤을 지키는 ⓔ 약한 등불입니까.
>
> – 한용운, 〈알 수 없어요〉

23

이 시에 대한 설명으로 적절하지 않은 것은?

① 역설적 표현을 활용하여 주제를 강조하고 있다.
② 대화체를 통해 대상과의 단절감을 강조하고 있다.
③ 경어체로 진지하고 경건한 분위기를 조성하고 있다.
④ 동일한 통사 구조를 반복하여 운율을 형성하고 있다.

24

⊙~ⓔ 중 지시하는 대상이 다른 것은?

① ⊙   ② ⓛ
③ ⓒ   ④ ⓔ

25

(가)~(라)에 대한 이해로 적절하지 않은 것은?

> (가) (짐을 옮기는 상황에서)
>   승우: 민지야, 거기에 가만히 서 있지 말고 이리 와 도와줘.
>   재수: 그래, 미안하지만 좀 도와줄래? 이것만 옮기면 되거든. 부탁해.
>
> (나) (교실에서 수업 중)
>   영우: 선생님, 목소리가 너무 작아요. 크게 좀 말해 주세요. 하나도 안 들려요.
>   영찬: 맞아요, 주변이 시끄러워 그런데 좀 더 크게 말씀해 주시면 좋겠어요.
>
> (다) (독서실에서 늦게 돌아온 아들을 보며)
>   엄마: 우리 아들 공부하느라 고생이 많구나. 넌 이번 중간고사에서 좋은 성적을 받을 수 있을 거야.
>   아들: 과찬이세요. 제가 작년까지 많이 놀았잖아요. 밀린 공부를 해야 할 게 많아 이 시간까지 공부하는 거예요.
>
> (라) (동생과 언니가 엄마에 대해 이야기하며)
>   동생: 엄마는 내 마음을 너무 몰라줘. 아까 그 옷은 정말 사고 싶었단 말이야.
>   언니: 그 옷을 정말 사고 싶었구나. 네 마음은 충분히 이해가 돼. 하지만, 오빠 대학 등록금 때문에 엄마 주머니 사정이 좋지 않은 것 같아. 네가 이해하렴.

① (가)의 '재수'는 승우와 달리 민지에게 부담을 적게 주는 표현인 '요령의 격률'을 사용하고 있다.
② (나)의 '영우와 영찬'은 의견의 일치점을 강조하는 '동의의 격률'을 지키며 말하고 있다.
③ (다)의 '아들'은 자신에 대한 칭찬을 최소화하면서 자신을 낮추는 '겸손하게 말하기'를 실천하고 있다.
④ (라)의 '언니'는 공감적 듣기를 통해 동생의 마음을 존중해 준 후 자신의 생각을 드러내고 있다.

01

다음 문장의 밑줄 친 부분이 모두 맞게 쓰인 것은?

① ┌ 좋은 기회를 <u>번번이</u> 놓치다.
　└ 동생은 팔과 다리가 매우 <u>얇다</u>.
② ┌ 내가 장기로 그와 승부를 <u>겨누면</u> 승산이 있다.
　└ 뛰어가는 아이에게 <u>부딪혀</u> 뒤로 넘어졌다.
③ ┌ 인터넷 사이트의 <u>콘텐츠</u>를 무단으로 복제하다.
　└ 아이들은 목이 탔는지 물을 입에 <u>들입다</u> 부었다.
④ ┌ 그는 피해자들에게 <u>사과하므로써</u> 책임을 면하려고 했다.
　└ <u>백분율</u> 평가 기준 70점 이하의 교수들은 승급이 제한된다.

02

다음 중 '표준 발음'이 바르지 않은 것은?

① '넋과'는 [넉꽈]로, '앉다'는 [안따]로 발음해야 한다.
② '흙과'는 [흑꽈]로, '읊고'는 [읍꼬]로 발음해야 한다.
③ '앉아'는 [안자]로, '닭을'은 [달글]로 발음해야 한다.
④ '핥아'는 [할타]로, '값을'은 [갑슬]로 발음해야 한다.

03

다음 글의 ㉠~㉢에 들어갈 가장 적절한 접속어로 옳은 것은?

> 동물들의 행동을 잘 살펴보면 동물들도 우리가 사용하는 말 못지않은 의사소통 수단을 가지고 있는 듯이 보인다. (㉠) 동물들도 여러 가지 소리를 내거나 몸짓을 함으로써 자신들의 감정과 기분을 나타낼 뿐 아니라 경우에 따라서는 인간과 다를 바 없이 의사를 교환하고 있는 듯하다. (㉡) 그것은 단지 겉모습의 유사성에 지나지 않을 뿐이고 사람의 말과 동물의 소리에는 아주 근본적인 차이가 존재한다는 점을 잊어서는 안 된다. 동물들이 사용하는 소리는 단지 배고픔이나 고통 같은 생물학적인 조건에 대한 반응이거나, 두려움이나 분노 같은 본능적인 감정들을 표현하기 위한 것에 지나지 않는다. (㉢) 동물들이 내는 소리가 때때로 의사소통의 수단으로 이용된다고 해서 그것을 대화나 토론이나 회의와 같은 언어활동이라고 할 수는 없다.

	㉠	㉡	㉢
①	하지만	즉	그러므로
②	그런데	그렇지만	그리고
③	즉	그래서	그리고
④	즉	그러나	따라서

04

다음 중 문장의 호응 관계가 자연스러운 것은?

① 현재의 복지 정책은 앞으로 손질이 불가피할 전망입니다.
② 인간은 환경을 지배하기도 하고, 때로는 순응을 하면서 산다.
③ 세상 시름에서 훨훨 벗어난 그는 이 첩첩 산중에서 신선처럼 살았다.
④ 녀석은 자신이 이기적인 줄을 알면서도 남에게서는 무척 듣기 싫어한다.

05

다음 중 밑줄 친 단어가 의미에 맞게 사용되지 않은 것은?

① 이웃집 큰딸은 집 안팎일을 도맡을 정도로 <u>바지런하다</u>.
② 그는 사귐성이 좋아서 어떤 사람과도 <u>버슷하게</u> 지낸다.
③ 그녀는 고개를 <u>기웃하게</u> 하고 아무 말 없이 앉아 있었다.
④ 그렇게 <u>소사스럽게</u> 말하니까 사람들이 너를 싫어하는 거야.

06

문맥상 ㉠과 의미가 가장 유사한 것은?

> 어떤 사람은 인간 사회에서 가족이 줄곧 사회를 ㉠ <u>이루는</u> 기본 단위가 되어 왔다는 사실을 들어 재산 등에 대해서는 가족 단위로 세금을 부과해야 한다는 논리를 펴고 있다. 우리나라에서는 과거 일부 세금의 경우 가족을 과세 단위로 삼는 제도를 운영했었다. 그러나 이 경우 결혼한 부부가 독신자, 법적으로 혼인하지 않은 부부보다 일반적으로 더 많은 조세를 부담하게 되어 세금 부담에서 불리하게 된다. 이러한 제도는 헌법 재판소에서 위헌 판결을 받아 이제는 개인이 과세 단위가 되고 있다.

① 새로 문을 연 가게가 문전성시를 <u>이루었다</u>.
② 명문대 합격이라는 소원을 드디어 <u>이루었다</u>.
③ 돌아가신 선생님의 뜻을 <u>이루게</u> 되어 다행이다.
④ 그의 전신을 <u>이루고</u> 있는 근육은 부르르 떨리었다.

07

다음 중 띄어쓰기가 옳은 것을 모두 고른 것은?

> ㉠ 그는∨화가∨못지∨않게∨그림을∨잘∨그린다.
> ㉡ 그는∨한겨울에도∨얇은∨옷차림으로∨다닌다.
> ㉢ 가죽이∨얼마나∨질긴가∨한∨번∨시험해∨보자.
> ㉣ 나일강∨줄기는∨이미∨대표적인∨분쟁∨지역이다.

① ㉠, ㉡
② ㉠, ㉢
③ ㉡, ㉣
④ ㉢, ㉣

08

다음 중 밑줄 친 외래어 표기가 옳은 것은?

① 이번 공연의 <u>콘셉(concept)</u>은 자유이다.
② 경희는 간밤에 춘희와 <u>랑데뷰(rendez-vous)</u>를 했다.
③ <u>러시아워(rush hour)</u>에는 전철에 발 디딜 틈조차 없다.
④ 서로 말이 통하지 않아 <u>바디랭귀지(body language)</u>를 사용하였다.

09

단위를 나타내는 말과 개수의 연결이 바른 것은?

① 바늘 한 쌈 - 20개
② 오징어 한 축 - 20마리
③ 조기 한 두름 - 10마리
④ 오이 한 거리 - 30개

10

'인생에서 열정(熱情)이 중요하다.'라는 주제로 글을 쓰고자 한다. 〈보기〉의 조건을 모두 충족시킨 것은?

> ┌ 보기 ┐
> ㉠ 열정을 비유적으로 드러낸다.
> ㉡ 대립적인 속성을 지닌 사물을 이용한다.

① 인생은 소금과 같이 쓰지만, 때로는 사탕처럼 감미롭기도 하다. 관점에 따라 인생은 소금도 되고 사탕도 될 수 있으니 삶을 살아가는 데 낙관적인 태도는 얼마나 중요한 것인가?

② 인생은 얼음과 같은 이성뿐만 아니라 용광로와 같은 열정도 필요하다. 열정은 역사의 수레바퀴를 굴려 온 힘의 원천이며 미래를 이끌어 나갈 함선의 기관이다.

③ 인생은 고요한 바다와도 같지만, 때로는 험한 준령과도 같다. 거친 바다를 항해할 때나 험한 고봉준령을 넘기 위해서 강한 의지와 뜨거운 열정이 무엇보다도 중요하지 않겠는가?

④ 인생은 하늘과 땅 사이에 서 있는 나무와 같다. 하늘 향해 펼쳐진 잎들처럼 꿈을 꾸는가 하면, 큰 꿈을 가슴에 품고 묵묵히 서 있기도 하고, 세찬 바람이 몰아쳐도 굳건한 의지로 견뎌 내기도 한다.

11

다음 글을 쓴 글쓴이의 궁극적인 의도로 적절한 것은?

코스튬플레이는 원래 옷(costume)과 놀이(play)의 합성어이며, 코스프레는 이 코스튬플레이의 일본어식 명칭이다. 코스튬플레이는 말 그대로 특이한 옷을 입고 하는 놀이를 뜻하지만, 코스튬플레이를 '코스프레'라고 부르는 일본과 한국에서는 이 합성어가 두 나라만의 독특한 문화 현상을 의미한다. 즉 자신이 좋아하는 만화, 애니메이션, 게임 등에 등장하는 캐릭터의 의상과 행동을 청소년들이 그대로 따라하는 행위를 통칭하며, 만화, 연극, 춤, 패션이 어우러지는 종합 문화가 코스튬플레이이다. 이것은 1980년대 이후 일본에서 본격적인 문화 현상으로 자리 잡았는데, '코스프레'라는 용어도 이때 생겼다. 엄청난 분량의 만화와 애니메이션에 둘러싸여 살고 있는 일본 청소년들은 로봇, 동물, 요정, 영웅 등의 인기 작품 주인공들을 모방함으로써 삶의 위안을 얻었다고 한다.

우리나라에서 코스튬플레이의 싹이 튼 것은 1990년대 PC 통신이 본격화되고 중고생들 사이에서 동호인 커뮤니티가 형성되면서부터이다. 최초의 시도는 전국 아마추어 만화 동아리 연합회가 개최한 만화 축제의 한 코너라고 전해지는데, 이때의 코스튬플레이는 동호인의 놀이 수준이었다. 이후 사진과 동영상을 올려놓을 수 있는 인터넷 시대가 도래하면서 코스튬플레이는 그 인기가 폭발적으로 늘어났다. 각종 축제나 청소년 행사에서 코스튬플레이는 심심치 않게 등장하는 소재가 된 것이다.

코스튬플레이가 청소년들에게 인기를 끄는 이유는 다양하게 분석되고 있다. 우선 인기 스타의 의상과 말투를 그대로 따라함으로써 스타와 자신을 동일시하여 대리 만족을 얻기 위해서라는 분석이 있다. 또 현실에서 찾기 힘든 상상의 세계를 배경으로 자신의 멋과 개성을 보여 주고 싶은 욕구가 표출된 것이라는 지적도 있다. 그리고 스스로 제품을 만들어 쓰는 현대의 문화 현상(DIY)의 결정판이라고 해석하기도 하는데, 직접 옷감을 떠 와서 의상을 만들고 액세서리를 찾아 동분서주하는 과정 자체가 무엇과도 바꿀 수 없는 창조의 기쁨을 준다는 것이다. 또래 집단과의 자유분방한 대화의 기회를 제공한다는 점에서 코스튬플레이는 청소년들에게 억압된 현실의 탈출구 역할을 한다고 말하는 사람도 있다.

그러나 코스튬플레이를 바라보는 기성세대들은 젊은이들이 '왜색 문화'에 깊게 빠지는 것은 아닌가 하는 우려를 강하게 한다. '코스튬플레이'라는 영어식 조어보다는 '코스프레'라는 일본식 조어가 더 유행하고 있고, 모방의 대상이 되는 캐릭터 또한 대부분이 일본 작품의 캐릭터이기 때문이다. 일부 동호인들의 일본 대중문화 추앙 현상은 눈에 거슬리는 면이 없지 않다는 시각을 보인다.

이러한 우려와는 달리, 다행히도 코스튬플레이는 한국적인 문화로 자리매김하고 있다. 코스튬플레이가 모방하는 캐릭터의 중심이 최근 국내 만화, 애니메이션, 게임의 캐릭터로 이동하고 있는 데서 이를 확인할 수 있다. 이러한 현상을 간파한 만화가, 애니메이터, 게임 디자이너들은 청소년들의 관심을 끌 수 있도록 더욱 멋진 의상과 산뜻한 인물을 만들어 내기 위해 노력하고 있다. 김형태의 〈마그나카르타〉, 〈창세기전3〉, 이명진의 〈라그나로크〉, 박성우의 〈천랑열전〉 등의 인기는 코스튬플레이를 통해 입증되고 있다. 국산 제품과 캐릭터로 대부분의 코스튬플레이가 이루어지는 날에는 한국의 만화, 애니메이션, 게임이 이 땅에서 당당한 주류 문화로 부각된다는 의미를 갖게 될 것이다. 코스튬플레이는 일본에서 시작되었으나 지금 우리는 우리들의 코스튬플레이를 만들어 가고 있다.

① 코스튬플레이의 특징과 기원을 보여 주고자 하였다.
② 코스튬플레이가 나아가야 할 방향을 제시하고자 하였다.
③ 코스튬플레이의 발전 과정을 부정적으로 살펴보고자 하였다.
④ 코스튬플레이가 우리 생활에 끼치는 영향을 분석하고자 하였다.

12

다음 〈표준 발음법〉 규정에 대한 이해로 가장 적절한 것은?

〈표준 발음법〉

제5항 'ㅑ ㅒ ㅕ ㅖ ㅘ ㅙ ㅛ ㅝ ㅞ ㅠ ㅢ'는 이중 모음으로 발음한다.
  다만 1. 용언의 활용형에 나타나는 '져, 쪄, 쳐'는 [저, 쩌, 처]로 발음한다.
  다만 2. '예, 례' 이외의 'ㅖ'는 [ㅔ]로도 발음한다.
  다만 3. 자음을 첫소리로 가지고 있는 음절의 'ㅢ'는 [ㅣ]로 발음한다.
  다만 4. 단어의 첫음절 이외의 '의'는 [ㅣ]로, 조사 '의'는 [ㅔ]로 발음함도 허용한다.

① '흰색의 기준'의 표준 발음은 4가지이다.
② '가져'는 [가져]와 [가저] 모두 발음할 수 있다.
③ '유희'는 [유희]가 아니라 [유이]로만 발음해야 한다.
④ '계시다'는 [계:시다]가 아니라 [게:시다]로만 발음해야 한다.

13

다음 중 글쓴이의 생각에 가장 부합하는 것은?

국어교육이란 배달말이 가진 의미의 세계, 사고의 세계를 확인시키고, 이를 더욱 풍부하게 하도록 도와주고 연습시키는 일이다. 그럼에도 불구하고 이것을 포기하고 말의 형식의 찌꺼기에만 매달릴 때 교육의 폭은 엄청나게 좁아질 수밖에 없다. '예를 들면'이라는 말은, 어떤 추상적 생각을 더 쉽게 풀이하기 위해서 추상의 단계를 낮추는 것으로서, 그 추상적 사고나 사실의 구체화된 모습들을 나열하는 정신 기능이 작용할 때 사용되는 말이다. 그런데 이 말을 문법적으로 분석해서 '명사+조사+동사의 어간+어미'라고 해 놓으면 그 중요한 뜻은 모두 사라지고 껍질만 남게 된다. 산 말을 도리어 죽여 버리는 결과가 되는 것이다. 이처럼 말을 그 의미와 거기 담긴 사고에 맞도록 바르고 풍부하게 쓰도록 하는 교육을 팽개쳐 두고 이를 다만 껍질로 죽여서 그 시체를 해부하여 죽은 이름만을 주려 하는 것은 책임의 회피요, 직무를 유기하는 일이다.

① 우리가 쓰는 말에는 표준어가 아닌 것들도 많이 섞여 있다. 항상 정확한 표준어를 사용해야 한다.
② 가장 중요한 것은 자신의 감정이나 생각을 정확하게 표현해서 상대방이 바르게 알아들을 수 있게 하는 것이다.
③ 문법에 맞지 않은 이상한 문장을 사용하는 경우가 많다. 항상 자신의 말이 문법에 맞는가를 따져보는 습관이 필요하다.
④ 아무리 문법에 맞는 말이라고 해도, 비속어를 섞어 쓰게 되면 상대방의 기분을 상하게 한다. 따라서 비속어를 습관적으로 섞어 쓰는 태도를 고쳐야 한다.

14

화자에 대한 설명으로 적절하지 않은 것은?

목숨이란 마치 깨어진 뱃조각
여기저기 흩어져 마음이 구죽죽한 어촌(漁村)보담 어설프고
삶의 티끌만 오래 묵은 포범(布帆)처럼 달아매었다

남들은 기뻤다는 젊은 날이었건만
밤마다 내 꿈은 서해(西海)를 밀항(密航)하는 쩡크와 같아
소금에 절고 조수(潮水)에 부풀어 올랐다

항상 흐릿한 밤 암초(暗礁)를 벗어나면 태풍(颱風)과 싸워 가고
전설(傳說)에 읽어 본 산호도(珊瑚島)는 구경도 못하는
그곳은 남십자성(南十字星)이 비쳐주지도 않았다

쫓기는 마음 지친 몸이길래
그리운 지평선(地平線)을 한숨에 기오르면
시궁치는 열대식물(熱帶植物)처럼 발목을 오여 쌌다

새벽 밀물에 밀려온 거미이냐
다 삭아빠진 소라 껍질에 나는 붙어 왔다
머—ㄴ 항구(港口)의 노정(路程)에 흘러간 생활(生活)을 들여다보며

– 이육사, 〈노정기〉

① 화자의 삶을 회의적 어조로 회고하고 있다.
② 화자는 현재 자신의 처지에 대해 비애의 정서를 느끼고 있다.
③ 화자가 꿈꾸는 이상향을 상징적인 시어를 사용하여 드러내고 있다.
④ 화자가 겪었거나 겪고 있는 고통을 촉각적 이미지를 통해 표현하고 있다.

15

다음 글을 읽고 알 수 있는 내용을 〈보기〉에서 모두 고른 것은?

전자사전이라는 말을 들으면 사람들은 일반적으로 전자기기나 컴퓨터에서 일반 사전 내용을 검색할 수 있도록 고안(考案)된 '기계 가독형 사전'을 떠올린다. 하지만 본래 전자사전이란 한국어, 영어, 프랑스어 등 사람들이 일상적으로 사용하는 일반 언어, 즉 컴퓨터 언어 등의 인공어와 구별되는 '자연어'를 컴퓨터가 정확히 인식하고 산출하는 데 필요한 모든 정보를 담은 데이터베이스를 말한다. 한마디로 컴퓨터가 사용하는 언어 사전이다. 그래서 전자사전은 일반 사전이나 '기계 가독형 사전'과는 근본적으로 성격이 다른 것이다. 전자사전이 컴퓨터의 자연어 처리 과정에서 제 역할을 다하기 위해서는 '완비성', '일관성', '명시성', '엄밀성' 등의 네 조건을 모두 충족해야 한다.

전자사전은 컴퓨터가 자연어를 인식할 수 있도록 모든 어휘를 담고 있어야 하며, 어휘의 형태와 의미, 어휘가 사용되는 통사 구조뿐만 아니라 조사, 어미 등의 문법적 기능에 관한 정보까지 모든 정보를 총괄적으로 완비해야 한다. 그리고 표제항별로는 표준 형태뿐만 아니라 각종 변이 형태 및 활용 형태에 대한 정보도 수록되어야 한다. 그리고 이때 각 표제항에 수록된 형태, 의미, 통사에 관한 모든 정보들은 공통된 기준에 따라 일관성 있게 구성되고 제시되어야 한다. 가령 뜻풀이만 제시하고 그 쓰임에 대한 정보를 일관성 있게 담지 않는다면, 전자사전의 기능이 제대로 수행(遂行)될 수 없다. '존경하다'와 '읽다'에 관한 정보를 전자사전에 수록할 때, '존경하다'는 그 의미와 쓰임에 관한 정보를 제공하고, '읽다'는 그 의미만을 제공하면 안 되는 것이다. '존경하다'의 쓰임에 관한 정보가 제공된 것과 동일한 방법으로 '읽다'의 쓰임에 관한 정보도 제공되어야 한다.

┌─ 보기 ─
ㄱ. 전자사전은 '기계 가독형 사전'과 근본적인 성격이 다른 사전이다.
ㄴ. '자연어'는 일상에서 사용되는 말이라는 점에서 '인공어'와 구별이 된다.
ㄷ. 전자사전의 언어 정보들은 일정한 기준에 따라 체계적으로 구성되어야 한다.

① ㄱ, ㄴ
② ㄱ, ㄷ
③ ㄴ, ㄷ
④ ㄱ, ㄴ, ㄷ

16

〈관동별곡〉을 순서대로 옳게 배열한 것은?

(가) 江湖(강호)에 病(병)이 깁퍼 竹林(듁님)의 누엇더니
關東(관동) 八白里(팔빅니)에 方面(방면)을 맛디시니
어와 聖恩(셩은)이야 가디록 罔極(망극)ᄒ다

(나) 淮陽(회양) 녜 일홈이 마초아 ᄀ툴시고
汲長孺(급댱유) 風采(풍채)를 고텨 아니 볼 게이고
營中(영듕)이 無事(무ᄉ)ᄒ고 時節(시졀)이 三月(삼월)인제
花川(화쳔) 시내길히 風樂(풍악)으로 버더 잇다

(다) 昭陽江(쇼양강) ᄂ리린 믈이 어드러로 든단 말고
孤臣去國(고신거국)에 白髮(빅발)도 하도 할샤
東州(동쥐) 밤 계오 새와 北寬亭(븍관뎡)의 올나ᄒ니
三角山(삼각산) 第一峯(뎨일봉)이 ᄒ마면 뵈리로다

(라) 弓王大闕(궁왕대궐) 터희 烏鵲(오쟉)이 지지괴니
千古(쳔고) 興亡(흥망)을 아ᄂ다 몰ᄋ ᄂ다

(마) 延秋門(연츄문) 드리ᄃ라 慶會(경회) 南門(남문) ᄇ라보며
하직하고 믈너나니 玉節(옥졀)*이 알픽 셧다
平丘驛(평구역) 믈을 ᄀ라 黑水(흑슈)로 도라드니
蟾江(셤강)은 어듸메오, 雉岳(티악)이 여긔로다

* 관찰사의 상징물. 신표(信標)

① (가) — (다) — (나) — (마) — (라)
② (가) — (다) — (라) — (마) — (나)
③ (가) — (마) — (나) — (다) — (라)
④ (가) — (마) — (다) — (라) — (나)

17

㉠의 사례로 적절하지 않은 것은?

사동이란 주체가 대상에게 어떤 행동을 하도록 권유하거나 강요한다는 뜻을 내포하고 있는 말이다. 사동법 중에는 서술성을 가지는 일부 명사 '-시키다'라는 접미사를 붙이는 방법이 있다. 하지만 ㉠서술어의 주체가 직접 하는 행동임에도 불구하고 '-시키다'를 오용하는 경우가 있다.

① 어머니는 기차표 예약을 취소시켰다.
② 진주가 화해시킨 친구들 사이는 요새 어때?
③ 그는 흔들리는 의자에 못을 박아서 고정시켰다.
④ 경찰이 가출한 아이를 설득시켜 집으로 돌려보냈다.

18

(가)~(라)의 중심 화제를 제시한 것으로 적절하지 않은 것은?

(가) 중세가 지나고 근세에 이르자 전통 사회를 지탱해 오던 형이상학적, 종교적 이념들의 힘이 퇴조하면서 보다 인간 중심적이고 현세 지향적인 풍조가 밀려오게 된다. 나아가 과학과 기술의 발달에 힘입은 산업화는 삶의 물적 토대를 보다 개선시킴으로써, 인간 중심적이고 현세 지향적인 풍조는 더욱 강화되기에 이른다. 따라서 근세의 인간 해방은 어떤 의미에서 욕망의 해방이라고 해도 지나친 말은 아닐 것이다. 인간의 현세적 욕망이 해방되었을 때 가장 우선적으로 문제된 것은 '인생의 즐거움'이다. 이러한 생각은 근세 서구에 있어 '행복'이나 '쾌락'이라는 말로 표현되었다. 그러나 인생의 즐거움을 행복이라는 용어로 담아내기에는 이 말이 지나치게 막연하고 포괄적이라 생각되었기에 보다 구체적인 표현으로서 '쾌락'이라는 용어가 사용되었다. 그러나 이 또한 기독교적 청교도주의나 도덕적 이상주의자의 거부감을 자아낼 정도로 특정의 함축적 의미를 지닌 것이었다. 그러나 보다 중립적인 의미를 부여할 경우 근세는 분명 쾌락주의에 대해 긍정적 정당화를 시도한 시대였고 쾌락주의에 바탕한 공리주의가 상당한 설득력을 행사한 시대라고 생각된다.

(나) 원래 우리의 전통문화에도 쾌락 지향적 요소가 많다. 타국의 역사서에까지 우리는 동방의 예의지국이라는 칭송과 더불어, 음주 가무의 풍류를 즐길 줄 아는 민족이라는 서술이 있을 정도이다. 그런데 즐거운 인생을 제대로 구가하기 위해서는 몇 가지 선결 요건이 필수적이다. 우선 요청되는 것은 먹고 마실 것이 갖춰진 물질적·경제적 토대가 아닐 수 없다. 또 한 가지 즐거운 인생의 조건은 혈기방장(血氣方壯)한 젊음이다. 혈기가 떨어지면 놀아도 신명이 나지 않고, 마음껏 노래하고 춤을 출 수가 없다. 따라서 우리는 '노세 노세 젊어서 놀아, 늙어지면은 못 노나니.'라고 노래했던 것이다.

(다) 그런데 우리는 이 같은 쾌락 지향적 문화의 배경에 특정한 인생관이 깔려 있음을 보게 된다. 그것은 지극히 현세 지향적이고 차안적(此岸的)인 인생관이며, 사후의 세계에 대한 일종의 허무주의라 생각된다. 인생은 하나의 봄 꿈에 지나지 않기에 지금 이곳, 달도 밝고 꽃도 만발하며 우리의 젊음이 있는 때 아니 놀 수가 없다는 쾌락주의이다.

(라) 이같이 잠재된 쾌락주의는 70년대 이후 물질적 여건이 어느 정도 갖춰지자 본격적으로 표출되면서, 그 원초적 형태로서 향락 문화가 풍미하고 있는 것이 아닌가 한다. 이러한 역사적 맥락 속에서 이해할 경우 향락 문화는 우

리가 정면에서 수용하고 돌파해야 할 극복의 대상이지 도덕주의적 처방이나 사회 과학적 분석을 통해 외면되거나 거부될 수 있는 것이 아니다. 보다 중요한 것은 오늘의 향락주의가 즐거운 인생에 대한 우리의 정직한 희구의 소박한 표현임을 받아들이고 이를 보다 세련된, 질적 쾌락주의로 승화·고양시키는 일이며, 이를 위한 설득의 논리를 구상하는 일이라고 생각한다.

① (가): 쾌락주의가 형성된 배경과 그 의미
② (나): 쾌락 지향적 민족성과 쾌락을 추구하는 데 필요한 요건
③ (다): 쾌락 지향적 문화와 대비되는 허무주의
④ (라): 향락 문화의 의미와 올바른 대응

19

㉠의 상황에 대한 독자의 반응으로 가장 적절한 것은?

내 말슴 광언(狂言)인가 저 화상을 구경하게.
남촌 한량(閑良) 개똥이는 부모 덕에 편히 놀고 호의호식 무식하고 미련하고 용통하여 눈은 높고 손은 커서 가량없이 주저넘어 시체(時體)따라 의관(衣冠)하고 남의 눈만 위하것다.
장장 춘일 낮잠 자기 조석으로 반찬 투정 매팔자로 무상 출입 매일 장취 게트림과 이리 모여 노름 놀기 저리 모여 투전(鬪錢)질에 기생첩 치가(治家)하고 외입장이 친구로다.
사랑에는 조방(助幇)군이 안방에는 노구(老嫗)할미 명조상(名祖上)을 떠세하고 세도 구멍 기웃기웃 염량(炎凉) 보아 진봉(進奉)하기 재업(財業)을 까불리고 허욕(虛慾)으로 장사하기 남의 빚이 태산이라.

(중략)

㉠ 뉘라서 돌아볼까 독부(獨夫)가 되단 말가
가련타 저 인생아, 일조에 걸객이라.
 	 	 	 	 	 	– 작자 미상, 〈우부가(愚夫歌)〉

① 隔世之感을(를) 느끼겠군.
② 自業自得이(가) 되고 말았군.
③ 安分知足을(를) 실천하고 있군.
④ 自家撞着의 상황에 처했군.

20

㉠의 사례로 가장 적절한 것은?

문화란 말은 일반적으로 두 가지로 사용된다. 한편으로 우리는 '교양 있는' 사람을 문화인이라고 한다. 즉 창조적 정신의 소산인 문학 작품, 예술 작품, 철학과 종교를 이해하고 사회의 관습을 품위 있게 지켜나가는 사람을 교양인 또는 문화인이라고 한다. 그런가 하면 다른 한편으로 문화라는 말은 한 국민의 '보다 훌륭한' 업적과 그 유산을 지칭한다. 특히 철학, 과학, 예술에 있어서의 업적이 높이 평가 된다. 그러나 우리는 여기에서 이미 문화에 대한 우리의 관점이 달라 질 수 있는 소지를 발견한다. 즉 어떤 민족이 이룩한 업적을 훌륭한 것 또는 창조적인 것으로 평가할 때, 그 시점은 어느 때이며 기준은 무엇인가? 왜냐하면 우리는 오늘날 선진국들에 의해 문화적으로 열등하다고 평가받는 많은 나라들이 한때는 이들 선진국보다 월등한 문화 수준을 향유했다는 것을 역사적 사실을 통해 잘 알고 있기 때문이다. 그리고 ㉠ 비록 창조적인 업적이라 할지라도 만약 그것이 부정적인 내용을 가졌다면, 그래도 우리는 그것을 창조적인 의미에서의 문화라고 할 수 있을까? 조직적 재능은 문화적 재능보다 덜 창조적인가? 기지가 풍부한 정치가는 독창력이 없는 과학자보다 덜 창조적이란 말인가? 볼테르 같은 사람의 문화적 업적을 그의 저서가 끼친 실천적 영향으로부터 분리할 수 있단 말인가? 인간이 이룩한 상이한 업적 영역, 즉 철학, 음악, 시, 과학, 정치 이론, 조형 미술 등에 대해서 문화적 서열이 적용된다는 것인가?

① 환경 파괴적 유흥 시설의 증가
② 인명 살상용 원자 폭탄의 개발
③ 체제 비판적 저항 세력의 대두
④ 현실 도피적 사이비 종교의 등장

21

밑줄 친 부분의 한자 표기가 바른 것은?

① 그는 술을 물에 희석(稀釋)해 마셨다.
② 흔히들 설악산과 금강산을 비견(鄙見)한다.
③ 〈홍길동전〉은 국문 소설의 효시(曉示)이다.
④ 그는 너무 단조로운 생활에 염증(炎症)이 났다.

22

다음 글의 글쓴이가 가장 우려하고 있는 상황과 관련이 있는 속담은?

과거에 동유럽과 러시아에 일어난 일련의 사태를 통해 자본주의의 시장 경제가 사회주의의 계획 경제보다 우월하다는 것이 입증되었다고 한다면, 그것은 체제를 경쟁적으로 작동시킴에 있어 개인의 물질적 욕망을 동원하는 것이 능률적이라는 것을 확인한 것에 지나지 않는다.

아무튼 우리는 그러한 서구 자본주의 문명을 추종하고 있다. 그리하여 자연을 사용하는 능력은 이제 그 집을 점멸시키고도 남을 지경에 이르게 되었다. 물질문명이 계속 발전하기 위해서는 인간의 자연에 대한 이용이 보다 대량화, 고도화하지 않으면 안 되나, 이는 곧 인간의 자연에 대한 간섭이 자연의 수용 능력을 넘어서까지 행해지는 것을 의미한다. 자연의 파괴와 오염이 자연의 자정 능력을 넘어서게 되면 그 문명은 더 이상 지탱할 수가 없게 되는 것이다. 이것이 문명의 위기이며, 곧 인류 존립의 위기인 것이다. 그리하여 인류는 물이 서서히 데워지는 냄비 속의 물고기처럼 실감하지도 못하는 가운데 위기 속으로 빠져 들어가기 시작하였다. 자연이 무너지기 시작한 것이다.

인류가 이 문명의 위기를 극복하고 종말을 피하기 위해서는, 이러한 문명의 위기를 인정하고 그에 대한 대책을 강구할 수밖에 없다. 자연이 불변이라면 그 이용의 양과 질을 변화시킬 수밖에 없다.

① 소 잃고 외양간 고친다
② 송충이는 솔잎을 먹어야 한다
③ 양반은 죽을 먹어도 이를 쑤신다
④ 염불에는 맘이 없고 잿밥에만 맘이 있다

23

다음 글에 대한 설명으로 가장 옳은 것은?

雨歇長堤草色多
送君南浦動悲歌
大同江水何時盡
別淚年年添綠波

— 정지상, 〈送人〉

① 지난날에 대한 후회와 반성이 담겨 있다.
② 자연의 현상을 통해 교훈을 도출하고 있다.
③ 계절의 변화에 따라 시상이 전개되고 있다.
④ 화자의 내면 심리가 대상물에 투영되어 있다.

24

다음 글에 대한 설명으로 가장 적절한 것은?

흔히 우리말 표현의 섬세함을 이야기할 때 의성어와 의태어를 예로 든다. 의성어는 자연적 또는 인공적인 소리를 지칭하거나 묘사하기 위해 되도록 그 소리에 가까우면서 해당 언어의 음운과 음절 구조에 맞도록 만든 말을 가리킨다. 의태어는 비청각적인 감각을 청각 인상인 말로 바꾼 것으로, 소리를 묘사하는 의성어에 대응되는 개념으로 형태를 묘사한다고 하여 의태어라고 부른다. 그동안 의성어와 의태어는 그 차이보다는 공통점이 더 주목을 받아 왔으며, 그 개념에 대한 정확한 이해 없이 막연하게 하나의 부류로 묶여서 다루어져 왔다. 그러나 의성어와 의태어는 공통점 못지않게 다른 점도 가지고 있어서 하나의 부류로 뭉뚱그릴 대상은 아니다.

의성어와 의태어를 구별 짓는 일차적인 차이는, 의성어는 소리를 소리로 표현하는 데 반해 의태어는 소리 아닌 것을 소리로 표현한다는 점이다. 따라서 의성어는 해당 언어 사회의 화자들에게 지시 대상인 소리와 같거나 매우 가까운 소리로 인식되는 데 반해, 의태어의 지시 대상은 소리가 아니므로 어떻게 해도 지시 대상과 일치시킬 수는 없다. 따라서 의태어는 대상과 언어 형식의 관계가 전적으로 자의적이다. 예컨대, 의태어인 '흔들흔들'이 동사 '흔들다'로부터 만들어졌다는 점에서 필연성이 있다고 생각할 수도 있다. 그러나 '흔들다'라는 동사가 특정한 의미를 나타내게 된 것은 발생 동기상 우연의 산물이며, 따라서 '흔들흔들'이라는 말이 가리키는 의미가 꼭 그러한 음성 형식으로 표현되어야 할 필연성도 없다. '흔들흔들'은 동사 '흔들다'와 형태적 유연성(有緣性)은 있지만 그 음성 형식과 의미 사이에는 전혀 필연성이 없다.

그리고 의성어와 의태어 중에는 모음이나 자음의 교체에 따라 어감의 차이를 갖는 것이 많다. 그런데 의태어는 원칙적으로 모두가 음운 교체에 의해 새로운 형태를 만들어 내지만, 의성어는 음운 교체가 필수적이지 않다. '꾸르륵/꼬르륵, 서걱서걱/사각사각'과 같이 음운 교체를 하는 의성어도 있지만, '꼬꼬댁, 웅성웅성, 칙칙폭폭'과 같이 음운 교체를 하지 않는 의성어도 있다.

의성어는 지시 대상 자체가 한정된 것이 아니므로 특별한 형태를 갖추어야 한다는 조건이 없다. 그러나 의태어는 일정한 형태, 즉 어말음이 반복되어 각운을 형성하는 경향이 매우 강하다. 의미의 연합이 필연적이지 않기 때문에 그 형태로써 의태어임을 나타내는 것이다. 예를 들어 '한들한들, 흔들흔들, 보들보들, 부들부들, 구들구들, 고들고들, 야들야들' 등과 같은 한 무리의 의태어들을 보자. 이들은 '흔들 → 흔들흔들'처럼 어간이 반복되거나, '부드럽 → 부들>부들부들'처럼 어간 일부가 절단된 형태가 반복되거나, 또는 '굳 → 구들>구들구들'과 같이 일정한 접미 형태가 첨가되어 반복되거나, 아니면

'야들야들'과 같이 그 기원이 불분명한 경우라도 '-들'과 같은 특정한 음절로 끝나는 각운을 이룸을 볼 수 있다.

① 통시적 관점에서 연구 결과를 비교하고 있다.
② 두 대상을 대조하며 각각의 특징을 분석하고 있다.
③ 상반된 견해를 소개한 후 절충적 견해를 이끌어 내고 있다.
④ 자료를 활용하여 이론을 제시한 후 구체적 사례에 적용하고 있다.

25

다음 글의 전개 순서로 가장 적절한 것은?

(가) 직경이 2㎜인 빗방울이 1.2㎞ 상공에서 공기의 저항을 받지 않고 지상으로 떨어진다고 가정해 보자.

(나) 하지만 모든 물체는 낙하 시 속도가 점점 증가하다가 어느 정도 속도에 도달하면 더 이상 증가하지 못하고 일정한 속도를 유지하게 된다. 공기의 저항이 있기 때문이다.

(다) 최대 높이에서의 위치 에너지가 손실 없이 모두 운동 에너지로 전환되므로 빗방울은 약 153㎧ 정도의 속도로 지면에 떨어지게 될 것이다. 이렇게 된다면 아마 지상은 아수라장이 될 것이다.

(라) 즉 지구가 물체를 잡아당기는 힘인 중력과 공기가 물체에 작용하는 저항력이 같아질 때, 물체는 더 이상 가속되지 못하는 것이다. 이런 이유로 낙하하는 물체의 속도는 일정해지는데, 이렇게 일정해진 속도를 '종단 속도'라고 한다. 중력은 물체의 질량에 중력 가속도를 곱한 값이므로 물체의 낙하 시 일정한 값을 유지하지만, 떨어지는 물체에 작용하는 공기의 저항력은 여러 가지 요인에 의해 달라질 수 있다.

① (가) - (나) - (라) - (다)
② (가) - (다) - (나) - (라)
③ (다) - (가) - (나) - (라)
④ (다) - (나) - (라) - (가)

01

다음 중 밑줄 친 단어의 표준 발음이 옳은 것을 모두 고른 것은?

> ㉠ 그는 지혜[지헤]와 재주가 많은 사람이다.
> ㉡ 봄이 되어[되여] 새싹이 푸릇푸릇 움이 텄다.
> ㉢ 빨간 색연필[새견필]로 중요한 부분에 밑줄을 죽죽 긋다.
> ㉣ 우리 학교는 타 학교에[학꾜예] 비하여 대학 합격률이 높다.

① ㉠, ㉡
② ㉢, ㉣
③ ㉠, ㉡, ㉣
④ ㉡, ㉢, ㉣

02

외래어 표기가 모두 옳은 것은?

① 잠바(jumper), 로션(lotion), 비즈니스(business)
② 도넛(doughnut), 마사지(massage), 그린랜드(Greenland)
③ 디스켓(diskette), 하모니카(harmonica), 나레이션(narration)
④ 수퍼맨(superman), 맨해튼(Manhattan), 룩셈부르그(Luxemburg)

03

〈보기〉의 화자가 처한 상황과 가장 관련이 있는 말은?

> ── 보기 ──
> 십이월(十二月)ㅅ 분디남ㄱ로 갓곤 아으 나슬 반(盤)잇 져 다호라
> 니믜 알픠 드러 얼이노니 소니 가재다 므르 숩노이다
> 아으 동동(動動)다리

① 바람 앞의 등불
② 게 잡아 물에 놓았다
③ 까마귀 날자 배 떨어진다
④ 호랑이도 쏘아 놓고 나면 불쌍하다

04

㉠과 의미가 가장 유사한 것은?

> 첫눈에 ㉠ 가서 모르는 여자에게 편지를 썼다고?

① 억울하게 간 넋을 추모하였다.
② 오늘 만난 남자에게 무척 호감이 간다.
③ 쉬지 않고 일만 하다간 몸이 무리가 갈 거야.
④ 술고래가 겨우 소주 몇 잔을 마시고 완전히 가다니?

05

밑줄 친 대상 중 화자가 ㉠을 바라보는 태도와 가장 유사한 것은?

> 시내버스 정류장에서
> 자신을 닮은 아기를
> 등에 업은 ㉠ 앳된 엄마
> 유모차에 태운 앳된 엄마
> 가슴에 안은 앳된 엄마
> 웃다가 미간 찌푸리다가 눈빛 빛내며
> 무어라 무어라 재잘거린다.
>
> 그때 앳된 엄마들 사이에
> 빼꼭한 밀림이 흔들리다가 사라지고
> 탁한 강물이 출렁이다가 흘러가고
> 뜨거운 태양이 내리쬐다가 흩어지는데
> 그 옆에 선 남녀들은 알아보지 못한다.
>
> 베트남에서 한국으로 시집온 지 몇 해
> 자신을 닮은 아기를 키우는 앳된 엄마들
> 시내버스 정류장에서 이따금 만나
> 친정 부모님이 그립다고 말하는지
> 친정집 뒤란이 눈에 선다고 말하는지
> 친정 동네가 보고 싶다고 말하는지
> 한국인들이 전혀 알아듣지 못하는 베트남어로
> 제각각 행선지 다른 시내버스를 타고
> 얌전하게 시댁으로 돌아간다.
>
> – 하종오, 〈시내버스 정류장에서〉

① 해야 솟아라. 해야 솟아라. 말갛게 씻은 얼굴 고운 해야
  솟아라. 산 넘어 산 넘어서 어둠을 살라 먹고, 산 넘어 밤
  새도록 어둠을 살라 먹고, 이글이글 앳된 얼굴 고운 해야
  솟아라.　　　　　　　　　　　　　　– 박두진, 〈해〉
② 가자 가자 / 쫓기우는 사람처럼 가자.
  백골 몰래
  아름다운 또 다른 고향에 가자.　　　– 윤동주, 〈또 다른 고향〉
③ 여승은 합장하고 절을 했다.
  가지취의 내음새가 났다.
  쓸쓸한 낯이 옛날처럼 늙었다.
  나는 불경(佛經)처럼 서러워졌다.　　　　– 백석, 〈여승〉
④ 그대는 반짝거리면서 하늘 아래에서
  간간이 / 자유를 말하는데,
  우스워라 나의 영(靈)은 죽어 있는 것이 아니냐.
  　　　　　　　　　　　　　　　– 김수영, 〈사령(死靈)〉

06

다음 중 단어가 어법에 맞는 것을 모두 고른 것은?

> ㉠ 이 사과는 유난히 껍질이 너무나도 두꺼운 것 같다.
> ㉡ 그는 자신의 성적표를 보며 만족스런 표정을 지었다.
> ㉢ 섬돌 밑엔 낯선 구두가 두 켤레 가지런히 놓여 있었다.
> ㉣ 어제는 활짝 개인 날씨였지만 오늘은 갑자기 비가 내렸다.

① ㉠, ㉢　　　　　　　　　② ㉠, ㉣
③ ㉡, ㉣　　　　　　　　　④ ㉠, ㉡, ㉢

07

로마자로 표기한 것이 모두 옳은 것은?
① 동래: Dongrae, 볶음밥: bokkeumbap
② 식혜: sikye, 첨성대: Cheomseongdae
③ 옥천: Okcheon, 함평군: Hampyeonggun
④ 영산강: Yeongsan-gang, 춘향전: Chunhyangjeon

08

아래 글의 (㉠)과 (㉡)에 들어갈 가장 적절한 접속어로 옳은 것은?

> 사회는 수영장과 같다. 헤엄을 잘 치고 다이빙을 즐기는 사람이 있는가 하면 나처럼 헤엄을 못 치는 사람도 있다. 사회에 권력과 돈을 가진 사람이 있는가 하면, 그렇지 못한 사람도 존재한다.
> 헤엄을 잘 치고 다이빙을 즐기는 사람이 바라는 수영장과 헤엄에 익숙지 못한 사람이 바라는 수영장은 서로 다를 수밖에 없다. 전자는 높은 데서부터 다이빙을 즐길 수 있는 물이 깊은 수영장을 원하지만, 후자는 그렇지 않다. (㉠) 문제는 현실세계에 사회라는 수영장이 하나밖에 없다는 것이다. (㉡) 수영장을 어떻게 만들 것인지에 관하여 전자와 후자 사이에 갈등이 생기고 다툼이 발생한다.

	㉠	㉡
①	그러나	하지만
②	그리고	따라서
③	그런데	그래서
④	그러므로	그리고

09

띄어쓰기 규정에 맞는 것은?

① 이런데∨와서∨난동을∨부리시면∨안∨됩니다.
② 오빠가∨고향을∨떠난지∨벌써∨10년이∨지났다.
③ 김영희양에게∨내∨방에∨들르라고∨전해∨주게.
④ 그들은∨승리의∨기쁨을∨한가득∨안고∨돌아왔다.

10

한자어의 독음이 모두 옳은 것은?

① 反證(반증), 末職(미직)
② 勃發(발발), 燒火(조화)
③ 就寢(취침), 博學(박학)
④ 埋立(이립), 通例(통례)

11

㉠과 ㉡ 모두와 가장 관련이 깊은 한자 성어는?

> • 그는 자연과의 교감을 통해 자기만의 조형 언어를 갖게
> 되었고, 이를 기반으로 함축과 은유가 돋보이며 ㉠ 전통
> 과 현대가 조화를 이루는 수묵 채색의 세계를 열어 가고
> 있다.
> • 우리가 ㉡ 기술 혁신의 역사를 돌아보고 그 의미를 되짚
> 는 이유는, 위험 요인들을 예측하고 적절히 통제할 수 있
> 는 능력을 갖춘 자만이 앞으로 다가올 기술 혁신을 주도
> 할 수 있으리라는 믿음 때문이다.

① 脣亡齒寒
② 糊口之策
③ 街談巷說
④ 法古創新

12

다음 대담에 나타난 '사회자'의 역할을 골라 묶은 것은?

> **사회자**: 이 주간의 화제가 되는 인물을 만나는 시간입니다. 오늘은 최저 생계비로 한 달을 생활하는 체험을 한 대학생 이○○ 씨를 모셨습니다. 안녕하세요?
>
> **대학생**: 안녕하세요?
>
> **사회자**: 우선 청취자들의 이해를 돕기 위해 최저 생계비는 무엇인지 말씀을 해 주시겠습니까?
>
> **대학생**: 네, 최저 생계비란 국가가 인간다운 생활을 할 수 있는 최소한의 비용을 정해 놓은 것을 가리키고요, 4인 가족을 기준으로 111만 원이 책정되어 있습니다.
>
> **사회자**: 111만 원에는 무엇이 포함되는 건가요?
>
> **대학생**: 주거비를 포함해서 한 달 동안 필요한 모든 비용을 포함하고 있습니다.
>
> **사회자**: 그렇군요. 인터넷에서 이○○ 학생의 체험이 화제가 되고 있는데요, 한 달을 체험하고 난 후의 소감부터 들려주시죠?
>
> **대학생**: 이렇게 말씀을 드리면 가장 잘 이해를 하실 것 같은데요, 함께 생활한 직장인 선배는 5킬로그램이, 저는 2킬로그램의 살이 빠졌습니다.
>
> **사회자**: 그래요? 그게 어떤 의미인지를 대략 알 것 같습니다. 한 마디로 최저 생활비로는 제대로 살기 어렵다는 말이죠?
>
> **대학생**: 그렇습니다. 예를 들어, 최저 생계비에 따르면 한 끼의 식사비는 대략 2000원으로 책정되어 있습니다.
>
> **사회자**: 한 끼 식사비가 2000원이라고요? 최저 생계비가 현실을 반영하지 못한 비용임을 단적으로 알 수 있을 것 같습니다. 최저 생계비로 생활하는 이들은 평균적으로 23만 원의 적자가 발생한다고 하더군요. 그런데 체험 중에 네티즌들에게 비난 댓글을 많이 받았더군요.
>
> **대학생**: 아, 네. 저희 네 명이 생활하는 집에 물이 깨끗하지 않아서 처음에 생수를 사서 마셨습니다. 그리고 샴푸와 함께 린스를 구매했거든요. 그런데 댓글을 보니까 최저 생계비로 생활하는 주제에 생수와 린스가 뭐냐는 반응이 많았습니다.
>
> **사회자**: 그러니까, 최저 생계비로 살아가는 사람들은 생수나 린스를 사용하는 것도 사치라는 반응이었군요?
>
> **대학생**: 그런 셈이죠. 저는 비난 댓글을 보면서 댓글 자체에 대한 것보다 그 내용으로 인해 가슴이 많이 아팠습니다.
>
> **사회자**: 최저 생계비로 살아가는 사람들에 대한 일종의 낙인 찍기라는 말씀이네요?
>
> **대학생**: 그렇죠. 우리들은 알게 모르게 최저 생계비로 생활하는 사람들을 향해 '그 수준에 맞게 살아라.'라는 생각을 하고 있다는 것입니다.

사회자: 우리들이 생각해야 할 것은 최저 생계비가 인간다운 최소한의 삶을 위한 비용이 안 된다는 것을 깨닫고, 그것을 현실화하는 데에 관심을 두어야 하는데 말이죠.

대학생: 제가 해야 할 말씀을 사회자께서 말씀해 주시고 있네요.

사회자: 오늘 말씀 감사합니다. 원래의 몸을 속히 회복하시기 바랍니다.

보기
ㄱ. 청취자들의 의견을 들어 대화의 내용을 바꾸고 있다.
ㄴ. 청취자가 궁금해 할 내용을 질문을 통해 알려주고 있다.
ㄷ. 대담자의 부족한 설명에 대해 보충 설명을 요구하고 있다.
ㄹ. 내용을 정리하거나 현실의 문제점을 적절하게 지적하고 있다.

① ㄱ
② ㄴ, ㄹ
③ ㄱ, ㄷ, ㄹ
④ ㄴ, ㄷ, ㄹ

13

밑줄 친 단어 중 고유어가 아닌 것은?
① 아이는 다만 고개를 저을 뿐 아무 말이 없었다.
② 그는 제 고집대로 해야만 직성이 풀리는 사람이다.
③ 그는 자신의 괴로운 심정을 하소연을 할 곳도 없었다.
④ 사람은 자기 나름대로 생각과 느낌을 가지고 살아간다.

14

다음 작품에 대한 설명으로 바른 것은?

압개예 안기 것고 뒫뫼희 히 비췬다.
빈 떠라 빈 떠라
밤믈은 거의 디고 낟믈이 미러 온다.
㉠ 至지匊국恩총 至지匊국恩총 於어思사臥와
江강村촌 온갓 고지 먼 빗치 더옥 됴타.
                                    – 〈춘사(春詞)〉 중 1수

蓮년닙희 밥 싸 두고 飯반饌찬으란 쟝만 마라.
닫 드러라 닫 드러라
㉡ 靑청蒻약笠립은 써 잇노라 ㉢ 綠녹蓑사衣의 가져 오냐.
至지匊국恩총 至지匊국恩총 於어思사臥와
㉣ 無무心심훈 白빅鷗구는 내 좃는가 제 좃는가.
                                    – 〈하사(夏詞)〉 중 2수

                        – 윤선도, 〈어부사시사(漁父四時詞)〉

① 평시조와 달리 3장 형식으로 구성되고 있다.
② ㉠은 중장과 종장 사이의 내용을 자연스럽게 연결해 준다.
③ ㉡과 ㉢은 '봄'의 계절적 배경을 알려주는 소재이다.
④ ㉣은 물아일체(物我一體)의 경지가 나타난다.

15

다음 글을 내용상 두 부분으로 나눌 때 바르게 나눈 것은?

(가) 상식은 연구에 의해 얻어지는 것이 아니라, 단지 생활하는 가운데 터득되는 것이다. 따라서 그것은 자명한 것으로 받아들여지는 지식이다. 상식을 믿었다가 가끔 큰코다치게 되는 것은 바로 그 안이성(安易性) 때문이다.

(나) 상식은 시대와 지역에 따라 다른 경우가 많다. 한국에서의 상식과 영국에서의 상식이 다를 수 있으며 조선 시대의 상식이 현재에는 상식이 아닐 수도 있다. 이를테면 상식은 '우물 안 개구리의 지식'이다. 우리가 제한된 조건을 벗어나 새로운 경험을 하게 되자마자 상식은 크게 흔들린다. 그래서 낡은 상식이 가치를 잃으면, 새로이 축적되는 경험으로부터 새 상식을 구성한다.

(다) 과학도 근본적으로 지식이라는 점에서는 상식과 다름없다. 그러면 과학은 상식과 어떤 점에서 다른 지식인가? 둘 다 경험에서 나온 지식이되, 상식은 무심히 얻어진 지식인 데 비하여 과학은 방법론적으로 얻은 지식이라 할 수 있다. 즉 상식은 임의적, 우연적인데 과학은 선택적, 목적적이다. 상식은 애매하고 엉성하지만 과학은 분명하고 엄밀하다. 상식이 시대성과 지역성을 가진 데 대하여 과학은 시공(時空)을 초월해서 타당한 보편적인 지식이다. 또한 상식이 단편적인 지식의 수준에 머무는 것이라면 과학은 개개의 사실을 지배하는 종합적 원리를 문제 삼는 지식이다. 다시 말하면 과학은 상식보다 추상적이다.

(라) 상식이 무비판적으로 받아들인 지식에 의심을 품고 이를 주의 깊게 재검토하는 데서 과학은 발전된다. 이렇게 보면 결국 상식과 과학은 전혀 무관한 것이 아님을 알 수 있다. 상식은 모든 연구의 출발점이며, 이를 고차적(高次的)인 단계로 끌어올린 것이 과학이다. 헉슬리의 말대로 과학은 '훈련되고 조직화된 상식'에 지나지 않는다.

(마) 과학은 단순한 지식에 그치지 않고, 체계적인 지식이다. 상식과 과학의 많은 차이점은 다름 아닌 후자의 체계적 성격에서 온 것이다. 선사 시대에도 이미 인간은 환경에 대한 방대한 지식을 갖고 있었지만 이 지식 자체는 과학이라고 볼 수 없다. 이것이 정리되고 체계화된 다음에야 과학이 탄생한 것이다. 즉 과학은 혼돈과 변화가 심한 현상 속에서 질서와 의미를 가진 정연한 구조를 찾는 노력이다. 보어가 말한 바와 같이 과학의 과제는 '우리의 경험의 영역을 확장하는 동시에 그것을 질서로 환원'하는 것이다. 요컨대 과학은 관찰, 실험, 수학적 추론을 통하여 경험적 지식의 개념적 도식을 발전시키는 것이다.

(바) 과학이 보편타당한 지식이라는 것은 과학의 목표이고, 과학이 언제나 고정된 지식이라는 뜻은 아니다. 과학도 상식과 마찬가지로 변한다. 과학은 새로운 사실과 이론에 의하여 끊임없이 자체를 수정함으로써 발전하는 동적 활동이다. 단지 과학은 상식의 경우에서처럼 안이하게 변하지 않고, 그것이 만들어질 때와 같은 엄격한 과정을 거쳐 수정되는 것이 다를 뿐이다.

① (가) / (나)(다)(라)(마)(바)
② (가)(나) / (다)(라)(마)(바)
③ (가)(나)(다) / (라)(마)(바)
④ (가)(나)(다)(라) / (마)(바)

16

(가)와 (나)에 나타난 서술 방식으로 옳은 것은?

(가) 소설을 구성하는 요소는 물론 많지만 그중에서도 인물, 배경, 사건을 들 수 있다. 인물은 사건의 주체, 배경은 인물이 행동을 벌이는 시간과 공간 그리고 분위기 등이고, 사건은 인물이 배경 속에서 벌이는 행동의 세계이다.

(나) 문학이 구축하는 세계는 실제 생활과 다르다. 즉 실제 생활은 허구의 세계를 구축하는 데 필요한 재료가 되지만 이 재료들이 일단 한 구조의 구성 분자가 되면 그 본래의 재료로서의 성질과 모습은 확연히 달라진다. 건축가가 집을 짓는 것을 떠올려 보자. 건축가는 어떤 완성된 구조를 생각하고 거기에 필요한 재료를 모아서 적절하게 집을 짓게 되는데, 이때 건물이라고 하는 하나의 구조를 완성하게 되면 이 완성된 구조의 구성 분자가 된 재료들은 본래의 재료와 전혀 다른 것이 된다.

	(가)	(나)		(가)	(나)
①	분류	유추	②	분석	비교
③	분석	유추	④	분류	비교

17

다음 글의 (   )에 들어갈 말로 적절한 것은?

'미역국을 먹다'는 '(시험 등에서) 떨어지다'로, '(①)'는 '항복하다'로 바꾸면 더 간단하다. 이렇듯 (②)로 표현하는 것이 훨씬 간단하고 명료한데도 굳이 관용 표현을 사용하는 것은 무엇 때문일까? 그것은 관용 표현을 사용하는 것이 화자의 의도를 더 효과적으로 나타내 주기 때문이다.

(③) 관용 표현이 효과적인 표현이라는 좋은 점만 지니고 있는 것은 아니다. 일반적인 한국어 화자의 경우에는 관용 표현과 글자 그대로의 의미를 나타내는 표현을 쉽게 구분할 수 있지만 한국어에 익숙지 않은 사람들은 관용 표현인지 아닌지를 판단하기가 (④). 이런 때에는 함께 쓰이는 말을 보고 그 의미를 구분해야 한다.

① 손을 놓다
② 한 단어
③ 따라서
④ 쉽다

18

다음 글의 설명과 가장 관련이 없는 것은?

> 인간의 마음은 추상적인 것으로서 눈으로 볼 수도, 손으로 만질 수도 없는 것이다. 그래서 때로는 어떠한 심정을 드러 내기 위해서 자신의 마음을 구체적인 사물로 표현하기도 한 다. 즉 시간이나 애정이라는 추상적인 관념과 정서를 참신한 표현 기법으로 형상화함으로써 시적 의미를 극대화하는 것 이다.

① 내 무음 버혀 내여 별 돌을 밍글고져
   구만 리 댱텬의 번드시 걸려 이셔
   고은 님 계신 고딕 가 비최여나 보리라.
② 전원(田園)에 나믄 흥(興)을 전나귀에 모도 싯고
   계산(溪山) 니근 길로 흥치며 도라와셔
   아히 금서(琴書)를 다스려라 나믄 히를 보내리라.
③ 오늘도 다 새거다, 호믜 메고 가쟈스라.
   내 논 다 미여든 네 논 졈 미여 주마.
   올 길헤 뽕 따다가 누에 머겨 보쟈스라.
④ 동지(冬至)ㅅ 둘 기나긴 밤을 한 허리를 버혀 내여
   춘풍(春風) 니불 아레 서리서리 너헛다가
   어론 님 오신 날 밤이여든 구뷔구뷔 펴리라.

19

㉠~㉣에 대한 이해로 가장 적절한 것은?

> 이 산 밑에 와 있네.
> 내, 흰 구름송이나 보며
> 이 곳에 있네.
>
> ㉠ 꽃이나 술이나에
> 묻히어 살던
> ㉡ 도연명이 아니어라.
>
> 어느 땅엔들
> 가난이야 없으랴만
> ㉢ 마음의 가난은 더욱 고달파라.
>
> ㉣ 눈 깨면 환히 열리는 산
> 눈 어리는 삼각산 기슭
> 너의 자락에 내 그리움과
> 아쉬움을 담으리.
>
> 소스라쳐 깬 하늘 같은 것
> 출렁이는 바다 물결 같은 것
> 깊고 또 높은 것이여.
>
> 이 산 밑에 와 있네.
> 내, 흰 구름송이나 보며
> 이 곳에 있네.
>
> – 신석초, 〈삼각산 옆에서〉

① ㉠은 속세에서의 부귀를 의미한다.
② ㉡은 화자가 닮고자 하는 이상적 인물이다.
③ ㉢은 산 속에서 살아가는 자신의 삶을 나타낸다.
④ ㉣은 '삼각산'에 대한 화자의 심정을 드러낸 것이다.

20

밑줄 친 한자어를 쉬운 표현으로 바꾼 것으로 적절하지 않은 것은?

① 초일은 산입하지 않는다.
   → 초일은 포함하지 않는다.
② 회사에서 임금을 미불하였다.
   → 회사에서 임금을 미지급하였다.
③ 상세 명세를 제출하여야 한다.
   → 상세 내역을 제출하여야 한다.
④ 부락 단위로 구분하여 편성한다.
   → 마을 단위로 구분하여 편성한다.

21

〈보기〉의 글을 문맥에 맞게 순서대로 배열한 것은?

┌─ 보기 ───────────────────────────────
⊙ 하지만 국가 통치권이 한 사람에게 집중됨으로써 시민의 통치권 확보는 이전보다 더욱 요원하게 되었다.

ⓛ 결과적으로 위기에 빠진 로마는 단 한 사람에게 모든 권력을 몰아주는 원수의 등장으로 다시 평화를 맞이하게 되었다.

ⓒ 민중파는 초기에는 독점적 권한을 행사하는 원로원의 권위에 맞서 시민의 자유 신장을 주창하며 원로원을 견제하는 데 힘을 기울였고, 이들의 등장은 한쪽으로 쏠려버린 힘의 균등한 안배를 도모하는 듯했다.

ⓔ 하지만 점차 시간이 지날수록 민중파 또한 본래의 취지를 잊어버리게 되었고, 원로원과 민중파의 대결의 양상은 지도자 개인의 위엄을 확보하기 위한 치열한 권력 다툼의 양상으로 변질되어 로마의 정국은 내전으로 치닫는 등 극심한 혼란에 빠지게 되었다.
└────────────────────────────────

① ⓒ - ⊙ - ⓔ - ⓛ
② ⓒ - ⓛ - ⊙ - ⓔ
③ ⓒ - ⓔ - ⊙ - ⓛ
④ ⓒ - ⓔ - ⓛ - ⊙

22

밑줄 친 단어가 모두 어법에 맞는 것은?

① ┌ 적은 월급에 다섯 식구가 <u>목메고</u> 살고 있다.
　└ 그녀는 수도꼭지를 <u>잠그는</u> 것을 깜빡 잊었다.

② ┌ 노인은 젊은이의 무례한 행동을 점잖게 <u>나무랐다</u>.
　└ 면도를 하지 못해 <u>구렛나루</u>가 시커멓게 자라 있었다.

③ ┌ 세입자는 <u>게거품</u>을 뿜어내며 하자 보수를 요구하였다.
　└ 아낙네들과 일꾼들이 함께 둘러앉아 <u>모둠밥</u>을 먹는다.

④ ┌ 이상한 물체가 <u>나는</u> 것을 보고 그 정체를 궁금해 했다.
　└ 시험을 <u>치루고</u> 나온 그의 얼굴은 사뭇 상기되어 있었다.

23

밑줄 친 ⊙~ⓔ에 대응되는 한자어로 적절하지 않은 것은?

┌────────────────────────────────
⊙ 서울에 뿌리를 <u>내린</u> 지 벌써 2년이다.
ⓛ 이사를 가게 되어 동호회에서 <u>나왔다</u>.
ⓒ 차마 <u>내놓고</u> 말할 수 없는 일이 있다.
ⓔ 배당금을 모두에게 공평하게 <u>나누어라</u>.
└────────────────────────────────

① ⊙: 定着
② ⓛ: 脫退
③ ⓒ: 公開
④ ⓔ: 分類

24

⊙과 ⓛ에 대한 설명으로 적절하지 않은 것은?

최근까지도 공정한 분배·분담 원칙의 모델은 주로 이론적인 차원에서만 논의되어 현실 생활에 적용할 수 없었다. 그런데 일부 학자들이 '케이크 자르기'라 부르는 매우 단순하지만 함축적인 모델을 개발하여 제한적으로나마 실제 생활에 적용하기 시작했다.

먼저 두 사람이 케이크를 나누어 가지려 한다고 가정하자. 이 경우 공정한 분배 방식은 먼저 한 사람이 케이크를 자르고 이어서 다른 사람이 자기 몫을 선택하도록 하는 것이다. 이때 첫 번째 사람은 자기가 원하는 방식으로 케이크를 자름으로써 자신이 원하는 바를 반영할 수 있다. 예를 들어, 그가 케이크의 양보다 초콜릿과 같은 첨가물에 더 큰 가치를 둔다면, 그는 상대방의 기호를 추정한 후, 초콜릿과 케이크의 양을 감안하여 나눌 것이다. 반면 두 번째 사람은 상대방을 고려할 필요 없이 두 조각 중 하나를 택하면 된다. 이렇게 분배할 경우, 두 사람 모두 만족할 수 있다. 두 사람 모두 나름대로 분배 방식에 참여하는 과정을 통해, 모두가 자신이 원하는 것 또는 원하지 않더라도 일방적으로 불리하지 않은 것을 얻을 수 있는 것이다.

⊙ 케이크 자르기 모델은 이처럼 소수가 제한된 재화를 나누어 갖는 경우 매우 유용하다. 그러나 참여 인원이 많은 경우에는 더 이상 적용할 수 없다는 것이 한계로 지적되었다. 이에 따라 다수가 참여하는 경우에도 공정한 분배·분담을 보장할 수 있는 절차인 ⓛ 경매 모델이 고안되었다.

경매 모델은 일종의 경매 방식을 원용하여 분배·분담에 참가한 모두에게 동일한 구매력을 부여한 후, 각자가 원하는 재화가 모두 낙찰될 때까지 경매 절차를 통해 분배한다. 예를 들어 부모의 유산을 자식들이 나누어 갖는 경우를 생각해 보자. 우선 당사자들이 동일한 구매력을 보유토록 하기 위해 각자에게 100환이라는 가상 화폐를 지급한다. 그리고 이들이 나누어 가질 공동 소유물에 하나씩 번호를 붙인다. 만약 모두 10개의 물품이 있다면, 자식들은 각자 나름대로 10개의 물품에 대한 선호도에 따라 입찰할 금액을 배정할 것이다. 일례로 집이 입찰 대상인데 만약 장남이 집에 대해 50환의 가치를 부여하고 차남은 40환의 가치를 부여했다면, 집은 장남에게 낙찰된다.

결과는 모두에게 만족스럽다. 장남은 원하던 것을 얻었으니 만족할 것이고 차남은 원하던 것을 얻지 못했지만 대신 나머지 물품의 경매에서 상대적으로 유리한 입지를 확보할 수 있기 때문이다. 때에 따라서는 좋아하는 것만이 아니라 싫어하는 것도 나누어 가져야 할 경우가 있다. 재산 상속의 경우, 집이나 자동차는 가지면 득이 되지만 부채나 세금은 떠맡을수록 부담이 된다. 그러나 싫어하는 것도 공정하게만 분담한다면 크게 문제될 것이 없다. 싫어하는 것을 분담하는 방식도 좋아하는 것을 나누어 갖는 방식과 동일하다. 가장 싫어하는 일에 가장 적은 가치를, 상대적으로 덜 싫어하는 일에는 더 큰 가치를 부여하게 하는 것이다.

이와 같이 경매 모델은 당사자 모두가 스스로 가치를 부여하도록 함으로써 각자의 선호와 욕구가 분배·분담에 반영될 수 있도록 하며, 동시에 모두에게 대등한 기회를 부여함으로써 절차상 제기될 수 있는 분쟁의 소지를 제거한다. 경매 모델은 재산 분배 문제에서 환경오염에 대한 비용 분담 문제에 이르기까지 다양한 경우에 적용할 수 있을 것이다.

① ㉠은 다수가 참여하는 분배 상황에서는 한계가 있다.

② ㉡에서 경매에 참가한 사람들은 각자가 만족할 수 있는 결과를 얻을 수 있다.

③ ㉠과 ㉡ 모두 현실 생활에 적용할 수 있다.

④ ㉠은 ㉡에 비해 공정한 분배 원칙에서 상대적으로 불리하다.

25

다음 글의 (㉠)에 들어갈 가장 적절한 말로 옳은 것은?

동물들은 홍채에 있는 근육의 수축과 이완을 통해 눈동자를 크게 혹은 작게 만들어 눈으로 들어오는 빛의 양을 조절하므로 눈동자 모양이 원형인 것이 가장 무난하다. 그런데 고양이와 늑대와 같은 육식동물은 세로로, 양이나 염소와 같은 초식동물은 가로로 눈동자 모양이 길쭉하다. 특별한 이유가 있는 것일까?

육상동물 중 모든 육식동물의 눈동자가 세로로 길쭉한 것은 아니다. 주로 매복형 육식동물의 눈동자가 세로로 길쭉하다. 이는 숨어서 기습을 하는 사냥 방식과 밀접한 관련이 있는데, 세로로 길쭉한 눈동자가 (㉠)을/를 파악하는 데 효과적이기 때문이다. 일반적으로 매복형 육식동물은 양쪽 눈으로 초점을 맞춰 대상을 보는 양안시로, 각 눈으로부터 얻은 영상의 차이인 양안시차를 하나의 입체 영상으로 재구성하면서 물체와의 거리를 파악한다. 그런데 이러한 양안시차뿐만 아니라 거리지각에 대한 정보를 주는 요소로 심도 역시 중요하다. 심도란 초점이 맞는 공간의 범위를 말하며, 심도는 눈동자의 크기에 따라 결정된다. 즉 눈동자의 크기가 커져 빛이 많이 들어오게 되면, 커지기 전보다 초점이 맞는 범위가 좁아진다. 이렇게 초점의 범위가 좁아진 경우를 심도가 '얕다'고 하며, 반대인 경우를 심도가 '깊다'고 한다.

① 사냥감의 위치   ② 사냥감과의 거리

③ 사냥감과의 경로   ④ 사냥감의 움직임

PART

IV

모의고사 16~17회

16회 모의고사 ──────────── 148

17회 모의고사 ──────────── 156

18회 모의고사 ──────────── 164

19회 모의고사 ──────────── 171

20회 모의고사 ──────────── 180

01

〈보기〉를 근거로 판단할 때, ㉠~㉣ 중 적절하지 않은 것은?

㉠ 현대 사회에서 생존하기 위해서는 반드시 정보와 지식이 있어야 한다. ㉡ 그런데 현대 사회에서 독서는 정보와 지식을 획득하는 가장 중요한 수단이기 때문에 독서의 중요성이 더욱 커졌다. ㉢ 현대 사회에서는 정보의 종류도 매우 다양하다. ㉣ 따라서 독서 능력의 부족은 곧 현대 사회에서 낙오를 뜻한다. 그래서 독서 능력을 효율적으로 신장시킬 수 있는 방안을 제안하고자 한다.

보기

글의 내용은 하나의 주제로 긴밀하게 관련되어야 한다. 초고의 적절성을 평가할 때에는 글의 내용이 하나의 주제를 드러낼 수 있도록 선정되었는지, 그리고 중심 내용에 부합하는 하위 내용들로 선정되었는지를 검토한다.

① ㉠   ② ㉡
③ ㉢   ④ ㉣

02

한글 맞춤법 규정에 맞는 문장인 것은?

① 아이는 내가 지시하는 데로 행동에 옮겼다.
② 그녀는 수도꼭지를 잠구는 것을 깜빡 잊었다.
③ 그는 나의 어떤 질문에도 일절 답하지 않았다.
④ 실패를 인정하므로써 더 큰 성공을 거둘 수 있다.

03

고유어에 대한 설명이 적절한 것은?

① 몸피 ― 사람 거죽을 싸고 있는 껍질
② 포달 ― 함부로 욕을 하며 대드는 일
③ 칠칠하다 ― 주접 들고 단정하지 못하다.
④ 살잡다 ― 마음씨가 부드럽고 상냥하다.

04

다음 개요에 대한 수정 방안으로 적절하지 않은 것은?

〈 주제: K-POP의 세계화 〉
Ⅰ. 서론: K-POP에 대한 세계인들의 관심 확대
Ⅱ. 본론
  1. K-POP 세계화의 의의
    가. 다양한 한국 문화를 소개하고 한류의 위상을 높이는 계기
    나. 외화 획득의 발판 마련
    다. 외국 음악의 국내 수입 ···················· ㉠
  2. K-POP 세계화의 걸림돌
    가. 현지 음악 정서와의 차이
    나. K-POP 세계화의 중요성에 대한 인식 부족
    다. 일회성 콘서트 위주의 행사
  3. K-POP 세계화 방안 ···················· ㉡
    가. 외국 음악가들과의 교류를 통한 현지 음악 정서 고려 ···················· ㉢
    나. K-POP 세계화의 중요성에 대한 인식 제고
Ⅲ. 결론: K-POP의 우수성 홍보 ···················· ㉣

① ㉠: 상위 항목과의 연관성이 없으므로 삭제한다.
② ㉡: 'Ⅱ-2-다'와의 관계를 고려해 'K-POP의 지속적 소개와 전파 노력'을 하위 항목으로 추가한다.
③ ㉢: 'Ⅱ-2-가'와의 관계를 고려해 '현지 음악의 연주를 통한 K-POP 고유의 음악 정서 탈피'로 고친다.
④ ㉣: 글의 일관성을 고려하여 'K-POP의 세계화를 위한 노력 촉구'로 바꾼다.

05

다음 중 밑줄 친 단어가 의미에 맞게 사용된 것을 모두 고른 것은?

> ㉠ 중요한 약속을 벌써 <u>잃었</u>느냐?
> ㉡ 가족이 전국 곳곳에 <u>흩어져</u> 살았다.
> ㉢ 사적 감정의 <u>계제</u>가 이 일의 변수이다.
> ㉣ 모인 사람들이 <u>갹출</u>하여 구제 기금을 마련하였다.

① ㉠, ㉡
② ㉡, ㉣
③ ㉢, ㉣
④ ㉡, ㉢, ㉣

06

띄어쓰기 규정에 맞는 것은?

① 자네∨동생은∨아버님을∨빼다박은∨듯∨닮았다.
② 나는∨선생님께∨어제∨하신∨말씀의∨의미를∨여쭈어보았다.
③ 박∨씨∨부인은∨작은아들로∨하여금∨시체를∨영거하게∨하였다.
④ 그것은∨서로보다∨나아지려는∨연인이∨아니고는∨있을∨수∨없는∨보살핌이다.

07

아래 글의 (㉠), (㉡), (㉢)에 들어갈 말로 가장 적절한 것은?

> 우리가 탄수화물을 계속 섭취하지 않으면 우리 몸은 에너지로 사용되던 연료가 고갈되는 상태에 이르게 된다. 이 경우 몸은 자연스레 '대체 연료'를 찾기 위해 처음에는 근육의 단백질을 분해하고, 이어 내장지방을 포함한 지방을 분해한다. 지방 분해 과정에서 '케톤'이라는 대사성 물질이 생겨나면서 수분 손실이 나타나고 혈액 내의 당분이 정상보다 줄어들게 된다. 이 과정에서 체내 세포들의 글리코겐 양이 감소한다. (㉠) 이러한 현상은 간세포에서 두드러지게 나타난다. (㉡) 혈액 및 소변 등의 체액과 인체조직에서는 케톤 수치가 높아지면서 신진대사 불균형이 초래된다. 이를 '케토시스현상'이라 부른다. 케토시스 현상이 생기면 두통, 설사, 집중력 저하, 구취 등의 불편한 증상이 나타난다. (㉢) 탄수화물을 극단적으로 제한하는 식단은 바람직하지 않다.

	㉠	㉡	㉢
①	즉	그러나	그러므로
②	결국	따라서	그러나
③	특히	그런데	그리고
④	특히	이로 인해	따라서

08

㉠~㉣에 대한 설명으로 가장 적절하지 않은 것은?

> 무거운 ㉠<u>쇠사슬</u> 끄으는 소리 내 맘의 뒤를 따르고
> 여기 쓸쓸한 자유는 곁에 있으나
> 풋풋이 흰 눈은 흘날려 이정표 썩은 막대 고이 묻히고
> ㉡<u>더러운 발자국</u> 함부로 찍혀
> 오직 치미는 미움
> 낯선 집 울타리에 돌을 던지니 개가 짖는다.
>
> 어메야, 아직도 차디찬 묘 속에 살고 있느냐.
> 정월 기울어 낙엽송에 쌓인 눈바람에 흐트러지고
> 산짐승의 우는 소리 더욱 처량히
> 개울물도 파랗게 얼어
> ㉢<u>진눈깨비</u>는 금시에 나려 비애를 적시울 듯
> ㉣<u>도형수(徒刑囚)</u>의 발은 무겁다.
>
> – 오장환, 〈소야의 노래〉

① ㉠은 화자의 억압적인 삶을 표현하고 있다.
② ㉡은 과거에 대한 반성적 태도를 드러내고 있다.
③ ㉢은 하강 이미지를 통해 시적 분위기를 강조하고 있다.
④ ㉣은 화자의 처지를 비유하고 있다.

09

밑줄 친 단어 중 표준 발음법이 모두 맞는 문장으로 옳은 것은?

① 넓적한[넙쩌칸] 거울로 비친 내 얼굴은 넓둥글다[넙뚱글다].
② 시장에서 닭[닥] 한 마리와 오리 여덟[여덥] 마리를 사 왔다.
③ 등굣길에 개똥을 밟고[발:꼬] 말았지만, 여전히 하늘은 맑더라[말떠라].
④ 돈에 밝지[박찌] 못한 철수는 가진 돈 모두를 잃는[일는] 비극을 겪었다.

10

'소괄호'의 쓰임으로 적절한 것은?

① 짝을 이루는 어구들 사이에 쓴다.
② 의존 명사 '대'가 쓰일 자리에 쓴다.
③ 내용이 들어갈 자리임을 나타낼 때 쓴다.
④ 문장 중간에 끼어든 어구의 앞뒤에 쓴다.

11

밑줄 친 한자어의 표기가 옳은 것은?

① 결혼 20주년 기념(記念)으로 해외여행을 떠났다.
② 그는 국방부의 차기 장관(將官)으로 물망에 올랐다.
③ 최근(最根)에 우리 사회에는 범죄가 부쩍 늘고 있다.
④ 양측은 요구 조건의 절충(折衝) 결과 타협점을 찾았다.

12

밑줄 친 단어의 활용형 중 어법에 맞는 것은?

① 그는 같은 말을 버릇처럼 늘 되뇌인다.
② 갑작스러운 고함 소리에 화들짝 놀래다.
③ 만두를 집안 식구들과 함께 노나 먹었다.
④ 그렇게 큰일을 치뤘으니 몸살이 날 만도 해.

13

다음 글에 대한 설명으로 적절하지 않은 것은?

오늘도 또 우리 수탉이 막 쫓기었다. 내가 점심을 먹고 나무를 하러 갈 양으로 나올 때이었다. 산으로 올라서려니까 등 뒤에서 푸드득 푸드득 하고 닭의 횃소리가 야단이다. 깜짝 놀라서 고개를 돌려 보니 아니나 다르랴 두 놈이 또 얼리었다.

점순네 수탉(대강이가 크고 똑 오소리같이 실팍하게 생긴 놈)이 덩저리 작은 우리 수탉을 함부로 해내는 것이다. 그것도 그냥 해내는 것이 아니라 푸드득하고 면두를 쪼고 물러섰다가 좀 사이를 두고 푸드득하고 모가지를 쪼았다. 이렇게 멋을 부려 가며 여지없이 닭을 놓는다. 그러면 이 못생긴 것은 쪼일 적마다 주둥이로 땅을 받으며 그 비명이 킥, 킥, 할 뿐이다. 물론 미처 아물지도 않은 면두를 또 쪼이며 붉은 선혈은 뚝뚝 떨어진다.

이걸 가만히 내려다보자니 내 대강이가 터져서 피가 흐르는 것같이 두 눈에서 불이 번쩍 난다. 대뜸 지게막대기를 메고 달려들어 점순네 닭을 후려칠까 하다가 생각을 고쳐먹고 헛매질로 떼어만 놓았다.

이번에도 점순이가 쌈을 붙여 났을 것이다. 바짝바짝 내 기를 올리느라고 그랬음에 틀림없을 것이다. 고놈의 계집애가 요새로 들어서 왜 나를 못 먹겠다고 고렇게 아르렁거리는지 모른다.

나흘 전 감자 건만 하더라도 나는 저에게 조금도 잘못한 것은 없다.

계집애가 나물을 캐러 가면 갔지 남 울타리 엮는 데 쌩이질을 하는 것은 다 뭐냐. 그것도 발소리를 죽여 가지고 등 뒤로 살며시 와서,

"얘! 너 혼자만 일하니?"

하고 긴치 않는 수작을 하는 것이다.

어제까지도 저와 나는 이야기도 잘 않고 서로 만나도 본척만척하고 이렇게 점잖게 지내던 터이련만, 오늘로 갑작스레 대견해졌음은 웬일인가. 항차 망아지만 한 계집애가 남 일하는 놈 보구......

"그럼 혼자 하지 떼루 하디?"

내가 이렇게 내배앝는 소리를 하니까

"너, 일하기 좋니?"

또는,

"한여름이나 되거든 하지 벌써 울타리를 하니?"

잔소리를 두루 늘어놓다가 남이 들을까 봐 손으로 입을 틀어막고는 그 속에서 깔깔댄다. 별로 우스울 것도 없는데, 날씨가 풀리더니 이놈의 계집애가 미쳤나 하고 의심하였다. 게다가 조금 뒤에는 제집께를 할끔할끔 돌아다보더니 행주치마의 속으로 꼈던 바른손을 뽑아서 나의 턱 밑으로 불쑥 내미는 것이다. 언제 구웠는지 아직도 더운 김이 확 끼치는 굵은

감자 세 개가 손에 뿌듯이 쥐였다.

"느 집엔 이거 없지?"

하고 생색 있는 큰소리를 하고는, 제가 준 것을 남이 알면은 큰일 날 테니 여기서 얼른 먹어 버리란다. 그리고 또 하는 소리가

"너, 봄 감자가 맛있단다."

"난 감자 안 먹는다, 니나 먹어라."

나는 고개도 돌리지 않고 일하던 손으로 그 감자를 도로 어깨너머로 쑥 밀어 버렸다.

- 김유정, 〈동백꽃〉

① 사건이 역순행적 구성으로 전개된다.
② 순박한 '나'를 서술자로 설정하여 작품의 해학성을 높인다.
③ '닭싸움'은 점순이와 '나'의 상황을 직접적으로 드러낸다.
④ 토속적인 단어를 사용하여 향토적인 분위기를 형성한다.

14

다음 시의 밑줄 친 부분에 나타난 심상이 아닌 것은?

넓은 벌 동쪽 끝으로
옛이야기 지줄대는 실개천이 휘돌아 나가고,
얼룩백이 황소가
해설피 금빛 게으른 울음을 우는 곳,
― 그곳이 차마 꿈엔들 잊힐 리야.

- 정지용, 〈향수(鄕愁)〉

① 꽃처럼 붉은 울음을 밤새 울었다.
② 금으로 타는 태양의 즐거운 울림
③ 어두운 방 안엔 바알간 숯불이 피고.
④ 나는 향기로운 님의 말소리에 귀 먹고.

15

글의 논지를 고려할 때, ㉠에 들어갈 말로 가장 적절한 것은?

현대인들은 흔히 행복은 자기가 원하는 것을 이룸으로써 달성된다고 말한다. 이러한 관점에서는 '행복의 정도'를 욕망을 분모로 하고 충족을 분자로 하는 분수식으로 설명한다. 또한 현대인들은 흔히 인간의 욕망은 무한하다고 말한다. 즉 사람들이 무한한 욕망을 지니는 것 자체를 당연하게 인정하는 것이다. 현대인들은 자신의 욕망을 무한대로 전제하고, 욕망을 무한히 충족시키고자 밤낮 없이 노력한다. 그러나 한 사람이 이 세상의 모든 것을 다 차지할 수는 없는 노릇이니, 아무리 많이 차지하였다고 하더라도 충족은 유한할 수밖에 없다. 그런데 위의 분수식에서 분모를 무한대로 설정한다면, 충족을 아무리 늘려도 행복도의 극한값을 따지면 '0'이 된다. 여기에 욕망을 무한대로 설정하는 사람들은 아무리 많이 차지하여도 결코 만족할 줄을 모른다. 옛 사람들은 '만족할 줄 아는 것'이 행복의 지름길이라고 가르쳤다. '만족할 줄 안다는 것'은 다름이 아니라 '자신의 욕망 자체를 줄일 줄 아는 것'이다. 자신의 욕망을 줄이면 조금만 차지해도 행복의 정도가 높아진다. 더 나아가, 옛 사람들은 행복이란 근원적으로 욕망의 충족에 있는 것이 아니라 '마음의 평정(平靜)'에 있다고 가르쳤다. 유교의 '안빈낙도(安貧樂道)'와 불교의 '열반적정(涅槃寂靜)'이 그것이며, 고대 그리스 철인들의 '아타락시아'가 그것이다. '가난을 편히 여기라'고 하면, 오늘날 많은 사람들은 반발한 것이다. 그런데 옛 사람들은 가난에서 삶의 적극적 계기를 찾았다. 즉 가난의 고통은 인간의 성품을 덕 있고, 슬기롭고, 강인하게 만들어 주는 계기가 된다는 것이었다. 이런 맥락에서 (㉠) 했던 것이다. 가난은 저주할 것만도 아니었다.

① 고생을 사서 한다고
② 고생 끝에 낙이 온다고
③ 가난 구제는 지옥 늦이라
④ 소년고생은 사서 하랬다고

16

밑줄 친 단어 중 어법에 맞지 않는 것은?

① 여가 시간에는 <u>레크리에이션</u> 활동을 하다.

② <u>쏴쏴</u> <u>내뻗히는</u> 물줄기가 사방으로 마구 튄다.

③ 내 친구는 <u>류머티즘</u>이 심해서 잘 걷지 못했다.

④ 그녀는 선비는 <u>으레</u> 가난하려니 하고 살아왔다.

17

밑줄 친 단어를 관용어로 바꾼 것으로 적절하지 않은 것은?

① 그는 밀린 일을 하느라 정말 <u>바빴다</u>.

→ 그는 밀린 일을 하느라 정말 <u>코가 빠졌다</u>.

② 그는 늘 고생하시는 어머니를 걱정하였다.

→ 그는 <u>앉으나 서나</u> 고생하시는 어머니를 걱정하였다.

③ 그는 친구의 일을 자기 일처럼 <u>열심히</u> 도와주었다.

→ 그는 친구의 일을 자기 일처럼 <u>소매를 걷어붙이고</u> 도와주었다.

④ 그는 여자의 얼굴을 보자 <u>두근거려서</u> 고개를 들 수 없었다.

→ 그는 소녀의 얼굴을 보자 <u>가슴이 방망이질하여</u> 고개를 들 수 없었다.

18

다음 토의의 흐름에 대한 이해로 가장 적절한 것은?

> 사회자: 요즘 우리 시의 관광 산업이 위축돼서 지역 경제가 침체될 것을 우려하시는 분들이 많습니다. 그래서 오늘은 '지역 관광 산업의 활성화 방안은 무엇인가?'라는 주제로, 시청 관광 진흥과 정○○ 과장님, 한국대학교 관광학과 김△△ 교수님을 모시고 토의를 진행하려고 합니다. 방청객 여러분께서도 적극 참여해 주시길 부탁드립니다. 그럼 먼저 정 과장님께서 지역 관광 산업의 실태를 말씀해 주시지요.
>
> 정 과장: 우리 시는 문화유산을 많이 간직하고 있고 자연 경관이 빼어나서 관광지로서 매력적이지만 관광객은 갈수록 줄어들고 있습니다. 지난해 우리 시를 찾은 관광객들을 대상으로 조사한 바에 따르면, 볼거리나 즐길 거리에서 수년 전과 달라진 것이 없다는 반응이 많았습니다.
>
> 사회자: 그렇군요. 그러면 이번에는 김 교수님께서 의견을 말씀해 주시겠습니까?
>
> 김 교수: 말씀을 들어 보니 지속적으로 관광객을 끌 만한 대책이 필요하다는 생각이 듭니다. 이에 대해 저는 우리 시의 역사적 자원을 활용한 관광 상품 개발이 답이라고 봅니다. 제가 얼마 전에 다녀온 지역에서는 17세기에 만들어진 서원을 전통문화 체험 공간으로 활용하고 있었는데요, 문을 연 지 두 달 만에 수천 명이 다녀갔고 외국인 관광객에게도 인기가 높아서 경제적 효과도 클 것으로 보고 있습니다.
>
> 사회자: 정 과장님, 김 교수님 말씀과 관련해서 우리 시에서 추진할 만한 것이 있습니까?
>
> 정 과장: 지역에 있는 향교와 고택들을 개방하고 이를 묶어 이야기가 있는 전통문화 체험 프로그램을 만드는 방안이 있습니다. 이를 추진하기 위해서는 소유주 및 거주인과 고택 개방에 대해 협상을 벌여야 합니다.
>
> 사회자: 그렇군요. 여기서 잠시 질의응답 시간을 갖겠습니다. 궁금한 점이 있거나 의견을 제안하실 방청객께서는 손을 들어 주세요.

① 문제 관련 현황 제시 → 대안 비교 분석 → 최선의 해결책 선택

② 문제 발생의 원인 분석 → 대안 비교 분석 → 구체적 실행 방안 제시

③ 문제 발생의 원인 분석 → 문제 해결 방안 제시 → 방안의 장단점 비교

④ 문제 관련 현황 제시 → 문제 해결 방안 제시 → 구체적 실행 방안 제시

19

다음 소설의 밑줄 친 말과 가장 근접한 뜻을 가진 한자 성어로 적절한 것은?

> 사상이 불온한 집구석에서 자란 녀석들이니 어려서부터 머리 돌아가는 방향이 으레 삐딱해질 수밖에. 어쨌건 이 작자도 이제 결딴이 난 셈이다. 이제부터야 겁 없이 버티거나 요리조리 말꼬리를 돌려 가며 달아날 궁리도 하지 못할 게다. 오히려 제 한 몸이나마 어떻게든 구해 내기 위해 안달을 피우겠지. 이젠 내 손아귀에 온전히 들어온 거다. 나는 핼쑥하니 질려 있는 녀석의 얼굴을 내려다보며 웃음을 흘린다.
>
> – 임철우, 〈붉은 방〉

① 種瓜得瓜
② 一擧兩得
③ 愚公移山
④ 錦上添花

20

〈보기〉의 조건에 따라 작성한 문구로 적절한 것은?

> 보기
> • 표현: 대조와 완곡한 표현을 활용할 것
> • 의도: 에스컬레이터에서 '두 줄 타기' 문화를 정착하고자 함.

① 비워 주는 자리만큼 채워지는 마음을 함께 느껴 보시지 않겠습니까?
② 자신만 생각하는 마음을 버리고 이제 다른 사람을 위해 자리를 양보합시다.
③ 서두를수록 고장 나는 에스컬레이터, 늘어나는 출근 시간의 범인은 바로 당신입니다.
④ 곡예처럼 아슬아슬한 외줄 타기에서 안전한 두 줄 타기로 함께 바꿔 보시지 않겠습니까?

21

자연을 대하는 태도가 밑줄 친 부분과 가장 유사한 것은?

> 지구를 인간과 자연, 예를 들면 인간 활동의 중요 부분인 경제계와 자원을 공급하는 자연 환경계로 나누어 설정하는 것은 지극히 인간 중심적 사고방식이다. 이 사고방식이 가지고 있는 가장 핵심적인 문제점은 인간과 자연을 서로 분리시켜 놓고 자연이 인간에 유용한 것이 무엇인가만을 따지는 것이다. 이 사고방식을 가장 잘 대변하는 논의에는, 인간을 중심에 놓고 '인간 활동이 자연에 미치는 영향'이나 또는 반대로 '자연이 인간 활동에 주는 제약' 등과 같은 것들이 있다. 그러나 인간과 자연을 대치시키지 않고 자연을 중심으로 생각해 볼 수도 있지 않을까?
>
> 자연을 하나의 계로 설정하는 일은 생태학에서 정립된 '생태계'의 개념을 도입하면 쉬워진다. 생태계란 어느 일정 장소 또는 지역을 다른 지역 또는 장소와 구별되도록 인위적으로 경계를 설정한 자연의 한 단위이다. 따라서 생물이 환경의 지배를 받으며 살아가는 모습을 이 단위를 기준으로 기술할 수 있다. 인위적 단위이기 때문에 관악산, 한라산, 한강 등 그 대상이 산, 강, 바다 등 자연이면 무엇이라도 상관이 없다. 생태계의 규모 역시 인위적으로 결정할 수 있다. 집에서 애완용 물고기를 기르는 작은 어항도 하나의 생태계로 설정될 수 있고 육지, 바다, 지구 전체도 생태계로 설정될 수 있다. 그러나 생태계는 모두 환경과 생물이라는 요소로 구성되었다는 공통점을 가진다. 환경의 성격이나 생물의 종류와는 상관이 없다. 즉 환경과 생물이 서로 작용하여 지금의 생태계를 있게 하였다는 인과론적 설명이 가능하도록 설정된 계이다. 또는 인과론적 설명이 가능하도록 환경과 생물이라는 구성 요소를 설정한 것이라고도 하겠다.

① 눈이 부시네 저기
  난만히 멧등마다
  그 날 스러져 간
  젊음 같은 꽃사태가
  맺혔던 한이 터지듯
  여울여울 붉었네.
② 내가 그의 이름을 불러 주기 전에는
  그는 다만
  하나의 몸짓에 지나지 않았다.
  내가 그의 이름을 불러 주었을 때,
  그는 나에게로 와서
  꽃이 되었다.

③ 나의 무덤 앞에는 그 차가운 비(碑)ㅅ돌을 세우지 말라.
나의 무덤 주위에는 그 노오란 해바라기를 심어 달라.
그리고 해바라기의 긴 줄거리 사이로 끝없는 보리밭을
보여 달라.

④ 들길 가다 아름다운 꽃 한 송이 만나거든
거기 그냥 두고 보다 오너라.
숲 속 지나다 어여쁜 새 한 마리 만나거든
나뭇잎 사이에 그냥 두고 오너라.
네가 다 책임지지 못할
그들의 아름다운 운명 있나니
네가 끝까지 함께 할 수 없는
굽이굽이 그들의 세상 따로 있나니

22
다음 글의 빈칸에 들어갈 말로 가장 적절한 것은?

'합리성'이란 무엇일까? 합리성에 관한 입장들에는 경제적 합리성을 중시하는 입장과 목표의 합리성을 중시하는 입장이 있다. 경제적 합리성은 도구적 합리성에 해당하고 목표의 합리성은 인식적 합리성에 해당하는데, 도구적 합리성은 주어진 신념 아래서 한 사람이 그의 욕구를 효과적으로 만족시키는 정도에 의해 결정되는 합리성을 의미한다. 인식적 합리성은 한 사람의 믿음이 외적인 실재를 얼마나 정확히 반영 또는 표상하는가의 정도에 의해 결정되는 합리성을 의미하는데, 믿음의 획득에 관한 합리성이 곧 인식적 합리성이라고 말할 수 있다.

경제적 합리성을 중시하는 입장에서 볼 때 합리적인 사람은 주어진 목표를 달성할 최선의 수단을 강구하는 능력을 가진 사람이다. 이때 '합리적'이라는 것은 개인들이 미래의 행위를 결정할 때 각각의 가능성들의 예상 가치와 비용을 고려하고 나서 최고의 예상 이익을 산출하는 것을 선택한다는 것을 의미하며, 경제적 효율성과 깊은 관련을 맺는다. 그러나 이러한 합리성 개념에는 우리가 중요하게 여기는 목표의 합리성이라는 측면이 빠져 있다. 예를 들어 히틀러와 같은 독재자가 그 목표 달성을 위해 갖은 수단을 강구하는 것은 경제적 효율성에 비추어 보면 매우 합리적이지만 과연 그가 합리적인 존재인지는 재고의 여지가 있다.

많은 합리성 이론들은 특별히 경제적 합리성에 바탕을 두고 있는데, 도구적 합리성에 초점을 맞추고 주어진 상황에서 욕구를 얼마나 효율적으로 만족시킬 수 있는가를 합리성의 척도로 삼았다. 대부분의 의사 결정 이론들의 기본 원칙들은 바로 이러한 합리성 개념을 그 기반으로 한다.

사회학자인 얼스터(Elster)에 따르면 경제적 합리성에 바탕을 둔 이러한 이론들은 '협소한' 합리성 이론이다. 이 이론들이 협소한 이유는 믿음의 획득에 관한 합리성이 고려되지 않기 때문이다. 주어진 믿음을 일단 올바른 것으로 가정하고 그 믿음을 바탕으로 욕구를 얼마나 충족시킬 수 있는가 하는 것이 이러한 도구적 합리성의 관건이다. 반면에 '폭넓은' 합리성 이론은, 얼스터에 따르면, 주어진 믿음의 올바름과 그 믿음을 바탕으로 하여 도구적 합리성에서 중시하는 욕구 만족의 효율성을 모두 고려하는 합리성 이론이다. 즉 도구적 합리성 뿐 아니라 믿음의 획득에 관한 합리성을 고려하는 입장이다.

이러한 폭넓은 입장이 유리한 이유는 합리성의 한 가지 측면만으로는 설명되지 않는 행위들이 존재하기 때문이다. 예를 들어 자신이 예수나 부처와 같은 성현이라는 믿음을 바탕으로 욕구를 극대화하는 수단을 강구하는 정신 이상자를 생각해 보자. 이 사람은 [   ]이다. 한편 마약 중독자와 알코올 중독자들 중 대부분은 마약과 술의 해독을 잘 이해하고 있다. 즉 이들은 실재 세계를 정확히 반영하는 믿음을 가지고 있다. 그러나 그러한 믿음을 바탕으로 욕구를 극대화하는 행위를 선택하고 실행하는 데는 실패한다. 이들은 믿음의 획득에 관한 합리성에 도달하였지만 도구적 합리성을 결여한 사람들이다. 이러한 예를 보아도 알 수 있듯이 합리성에 대한 폭넓은 입장을 취하는 것이 중요하다. 따라서 합리성은 믿음의 획득에 관한 합리성과 도구적 합리성을 포함하는 것으로 보아야 한다. 간단히 말해 합리적 행위자는 실재를 반영하는 믿음을 가지고 효율적 행위를 강구하는 행위자인 것이다.

① '폭넓은' 합리성 이론에서 말하는 합리적 행위자
② 실재를 반영하는 믿음을 가지고 효율적 행위를 강구하는 행위자인 합리적 행위자
③ 도구적 합리성과 믿음의 획득에 관한 합리성을 모두 결여한 사람
④ 도구적 합리성에는 도달하였으나 믿음의 획득에 관한 합리성을 결여한 사람

23
다음 글의 내용과 일치하는 것은?

녹내장은 안구 내 여러 가지 원인에 의하여 시신경이 손상되고, 이에 따른 시야결손이 발생하는 진행성의 시신경 질환이다. 현재까지 녹내장 발병 원인에 대한 많은 연구가 진행되었으나, 지금까지 가장 확실한 원인은 안구 내 안압의 상승이다. 상승된 안압이 망막시신경섬유층과 시신경을 압박함으로써 시신경이 손상되거나 시신경으로 공급되는 혈류량이 감소됨으로써 시신경 손상이 발생될 수 있다.

녹내장은 일반적으로 주변시야부터 좁아지는 것이 주된 증상이며 그래서 초기에는 환자가 느낄 수 있는 자각증상이 없는 경우가 대부분이다. 그래서 결국은 중심시야까지 침범된 말기가 돼서야 병원을 찾는 경우가 많다. 녹내장은 제대로 관리되지 않으면 각막혼탁, 안구로(안구연화), 실명의 합병증이 동반될 수 있다.

녹내장을 예방할 수 있는 방법은 아직 알려져 있지 않다. 단지 녹내장은 대부분 장기간에 걸쳐 천천히 진행되는 경우가 많으므로 조기에 발견하는 것이 가장 좋은 예방법이라고 할 수 있다. 정기적인 검진으로 자신의 시신경 상태를 파악하고 그에 맞는 생활패턴의 변화를 주는 것이 도움이 된다. 녹내장으로 진단이 되면 금연을 해야 하며 가능하면 안압이 올라가는 상황은 피하는 것이 좋다. 예를 들면 무거운 물건을 든다든지, 목이 졸리게 넥타이를 꽉 맨다든지, 트럼펫과 같은 악기를 부는 경우에는 병의 경과를 악화시킬 가능성이 있으므로 피해야 한다.

① 녹내장의 발병을 예방할 수 있는 방법은 아직 없다.
② 녹내장은 단기간에 빠르게 진행되는 경우가 대부분이다.
③ 녹내장은 보통 중심시야에서 주변시야로 시야결손이 확대된다.
④ 녹내장 진단 후 안압이 하강할 수 있는 상황은 되도록 피해야 한다.

24
㉠과 가장 관련이 깊은 한자 성어는?

훌륭한 군주는 국가의 대소사에 있어서 사람 사이의 조화를 먼저 고려한다. 그러나 조화가 중요하다고 해서 맹목적으로 조화만 추구하지는 않는다. 그것은 오히려 조화를 해치는 경우가 많기 때문이다. ㉠ 단기적인 쉬운 조화의 추구는 오히려 장기적인 인간관계를 해치게 되고 결국 예의 근본 취지인 인간의 조화를 그르치게 되기 때문이다. 이 때문에 공자는 예의 정신을 중시하였다. 이 예가 사회적으로 실현되기 위해서는 때로 제도나 법률과 같은 현실적인 대안도 필요하다.

① 曲學阿世   ② 上山求魚
③ 姑息之計   ④ 朝三暮四

25
'접두사'의 의미를 고려할 때, ㉠~㉣과 유사한 품사를 바르게 연결한 것은?

• 활짝 웃는 소년의 미소에서 ㉠덧니가 눈에 보였다.
• ㉡선무당이 사람 잡는다는 말의 뜻을 이제야 알겠다.
• 맑은 날에 거리마다 사람들이 ㉢들끓으면서 활기가 돌았다.
• 힘겨울 때는 서로의 처지를 ㉣뒤바꿔서 생각해 보는 게 좋겠다.

	㉠	㉡	㉢	㉣
①	관형사	관형사	부사	부사
②	관형사	관형사	관형사	부사
③	관형사	부사	부사	관형사
④	부사	관형사	관형사	관형사

17회 모의고사

◷ 시작 시간 ____ 시 ____ 분
◷ 종료 시간 ____ 시 ____ 분
◷ 총 소요 시간 ____ 시 ____ 분

01

㉠~㉢의 로마자 표기가 모두 바르게 연결된 것은?

㉠ 여의도	㉡ 왕십리	㉢ 창경궁

	㉠	㉡	㉢
①	Yeoido	Wangsimri	Changgyeonggung
②	Yeoido	Wangsimni	Changgyeong-gung
③	Yeouido	Wangsimri	Changgyeong-gung
④	Yeouido	Wangsimni	Changgyeonggung

02

복수 표준어가 아닌 것은?

① 네 – 예
② 옥수수 – 강냉이
③ 가엾다 – 가엽다
④ 짓물다 – 짓무르다

03

표준어가 쓰인 문장으로 옳은 것은?

① 그는 아들을 항상 데릴고 다닌다.
② 술잔이 넘칠 정도로 술을 듬북 부었다.
③ 그를 만날 생각에 벌써부터 마음이 설레인다.
④ 그는 얼굴이 해쓱하고 몸이 바싹 마른 사람이었다.

04

다음 중 띄어쓰기가 옳은 것을 모두 고른 것은?

> ㉠ 네가∨한∨짓을∨바른대로∨이야기해라.
> ㉡ 그∨둘의∨애정은∨식을∨대로∨식었다.
> ㉢ 나는∨나대로∨서로∨상관∨말고∨삽시다.
> ㉣ 큰∨것은∨큰∨것∨대로∨따로∨모아∨두다.

① ㉠, ㉡　　② ㉢, ㉣
③ ㉠, ㉡, ㉢　　④ ㉡, ㉢, ㉣

05

한글 맞춤법 규정에 대한 설명으로 적절하지 않은 것은?

① 졸업한 해를 나타낼 때는 '졸업 연도(年度)'로 적어야 한다.
② '열(熱)'과 '역학(力學)'이 결합한 말은 '열역학'으로 적어야 한다.
③ 옛날 돈을 셀 때는 '한 양(兩)'이 아니라 '한 냥'이라고 적어야 한다.
④ '연이율(年利率)'에서 '리'를 '이(利)'로 적는 것은 'ㄴ' 받침 뒤에 왔기 때문이다.

06

(가)와 (나)에서 설명하는 호칭어를 바르게 연결한 것은?

> (가) 여자 입장에서 오빠의 아내와 남동생의 아내에게 공통적으로 사용할 수 있는 말
> (나) 여자의 입장에서 손위 동서와 남자 입장에서 아내의 오빠에게 사용할 수 있는 말

	(가)	(나)
①	계수	형수님
②	동서	매형
③	올케	형님
④	아가씨	제부

07

다음 작품의 등장인물인 ㉠을 비판하는 어휘로 적절한 것은?

> 정(鄭)나라 어느 고을에 벼슬을 탐탁하게 여기지 않는 체하는 학자가 살았으니 북곽 선생(北郭先生)이었다. 그는 나이 마흔에 손수 교정(校訂)해 낸 책이 만 권이었고, 또 육경(六經)의 뜻을 부연해서 다시 저술한 책이 일만 오천 권이었다. 천자(天子)가 그의 의로움을 가상히 여기고 제후(諸侯)가 그 명망을 존경하고 있었다. 그 고장 동쪽에는 동리자(東里子)라는 미모의 청상과부가 있었다. 천자가 그 절개를 가상히 여기고 제후가 그 현숙함을 사모하여, 그 고을 몇 리(里)를 둘러 봉(封)해서 '동리과부지려(東里寡婦之閭)'라고 정표(旌表)해 주기도 했다. 이처럼 동리자가 수절을 잘하는 부인이라 했는데, 실은 슬하의 아들 다섯이 저마다 성(姓)을 달리하고 있었다.

① 附和雷同
② 虛張聲勢
③ 羊頭狗肉
④ 緣木求魚

08

〈보기〉를 참고할 때, ㉠~㉣에 대한 설명으로 적절하지 않은 것은?

> 늘고 병(病)든 몸 을 주사(舟師)로 보내실시,
> 을사(乙巳) 삼하(三夏)애 鎭東營(진동영) 내려오니,
> 관방중지(關防重地)예 ㉠병(病)이 깁다 안자실랴.
> 일장검(一長劍) 비기 추고 병선(兵船)에 구테 올나,
> ㉡여기 진목(勵氣瞋目)하야 대마도(對馬島)을 구어보니,
> ㉢ᄇ람 조친 황운(黃雲)은 원근(遠近)에 사혀 잇고,
> 아득혼 창파(滄波)는 긴 하늘과 혼 빗칠쇠.
> ㉣선상(船上)에 배회(徘徊)하며 고금(古今)을 사억(思憶)하고,
> 어리미친 회포(懷抱)애 헌원씨(軒轅氏)를 애두노라.
> 대양(大洋)이 망망(茫茫)하야 천지(天地)예 둘려시니,
> 진실로 비 아니면 풍파 만리(風波萬里) 밧긔,
> 어늬 사이(四夷) 엿볼넌고.
> 무숨 일하려 하야 비 못기를 비롯호고.
> 만세천추(萬世千秋)에 ᄀ업순 큰 폐(弊) 되야,
> 보천지하(普天之下)애 만민원(萬民怨) 길우느다.
> 어즈버 ᄭᅦ두라니 진시황(秦始皇)의 타시로다.
> 비 비록 잇다 하나 왜(倭)를 아니 삼기던들,

> 일본(日本) 대마도(對馬島)로 뷘 비 절로 나올넌가.
> 뉘 말을 미더 듯고,
> 동남동녀(童男童女)를 그딕도록 드려다가,
> 해중(海中) 모든 셤에 난당적(難當賊)을 기쳐 두고,
> 통분(痛憤)혼 수욕(羞辱)이 화하(華夏)애 다 밋낫다.
> 장생(長生) 불사약(不死藥)을 얼마나 어더 닉여,
> 만리장성(萬里長城) 놉히 사고 몃만 년(萬年)을 사도썬고.
> 놉디로 죽어 가니 유익(有益)혼 줄 모ᄅᆞ로다.
> 어즈버 싱각하니 서불(徐市) 등(等)이 이심(已甚)하다.
> 인신(人臣)이 되야셔 망명(亡命)도 하는 것가.
> 신선(神仙)을 못 보거든 수이나 도라오면,
> 주사(舟師) 이 시럼은 전혀 업게 삼길럿다.
> — 박인로, 〈선상탄(船上嘆)〉

〈보기〉

> 이 작품은 임진왜란이 끝난 후에도 아직 전쟁의 기운이 사라지지 않은 부산진에 통주사(統舟師)로 내려온 작가의 전쟁에 대한 인식과 정서가 잘 반영되어 있다. 즉, 이 작품은 우리 민족이 겪은 전쟁의 시련을 다루면서 왜적에 대한 적개심과 분노를 드러내는 한편 우국충정과 평화로운 세상에 대한 희구를 노래했다.

① ㉠: 우국충정을 발휘하려는 화자의 의지가 드러난다.
② ㉡: 왜적에 대한 강한 분노를 엿볼 수 있다.
③ ㉢: 전쟁의 상처가 아물지 않은 상황을 비유적으로 드러내고 있다.
④ ㉣: 전쟁을 일으킨 왜적을 막지 못한 데 대한 반성이 드러난다.

09

다음 글의 밑줄 친 말과 가장 근접한 것은?

요사이 자주 회자되는 용어 가운데 하나인 '크로스오버(crossover)'는 말 그대로 가로 지르기, 곧 장르 사이의 경계를 허무는 것을 뜻한다. 서로 다른 장르가 만나 새로운 장르를 만들어 내는 것을 가리키는 퓨전(fusion)과 그 의미를 구별해서 써야 한다는 주장도 있지만 실제로 큰 차이는 없다. 크로스오버를 통해서도 얼마든지 훌륭한 예술 작품이 탄생할 수 있기 때문이다. 굳이 둘을 구분하자면 크로스오버는 선을 넘고 벽을 깨는 것을 말하고, 퓨전은 거기서 한발 더 나아간 융합의 상태를 뜻한다고 할 수 있다.

사회의 각 분야 중에서 크로스오버가 가장 활발하게 진행되는 분야는 단연 음악 분야이다. 예를 들어 랩에 재즈가 곁들여지면 '재즈 랩'이 되고, 록이 들어가면 '랩 록'이 되는 것이다. 크로스오버는 '이것은 흑인 음악이고 저것은 백인 음악'이라는 식으로 음악에 담긴 다양한 요소를 무시하는 구분을 낡은 것으로 만들어 버리는 친화력이 있다. 또 동서양의 문화를 한데 묶는 통합적 가치를 발휘하여 글로벌 시대의 중요한 코드로 자리잡았다. 그래서 크로스오버를 가리켜 '현대 음악의 대변자'라고 부르기도 한다. 음악계에서 크로스오버가 언제부터 시도되었는지 그 명확한 시기는 불분명하다. 넓은 범위에서는 1950년대에 흑인들의 블루스와 백인들의 컨트리가 합쳐져서 탄생한 로큰롤을 그 시초로 보기도 하지만, 대체적으로는 '마일즈 데이비스'와 '그룹 시카고' 등에 의해 록과 재즈가 결합되어 '재즈 록'이라는 장르가 탄생한 1960년대 말을 크로스오버의 기점으로 보는 것이 타당할 듯하다. 또 그 무렵에 클래식과 록이 제휴한 프로그레시브 록이 출현했으니, 크로스오버의 전통도 어느덧 반세기 가까이 되는 셈이다.

① 획일적인 기준에 따른 구분
② 즉흥적인 기준에 따른 구분
③ 대조적 요소를 부각하는 구분
④ 지나치게 세분화된 장르 구분

10

밑줄 친 ㉠~㉢에 해당하는 문장 성분으로 적절한 것은?

㉠ <u>학생</u> 신분에 맞는 옷을 입어라.
㉡ 우리 저 <u>학생</u>에게 길을 물어봐요.
㉢ 저 사람이 네가 말한 그 <u>학생</u> 아니니?
㉣ 저 친구가 미국으로 유학 갔다던 <u>학생</u>.

① ㉠: 목적어
② ㉡: 관형어
③ ㉢: 주어
④ ㉣: 서술어

11

㉠에 들어갈 말로 가장 적절한 것은?

표 생원: 내가 그 전에 작은집 하나 얻었소.
꼭두각시: 아이고, 듣던 중 상쾌한 말이오. 이 형편에 큰 집, 작은 집을 어찌 가리겠소 집을 얻었으나 재목이나 성하며 양지바르고 또 장인들 담가 놨겠소.
표 생원: 어오? 아 이게 무슨 소리여. 장은 무슨 장이며 재목은 무슨 재목? (㉠) 소실을 얻었단 말이여.
꼭두각시: 아이고, 영감, 이게 무슨 소리요. 이날껏 찾아다니면서 나중에 이런 험한 꼴을 보자고 영감을 찾았구려.

– 작자 미상, 〈꼭두각시놀음〉

① 감나무 밑에 누워서 홍시 떨어지기를 바라네.
② 떡 줄 사람은 꿈도 안 꾸는데 김칫국부터 마시네.
③ 열 길 물속은 알아도 한 길 사람의 속은 모르는 것이네.
④ 가루는 칠수록 고와지고 말은 할수록 거칠어지는 법이네.

12

다음 중 언어 예절에 맞는 표현으로 옳은 것을 모두 고른 것은?

㉠ (잘못 걸린 전화를 받았을 때) 전화 잘못 거셨습니다.
㉡ (정년퇴임을 앞둔 부장에게) 그동안 애 많이 쓰셨습니다.
㉢ (친구 사이에서) 영호, 우리 춘부장께서는 아주 잘 지내셔.
㉣ (며느리가 시아버지에게) 아버님, 어머니는 어디 가셨어요?
㉤ (올케가 시누이에게) 고모, 할머님께서 저 찾지 않으셨어요?

① ㉠, ㉡
② ㉡, ㉣
③ ㉠, ㉣, ㉤
④ ㉡, ㉢, ㉤

13

두 사람의 대화에 대한 설명으로 가장 적절한 것은?

> 사 장: 김 과장님, 거기 앉으세요.
>
> 김 과장: 네, 사장님.
>
> 사 장: 그럼 지금부터 연봉 협상을 시작해 볼까요? 생각하는 바가 있으면 꺼리지 말고 얘기하세요.
>
> 김 과장: 알겠습니다.
>
> 사 장: 여러 가지 자료를 보니 작년에 특별한 업무 성과가 없었던 것 같군요. 그래서 김 과장의 연봉을 동결하려 합니다.
>
> 김 과장: 사장님, 저는 더 많은 연봉을 받아야 합니다. 저에게는 양육해야 할 어린 자식이 넷이나 있고, 아내마저 건강이 좋지 않습니다.

① 김 과장은 동정심에 호소하면서 자신의 주장을 내세우고 있다.

② 사장은 과거 행적을 토대로 김 과장에게 인신공격을 하고 있다.

③ 사장은 인과 관계를 따지지 않고 주관적으로 판단을 내리고 있다.

④ 두 사람 모두 공적인 상황에 어울리지 않는 말투를 사용하고 있다.

14

밑줄 친 단어에 나타난 음운 변동의 유형이 동일한 것은?

① ┌ 안내자를 <u>따라</u> 관광을 하다.
  └ 오지에서 길을 <u>잃고</u> 헤매었다.

② ┌ 동물원에서 <u>백호</u>를 보았다.
  └ 아이를 <u>낳은</u> 지 한 달이 지났다.

③ ┌ 나는 언니가 화를 낸 이유를 <u>물었다</u>.
  └ 남과 북을 <u>잇을</u> 교류가 더욱 활발해져야 한다.

④ ┌ 오늘은 동생이 <u>입학식</u>을 하는 날이었다.
  └ 가슴이 너무 <u>쾌서</u> 도저히 더 이상은 볼 수가 없다.

15

㉠과 의미가 가장 유사한 것은?

> 다음 달에 시부모 제삿날이 ㉠ <u>들어</u> 있다.

① 개인 사업에는 돈이 많이 <u>든다</u>.

② 한국어는 교착어에 <u>드는</u> 언어이다.

③ 숲 속에 <u>드니</u> 공기가 훨씬 맑았다.

④ 꽃은 해가 잘 <u>드는</u> 데 심어야 한다.

16

글쓴이에 대한 이해로 적절하지 않은 것은?

우리나라에 전화(錢貨)가 시행된 것은 이제 100여 년이 넘었는데, 대개 이를 편하게 여기는 사람이 많고 불편스럽다고 말하는 자는 한두 사람 정도입니다. 옛날에 돈이 없었던 것은 편리하지 않아서가 아니라 구리가 없었기 때문이며, 구리가 없었던 것이 아니라 구리를 주조하는 법을 알지 못했기 때문입니다. 구리를 주조하는 법은 한 역관(譯官)으로 하여금 중국에 가서 배워 오게 할 경우 이는 수개월이면 되는 일인데도 이를 하지 않았으니 딴 일이야 어찌 말할 나위가 있겠습니까.

돈이 폐단이 되는 것은 이익을 탐하여 돈 크기를 작게 하기 때문입니다. 옛날에 주조한 것은 오히려 단단하고 튼실한데 근년에 주조한 것은 얇기가 느릅나무 잎과 같아서 이것을 저장해 두면 썩고 삭아서 오래 견디지 못하고 사용하면 부서지고 이지러져서 쓸모가 없으니 아안전(鵝眼錢)이나 연환전(橡環錢)과 같이 되지 않을 것이 거의 드뭅니다. 이렇게 되면 100년이 넘지 않아서 나라에는 돈이 없어질 것입니다. 돈이 없어지게 되면 다시 주조할 것이니 비용이 너무 많지 않겠습니까. 지금 마땅히 새로 주조한 얇고 조악(粗惡)한 것을 모아 큰 돈[大錢]으로 다시 주조하여 10전으로 1전을 만들고, 그 쓰는 것을 1전으로 10전을 당하게 하거나 또는 100전으로 1전을 만들고 그 쓰는 것을 1전으로 100전을 당하게 해야 합니다.

이와 같이 하면 백성이 잃는 것이 없이도 돈의 제도를 고칠 수 있습니다. 이렇게 하면 이익이 되는 것이 두 가지가 있으니, 오래 가는 것이 그 첫째이고 절약하여 쓰는 것이 그 둘째입니다. 백성의 심정은 작은 것은 하찮게 여기고 큰 것은 아낍니다. 한 낮이 얇고 작기 때문에 쓰는 데 있어 절약함이 없으니, 돈을 크게 만든다면 쓰기에 불편할 것이며, 쓰기에 불편해지면 백성의 이익입니다. 또한 옛날에 주조한 돈을 남겨 두어 큰 장사꾼과 멀리 장사하는 사람은 큰 돈을 쓰게 하고, 조그만 시장의 자잘한 화물은 옛날 돈을 쓰도록 하면 크게 쓰는 거소가 작게 쓰는 데에 모두 불편이 없을 것입니다.

어찌 이것뿐이겠습니까. 우리나라의 금과 은이 해마다 중국으로 가는데 이것은 국가가 쇠약해지는 것입니다. 마땅히 금전과 은전을 주조하여 각각 그 값에 따라 쓰게 한다면 큰 장사꾼이나 멀리 장사하는 사람들이 반드시 다투어 금전과 은전을 사용할 것이니, 이는 운반하기에 수고롭지 않기 때문입니다. 또 금전·은전에 글자가 새겨져 있으니, 비록 통역관들이 이익을 중히 여기고 생명을 가볍게 여긴다 하더라도 감히 몰래 숨겨서 북경으로 가져가지 못할 것입니다.

금과 은이 북경으로 가는 것은 비단을 사 오기 때문입니다. 금·은은 광산에서 나오는 것으로 한정이 있고, 비단은 누에 고치를 풀어 만드는 것으로 다함이 없는데, 금·은은 100세가 지나도 녹아 없어지지 않고, 비단은 1년만 지나면 곧 떨어집니다. 한정이 있는 보배로 다함이 없는 실을 당해 내며, 녹아 없어지지 않는 보배로 쉽게 떨어지는 물건과 바꾸니, 국가의 이롭지 못함이 이보다 더한 것이 없습니다. 더구나 이웃 나라와 틈이 생겨 전쟁이 있을 경우 금·은이 아니면 장차 무엇으로 뇌물을 주어 달래겠습니까.

지금부터는 어전 의장(御前儀仗)의 기치(旗幟)와 큰 상사(喪事)에 소용되는 것 이외에는 깁과 비단을 일체 엄금하고, 사삿집에서는 비록 혼인과 상사에 쓰는 것일지라도 일체 엄금하여, 갓끈이나 휘양 따위의 세세한 것도 모두 함부로 입거나 쓰지 못하게 해야 합니다.

이렇게 하면 해마다 무역하는 비단이 반드시 10분의 9가 줄어들 것입니다. 비단의 무역이 이미 줄어들면 금·은이 해마다 중국으로 가는 것을 막으려고 하지 않아도 스스로 끊어질 것입니다.

① 글쓴이는 실용성을 중시하고 있다.
② 글쓴이는 금과 은의 유출을 우려하고 있다.
③ 글쓴이는 근검절약의 생활 태도를 장려하고 있다.
④ 글쓴이는 이익만을 탐하는 장사꾼들을 질책하고 있다.

17

다음 중 의미가 가장 명확한 문장은?
① 그는 신발을 신고 있었다.
② 나는 그 음식을 다 먹지 않았다.
③ 모든 사람들이 두 권씩의 잡지를 가지고 있었다.
④ 그는 웃으면서 매장으로 들어오는 손님에게 인사했다.

18

다음 중 한자 표기가 모두 바른 것은?
① 개척(介拓), 대출(貸出)
② 교역(交易), 반월(反月)
③ 묵과(黙過), 당선(堂選)
④ 아미(蛾眉), 부각(浮刻)

19

다음 글을 고쳐 쓰기 위한 방안으로 가장 적절하지 않은 것은?

요즘 마음먹은 대로 일이 ㉠ 진행되어지지 않고 짜증나는 일밖에 없어 우울하던 차에, 길을 걷다가 우연히 아스팔트 도로의 빈틈 사이에서 피어난 민들레꽃을 보게 되었다. 도저히 꽃을 피울 수 없는 그런 척박한 환경 속에서도 피어난 꽃을 보고 나는 놀라지 않을 수 없었다.

나는 이 민들레꽃을 양지바른 곳으로 옮겨 심기 위해 아스팔트 빈틈의 흙을 파 보았다. 자그마한 꽃이기에 금방 뿌리가 ㉡ 들어날 것이라 생각했다. ㉢ 그래서 나의 예상을 비웃기나 하듯 민들레꽃은 그 뿌리를 땅속 깊이 박고 있었다. 그렇다. 민들레꽃이 척박한 환경 속에서도 꿋꿋하게 생명을 이어 나갈 수 있었던 것은 뿌리를 깊숙이 내려 단단하게 삶의 토대를 만들었기 때문이었다. 우리의 삶도 마찬가지가 아닐까? 우리도 삶의 기반을 단단하게 만들수록 시련과 역경을 극복할 수 있는 힘을 더욱 낼 수 있을 것이다.

민들레꽃을 자세히 바라보니 꽃대 하나에 아직 하늘로 날아가지 않은 수많은 홀씨들이 붙어 있었다. 이 홀씨들은 바람 길이 좋은 날이면 100미터 이상 날아가기도 한다는 말이 떠올랐다. 어디에 떨어질지 알 수 없는 상황 속에서도 민들레꽃의 홀씨들은 용감하게 자신의 앞날을 개척해 나가는 것이다. 거침없이 하늘을 날아갈 민들레꽃의 홀씨를 생각하며 나는 내가 처한 상황을 두려워만 할 뿐 적극적으로 나서서 상황을 타개하려 하지 않았던 모습을 반성했다.

나는 집에 와서 민들레꽃과 관련한 내용을 백과사전을 통해 찾아보았다. 가장 인상적인 것은 민들레꽃의 꽃말이 감사하는 ㉣ 마음이다. 척박한 환경에서 자라면서도 누구도 원망하지 않고 현재에 감사하며 강인한 생명력을 이어 가는 민들레꽃. 민들레꽃의 생명력에 다시 한 번 감탄하며 나는 나를 둘러싼 이 모든 것에 감사하는 마음을 가지며 살아야겠다는 생각을 했다.

① ㉠: 피동 표현이 중복되었으므로 '진행되지'로 고친다.
② ㉡: 맞춤법에 맞지 않으므로 '드러날'로 고친다.
③ ㉢: 접속어의 사용이 적절하지 않으므로 '그리고'로 고친다.
④ ㉣: 문장 성분의 호응을 고려할 때 '마음이라는 것이었다'로 고친다.

20

아래 글의 (㉠), (㉡), (㉢)에 들어갈 가장 적절한 단어로 옳은 것은?

> 우리는 언어를 사용하여 문자 그대로 (㉠)에 가까운 생각들을 표현할 수가 있다. 우리는 조금만 더 노력하면 다음과 같은 말을 쉽게 지어 낼 수 있는데, 이 말은 끝내지 않고 마냥 이어 갈 수가 있다.
>
> "노을이 물든 하늘 아래에, 푸른 솔들이 자라고, 길게 누운 산맥의 등성이마다에는, 이른 잠을 깬 산새들이 지저귀는 소리와……."
>
> 이때 이러한 말을 우리가 암기해서 표현하거나 이해하는 것이 아니라는 점이 (㉡). 말하는 사람은 이와 똑같은 문장을 아무 데서도 들어 본 적이 없는데도 새로이 만들어 낼 수 있으며, 듣는 사람 역시 그 의미를 금방 이해해 낼 수가 있다. 이러한 점에서 언어를 (㉢) 체계라고 부른다.

	㉠	㉡	㉢
①	무한	애틋하다	폐쇄적
②	유한	중요하다	폐쇄적
③	유한	애틋하다	개방적
④	무한	중요하다	개방적

21

다음 글에서 글쓴이가 궁극적으로 말하고자 하는 것은?

> 우리 현대인은 대인 관계에 있어서 가면을 쓰고 살아간다. 물론 그것이 현대 사회를 살아가기 위한 인간의 기본적인 조건인지도 모른다. 어빙 고프만 같은 학자는 사람이 다른 사람과 교제를 할 때, 상대방에 대한 자신의 인상을 관리하려는 속성이 있다는 점을 강조한다. 즉 사람들은 대체로 남 앞에 나설 때에는 가면을 쓰고 연기를 하는 배우와 같이 행동한다는 것이다.
>
> 왜 그런 상황이 발생하는 것일까? 그것은 주로 대중문화의 속성에 기인한다. 사실 20세기의 대중문화는 과거와는 다른 새로운 인간형을 탄생시키는 배경이 되었다고 할 수 있다. 특히 광고는 내가 다른 사람의 눈에 어떻게 보일 것인가 하는 점을 끊임없이 반복하고 강조함으로써 사람들에게 조바심이나 공포감을 불러일으키기까지 한다. 그중에서도 외모와 관련된 제품의 광고는 개인의 삶의 의미가 '자신이 남에게 어떤 존재로 보이느냐?'라는 것을 무수히 주입한다. 역사학자들도
>
> '연기하는 자아'의 개념이 대중문화의 부상과 함께 더욱 의미 있는 것이 되었다고 말한다. 그들은 적어도 20세기 초부터 '성공'은 무엇을 잘하고 열심히 하는 것이 아니라 '인상 관리'를 어떻게 하느냐에 달려 있다고 한다. 이렇게 자신의 일관성을 잃고 상황에 따라 적응하게 되는 현대인들은 대중매체가 퍼뜨리는 유행에 민감하게 반응하는 과정에서 자신의 취향을 형성해 가고 있다.
>
> 이렇듯 현대인의 새로운 타자 지향적인 삶의 태도는 개인에게 다른 사람들의 기대와 순간의 욕구에 의해 채워져야 할 빈 공간이 될 것을 요구했다. 현대 사회에서 각 개인은 사회 적응을 위해 역할 수행자가 되어야 하고, 자기 스스로 자신의 연기를 모니터하면서 상황에 따라 편리하게 '사회적 가면'을 쓰고 살아가게 되었다. 이는 세련되었다는 평을 받는 사람들의 경우에 더욱 그러하다. 흔히 거론되는 'MZ세대 문화'의 특성 중 하나도 '사회적 가면'의 착용이라고 볼 수 있다. 물론 MZ세대는 구세대에 비해 훨씬 더 솔직하고 가식이 없다는 장점을 지니고 있다. 여기서 '가면'은 특정한 목적을 위해 자기를 감추거나 누구를 속인다는 부정적인 의미만을 갖고 있는 것은 아니다. 다만 MZ세대는 남에게 보이는 자신의 모습에서 만족을 느끼는 정도가 크기 때문에 그런 만족을 얻기 위해 기울이는 노력이 크고, 그것은 자신의 자아를 돌아볼 여유도 없이 '가면'에만 충실하게 되는 것이다.
>
> 과거를 향유했던 사람들은 비교적 사람의 내면세계를 중요시했다. 겉으로 드러나는 모습은 허울에 불과하다고 믿었기 때문이다. 그러나 현 시대를 살아가는 사람들의 모습을 보면 인간관계에 있어, 그 누구도 타인의 내면세계를 깊이 알려고 하지 않거니와 사실 그럴 만한 시간적 여유도 없는 경우가 많다. 그런 이유로 무언가 '느낌'으로 와 닿는 것만을 중시하며 살아간다. 그 '느낌'이란 것은 꼭 말로 설명할 수는 없다 하더라도 겉으로 드러난 모습에 의해 영향을 받게 마련이다. 옷차림새나 말투 하나만 보고도 금방 그 어떤 '느낌'이 형성될 수도 있는 것이다. 사람을 단지 순간적으로 느껴지는 겉모습만으로 판단한다는 것은 위험하기 짝이 없는 일임에도 불구하고, 현대인들은 겉모습에서 주어지는 인상에 의해 상대방을 파악하고 인식하는 것을 거부하지 못하는 데에 문제가 있다.

① 현대인들은 세대 간에 이해의 폭을 넓혀야 한다.
② 현대인들은 자신의 내면적 가치를 추구해야 한다.
③ 현대인들은 자아 중심적 세계에서 벗어나야 한다.
④ 현대인들은 긍정적 세계관을 지니도록 노력해야 한다.

22

다음 글의 제목으로 가장 적절한 것은?

행위란 신념 및 지향적 태도로부터 도출되는 것이다. 이러한 행위를 평가하기 위해서는 문제의 행위가 그 전제가 되는 신념 및 지향적 태도로부터 연역적으로 타당하게 도출되는 것인가를 판단해야 한다. 만일 행위가 그와 같이 도출되는 것이 아니면, 그 행위는 비합리적이다. 어린아이가 칼을 가지고 노는 것은 위험하다는 것을 알고 있으며, 그 아이가 다치는 것을 원하지 않으면서도, 그 아이에게 칼을 장난감으로 주는 것은 비합리적이다. 그의 행위가 그의 신념과 지향적 태도로부터 도출되는 것이 아니기 때문이다.

그러나 행위가 그 전제들로부터 연역적으로 타당하게 도출되는 합리적인 것이라 할지라도, 그 행위가 바람직하다는 것과 받아들여질 수 있다는 것은 별개의 문제이다. 합리적인 행위로서 바람직하지도 않고 받아들여질 수도 없는 것이 얼마든지 있기 때문이다. 형제가 노루 사냥을 나갔다가 동생이 형을 노루로 오인하여 쏘아 죽인 일이 신문 지면에 보도된 적이 있었다. 동생은 지극히 합리적인 행위를 했으나, 그 행위는 바람직하지 못했다. 따라서 행위가 그 전제들로부터 타당하게 도출되는 합리적인 것인 경우에는, 그 전제들이 정당화되는 정도를 검토해야 한다.

또한 합리적인 행위라 할지라도, 잘못된 신념에 근거한 것은 바람직하지 않다. 행위의 당사자로서는 최선을 다한 행위일지라도, 지나놓고 보면 어처구니없는 것으로 평가되는 이유가 바로 여기에 있다. 과거 미신과 주술이 사회를 지배했던 곳에서 때로는 '신'의 이름으로, 때로는 '정의'의 이름으로, 때로는 '진리'의 이름으로 수많은 사람을 박해하고, 고문하고, 죽였던 것에서 이를 알 수 있다.

어떤 신념을 가지고 있는가에 따라 행위가 달라지겠지만, 주어진 상황 속에서 어떤 것을 문제 삼는가에 따라서도 행위가 달라진다. 따라서 행위의 적절성을 평가하기 위해서는 문제 상황의 인식이 적절했는가의 여부가 먼저 평가될 필요가 있다. 집에 불이 났을 경우, 무엇보다도 "집에 불이 났다."라는 것이 문제 상황이고 그 문제를 해결하는 것, 즉 불을 끄는 것이 목표가 될 것이다. 그런데 불을 끄려는 노력을 하기보다는 "불조심을 하지 않았다."라는 것을 문제 삼을 수도 있다. 이 경우에는 불을 끄는 행위 대신, 식구들끼리 서로를 비난하고 원망하는 일이 벌어질 것이다. 일반적으로, 여러 가지 문제들이 동시에 주어질 때, 어떤 문제를 먼저 해결하도록 해야 하는가를 판단하는 것은 판단자의 가치관이나 세계관 등에 크게 좌우될 것이다. 그래서 행위의 평가는 궁극적으로 행위자의 가치관이나 세계관의 평가로 확대될 수 있다. 그러나 어떤 경우에나 문제 해결 시기의 적절성이 중요하게 고려되어야 할 것이다.

"목적은 수단을 정당화시킨다."라는 말이 있다. 목적이 좋으면, 그 목적을 달성시킬 수 있는 어떤 수단도 정당화된다는 것이다. 그러나 그렇지 않다. 빈대를 잡자는 좋은 목적을 달성하기 위해 초가삼간을 태우는 수단이 정당화될 수는 없는 일이다. 좋은 목적과 좋은 수단은 별개의 것이다. 따라서 행위의 평가는 수단이 좋은가에 대한 평가도 포함해야 한다.

① 신념과 행위는 어떠한 관계를 맺고 있는가?
② 행위를 평가하기 위해서는 어떤 점을 고려해야 하는가?
③ 합리적인 행위를 하거나 비합리적인 행위를 하는 이유는 무엇인가?
④ 바람직하지 못한 행위를 하는 사람의 태도를 바꿀 수 있는 방법은 무엇인가?

23

국어사전에 등재 순서에 따른 단어의 배열로 가장 적절한 것은?

① 왕 – 외각 – 외곽 – 왠지 – 요가
② 유민 – 은퇴 – 은파 – 이념 – 의무
③ 종교 – 좌석 – 찍소리 – 진보 – 짤짤이
④ 괴롭다 – 교실 – 구름 – 귀엽다 – 규격

24
다음 글의 서술 방식으로 가장 적절한 것은?

사회 복지 제도는 질병, 장애, 노령, 실업, 사망 등 각종 사회적 위험으로부터 모든 국민을 보호하고 빈곤을 해소하며 국민 생활의 질을 향상시키기 위하여 제공되는 복지 제도를 말한다. 사회 복지 제도는 그 기능과 역할을 달리하며 다양한 방식으로 운영되고 있는데, 일반적으로 급여 전달 형식에 따라 공공 부조, 사회 보험, 사회 수당, 사회 서비스로 구분된다.

공공 부조와 사회 보험은 이미 널리 알려진 제도이다. 공공 부조는 국민 혹은 시민의 기초 생활을 보장하기 위하여 국가가 최저 생계가 불가능한 사람들을 대상으로 생계비, 생필품 혹은 기본 서비스를 제공하는 것을 가리킨다. 이때 공공 부조의 재원은 일반 조세를 통해 마련되며, 수급자는 수혜받은 것에 상응하는 의무를 지지 않는다. 그런데 공공 부조의 경우 국가가 수급 대상자를 선별하기 위해 대상자의 소득이나 자산을 조사하는 과정에서 수급자의 자존감을 떨어뜨려 이들에게 사회적 소외감을 안겨 줄 가능성이 있으며, 경직된 수급 기준 탓에 수급자 선별이 제대로 이루어지지 못하는 문제가 발생할 수 있다.

이와 달리 사회 보험은 기본적으로 수급자의 기여를 토대로 이루어지는 복지제도라고 할 수 있다. 현재 대부분의 복지 국가는 미래의 불확실성과 불안정성에 대비해서 일정한 소득과 재산이 있는 시민들과 관련 기업에 보험금을 납부하도록 강제하는 법의 제정을 통해 사회 보험 제도를 시행하고 있다.

사회 수당은 재산이나 소득, 그리고 보험료의 지불 여부와 관계없이 일정한 사회적 범주에 해당하는 사람에게 무료로 급여를 제공하는 제도로, 사회의 총체적 위협 요인을 예방하거나 시민 전체의 삶의 질을 높이기 위한 목적으로 운영된다. 선진 복지 국가의 노인 수당(old-age benefits)과 같이 국가나 자치 단체가 법률이 정한 대로 일정한 나이를 넘어선 사람들에게 그가 가지고 있는 재산이나 지위와 상관없이 소정의 급여를 지급하는 것이 대표적인 경우라고 할 수 있다. 이럴 경우 수당을 받은 사람들은 자기 자신을 수혜의 대상으로 간주하기보다는 권리의 주체로 인식할 가능성이 높다.

한편 사회 서비스는 급여의 지급이 아니라 '돌봄'의 가치를 가진 특정한 서비스를 통해 이루어지는 제도이다. 사회 서비스에는 국가가 서비스 기관을 운영하면서 직접 서비스를 제공하는 방식도 있지만, 서비스를 받을 수 있는 증서를 제공함으로써 수혜자가 공적 기관뿐만 아니라 민간단체가 운영하는 사적 기관의 서비스를 자신의 선호도에 따라 선택할 수 있게 하는 방식도 있다. 최근 들어서 많은 나라들은 서비스 증서를 제공하는, 일명 바우처(voucher) 제도를 도입하여 후자 방식을 선호하는 경향을 보이고 있다. 이와 같이 사회 서비스는 소득의 재분배보다는 시민들의 삶의 질을 향상시키는 것에 더욱 초점을 두는 제도라고 할 수 있다.

① 통계 수치를 종합해 내용의 신뢰성을 높이고 있다.
② 시간의 흐름에 따라 대상의 변모 과정을 보이고 있다.
③ 대상을 여러 유형으로 분류하여 정보를 구조화하고 있다.
④ 설명 대상과 관련된 개인적 경험을 통해 주제를 강조하고 있다.

25
다음 글의 주제로 가장 적절한 것은?

우리 사회는 타의 추종을 불허할 정도로 빠르게 변화하고 있다. 가족정책도 4인 가족 중심에서 1~2인 가구 중심으로 변해야 하며, 청년실업률과 비정규직화, 독거노인의 증가를 더 이상 개인의 문제가 아닌 사회문제로 다뤄야 하는 시기이다. 여러 유형의 가구와 생애주기 변화, 다양해지는 수요에 맞춘 공동체 주택이야말로 최고의 주거복지사업이다. 공동체 주택은 공동의 목표와 가치를 가진 사람들이 커뮤니티를 이뤄 사회문제에 공동으로 대처해 나가도록 돕고, 나아가 지역사회와도 연결시키는 작업을 진행하고 있다.

임대료 부담으로 작품 활동이나 생계에 어려움을 겪는 예술인을 위한 공동주택, 1인 창업과 취업을 위해 골몰하는 청년을 위한 주택, 지속적인 의료서비스가 필요한 환자나 고령자를 위한 의료안심주택은 모두 시민의 삶의 질을 높이고 선별적 복지가 아닌 복지사회를 이루기 위한 노력의 일환이다. 혼자가 아닌 함께 가는 길에 더 나은 삶이 있기 때문에 오늘도 수요자 맞춤형 공공주택은 수요자에 맞게 진화하고 있다.

① 4차 산업혁명과 주거복지
② 수요자 중심의 대출규제 완화
③ 선별적 복지 정책의 긍정적 결과
④ 다양성을 수용하는 주거복지 정책

01

한자 성어의 쓰임이 적절하지 않은 것은?

① 그는 세계 대회에서 우승하고 고향 강릉으로 錦衣還鄕 했다.

② 시험공부를 좀 더 일찍 시작했어야 한다고 후회해 봤자 晩時之歎일 뿐이었다.

③ 그는 입사 시험에 단번에 합격한 뒤 捲土重來의 마음으로 외국어 학원에 등록하였다.

④ 성품이 올곧은 자네가 아버지의 권세에 기대어 狐假虎威할 생각을 가진 것은 아니겠지?

02

밑줄 친 단어 중 외래어 표기법이 모두 맞는 문장으로 옳은 것은?

① 주말에 아울렛에 가서 매트리스를 살까 해.

② 선수가 드로인한 공이 일반적인 루트를 벗어났다.

③ 피라미드에 들어가기 전 배갈을 세 잔이나 마셨다.

④ 오늘 콘서트에서 가장 하일라이트는 마지막 곡이었다.

03

다음 중 〈보기〉에 나타난 오류의 유형이 아닌 것은?

> 보기
>
> (가) 그동안 왜 한 번도 전화를 안 한 거야? 내가 싫어진 거구나.
>
> (나) 그는 오늘 약속 시간을 지키지 못했다. 그는 신의가 없는 사람이다.
>
> (다) 귀신은 분명히 있어. 지금까지 귀신이 없다는 것을 증명한 사람은 없으니까!
>
> (라) 감기에 걸리면 술을 마시고 잠을 자 봐. 예전에 내가 그래서 나은 적이 있어.

① 흑백 논리의 오류
② 순환 논증의 오류
③ 성급한 일반화의 오류
④ 잘못된 인과 관계의 오류

04

문맥을 고려할 때, ㉠의 의미를 가장 잘 표현한 것은?

> 천재라는 것이 뛰어난 성과를 말하는 것이라면, 건강한 사람의 꾸준한 인내와 노력은 천재가 되는 가장 빠른 길이다. 천재란 딴것이 아니라, 자기가 생각하는 것에 대해서, 자기가 하고자 하는 일에 대해서 영감(靈感)이라는 신(神)의 힘을 얻을 수 있는 사람이며, 이러한 힘이란 하늘에서 떨어진 우연한 요행(僥倖)이 아니라, 사실은 자기의 노력으로써 발견된, 자기 속에 파묻힌, 자기도 몰랐던 자기의 ㉠ 보옥(寶玉)이었던 까닭에서이다.

① 成果
② 個性
③ 正體性
④ 潛在力

05

다음 중 밑줄 친 '안되다'가 사전의 '안되다[2]'의 「2」에 해당하는 것은?

> • 안되다[1]「동사」
>
> 「1」 일, 현상, 물건 따위가 좋게 이루어지지 않다.
>
> 「2」 사람이 훌륭하게 되지 못하다.
>
> 「3」 일정한 수준이나 정도에 이르지 못하다.
>
> • 안되다[2]「형용사」
>
> 「1」【…이】【-기가】 섭섭하거나 가엾어 마음이 언짢다.
>
> 「2」【…이】 근심이나 병 따위로 얼굴이 많이 상하다.

① 나중에 커서 의사는 안되고 싶어.

② 안색이 안돼 보여서 보약을 지어 보냈다.

③ 시험에서 우리 중 안되어도 세 명은 합격할 것 같다.

④ 젊은 나이에 남편을 잃고 고생하는 것을 보니 마음이 안됐다.

06

ㄱ~ㄹ에 대한 설명으로 가장 적절하지 않은 것은?

> ㉠ 예쁜 언니의 목걸이를 빌리고 싶었다.
> ㉡ 나는 어제 친구와 친구 동생을 만났다.
> ㉢ 누나가 모자를 쓰고 학교에 가지 않았다.
> ㉣ 8시가 되자 형은 동생에게 옷을 입게 했다.

① ㉠: 관형어 '예쁜'이 수식하는 것이 '언니'일 수도 있고, '언니의 목걸이'일 수도 있다.

② ㉡: '나와 친구'가 '친구 동생'을 만난 경우와 '나'가 '친구와 친구 동생'을 만난 경우의 두 가지 의미로 해석할 수 있다.

③ ㉢: '누나가 모자를 쓰지 않고 학교에 갔다.', '누나가 모자를 쓰고 학교가 아닌 다른 곳에 갔다.' 등의 의미로 해석할 수 있다.

④ ㉣: 형이 동생에게 옷을 입혀 주는 의미로 해석할 수도 있고, 형이 동생에게 옷을 입게 지시하는 의미로 해석할 수도 있다.

07

밑줄 친 단어의 의미 관계가 〈보기〉의 예로 적절하지 않은 것은?

> ┌ 보기
> 담화의 의미는 맥락을 참고하여 해석하여야 하는데, 맥락에 따라 같은 단어가 반대의 의미로 해석되는 예들이 있다.

① ┌ ㉠ 취직자리가 나서 얼른 지원했다.
   └ ㉡ 이 지방에서는 사과가 많이 난다.

② ┌ ㉠ 형님은 아버지의 유산을 상속했다.
   └ ㉡ 할머니는 모든 재산을 장손에게 상속했다.

③ ┌ ㉠ 나는 도서관에서 가서 책을 대출해서 왔다.
   └ ㉡ 도서관은 시민들에게 책을 대출하는 기관이다.

④ ┌ ㉠ 우리는 앞으로 다가올 미래를 준비해야 한다.
   └ ㉡ 우리는 앞 세대의 누적된 경험을 존중해야 한다.

[8-9] 다음 글을 읽고 물음에 답하시오.

> 이것은 소리 없는 ㉠아우성
> 저 푸른 ㉡해원을 향하여 흔드는
> 영원한 노스탤지어의 손수건
> ㉢순정은 물결같이 바람에 나부끼고
> 오로지 맑고 곧은 이념의 푯대 끝에
> 애수는 백로처럼 날개를 펴다.
> 아아, 누구던가.
> 이렇게 슬프고도 애달픈 ㉣마음을
> 맨 처음 공중에 달 줄을 안 그는.

08

제시된 시의 '소리 없는 아우성'에 나타난 표현법이 쓰이지 않은 것은?

① 뵈오려 안 뵈는 님, 눈 감으니 보이시네

② 님은 갔지마는 나는 님을 보내지 아니하였습니다.

③ 두 볼에 흐르는 빛이 / 정작으로 고와서 서러워라.

④ 산호도 섬도 없는 저 하늘로 / 나를 밀어 올려 다오.

09

㉠~㉣ 중 가리키는 대상이 다른 하나는?

① ㉠   ② ㉡

③ ㉢   ④ ㉣

10

다음 작품에 대한 설명으로 적절하지 않은 것은?

> (가) 이런들 엇더ᄒ며 져런들 엇더ᄒ료
> 초야 우생(草野愚生)이 이러타 엇더ᄒ료
> ᄒ믈며 천석고황(泉石膏肓)을 고텨 므슴ᄒ료
>
> (나) 유란(幽蘭)이 재곡(在谷)ᄒ니 자연(自然)이 듯디 됴해
> 백운(白雲)이 재산(在山)ᄒ니 자연(自然)이 보디 됴해
> 이 중에 피미일인(彼美一人)을 더옥 닛디 몯ᄒ얘
>
> (다) 산전(山前)에 유대(有臺)ᄒ고 대하(臺下)에 유수(有水) ㅣ로다
> ᄯ 많은 갈매기는 오명가명 ᄒ거든
> 엇더타 교교백구(皎皎白駒)는 멀리 ᄆᆞᄋᆞᆷ 두는고
>
> (라) 당시(當時)예 녀든 길흘 몃 ᄒᆡ를 ᄇ려두고
> 어듸 가 ᄃᆞ니다가 이제ᅀᅡ 도라온고
> 이제나 도라오나니 년 듸 ᄆᆞᄉᆞᆷ 마로리
>
> — 이황, 〈도산십이곡〉

① (가): '초야 우생'은 화자 자신을 일컫는 말로, 화자가 추구하는 삶의 모습을 보여 준다.

② (나): '유란', '백운'은 '피미일인'에 대한 화자의 그리움이 투영된 존재이다.

③ (다): '교교백구'는 '갈매기'에 관심을 두지 않는 존재로, 화자가 비판적으로 여기는 대상이다.

④ (라): '어듸'는 화자가 '몃 ᄒᆡ' 동안 다녀온 곳에 해당하지만 현재는 멀리하려는 공간이다.

11

다음 작품에 대한 바른 설명만 골라 묶은 것은?

> 봄이 오던 아침, 서울 어느 쪼그만 정거장에서
> 희망과 사랑처럼 기차를 기다려,
>
> 나는 플랫폼에 간신한 그림자를 떨어뜨리고,
> 담배를 피웠다.
>
> 내 그림자는 담배 연기 그림자를 날리고
> 비둘기 한 떼가 부끄러울 것도 없이
> 나래 속을 속, 속 햇빛에 비춰, 날았다.
>
> 기차는 아무 새로운 소식도 없이
>
> 나를 멀리 실어다 주어,
>
> 봄은 다 가고 — 동경(東京) 교외 어느 조용한 하숙방에서, 옛 거리에 남은 나를 희망과 사랑처럼 그리워한다.
>
> 오늘도 기차는 몇 번이나 무의미하게 지나가고
>
> 오늘도 나는 누구를 기다려 정거장 가차운 언덕에서 서성거릴 게다.
>
> —아아 젊음은 오래 거기 남아 있거라.
>
> — 윤동주, 〈사랑스런 추억〉

보기

ㄱ. 영탄적인 표현을 통해 화자의 정서를 강조하고 있다.

ㄴ. 현재형 진술로 화자의 정서가 촉발된 상황을 제시하고 있다.

ㄷ. 계절의 변화를 통해 과거와 대비되는 현재 상황을 드러내고 있다.

ㄹ. 공감각적 심상을 통해 관념적인 대상에 대한 화자의 인상을 드러내고 있다.

① ㄱ, ㄴ   ② ㄱ, ㄷ

③ ㄴ, ㄹ   ④ ㄷ, ㄹ

12

밑줄 친 '맡다'와 문맥적 의미가 유사한 것을 〈보기〉에서 모두 고른 것은?

> 장기 기억을 <u>맡는</u> 뇌의 부위는 해마와 편도를 포함하는 측두엽 내부인데, 편도는 감정과 밀접한 관계를 맺고 있어서 강한 감정과 관련된 기억을 아주 오랫동안 저장한다.

보기

㉠ 나는 친구의 부탁으로 잠시 가방을 <u>맡아</u> 두었다.

㉡ 아무리 작은 일이라도 <u>맡은</u> 일에 최선을 다해야 한다.

㉢ 나는 회사에서 경리뿐만 아니라 비서 역할도 <u>맡고</u> 있다.

㉣ 친구들과 여행을 다녀와도 좋다는 허락을 부모님께 <u>맡았다</u>.

① ㉠, ㉡   ② ㉠, ㉣

③ ㉡, ㉢   ④ ㉡, ㉣

13

다음 글을 논리적 순서에 맞게 나열한 것은?

(가) 상품의 가격은 기본적으로 수요와 공급의 힘으로 결정된다. 시장에 참여하고 있는 경제 주체들은 자신이 가진 정보를 기초로 하여 수요와 공급을 결정한다.

(나) 이런 경우에는 상품의 가격이 우리의 상식으로는 도저히 이해하기 힘든 수준까지 일시적으로 뛰어오르는 현상이 나타 날 가능성이 있다. 이런 현상은 특히 투기의 대상이 되는 자산의 경우 자주 나타나는데, 우리는 이를 '거품 현상'이라고 부른다.

(다) 그러나 현실에서는 사람들이 서로 다른 정보를 갖고 시장에 참여하는 경우가 많다. 어떤 사람은 특정한 정보를 갖고 있는데 거래 상대방은 그 정보를 갖고 있지 못한 경우도 있다.

(라) 일반적으로 거품 현상이란 것은 어떤 상품—특히 자산—의 가격이 지속해서 급격히 상승하는 현상을 가리킨다. 이와 같은 지속적인 가격 상승이 일어나는 이유는 애초에 발생한 가격 상승이 추가적인 가격 상승의 기대로 이어져 투기 바람이 형성되기 때문이다.

(마) 이들이 똑같은 정보를 함께 갖고 있으며 이 정보가 아주 틀린 것이 아닌 한, 상품의 가격은 어떤 기본적인 수준에서 크게 벗어나지 않을 것이라고 예상할 수 있다.

① (가) − (다) − (나) − (라) − (마)
② (가) − (마) − (다) − (나) − (라)
③ (라) − (마) − (가) − (다) − (나)
④ (라) − (다) − (가) − (마) − (나)

14

한자 성어에 대한 설명이 적절하지 않은 것은?

① 針小棒大 − 심하게 과장하여 말함.
② 見蚊拔劍 − 사소한 일에 크게 성내어 덤빔.
③ 五里霧中 − 무슨 일에 대하여 방향이나 갈피를 잡을 수 없음.
④ 麥秀之嘆 − 효도를 다하지 못한 채 어버이를 여읜 자식의 슬픔.

15

밑줄 친 상황을 비판하기에 가장 적절한 말은?

나는 소위 선진국이라는 나라에 몇 번 머무를 기회가 있었는데, 철자를 잘못 적는 일은 한 번도 목격한 적이 없다. 이에 비해 우리의 실정은 어떠한가? 거리에 나가 거닐면서 각종 상점의 간판, 광고, 표지 등을 잠깐만 살펴보더라도 규범을 지키지 않은 사례들을 한두 건은 어렵지 않게 찾아낼 수 있을 정도이다. 또 공식적인 자리에서조차 표준어 규정이나 표준 발음에 어긋나는 말을 서슴지 않고 하거나, 심지어 영어 철자법에는 자신이 있는데 한글 맞춤법은 어려워서 영 자신이 없다고 무슨 자랑거리라도 되는 듯이 이야기하는 지식인을 본 적도 있다.

① 고양이 쥐 생각
② 소도 언덕이 있어야 비빈다
③ 나그네가 도리어 주인 노릇 한다
④ 호랑이 코빼기에 붙은 것도 떼어 먹는다

16

다음 글을 참고할 때, 성격이 다른 하나는?

화자의 의도를 직접적 언어 표현으로 나타내는 것을 '직접 언어 행위'라고 하고, 언어로 직접 표현하는 대신 상황이나 맥락의 도움을 받아 추론의 과정을 거쳐서 화자의 의도가 간접적으로 드러나게 하는 것을 '간접 언어 행위'라고 한다.

① A: (늦게 들어 온 아들에게) 도대체 지금이 몇 시니?
  B: 어머니, 죄송해요. 앞으로 일찍 다닐게요.
② A: (서점 직원에게) 제가 어제 전화로 주문한 책 들어 왔나요?
  B: 여기 있어요. 2만 원입니다.
③ A: (미용실에서 잡지를 보다가 애인에게) 새로 개봉한 이 영화 재미있대.
  B: 나 다음 주에 바빠.
④ A: (길을 가다 마을 주민에게) 우체국에 가려고 하는데, 여기서 얼마나 걸리나요?
  B: 한 10분 정도 더 가면 돼요.

17

'국어'의 특징으로 가장 적절한 것은?

① 굴절어적 성격을 가진 언어이다.
② 수식어는 피수식어 뒤에 위치한다.
③ 관계 대명사, 접속 조사, 전치사가 없다.
④ 성의 구별이 없고 단수와 복수의 개념이 불분명하다.

18

다음 개요를 수정한 내용으로 적절하지 않은 것은?

〈주제: 한국 사회에 나타난 자본주의의 부정적 현상과 극복〉

서론: 한국 사회의 자본주의가 초래한 부정적 현상
  - 사회적 불평등의 심화

본론
  1. 부의 집중 현상이 나타나게 된 원인
    • 경제 성장기에 국가에서 특정 계층을 배려한 결과
    • 과세 제도의 부재 .... ㉠
    • 사회적·윤리적 의식의 부재 .... ㉡
  2. 부의 집중 현상이 초래하는 문제점
    • 상대적 빈곤의 심화
    • 빈곤의 대물림 .... ㉢
    • 계층 간 이동 기회의 감소 .... ㉣
  3. 부의 집중 현상을 해소하기 위한 대책
    • 선진국들의 경험 참조 .... ㉤
    • 평등한 교육 기회를 통한 공정한 경쟁 유도
    • 나눔의 문화 의식 정착을 위한 정치적 역량 발휘

결론: 자본주의의 창조적인 역량을 모아 모순을 해결해야 한다.

① ㉠: '과세제도'는 항상 존재하여 왔기 때문에 '사회 계층 간 균형을 고려한 과세 제도의 부재' 정도로 하여 원인을 분명히 한다.
② ㉡: 너무 포괄적인 내용이므로, '경제적 약자를 배려하는 의식의 부재'로 구체화한다.
③ ㉢: ㉣과 유사한 내용이므로 ㉣과 합쳐 하나의 항목으로 만든다.
④ ㉤: 사회 불평등을 해소하기에 도움이 되지 않는 내용이므로 삭제한다.

19

다음 글을 이해한 내용으로 가장 적절하지 않은 것은?

위기지학(爲己之學)이란 15세기의 사림파 선비들이 『소학(小學)』을 강조하면서 내세운 공부 태도를 가리킨다. 원래 이 말은 위인지학(爲人之學)과 함께 『논어』에 나오는 말이다. '옛날에 공부하던 사람들은 자기를 위해 공부했는데, 요즘 사람들은 남을 위해 공부한다.' 즉 공자는 공부하는 사람의 관심이 어디에 있느냐를 가지고 학자를 두 부류로 구분했다. 어떤 학자는 '위기(爲己)란 자아가 성숙하는 것을 추구하며, 위인(爲人)이란 남들에게서 인정받기를 바라는 태도'라고 했다.

조선 시대를 대표하는 지식인 퇴계 이황(李滉)은 이렇게 말했다. '위기지학이란, 우리가 마땅히 알아야 할 바가 도리이며, 우리가 마땅히 행해야 할 바가 덕행이라는 것을 믿고, 가까운 데서부터 착수해 나가되 자신의 이해를 통해서 몸소 실천하는 것을 목표로 삼는 공부이다. 반면 위인지학이란, 내면의 공허함을 감추고 관심을 바깥으로 돌려 지위와 명성을 취하는 공부이다.' 위기지학과 위인지학의 차이는 공부의 대상이 무엇이냐에 있다기보다 공부를 하는 사람의 일차적 관심과 태도가 자신을 내면적으로 성숙시키는 데 있느냐 아니면 다른 사람으로부터 인정을 받는 데 있느냐에 있다는 것이다.

이것은 학문의 목적이 외재적 가치에 의해서가 아니라 내재적 가치에 의해서 정당화된다는 사고방식이 나타났음을 뜻한다. 이로써 당시 사대부들은 출사(出仕)를 통해 정치에 참여하는 것 외에 학문과 교육에 종사하면서도 자신의 사회적 존재 의의를 주장할 수 있다고 믿었다. 더 나아가 학자 또는 교육자로서 사는 것이 관료 또는 정치가로서 사는 것보다 훌륭한 것이라고 주장할 수 있게 되었다. 또한 위기지학의 출현은 종래 과거제에 종속되어 있던 교육에 독자적 가치를 부여했다는 점에서 역사적 사건으로 평가받아 마땅하다.

① 위인지학을 추구하는 사람들은 체면과 인정을 중시하였다.
② 공자는 학문을 대하는 태도를 기준으로 삼아 학자들을 나누었다.
③ 위기지학을 국가에서 권장하면서부터 위기지학의 위상이 높아졌다.
④ 위기지학은 사대부에게 출사만이 훌륭한 것은 아니라는 근거를 제공하였다.

20

문장 성분 간의 호응이 맞는 문장으로 옳은 것은?

① 우리가 다시 만나는 것은 결코 우연한 일이다.
② 분수없이 과한 대접을 받는 것도 여간 고역이다.
③ 자연 현상의 연구는 모름지기 실험에 의하여야 한다.
④ 그녀의 목소리는 마치 천상에서 울리는 음악 소리이다.

21

〈보기〉를 참고할 때, 형성 방식이 동일한 합성어로만 묶인 것은?

> ┌ 보기 ┐
>
> 합성어는 형성 방식에 따라 통사적 합성어와 비통사적 합성어로 나눌 수 있다. 통사적 합성어는 어근의 배열 방식이 국어 문장의 구성 방식과 동일한 합성어를 말하고, 비통사적 합성어는 국어의 문장 구성 방식과 동일하지 않은 합성어를 말한다.

① 덮밥 – 죄다 – 받내다
② 꺾쇠 – 이슬비 – 우짖다
③ 온종일 – 애쓰다 – 오랫동안
④ 검버섯 – 날뛰다 – 척척박사

22

밑줄 친 말을 순화한 표현으로 바꾼 것으로 적절하지 않은 것은?

① 중매인(仲買人)을 넣어 흥정을 붙이다.
　→ 거간꾼을 넣어 흥정을 붙이다.
② 그는 지금 딜레마(dilemma)에 빠져 버렸다.
　→ 그는 지금 궁지에 빠져 버렸다.
③ 처음 가는 길이라 내비게이션(navigation)을 켜고 운전을 했다.
　→ 처음 가는 길이라 길탐색기를 켜고 운전을 했다.
④ 상인들이 소금 매점(買占)에 열을 올려 품귀 현상이 일어났다.
　→ 상인들이 소금 사재기에 열을 올려 품귀 현상이 일어났다.

23

다음 시에 대한 설명으로 가장 옳지 않은 것은?

> 큰 어둠 가운데 홀로 밝은 불 켜고 앉아 있으면 모두 빼앗기는 듯한 외로움
> 한 포기 산꽃이라도 있으면 얼마나한 위로라.
>
> 모두 빼앗기는 듯 눈덮개 고이 나리면 환한 왼몸은 새파란 불 붙어 있는 인광
> 까만 귀또리 하나라도 있으면 얼마나 기쁨이랴.
>
> 파란 불에 몸을 사르면 싸늘한 이마 맑게 트이어 기어가는 신경의 간지러움
> 길 잃은 별이라도 맘에 있다면 얼마나한 즐검이랴.
>
> — 박용철, 〈싸늘한 이마〉

① 가정의 표현을 통해 소망의 간절함을 드러내고 있다.
② 유사한 구조를 반복하여 형식적 통일성을 갖추고 있다.
③ 시각과 촉각적 이미지를 통해 주제를 형상화하고 있다.
④ 자연물을 활용하여 자연 친화적인 정서를 드러내고 있다.

24

㉠~㉢에 대한 이해로 적절하지 않은 것은?

> 우리 몸을 구성하는 세포들은 끊임없이 변한다. 피부는 끊임없이 벗겨지고, 4주마다 완전히 새 피부로 바뀐다. 이는 마치 완전 방수의 천연 가죽옷을 한 달에 한 번 갈아입는 것과 같다. 또 뼈의 조직은 끊임없이 죽고 다른 조직으로 바뀌는데, 몸 전체의 모든 뼈가 새로 바뀌는 데는 7년이 걸린다. 그렇다면 7년 전의 나와 지금의 내가 다른 존재인 걸까? 그렇지 않다면 내가 변하는데도 불구하고 그때의 나와 같은 사람이라고 말할 수 있는 근거는 무엇일까? 이에 대한 답변을 해 줄 수 있는 것이 바로 개인 동일성 문제이다.
>
> 개인 동일성 문제를 다루기 위해서는 먼저 '같다'와 '다르다'라는 말을 분명히 해 둘 필요가 있다. 우리는 '저 시계는 내 시계와 같은 시계.'라고 말할 때의 '같다'와 '개밥바라기는 샛별과 같은 행성이다.'라고 말할 때의 '같다'가 서로 다른 뜻임을 알고 있다. 앞의 동일성은 같은 종류라거나 특징이 비슷하다는 뜻이고, 뒤의 동일성은 완전히 똑같은 개체라는 것을 의미한다. 철학자들은 앞의 동일성을 질적 동일성이라고 부르고, 뒤의 동일성을 수적 동일성이라고 부른다. 두 개체가 다 비슷하다는 것은 질적으로 비슷한 점이 많다는 것이고, 두 개체가 완전히 똑같다는 것은 수적으로 하나라는 것이다. 그

러면 개인 동일성 문제에서 문제가 되는 동일성은 바로 수적 동일성이다. 돌 무렵 나, 7년 전의 내가 지금의 나와 '같은' 사람이 아니라고 해도 완전히 틀린 말은 아니다. 그러나 그것은 질적 동일성이 같지 않다는 뜻일 뿐이고, 수적 동일성은 여전히 성립한다.

그러나 철학자들에게 돌 때의 나와 지금의 내가 왜 수적으로 동일한가는 설명해야 하는 문제가 남아 있다. 우선 돌 때의 나와 지금의 나에 대한 개인 동일성의 근거로 신체를 제시하는 ㉠ 신체 이론이 있다. 물론 돌 때의 나와 지금의 내 신체는 많이 변화되었지만, 돌 때의 나로부터 현재의 나까지 시간과 공간이 연속되어 왔으므로 이 연속성을 근거로 동일성을 주장하는 것이다. 그러나 신체 이론은 두 사람의 영혼이 뒤바뀐 경우에는 수적 동일성을 설명하기 어렵다. 왕자와 거지의 영혼이 바뀌었다고 가정할 때 신체 이론에 따르면 시간과 공간의 단절이 없었으므로, 왕자의 몸에 거지의 영혼이 들어갔어도 여전히 왕자의 몸을 가진 사람이 왕자가 된다. 이러한 문제를 해결하기 위해 개인 동일성의 근거를 영혼으로 보는 이론이 바로 ㉡ 영혼 이론이다. 그러나 영혼 이론은 영혼의 존재에 대해 확인할 방법이 없다는 문제가 있다. 반면에 영혼의 존재는 확인할 수 없지만 인간의 사고를 담당하는 뇌의 존재는 분명하다. 이처럼 뇌에 들어 있는 기억, 버릇, 느낌 등 각종 정보를 개인 동일성의 근거로 삼는 이론이 ㉢ 심리 이론이다. 심리 이론에서는 돌 때의 나와 현재의 나에 대한 나의 기억들은 나에게만 존재하므로, 그 기억을 근거로 동일성을 보장해 준다고 본다. 이는 나의 기억은 드문드문 사라지지만, 기억들 간의 '연속성'을 통해 과거의 나와 현재의 나 사이에 연결 고리를 마련해 준다고 본 점에서 신체 이론과 유사하다.

① ㉠에서는 신체가 성장하며 변화하더라도 시간 · 간의 연속을 바탕으로 하고 있다면 동일한 존재로 본다.
② 영혼이 뒤바뀐 문제에 대해 ㉠에서는 설명이 어렵지만 ㉡에서는 이 문제를 해결하려고 한다.
③ ㉡의 한계는 영혼이라는 것의 실체를 확인하기 어렵다는 것이다.
④ 뇌에 들어 있는 불연속적인 각종 정보들을 근거로 동일성을 주장하는 이론이 ㉢이다.

25
다음 글의 ㉠에 들어갈 말로 적절한 것은?

예술과 디자인의 경계가 있다면 제이슨 밀러는 그 경계에 아슬아슬 걸쳐 있다고 할 수 있다. 그는 일상생활에서 사용할 수 있는 물건을 만들고 그 물건들을 판다. 그런데 그가 만든 물건들은 어떤 껄끄러운 인상을 준다. 예로 그의 꽃병 '아름답게 깨진'(꽃병에 붙인 이름이다)을 들어 보자. 이 꽃병은 단순한 원통형의 유리병으로 그 안에 꽃을 가득 꽂을 수 있는 효용성을 갖고 있다. 그런데 이 꽃병은 깨져 있다. 정확히 말하면 깨졌다가 다시 붙여졌다. 즉 꽃병은 디자이너의 의도로 조심스럽게 한 번 깨진 다음, 더욱 조심스러운 방법으로 그 깨진 자리가 복구돼 있는 것이다. 그리고 복구된 자리에는 색이 들어가 있다. 어떤 것은 푸른색이, 어떤 것은 붉은색이, 또 어떤 것은 검은색이 절묘하게 스며들어 있다. 마치 어떤 불가사의한 기운이 깨진 자리를 붙여 놓은 듯하다.

꽃향기를 남길지는 모르겠지만 꽃병은 한 번 깨지면 그만이다. 내다 버려야 한다. 그게 꽃병의 속성이다. 그러니까 한 번 깨지고도 꽃병일 수 있다는 것은 그 자체로 엄청난 주장이 아닐 수 없다. "깨졌지만 꽃병이다"라는 자기 존재에 반하는 속성으로 자기를 보여 주기 때문이다. 그래서 껄끄러운 것이다. 하지만 한편으로는 자신의 연약함을 직접적으로 드러내면서 일종의 갱생의 메시지를 전달하고 있다. 그것도 아주 아름다운 방식으로 말이다. 그런데 이 꽃병은 신기하게도 꽃을 꽂아 놓으면 별로 예쁘지가 않다. 꽃을 꽂도록 태어났지만 꽃을 꽂으면 원래의 기운을 잃는 것이다. 제 존재로서의 주장이 하도 강해 세상에서 요구하는 효용을 더하면 그 존재감이 사라지는 것 같다. 제이슨 밀러의 작품들은 이런 식으로, (㉠).

사람도 저마다 효용성을 가지고 이 땅에 태어난다. 하지만 동시에 제이슨 밀러의 꽃병처럼 연약하면서도 강력한 주장들 또한 갖고 있다. 물론 회사원으로서, 주부로서, 학자로서, 편집장으로서, 학생으로서, 군인으로서, 정치인으로서, 연예인으로서, 기자로서 모두 맡은 바 기능을 다해 돈도 벌고 성공도 해야 잘사는 것이겠지만 그 와중에 잃어버릴지 모르는 자기만의 애틋한 주장도 보살필 일이다. 나에게 주어진 '꽃'들을 담아내느라 내가 어떻게 생겨 먹은 '꽃병'인지 혹 잊은 것은 아닌지, 깨졌다면 어떤 식으로 깨졌고, 멀쩡하다면 어떻게 멀쩡한지 모르는 것은 아닌지. 그러려면 언젠가 담아 놓았던 '꽃'들을 모두 뽑아 버리고 단출하게 그냥 '있어' 보는 것도 괜찮을 것이다.

① 효용성이 있는 것과 그렇지 않은 것의 경제적 차이를 드러낸다.
② 무엇이든 효용성을 지닐 때에 더욱 아름답다는 메시지를 전한다.
③ 효용성을 잃어버린 대상이 얼마나 추악할 수 있는지를 보여 준다.
④ 소용되기 위한 것이지만 동시에 그 소용을 거부하는 속성을 지닌다.

19회 모의고사

◔ 시작 시간   시   분
◔ 종료 시간   시   분
◔ 총 소요 시간   시   분

01

다음 중 밑줄 친 단어의 표기가 옳은 것을 모두 고른 것은?

> ㉠ 배가 고팠던 터라 자장면을 곱배기로 시켜 먹었다.
> ㉡ 아버지는 약주를 드신 날 코를 매우 심하게 곱니다.
> ㉢ 새는 하늘을 나니까 멀리 보고 멀리 갈 수 있는 거야.
> ㉣ 전셋방에서 살림을 시작한 지 10년 만에 집을 장만했다.
> ㉤ 여러분들도 아다시피 저는 평생 동안 이 일에만 전념해 왔어요.

① ㉠, ㉡
② ㉡, ㉢
③ ㉠, ㉢, ㉣
④ ㉡, ㉢, ㉤

02

다음 글의 전개 방식과 유사한 것은?

> 장영실의 자격루는 이런 뜻에서 우리나라 시계 발달사의 획기적인 업적이었다. 《세종실록》 등 옛 기록에 보면 세종 때의 자격루는 물 보내는 그릇인 파수호(播水壺) 4개, 물 받는 그릇인 수수호(授受壺) 2개로 이루어졌고, 이것을 양쪽으로 나누어 장치해 두고 번갈아 사용했다. 한쪽에 물이 차면 다른 쪽을 쓰다가 다시 그것이 차면 바꾸는 방식이었다. 물 받는 그릇, 즉 수수호의 크기는 길이가 11자 2치, 원통의 지름이 1자 8치였고, 기계에 사용된 살대는 길이가 10자 2치였다.

① 탑은 기단부, 탑신부, 상륜부로 이루어진다.
② 법주사의 팔상전은 우리나라에서 가장 오래된 목탑이다.
③ 탑이란 부처의 진신사리를 봉안하기 위해 만든 건조물에서 비롯된 것이다.
④ 백제의 석탑으로 오늘까지 남아 있는 것은 미륵사지 석탑과 정림사지 석탑밖에 없다.

03

밑줄 친 단어 중 로마자 표기법이 모두 맞는 문장으로 옳은 것은?

① 나랑 같이(gachi) 이따 남산(Namsan)에 가지 않을래?
② 전주(jeonju) 한옥마을에서 하회탈(Hahoetal)을 보니 반갑다.
③ 강원도 묵호(Muko)에 살다가 충북 옥천(Okcheon)으로 이사 왔다.
④ 종로구 신문로(Sinmunro)에서 택시를 타고 합정(Hapjeong)으로 갔다.

04

밑줄 친 ㉠~㉣에 대응하는 한자어로 적절하지 않은 것은?

> • 국제 유가가 ㉠ 떨어져 생산 활동에 도움이 된다.
> • 자동차가 빗길에 미끄러져 절벽 아래로 ㉡ 떨어졌다.
> • 결사 항전했으나 우리 성은 결국 적의 손에 ㉢ 떨어졌다.
> • A국은 나라 경제를 돌보지 않아 신용 불량 국가로 ㉣ 떨어졌다.

① ㉠: 下落
② ㉡: 墜落
③ ㉢: 頹落
④ ㉣: 轉落

05

〈보기〉의 의미 관계에 대한 설명으로 적절한 것은?

보기
- 운동을 심하게 해서 ㉠ 다리가 너무 뻣뻣해졌다.
- 며칠간 계속된 폭우 때문에 ㉡ 다리가 물에 잠겼다.
- 그들은 ㉢ 작은 새싹을 ㉣ 큰 나무로 ㉤ 키웠다.
- 이 지역은 ㉥ 돼지, 소 등 ㉦ 가축을 많이 ㉧ 기른다.

① ㉠은 ㉡의 다의어이다.
② ㉢은 ㉣의 반의어이다.
③ ㉤은 ㉧의 동음이의어이다.
④ ㉥은 ㉦의 상위어이다.

06

밑줄 친 ㉠~㉣에 해당하는 한자로 적절한 것은?

- 인간 ㉠ 만사 새옹지마라더니 일이 이렇게 풀리는구나.
- 작년 말에 집을 나간 그의 ㉡ 행적은 아직까지 오리무중이다.
- 우리 이모는 ㉢ 주경야독으로 방송 통신 대학을 졸업하셨습니다.
- 그는 막대한 재산으로 ㉣ 왕후장상 부럽지 않은 호화로운 생활을 했다.

① ㉠: 晚事
② ㉡: 行績
③ ㉢: 晝耕夜讀
④ ㉣: 王侯將上

07

밑줄 친 부분의 주된 정조를 가장 잘 나타낸 것은?

> 서대주 일어나 다시 꿇어 가로되,
> "산군의 밝으신 정사를 입어 풀려나게 되니 황공무지하온지라 다시 무엇을 아뢰리오마는, 신의 미천한 마음을 감히 산군께 우러러 알리옵나니, 다람쥐의 죄상을 의논하올진대 간교한 말로써 욕심을 내고 임금을 속인 일은 만 번 죽어도 애석하지 않으며 죽어도 죄가 남겠으나, 헤아리건대 다람쥐는 일개 작은 짐승으로 배고픔이 몸에 이르고 빈곤이 처자에 미치매, 살고자 하오나 살기를 구하지 못하고, 죽고자 하나 또한 구하기 어려우매 진퇴유곡(進退維谷)이던 항우(項羽)의 군사라, 다만 죽기를 달게 여기고 살기를 원하지 않는 까닭에 방자히 산군께 위엄을 범하였나 보옵니다. 오히려 생각하올진대 가련한 바이거늘, 다람쥐로 하여금 중형으로 다스릴진대 이는 죽은 자를 다시 때리는 일이요, 오히려 성가시게 구는 파리를 보고 화가 나 칼을 뽑는 것이니, 엎드려 바라옵건대 산군은 위엄을 거두사 다람쥐로 하여금 쇠잔한 명을 살려 주시고 은택을 내리는 덕을 끼치사 일체 풀어 주시면 넓고 크신 덕을 지하에 돌아간들 어찌 감히 잊으리까? 두루 살피심을 바라옵고 바라나이다."
> 산군이 듣기를 다하매 길이 탄식하여 가로되,
> "기특하도다, 네 말이여. 다람쥐가 대불(大佛)의 선함을 누르고자 하니 한갓 불로 하여금 달빛을 가리고자 함이라. 서대주의 선한 말을 좇아 다람쥐를 풀어 주노니 돌아가 서대주의 착한 마음을 본받으라."
> 하고 인하여 풀어 주니, 다람쥐 백배 사은하고 만 번 치사(致謝)한 후 물러가니라.
> 백호산군과 녹판관, 저판관이며 모든 하리(下吏) 등이 서대주의 인후함을 못내 칭송하더라.
>
> – 작자 미상, 〈서동지전(鼠同知傳)〉

① 刻骨痛恨
② 甘呑苦吐
③ 苦盡甘來
④ 白骨難忘

08

다음 글에 대한 설명으로 적절하지 않은 것은?

이윽고 진지를 고(告)하거늘 내 짐짓
"솔가지 불 켜 올리라." / 한대,
"상등(上等) 양반이면 촉(燭)을 아니 가져왔느냐?"
내 답하되,
"진실(眞實)로 가져왔으되, 어제 다 진(盡)하였노라."
객 왈,
"솔불이 내워 괴로운지라 내 행중(行中)의 촉을 내어 켜라."
한대, 납촉(蠟燭)을 밝히니 빛이 황홀하더라.
　내 길 난 지 오랜지라 자취가 가매(假賣)하고 행찬(行饌)을 내어놓으니 마른 장(醬)과 청어(靑魚) 반 꼬리라. 저(箸)를 들어 장차 먹으려 두루 보며 부끄러워하는 체한대 객이 보고 잠소(潛笑) 왈,
"상등 양반이 반찬이 좋지 아니하도다."
내 가로되,
"향곡(鄕曲) 양반이 비록 상등 양반이나 어찌 감(敢)히 성중(城中) 사대부(士大夫)를 비기리오."
객이 내 말을 옳이 여기더라. 밥 먹기를 반은 하여서 내 짐짓 종을 불러 가로되,
"물 가져오라."
한대, 객 왈,
"그대를 상등 양반의 밥 먹기를 가르치리라. 종이 진지를 고하거든 '올리라' 말고 '들이라' 하고, 숙랭(熟冷)을 먹으려 하거든 '가져오라' 말고 '진지(進支)하라' 하느니라."
내 대답하되,
"행차(行次) 말씀이 지당하시니 일로부터 배웠나이다."
객이 가로되,
"그대 나이 몇이며, 장가를 들었는가."
내 대답하되,
"나이는 스물아홉 살이요, 장가 못 들었나이다."
객 왈,
"그대 상등 양반이면 지금 장가를 못 들었느뇨?"
내 탄(嘆)하여 가로되,
"상등 양반인들 장가들기가 어려워 제 구(求)하는 데는 내 즐기지 아니하고, 내 구하는 데는 제 즐겨 아니니, 좋은 바람이 불지 아니하여 지금 날과 같은 이를 만나지 못하였나이다."
객 왈,
"그대 몸이 단단하여 자라지 못한 듯하고 턱이 판판하여 수염이 없으니 장래 장가들 길 없으리오."
내 답 왈,
"행차는 웃지 마소서. 옛말에 일렀으되 불효 중 무후(無後)가 크다 하니 삼십에 입장(入丈)을 못하였으니 어찌 민망하지 아니하리이까?" (중략)

내 거짓 곧이듣는 체하고 기꺼하는 사색(辭色)으로 대 왈,
"그지없사이다. 아니 행차 문중(門中)에 아기씨 두어 계시니이까?"
객이 부답(不答)하고 혼자 말하여 왈,
"어린것이 하릴없다. 희롱을 하다가 욕을 보도다."
하고, 이에 가로되,
"내 문중에는 아기씨 없으니 다른 데 구하여 지휘하리라."
내 짐짓 감사하며 왈,
"덕분이 가이없어이다."
객이 이르되,
"그대 비록 가관(加冠)을 하였어도 입장을 못하였으면 이는 노 도령(老道令)이라."
하고, 이후는 노 도령이라고도 하고 그대라고도 하더라.

– 박두세, 《요로원야화기(要路院夜話記)》

① 풍속을 풍자하고 세태를 비판하고 있다.
② '나'를 통해 글쓴이의 생각을 드러내고 있다.
③ 당대 사회 현실을 객관적으로 비판하고 있다.
④ 대화를 통해 사건을 순차적으로 전개하고 있다.

09

다음 밑줄 친 ㉠에 해당하는 것은?

접두사는 어근의 품사를 바꿀 수 없지만, ㉠ 접미사는 때로 어근의 품사를 바꾸기도 한다.

① 우리 사이에서 철수는 <u>꾀보</u>로 통한다.
② 그 사내는 험상궂게 생긴 <u>애꾸눈</u>이였다.
③ 그 사람이 나를 밀어 계단에 <u>넘어뜨렸다</u>.
④ 도둑이 들어오지 못하게 담을 <u>높일</u> 작정이다.

10

(가)와 (나)에 대한 이해로 가장 적절하지 않은 것은?

> (가) 나는 이제 너에게도 슬픔을 주겠다.
> 　　사랑보다 소중한 슬픔을 주겠다.
> 　　겨울밤 거리에서 귤 몇 개 놓고
> 　　살아온 추위와 떨고 있는 할머니에게
> 　　귤 값을 깎으면서 기뻐하던 너를 위하여
> 　　나는 슬픔의 평등한 얼굴을 보여 주겠다.
> 　　내가 어둠 속에서 너를 부를 때
> 　　단 한 번도 평등하게 웃어 주질 않은
> 　　가마니에 덮인 동사자가 다시 얼어 죽을 때
> 　　가마니 한 장조차 덮어 주지 않은
> 　　무관심한 너의 사랑을 위해
> 　　흘릴 줄 모르는 너의 눈물을 위해
> 　　나는 이제 너에게도 기다림을 주겠다.
> 　　이 세상에 내리던 함박눈을 멈추겠다.
> 　　보리밭에 내리던 봄눈들을 데리고
> 　　추워 떠는 사람들의 슬픔에게 다녀와서
> 　　눈 그친 눈길을 너와 함께 걷겠다.
> 　　슬픔의 힘에 대한 이야길 하며
> 　　기다림의 슬픔까지 걸어가겠다.
>
> 　　　　　　　　　　　　－ 정호승, 〈슬픔이 기쁨에게〉
>
> (나) 또 다른 말도 많고 많지만
> 　　삶이란
> 　　나 아닌 그 누구에게
> 　　기꺼이 연탄 한 장 되는 것.
>
> 　　방구들 선득선득해지는 날부터 이듬해 봄까지
> 　　조선 팔도 거리에서 제일 아름다운 것은
> 　　연탄 차가 부릉부릉
> 　　힘쓰며 언덕길을 오르는 거라네.
> 　　해야 할 일이 무엇인가를 알고 있다는 듯이
> 　　연탄은, 일단 제 몸에 불이 옮겨 붙었다 하면
> 　　하염없이 뜨거워지는 것
> 　　매일 따스한 밥과 국물 퍼먹으면서도 몰랐네.
> 　　온몸으로 사랑하고 나면
> 　　한 덩이 재로 쓸쓸하게 남는 게 두려워
> 　　여태껏 나는 그 누구에게 연탄 한 장도 되지 못하였네.
>
> 　　생각하면
> 　　삶이란
> 　　나를 산산이 으깨는 일.

> 　　눈 내려 세상이 미끄러운 어느 이른 아침에
> 　　나 아닌 그 누가 마음 놓고 걸어갈
> 　　그 길을 만들 줄도 몰랐었네, 나는.
>
> 　　　　　　　　　　　　　　　－ 안도현, 〈연탄 한 장〉

① (가)와 (나) 모두 바람직한 삶을 지향하고 있다.
② (가)와 (나) 모두 일상에서 삶의 가치를 발견하고 있다.
③ (가)와 달리 (나)는 자기반성적 태도를 드러내고 있다.
④ (나)와 달리 (가)는 희생적인 삶의 태도를 강조하고 있다.

11

㉠~㉣와 의미가 통하는 속담이 아닌 것은?

> ㉠ 교각살우(矯角殺牛)
> ㉡ 순망치한(脣亡齒寒)
> ㉢ 일거양득(一擧兩得)
> ㉣ 견강부회(牽強附會)

① ㉠: 빈대 잡으려고 초가삼간 태운다.
② ㉡: 이 없으면 잇몸으로 산다.
③ ㉢: 배 먹고 배 속으로 이를 닦는다.
④ ㉣: 제 논에 물 대기

12

문맥상 ㉠의 뜻풀이로 가장 적절한 것은?

> 　동양에서 국가 간의 관계를 가리키는 용어인 '사대(事大)'가 처음 등장한 것은 중국 춘추 시대(B.C. 722~B.C. 481)의 역사를 기록한 「좌전(左傳)」이다. "예란 작은 나라가 큰 나라를 섬기고, 큰 나라가 작은 나라를 아끼는 것을 말한다."라는 구절에서 유래한 이 원리는 궁극적으로 중국 중심 세계관에 ㉠입각한 동아시아 평화 관계의 유지에 그 목적이 있었다.

① 제기된 문제를 해명하거나 얽힌 일을 잘 처리하다.
② 이미 짜인 한 동아리나 대열 따위에 끼어 들어가다.
③ 사물을 인식하여 논리나 기준 등에 따라 판정을 내리다.
④ 어떤 사실이나 주장 따위에 근거를 두어 그 입장에 서다.

13

다음 글의 중심 화제로 가장 적절한 것은?

사람들은 흔히 신화가 황당무계하다고 말한다. 현실의 세계에서는 상식적으로 불가능한 사건들이 신화의 세계에서는 아무렇지도 않게 전개된다고 보기 때문이다. 이들에게 신화는 현실적인 이야기가 아니라 상상 속의 이야기일 뿐이다. 하지만 신화를 그렇게만 봐서는 안 된다. 신화의 내용 중에는 현실 세계에서 찾아볼 수 있는 것들이 많다. 신화 속 자연, 인간, 제도, 풍습 등은 현실에 존재하는 것들이다. 신화는 실재를 다루는 이야기이다.

신화는 실재를 다루면서도 신성한 이야기이다. 신화를 가진 집단에게 신성한 이야기는 바로 신성한 역사이다. 따라서 신화의 내용은 그 사회에서 하나의 헌장과 같은 구실을 한다. 영국의 인류학자 말리노프스키는 트로브리안드섬에서 원주민과 함께 생활하면서 원주민들에게 신화가 절대적인 권위를 갖고 있으며 사회의 제도, 관습뿐만 아니라 그들의 의식까지 통제하고 있다는 사실을 발견했다. 원주민에게 신화는 단순한 이야기가 아니라 삶의 방식을 제시해 주는 집단의 율법이었던 것이다. 이처럼 신화는 집단의 모든 이들에게 무조건적인 복속을 요구한다. 모든 종교적 제의에서 신화가 되풀이되어 구연되고 연행되었던 것은 집단의 구성원들이 그 신화의 권능을 인정하고 따르기 때문이다.

신화는 민족이 위기에 부딪혔을 때 그 가치를 더욱 발휘한다. 일연이나 이규보 모두 몽고 치하에서 민족적 자긍심을 고취하기 위해 〈단군신화〉와 〈동명왕신화〉를 내세웠다. 우리는 한 자손이라는 사실을 일깨우기 위함이었을까. 한 자손임을 강조하기 위해서는 민족 신화의 위력이 효과적이라는 사실을 새삼 느꼈던 것이 아닐까.

신화를 보는 관점은 다양하다. 하지만 어떤 관점이라도 신화가 '인간을 왜 만들었는가, 세계를 누가 어떻게 만들었는가, 아름다운 자연이 있게 된 이유는 무엇인가, 인간 사이의 법도는 왜 만들어졌는가, 사람이 죽으면 어디로 가는가' 등에 관한 구체적인 문제에서부터 형이상학적인 문제에 이르기까지 여러 문제에 대해 심각하게 의문을 제기하고 답을 제기하고 있음을 인정한다. 그러므로 신화 해석은 표면상의 서술 밑에 깊숙이 숨어 있는 속뜻을 읽어 내는 일이다. 그럴 때, 그 속뜻이 바로 오늘의 문화에도 살아있음을 본다. 그래서 신화는 '지금 우리의 이야기'이다.

지금은 지구촌 시대, 세계화 시대이다. 시대적 조류에 역행하는 국수적인 태도로는 살아가기 어렵다. 세계가 한국으로 오고, 한국이 세계로 나아간다. 이러한 물결의 흐름 속에서 우리가 반드시 가져야 할 것은 우리 자신의 정체성이다. 지구촌의 보편적 인간으로 살아가면서 동시에 독자적인 한민족의 일원으로 정체성을 확립하는 일은, 오늘을 살고 내일을 살

아갈 우리가 해야 할 시대적 책무이다. 그러한 점에서 신화를 통해 우리의 정체성을 확립하는 일이 절실하다. 신화는 단순히 과거의 이야기가 아니라 오늘날 우리에게 '우리는 어디로부터 왔는가?'에 대해 많은 것을 이야기해 주고 있는, 살아있는 이야기이다.

① 신화와 민족의 관계 양상
② 신화의 생성 및 변모 과정
③ 신화의 절대적 권위와 가치
④ 신화의 특성과 현재적 의의

14

다음 중 어법에 맞게 고친 문장으로 적절하지 않은 것은?

① 학교 교육의 중요성은 아무리 강조해도 지나치지 않다.
→ 학교 교육은 매우 중요하다.
② 사교육과 공교육은 사실 아주 작은 차이로 승패가 결정되고 만다.
→ 사교육과 공교육은 사실 아주 작은 차이가 승패를 결정하고 만다.
③ 그저 합격생에만 연연하는 우리의 교육은 점점 더 피폐해지고 있다.
→ 그저 합격생 수에만 연연한 탓에 우리의 교육은 점점 더 피폐해지고 있다.
④ 공교육 교사들의 수업 능력을 증가시킬 수 있는 여러 방안을 마련해야 한다.
→ 공교육 교사들의 수업 능력을 향상시킬 수 있는 여러 방안을 마련해야 한다.

15

단위를 나타내는 말에 대한 설명이 적절하지 않은 것은?

① 한 접: 과일 100개
② 한 쾌: 북어 20마리
③ 한 꾸러미: 달걀 10개
④ 한 우리: 기와 1,000장

16

다음 중 〈보기〉의 사례로 적절하지 않은 것은?

> 보기
>
> 우리말의 용언 중에는 활용할 때에 어간이나 어미의 모습이 달라지는 경우가 있는데, 이를 불규칙 활용이라고 하며, 이러한 용언을 불규칙 용언이라고 한다.

① 국숫집에 들어가 <u>가벼운</u> 식사를 하다.
② 일이 잘되려면 계획을 잘 <u>세워야</u> 한다.
③ 과장은 함께 일하기 <u>껄끄러운</u> 사람이에요.
③ 악수를 거절하자 내밀었던 손이 <u>쑥스러웠다</u>.

17

설명 방법과 그 예시가 적절하게 연결된 것은?

① 서사: 한 편의 좋은 글을 쓰기 위해서는 충분한 사색을 통해 자신의 생각을 정리하고 글의 재료들을 찾아 개요를 작성하고 이에 따라 집필을 한 후 퇴고의 과정을 거쳐야 한다.
② 지정: 신호란 어떤 사건의 발생, 또는 긴박성, 물건이나 사람의 출현, 또는 정세의 변화 등을 일정한 부호나 손짓 등으로 떨어져 있는 곳의 사람끼리 의사를 통하게 하는 방법을 말한다.
③ 분석: 우리가 지난 30년간 눈부신 발전을 거듭하여 이제 선진국들과 어깨를 나란히 할 수 있게 되었다. 이는 정부의 일관된 경제 정책 수행의 결과이기도 하지만 그보다 우리 국민의 높은 교육열 덕분이라고 봐야 한다.
④ 대조: 여자는 대개 현재의 상태를 생각하는 경향이 있고 남자는 미래에 대해 주로 생각하는 경향이 있다. 여자가 보통 가정, 사랑, 그리고 안정성을 주로 추구하는 데에 반해 남자들은 사회, 정의, 모험을 주로 추구한다.

18

다음 밑줄 친 조사의 성격이 다른 하나는?

① 막내는 큰형<u>과</u> 닮았다.
② 누나는 사과<u>와</u> 배를 좋아한다.
③ 영수는 나의 동생<u>과</u> 매우 친하다.
④ 영화 속 주인공은 악당<u>과</u> 맞서 싸웠다.

19

(가)~(라) 중 주제가 다른 것은?

> (가) 公無渡河
>   公竟渡河
>   墮河而死
>   當奈公何
>
> (나) 生死路隱
>   此矣有阿米次肹伊遣
>   吾隱去內如辭叱都
>   毛如云遣去內尼叱古
>
> (다) 가시리 가시리잇고 나는
>   브리고 가시리잇고 나는
>   위 증즐가 대평셩티(大平盛大)
>
> (라) 어져 내 일이야 그릴 줄을 모로던가.
>   이시라 하더면 가랴마는 제 구태여
>   보내고 그리는 정(情)은 나도 몰라 하노라.

① (가) 　② (나) 　③ (다) 　④ (라)

20

㉠~㉣에 대한 이해로 적절하지 않은 것은?

> ㉠ 할머님께서 귀가 밝으시다.
> ㉡ 선생님께서 교실로 오신다.
> ㉢ 나는 그 책을 아버지께 드렸다.
> ㉣ 할아버지, 아버지가 들어왔습니다.

① ㉠은 간접 높임의 방법을 사용하고 있다.
② ㉡은 주체를 직접 높이는 방법을 사용하고 있다.
③ ㉠과 ㉡은 '-(으)시-'를 사용하여 주체를 높이고 있다.
④ ㉢과 ㉣은 특수한 동사를 사용하여 높임을 실현하고 있다.

21

다음 시의 특징에 대한 설명으로 가장 적절하지 않은 것은?

> 산마다 단풍만 저리 고우면 뭐헌다요
> 뭐헌다요, 산 아래
> 물빛만 저리 고우면 뭐헌다요
> 산 너머, 저 산 너머로
> 산그늘도 다 도망가불고
> 산 아래 집 뒤안
> 하얀 억새꽃 하얀 손짓도
> 당신 안 오는데 뭔 헛짓이다요
> 저런 것들이 다 뭔 소용이다요
> 뭔 소용이다요. 어둔 산머리
> 초생달만 그대 얼굴같이 걸리면 뭐헌다요
> 마른 지푸라기 같은 내 마음에
> 허연 서리만 끼어 가고
> 저 달 금방 져불면
> 세상 길 다 막혀 막막한 어둠 천지일 턴디
> 병신같이, 바보 천치같이
> 이 가을 다 가도록
> 서리밭에 하얀 들국으로 피어 있으면
> 뭐헌다요, 뭔 소용이다요.
>
> — 김용택, 〈들국〉

① 사투리를 통해 토속적 정취를 드러내고 있다.
② 공감각적 이미지를 통해 의미를 확장하고 있다.
③ 통사 구조의 반복을 통해 운율을 형성하고 있다.
④ 대비의 방식을 통해 화자의 처지를 부각하고 있다.

22

다음 글에 대한 설명으로 가장 적절한 것은?

사진은 어느 매체보다도 지시적이고 직접적으로 표현 대상을 드러낸다. 기술적으로 서툰 사람이 찍은 사진이라도 그 대상을 인식하는 것은 어려운 일이 아니다. 그런데 19세기 중반 사진술이 발명될 당시에는 사진의 사실적 재현성이 사진을 예술로 인정하는 데에 방해가 됐다. 당시의 예술지향적인 사진가들은 사진의 기계적 기록성과 사실성을 외면하고 회화적인 표현 양식을 적극적으로 수용했다. 그 결과 일정 기간 동안 사진은 그 본질 중의 하나인 기록성과 멀어지게 됐다.

20세기 초반에 진행된 사진 분리파 운동 이후 사진은 기록성에 바탕을 둔 저널리즘 사진과 예술성을 추구하는 형식주의적인 조형 사진으로 분리돼 나타난다. 저널리즘 사진은 사진의 언어성을 인식하고 고정된 형식의 사진에서 탈피해 포토에세이, 포토스토리와 같은 연작 사진을 수용한다. 19세기 예술 사진은 회화적인 소재와 표현 양식을 따르지만 20세기 초반 저널리즘 사진에서는 서술적인 표현 양식을 택하면서 문학적인 소재와 주제가 주류를 이루게 되어 시적이기도 하고, 수필적이기도 하며, 부분적으로는 소설적이기도 한 면모가 나타난다. 이것은 모두 사진의 언어적 성격을 인식한 결과다.

1936년에 미국에서 창간된 '라이프' (Life)와 '룩' (Look)지에 실린 사진들은 세상을 살아가는 인류의 삶과 문화를 감동적인 이야기로 표현해 독자들에게 전달했다. 이의 대표적인 예가 유진 스미스의 〈유일한 생존자〉와 〈도모꼬를 목욕시키는 어머니〉이다. 두 사진은 전쟁의 살상 현장 속에서도 어린 생명을 구하는 군인의 모습과 불치의 병을 앓고 있는 딸에게 사랑을 쏟고 있는 어머니의 모습을 영상화해 독자들에게 큰 감동을 줬다. 다분히 문학적이고 휴머니즘적인 작품으로 사진의 언어성을 잘 보여 주고 있다.

20세기 후반 이후의 사진에서도 사진의 언어성을 이용한 작품이 많다. 자신의 정치적 신념을 사진으로 표현한 바바라 크루거의 사진이나 현대인들의 문화와 삶을 풍자적으로 기록한 마틴파의 다큐멘터리 사진에서도 언어성을 인식할 수 있다. 여기서 주목할 점은 문자나 말이 일련의 기호 체계인 것과 달리 사진은 그 언어성을 직접적인 영상을 통해 드러낸다는 점이다. 인간의 문자나 언어는 그 사상을 직접적이지 않게, 추상적이고 암시적으로 드러내지만 사진은 그것을 직접적으로 드러낸다.

물론 이 같은 결과물이 구체적인 사건을 보여 주지 않고 상징적으로 보일 경우도 때도 있지만, 어느 매체보다도 사진은 현대 사회의 성격을 지시적이고 효과적으로 반영한다. 이것이 현대 미술에서 사진이 중요한 매체가 된 이유 중의 하나이다. 그것은 사진의 언어적 성격과 맞물려 현대 사회 속 인간들의 삶의 모습을 지속적으로 우리에게 전달해 줄 것이다.

① 화제의 개념을 제시하고 있다.
② 일상생활을 중심으로 설명하고 있다.
③ 화제의 성격을 통시적으로 설명하고 있다.
④ 화제가 가진 문제점과 해결 방안을 소개하고 있다.

23

다음 글에 대한 반응으로 가장 적절하지 않은 것은?

신문이나 잡지는 대부분 유료로 판매된다. 반면에 인터넷 뉴스 사이트는 신문이나 잡지의 기사와 같거나 비슷한 내용을 무료로 제공한다. 왜 이런 현상이 발생하는 것일까?

이 현상 속에는 경제학적 배경이 숨어 있다. 대체로 상품의 가격은 그 상품을 생산하는 데 드는 비용의 언저리에서 결정된다. 생산 비용이 많이 들면 들수록 상품의 가격이 상승하는 것이다. 그런데 인터넷에 게재되는 기사를 생산하는 데 드는 비용은 0원에 가깝다. 기자가 컴퓨터로 작성한 기사를 신문사 편집실로 보내 종이 신문에 게재하고, 그 기사를 그대로 재활용하여 인터넷 뉴스 사이트에 올리기 때문이다. 또한, 인터넷 뉴스 사이트 방문자 수가 증가하면 사이트에 걸어 놓은 광고에 대한 수입도 증가하게 된다. 이러한 이유로 신문사들은 경쟁적으로 인터넷 뉴스 사이트를 개설하여 무료로 운영했던 것이다.

그런데 이렇게 무료로 인터넷 뉴스 사이트를 이용하는 사람들이 폭발적으로 늘어나면서 돈을 지불하고 신문이나 잡지를 구독하는 사람들이 점점 줄어들기 시작했다. 그 결과 언론사들의 수익률이 감소하여 재정이 악화되었다. 문제는 여기서 그치지 않는다. 언론사들의 재정적 악화는 깊이 있고 정확한 뉴스를 생산하는 그들의 능력을 저하시키거나 사라지게 할 수도 있다. 결국 그로 인한 피해는 뉴스를 이용하는 소비자에게로 되돌아올 것이다.

그래서 언론사들, 특히 신문사들의 재정악화 개선을 위해 인터넷 뉴스를 유료화해야 한다는 의견이 있다. 하지만 그러한 주장을 현실화하는 것은 그리 간단하지 않다. 소비자들은 어떤 상품을 구매할 때 그 상품의 가격이 얼마 정도면 구입할 것이고, 얼마 이상이면 구입하지 않겠다는 마음의 선을 긋는다. 이 선의 최대치가 바로 '최대지불의사(Willingness to Pay)'이다. 소비자들의 머릿속에 한번 각인된 최대지불의사는 좀처럼 변하지 않는 특성이 있다. 인터넷 뉴스의 경우 오랫동안 소비자에게 무료로 제공되었고, 그러는 사이 인터넷 뉴스에 대한 소비자들의 최대지불의사도 0원으로 굳어진 것이다. 그런데 이제 와서 무료로 이용하던 정보를 유료화한다면 소비자들은 여러 이유를 들어 불만을 토로할 것이다.

해외 신문 중 일부 경제 전문지는 이러한 문제를 성공적으로 해결했다. 그들은 매우 전문화되고 깊이 있는 기사를 작성하여 소비자에게 제공하는 대신 인터넷 뉴스 사이트를 유료화했다. 그럼에도 불구하고 많은 소비자들이 기꺼이 돈을 지불하고 이들 사이트의 기사를 이용하고 있다. 전문화되고 맞춤화된 뉴스일수록 유료화 잠재력이 높은 것이다. 이처럼 제대로 된 뉴스를 만드는 공급자와 정당한 값을 내고 제대로 된

뉴스를 소비하는 수요자가 만나는 순간 문제해결의 실마리를 찾을 수 있을 것이다.

① 품질이 나쁜 뉴스를 생산하게 만드는 근본적인 원인은 인터넷 뉴스만 보는 독자들의 행위이다.
② 현재 무료인 인터넷 뉴스 사이트를 유료화하려면 먼저 전문적이고 깊이 있는 기사를 제공해야 한다.
③ 인터넷 뉴스가 광고를 통해 수익을 내는 경우도 있기 때문에 신문사의 재정을 악화시키는 것만은 아니다.
④ 양질의 기사를 쓴 인터넷 뉴스 사이트라도 유료화했을 때 모든 소비자들이 기꺼이 돈을 지불할지는 미지수이다.

24

글쓴이에 대한 이해로 가장 적절하지 않은 것은?

짙은 잎새 빛깔, 아직 누렇게 물들지는 않은 채 짙고 칙칙한 녹색의 무거움이 조락(凋落) 직전의 죽음과, 포기와, 체념의 아픔을 암시하고 있다. 엷어지는 햇살이 그 잎새와 잎새 사이를 새어 나와, 바람이 그 가지와 잎새를 흔들듯이 그 그림자의 잎새와 잎새, 가지와 가지 사이를 흔들고 있다.

사실 가을의 이러한 부정적인 면, 잎새가 떨어지고 긴 동면(冬眠)으로 죽음의 계절에 직면해 가는 그러한 진실에 대해서는, 일부러 그것을 의식화하지 않거나 기피했던 것이 지금까지의 나였다. 가을이면 으레 생각할 수 있는 결실이라든가 수확이 주는 내적 충실성을 기다리고 교훈을 받음으로써 인생의 다시없는 수양, 그 생에 임하는 자세로 삼았었다.

그러나 차츰 나는 달라져 가고 있는 것을 느끼게 된다. 젊었을 때는 물론 거의 근년까지도 봄의 새로운 약동과 여름의 성장을 가을의 조락과 겨울의 죽음보다 더 뜻 깊게 여기고 그리고 기다리며, 그렇게 긍정적이고 건전하고 낙관적인 자연관과 인생관을 갖는 것이 옳고 마땅한 것으로 알아 왔다. 시들어 버리는 것, 떨어져 잎새가 그 뿌리로 다시 돌아가는 것, 깊고 가혹한 죽음의 계절을 떨며 움츠리며 동면하는 일들을 바로 인생 그것으로 느껴 비관주의와 부정주의(否定主義) ― 진리의 어두운 면만을 보는 것은 건전치 못한 생의 태도로 알았던 것이다.

그러나 요즈음의 나는 이 두 가지상대적인 진실, 계절이 갖는 그 자체의 철리(哲理)를 그 자체의 진실대로 파악하

여 그 두 상대적인 차원을 초월하는, 또 하나의 더 높은 차원의 통합을 찾는 사색의 입지(立地)를 발견할 듯하다. 나서 자라서 시들어 죽는 것, 또다시 죽음으로부터의 부활과 성장을 거쳐 영원한 대자연의 법칙에 순응하는, 아니 이러한 일 자체가 이미 대자연의 법칙을 똑바로 증명해 보여 주고 있는 것이 아닌가 하는 실감을 갖는다.

잎이 떨어질 때 의젓하게 아무런 미련 없이 훌훌 떨어지는 가을 나무의 저 멋, 이것은 아주 정신적인 것이다. 그것을 슬프게 보고, 눈물짓고 안타까워하고 하는 것은, 부질없는 인간의 감상이 아닌가 생각된다. 깨끗하게 버릴 것을 훌훌 버리고 나서는, 또 의연하게 버티고 서서, 더욱더 높고 깊어진 하늘의 무한을 성긴 가지로 받들어 서 있는 저 나무들의 자세는 얼마나 당당한가.

저 잎새에 부는 소슬한 바람 소리, 칠칠한 치레를 깨끗이 벗어버리고 알몸 그대로의 의지로, 장차의 서릿발과 눈보라를 견딜 자세로 서 있는 저 나무들의 의젓함은 참말 아름답다.

그는 당황하지 않고, 슬퍼하지 않고, 두려워하지 않고, 어디까지나 조용히, 어디까지나 겸허하게, 어디까지나 당당하게 그 자신에게 닥치는 보다 더 큰 운명, 보다 더 위대한 섭리의 진실에 대처하고 있다.

그것이 자연에 관해서든, 인사(人事)에 관해서든 어떤 사물의 궁극적인 철리를 깨달아 파악하는 일이 인생에겐 필요하다. 그 과정의 기복(起伏)과 불안을 극복하는 가장 현명한 요체가 될 것이기 때문이다. 인간이, 특히 조금 무엇을 생각할 수 있다는 인간이 받은 특혜가 있다면 바로 이 스스로의 운명, 어떤 종국적인 결말을 지혜와 경험으로 미리 깨달아 안다는 사실일 것이다.

– 박두진, 〈가을 나무〉

① '가을의 조락'에 대해 슬퍼하는 '부질없는 인간의 감상'이 '아주 정신적인 것'임을 느끼며 가을 나무를 새로운 관점에서 바라보게 되었다.
② 인간은 지혜와 깨달음을 통해 세상을 통찰할 수 있는 능력을 지닌 존재이기에 궁극적인 철리를 깨달아 파악하며 살아갈 수 있다고 생각하였다.
③ '요즈음' 나무가 '나서 자라서 시들어 죽는 것, 또다시 죽음으로부터의 부활과 성장'을 거듭하는 것을 자연의 섭리에 순응하는 과정으로 여기게 되었다.
④ '봄의 새로운 약동과 여름의 성장'을 통해 긍정적이고 낙관적인 인생관을 배우는 것이 건전한 삶의 태도라고 젊었을 때는 물론 거의 근년까지 생각하였다.

25
㉠에 드러나는 표현 기법과 가장 유사한 것은?

나는 이 겨울을 누워 지냈다.
사랑하는 사람을 잃어버려
염주처럼 윤나게 굴리던
독백도 끝이 나고
바람도 불지 않아
이 겨울 누워서 편히 지냈다.

저 들에선 벌거벗은 나무들이
추워 울어도
서로 기대어 숲이 되어도
나는 무관해서

문 한 번 열지 않고
반추 동물처럼 죽음만 꺼내 씹었다.
㉠ 나는 누워서 편히 지냈다.
사랑하는 사람을 잃어버린
이 겨울.

– 문정희, 〈겨울 일기〉

① 사랑의 속박은 단단히 얽어매는 것이 풀어 주는 것입니다. 그러므로 대해탈(大解脫)은 속박에서 얻는 것입니다.
– 한용운, 〈선사의 설법〉
② 내 그대를 생각함은 항상 그대가 앉아 있는 배경에서 해가 지고 바람이 부는 일처럼 사소한 일일 것이나 언젠가 그대가 한없이 괴로움 속을 헤매일 때에 오랫동안 전해 오던 그 사소함으로 그대를 불러 보리라.
– 황동규, 〈즐거운 편지〉
③ 내 마음은 호수요, / 그대 노 저어 오오. / 나는 그대의 흰 그림자를 안고, 옥같이 / 그대의 뱃전에 부서지리라.
– 김동명, 〈내 마음〉
④ 번개와 같이 떨어지는 물방울은 / 취할 순간조차 마음에 주지 않고 / 나타와 안정을 뒤집어 놓은 듯이 / 높이도 폭도 없이 / 떨어진다.
– 김수영, 〈폭포〉

01

한글 맞춤법 규정에 맞는 문장으로 옳은 것은?

① 네 말이 아니꼬와 견딜 수가 없다.
② 낚시꾼들이 낚시대를 정리하고 있었다.
③ 이런 사소한 일도 기삿거리가 될 수 있나요?
④ 청년은 성미가 강팍해서 사람들과 자주 싸운다.

02

다음 한자어 중 '유의 관계'인 것을 모두 고른 것은?

㉠ 汨沒 – 熱中	㉡ 實情 – 內幕
㉢ 妨害 – 協助	㉣ 素朴 – 華麗

① ㉠, ㉡
② ㉢, ㉣
③ ㉠, ㉢, ㉣
④ ㉡, ㉢, ㉣

03

밑줄 친 말에 가장 근접한 말로 적절한 것은?

왓슨 이후 유전자에 대한 연구는 순수 과학을 넘어 거대한 산업 분야로 이어졌다. 유전학이 유전 공학으로 발전하였다. 이제 유전 공학은 현재뿐 아니라 <u>장래 가장 촉망받는 학문</u>으로 떠올랐다고 할 수 있다. 복제를 통해 당뇨병을 치료하는 인슐린을 대량 생산하고 병해충에 강하도록 유전자를 변형해 농산물을 만드는 한편, 미토콘드리아에 들어있는 DNA를 추적해 인류의 아프리카 기원설을 증명하기도 하였다.

① 절정
② 기린아
③ 팔방미인
④ 아킬레스건

04

㉠~㉣의 뜻풀이로 적절하지 않은 것은?

르페브르의 이론에 따르면 추상 공간은 정부나 도시 계획자와 같은 사람이 이전 공간의 주체를 해체시키고 스스로 주체가 되는 권력의 공간이다. 즉 공간에 대한 권력을 갖는 정부와 같은 주체가 주민들이 만들어낸 체험된 공간들을 무시하고 추상 공간을 만들어냄으로써 체험된 공간들의 고유한 문화와 다양성을 동질화하도록 강요하는 것이다. 이에 대해 르페브르는 추상 공간은 동질적일 수 없으며 동질성을 강요하는 것에 불과하다고 말한다. 추상 공간에서도 주민들의 공간적 실천은 ㉠ <u>지속</u>될 수밖에 없다는 점에서 추상 공간은 현실적으로 이루어질 수 없기 때문이다. 따라서 추상 공간은 현실이 아닌, 현실을 ㉡ <u>은폐</u>하는 환상에 불과한 것이다. 그리고 이 공간 ㉢ <u>재현</u>의 과정에서 이익 창출이라는 자본의 논리가 ㉣ <u>개입</u>되면 공간뿐만 아니라 주민의 삶까지 변하게 할 것이라고 르페브르는 지적한다.

① ㉠: 어떤 상태가 오래 계속됨.
② ㉡: 숨어서 나오지 아니함.
③ ㉢: 다시 나타냄.
④ ㉣: 자신과 직접적인 관계가 없는 일에 끼어듦.

05

다음 글을 이해한 내용으로 적절하지 않은 것은?

저작권은 저자의 권익을 보호함으로써 활발한 저작 활동을 촉진하여 인류의 문화 발전에 기여하기 위한 것이다. 그러나 이렇게 공적 이익을 추구하기 위한 저작권이 현실에서는 일반적으로 지나치게 사적 재산권을 행사하는 도구로 인식되고 있다. 저작물 이용자들의 권리를 보호하기 위해 마련한, 공익적 성격의 법조항도 법적 분쟁에서는 항상 사적 재산권의 논리에 밀려 왔다.

저작권 소유자 중심의 저작권 논리는 실제로 저작권이 담당해야 할 사회적 공유를 통한 문화 발전을 방해한다. 몇 해 전의 '애국가 저작권'에 대한 논란은 이러한 문제를 단적으로 보여 준다. 저자 사후 50년 동안 적용되는 국내 저작권법에 따라, 애국가가 포함된 〈한국 환상곡〉의 저작권이 작곡가 안익태의 유족들에게 2015년까지 주어진다는 사실이 언론을 통해 알려진 것이다. 누구나 자유롭게 이용할 수 있는 국가(國歌)마저 공공재가 아닌 개인 소유라는 사실에 많은 사람들이 놀랐다. 창작은 백지 상태에서 완전히 새로운 것을 만드는 것이 아니라, 저작자와 인류가 쌓은 지식 간의 상호 작용을 통해 이루어진다. "내가 남들보다 조금 더 멀리 보고 있다면, 이는 내가 거인의 어깨 위에 올라서 있는 난쟁이이기 때문이다."라는 뉴턴의 겸손은 바로 이를 말한다. 이렇듯 창작자의 저작물은 인류의 지적자원에서 영감을 얻은 결과이다. 그러한 저작물을 다시 인류에게 되돌려 주는 데 저작권의 의의가 있다. 이러한 생각은 이미 1960년대 프랑스 철학자들에 의해 형성되었다. 예컨대 기호학자인 바르트는 '저자의 죽음'을 거론하면서 저자가 만들어 내는 텍스트는 단지 인용의 조합일 뿐 어디에도 '오리지널'은 존재하지 않는다고 단언한다.

전자 복제 기술의 발전과 디지털 혁명은 정보나 자료의 공유가 지니는 의의를 잘 보여 주고 있다. 인터넷과 같은 매체 환경의 변화는 원본을 무한히 복제하고 자유롭게 이용함으로써 누구나 창작의 주체로서 새로운 문화 창조에 기여할 수 있도록 돕는다. 인터넷 환경에서 이용자는 저작물을 자유롭게 교환할 뿐 아니라 수많은 사람들과 생각을 나눔으로써 새로운 창작물을 생산하고 있다. 이러한 상황은 저작권을 사적 재산권의 측면에서보다는 공익적 측면에서 바라볼 필요가 있음을 보여 준다.

① 창작은 이미 존재하는 지적 자원의 영향을 받는다.
② 저작권의 의의는 전혀 새로운 문화를 창작한다는 데 있다.
③ 저작권 보호기간이 지난 저작물은 누구나 자유롭게 이용이 가능하다.
④ 매체 환경의 변화로 누구나 새로운 문화 창조에 기여할 수 있게 되었다.

06

㉠~㉣의 표준 발음으로 적절한 것은?

- 토담에서 부슬부슬 ㉠흙이 떨어졌다.
- 흙을 흙체에 걸러 고운 ㉡흙만 따로 모았다.
- 그는 지금 박사 과정을 ㉢밟고 있다.
- 낙엽을 ㉣밟는 아이들의 표정이 하나같이 해맑다.

	㉠	㉡	㉢	㉣
①	[흘기]	[흥만]	[밥:꼬]	[밤:는]
②	[흘기]	[흘만]	[밥:꼬]	[밥:는]
③	[흐기]	[흘만]	[발:꼬]	[밤:는]
④	[흐기]	[흥만]	[발:꼬]	[밥:는]

07

㉠~㉣ 중 〈보기〉의 밑줄 친 설명에 해당하는 것은?

㉠시인이라는 말은 / 내 성명 위에 늘 붙는 관사(冠詞)
이 낡은 모자를 쓰고
나는 / 비 오는 거리를 헤매었다.
㉡이것은 전신을 가리기에는 / 너무나 어쭙잖은 것
또한 나만 쳐다보는 / 어린 것들을 덮기에도
너무나 어처구니없는 것
㉢허나, 인간이 / 평생 마른 옷만 입을까 보냐.
㉣다만 두발(頭髮)이 젖지 않는 / 그것만으로
나는 고맙고 눈물겹다.

– 박목월, 〈모일(某日)〉

> 보기
>
> '언어유희'란 말이나 문자 자체를 이용하는 말놀이이다. 언어유희에는 같은 소리를 가진 단어를 이용하는 방법, 단어를 파자(破字)하거나 글자와 관련된 다른 단어나 사물을 연상하게 하는 방법, 말꼬리를 잇는 방법 등 다양한 방법이 있다. 어떤 방법이든 언어를 이용한 말장난은 모두 언어유희가 될 수 있다.

① ㉠   ② ㉡
③ ㉢   ④ ㉣

일청 전쟁(日淸戰爭)의 총소리는 평양 일경이 떠나가는 듯하더니, 그 총소리가 그치매 사람의 자취는 끊어지고 산과 들에 비린 티끌뿐이라.

평양성(平壤成)의 모란봉에 떨어지는 저녁볕은 뉘엿뉘엿 넘어가는데, 저 햇빛을 붙들어 매고 싶은 마음에 붙들어 매지는 못하고 숨이 턱에 닿은 듯이 갈팡질팡하는 한 부인이 나이 삼십이 될락 말락 하고, 얼굴은 분을 따고 넣은 듯이 흰 얼굴이나 인정 없이 뜨겁게 내리쪼이는 가을볕에 얼굴이 익어서 선앵둣빛이 되고, 걸음걸이는 허둥지둥하는데 옷은 흘러내려서 젖가슴이 다 드러나고, 치맛자락은 땅에 질질 끌려서 걸음을 걷는 대로 치마가 밟히니, 그 부인은 아무리 급한 걸음걸이를 하더라도 멀리 가지도 못하고 허둥거리기만 한다.

남이 그 모양을 볼 지경이면 저렇게 어여쁜 젊은 여편네가 술 먹고 한길에 나와서 주정한다 할 터이나, 그 ㉠ 부인은 술 먹었다 하는 말은 고사하고 미쳤다, 지랄한다 하더라도 그따위 소리는 귀에 들리지 아니할 만하더라.

무슨 소회가 그리 대단한지 그 부인더러 물을 지경이면 대답할 여가도 없이 옥련이를 부르면서 돌아다니더라.

"옥련아 옥련아, 옥련아 옥련아, 죽었느냐 살았느냐. 죽었거든 죽은 얼굴이라도 한번 다시 만나 보자. 옥련아 옥련아, 살았거든 어미 애를 그만 쓰이고 어서 바삐 내 눈에 보이게 하여라. 옥련아, 총에 맞아 죽었느냐, 창에 찔려 죽었느냐, 사람에게 밟혀 죽었느냐. 어리고 고운 살에 가시가 박힌 것을 보아도 어미 된 이내 마음에 내 살이 지겹게 아프던 내 마음이라. 오늘 아침에 집에서 떠나올 때에 옥련이가 내 앞에 서서 아장아장 걸어 다니면서, '어머니 어서 갑시다.' 하던 옥련이가 어디로 갔느냐."

하면서 옥련이를 찾으려고 골몰한 정신에, 옥련이보다 열 갑절 스무 갑절 더 소중하게 생각하는 사람을 잃고도 모르고 옥련이만 부르며 다니다가 목이 쉬고 기운이 탈진하여 산비탈 잔디 풀 위에 털썩 주저앉았다가, 혼잣말로 옥련 아버지는 옥련이 찾으려고 저 건너 산 밑으로 가더니, '어디까지 갔누?' 하며 옥련이를 찾던 마음이 홀지에 변하여 옥련 아버지를 기다린다.

㉡ 기다리는 사람은 아니 오고, 인간 사정은 조금도 모르는 석양은 제 빛 다 가지고 저 갈 데로 가니 산빛은 점점 먹장을 갈아 붓는 듯이 검어지고 대동강 물소리는 그윽한데, 전쟁에 죽은 더운 송장 새 귀신들이 어두운 빛을 타서 낱낱이 일어나는 듯 내 앞에 모여드는 듯하니, 규중에서 생장한 부인의 마음이라, 무서운 마음에 간이 녹는 듯하여 숨도 크게 쉬지 못하고 앉았는데, 홀연히 언덕 밑에서 사람의 소리가 들리거늘, 그 부인이 가만히 들은즉 길 잃고 사람 잃고 애쓰는 소리라.

– 이인직, 〈혈의 누〉

08

다음 소설의 ㉠의 상황에 가장 근접한 말로 적절한 것은?

① 내 코가 석 자
② 벙어리 냉가슴 앓듯
③ 도랑 치고 가재 잡는다
④ 서당 개 삼 년에 풍월 한다

09

〈보기〉의 (가)~(라) 중 밑줄 친 ㉡에 나타난 신소설의 특징으로 적절한 것은?

보기

〈혈의 누〉에는 고전 소설에서 찾아볼 수 없는 새로운 표현 방식이 사용되었다. 서사와 묘사 중심의 서술 방식을 바탕으로 (가) 자유로운 장면 묘사가 등장하고, 시간의 흐름을 거스르는 (나) 역순행적 구성 방식이 사용되고 있다. 또 '~더라'와 같은 고전 소설의 문어체 해설과 함께 구어체가 동시에 사용됨으로써 (다) 언문일치에 근접한 모습을 보이고 있다. 내용 면에서도 일상적 소재를 사용하거나 (라) 근대적 인식을 담은 주제를 제시하고 있다.

① (가)   ② (나)   ③ (다)   ④ (라)

10

밑줄 친 한자어를 다른 표현으로 바꾼 것으로 적절하지 않은 것은?

① 사용료를 익년에 지급한다.
　→ 사용료를 다음해에 지급한다.
② 요즘은 곤색을 많이 찾는다.
　→ 요즘은 남색을 많이 찾는다.
③ 행선지를 정하여 외출하였다.
　→ 목적지를 정하여 외출하였다.
④ 협조를 요청하면 응하여야 한다.
　→ 협조를 요청하면 협조하여야 한다.

11

〈보기〉의 대화를 통해 알 수 있는 어순에 대한 내용으로 적절하지 않은 것은?

> ┌ 보기 ─────────────────────
> (가) 퇴사하잖아, 정우. 다음 주에.
> (나) 응. 일을 마치고 같이 살까, 작은 선물이라도?
> └──────────────────────────

① (가)를 통해 주어가 문장의 가장 처음에 등장하지 않아도 된다는 것을 알 수 있다.
② (나)에서 수식어가 피수식어의 뒤에 왔다는 것을 알 수 있다.
③ (가)를 통해 어순이 바뀐다고 문장의 핵심 의미가 바뀌는 것은 아니라는 것을 알 수 있다.
④ (나)를 통해 대화에서 서술어와 목적어의 어순이 고정되어 있지 않다는 것을 알 수 있다.

12

외래어와 로마자 표기가 모두 옳은 것은?
① 클락션(klaxon), nachi(낳지)
② 삐에로(pierrot) sejong(세종)
③ 집시(Gypsy), Apgujeong(압구정)
④ 캐러멜(caramel), Jukbbyeon(죽변)

13

㉠과 ㉡에 들어갈 숫자를 바르게 연결한 것은?

> • '삯일[상닐]'에는 (㉠)회의 음운 변동이 일어났다.
> • '옷맵시[온맵씨]'에는 (㉡)회의 음운 변동이 일어났다.

	㉠	㉡		㉠	㉡
①	2	3	②	2	2
③	3	2	④	3	3

14

문장 부호의 사용이 적절하지 않은 것은?
① 그것 참 훌륭한(?) 태도야.
② 그는 나보다 나이[年歲]가 많다.
③ 방이 차가워서 손발(手足)이 시렸다.
④ 지금 필요한 것은 '지식'이 아니라 '실천'입니다.

15

㉠~㉣에 대한 수정 방안으로 적절하지 않은 것은?

> 오늘 저녁 영화 한 편 어떠세요?
>
> '워라밸'이란 'work-life balance'에서 각 단어의 첫음절들을 줄인 말로 '일과 삶의 균형'을 의미한다. 높은 업무 강도, SNS 등을 통한 퇴근 후 업무 지시, 잦은 야근 등으로 개인적인 삶이 사라지자 젊은 직장인들을 중심으로 직장이나 직업을 선택하는 중요한 요소로 (㉠) 언급하고 있다. 이처럼 워라밸이 중요하게 대두되는 이유는 우리나라의 현실이 일과 삶의 균형을 이루지 못하고 있기 때문이다. 즉 일의 영역은 갈수록 비대해지고 삶의 영역은 줄어들고 있는 것이다. 일과 삶의 불균형이 발생한 가장 큰 이유는 이상적인 근로자의 모습에 대한 사회 인식 때문이다. 해당 분야에서의 성공과 성장을 중시하는 보편적 인식으로 인해 밤을 새워 일에 몰두하는 모습이 ㉡추모되고 이로 인해 일과 삶의 불균형이 발생하는 것이다.
>
> 이와 같은 일과 삶의 불균형은 개인과 사회에 악영향을 끼친다. 개인에게는 스트레스를 유발하고 삶에 대한 만족도를 줄여 무기력과 정신적 피해를 불러온다. ㉢그러나 가족 구성원으로서의 의무를 다할 수 있는 여건을 조성할 수 없게 하기 때문에 가족 간의 갈등을 일으켜 사회적 문제를 야기하기도 한다. ㉣물론 가족과 함께 살지 않는 사람은 이런 문제가 발생하지 않을 것이다. 이에 따라 정부는 하루 8시간 노동을 법제화하여 '저녁이 있는 삶'을 유도하고 유연 근무제를 도입하여 워라밸이 유지될 수 있도록 노력하고 있다. 이는 무엇보다 기업의 적극적인 동참 의지가 있어야 실현 가능하므로, 기업이 이에 동참하는 것이 당연한 것으로 여겨지는 사회 문화를 만들어야 한다.

① ㉠: 필요한 문장 성분이 빠져 있으므로 '워라밸을'을 추가한다.
② ㉡: 문맥상 부적절한 단어이므로 '추인'으로 고친다.
③ ㉢: 문장의 접속 관계를 고려하여 '그리고'로 바꾼다.
④ ㉣: 글의 흐름과 어긋나는 문장이므로 삭제한다.

16

다음 작품을 감상한 내용으로 적절하지 않은 것은?

> 슬프나 즐거오나 옳다 하나 외다 하나
> 내 몸의 해올 일만 닦고 닦을 뿐이언정
> 그 밧긔 여남은 일이야 분별(分別)할 줄 이시랴.
> <제1수>
>
> 내 일 망녕된 줄 내라 하여 모랄 손가.
> 이 마음 어리기도 님 위한 탓이로세.
> 아뫼 아무리 일러도 임이 혜여 보소서.
> <제2수>
>
> 추성(秋城) 진호루(鎭胡樓) 밧긔 울어 예는 저 시내야.
> 무음 호리라 주야(晝夜)에 흐르는다.
> 님 향한 내 뜻을 조차 그칠 뉘를 모르나다.
> <제3수>
>
> 뫼흔 길고 길고 물은 멀고 멀고.
> 어버이 그린 뜻은 많고 많고 하고 하고.
> 어디서 외기러기는 울고 울고 가느니.
> <제4수>
>
> 어버이 그릴 줄을 처엄부터 알아마는
> 님금 향한 뜻도 하날이 삼겨시니
> 진실로 님군을 잊으면 긔 불효(不孝)인가 여기노라.
> <제5수>
> – 윤선도, 〈견회요〉

① 슬기: 부모님에 대한 간절한 그리움을 느낄 수 있어.
② 제니: 화자는 임금을 향한 변함없는 충성심을 가지고 있어.
③ 윤아: 운율을 위해 의도적으로 같은 말을 반복하여 사용하고 있어.
④ 예리: 화자는 자연에서 세상의 근심을 떨치고 사는 즐거움을 누리고 있다.

17

밑줄 친 시어가 내포하는 의미로 적절하지 않은 것은?

> 나의 지식이 독한 회의(懷疑)를 구하지 못하고
> 내 또한 삶의 애증을 다 짐지지 못하여
> 병든 나무처럼 생명이 부대낄 때
> 저 머나먼 <u>아라비아 사막</u>으로 나는 가자.
>
> 거기는 한 번 뜬 백일이 불사신같이 작열하고
> 일체가 모래 속에 사멸한 영겁(永劫)의 허적(虛寂)에
> 오직 알라의 신(神)만이
> 밤마다 고민하고 방황하는 열사(熱沙)의 끝.
>
> 그 열렬한 고독(孤獨) 가운데
> 옷자락을 나부끼고 호올로 서면
> 운명처럼 반드시 '나'와 대면(對面)케 될지니.
> 하여 '나'란 나의 생명이란
> 그 원시의 본연한 자태를 다시 배우지 못하거든
> 차라리 나는 어느 사구(砂丘)에 회한 없는 백골을 쪼이리라.
> – 유치환, 〈생명의 서(書)〉

① 고독의 공간
② 극한의 공간
③ 대결의 공간
④ 도피의 공간

18

㉠~㉢에 들어갈 말로 모두 적절한 것은?

> • 그듸는 보디 (㉠)(그대는 보지 아니하느냐?)
> • 목수미 몯 (㉡) 너겨(목숨이 못 있을까 여겨)
> • 뉘 能히 이 經을 너비 (㉢)(누가 능히 이 경을 널리 알릴까?)

	㉠	㉡	㉢
①	아니ᄒᆞᄂᆞ다	이싫가	니르ᇙ고
②	아니ᄒᆞᄂᆞ가	이싫고	니른다
③	아니ᄒᆞᄂᆞ다	이싫고	니르ᇙ가
④	아니ᄒᆞᄂᆞ고	이신다	니른다

19

㉠~㉢에 들어갈 말을 〈보기〉에서 골라 바르게 연결한 것은?

단어의 의미를 사전의 뜻풀이로 보는 관점이 있다. 예를 들면 '눈, 코, 입이 있는 머리의 앞면'이라는 국어사전의 뜻풀이를 '얼굴'이라는 단어의 의미로 보는 것이다. 그러나 이와 같은 사전적 뜻풀이는 순환적이 될 수밖에 없다는 문제점을 지니고 있다. 즉 모르는 어떤 단어의 뜻풀이를 찾아가다 보면 결국에는 원래의 모르는 단어가 다른 단어의 뜻풀이 속에 나타난다. 이러한 관점의 또 다른 문제는 맥락이 의미 해석에 미치는 영향을 무시한다는 것이다. 가령 소풍날 비가 올 때 '날씨가 좋군.'이라고 말한 경우 사전적 뜻풀이만 놓고 보면 이 문장은 맞지 않는 문장이 된다.

단어의 의미에 관한 다른 입장 중 하나는 의미를 단어가 지시하는 사물, 즉 지시체와 동일시하는 관점이다. '어제 손흥민이 영국으로 떠났다.'라는 문장에서 '손흥민'과 '영국'은 세상에 존재하는 실체를 지시하고, '떠났다'도 세상에서 일어나는 실제 사건을 지시한다. 이렇게 의미를 지시체로 환원하는 이유는 우리가 세상을 기술하고 묘사하기 위하여 언어를 사용하고, 또 그것이 언어의 가장 중요한 기능이기 때문이다. 그러나 이 관점에도 문제는 있다. 예를 들어 '그런데', '비록', '아주'와 같은 단어들은 (㉠) 또 '나', '오늘', '여기'와 같은 단어들은 (㉡) 아울러 등각 삼각형과 등변 삼각형이란 단어의 경우 (㉢) 이렇게 보면 단어의 의미는 지시체 그 이상이다.

> **보기**
>
> ⓐ 지시체는 같지만 의미는 다르다.
> ⓑ 맥락에 따라 지시체가 달라진다.
> ⓒ 지시체가 존재한다고 보기 어렵다.

	㉠	㉡	㉢		㉠	㉡	㉢
①	ⓐ	ⓒ	ⓑ	②	ⓑ	ⓐ	ⓒ
③	ⓒ	ⓐ	ⓑ	④	ⓒ	ⓑ	ⓐ

20

밑줄 친 부분의 의미가 ㉠과 가장 유사한 것은?

> 시험이 ㉠가까워서인지 도서관에 자리가 꽉 찼다.

① 둘은 <u>가까운</u> 장래에 결혼할 사이다.
② 아이는 되도록 엄마에게 <u>가깝게</u> 앉았다.
③ 무뚝뚝한 사람들과 <u>가깝게</u> 지내기란 쉽지 않다.
④ 영화는 개봉 첫날부터 만 명에 <u>가까운</u> 관객이 몰렸다.

21

'찬성 측'과 '반대 측'이 모두 인정하고 있는 내용으로 적절한 것은?

사회자: 지금부터 '휴일에 학교를 개방해야 한다.'라는 논제로 공개 토론을 시작하겠습니다. 먼저 찬성 측에서 입론해 주시기 바랍니다.

찬성 1: 우리 학교는 일요일과 공휴일에 학교 시설을 학생들에게 개방하지 않고 있습니다. 그런데 우리 지역에는 휴일에 학생들이 편하게 공부할 수 있는 시설이 부족합니다. 저도 휴일에 가장 가까운 ○○ 시립 도서관에 가기 위해 집에서 버스를 타고 20분이나 가야 했던 적이 있는데요. 이처럼 휴일에 공부를 하고 싶은 학생들이 공부할 곳이 마땅치 않아 어려움을 겪고 있습니다. 이러한 이유로 많은 학생들이 휴일에 학교 개방을 원하고 있습니다. 학교 도서관과 자습실 등을 휴일에도 개방하면 학생들은 공부할 공간을 확보할 수 있고, 자연스레 면학 분위기가 형성되어 수업 분위기가 좋아질 수 있을 것입니다.

사회자: 반대 측의 반대 신문이 있겠습니다.

반대 2: 휴일에 도서관과 자습실을 개방하는 것이 수업 분위기의 개선과 관련이 있을까요?

찬성 1: 직접적인 관련은 없겠지만 어느 정도 영향을 줄 수 있다고 생각합니다.

사회자: 이번엔 반대 측에서 입론해 주세요.

반대 1: 저는 휴일에 학교를 개방하는 것에 반대합니다. 휴일에 학생들을 위한 학습 공간이 부족하다는 주장에는 공감하지만, 학교를 개방한다고 해서 이러한 문제가 해결된다고 생각하지 않습니다. 오히려 휴일에 학교를 개방할 경우 공부를 하기보다는 학교에 있는 체육 시설을 이용하기 위해 학교를 찾는 학생들이 많을 것이며, 그에 따라 안전사고가 발생할 위험성도 커질 것입니다. 또한 휴일에 학교 시설을 개방하면 학교 측에서도 학생들을 관리하기 위한 선생님이나 관리 요원이 필요할 텐데 거기에 소요되는 비용을 마련하는 데에도 어려움이 있을 것이라 생각합니다.

사회자: 찬성 측의 반대 신문이 있겠습니다.

찬성 2: 지금도 휴일에 근무하시는 분이 계시지 않나요?

반대 1: 생각해 보니 휴일에도 안전지킴이 선생님이 학교에서 근무하고 계시네요.

사회자: 반대 측, 반론해 주세요.

반대 1: 현재 우리 학교는 평일 저녁에 도서관과 자습실을 개방하고 있는데 학습을 위해 이를 이용하는 학생은 한 반에 한두 명 정도로 얼마 되지 않고 대부분 독서실이나 자신이 다니는 학원의 자습실을 이용하는 것으로 알고 있습니다. 주말 및 공휴일에 학교를 개방한다고 하더라도 이와 크게 달라질 것이라 보기 어렵습니다.

사회자: 이번엔 찬성 측에서 반론해 주세요.

찬성 1: 반대 측에서 휴일에 학교 개방을 하게 되면 공부보다 체육 활동을 위해 학생들이 학교를 찾을 것이라고 말씀하셨는데, 우리 지역에는 누구나 체육 활동을 할 수 있는 운동장과 체육관 등이 곳곳에 위치하고 있기 때문에 그럴 가능성은 크지 않다고 생각합니다. 주말에 학교를 개방하고 있는 인근 △△ 고등학교의 경우에도 체육 활동을 위해 주말에 방문하는 학생들은 거의 없다고 합니다.

① 휴일에 학생들이 공부할 수 있는 공간이 부족하다.
② 휴일에 학교 시설을 개방하면 면학 분위기가 형성된다.
③ 휴일에 학생들이 참여할 수 있는 체험 프로그램이 부족하다.
④ 휴일에 발생하는 안전사고를 예방하기 위한 대책이 필요하다.

22

'주동 표현'을 '사동 표현'으로 바꾼 것으로 적절하지 않은 것은?

① 동생이 밥을 먹다.
　→ 엄마가 동생에게 밥을 먹이다.
② 난 사랑에 빠졌다.
　→ 너는 나를 사랑에 빠지게 했다.
③ 아이가 종이를 잘랐다.
　→ 엄마가 아이에게 종이를 잘렸다.
④ 풍선이 하늘 높이 날았다.
　→ 형이 풍선을 하늘 높이 날렸다.

23

다음 글의 내용과 일치하지 않는 것은?

우리는 지금 이제껏 한 번도 경험해 보지 못한 새로운 세계를 맞이하고 있다. 정보 통신 기술의 급속한 발달과 함께 우리의 삶을 구성하고 있는 거의 모든 영역이 상품화되어 가고 있는 것이다. 가장 오래된 문화 산업이라고 할 수 있는 관광부터 시작해서 스포츠, 예술, 여가 생활 등은 물론이고 사상이나 지식, 아이디어 등도 모두 상품화되고 있으며, 심지어는 의식주를 비롯한 생활 방식마저 상품으로 판매되는 상황이 벌어지고 있다. 리프킨(Jeremy Rifkin)은 '접속과 문화 자본주의'라는 개념으로 이러한 현상을 설명하고 있다.

접속은 인터넷은 물론 전자 제품, 자동차, 주택 같은 다양한 실물 영역에서도 일관되게 발견되는 포괄적 추세이다. 접속은 이들 상품을 일시적으로 사용하는 권한을 말하는 것으로, 이의 상대 개념은 소유라고 할 수 있다. 산업 시대는 소유의 시대였다. 기업은 많은 상품을 팔아 시장 점유율을 높이고 소비자는 상품을 시장에서 구입하고 소유하여 자신의 존재 영역을 확대했다. 그러나 자동차 회사는 이제 자동차를 파는 것이 아니라 임대하여 고객이 평생토록 자신들과 관계 맺기를 원하고, 고객은 자동차를 소유하지 않고 임차하여 보다 나은 서비스를 받기를 원한다. 기업은 물건을 팔지 않고 서비스나 다른 영역의 접속에 관한 권리를 팔면서 고객의 시간을 장악해 나간다. 우리의 삶이 상품 교환에 바탕을 둔 체제에서 경험 영역의 접속에 바탕을 둔 체제로 변하고 있음을 의미한다.

이와 같은 접속의 시대에는 인간의 모든 경험이 다 서비스화될 수 있다. 문화라고 부를 수 있는 모든 것이 돈을 매개로 매매될 수 있는 상황이 되는 것이다. 사실상의 모든 인간 활동이 돈으로 거래되는 세계에서는 감정의 연대, 믿음 등에 기반을 둔 전통적인 인간관계가 입회, 등록, 요금 등에 기반을 둔 계약 관계로 바뀐다. 사람들과 어울려 지내는 우리의 일상적 삶 속에서 이미 상당한 부분이 상업적 관계로 얽혀 있다. 타인의 시간, 타인의 배려와 애정을 돈으로 사는 경우가 점점 늘어나고 있다. 우리의 삶은 점점 상품화되고 공리와 영리의 경계선은 점점 허물어지고 있다. 리프킨은 보다 편리한 생활을 영위하기 위해서 인간의 모든 경험을 상품화하는 현상이 사실은 우리 삶의 기저를 허물고 있다고 주장한다. 역사적으로 문화는 늘 상업에 선행했다. 상업은 문화의 파생물이었다. 그런데 지금은 사정이 바뀌어 문화가 상업화를 위한 재료 공급원으로 전락했다.

문화 자본주의는 인류가 수천 년 동안 발전시켜 온 문화적 다양성을 샅샅이 발굴하여 상품화하고 있는데, 역설적이게도 그 과정에서 문화적 다양성은 소멸되어 가고 있다. 인간 가치의 마지막 보루라 할 수 있는 문화 영역마저 상업 영역에 완전히 흡수당하게 되면 사회적 신뢰는 땅에 떨어지고 건강한 시민 사회의 기반은 완전히 허물어지게 된다. 결국 인간의 문명은 위기에 처하게 된다. 리프킨은 지리적 공간에 뿌리를 둔 문화적 다양성을 지켜나가는 것만이 인간의 문명을 유지할 수 있는 유일한 길이라고 말하고 있다. 수천 년을 이어온 인간 체험의 풍부한 문화적 다양성을 상실하는 것은, 생물 다양성을 잃는 것 못지않게 앞으로 우리가 생존하고 문명을 발전시켜 나가는 데 악영향을 미칠 것이다. 그러므로 문화와 산업의 적절한 균형을 복원시키고 문화를 우리의 삶의 일부로 받아들이는 자세는 다가오는 시대에 우리가 해결해야 할 가장 중요한 과업이다.

① 문화 영역이 상업 영역에 완전히 흡수되면 인류 문명은 위기에 처하게 된다.
② 접속은 인터넷은 물론 다양한 실물 영역에도 포괄적으로 적용되는 개념이다.
③ 정보 통신 기술의 발달에 힘입어 문화 산업이라고 하는 새로운 분야가 생겼다.
④ 접속의 시대에는 인간의 모든 경험이 매매될 수 있어 인간의 삶이 상품화된다.

24
다음 중 글쓴이의 견해와 일치하는 것은?

제조업이 급속도로 세계화되고 있다는 주장은 종종 글로벌 상품 체인이라는 용어로 표현된다. 이는 하나의 제품을 생산하는 데 수반되는 노동과 생산 과정이 전 세계적으로 형성된 네트워크라는 뜻이다. 이러한 네트워크는 상품을 생산하는 데 필요한 원자재에서 최종 소비자에 이르기까지 서로 긴밀하게 맞물린 체인을 형성하는 중요한 생산 활동들로 구성되어 있다.

글로벌 상품 체인의 한 가지 예로, 세계에서 가장 이윤을 많이 남긴 장난감 바비 인형의 제조 과정을 들 수 있다. 40여 종의 바비 인형은 초당 두 개꼴로 판매되며, 미국 LA에 위치한 마텔사는 이를 통해 1년에 10억 달러 이상의 수익을 얻고 있

다. 주로 미국, 유럽, 일본에서 팔리기는 하지만, 바비 인형은 세계 150여 개국에서 쉽게 찾을 수 있다. 그리고 바비 인형은 판매 측면뿐만 아니라 생산 측면에서도 전 지구적이다. 이 인형은 미국에서 생산되지 않는다. 단지 디자인, 마케팅 및 광고 전략, 인형 장식에 쓰이는 일부 물감과 오일의 생산, 제품의 종이 포장 과정 등만이 미국에서 이루어진다. 바비 인형의 몸과 의상의 원산지는 점점 더 지구적으로 확장되고 있다.

바비 인형의 탄생은 사우디아라비아에서 시작된다. 여기서 나는 원유를 정제하여 추출한 에틸렌은 인형의 플라스틱 몸을 만드는 데 사용된다. 타이완의 석유 회사가 이 에틸렌을 수입한 다음 타이완의 플라스틱 회사에 판매하고, 이 회사는 에틸렌을 바비 인형의 몸을 만드는 데 직접 사용되는 구슬 모양의 PVC로 바꾸어 놓는다. 이 PVC는 중국에 있는 바비 인형 제조 공장으로 수송된다. ― 이 공장에서 사용되는 기계는 미국에서 만들어진 것이다. ― 몸이 만들어지면 일본에서 생산된 나일론 머리카락을 바비 인형의 머리에 심는다. 면으로 만든 바비 인형의 옷은 중국에서 제조된 것이며, 그 옷의 원료인 면화 역시 중국산이다. 그리고 제조 공정에 사용되는 모든 재료와 바비 인형 완제품은 홍콩에서 세계 각지로 수송된다.

그렇다면 바비 인형의 원산지는 어디일까? 인형의 포장 박스에는 원산지가 중국으로 표기되어 있지만 우리가 살펴본 바와 마찬가지로 바비 인형의 제조에 사용된 재료 중 중국에서 생산된 것은 극히 드물다. 9.99달러에 팔리는 인형 값의 약 35센트만 중국에서 11,000명의 조립 노동자의 임금으로 가져갈 뿐이다. 한편 미국의 마텔사는 개당 1달러의 이윤을 가져간다. 그렇다면 나머지 돈들은 어디로 간 것일까? 플라스틱 재료, 의상, 나일론 머리카락 등 재료비는 65센트에 불과하다. 대부분의 비용은 제조 기계 및 장비 구입비, 운송비, 광고 및 판매비용, 매장 유지비, 소매상의 이윤 등으로 구성된다.

우리는 이러한 바비 인형의 생산과 유통 과정을 통해 세계 경제를 하나로 연결하는 세계화의 추세를 엿볼 수 있다. 그리고 바비 인형으로 얻는 수익의 배분을 살펴보면 우리는 세계화의 결과가 전 지구적으로 불균등하다는 것도 알 수 있다.

① 세계 경제 활동에서 제조업으로 각국의 이익을 만드는 시대는 지나갔다.
② 제조업의 세계화가 상품에 관계된 국가 모두의 발전을 보장하는 것은 아니다.
③ 글로벌 상품 체인은 전 세계적으로 공평한 상품의 생산과 소비 활동을 가능하게 한다.
④ 상품을 생산하는 노동은 세계화가 가능하지만 상품의 수송과 판매는 세계화되기 어렵다.

25

다음 시에 대한 설명으로 가장 옳은 것은?

> 나는 새장을 하나 샀다.
> 그것은 가죽으로 만든 것이다.
> 날뛰는 내 발을 집어넣기 위해 만든 작은 감옥이었던 것
>
> 처음 그것은 발에 너무 컸다.
> 한동안 덜그럭거리는 감옥을 끌고 다녀야 했으니
> 감옥은 작아져야 한다.
> 새가 날 때 구두를 감추듯,
>
> 새장에 모자나 구름을 집어넣어 본다.
> 그러나 그들은 언덕을 잊고 보리 이랑을 세지 않으며 날지 않는다.
> 새장에는 조그만 먹이통과 구멍이 있다.
> 그것이 새장을 아름답게 하는 것인지도 모른다.
>
> 나는 오늘 새 구두를 샀다.
> 그것은 구름 위에 올려져 있다.
> 내 구두는 아직 물에 젖지 않은 한 척의 배,
>
> 한때는 속박이었고 또 한때는 제멋대로였던 삶의 한켠에서
> 나는 가끔씩 늙고 고집 센 내 발을 위로하는 것이다.
> 오래 쓰다 버린 낡은 목욕통 같은 구두를 벗고
> 새의 육체 속에 발을 집어넣어 보는 것이다.
>
> — 송찬호, 〈구두〉

① 이미지를 자유롭게 연상하여 시상을 전개하고 있다.
② 부정적 현실에 절망하여 체념적 태도를 보이고 있다.
③ 구체적 청자를 설정해 대화를 하듯 시상을 전개하고 있다.
④ 특정 인물을 중심으로 인과적 구조로 주제를 드러내고 있다.

M·E·M·O

정답 및 해설

01회 정답

01. ①	02. ③	03. ②	04. ①	05. ②
06. ④	07. ②	08. ④	09. ③	10. ②
11. ④	12. ③	13. ②	14. ③	15. ④
16. ②	17. ②	18. ②	19. ③	20. ①
21. ②	22. ④	23. ④	24. ①	25. ③

01 정답 ①

[해설]

제시된 특징을 모두 만족하는 단어는 '관형사'이다.
①의 '그는 나와 취향이 다른 사람이다.'에는 관형사가 쓰이지 않았다.

그	는	나	와	취향	이
대명사	조사	대명사	조사	명사	조사
다른	사람	이다			
형용사	명사	조사			

관형사 '다른'이 존재하기는 하지만, ①의 '다른'은 형용사 '다르다'의 관형사형으로 품사는 그대로 '형용사'이다.

[비교] 관형사 '다른'
예 다른 사람들은 어디 있지?
다른 생각 말고 공부나 해라.

[오답 정리]

② '헌'과 '새'가 관형사이다.

은행	에서	헌	돈	을	새
명사	조사	관형사	명사	조사	관형사
돈	으로	바꾸었다			
명사	조사	동사			

③ '10(십)'과 '옛'이 관형사이다.

10(십)	년	뒤	찾은	고향	은
관형사	의존 명사	명사	동사	명사	조사
옛	모습	그대로	이다		
관형사	명사	명사	조사		

④ '한'이 관형사이다.

옛날	강원도	의	한	마을	에
명사	명사	조사	관형사	명사	조사
효자	가	살고	있었다		
명사	조사	동사	보조 동사		

02 정답 ③

[해설]

제시된 글은 신화적 설화로서 인물, 유리왕의 행적을 중심으로 이야기가 전개되고 있다.

[오답 정리]

① 유리가 아버지가 없다는 사실로 인해 시련을 겪고 부끄러워하고 있으나 이와 관련하여 내적 갈등을 겪었는지는 알 수 없다.
② 왕이 유리를 태자로 삼은 것을 볼 때, 갈등이 해소되었다고 볼 수 있다.
④ 배경 묘사를 통해 주제를 부각하고 있지 않다.

03 정답 ②

[해설]

정례 모친의 상황은 친구인 옥임에게 돈을 빌렸다가 온갖 노력을 기울여 간신히 키워 온 문방구를 손해를 보면서 내줄 수밖에 없는 처지에 물리게 된다. 따라서 정례 모녀의 상황에 알맞은 속담은 애써 한 일을 남에게 빼앗기거나, 엉뚱한 사람에게 이로운 일을 한 결과가 되었음을 이르는 말인 '죽 쑤어 개 준다'이다.

[오답 정리]

① 초록은 동색이다: 1) 풀색과 녹색은 같은 색이라는 뜻으로, 처지가 같은 사람들끼리 한패가 되는 경우를 비유적으로 이르는 말 2) 명칭은 다르나 따져 보면 한가지임을 비유적으로 이르는 말
③ 백지장도 맞들면 낫다: 쉬운 일이라도 협력하여 하면 훨씬 쉽다는 말
④ 목마른 놈이 우물 판다: 제일 급하고 일이 필요한 사람이 그 일을 서둘러 하게 되어 있다는 말

[작품 정리]

염상섭, 〈두 파산〉

갈래	단편 소설, 세태 소설
성격	사실적, 비판적
배경	• 시간: 광복 직후 • 공간: 서울 황토현 근처
시점	전지적 작가 시점
주제	해방 직후 혼란기에 물질적·정신적으로 파산한 인간의 모습 풍자
특징	① 현실을 살아가는 시민의 심리와 태도를 실감 나게 묘사함. ② 경기 지역의 방언을 능란하게 구사하여 현실감을 돋보이게 함. ③ 정례 모친과 옥임의 경제적, 정신적 파탄을 중심으로 대조적으로 구성함. ④ 객관적으로 서술함.

04

해설

표현의 효과를 높이기 위하여 뜻하고자 하는 것과는 반대로 말이나 글 등을 표현하는 것을 '반어적 표현'이라고 한다. 그런데 제시된 작품에는 '반어적 표현'이 나타나지 않는다. '반어적 표현'이 아닌 어떤 주장이나 이론이 겉보기에는 모순되는 것 같으나 그 속에 중요한 진리가 함축되어 있는 '역설적 표현'이 나타난다. 즉 제시된 시에서는 화자의 처지, 즉 서해에 가지 않는 이유를 역설적 표현을 통해 나타내고 있다.

오답 정리

② 2연의 "그곳 바다인들 여느 바다와 다를까요"에서 설의법이 나타난다. 설의법을 통해 서해가 다른 바다와 다르지 않다는 화자의 생각을 나타내고 있다.

③ 1연과 3연에서 '도치법'이 나타난다. 1연에서는 '자신이 서해에 가지 않았다는 사실'을, 3연에서는 '자신이 서해에 가지 않는 이유'를 강조하고 있다.

④ 제시된 시에는 '합쇼체', '해요체'가 나타난다. 모두 높임의 종결 어미나 보조사를 통해 대상인 '당신'에 대한 존중의 태도를 드러내고 있다.

작품 정리

이성복, 〈서해〉

갈래	자유시, 서정시
성격	서정적, 애상적
주제	당신에 대한 배려와 그리움
특징	① 서해라는 공간을 통해서 당신에 대한 그리움을 표현 ② 역설적 발상으로 당신에 대한 그리움을 표현 ③ 경어체를 활용하여 당신에 대한 그리움과 사랑을 표현

05

해설

'누나를 두 명이나 가지다'는 영어 번역체 표현이다. 자연스러운 우리말이 되기 위해서는 '가지다(have)' 대신에 '있다'를 사용하는 것이 적절하다.

오답 정리

① 부사어 '반드시'는 서술어 '해야 한다'와 호응된다. 따라서 부정적인 의미의 서술어와 어울리는 '절대로'로 수정하는 것은 적절하지 않다.

③ 피동의 의미가 없기 때문에, 불필요한 피동 표현이 사용되었다는 판단은 적절하다. 그러나 수정한 '발달해졌다' 역시 피동 표현 '어지다'가 쓰였다. 따라서 '발달해 있다'로 수정해야 자연스러운 문장이 된다.

④ 목적어 '장점을'이 서술어인 '보완하다'와 어울리지 않는다. 따라서 주어와 서술어의 호응이 아닌, 목적어와 서술어의 호응이 바르지 않은 문장이다.

06

해설

'스스럽다'는 '수줍고 부끄러운 느낌이 있다.'라는 의미이다. 따라서 '부끄럽다'의 뜻풀이는 적절하다.

※ '스스럽다'에는 '서로 사귀는 정분이 두텁지 않아 조심스럽다.'라는 의미도 있다.

오답 정리

① '그느르다'는 '돌보고 보살펴 주다.', '흠이나 잘못을 덮어 주다.'라는 의미이다.

② '던적스럽다'는 '하는 짓이 보기에 매우 치사하고 더러운 데가 있다.'라는 의미이다.

③ '서름하다'는 '남과 가깝지 못하고 사이가 조금 서먹하다.', '사물 따위에 익숙하지 못하고 서툴다.'라는 의미이다. 문맥상 첫 번째 의미로 쓰였다.

07

해설

제시된 '조건'을 가장 잘 반영한 것은 ②이다.

ㄱ. '인스턴트커피'와 '어머니의 밥상'을 대조하고 있다.

ㄴ. '어머니의 품과 같이'라는 비유적 표현을 사용하고 있다.

ㄷ. '달콤한 그리움'이라는 표현에서 '그리움'이라는 추상적 대상이 '달콤함(미각)'으로 구체적으로 표현되고 있다.

08

해설

'해독'이 '어려운 문구 따위를 읽어 이해하거나 해석함.'이라는 의미로 쓰였기 때문에, '해독(解讀: 풀 해, 읽을 독)'으로 표기한 것은 적절하다.

오답 정리

① 출연(出演 → 出捐): 문맥상 '금품을 내어 도와줌'의 의미이므로 '출연(出捐: 날 출, 버릴 연)'으로 표기해야 한다.

※ 출연(出演: 날 출, 멀리 흐를 연): 연기, 공연, 연설 따위를 하기 위하여 무대나 연단에 나감.

예 나에게는 그것이 첫 번째 텔레비전 출연이었던지라 상당히 흥분했었습니다.

② 조작(操作 → 造作): 문맥상 '어떤 일을 사실인 듯이 꾸며 만듦'이라는 의미로 쓰였기 때문에, '조작(造作: 지을 조, 지을 작)'으로 표기해야 한다.

※ 조작(操作: 잡을 조, 지을 작): 기계 따위를 일정한 방식에 따라 다루어 움직임.

예 그는 기계 조작이 서툴다.

③ 부인(夫人 → 婦人): 문맥상 '결혼한 여자'의 의미이므로 '부인(婦人: 아내 부, 사람 인)'으로 표기해야 한다.

※ 부인(夫人: 지아비 부, 사람 인): 남의 아내를 높여 이르는 말

예 저분이 부장님 부인이십니다.

09 정답 ③

해설

백신은 감염성 병원균의 항원을 통해 우리 몸의 면역 반응을 유도함으로써 항체를 형성한다.

오답 정리

① 마지막 문단에서 최근 백신은 항원성 단백질을 이용한 재조합 항원 백신이라고 설명하고 있다.

② 3문단에서 병원균에서 항원성이 있는 일부의 물질만을 분리하여 백신으로 이용하는 새로운 백신의 개발이 사용되고 있다고 하였고, 마지막 문단에서 새로운 백신의 대부분이 재조합 항원 백신이라고 설명하고 있다.

④ 2문단에서 약독화 백신은 증식 능력이 살아 있는 병원균을 활용하여 독성이 제거된 병원균을 활용함으로써 장기간 효과를 발휘한다고 설명하고 있다.

10 정답 ②

해설

(나)의 중심 내용은 '타자가 되려는 노력의 중요성' 정도로 볼 수 있다. "그렇게 되려는 노력이 전제되지 않는 한 어떤 진정한 윤리도 불가능하다."는 것은 '타자화되려는 노력을 전제할 때 비로소 진정한 윤리도 가능해진다'는 의미이므로, 노력 여하에 따라서 진정한 윤리를 실천하는 것은 가능한 일이다.

11 정답 ④

해설

농사일이 힘들다는 내용은 찾아볼 수 없다. 제시된 작품, 〈논매기 노래〉는 농부들이 김을 매면서 부르는 노래로, 일의 피로도 덜고 흥겹게 일을 하기 위한 노동요이다.

오답 정리

① 선창자가 노래를 부르면 후창자가 이어받아 노래를 부르는 형식으로 이루어져 있다.

② 선창자의 부르는 노래는 반복적으로 후렴의 기능을 하면서 운율을 형성하고 있다.

③ 농사를 천직으로 생각하는 농부들의 일에 대한 긍지와 자부심을 반영하고 있다.

현대어 풀이

잘하고 잘하네, 에히요 산이가 잘하네. (후렴구)

이봐라 농부야 내 말 듣소, 이봐라 일꾼들 내 말 듣소.
하느님이 주신 보배, 기름진 땅 바로 이것이 아닌가?
물꼬를 터서 논에 물을 찰랑 실어 놓고 주인 영감은 어디 갔나?
잘한다, 노래를 퍽 잘하면 길 가던 행인이 길을 못 간다.
잘하고 잘하네, 우리 일꾼들 잘한다.
이 논배미를 얼른 매고 저 논배미로 건너가세.

듬성듬성한 다섯 마지기가 반달만큼만 남았구나.
해는 서산으로 넘어가고, 달이 동쪽으로 고개로 솟아오른다.
잘하고 잘하네, 에히요 산이가 잘한다.
잘하고 못 하는 건 우리 일꾼들의 솜씨로다.

작품 정리

갈래	민요
채록지	충북 영동 지방
운율	3·4조, 4음보
성격	농업 노동요, 선후창요(先後唱謠), 돌림노래
표현	반복법, 열거법
제재	논매기
주제	농사일의 기쁨과 보람

12 정답 ③

해설

ⓒ에서는 조사 '께서'와 선어말 어미 '-(으)시-', '주무시다'라는 특수 어휘를 사용한 주체 높임 표현이 실현되었다. 또한 종결 어미 '-ㅂ니다'를 사용하여 청자를 높이는 상대 높임 표현이 실현되었다.

오답 정리

① ㉠에서는 '여쭈다'라는 특수 어휘를 사용한 객체 높임 표현과 종결 어미 '-어'를 사용하여 청자를 낮추는 상대 높임 표현이 실현되었다.

② ㉡에서는 선어말 어미 '-(으)시-'를 사용하여 주체를 간접적으로 높이는 표현과 '뵙다'라는 특수 어휘를 사용한 객체 높임 표현이 실현되었다. 또한 종결 어미 '-ㅂ니까'를 사용하여 청자를 높이는 상대 높임 표현이 실현되었다.

④ ㉣에서는 조사 '께서'와 선어말 어미 '-(으)시-'를 사용한 주체 높임 표현과 조사 '께'와 '드리다'라는 특수 어휘를 사용한 객체 높임 표현이 실현되었다. 또한 청자를 높이는 상대 높임 표현이 실현되었다.

13 정답 ②

해설

1단계	(가)의 마지막 문장 "조류의 호흡 과정에서 중요한 역할을 한다."와 (다)의 첫 번째 문장 "조류의 호흡은~"이 연결된다. 따라서 (가) 뒤에 (다)가 이어지는 것이 적절하다.
2단계	(나)는 '또한 조류의 허파는~'으로 시작하고 있다. 따라서 '조류'의 특징을 제시한 (다) 뒤에 (나)가 이어지는 것이 적절하다.
3단계	'이처럼 조류는~'으로 시작하고 있는 (라)는 앞의 내용을 정리한 것이므로 가장 나중에 오는 것이 적절하다.

14
정답 ③

해설

날인 → 무인: '拇印(엄지손가락 **무**, 도장 **인**)'의 독음은 '무인'이다. 이는 '도장을 대신하여 손가락에 인주 따위를 묻혀 그 지문(指紋)을 찍은 것'을 의미한다.

※ 날인(捺印: 누를 **날**, 도장 **인**): 도장을 찍음.

📖 서류에 날인을 하다.

오답 정리

① 기치(旗幟: 기 **기**, 기 **치**): 1) 예전에, 군대에서 쓰던 깃발 2) 일정한 목적을 위하여 내세우는 태도나 주장 3) 기에 나타난 표지(標識)
② 빙자(憑藉: 기댈 **빙**, 깔개 **자**): 1) 남의 힘을 빌려서 의지함. 2) 말막음을 위하여 핑계로 내세움.
④ 침식(侵蝕: 침노할 **침**, 갉아먹을 **식**): 외부의 영향으로 세력이나 범위 따위가 점점 줄어듦.

15
정답 ④

해설

제시된 글에서는 의사소통을 가능하게 하는 원리로 그라이스의 '협력의 원리'를 네 가지 격률로 정리하여 소개하면서 그것이 지니는 유용성과 한계에 대해 설명하고 있다. 따라서 글의 화제는 '그라이스의 격률의 유용성과 한계'이다.

오답 정리

① 의사소통의 원리로서 '협력의 원리' 하나만 제시하고 있다. 이것을 네 가지 격률로 정리하고 있다.
② 대화 격률의 역사적 변화에 대한 내용은 확인할 수 없다.
③ 표면적 의미만으로 대화가 이루어지는 것이 아니라 함축적 의미가 대화의 주된 힘이라는 내용은 그라이스 이론의 한계를 지적하는 부분에 해당하므로 전체 내용을 포괄하기는 부족하다.

16
정답 ②

해설

제시된 대화는 '대화 함축'의 사례이다. '대화 함축'은 발화 내용의 표면적 의미를 넘어서 화자가 어떤 의도를 암시하거나 함의하고 있다는 전제에서 의미 해석이 이루어져야 한다. 아들은 곧 시험을 봐야 하지만 시험공부가 하기 싫은 상태이고, 아들의 말은 엄마가 시험 공부하라고 재촉하는 상황에 대한 거부감을 함축하는 발화로 해석하는 것이 적절하다. 그런데 '날씨가 좋으니 교외로 놀러가야겠다'는 것으로 해석하는 것은 표면적 의미에 해당한다.

17
정답 ②

해설

'몇'은 그리 많지 않은 얼마만큼의 수를 막연하게 이르는 말로, 품사는 '수사'이다.

오답 정리

① '하나'가 '수효를 세는 맨 처음 수'의 의미일 때는 수사이다. 그런데 ①의 '하나'는 '전혀', '조금도'의 뜻이므로 품사는 '수사'가 아니라 '명사'이다.
③ '첫째'가 '순서가 가장 먼저인 차례'의 의미일 때는 수사이다. 그런데 ③의 '첫째'는 '맏이'의 뜻이므로 품사는 '수사'가 아니라 '명사'이다.
④ '혼자'는 '다른 사람과 어울리거나 함께 있지 아니하고 그 사람 한 명만 있는 상태'의 의미로, 품사는 '명사'이다. 또 (그대로) '여럿'은 '많은 수의 사람이나 물건'의 의미로, 품사는 '명사'이다.

18
정답 ②

해설

그리스인들은 시간에 대한 관념을 바탕으로 윤리적 계기를 마련하였다고 하였으나, 특정한 신의 특성을 모방한 것은 아니다.

오답 정리

① 4문단의 "아낙시만드로스와 같은 그리스의 자연 철학자들은 이러한 순환적 시간관을 체계화하였다."를 통해 알 수 있다.
③ 2문단의 "그리스인들은 천체의 운동과 변화를 시간의 척도로 삼고 있었음을 알 수 있다."를 통해 알 수 있다.
④ 1문단의 "시간과 관련된 개념들이 간접적으로 논의되고 있을 뿐이다."를 통해 알 수 있다.

19
정답 ③

해설

'에서'는 부사격 조사이기도 하고, 주격 조사이기도 하다. '에서' 앞에 오는 체언이 단체를 나타내고 주격 조사 '이/가'와 바꿔 쓸 수 있을 때는 주격 조사이다. 이에 해당하는 것은 ③이다. 즉 ③의 '학교에서'만 주어이고, ③을 제외한 나머지는 부사어이다.

20
정답 ①

해설

제시된 글은 언어와 실제 세계와의 관계라는 화제를 제시한 후, 이에 대한 이론인 언어 적대관과 언어 상대성 가설을 소개하고, 언어 상대성 가설을 통해 우리의 사고방식을 이해하고, 언어 적대관을 통해 새로운 언어를 창조할 필요가 있다는 주장을 하고 있다. 그러므로 대립되는 두 이론을 소개한 후, 마지막 문단에서 이를 대하는 바람직한 자세를 보여 주고 있다고 할 수 있다.

21

해설

예측하며 읽기는 목차, 소제목, 내용 등을 훑어 개괄적으로 글의 내용을 파악하는 읽기 방법으로, 능동적인 독서 태도이다. 그러나 제시된 글에서 예측하며 읽기에 대해서는 언급하고 있지 않다.

오답 정리

① 1문단에서 확인할 수 있는 전략이다. 책을 읽는 것은 성인의 뜻, 즉 저술한 사람의 본심을 알고자 함이라고 하였다.

③ 2문단에서 확인할 수 있는 전략이다. 아무 생각 없이 글을 읽지 말고 의심을 해 가며 깊이 있게 읽어야 한다고 하였다.

④ 3문단에서 확인할 수 있는 전략이다. 이해한 부분은 기록해 두었다가 강론의 자료로 이용하라고 하였다.

22
정답 ④

해설

제3수에서 '바회(바위)'는 변하지 않는다고 하였다. 한편, '바회'를 제외한 나머지는 모두 쉽게 변하는 속성을 갖고 있다. 따라서 함축적 의미가 다른 하나는 ④이다.

작품 정리

윤선도, 〈오우가〉	
갈래	연시조(전 6수)
성격	예찬적, 찬미적(讚美的)
제재	물, 바위, 소나무, 대나무, 달
주제	오우(五友; 수·석·송·죽·월) 예찬
특징	① 대상의 속성을 예찬의 근거로 제시함. ② 자연물에 가치를 부여하는 인간 중심의 가치관을 드러냄.
연대	조선 인조
출전	"고산유고"

23
정답 ④

해설

'간'은 '관계'의 뜻을 나타내는 의존 명사이다. 따라서 '남북한∨간'의 띄어쓰기는 옳다.

오답 정리

① 좋은∨지 → 좋은지: '-은지'는 막연한 의문이 있는 채로 그것을 뒤 절의 사실이나 판단과 관련시키는 데 쓰는 연결 어미이다. 따라서 어간 '좋-'과 어미 '-은지'는 붙여 써야 한다.

② 잃었을∨뿐더러 → 잃었을뿐더러: '-을뿐더러'는 어떤 일이 그것만으로 그치지 않고 나아가 다른 일이 더 있음을 나타내는 연결 어미이다. 따라서 어간 '잃-'과 붙여 써야 한다.

③ 본∨데∨없는 → 본데없는: '본데없다'는 '보고 배운 것이 없다. 또는 행동이 예의범절에 어긋나는 데가 있다.'라는 의미를 가진 한 단어이므로 붙여 써야 한다.

24
정답 ①

해설

'내가 친구 한 명을 소개해 줄게.'는 의미가 명확한 문장이다.

오답 정리

② '철수'와 '그녀'가 부부라는 의미인지, 각자 다른 사람과 결혼했다는 의미인지 모호하다.

③ 모든 사람들이 '형'을 만나고 싶어한다는 의미인지, '형'이 누구든 만나고 싶어한다는 의미인지 모호하다.

④ 영화를 추천한 사람이 '형과 누나'라는 의미인지, 영화를 함께 본 사람이 '나와 형'이라는 의미인지 모호하다.

25
정답 ③

해설

대봉이 왕희를 찾자, 왕희는 자신의 죄를 알아 대하에 내려 엎드려 죄를 청하고 있다. 이에 대봉은 왕희에게 불공대천(不共戴天)의 원수라서 당장에 죽일 것이지만 지금은 호국에 가 후환의 씨앗을 없애는 것이 중요하다고 생각하고 왕희를 죽이는 것을 미루고 있다. ©은 왕희에게 자신의 잘못을 바로잡을 기회를 주기 위해 한 말이 아니다.

오답 정리

① ㉠은 대봉이 승세(勝勢)를 타고 크게 외치며 한 말이다. 즉 승세에 힘입어 흉노의 사기를 완전히 제압하고자 적개심을 표출한 것이다.

② ㉡은 모친을 생각하며 한 말로 모친의 생사 소식을 알 수 없는 답답하고 한스러운 심정이 드러나고 있다.

④ 대봉은 흉노가 패하여 도망갔으나 다시 세를 갖추어 쳐들어올 수도 있다고 생각하고 있다. 이에 ㉣과 같이 말한 것이다.

작품 정리

작자 미상, 〈이대봉전〉	
갈래	고전 소설, 군담 소설, 영웅 소설
성격	전기적, 비현실적, 영웅적
주제	나라를 위기에서 구하고 사랑을 이루는 남녀 주인공의 활약상
특징	① 홍계월전, 박씨전과 함께 여성의 활약이 두드러지는 소설 ② 남성 영웅 이대봉과 여성 영웅 장애황의 활약상을 보여주는 군담 소설

01 정답 ④

해설

'들'은 두 개 이상의 사물을 나열할 때, 그 열거한 사물 모두를 가리키거나, 그 밖에 같은 종류의 사물이 더 있음을 나타내는 의존 명사이다. 따라서 '모자∨들을'로 띄어 쓰는 것은 적절하다.

보충 | 의존 명사 '들', 보조사 '들', 접미사 '-들'

의존 명사	(명사 뒤에 쓰여) 두 개 이상의 사물을 나열할 때, 그 열거한 사물 모두를 가리키거나, 그 밖에 같은 종류의 사물이 더 있음을 나타내는 말. 예 책상 위에 놓인 공책, 신문, 지갑 들을 가방에 넣다. 과일에는 사과, 배, 감 들이 있다.
보조사	(체언, 부사어, 연결 어미 '-아, -게, -지, -고', 합성 동사의 선행 요소, 문장의 끝 따위의 뒤에 붙어) 그 문장의 주어가 복수임을 나타내는 보조사. 예 이 방에서 텔레비전을 보고들 있어라. 다들 떠나갔구나. 다 떠나들 갔구나.
접미사	(셀 수 있는 명사나 대명사 뒤에 붙어) '복수(複數)'의 뜻을 더하는 접미사. 예 사람들 / 그들 / 너희들 / 사건들

오답 정리

① 물한병 → 물∨한∨병/물∨한병: 단음절로 된 단어가 연이어 나타날 적에는 붙여 쓸 수 있다. 따라서 '물∨한∨병'이 원칙이지만, '물∨한병'으로 붙여 쓰는 것도 가능하다. 그러나 단어별로 띄어 쓴다는 원칙이 있기에 과도하게 붙여 쓰기는 어렵다. 두 개의 음절은 붙일 수 있지만, 세 개 이상의 음절을 붙이는 것은 적절하지 않다.

② 안∨돼 → 안돼: '일, 현상, 물건 따위가 좋게 이루어지지 않다.'의 의미이므로 '안돼(안되다)'로 붙여 써야 한다.

③ 도와∨주어야 → 도와주어야: '도와주다'는 한 단어이므로 붙여 써야 한다.

02 정답 ④

해설

'재미나 흥미가 거의 없어 싱겁다.'라는 의미를 가진 '맛적다(맛+적다)'는 합성어이다.

오답 정리

① '생맥주(생-+맥주)'는 '가공하지 아니한'의 뜻을 더하는 접두사 '생-'이 붙은 파생어이다.

② '일정한 일을 하는 데 걸리는 날의 수'이라는 의미를 가진 '날짜(날+짜)'는 합성어이다. 그러나 어떤 일에 익숙하거나 숙련되지 못한 것 또는 그런 사람을 낮잡아 이르는 말인 '날짜(날-+짜)'는 접두사 '날-'이 붙은 파생어이다.
※ 둘은 의미적 연관성이 없기 때문에 '동음이의어'이다.

③ '홀아비(홀-+아비)'는 '짝이 없이 혼자뿐인'의 뜻을 더하는 접두사 '홀-'이 붙은 파생어이다.

03 정답 ①

해설

'해로동혈(偕老同穴: 함께 해, 늙을 로, 같을 동, 구멍 혈)'은 살아서는 같이 늙고 죽어서는 한 무덤에 묻힌다는 뜻으로, 생사를 같이하자는 부부의 굳은 맹세를 이르는 말이다. 따라서 복수의 염을 불태우는 상황에는 어울리지 않는다. 문맥상 '몹시 분하여 이를 갈며 속을 썩임.'을 의미하는 '절치부심(切齒腐心: 끊을 절, 이 치, 썩을 부, 마음 심)'이 어울린다.

오답 정리

② 백척간두(百尺竿頭: 일백 백, 자 척, 낚싯대 간, 머리 두): 백 자나 되는 높은 장대 위에 올라섰다는 뜻으로, 몹시 어렵고 위태로운 지경을 이르는 말

③ 능소능대(能小能大: 능할 능, 작을 소, 능할 능, 큰 대): 모든 일에 두루 능함.

④ 우후죽순(雨後竹筍: 비 우, 뒤 후, 대 죽, 죽순 순): 비가 온 뒤에 여기저기 솟는 죽순이라는 뜻으로, 어떤 일이 한때에 많이 생겨남을 비유적으로 이르는 말

04 정답 ②

해설

'몹시 무지하고 상스러우며 포악함.'을 의미하는 '무지막지(無知莫知: 없을 무, 알 지, 없을 막, 알 지)'의 '지'는 '知(알 지)'이다. ②를 제외한 나머지는 모두 '之(어조사 지)'이다.

오답 정리

① 감지덕지(感之德之: 느낄 감, 어조사 지, 덕 덕, 갈 지): 분에 넘치는 듯싶어 매우 고맙게 여기는 모양

③ 애지중지(愛之重之: 사랑 애, 어조사 지, 무거울 중, 갈 지): 매우 사랑하고 소중히 여기는 모양

④ 좌지우지(左之右之: 왼쪽 좌, 어조사 지, 오른쪽 우, 갈 지): 이리저리 제 마음대로 휘두르거나 다룸.

05 정답 ①

[해설]

잘난다 → 잘∨난다: 합성어 '잘나다'는 '얼굴이 잘생기거나 예쁘게 생기다.', '능력이 남보다 앞서다.', '(반어적으로) 변변치 못하거나 대수롭지 아니하다는 뜻을 나타낸다.'라는 의미이다. 그런데 ①은 '자주 나다'라는 의미이므로 '잘나다'로 붙여 쓰는 것은 적절하지 않다. 즉 부사 '잘'과 동사 '나다'의 결합이므로 띄어 써야 한다.

[오답 정리]

② '못되다'는 '일이 뜻대로 되지 않은 상태에 있다.'라는 의미의 한 단어이다.

③ '안되다'는 '섭섭하거나 가엾어 마음이 언짢다.'라는 의미의 한 단어이다.

④ '잘하다'는 '좋고 훌륭하게 하다.'라는 의미의 한 단어이다.

06 정답 ③

[해설]

제시된 글에서는 현대 자본주의 사회에서 광고가 갖는 위력을 생산자, 소비자, 광고 전문가 등으로 나누어 구체적으로 분석하고 있다. 따라서 제시된 글의 주제는 '현대 사회에서 광고는 막강한 위력을 발휘하고 있다.'이다.

07 정답 ④

[해설]

제시된 글에서는 중산층의 몰락 현상과 그것이 가져올 문제점에 대해 설명하고 있다. 중산층의 하락이 국민들의 생활 만족도를 떨어뜨리는 가장 큰 원인이 된다고 하였다. 빈곤층의 상승도 생활 만족도를 떨어뜨리는 원인이 된다고 볼 수는 있겠지만 제시된 글의 내용만으로는 이끌어내기 어렵다.

[오답 정리]

① 1문단의 "같은 기간 빈곤층 역시 11.6%에서 15.1%로 상승하였다."를 통해 짐작할 수 있다.

② 2문단의 내용을 통해 짐작할 수 있다.

③ 1문단의 "그러나 이것은 통계상의 수치를 말하는 것이고, 실제로 우리나라의 중산층 중에는 절반 이상이 가처분 소득이 부족해 매달 적자가 발생하는 것으로 알려져 있다. 통계의 허점을 보여 주는 것이다."를 통해 짐작할 수 있다.

08 정답 ④

[해설]

3문단에서 한 개체가 우성 대립유전자와 열성 대립유전자를 갖고 있는 경우 우성 대립유전자는 완전히 표현되는 데 반해 열성 대립유전자는 개체의 표현형에 영향을 미치지 못한다고 하였는데, 여기서 열성 대립유전자는 개체의 표현형에 영향을 미치지 못할 뿐 그 자체의 속성은 그대로 유지하고 있다. 이는 2문단에서 "잡종 2대에서는 보라색 꽃을 피우는 식물과 흰색 꽃을 피우는 식물이 약 3 : 1의 비율로 나타났다."는 멘델의 실험 결과에서도 확인할 수 있다. 따라서 우성 대립유전자는 열성 대립유전자에 영향을 미쳐 그 속성을 자신의 속성과 동일하게 변화시킨다는 설명은 잘못된 것이다.

[오답 정리]

① 3문단에서 "쌍을 이룬 유전자가 서로 다른 대립유전자일 경우, 하나의 대립유전자는 완전히 표현되는 데 반해 다른 대립유전자는 개체의 표현형에 영향을 미치지 못한다."라고 한 것에서 알 수 있다.

② 4문단에서 "멘델 이후 이루어진 많은 연구 결과로 사람을 포함한 유성생식을 하는 모든 생물의 유전에 분리의 법칙이 적용됨을 알게 되었다"라고 한 것에서 알 수 있다.

③ 2문단에서 멘델은 부모 식물로 순종을 선택하여 교배하여 잡종 1대 식물을 얻었고, 잡종 1대 식물끼리 교배하여 잡종 2대 식물을 얻었음을 알 수 있다. 따라서 멘델은 완두콩의 교배가 자연 상태 그대로 이루어지도록 방치하지 않고 인위적으로 관리하였음을 알 수 있다.

09 정답 ③

[해설]

바로 앞의 행에서 '산은 한 번 신경질을 되게 내야만'이라고 하였다. 이는 분노하거나 화를 내야 할 자리에서 진솔하게 자신의 감정을 표현해야 한다는 의미이다. 즉 불의를 보고 외면할 것이 아니라 그 불의에 정면으로 맞서게 될 때, 고산이나 명산과 같은 인간의 존엄성을 유지할 수 있다는 의미이다. 따라서 ⊙과 ⓒ에 부합하는 사람은 '세상의 불의에 분노할 줄 아는 사람'이다.

10 정답 ①

[해설]

제시된 글에서는 요절한 신인상파 화가인 쇠라가 사용했던 점묘법의 기법상 특징, 점묘법을 통해 추구하고자 했던 바, 쇠라의 그림과 인상파 화가들의 그림 사이의 차이점 등에 대해 설명하고 있다. 따라서 제목으로는 ①이 가장 적절하다.

[오답 정리]

② 쇠라는 '신인상파' 화가로 분류될 수 있다. 또 쇠라가 미술과 과학의 경계를 허물었다고까지 말할 수는 없다.

③ 제시된 글에서는 주로 쇠라를 중심으로 과학적 인상주의에 초점을 두어 설명하고 있다.

④ 마지막 문단의 설명에 의하면 쇠라는 열정과 격정을 화폭에 담아내기보다는 냉철하고 이지적인 시선으로 사물의 질서를 드러내는 것을 더 선호했음을 알 수 있다.

11 정답 ②

해설

3문단의 내용에 따르면, 부력이 중력보다 커서 잠수함이 부상하는 상태가 되는 것을 양성 부력, 중력이 부력보다 커서 잠수함이 가라앉게 되는 상태를 음성 부력이라고 한다. 따라서 ㉠에는 '양성 부력', ㉡에는 '음성 부력'이 들어가는 것이 적절하다.

12 정답 ③

해설

'동병상련(同病相憐: 같을 동, 병들 병, 서로 상, 불쌍히 여길 련)'은 같은 병을 앓는 사람끼리 서로 가엾게 여긴다는 뜻으로, 어려운 처지에 있는 사람끼리 서로 가엾게 여김을 이르는 말이다. 따라서 제시된 상황과는 관련이 없다.

오답 정리

① '노심초사(勞心焦思: 수고로울 노(로), 마음 심, 그을릴 초, 생각 사)'는 '몹시 마음을 쓰며 애를 태움'을 의미한다. 화자는 이 생각 저 생각으로 가득차서 애를 태우고 있으므로 적절하다.

② '전전반측(輾轉反側: 구를 전, 구를 전, 돌이킬 반, 곁 측)'은 '누워서 몸을 이리저리 뒤척이며 잠을 이루지 못함'을 의미한다. 화자는 임 생각에 누워도 잠을 이루지 못하는 상황이므로 적절하다.

④ '자포자기(自暴自棄: 스스로 자, 나타낼 포, 스스로 자, 버릴 기)'는 '절망에 빠져 자신을 스스로 포기하고 돌아보지 아니함'을 의미한다. '기다린들 임이 오랴'라고 하는 표현은 오지 않을 것이라는 생각을 설의법으로 드러낸 것이므로 적절하다.

작품 정리

안조환, 〈만언사〉

갈래	가사, 유배 가사, 장편 가사
성격	사실적, 반성적, 애상적
제재	유배 생활
주제	유배 생활의 고통과 잘못을 뉘우치는 심정
특징	유배 생활의 고통을 사실적으로 그려 냄.
의의	'북천가'와 더불어 유배 가사의 쌍벽을 이룸.
연대	조선 정조(18세기)
출전	"만언사" 필사본

13 정답 ④

해설

'횟수(回數: 돌아올 회, 셀 수)'는 한자 합성어이다. 따라서 한자어와 고유어의 결합이 아니다.

[비교] 햇수(햇數): '해의 수'를 의미하는 '햇수'는 고유어 '해'와 한자어 '수(數)'의 결합이다.

오답 정리

① '귀를 앓는 병을 통틀어 이르는 말'인 '귓병'은 고유어 '귀'와 한자어 '병(病: 병들 병)'의 결합이다.

② '초를 친 냉국', '음식이 지나치게 신 것을 비유적으로 이르는 말'인 '촛국'은 한자어 '초(醋: 식초 초)'와 고유어 '국'의 결합이다.

③ '계의 구성원이 모여 결산을 하기로 정한 날'을 이르는 '곗날'은 한자어 '계(契: 맺을 계)'와 고유어 '날'의 결합이다.

14 정답 ②

해설

㉠의 의도는 시간의 흐름을 드러내기 위함이다. 시간은 관념적인 것인데, 쌍나무 그늘의 길이를 통해 시각적으로 보여 주고 있다. 즉 시간의 흐름을 드러내기 위한 방법으로 관념적인 것을 시각화하여 드러내고 있다. 이는 ②의 '부지런한 계절이 피어선 지고'에서 확인할 수 있다.

작품 정리

박경리, 〈불신 시대〉

갈래	단편 소설, 전후 소설
성격	현실 비판적, 자전적
배경	시간: 9·28 서울 수복 직후 공간: 혼란기의 서울
시점	전지적 작가 시점
주제	혼란기의 부정적 사회상에 대한 분노와 고발
출전	「현대 문학」(1975)

15 정답 ③

해설

'떨어먹다'는 '털어먹다(재산이나 돈을 함부로 써서 몽땅 없애다.)'의 비표준어이다.

오답 정리

① 접두사 다음에서 나는 거센소리를 인정한다는 규정에 따라 '수평아리(수ㅎ+병아리)'는 표준어이다.

② 준말이 쓰이고 있더라도, 본말이 널리 쓰이고 있으면 본말을 표준어로 삼는다는 규정에 따라 준말 '막잡이'가 아닌 본말 '마구잡이'는 표준어이다.

④ '-뜨리다'와 '-트리다' 두 형태 모두 표준어로 삼는다. 따라서 '밀뜨리다'는 표준어이다.

16 정답 ②

해설

스물여섯[스물녀섣 → 스물려섣]: '스물여섯'은 '스물'과 '여섯'이 합쳐진 말이다. 앞 단어의 끝이 자음 'ㄹ'이고, 뒤 단어의 첫 음절이 '여'이므로 표준 발음법 제29항의 적용을 받는다. 그러므로 '[스물녀섣]'으로 발음되었다가 'ㄹ' 받침 뒤에 첨가되는 'ㄴ' 소리는 [ㄹ]로 발음한다는 규정의 적용을 받아 최종적으로 '[스물려섣]'으로 발음된다.

오답 정리

①, ④ 'ㄴ'이 첨가되어 각각 [한닐]과 [눈뇨기]로 발음된다.
③ 'ㄴ' 첨가 후에 유음화가 일어나 [물략]으로 발음된다.

17 정답 ④

해설

제시된 글에서는 '유추'의 서술 방식이 쓰이지 않았다.

오답 정리

① 1문단과 2문단에 걸쳐 확인할 수 있다.
② 1문단의 "중생대에 살았던 커다란 동물들, 예컨대 공룡과 같은 존재들은", 2문단의 "몸체가 크기 때문에 야기되는 문제점의 예는 일산화탄소에 의한 중독 현상이다."에서 확인할 수 있다.
③ 1문단과 2문단 모두 '그러나'를 기준으로 대상 간 차이점을 설명하고 있다.

18 정답 ②

해설

1단계	지상에서는 중력 때문에 무거운 몸을 움직이기 힘들었기 때문에, 육상 동물은 중력과의 투쟁을 시작했다는 내용으로 이어지는 게 자연스럽다. 따라서 (가) 뒤에 (다)가 와야 한다.
2단계	(다)에서는 '포유류'의 진화 과정을, (나)는 '조류'와 '인간'의 진화 과정을 예로 들고 있다. 따라서 (다) 뒤에 (나)가 와야 한다.

따라서 제시된 글은 '(가) → (다) → (나)'로 배열하는 것이 자연스럽다.

19 정답 ③

해설

밑줄 친 부분은 자연 속에서 풍류를 즐기는 가객으로서의 자부심과 만족감이 드러난다. ③에서도 자연을 즐기는 풍류 생활이 이태백보다 낫다는 자부심과 만족감을 드러내고 있다.

오답 정리

① 젊은 날을 회상하며 늙어서 서러운 자신의 심정을 노래하고 있다.
② 세속에 대한 관심을 버리고 안빈낙도의 삶을 누리고자 하는 자세가 드러나 있다.

④ 경제적으로 가난하게 살더라도 유교적 삶을 실천하며 살겠다는 의지를 드러내고 있다.

20 정답 ②

해설

설기 → 서럽기/섧기: '서럽다'와 '섧다'만 복수 표준어이다. '설다'는 비표준어이다.

오답 정리

① '꾀다'가 원칙이지만, '꼬이다'의 표기도 허용한다. 따라서 '꼬이기'의 표기는 바르다.
③ '가엾다'와 '가엽다'는 복수 표준어이다. '가엽다'만 'ㅂ' 불규칙 용언이고 '가엾다'는 규칙 용언이다. 따라서 '가엾은(가엾-+-은)'의 표기는 바르다.

[비교] 가여운(가엽-+-은)

④ '넝쿨'과 '덩굴'은 복수 표준어이다. 따라서 '넝쿨'의 표기는 바르다.

21 정답 ④

해설

(가)에서 요구하는 것은 장애인에 대한 사회적 배려는 인식 차원에 그치는 것이 아니라 장애인 스스로 직무에서 경쟁력을 갖출 수 있도록 해야 함이다. 따라서 이 두 가지 사항이 장애 인식 개선 교육과 직무 역량을 기를 수 있는 직업 능력 개발 센터 설립으로 구체화된 내용인 ④가 가장 적절하다.

22 정답 ③

해설

보조 동사 '놓다'는 '1) 앞말이 뜻하는 행동을 끝내고 그 결과를 유지함을 나타내는 말. 2) 앞말이 뜻하는 상태의 지속을 강조하는 말. 주로 뒷말의 내용에 대한 이유나 원인을 말할 때 쓰인다.'라는 의미이다. ③은 첫 번째 의미로 쓰였고, ③을 제외한 나머지는 두 번째 의미로 쓰였다.

23 정답 ④

해설

'간접 화법'은 발화자의 의도와 표현이 일치하지 않는 것을 가리킨다. '직접 화법'에서는 문장의 종결 어미가 그 원래의 기능대로 사용되지만, '간접 화법'은 문장의 종결 어미가 그 원래의 기능과는 다르게 사용된다. '두 사람이 이 순간부터 남편과 아내가 됩니다.'라는 주례의 말은, 두 남녀가 부부가 됨을 선언하는 기능을 직접적으로 표현한 것이다.

① 종결 어미는 평서형이지만 담배를 피우지 말라는 요청을 나타내는 명령의 의미를 담고 있어 간접 발화 행위에 해당한다.

② 종결 어미는 평서형이지만 내일 아침 8시에 와 달라는 요청을 나타내는 명령의 의미를 담고 있어 간접 발화 행위에 해당한다.

③ 종결 어미는 의문형이지만 창문을 열어 달라는 요청을 나타내는 명령의 의미를 담고 있어 간접 발화 행위에 해당한다.

24 정답 ①

해설

동물 '기린(麒麟: 기린 **기**, 기린 **린**)'은 한자어이다.

📋 오답 정리

② '몸의 근육과 뼈마디'를 의미하는 '삭신'은 고유어이다.

③ '밭에서 기르는 농작물'을 의미하는 '남새'는 고유어이다.

④ '허물이나 결함을 나무라거나 핀잔함'을 의미하는 '타박'은 고유어이다.

25 정답 ①

해설

'ㄼ'은 [ㄹ]로 발음한다. 따라서 '떫지'의 표준 발음은 [떨:찌]이다.

📋 오답 정리

② 줄넘기[줄넘끼→줄럼끼]: '줄넘기'의 표준 발음은 유음화가 일어난 [줄럼끼]이다.

③ 삯돈[상똔→삭똔]: '삯돈'은 비음화가 일어날 환경이 아니다. 따라서 '삯돈'의 표준 발음은 [삭똔]이다.

④ 젖먹이[점머기→전머기]: 조음 방법 동화는 표준 발음으로 인정되지만, 조음 위치 동화는 표준 발음으로 인정되지 않는다. 따라서 '젖먹이'의 표준 발음은 [전머기]이다.

03회 정답

01. ③	02. ④	03. ①	04. ④	05. ③
06. ④	07. ④	08. ④	09. ②	10. ③
11. ④	12. ③	13. ③	14. ①	15. ④
16. ④	17. ③	18. ②	19. ②	20. ④
21. ③	22. ②	23. ④	24. ②	25. ④

01
정답 ③

해설

ⓒ '동그랗다'의 어간 '동그랗-'의 끝음절인 'ㅎ'은 어미 '-ㄴ' 앞에서 탈락하므로 '동그란(동그랗- + -ㄴ)'은 바른 표기이다.

ⓔ '어질다'의 어간 '어질-'의 끝음절인 'ㄹ'은 어미 '-ㅂ니다' 앞에서 탈락하므로 '어집니다(어질- + -ㅂ니다)'는 바른 표기이다.

오답 정리

ⓐ 물들은 → 물든: '물들다'가 기본형이다. '물들다'의 어간 '물들-'의 끝음절인 'ㄹ'은 'ㄴ'으로 시작하는 어미 앞에서 탈락한다. 따라서 '물든(물들- + -ㄴ)'이 바른 표기이다.

ⓑ 자랑스런 → 자랑스러운: '자랑스럽다'는 'ㅂ' 불규칙 용언이므로 어미 '-은'과 결합하면 어간 '자랑스럽-'의 'ㅂ'은 'ㅜ'로 교체된다. 따라서 '자랑스러운(자랑스럽- + -은)'이 바른 표기이다.

02
정답 ④

해설

'늘이다'는 '본디보다 더 길어지게 하다(길이).'라는 의미이고, '늘리다'는 '물체의 넓이, 부피 따위를 본디보다 커지게 하다.', '수나 분량 따위를 본디보다 많아지게 하거나 무게를 더 나가게 하다.'라는 의미이다.

※ '길이'에만 '늘이다'를 쓴다.

ⓐ	엿가락을 '더 길어지게 하다'의 의미이므로 '늘이다'가 어울린다.
ⓑ	체중을 '본디보다 더 나가게 하다'의 의미이므로 '늘렸다'가 어울린다.
ⓒ	바짓단을 '더 길어지게 하다'의 의미이므로 '늘이는'이 어울린다.
ⓔ	재산을 '본디보다 더 많아지게 하다'의 의미이므로 '늘려'가 어울린다.

03
정답 ①

해설

제시된 작품은 '나'가 '나'의 이야기를 하는 1인칭 주인공 시점이다. 따라서 내면 의식을 서술하여 주인공 '나'의 성격을 드러내고 있다는 설명은 옳다.

오답 정리

② 아내와 나의 대화가 나타나기는 하지만, 빈번하게 제시되지 않았고, 갈등을 해소시키고 있지도 않았다.

③ 역사적인 사건을 회고적으로 서술하지도 않았고, 시대 배경을 부각한 작품도 아니다.

④ 인물의 가치관이 달라진 부분이 제시되어 있지 않다.

04
정답 ④

해설

3문단의 "가기 싫은 심부름을 억지로 갈 때 아이들이 불평을 하듯이 내가 몇 마디 입안엣소리로 투덜댄 것"을 통해 '나'는 아내의 말을 적극적으로 수용했다기보다는 수동적이고 소극적으로 수용하고 있음을 알 수 있다.

오답 정리

① '바람'이 '나'를 반수면 상태로 끌어넣었다는 서술을 통해 '바람'이 '나'를 공상에 빠지게 하는 존재라는 설명은 적절하다.

② '쓴웃음(=고소(苦笑))'은 '어이가 없거나 마지못하여 짓는 웃음'을 이르는 말이다. 따라서 공상을 하던 '나'에 대해 자조(自嘲: 자기를 비웃음)하는 모습이 엿보인다는 설명은 적절하다.

③ '아내'가 '나'에게 '주주 총회'를 이유로 무진에 갈 것을 권유하고 있다. 따라서 '주주 총회'가 '나'의 무진행의 계기 중 하나로 작용한다는 설명은 적절하다.

작품 정리

김승옥, 〈무진기행〉

갈래	단편 소설
성격	회고적, 독백적
배경	시간: 1960년대, 공간: 무진(霧津)
시점	1인칭 주인공 시점
주제	현실 속에 던져진 자기 존재의 파악
특징	① '나'의 심리 묘사를 중심으로 이야기가 전개됨. ② 서정적이고 몽환적인 분위기가 강함.
출전	《사상계》(1964)

05
정답 ③

해설

직관주의 윤리학의 한계를 극복하기 위해 윤리 이론에 기초하지 않은 직관에 호소하게 되면 직관의 우위와 자명을 스스로 부인한다고 한 것은 자기 스스로 앞뒤가 맞지 않는 모순된 상황에 빠지게 됨을 의미한다. 따라서 ⓐ에 적절한 한자성어는 같은 사람이 하는 말과 행동의 앞뒤가 어긋나 모순됨을 의미하는 '자가당착(自家撞着: 스스로 자, 집 가, 칠 당, 붙을 착)'이다.

오답 정리

① 사필귀정(事必歸正: 일 사, 반드시 필, 돌아갈 귀, 바를 정): 모든 일은 반드시 바른길로 돌아감.

② 결자해지(結者解之: 맺을 결, 사람 자, 풀 해, 갈 지): 맺은 사람이 풀어야 한다는 뜻으로, 자기가 저지른 일은 자기가 해결하여야 함을 이르는 말

④ 자승자박(自繩自縛: 스스로 자, 줄 승, 스스로 자, 묶을 박): 자기의 줄로 자기 몸을 옭아 묶는다는 뜻으로, 자기가 한 말과 행동에 자기 자신이 옭혀 곤란하게 됨을 비유적으로 이르는 말

06   정답 ④

[해설]

'사이버 스페이스'가 지닌 문제점(경험과 주체의 상실)을 밝히면서 그 것 자체보다는 그 속에 숨어 있는 가치(인공의 세계를 보여주어 진짜 현실의 본래 자리를 돌아보게 함.)를 규명하는 데 초점을 두고 있다.

[오답 정리]

① '속담'이 아닌 '전문가'의 말을 인용하고 있다. 즉 맥루한의 말을 인용하여 사이버 스페이스의 효과란 무엇인가라는 본격적인 논지를 이끌어 낼 근거를 마련하고 있다.

② 정보 통신 기술과 미디어의 현실은 제시되어 있지만 그 변천 과정은 보이지 않는다.

③ 사이버 스페이스가 지닌 문제점과 긍정적 기능이라는 대립적 견해가 등장하지만 이를 절충시킨 것은 아니며, 문제점보다는 그 속에 숨어 있는 긍정적 가치에 주목하고 있다.

07   정답 ④

[해설]

딸이 팽이를 돌리는 것도 사동의 의미("딸이 팽이를 돌리다.")를 지니는데, 그것을 하라고 말하는 엄마의 요구도 사동의 의미를 지닌다. 따라서 '돌다'의 사동사 '돌리다'에 다시 사동의 의미를 가진 '-게 하다'를 붙여 '돌리게 하였다'로 표현한 것은 어법에 맞는다.

※ '접사'를 사용한 사동은 '직접, 간접'의 의미를 모두 나타낼 수 있으나(중의적), '~게 하다'의 통사적 사동은 '간접'의 의미만 나타낸다.

[오답 정리]

①, ②, ③ 모두 불필요한 이중 사동이 쓰였다.

① 엄마가 아들의 옷을 '직접' 입히는 상황이므로 '엄마가 아들에게 옷을 입혔다.'라고 해야 적절하다.

② 엄마가 아기에게 젖을 '직접' 먹이는 상황이므로 '엄마가 아기에게 젖을 먹였다.'라고 해야 적절하다.

③ 아빠가 아들에게 책을 읽으라고 말하는 상황(간접)이므로 '아빠가 아들에게 책을 읽게 하였다.'라고 해야 적절하다.

※ ③은 문맥상 '책을 읽히다(직접, 간접).' 혹은 '책을 읽게 하다(간접).'가 바른 표현이다.

08   정답 ④

[해설]

④에서 밑줄 친 '발이 저려서'는 '발'과 '저리다(감각이 둔하다, 아프다)'가 원래의 의미 그대로 결합된 것일 뿐, 특별히 어떤 새로운 의미가 형성되어 널리 쓰이는 관용어는 아니다.

※ 발이 저리다(관용어): 지은 죄가 있어 마음이 조마조마하거나 편안치 아니하다.

[오답 정리]

① 발 벗고 나서다: 적극적으로 나서다.

② 발(을) 끊다: 오가지 않거나 관계를 끊다.

③ 발에 채다[차이다]: 여기저기 흔하게 널려 있다.

09   정답 ②

[해설]

칸트는 "단순히 이 세상의 행복을 얻으려는 욕심의 지배를 받아 이를 실천의 원리로 삼는 것"을 '악'으로 규정했을 뿐, '행복' 그 자체를 '악'으로 판단하지는 않았다.

[오답 정리]

① '만년(晚年: 저물 만, 해 년)'은 '나이가 들어 늙어 가는 시기'를 의미한다. 1문단의 "칸트가 나이가 들어서 출간한 『실천이성비판』" 부분을 볼 때, 적절한 이해이다.

③ 1문단의 "독일 관념철학의 기초를 세운 것으로 유명하다."를 통해 알 수 있다.

④ 1문단의 "그는 인식론을 다룬 저서는 물론 종교와 법, 역사에 관해서도 중요한 책을 썼는데"를 통해 알 수 있다.

10   정답 ③

[해설]

'씩씩하다'라는 말은 원래의 의미가 다른 의미로 바뀌었으므로 '(나) 의미 축소'가 아니라 '(다) 의미 전이'의 예에 해당한다.

[오답 정리]

① 씻는 부위가 '손'에서 '얼굴'까지 영역이 넓어졌다는 점에서 '(가) 의미 확대'의 예로 적절하다.

② 현재 '놈'이 남자를 낮춰 부르는 말로만 쓰이고 있다는 점에서 '(나) 의미 축소'의 예로 적절하다.

④ 의미가 '불쌍하다'에서 '예쁘다'로 완전히 바뀌었다는 점에서 '(다) 의미 전이'의 예로 적절하다.

11 정답 ④

해설

역설(逆說 → 力說): 목적어가 '중요성을'인 것을 보아, '역설하다'는 '힘주어 말하다'의 의미이므로 ㉣의 '역설'은 '역설(力說: 힘 역(력), 말씀 설)'로 표기해야 한다. 제시된 '역설(逆說: 거스를 역, 말씀 설)하다'는 '어떤 주의나 주장에 반대되는 이론을 펼치거나 말을 하다.', 혹은 '모순을 일으키기는 하지만, 그 속에 중요한 진리가 함축되어 있다.'라는 의미이므로, 그 쓰임이 적절하지 않다.

오답 정리

① 개진(開陳: 고칠 개, 베풀 진)하다: 주장이나 사실 따위를 밝히기 위하여 의견이나 내용을 드러내어 말하거나 글로 쓰다.
② 언급(言及: 말씀 언, 미칠 급)하다: 어떤 문제에 대하여 말하다.
③ 술회(述懷: 지을 술, 품을 회)하다: 마음속에 품고 있는 여러 가지 생각을 말하다.

12 정답 ③

해설

'낮'은 그럭저럭 지냈는데 '밤'은 또 어떻게 보내겠냐는 내용이다. '낮'과 달리 '밤'은 외롭고 쓸쓸한 시간이다. 따라서 ㉠에는 '올 사람도 갈 사람도 없는(오리도 가리도 업슨)'이 들어가는 것이 적절하다.

오답 정리

① 고려 가요 '동동'에 나오는 시구로, '임을 모시고 살아가는'의 의미이다.
② 고려 가요 '청산별곡'에 나오는 시구로, '미워할 사람도 사랑할 사람도 없이'의 의미이다.
④ 고려 가요 '서경별곡'에 나오는 시구로 '천 년을 홀로 살아간들'의 의미이다.

💬 현대어 풀이

살겠노라 살겠노라. 청산에서 살겠노라. 머루와 다래를 먹고 청산에서 살겠노라.
우는구나(울어라) 우는구나 새여, 자고 일어나서 우는구나 새여. 너보다 걱정(근심)이 많은 나도 자고 일어나서 울며 지내노라.
가던 새(날아가던 새, 또는 갈던 밭) 가던 새 보았느냐? 물 아래 들판에 가던 새를 보았느냐? 이끼 묻은 연장(쟁기)을 가지고 물 아래로 가던 새를 보았느냐?
이러저러하여 낮은 지내 왔지만, 올 사람도 갈 사람도 없는 밤은 또 어찌하리오.

13 정답 ③

해설

4문단에서 "예술은 이성적 규범에 얽매이지 않는 자유로움이 있기 때문에 이성적 활동으로서의 교양 학문과는 다른 독자적인 학문이 될 수 있는 가능성을 발견하였던 것이다."라고 설명하고 있다. 따라

서 이성에 얽매이지 않는 속성이 중시되어 예술이 교양 학문에 편입될 수 있었다는 것은 제시된 글의 내용과 일치하지 않는다.

오답 정리

① 3문단의 "17세기가 되어서야 그것들(예술)이 기술과 구별되어 '예술'이라는 고유한 이름으로 불리며 교양 학문에 속하게 된 것이다."를 통해 알 수 있다.
② 3문단의 "교양 학문이 됨으로써 예술은 정신적 가치를 표현하는 다른 이성적 학문들과 동등한 지위를 획득할 수 있게 되었다."를 통해 알 수 있다.
④ 4문단에서 자유로운 표현 활동이라는 예술의 내재적 특징에 주목하면서 다른 교양 학문과는 다른 감성적 인식의 학문으로서 미학이 탄생했다고 설명하고 있다.

14 정답 ①

해설

㉠의 '주창(主唱: 주인 주, 부를 창)하다'의 사전적 뜻풀이는 '주의나 사상을 앞장서서 주장하다.' 또는 '노래나 시 따위를 앞장서서 부르다.'이다.

오답 정리

② '어떤 일을 책임지고서 맡아 관리하다.'라는 뜻의 단어는 '주관(主管: 주인 주, 대롱 관)하다'이다.
③ '학설 따위를 별 판단 없이 믿고 따르다.'라는 뜻의 단어는 '추종(追從: 쫓을 추, 좇을 종)하다'이다.
④ '일이 잘되도록 여러 가지 방법으로 힘쓰다.'라는 뜻의 단어는 '주선(周旋: 두루 주, 돌 선)하다'이다.

15 정답 ④

해설

이주걱댔다는 앞의 말을 볼 때, ㉠은 진짜로 고마워서 고맙다고 말한 게 아니다. 빈정거리는 말이다. 따라서 ㉠은 반어적 표현으로 ④ 표리부동(表裏不同)과 관련이 있다.
※ 표리부동(表裏不同: 겉 표, 속 리, 아닐 부, 같을 동): 겉으로 드러나는 언행과 속으로 가지는 생각이 다름.
※ '이주걱대다'는 '이기죽대다(자꾸 밉살스럽게 지껄이며 짓궂게 빈정거리다.)'의 북한어이다.

오답 정리

① 결초보은(結草報恩: 맺을 결, 풀 초, 갚을 보, 은혜 은): 죽은 뒤에라도 은혜를 잊지 않고 갚음을 이르는 말
② 감개무량(感慨無量: 느낄 감, 분개할 개, 없을 무, 헤아릴 량): 마음속에서 느끼는 감동이나 느낌이 끝이 없음. 또는 그 감동이나 느낌
③ 만시지탄(晚時之歎: 늦을 만, 때 시, 갈 지, 탄식할 탄): 시기에 늦어 기회를 놓쳤음을 안타까워하는 탄식

작품 정리

전상국, 〈동행〉

갈래	단편 소설, 여로형 소설
성격	회고적, 사실적
배경	시간: 1960년대 어느 해 정월 공간: 눈 내린 강원도 산골의 밤길
시점	3인칭 관찰자 시점
주제	인간의 고통을 이해하고 감싸 안는 인간애

16 정답 ④

해설

제시된 글에서 '공방'이 자신의 잘못에 대한 용서를 구한 부분은 찾아볼 수 없다.

오답 정리

① "나의 술(術)이 아무래도 오래면 다시 일어나리로다."에서 공방이 자신의 훗날을 기약하고 있음을 확인할 수 있다.
② "혼자 천하의 정치를 도맡아 보아 장차 나라의 경제와 백성의 재물을 넉넉하게 하고자 하였더니"에서 공방이 자신의 과거 행적을 옹호하고 있음을 확인할 수 있다.
③ "나아가 쓰이거나 쫓겨나 버림을 받거나 나로서는 더하고 손해날 것이 없다."와 "~한평생을 마치면 그만이다."를 볼 때, 공방은 자신이 처한 상황을 수용하고 있음을 확인할 수 있다.

작품 정리

임춘, 〈공방전(孔方傳)〉

갈래	가전(假傳)
성격	풍자적, 우의적, 교훈적
제재	돈(엽전)
주제	돈(재물)에 대한 인간의 탐욕과 돈을 탐하는 세태에 대한 비판
특징	① 의인화 기법을 활용한 전기적 구성을 취함. ② '도입-전개-비평'의 구성임. ③ 돈에 대한 작가의 부정적·비판적·풍자적 성격이 강하게 드러남.
출전	《서하선생집(西河先生集)》, 《동문선(東文選)》

17 정답 ③

해설

'거리에 사람이 들끓었다'의 '들끓다'는 '마구', '몹시'의 뜻을 더하는 접두사 '들-'이 '끓다'에 붙어 의미를 더한 것이다. 의미만 한정할 뿐, 통사 구조나 품사를 바꾸지 않는다. 이는 접사가 한정적 기능을 한 사례이다. 따라서 ③은 ㉡에 대한 적절한 예가 아니다.

오답 정리

① '엿-'은 '몰래'의 뜻을 더하는 접두사이다. '듣다'에 붙어 '몰래'라는 뜻만 더하고 있다는 점에서 ㉠의 예로 적절하다.
② '헛-'은 '이유 없는', '보람 없는'의 뜻을 더하는 접두사이다. '소문'에 붙어 '이유 없는'의 뜻만 더하고 있다는 점에서 ㉠의 예로 적절하다.
④ '-히-'는 피동 접미사이다. '잡다'의 어근 '잡-'에 붙어 문장의 통사 구조를 바꾼다(능동문 → 피동문)는 점에서 ㉡의 예로 적절하다.
※ 가령 '높이다'는 형용사 '높다'에 사동 접사 '-이-'가 붙어 품사가 동사가 된 사례로, 접사가 품사를 바꾼 경우로, 역시 지배적 기능을 수행한 사례에 해당한다.

18 정답 ②

해설

㉢의 '그게'와 ㉧의 '이런'은 대상에 대한 물리적 거리를 나타내는 표현이 아니라, 앞 문장의 내용을 가리키는 표현에 해당하므로 ②의 설명은 적절하지 않다.

오답 정리

① ㉠, ㉡은 창수가 지목한 책을 가리키는 표현이다.
③ ㉣은 '창수, 주연'을 가리키지만, ㉥은 '창수, 은혜, 주연'을 가리킨다고 볼 수 있다.
④ ㉤, ㉦은 은혜가 이동하는 행위를 나타낸 말인데, 발화자(창수, 은혜)에 따라 다르게 표현되었다.

19 정답 ②

해설

1단계	(가)에서는 '위협'이나 '공포감'을 느끼게 하여 설득하는 전략을 자주 이용한다고 하였다. 따라서 "그런데 위협을 이용한 모든 설득 전략이 동일한 설득 효과를 갖는 것은 아니다."로 시작하는 (마)가 (가) 뒤에 이어지는 것이 자연스럽다.
2단계	(마)는 '재니스'가 의문을 갖게 되었다는 내용으로 끝나고 있다. 따라서 '재니스'의 실험과 결론을 제시한 (라)가 그 뒤에 이어지는 것이 자연스럽다.
3단계	(나)는 "이러한 실험 결과들을 보면서 재니스는 자신이 앞서 했던 실험이 완전한 것이 아니었음을 알게 되었다."로 시작하고 있다. 따라서 (나) 앞에 다른 실험의 내용이 제시되어야 함을 짐작할 수 있다. 따라서 "하지만 그 뒤에 이어진 레벤달의 실험은 재니스의 연구 결과와는 다른 것이어서 새롭게 주목을 받았다."로 시작하고 있는 (다)가 (나) 앞에 오는 것이 자연스럽다.

따라서 제시된 글은 '(가) – (마) – (라) – (다) – (나)'의 순서로 배열해야 한다.

20
정답 ④

해설

'숙고(熟考: 익을 숙, 상고할 고)하다'는 '곰곰 잘 생각하다.', '아주 자세히 참고하다.'라는 의미이다. 따라서 주변 사람들에게 자신의 잘못을 말한 상황에는 어울리지 않는다. 문맥을 고려할 때, '고백(告白: 알릴 고, 흰 백)하다'나 '시인(是認: 옳을 시, 알 인)하다' 정도가 어울린다.

📖 오답 정리

① 기대(企待: 꾀할 기, 기다릴 대)는 '어떤 일이 원하는 대로 이루어지기를 바라면서 기다림.'이라는 의미이므로 그 쓰임이 적절하다.
② '증가(增加: 더할 증, 더할 가)'는 '양이나 수치가 늚.'이라는 의미이므로 그 쓰임이 적절하다.
③ '보완(補完: 기울 보, 완전할 완)'은 '모자라거나 부족한 것을 보충하여 완전하게 함.'이라는 의미이므로 그 쓰임이 적절하다.

21
정답 ③

해설

학교[에, 로, 까지] → 학교{에, 로, 까지}: 열거된 항목 중 어느 하나가 자유롭게 선택될 수 있음을 보일 때는 '대괄호([ ])'가 아니라 '중괄호({ })'를 써야 한다.

📖 오답 정리

① 짝을 이루는 어구들 사이에 '가운뎃점(·)'을 쓴 것은 적절하다.
② 내용이 들어갈 자리임을 나타낼 때 '소괄호(( ))'를 쓴 것은 적절하다. 또 대비되는 두 개 이상의 어구를 묶어 나타낼 때 그 사이에 '빗금(/)'을 쓴 것은 적절하다.
④ 차례대로 이어지는 내용을 하나로 묶어 열거할 때 각 어구 사이에 '붙임표(-)'를 쓴 것은 적절하다.

22
정답 ②

해설

키가 몇이냐는 물음에 자신의 키를 솔직하게 답하고 있다는 점에서 '격률'을 어기지 않았다. 따라서 ㉠의 예로 적절하지 않다.

📖 오답 정리

① 돈을 빌려 달라는 말에, 생일선물을 사느라 용돈이 바닥났다고 말하고 있다. 이는 '관련성의 격률'을 일부러 어김으로써 '돈을 빌려줄 수 없다는 자신의 의사'를 완곡하게 전달한 것이다.
② 영어 공부를 많이 했느냐는 물음에 자신의 몸을 짜면 알파벳이 쏟아질 것이라고 과장되게 표현하고 있다. 이는 진실은 아니기 때문에 '질의 격률'은 어긴 것이지만, 그만큼 자신이 영어 공부를 많이 했음을 표현하기 위해 의도적으로 격률을 위반한 것이다.
③ 지우개를 주워달라는 말에 '너는 손이 없니, 발이 없니?'로 되묻고 있다. 이는 '부탁을 들어주기 싫다는 의사'를 표현하기 위해 일부러 '관련성의 격률'을 어긴 것이다.

23
정답 ④

해설

백화점, 음식점, 호텔 따위의 주차장에서 주차 요원이 손님의 차를 대신 주차하여 주는 일을 이르는 외래어의 표기는 '발레파킹'이 맞다.

📖 오답 정리

① 센치미터 → 센티미터
② 글로브 → 글러브(glove)
  ※ '광원을 완전히 감싸는 조명 기구'를 이르는 'globe'는 '글로브'로 표기한다.
③ 후라이드치킨 → 프라이드치킨

24
정답 ②

해설

'안동 할머니'는 주변의 다른 사람들이 딸아이의 이름에 '사내 남(男)' 자를 넣었더니 다음번에는 아들을 낳은 사례를 들면서, 아이 이름에 '사내 남' 자를 넣자고 제안하고 있다. 서술자는 "사내 남(男) 자를 넣고도 여전히 여자아이를 낳은 어머니들의 숫자도 그만큼 있음직한데 그런 말씀은 하지 않으셨다."라며 '안동 할머니'의 주장은 '억지'라고 생각하고 있다. 따라서 '안동 할머니'의 행동과 관련이 있는 한자 성어는 '이치에 맞지 않는 말을 억지로 끌어 붙여 자기에게 유리하게 함'을 이르는 '견강부회(牽强附會: 끌 견, 강할 강, 붙을 부, 모일 회)'이다.

📖 오답 정리

① 암중모색(暗中摸索: 어두울 암, 가운데 중, 본뜰 모, 찾을 색):
  1. 물건 따위를 어둠 속에서 더듬어 찾음.
  2. 어림으로 무엇을 알아내거나 찾아내려 함.
  3. 은밀한 가운데 일의 실마리나 해결책을 찾아내려 함.
③ 부화뇌동(附和雷同: 붙을 부, 화목할 화, 우레 뇌(뢰), 같을 동):
  줏대 없이 남의 의견에 따라 움직임.
④ 동상이몽(同床異夢: 같을 동, 평상 상, 다를 이(리), 꿈 몽): 같은 자리에 자면서 다른 꿈을 꾼다는 뜻으로, '겉으로는 같이 행동하면서도 속으로는 각각 딴생각을 하고 있음'을 이르는 말

25
정답 ④

해설

화자는 자신의 뒷모습이 아름다운 모습으로 남기를 바라 왔지만 지금은 초라한 모습으로만 남아 있다고 말한다. 그래서 강물에 떠내려 보내는 뒷모습이 '배고픈 백로한테 쪼아 먹혀라'로 표현한 것은 '초라한 자신의 모습이 없어져 버리기를 바라는 마음'의 표현이다. 따라서 ㉠에 담긴 의미를 가장 잘 표현한 것은 ④의 "초라한 나의 모습이 산산이 부서져 없어져 버렸으면 좋겠다!"이다.

📖 오답 정리

① 백로가 화자의 희생을 기대하는 주체라고 해석할 근거는 없다. 백로한테 쪼아 먹히라는 것은 자기 내면의 고뇌를 반영한 것이지 '희생'의 의미로 확대할 수 없다.

② 백로한테 쪼아 먹히는 일이 다른 이에게 어떤 도움이 될 것이라고 유추하기는 어렵다.

③ 백로를 아름다운 자연으로 해석하는 것은 지나친 비약이다.

작품 정리

정호승, 〈뒷모습〉

갈래	자유시, 서정시
성격	자아 성찰적
제재	자기 삶의 뒷모습
주제	절망적이고 암울한 뒷모습을 통한 자기반성과 극복 의지
특징	① 시간의 경과에 따른 시상 전개를 통해, 화자의 정서적 추이를 효과적으로 드러냄. ② 대비적 이미지의 시어를 활용하여 과거와 현재의 괴리를 강조함.

04회 정답

01. ③	02. ④	03. ③	04. ③	05. ②
06. ①	07. ①	08. ③	09. ②	10. ③
11. ④	12. ①	13. ④	14. ②	15. ③
16. ③	17. ④	18. ④	19. ④	20. ③
21. ③	22. ③	23. ②	24. ③	25. ④

01 　　　　　　　　　　　　　　　　　　　　 정답 ③

해설

'cardigan'을 '카디건'으로 표기한 것은 옳다.

오답 정리

① 스프링쿨러 → 스프링클러
② 레프리 → 레퍼리
④ 라이센스 → 라이선스

02 　　　　　　　　　　　　　　　　　　　　 정답 ④

해설

들어∨주다 → 들어주다: '들어주다'는 본용언과 보조 용언의 관계가 아니라, '부탁이나 요구 따위를 받아들이다.'라는 의미를 가진 한 단어이다. 따라서 '들어주다'는 붙여 써야 한다.

오답 정리

① 조사가 붙는 경우에는 본용언과 보조 용언은 반드시 띄어 써야 한다. 조사 '도'가 붙은 경우이므로 '올∨듯도∨싶다'로만 띄어 쓴 것은 규정에 맞는다.
② 본용언과 보조 용언은 띄어 쓰는 것이 원칙이고, '본용언+ -아/ -어+ 보조 용언' 구성일 때에는 붙여 씀도 허용한다. 따라서 본용언 '깨다'와 보조 용언 '버리다'는 '깨(=깨어)∨버렸다'처럼 띄어 쓰거나, '깨버렸다'처럼 붙여 쓸 수 있다.
③ 본용언과 보조 용언은 붙여 쓸 수 있지만, 본용언이 복합어(합성어, 파생어)일 경우에는 본용언과 보조 용언은 반드시 띄어 써야 한다. 본용언 '매달다'는 합성어이므로 보조 용언 '놓다'와 띄어 써야 한다. 따라서 '매달아∨놓았다'로만 써야 한다.
　※ 본용언이 합성어나 파생어라도 그 활용형이 2음절인 경우에는 붙여 쓴 말이 너무 긴 것이 아니므로 본용언과 보조 용언을 붙여 쓸 수 있다.
　예 나가∨버렸다(원칙), 나가버렸다(허용)

03 　　　　　　　　　　　　　　　　　　　　 정답 ③

해설

㉠ 문맥상 '한꺼번에 몰아서' 갚는다는 의미이다. 따라서 '한꺼번에 몰아서 함'을 나타내는 말인 '한목'의 쓰임은 적절하다.

㉢ 문맥상 '지금까지' 너를 기다렸다는 의미이다. 따라서 '지금까지' 또는 '아직까지'를 의미하는 '입때'의 쓰임은 적절하다.
㉣ 문맥상 쌀을 '빻고' 계셨다는 의미이다. 따라서 '곡식 따위를 잘게 만들려고 절구에 담고 공이로 내리치다.'라는 의미를 가진 '찧다'의 쓰임은 적절하다.

오답 정리

㉡ 썩이고 → 썩히고: '재능을 내버려진 상태로 있게 하다.'의 의미이다. 따라서 '썩다'의 사동사 '썩히다'의 활용형 '썩히고'로 표기해야 한다.

04 　　　　　　　　　　　　　　　　　　　　 정답 ③

해설

'지게꾼(지게+-꾼)'과 '붉으락푸르락'의 표기는 모두 옳다.

오답 정리

① 뒷풀이 → 뒤풀이: 사이시옷은 거센소리나 된소리 앞에서는 받쳐 적을 수 없다. 따라서 '뒤+풀이'의 합성어는 '뒤풀이'로 표기해야 한다.
② 급냉 → 급랭: '冷(찰 랭)'이 두음이 아니므로 본음대로 적어야 한다. 따라서 '급랭(急冷)'으로 표기해야 한다.
④ 백짓장 → 백지장: '백지장(白紙張)'은 한자 합성어이므로 발음에는 사잇소리 현상이 있으나 사이시옷을 받쳐 적을 수 없다. 따라서 '백지장'으로 표기해야 한다.

05 　　　　　　　　　　　　　　　　　　　　 정답 ②

해설

'그렇다. 현대 미술은 이미 게임이 된 지 오래다.'에서는 '현대 미술'이 게임이 되었다고 하였다. 따라서 '어떤 게임이든 룰이 있다'는 내용 바로 앞인 ㉡ 자리에 들어가기에 가장 적절하다.

06 　　　　　　　　　　　　　　　　　　　　 정답 ①

해설

'도탄(塗炭: 진흙 도, 숯 탄)'은 진구렁에 빠지고 숯불에 탄다는 뜻으로, 몹시 곤궁하여 고통스러운 지경을 이르는 말이다. 따라서 ㉠과 바꿔 쓰기에 적절하다.

오답 정리

② 고충(苦衷: 괴로울 고, 속마음 충): 괴로운 심정이나 사정
③ 난관(難關: 어려울 난, 빗장 관): 일을 하여 나가면서 부딪치는 어려운 고비
④ 곤욕(困辱: 괴로울 곤, 욕될 욕): 심한 모욕 또는 참기 힘든 일

07

정답 ①

해설

㉠은 말을 빌려 탈 때, 좋은 말을 탈 때와 그렇지 않은 말을 탈 때 자신의 마음이 쉽게 변한 경험을 이야기한 것이다. 글쓴이는 자신의 경험에 비추어 '인간의 마음이 만족을 모르고 계속해서 좀 더 나은 것을 더욱 사랑하고 추구한다는 것'과 '그것이 옳지 못하다는 점'을 깨닫고 이것을 염려하고 탄식하고 있다.

🔍 작품 정리

이곡, 〈차마설(借馬說)〉

갈래	한문 수필, 설(說)
성격	교훈적, 경험적, 자성적
제재	말을 빌려 탄 일
주제	소유에 대한 성찰과 깨달음
특징	① '사실 – 의견'의 2단 구성 방식을 취함. ② 권위 있는 사람(맹자)의 말을 논거로 하여 설득력을 높임. ③ 유추의 방법을 통해 개인적 경험을 보편적 깨달음으로 일반화함.
출전	"가정집(稼亭集)"

08

정답 ③

해설

'뒤바뀌다'는 접두사 '뒤-'와 '바뀌다'가 결합한 파생어이다. 접두사 '뒤-'는 1) '몹시, 마구, 온통'의 뜻을 더하는 접두사, 2) '반대로' 또는 '뒤집어'의 뜻을 더하는 접두사이다.
'뒤바뀌다'는 '어떠한 상태가 정반대의 상태로 바뀌다.'라는 의미이므로 '뒤-'의 두 번째 의미로 쓰였다. 이와 의미가 가장 유사한 것은 ③이다. '뒤받다'는 '남의 의견에 반대가 되는 말로 받다.' 또는 '말대답을 하며 반항하다.'라는 의미이다. 따라서 ㉠과 마찬가지로 '뒤-'의 두 번째 의미로 쓰였다.

📋 오답 정리

③을 제외한 나머지는 '몹시, 마구, 온통'의 뜻을 더하는 접두사 '뒤-'가 결합된 말이다.

09

정답 ②

해설

제시된 작품은 1인칭 주인공 시점이다. 서술자가 '나'의 이야기를 하기 때문에 주인공인 '나'의 내면심리를 보다 섬세하게 표현할 수 있다.

📋 오답 정리

① 서술자는 작품 속에 존재한다.
③ 작품 내에 서술자가 존재하는 것은 맞다. 그러나 다양한 관점에서 서술하고 있지는 않다.
④ 작품 속 '나'의 시각에서 이야기를 전달하고 있다는 점에서 주관적이므로, 객관적 위치에서 체험한 사실을 전달한다고 볼 수 없다.

🔍 작품 정리

양귀자, 〈한계령〉

갈래	단편 소설, 연작 소설
성격	회고적, 애상적
배경	시간: 1980년대 공간: 서울, 부천
시점	1인칭 주인공 시점
주제	현대 사회에서 소외된 소시민의 삶과 소박한 꿈
출전	《원미동 사람들》(1987)

10

정답 ③

해설

(가)의 화자는 갑작스런 누이의 죽음으로 삶의 허무에 젖어있으나 종교적으로 그 슬픔을 승화하여 누이와 다시 만날 것을 소망하고 있다. (나)의 화자는 이승에서의 삶을 소풍이라고 여기는 달관과 초탈의 경지를 보여주고 있으며, 담담하게 죽음을 수용하고 있는 자세를 보이고 있다. 즉 (가)와 (나) 모두 죽음을 두렵고 피하고 싶은 대상이 아닌 편안한 안식처로 긍정하고 있다.

🔍 작품 정리

(가) 월명사, 〈제망매가〉

갈래	10구체 향가
성격	추모적, 애상적, 비유적, 종교적
제재	누이의 죽음
주제	죽은 누이에 대한 추모
의의	정제된 형식미와 고도의 서정성을 담은 작품으로 현전 향가의 백미로 꼽힘.
연대	신라 35대 경덕왕(8세기)
출전	"삼국유사" 권 5

(나) 천상병, 〈귀천〉

갈래	자유시, 서정시
성격	독백적, 관조적, 낙천적
제재	귀천
주제	삶에 대한 달관과 죽음에 대한 정신적 승화
특징	① 비유적인 심상을 사용함. ② 반복과 독백적인 어조를 통해 주제를 부각함.
출전	"주막에서"(1979)

11

정답 ④

해설

제시된 글에서는 중국의 지적 재산권 침해 사례와 이에 대한 중국 정부의 대응책을 소개하고 있다.

📋 오답 정리

① '세계로 확산되는 현실'은 지나치게 포괄적인 내용이므로, 적절하지 않다.

② 한국 정부의 대책을 촉구하고 있지 않다.
③ 우리에게 미칠 영향은 따로 언급하고 있지 않다.

12
정답 ①

해설

'내가 기른 강아지는 다리가 짧다.'라는 문장에는 관형절과 서술절이 안겨 있다. 따라서 안긴 문장의 개수는 2개이다.

관형절	'내가 기른'이라는 관형절이 체언 '강아지'를 수식하고 있다.
서술절	'다리가 짧다'라는 서술절이 주어인 '강아지는(강아지가)'의 서술어 역할을 하고 있다.

①을 제외한 나머지는 안긴 문장의 개수가 1개이므로, 안긴 문장의 개수가 다른 하나는 ①이다.

오답 정리

② '친구가 읽고 있는 책은 소설책이다.'는 '친구가 읽고 있는'이라는 관형절이 체언 '책'을 수식하고 있다.
③ '철수는 수민이 이미 떠났음을 알았다.'는 '수민이 이미 떠났음'이라는 명사절을 안은 문장이다.
④ '그는 나에게 내가 참 예쁘다고 말했다.'는 '내가 참 예쁘다'라는 인용절을 안은 문장이다.

13
정답 ④

해설

'생각되다'는 '어떤 일에 대한 의견이나 느낌을 갖게 되다.'라는 의미이다. 따라서 범인이라는 느낌을 갖게 되어 경찰에 신고한 상황이므로, '생각되다'는 어법에 맞다.

오답 정리

① 갔는 → 간: 의미상 과거 행위에 대한 짐작을 표현하고 있다. 동사의 과거 시제 관형사형 어미는 '-ㄴ(은)'이므로 '가- + -ㄴ'의 '간'으로 표현한다. '-는'은 동사의 현재 시제 관형사형 어미이다.
② 오시라고 → 오라고: '너'는 높임의 대상이 아니다. 따라서 '너'에 호응하는 서술어 '오다'에는 주체 높임의 선어말 어미 '-시-'를 붙일 필요가 없다.
③ 소개시켜 → 소개해: 불필요한 사동 표현 '-시키다'를 붙인 표현이므로 '소개하다'로 써야 한다.
 ※ '-시키다'를 체언 뒤에 붙여 사동의 의미를 더하는 접사로 사용할 수 있으나, '하다'로 바꾸어 의미가 통한다면 남용된 것이므로 수정이 필요하다.

14
정답 ②

해설

'커서'는 '크다'라는 단어 어간 '크'에 '-어서'가 결합된 형태로, '크- + -어서'가 된다. '-에서'가 결합 되면서 '크-'의 모음 'ㅡ'가 탈락되는 모음 탈락에 해당된다.

오답 정리

① '와서'는 '오-+-아서'의 준말이다. 'ㅗ'와 'ㅏ'가 합해져 'ㅘ'가 되었으므로 '모음 축약'에 해당된다.
③ '다뤘다'는 '다루었다'의 준말이다. 'ㅜ'와 'ㅓ'가 합해져 'ㅝ'가 되었으므로 '모음 축약'에 해당된다.
④ '봐서'는 '보-+-아서'의 준말이다. 'ㅗ'와 'ㅏ'가 합해져 'ㅘ'가 되었으므로 '모음 축약'에 해당된다.

15
정답 ③

해설

'나와'는 '다르다'가 필요로 하는 부사어로, 문장의 성립에 꼭 필요한 필수 성분이다. 따라서 문장 성립에 꼭 필요한 필수 성분이 아닌 사례로 적절하지 않다.

오답 정리

① '어느'는 체언 '곳'을 꾸며 주는 관형어(관형사)이므로, ㉠의 사례로 적절하다.
② '바로'의 품사는 부사이기 때문에, 일반적으로 부사어로 다룬다. 그런데 ㉡에서 '바로'는 체언 '옆'을 수식하고 있다. 체언을 수식하는 문장 성분은 관형어인데, 부사어인 '바로'가 체언을 수식하는 건 일반적이지 않다. 따라서 예외로 설명하는 ㉡의 사례로 적절하다.
④ 서술어 '여기다'는 주어, 목적어, 부사어가 있어야 완벽한 문장이 되는 세 자리 서술어이다. 즉 부사어 '직업으로'가 생략되면 문장의 성립에 영향을 주기 때문에, '직업으로'는 필수 부사어이다. 따라서 ㉣의 사례로 적절하다.

16
정답 ③

해설

㉡ 어간 받침 'ㄴ(ㄸ), ㅁ(ㄲ)' 뒤에 결합되는 어미의 첫소리 'ㄱ, ㄷ, ㅅ, ㅈ'은 된소리로 발음한다는 규정에 따라 '신다'의 어간 '신-'에 어미 '-고'가 결합한 '신고'의 표준 발음은 된소리되기가 일어난 [신ː꼬]이다.
㉢ '잠+자리'의 결합 과정에서 된소리되기가 일어난다. 따라서 '잠자리'의 표준 발음은 [잠짜리]이다.

오답 정리

㉠ 한자어 '신고(申告)'는 된소리되기가 일어나지 않은 [신고]로 발음한다.
㉣ 곤충 '잠자리'는 된소리되기가 일어나지 않은 [잠자리]로 발음한다.
 ※ ㉢의 '잠자리(잠+자리)'는 합성어, ㉣의 '잠자리'는 단일어이다.

17 정답 ④

[해설]

제시된 작품에는 "어사또 마음이 심란하구나.", "어찌 아니 명관인가."와 같이 서술자의 개입(1. 인물·사건에 대한 평가, 2. 서술자의 감정 노출, 3. 독자에게 말 걸기)이 자주 드러난다. 따라서 서술자의 개입이 제한되어 있다는 ④의 설명은 적절하지 않다.

[오답 정리]

① 판소리의 영향을 받은 판소리계 소설로 4·4조의 운율을 지닌 운문체와 산문체가 섞여 있다.
② '어사또, 운봉' 등 등장인물의 성격이나 행동을 해학적으로 표현하여 웃음을 유발하고 있다.
③ '암행어사 설화', '관탈 민녀 설화' 등과 같은 근원 설화가 바탕에 깔려 있다.

18 정답 ④

[해설]

⊙은 사람의 '갈비(뼈)'와 소의 '갈비'라는 '동음이의어'를 이용한 언어유희이다. ④ 역시 '양반'을 '개잘량'이라는 '양' 자에 개다리소반이라는 '반' 자 쓴다고 하는 동음이의어를 통한 언어유희가 나타나 있다.

[오답 정리]

① 언어 도치(순서 바꾸기)에 의한 언어유희이다.
② 발음의 유사성(노 생원님, 노새 원님)을 이용한 언어유희이다.
③ 유사 음운의 반복(~반)에 의한 언어유희이다.

🔍 작품 정리

작자 미상, 〈춘향전(春香傳)〉

갈래	판소리계 소설, 염정 소설
성격	해학적, 풍자적, 평민적
시점	전지적 작가 시점
배경	시간: 조선 숙종 때 공간: 전라도 남원
제재	춘향의 정절
주제	① 신분을 초월한 남녀 간의 사랑 ② 불의한 지배 계층에 대한 서민의 항거 ③ 신분적 갈등의 극복을 통한 인간 해방
특징	① 해학과 풍자에 의한 골계미가 나타남. ② 서술자의 편집자적 논평이 자주 드러남. ③ 판소리의 영향으로 운문체와 산문체가 혼합됨.

19 정답 ④

[해설]

'샛별'의 표준 발음은 [샏:뼐]이 맞다. 그런데 된소리되기는 로마자 표기에 반영하지 않는다. 따라서 '샛별'은 로마자로 'saetbbyeol'이 아니라 'saetbyeol'로 적어야 한다.

※ '샛별'은 [새:뼐/샏:뼐]로 발음하는데, 원칙 발음인 [새:뼐]을 기준으로 로마자를 표기한다면 된소리되기는 표기에 반영하지 않기 때문에 'saebyeol'로 적

는다. 그러나 이 경우에는 실제 발음이 된소리가 되는지 알 수 없다. 따라서 허용 발음인 [샏:뼐]을 기준으로 하여 'saetbyeol'로 적는다.

[오답 정리]

① '신라[실라]'를 'Sinla'가 아닌 'Silla'로 표기한 것은 자음 동화를 로마자 표기에 반영하고 'ㄹㄹ'은 'll'로 표기하는 규정 때문이다.
② '같이[가치]'를 'gati'가 아닌 'gachi'로 표기한 것은 구개음화를 로마자 표기에 반영하기 때문이다.
③ '담요[담:뇨]'를 'damyo'가 아닌 'damnyo'로 표기한 것은 'ㄴ' 첨가를 로마자 표기에 반영하기 때문이다.

20 정답 ③

[해설]

1단계	제시된 글은 현대 건축가 르 코르뷔지에의 업적에 대해 설명하고 있다. 따라서 '르 코르뷔지에'를 소개하는 (라)가 가장 앞에 와야 한다.
2단계	(가)는 르 코르뷔지에가 만든 '도미노 이론'의 어원을, (다)는 '도미노 이론'에 대한 구체적인 설명이다. 따라서 (가) 뒤에 (다)가 이어지는 게 자연스럽다.
3단계	(나)는 '도미노 이론'의 연구와 적용되고 있는 다양한 건축 방식을 설명한 것이므로 가장 뒤에 이어지는 게 자연스럽다.

따라서 '(라) - (가) - (다) - (나)'로 배열하는 것이 가장 자연스럽다.

21 정답 ③

[해설]

'입씻이'는 '입씻김(비밀이나 자기에게 불리한 말을 못 하도록 남몰래 돈이나 물건을 주는 일)으로 주는 돈이나 물건'을 이르는 말이다. 문맥상 '수고비'로 준다는 의미이므로 '손씻이'가 어울린다.

※ 손씻이: 남의 수고에 보답하는 마음으로 적은 물건을 주는 일 또는 그 물건

[오답 정리]

① '고다'는 '고기나 뼈 따위를 무르거나 진액이 빠지도록 끓는 물에 푹 삶다.'라는 의미이다. 따라서 '고다(고아서)'의 쓰임은 적절하다.
② '집들이'는 '이사한 후에 이웃과 친지를 불러 집을 구경시키고 음식을 대접하는 일'을 이르는 말이다. '사람들을 집에 초대하다.'라는 의미이므로 '집들이'의 쓰임은 적절하다.
④ '바투'는 '두 대상이나 물체의 사이가 썩 가깝게'라는 의미이다. '농구화의 코끝을 적실 듯이'라는 말을 볼 때, '바투'의 쓰임은 적절하다.

22 정답 ③

[해설]

b. '민간화'와 '경영화' 모두 행정 담당자 주도의 정책 결정을 보완하기 위해 시장 경제의 원리를 부분적으로 받아들인 것이다.

c. '민간화'와 '경영화' 행정 담당자 주도로 이루어지는 정책 결정의 문제점을 극복하고 지역 주민의 요구를 수용하기 위해 도입한 것이다.

오답 정리

a. '경영화'는 지방 자치 단체가 자체적으로 민간 기업의 운영 방식을 도입하는 것이다. 그러므로 '경영화'는 외부에 정책 결정권을 위임하는 방식은 아니다.

23
정답 ②

해설

(가)의 '한 줌의 눈물'이라는 시어 속에 '슬픔'의 감정이 함축되어 있다. (나)의 마지막 행에서 분단의 '슬픔'이 지속되고 있음이 나타나 있다. 따라서 (가)와 (나)에서 공통적으로 드러나 있는 정서는 '悲哀(비애: 슬플 비, 슬플 애)'이다.

※ 비애: 슬퍼하고 서러워함. 또는 그런 것

오답 정리

① 挫折(좌절: 꺾을 좌, 꺾을 절): 마음이나 기운이 꺾임.
③ 企待(기대: 꾀할 기, 기다릴 대): 어떤 일이 원하는 대로 이루어지기를 바라면서 기다림.
④ 虛無(허무: 빌 허, 없을 무): 무가치하고 무의미하게 느껴져 매우 허전하고 쓸쓸함.

24
정답 ③

해설

ⓒ은 침묵하고 있는 사람들에게 위로가 되는 이미지이다. 한편 ⓒ을 제외한 나머지는 차갑고 쓸쓸한 이미지의 시어이다. 따라서 이미지가 가장 이질적인 것은 ⓒ이다.

작품 정리

(가) 곽재구, 〈사평역에서〉

갈래	자유시, 서정시
성격	애상적, 감각적, 회고적
제재	간이역 대합실의 정경
주제	막차를 기다리는 사람들의 삶의 애환
특징	① 간결하고 절제된 어조로 표현함. ② 차가움과 따뜻함의 이미지 대조를 통해 시적 대상을 표현함.
출전	《사평역에서》(1983)

(나) 김종삼, 〈민간인〉

갈래	자유시, 서정시
성격	묘사적, 객관적, 상징적, 회상적, 서사적
제재	월남 체험
주제	남북 분단으로 인한 민족의 비극과 아픔
특징	① 간결한 형상화로 독자의 생각을 유도함. ② 냉정하고 객관적인 어조로 비극적 상황을 강조함.

25
정답 ④

해설

㉠과 ㉡에서 화자는 어디서 오는 손님이나 편지를 보면 중매나 청혼이 아닐까 하고 '기다리고' 있다. 이처럼 '기다림'의 심리가 나타난 것은 ④이다. ④의 화자는 지는 잎 부는 바람소리에 혹시나 임이 온 것이 아닌가 하고 착각할 정도로, '임'을 기다리고 있다.

오답 정리

① 임을 연모하는 마음을 간절하게 표현하고 있다.
② 술과 벗을 좋아하는 화자의 흥겨운 풍류를 표현하고 있다.
③ 모나지 않게 처세하며 인생을 여유롭게 살아가는 모습을 그리고 있다.

현대어 풀이

① 박효관, 〈님 그린 상사몽(相思夢)이~〉
임 그린 상사몽이 귀뚜라미의 넋이 되어
가을철 깊은 밤에 임의 방에 들었다가
날 잊고 깊이 든 잠을 깨워 볼까 하노라.

② 정철, 〈재 넘어 성권롱(成勸農) 집에~〉
고개 너머 사는 성 권농 집의 술이 익었다는 말을 어제 듣고
누워 있는 소를 발로 차서 일으켜 언치만 얹어서 눌러 타고
아이야 네 권농 어른 계시냐? 정 좌수 왔다고 여쭈어라.

③ 안민영, 〈높프락 나즈락ᄒ며〉
높았다가 낮았다가 하며 멀어졌다 가까워졌거니와
모가 나거나 둥글거나 하며 길었다가 짧아졌거니와
평생을 이리하였으니 무슨 근심이 있으리. (유유자적한 삶, 달관의 경지)

④ 서경덕, 〈마음이 어린 후(後)니~〉
마음이 어리석다 보니 하는 일이 다 어리석기만 하다.
깊은 산속까지 어느 임이 찾아오랴마는
지는 잎과 바람 부는 소리에 행여나 그인가 하노라.

작품 정리

작자 미상, 〈노처녀가〉

갈래	규방 가사
성격	애상적, 해학적, 풍자적
주제	혼기를 놓친 노처녀의 신세 한탄과 양반가의 허위의식 비판
특징	① '서사 - 본사 - 결사'의 3단 구성임. ② 청자에게 말을 건네는 어조를 활용하여 표현 효과를 높임. ③ 설의법을 활용하여 화자의 처지를 드러냄. ④ 부모에 대한 원망을 직설적으로 드러냄.
연대	조선 후기

05회 정답

01. ④	02. ③	03. ①	04. ③	05. ②
06. ②	07. ②	08. ④	09. ③	10. ④
11. ③	12. ②	13. ②	14. ①	15. ③
16. ④	17. ②	18. ③	19. ④	20. ①
21. ③	22. ④	23. ③	24. ③	25. ④

01 정답 ④

해설

'물건을 일정한 곳에 붙이다.'라는 의미를 가진 '달다'가 쓰인 것은 ④이다.

오답 정리

① 「3」 '어떤 기기를 설치하다.'의 예문이다.
② 「4」 '글이나 말에 설명 따위를 덧붙이거나 보태다.'의 예문이다.
③ 「1」 '물건을 일정한 곳에 걸거나 매어 놓다.'의 예문이다.

02 정답 ③

해설

관형절은 '동격 관형절'과 '관계 관형절'로 분류된다. '동격 관형절'은 '관계 관형절'과 달리 한 문장의 모든 필수 성분을 완전하게 갖추고 있는 관형절이다.
③의 '할머니께서 어제 작곡하신'은 필수 성분인 목적어 '노래를'이 생략되어 있다. 따라서 '관계 관형절'이다. ③을 제외한 나머지는 필수 성분을 완전하게 갖추고 있으므로 '동격 관형절'이다. 따라서 관형절의 종류가 다른 하나는 ③이다.
※ '관계 관형절'은 절의 꾸밈을 받는 체언이 절 안에서 '주어'나 '목적어' 혹은 '부사어'로 기능할 수 있어야 한다.

오답 정리

① '훔치다'는 주어와 목적어가 있어야 완벽한 문장(2자리 서술어)을 이룬다. 관형절 '그가 물건을 훔친'에는 주어(그가)와 목적어(물건을)가 포함되기 때문에 '동격 관형절'이다.
② '아니다'는 주어와 보어가 있어야 완벽한 문장(2자리 서술어)을 이룬다. 관형절 '그녀는 음치가 아니라는'에는 주어(그녀는)와 보어(음치가)가 포함되기 때문에 '동격 관형절'이다.
④ '실시하다'는 주어와 목적어가 있어야 완벽한 문장(2자리 서술어)을 이룬다. 관형절 '선생님께서 수행 평가를 실시할'에는 주어(선생님께서)와 목적어(수행 평가를)가 포함되기 때문에 '동격 관형절'이다.

03 정답 ①

해설

'만큼'은 체언과 함께 쓰이면 조사이므로 '당신(대명사)'에 붙여 쓴 것은 옳다. 또 '수'는 의존 명사이므로 '할(하다, 동사)'과 띄어 쓴 것은 옳다.

오답 정리

② 갈테야 → 갈∨테야: '테야'는 '터이야('터이다'의 활용)'의 준말이다. '터'는 의존 명사이므로 동사 '갈'과 띄어 써야 한다.
③ 공부∨밖에 → 공부밖에: '밖에'는 체언과 함께 쓰여 '그것 이외에는'이라는 의미로 뒤에 부정을 의미하는 '모르다(알지 못하다)'와 호응하는 조사이므로 '공부'에 붙여 써야 한다.
④ 잘할∨뿐더러 → 잘할뿐더러: '-ㄹ뿐더러'는 어미이므로 어간 '잘하-'와 붙여 써야 한다.

04 정답 ③

해설

㉠의 '다리[명사, legs]'는 '사람이나 동물의 몸통 아래 붙어 있는 신체 부분'을 뜻하고, ㉡의 '다리[명사, bridge]'는 '물을 건너다닐 수 있도록 만든 시설물'을 뜻한다. 두 '다리'는 의미적 관련성이 없기 때문에 '동음이의 관계'이다. 이처럼 '동음이의 관계'인 것은 ③이다.
㉠의 '달다(동사)'는 '물건을 일정한 곳에 걸거나 매어 놓다.'라는 의미이고, ㉡의 '달다(형용사)'는 '꿀이나 설탕의 맛과 같다.'라는 의미이다. 두 '달다'는 의미적 관련성이 없기 때문에 '동음이의 관계'이다.

오답 정리

① ㉠의 '보다'는 '눈으로 대상의 존재나 형태적 특징을 알다.'라는 구체적인 의미인 반면, ㉡의 '보다'는 '기회, 때, 시기 따위를 살피다.'라는 추상적인 상황을 나타내는 의미이다. 다만 두 '보다(동사)'는 중심적 의미와 주변적 의미를 보이므로, '다의 관계'이다.
② ㉠의 '손'은 '신체 일부'를 나타내는 구체적인 의미인 반면, ㉡의 '손'은 '영향력이나 권한이 미치는 범위'를 나타내는 추상적인 의미이다. 다만 두 '손(명사)'은 중심적 의미와 주변적 의미를 보이므로, '다의 관계'이다.
④ ㉠의 '있다'는 '실제 공간을 차지하고 존재하는 상태'를 나타내는 구체적인 의미인 반면, ㉡의 '있다'는 '상황이나 처지에 놓인 상태'를 나타내는 추상적 의미이다. 다만 두 '있다(형용사)'는 중심적 의미와 주변적 의미를 보이므로, '다의 관계'이다.

05 정답 ②

해설

'(속되게) 마구 때리거나 큰 타격을 주다.'라는 의미를 가진 말은 '두들기다'이다. 따라서 '두들겨야(두들기-+-어야)'는 맞춤법에 맞는 표기이다.
※ 동사 '두들기다'는 ㉠ 소리가 나게 치다, ㉡ (속되게) 마구 때리다 ㉢ 감동을 주다 ㉣ '마구, 함부로'의 뜻이 있고, '두드리다'와 이러한 의미로 통용된다.

작품 정리

김동명, 〈내 마음은〉	
갈래	자유시, 서정시
성격	낭만적, 비유적, 상징적
제재	'나'의 마음
주제	사랑의 기쁨과 애달픔
특징	① 다양한 비유적 심상으로 '나'의 마음을 드러냄. ② 부드럽게 호소하는 듯한 독백적인 어조
출전	《조광》(1937)

06　　　　　　　　　정답 ②

해설

'수미상관'이란 시에서 첫 번째 연이나 행을 마지막 연이나 행에 다시 반복하는 것을 의미한다. 제시된 시에서는 모든 연에서 '내 마음은 ~이요 / 그대 ~오. / 나는 ~이'라는 문장 구조가 반복되고 있다. 그러나 수미상관은 확인할 수 없다.

오답 정리

① '두운(頭韻)'은 시구의 첫머리에 비슷한 소리를 반복해서 운율을 형성하는 방법이고, 가운데 소리의 반복은 '요운(腰韻)', 마지막 소리의 반복은 '각운(脚韻)'이다. '-은, -의' 같은 조사 반복을 통한 '요운'을 사용하여 리듬감을 형성하고 있다.

　　※ 제시된 작품에서는 요운만이 아니라, '내, 그대, 나'와 같은 두운과 '-요, -오, -리다' 등의 각운을 사용하여 운율을 형성하고 있다.

③ 제시된 작품의 주제는 사랑의 기쁨과 애달픔으로 사랑과 이별에 대한 낭만적인 정서를 드러내고 있다.

④ 원관념 '내 마음'을 '호수, 촛불, 나그네, 낙엽'의 보조 관념에 빗대어 표현하였다.

07　　　　　　　　　정답 ②

해설

제시된 작품에서는 'A는 B'라는 문장 구조가 반복되고 있다. 이처럼 'A는 B'라는 형식의 표현법은 '은유법'이다. 이처럼 '은유법'이 쓰인 것은 ②이다. ②에서는 '기선의 기적'을 '파이프 오르간'에 비유하고 있다.

오답 정리

① 바다의 '물결'을 '살진 말'에 비유했다는 점에서 활유법, '~처럼'이란 직접 비유를 사용한 '직유법'이 쓰였다.

③ '길'을 '구겨진 넥타이'에 비유하는데 '~처럼'의 형식으로 연결한 직유법이 쓰였다.

④ '갈매기 소리'를 '이국 처녀들이 지껄이는 소리'에 비유했다는 점에서 의인법이 쓰였고, '~처럼'의 형식으로 직접 비유를 한 '직유법'이 쓰였다.

08　　　　　　　　　정답 ④

해설

ⓒ '대체(代替: 대신할 대, 바꿀 체)'와 ② '보완(補完: 기울 보, 완전할 완)'의 뜻풀이는 바르다.

오답 정리

㉠ '기인(起因: 일어날 기, 인할 인)'은 '일이 일어나게 된 까닭', '어떠한 것에 원인을 둠.'이라는 의미이다.

　　※ '근본이 되는 원인'이라는 의미의 '기인'은 '基因(터 기, 인할 인)'이다.

ⓒ '부설(敷設: 펼 부, 설치할 설)'은 '다리, 철도, 지뢰 따위를 설치함.'이라는 의미이다. 예 선로 부설

　　※ '어떤 기관 따위에 부속시켜 설치함.'이라는 의미의 '부설'은 '附設(붙을 부, 설치할 설)'이다. 예 부설 고등학교

09　　　　　　　　　정답 ③

해설

〈보기〉에서 '세포분열'의 구조를 보면, '세포'는 의미상의 주어의 역할을 하고 있으며, '분열'은 의미상의 서술어의 역할(세포가 분열하다.)을 하고 있다고 하였다. 이와 구조가 유사한 것은 '산소결핍'이다. '산소결핍'도 '산소'가 의미상 주어 역할을, '결핍'이 의미상 서술어 역할(산소가 결핍되다.)을 하고 있다.

오답 정리

① '정년퇴직'은 '정년으로 퇴직하다.' 혹은 '정년에 퇴직하다.' 정도의 의미이므로, 부사어와 서술어의 관계로 볼 수 있다.

② '모의평가'는 '모의로 평가하다' 정도의 의미이므로, 부사어와 서술어의 관계로 볼 수 있다.

④ '기술혁명'은 '기술을 혁명하다'로 해석하여 목적어와 서술어의 관계로 볼 수 있고, '기술로 혁명하다'의 부사어 서술어 관계로 해석할 수도 있다.

10
정답 ④

해설

'영호'의 '아버지'는 화자인 '큰아버지'에게는 동생이 되므로 높일 필요가 없다. 그러나 청자인 '조카(영호)'를 의식하여 '나가셨니(나가- + -시- + -었- + -니)'에서 주체 높임의 '-시-'를 사용하였다. 따라서 ④는 높이지 않아도 되는 대상을 청자를 의식해서 높여 주는 경우의 예문으로 적절하다.

오답 정리

① 손자에게 자기 아버지는 높여야 할 대상인데 청자인 할아버지를 의식하여 '자다'의 높임말 '주무시다'가 아니라 '자다'를 사용했다. 곧 화자에게는 높여야 할 대상인데 청자를 의식해서 높이지 않는 경우이다. 이를 '압존법'이라고 한다.
② 회사 직원은 상사에게 높임말을 써야 하므로, 주체 높임의 '-시-'와 높임의 보조사 '요'를 사용하여 '가시지요'로 표현하였다. 높일 만한 청자에게 높임 표현을 쓴 경우이다.
③ 동생에게 어머니는 높임의 대상이므로 부사어 '어머니께'의 지시 대상인 '어머니'를 높이기 위해 '드리다'가 사용되었고(객체 높임), 문장의 종결은 '드렸어(해체, 반말)'를 사용하였다. 청자인 형을 의식해서 높이지 않아도 될 대상을 높인 경우가 아니다.

11
정답 ③

해설

앞뒤 문맥을 보면 '머슴(벼슬아치)'들이 밥그릇이 큰지 작은지를 가지고 싸운다고 했다. 따라서 ㉢이 비유하고 있는 것은 '식량'이 아니라 '벼슬자리'이다.

현대어 풀이

허전, 〈고공가〉

제 집 옷과 밥을 두고 빌어먹는 저 머슴(조정의 신하)아
우리 집 소식(내력, 조선의 역사)을 아느냐 모르느냐?
비 오는 날 일 없을 때 새끼 꼬면서 말하리라
처음에 할아버지(조선을 건국한 이성계)께서 살림살이를 시작할 때에
어진 마음을 베푸시니 사람들이 저절로 모여
풀을 베고 터를 닦아 큰집을 지어 내고
써레, 보습, 쟁기, 소로 논밭을 가니
올벼논과 텃밭이 여드레 동안 갈 만한 큰 땅(조선 팔도)이 되었도다
자손에게 물려주어 대대로 내려오니,
논밭도 좋거니와 머슴들도 근검하였다.
저희마다 농사를 지어 부유하고 풍요롭게 살았는데,
요즈음 머슴들은 어찌하여 사려분별도 전혀 없어,
밥그릇이 크나 작으나, 겨울옷이 좋거나 나쁘거나,
마음을 다투는 듯 호수를 시기하는 듯,
무슨 일을 꺼려서 반목만을 일삼느냐?
너희들이 일을 안 하고 시절조차 사나워(흉년이 들어),
가뜩이나 내 살림이 줄어들게 되었는데,
엊그제 도적들(왜적들)에게 약탈되어 가산이 탕진되니,
집은 모두 불타 버리고 먹을 것이 전혀 없네.
크나큰 세간살이를 어찌하여 일으키려는가?
김가와 이가 머슴들아, 새 마음을 먹으려무나.

작품 정리

허전, 〈고공가〉

갈래	가사(잡가)
성격	교훈적, 계도적, 경세적, 비판적, 우의적
제재	어리석은 머슴의 행태
주제	나태하고 이기적인 관리들의 행태 비판
특징	① 머슴을 내세워 당시 국록을 먹는 신하들의 부패상을 우의적(寓意的)으로 고발함으로써 이를 개선하려는 충정을 펴고자 함. ② 이원익은 〈고공답주인가(雇工答主人歌)〉를 지어 이 노래에 화답함.
연대	조선 선조(임진왜란 직후)

12
정답 ②

해설

(가), (나)	'삶'은 겹받침 중 'ㄹ'이 탈락하여 [삼]이라고 발음되는 자음군단순화 현상이 일어난다.
(다), (라)	'밝다' 역시 겹받침 중 'ㄹ'이 탈락하여 [박따]라고 발음한다. 그러나 뒤에 'ㄱ'으로 시작하는 어미가 오면 'ㄱ'이 대신 탈락하여 [발꼬]로 발음한다.

13
정답 ②

해설

제시된 작품에서는 주로 인물의 행동, 외양 등을 묘사하여 인물을 형상화하고 있다.

오답 정리

① 현재 시제가 나타나기는 한다. 그러나 이는 인물 및 상황을 생생하게 전달하기 위한 것으로, 긴장감과는 관련이 없다.
③ 제시된 부분에서는 시간의 흐름에 따라 전개되고 있다.
④ 제시된 작품은 '1인칭 관찰자 시점'이다. 서술자가 자신의 이야기를 하기 때문에 독자와의 거리가 가깝게 느껴지는 것은 1인칭 주인공 시점의 특징이다.

작품 정리

전영택, 〈화수분〉

갈래	단편 소설, 액자 소설
성격	사실적, 비극적
배경	시간: 일제 강점기의 겨울 공간: 서울과 양평 일대
시점	1인칭 관찰자 시점(부분적으로 1인칭 주인공 시점과 전지적 작가 시점이 보임.)
주제	① 가난한 부부의 비참한 삶 ② 자식에 대한 고귀한 사랑
출전	《조선 문단》(1925)

14
정답 ①

[해설]

'아주 가까운 장래' 혹은 '눈으로 볼 수 있는 가까운 곳'의 의미를 가진 한 단어이므로 '눈앞'으로 붙여 써야 한다. 따라서 '눈∨앞'으로 띄어 쓴다는 수정 방안은 적절하지 않다.

오답 정리

② 앞의 내용과 반대되는 내용이 이어지고 있으므로 '그러나'로 수정한 것은 적절하다.

③ 내용과 시제를 고려할 때 '미리'를 '이미'로 수정한 것은 적절하다.

④ 앞 문장과의 의미 관계를 고려할 때, '이것은 고통으로 다가올 수밖에 없었다.'로 수정한 것은 적절하다.

15
정답 ③

[해설]

중세 국어에서 'ㅎ 종성 체언'인 '않'은 모음으로 시작하는 조사와 결합할 때 'ㅎ'이 뒤따르는 모음에 연음한다. 따라서 '않'과 주격 조사 '이'가 결합할 경우, 현대 국어와 달리 중세 국어에서는 '않ㅎ+이 → 안히'가 된다.

오답 정리

① '옳지 않다'가 [올치 안타]로 자음 축약되는 현상은 '옳-'과 '않-'이 용언의 어간이므로 'ㅎ 종성 체언'과는 관련이 없다.

② 'ㅎ 종성 체언'은 관형격 조사인 'ㅅ'과 결합할 때는 나타나지 않지만 그 외에 'ㄱ, ㄷ'으로 시작하는 조사와 결합하게 될 경우 'ㅋ, ㅌ'으로 축약되어 나타난다고 제시했다. 따라서 '안콰'로 썼을 것이다.

④ '안+밖'이 '안팎'이 되는 과정에서 'ㅂ'이 'ㅍ'이 되는 것은 중세 국어의 'ㅎ 종성 체언'이었던 '안'에 'ㅎ'의 흔적이 남아 'ㅂ'과 결합하여 음운이 축약되는 현상이지 음운의 교체 현상이 아니다.

[심화]

- 중세 국어의 ㅎ 받침 체언
  갈ㅎ(칼), 고ㅎ(코), 긴ㅎ(끈), 나ㅎ(나이), 나조ㅎ(저녁), 내ㅎ[川], 네ㅎ[四], 노ㅎ(끈), 따ㅎ(땅), 뒤ㅎ[後], 미ㅎ[野], 뫼ㅎ[山], 바다ㅎ[海], 세ㅎ[三], 수ㅎ[雄], 암ㅎ[雌], 시내ㅎ[溪], 않ㅎ[內], ㄱ술ㅎ(가을), 겨슬ㅎ(겨울), 돌ㅎ[石], 둘ㅎ[二], 볼ㅎ(팔), 스믈ㅎ[二十], 알ㅎ[卵], 열ㅎ[十], 하놀ㅎ[天], 머리ㅎ[頭], 살ㅎ[肉] 등

- 현대어에서 합성 시, 중세 국어의 ㅎ 받침 체언의 흔적이 보이는 경우
  살ㅎ + 고기 → 살코기, 머리ㅎ + 가락 → 머리카락,
  않ㅎ + 밖 → 안팎, 암ㅎ + 개 → 암캐, 수ㅎ + 닭 → 수탉

16
정답 ④

[해설]

제시된 글에 기술자를 존중해야 한다는 내용은 나와 있지 않다. 서술자는 백성들에게 이롭고 나라에 도움이 되는 일이라면 '수레를 사용하는 것'은 물론이고, 더 나아가 실용적 학문을 연구해야 함을 주장하고 있다.

오답 정리

① 3문단에서 '우리나라'의 유통 구조에 문제가 있음을 밝히고 있다.

② 2문단의 "중국의 재산이 풍족할뿐더러 한 곳에 지체되지 않고 골고루 유통되는 것이 모두 수레를 쓰는 이익일 것이다."를 통해 알 수 있다.

③ 1문단에서 수레의 궤도를 똑같이 해야 한다고 한 것을 통해 글쓴이는 '각종 기구는 표준화된 규격을 갖추는 것이 좋다.'라고 생각함을 알 수 있다.

17
정답 ②

[해설]

집밖에서 바쁘고 굳센 사람들로 살아가는 아버지가 집에 돌아오면 자상하고 따뜻한 모습을 보인다는 점에서 대조를 통해 아버지의 속성을 강조하고 있다고 볼 수 있다.

오답 정리

① 집밖에서 강인한 아버지가 집에서는 자상한 아버지가 된다는 것은 드러나 있으나 시간의 흐름에 따라 대상이 변화한다고 볼 수 없다.

③ '~아버지가 된다.'의 단정적 어조가 드러난다. 그러나 이는 현실에 대한 부정적 인식을 강조하는 것이 아니라 대상에 대한 그리움과 대상의 속성을 강조하기 위한 것이다.

④ '난로에 불을 피우고, 그네에 못을 박는' 아버지의 구체적인 행동이 드러나 있지만 '아버지'라는 존재에 대한 고정관념은 찾을 수 없다.

[작품 정리]

김현승, 〈아버지의 마음〉

갈래	자유시
성격	서정적, 서술적, 비유적, 상징적
제재	아버지라는 존재의 의미
주제	① 아버지의 사랑과 희생 ② 아버지의 가족에 대한 사랑과 외로움

18
정답 ③

[해설]

글쓴이는 전문가의 역할을 긍정하고 있다. 따라서 빈칸에는 전문가의 역할이 중요하다는 내용이 이어지는 게 가장 자연스럽다.

오답 정리

③을 제외한 나머지는 전문가에 대한 잘못된 인식과 대우를 다루고 있다. 따라서 전문가의 긍정적인 면이 아니기 때문에, 빈칸에 들어가기에 적절하지 않다.

19 정답 ④

해설

제시된 글에서 주장하는 좋은 문학은, 자국어로 써야 하고 천기(天機)가 드러나야 하며 비속함이 없어야 한다. 한문으로 된 문학보다 저속해도 서민들의 감정이 담긴 우리말로 된 문학(국문학)이 더 우월함을 강조하고 있을 뿐, 반드시 서민들의 진솔한 감정이 드러나야 좋은 문학이라고 말하지는 않았기 때문에 ④는 글쓴이의 생각으로 보기 어렵다.

오답 정리

① 제시된 글의 3문단에서 문학은 천기에 맞으면 천지를 감동시키고 귀신과도 통할 수 있다고 하였다.

② 제시된 글의 3문단에서 '사람의 마음이 입으로 표현된 것이 말이요, 말의 가락이 있는 것이 시가문부(詩歌文賦)'라고 하였다.

③ 제시된 글의 3문단에서 자기 나라 말의 가락을 맞추면 좋은 시가 되어 천지를 감동시킬 수 있다고 보았다.

20 정답 ①

해설

2문단과 3문단의 내용을 볼 때, 〈관동별곡〉은 한문으로 번역하면 그 내용은 전달되지만 원작에서의 표현의 맛이나 묘미가 살아나지 않기 때문에 아름답게 될 수 없다.

오답 정리

② 주제는 달라지지 않았기 때문에, 이유로 적절하지 않다.

③ '한문이 국어의 묘미를 제대로 살려내지 못했기 때문이다.'로 고쳐야 적절한 이유가 된다.

④ '칠언시'는 일곱 자로 한 구를 이루는 한시(漢詩)를 통틀어 이르는 말이다. 내용을 모두 담아내지 못한 것은 아니기 때문에 타당한 이유로 적절하지 않다.

🔍 작품 정리

김만중, 《서포만필(西浦漫筆)》

갈래	중수필, 문학 비평문(평론)
성격	비판적, 비평적, 주관적
제재	송강 정철의 가사 작품
주제	진정한 국문 문학의 가치
특징	① 문화적 자주 의식이 드러남. ② 예시를 통해 논거를 제시함.

21 정답 ③

해설

㉠의 '명시한'은 '분명하게 드러내 보이다.'라는 의미로 '明示(명시: 밝을 명, 보일 시)'로 표기한다. ①~④ 중 '示(보일 시)'가 쓰인 단어는 ③의 '시위(示威: 보일 시, 위엄 위)'이다.

오답 정리

① '사물을 관찰하고 파악하는 기본적인 자세'를 뜻하는 '시각(視角: 볼 시, 뿔 각)'의 '시'는 '視(볼 시)'이다.

② '사람을 깔보거나 업신여김.'을 뜻하는 '무시(無視: 없을 무, 볼 시)'의 '시'는 '視(볼 시)'이다.

④ '일이 있었던 바로 그때. 또는 이야기하고 있는 그 시기'를 뜻하는 '당시(當時: 마땅 당, 때 시)'의 '시'는 '時(때 시)'이다.

22 정답 ④

해설

4문단에서 "아인슈타인의 일반 상대성 이론에 따르면 중력은 시간의 진행을 느리게 한다."라고 하였다. 그런데 블랙홀 내부는 거대한 중력이 작용한다고 하였으므로, 블랙홀 내부는 외부보다 시간의 진행이 매우 느리게 될 것이라 짐작할 수 있다. 따라서 블랙홀 내부와 외부의 시간 진행 속도가 유사하다는 이해는 적절하지 않다.

오답 정리

① 1문단의 "블랙홀이란 ~ 상상을 초월할 만큼의 거대한 중력 때문에"를 통해 블랙홀의 중력이 거의 무한대임을 짐작할 수 있다.

② 1문단의 "블랙홀이란 ~ 빛이라 해도 그 밖으로 빠져나갈 수 없는 시공의 영역이다."와 마지막 문단의 "블랙홀의 ~ 지평면 안에서는 어떠한 물체도, 빛도, 정보도 그 밖으로 나올 수 없다."를 통해 블랙홀이 빛을 전혀 발산하지 않음을 알 수 있다.

③ 3문단의 "별은 일생의 대부분을 태양과 동일한 주계열성(主系列星)으로 보낸다. ~ 별의 중량이 상상을 초월할 만큼 크므로 수축은 계속되어, 마침내 밀도가 무한대인 특이점이 생겨 결국 블랙홀이 된다."를 통해 태양도 어느 시점에는 결국에 블랙홀이 될 것임을 추론할 수 있다.

23 정답 ③

해설

'방점'은 '소리의 길이'가 아니라 '소리의 높낮이'를 표시한 것이다. 따라서 소리의 길이에 따른 방점이 존재했다는 설명은 적절하지 않다.

오답 정리

① 어두 자음군이란 음절의 첫머리에 자음이 연속으로 둘 또는 그 이상의 자음의 연속체가 오는 것을 말한다. 현대 국어와 달리 중세 국어에는 어두 자음군이 존재하였다. 중세 국어에 존재했던 어두 자음군은 크게 'ㅂ'계(ㅳ, ㅄ, ㅴ, ㅵ 등)와 'ㅅ'계(ㅺ, ㅼ, ㅽ 등)로 나뉜다.

② 동국정운식 한자음 표기란 중국의 원음에 가깝도록 반드시 '초성＋중성＋종성'의 3성 체계를 갖추어서 표기한 것을 말한다. 즉 동국정운식 한자음 표기 방식은 현실적 발음이 아닌 이상적 발음의 표기이다.

※ 《동국정운(東國正韻)》: 1448년 집현전 학자들이 왕명에 따라 편찬한 운서로 중국의 운서인 《홍무정운》 등을 참고하여 우리나라의 '한자음'을 정리한 최초의 음운서.

④ 중세 국어 시기, 훈민정음의 창제로 우리말을 우리나라 고유의
표기로 적을 수 있다. 따라서 우리나라 말을 한자로 적었던 고대
국어 시기보다 상대적으로 언문일치가 이루어졌다고 할 수 있다.

24

해설

2문단에서 골모 세포는 뼈 조직을 만드는데 이를 '침착'이라 하고, 파
골 세포는 뼈 조직을 분해하는데 이를 '흡수'라 한다고 했다. 침착이
흡수를 초과할 때 뼈의 성장이 이루어지는 것이므로 파골 세포의 흡
수 활동도 긴뼈의 성장 과정에서 일어난다.

오답 정리

① 1문단의 "뼈가 역동적으로 살아 있는 조직이라는 것은 아동기에
성장할 능력이 있다는 사실뿐만 아니라 골절 후 스스로를 치유할
수 있고 뼈에 가해지는 힘에 반응하여 구조를 적응시킬 수 있다
는 사실로도 분명히 드러난다."를 볼 때, 뼈가 상황에 따라 변화
하는 역동적 조직임을 알 수 있다.

② 5문단의 "성장기에는 뼈의 축 양쪽 끝에 새로운 골조직이 추가되
면서 뼈의 길이가 늘어난다. 이 과정은 골단판에 있는 연골 세포
의 활동으로부터 시작된다."를 통해 알 수 있다.

④ 2문단의 "골모 세포의 활동이 파골 세포의 활동보다 왕성할 때,
즉 침착이 흡수를 초과할 때 뼈의 성장이 이루어진다."를 통해 알
수 있다.

25
정답 ④

해설

1문단에서 "공유경제라는 개념은 '소유권(Ownership)'보다는 '접근
권(Accessibility)'에 기반을 둔 경제모델을 의미한다."라고 하였다.
그리고 3문단의 "개인이나 기업들이 소유한 물적·금전적·지적 자산
에 대한 접근권을 온라인 플랫폼을 통해서 거래할 수만 있다면 거의
모든 자산의 거래가 공유경제의 일환이 될 수 있다."를 볼 때, 자신이
타던 자동차를 판매하는 것은 제품에 대한 '접근권'이 아닌 '소유권'
을 거래하는 것이므로 '공유경제'의 일환으로 볼 수 없다.

오답 정리

① 2문단의 "공유경제에서는 온라인 플랫폼이라는 조직화된 가상공
간을 통해서 접근권의 거래가 이루어진다."를 볼 때, 인터넷의 발
달이 중요한 역할을 했을 것이라 이해할 수 있다.

② 1문단의 "공유경제라는 개념은 '소유권(Ownership)'보다는 '접근
권(Accessibility)'에 기반을 둔 경제모델을 의미한다."를 볼 때, 기
존의 시장경제에서는 접근권(Accessibility)보다 소유권(Ownership)
에 기반을 두었음을 알 수 있다.

③ 2문단의 "다양한 선호를 가진 이용자들이 거래 상대를 찾는 작업
을 사람이 일일이 처리하는 것은 불가능한 일인데, 공유경제 기
업들은 고도의 알고리즘을 이용하여 검색, 매칭, 모니터링 등의
거래 과정을 자동화하여 처리한다."를 볼 때, 인터넷 등장 이전에

는 이용자와 그에 맞는 거래 상대를 찾는 작업을 일일이 처리할
수 없었음을 알 수 있다.

218   2023 FINAL 동형 모의고사 군무원편

06회 정답 및 해설

06회 정답

01. ④	02. ④	03. ④	04. ②	05. ③
06. ②	07. ②	08. ③	09. ②	10. ③
11. ④	12. ③	13. ③	14. ④	15. ③
16. ③	17. ②	18. ④	19. ④	20. ②
21. ②	22. ②	23. ③	24. ②	25. ④

01 정답 ④

해설

'초래(招來: 부를 초, 올 래)'는 '일의 결과로서 어떤 현상을 생겨나게 함.'을 의미한다. ④처럼 독자들의 호기심을 이끌어 낸다는 의미에는 '유발(誘發: 꾈 유, 필 발)'이 더 어울린다.

오답 정리

① 제정(制定: 억제할 제, 정할 정): 제도나 법률 따위를 만들어서 정함.
② 취지(趣旨: 달릴 취, 맛있을 지): 어떤 일의 근본이 되는 목적이나 긴요한 뜻
③ 명성(名聲: 이름 명, 소리 성): 세상에 널리 퍼져 평판 높은 이름

02 정답 ④

해설

'밟히다'는 '밟다'의 피동형이므로 제7항의 '1'이 아닌 '2'에 근거하여 짧게 발음하는 것이다.

오답 정리

① 제6항의 '다만'에 따라 합성어인 '재삼재사'는 둘째 음절 이하에서도 분명한 긴소리로 발음한다.
② 제6항의 [붙임]에 따라 용언의 단음절 '두-'에 '-어'가 축약된 '둬'는 긴소리로 발음한다.
③ 제7항에 따라 단음절인 '알다'의 어간 '알-'에 모음으로 시작된 어미 '-아'가 결합하면 짧게 발음한다.

03 정답 ④

해설

'베다'와 '자르다'는 유의어이지만, 서로 항상 바꿀 수 있는 것은 아니다. 따라서 ④의 설명은 적절하지 않다.
예 직원을 자르다.(○) – 직원을 베다.(×)

오답 정리

① '종이를 자르다.'에서 '자르다'는 '동강을 내거나 끊어 내다.'라는 의미로, '맞닿아 떨어지지 아니하게 하다.'라는 의미의 '붙이다'와 반의어이다.
② '직원을 자르다.'와 '직원을 해고하다.'는 유사한 의미이다. 따라서 둘은 유의어가 맞다.
③ '고무줄을 자르다.'와 '고무줄을 끊다.'는 유사한 의미이다. 한편 '고무줄을 자르다.'의 반의어는 '잇다'가 맞다.

04 정답 ②

해설

'셋방'과 '남부럽다'는 모두 어문 규정에 맞는 표기이다.

오답 정리

① '서둘러(서두르-+-어)'의 표기는 바르다.

빛장이 → 빛쟁이	'-장이'는 기술자에 붙는 말이다. 기술자가 아니므로 '-쟁이'를 붙여 '빛쟁이'로 표기해야 한다.

③ '갈게요'의 표기는 바르다.

들려서 → 들러서	'들르다(방문하다)'가 기본형이다. 따라서 '들르-+-어서 → 들러서'로 활용하므로 '들러서'로 표기해야 한다.

④ '쓱싹쓱싹'의 표기는 바르다.

나무가지 → 나뭇가지	순우리말 '나무+가지'가 합성되는 과정에서 뒷말의 첫소리가 된소리로 나기 때문에 사이시옷을 받쳐 '나뭇가지'로 표기해야 한다.

05 정답 ③

해설

㉠ '이해할 수가 없다.'를 볼 때, '결코', '도무지', '도대체' 모두 들어갈 수 있다.
㉡ '우연한 일이 아니었다.'를 볼 때, '결코'가 들어갈 수 있다.
㉢ '맛이 없어서 먹을 수가 없다.'를 볼 때, '도대체', '도무지'가 들어갈 수 있다.
㉣ '합격할 수 있을까?'를 볼 때, '과연'이 들어갈 수 있다.
따라서 ㉠~㉣에 들어갈 부사가 모두 옳은 것은 ③이다.

※ • 결코: 🖐 ('아니다, 업다, 못하다'의 부정어와 함께 쓰여)
　　　　 어떤 경우에도 **절대로**
　 • 도무지: 🖐 (주로 부정을 나타내는 말과 함께 쓰여)
　　　　　 1) **아무리 해도**
　　　　　 2) 이러니저러니 할 것 없이 **아주** ≒ 도시, 도통
　 • 도대체(都大體): 🖐 1) (의문을 나타내는 말과 함께 쓰여) **요점만 말하자면**
　　　　　　　　　 2) (부정을 나타내는 말과 함께 쓰여) 유감스럽게도, **전혀**
　　　　　　　　　 3) 아주 **궁금하여 묻는 것인데**
　 • 과연(果然): 🖐 1) (긍정문에서) 아닌게 아니라 **정말로**
　　　　　　　 2) (의문문에서) 결과에 있어 **참으로**

해설

(가)	'ㄿ'으로 끝나는 용언 어간 뒤에 'ㄴ'으로 시작하는 어미가 결합하면서 '자음군 단순화'와 '유음화'가 적용되었다.
(나)	'ㄴ'이 첨가된 후 'ㄹ' 뒤에서 첨가된 'ㄴ'에 '유음화'가 적용되었다.
(다)	'ㄴ'이 첨가된 후 첨가된 'ㄴ' 앞에서 '비음화'가 적용되었다.

(가)에 적용된 '자음군 단순화(-1)'나 (나), (다)에 적용된 첨가(+1)는 모두 음운의 개수에 변화를 초래한다. 따라서 (가)~(다)의 공통점으로 가장 적절한 것은 ②이다.

오답 정리

① 첨가는 (나), (다)에만 적용되고 (가)에는 적용되지 않았다.

③

(가)	적용된 두 가지 음운 변동은 탈락(자음군 단순화)과 교체(유음화)이므로 동일한 유형이 아니다.
(나)	첨가('ㄴ' 첨가)와 교체(유음화)라는 서로 다른 유형의 음운 변동이 적용되었다.
(다)	첨가('ㄴ' 첨가)와 교체(비음화)라는 서로 다른 유형의 음운 변동이 적용되었다.

따라서 동일한 유형의 음운 변동이 두 가지 이상 적용되었다는 설명은 옳지 않다.

④ ④는 음절의 끝소리 규칙에 대한 설명이다.

(가)	자음군 단순화(탈락)와 유음화는 음절 끝의 자음을 다른 자음으로 바꾸는 음운 변동이 아니다.
(나)	'ㄴ'의 첨가와 유음화는 음절 끝의 자음을 다른 자음으로 바꾸는 음운 변동이 아니다.
(다)	음운 변동 중 비음화는 자음을 다른 자음으로 교체하는 현상이 나타나지만, '음절의 끝소리 현상'은 아니다.

해설

'분석'은 어떤 대상을 구성하고 있는 각각의 요소를 부분과 부분으로 나누어 설명하는 방식이다. 그런데 제시된 글에서는 '분석'의 전개 방식을 확인할 수 없다.

오답 정리

① 자유로부터의 도피를 감행하는 원인을 밝히고 있다는 점에서 '인과'의 전개 방식을 확인할 수 있다.

③ "자유란 인간의 특성 중의 하나로서 한 개인이 스스로 판단하고 행동하며 그 결과에 대해 책임질 수 있는 능력을 의미한다."에서 '정의'의 전개 방식을 확인할 수 있다.

④ "가령 정치적, 경제적 및 문화적 제도나 권위, 혹은 억압"에서 '예시'의 전개 방식을 확인할 수 있다. '가령'은 '예를 들어'의 뜻이다.

해설

(다)의 문장은 '상진이가 나에게 작품을 보게 했다.'는 의미를 담고 있다. 사동의 의미를 더하는 사동 접미사 '-이-'를 바르게 사용하였으므로 어법에 맞는다.

오답 정리

① '어제'라는 시간을 나타내는 말과 호응을 이루기 위해 '있었는지(를)'로 바꾸어야 어법에 맞다. 목적어 유무와는 관련이 없기에 적절하지 않은 이해이다.

② 큰따옴표 뒤에 붙어 앞말이 직접 인용되는 말임을 나타내는 조사는 '라고'이다. '고'는 간접 인용되는 말임을 나타내는 조사이다. 따라서 수정하는 것은 적절하지 않은 이해이다.

④ '커피' 자체는 높임의 대상이 아니다. 따라서 '커피 나왔습니다.'로 고쳐야 자연스러운 문장이 된다.

해설

'여기다'는 주어, 목적어, 부사어가 있어야 완벽한 문장이 되는 3자리 서술어이다. 따라서 부사어 '하인으로'는 필수적 부사어이다.
'넣다'는 주어, 목적어, 부사어가 있어야 완벽한 문장이 되는 3자리 서술어이다. 따라서 부사어 '통장에'는 필수적 부사어이다.
따라서 밑줄 친 부분이 모두 '필수적 부사어'인 것은 ②이다.

오답 정리

① 두 번째 문장의 '이것과'는 필수적 부사어이다. 그러나 첫 번째 문장의 '친구와'는 생략이 가능한 수의적 부사어이다.

③ 두 번째 문장의 '예선에서'는 필수적 부사어이다. 그러나 첫 번째 문장의 '고향에서'는 생략이 가능한 수의적 부사어이다.

④ 두 번째 문장의 '벼농사에'는 필수적 부사어이다. 그러나 첫 번째 문장의 '오전에'는 생략이 가능한 수의적 부사어이다.

해설

2문단의 "핵력은 아주 가까운 거리에서만 작용하므로 양성자 수가 많아 핵의 크기가 크면 핵력이 잘 미치지 않게 되고 전기적인 반발력의 효과가 커져서 핵이 불안정해진다."와 "원자번호가 커도 원자핵이 안정적인 것이 있다. 그것은 중성자 수가 양성자 수보다 많기 때문이다. 중성자는 핵을 안정시키는 역할을 한다."를 참고할 때 중성자 수가 양성자 수보다 많으면 핵이 안정화되므로 전기적인 반발력은 줄어든다고 할 수 있다.

오답 정리

① 1문단의 "원소는 한 종류의 원자로만 구성된 순물질을 일컫는다."를 볼 때, 여러 종류의 원자로 구성된 것은 원소라고 할 수 없다.

② 2문단의 "양성자와 중성자 같은 소립자들은 짧은 거리에서 서로 강하게 잡아당기는 핵력이 작용하기 때문에 양성자와 중성자는 서로 뭉친다."를 볼 때, 핵력이 없다면 양성자와 중성자는 서로 뭉치지 못할 것이라고 추론할 수 있다.

④ 5문단의 "우라늄의 반감기가 45억 년인 것을 고려하면, 지구 생성 초기에는 지금보다 2배 이상 핵붕괴가 활발했을 것이고, 열도 훨씬 더 많이 났을 것이다."를 볼 때, 지구 생성 초기에는 핵붕괴로 인한 방사선 입자의 운동에너지가 지금보다 더 컸을 것으로 추론할 수 있다.

11 정답 ④

해설

2문단에서 데이터 활용 프로그램의 경쟁력은 기술력의 축적 시간보다는 데이터 규모 차이에 의한 것으로 평가된다고 설명하고 있다. 따라서 '기술 개발 비용'이 핵심이 아닐 수 있다는 추론은 적절하다.

오답 정리

① 3문단을 보면, 국내 공공 부문에서는 지금까지 민간 기업의 빅데이터 활용 방식을 도입했다고 설명하고 있다. 따라서 국내의 빅데이터 활용 범위는 공공 부문이 아닌 민간 부문이 더 앞서 있다고 해야 적절한 추론이다.

② 제시된 글의 내용을 통해 추론할 수 없는 내용이다. 오히려 데이터 규모의 증가가 새로운 프로그램 개발이나 서비스 개선에 긍정적 영향을 미치게 될 것이라 추론할 수 있다.

③ 제시된 글의 내용을 통해 추론할 수 없는 내용이다.

12 정답 ③

해설

㉠은 어리석기 때문에 사람을 잘 알아보는 능력이 없다는 의미이다. '어리석음'과 관련이 있는 한자 성어는 어(魚) 자와 노(魯) 자를 구별하지 못한다는 뜻으로, '아주 무식함'을 비유적으로 이르는 말인 '어로불변(魚魯不辨: 물고기 어, 노둔할 로, 아니 불, 분별할 변)'이다.

※ 지인지감(知人知鑑: 알 지, 사람 인, 갈 지, 거울 감): 사람을 잘 알아보는 능력 ≒ 지감

오답 정리

① 양두구육(羊頭狗肉: 양 양, 머리 두, 개 구, 고기 육): 양의 머리를 걸어 놓고 개고기를 판다는 뜻으로, '겉보기만 그럴듯하게 보이고 속은 변변하지 아니함'을 이르는 말

② 수수방관(袖手傍觀: 소매 수, 손 수, 곁 방, 볼 관): 팔짱을 끼고 보고만 있다는 뜻으로, '간섭하거나 거들지 아니하고 그대로 버려 둠.'을 이르는 말

④ 상전벽해(桑田碧海: 뽕나무 상, 밭 전, 푸를 벽, 바다 해): 뽕나무 밭이 변하여 푸른 바다가 된다는 뜻으로, '세상일의 변천이 심함.'을 비유적으로 이르는 말

13 정답 ③

해설

(가)에 나타난 화자의 심리는 대상에 대한 '그리움'과 떠나야 하는 현실에서 오는 '괴로움', 그리고 '체념' 등이다. 한편, (나)에 나타난 화자의 심리는 '괴로움'과 '자책감', 그리고 '안타까움' 등이다. 따라서 둘의 공통된 정서는 '괴로움'이다.

※ 소거법을 활용하자! (가)에는 '자책감'이 없고 (나)에는 '체념'과 '기다림'이 없다.

작품 정리

김소월, 〈가는 길〉

갈래	자유시, 서정시
성격	민요적, 전통적, 서정적, 낭만적, 애상적
소재	까마귀, 해, 강물
주제	임에 대한 그리움으로 가는 길을 망설이는 마음. 이별의 아쉬움과 그리움
특징	① 상징적, 함축적 표현을 사용하고 있다. ② 3음보의 민요적 율격을 사용하고 있다. ③ 유음, 비음 등 시어의 음악적 사용이 두드러진다. ④ 객관적 상관물을 이용하여 시적 화자의 정서를 표현한다.

윤동주, 〈바람이 불어〉

갈래	자유시, 서정시
성격	독백적, 성찰적
주제	괴로움에 대한 성찰과 그것을 적극적으로 해결하지 않는 자신에 대한 반성
특징	① 자연물을 통해 화자의 정서를 표현함. ② 화자 자신에게 질문하는 방식을 활용해 삶에 대한 성찰을 드러냄. ③ 비슷한 문장 구조를 반복하여 운율 형성하고 의미를 강조함.

14 정답 ④

해설

다른 대상인 '달'에 말을 건네는 방식으로, 남편을 걱정하는 마음과 남편이 안전하기 바라는 마음을 드러내고 있다.

오답 정리

① '달'은 높이 돋아 먼 곳까지 비출 수 있는 광명의 상징으로 임을 어둠으로부터 지켜 주는 천지신명과 같은 존재이자, 멀리 떨어져 있는 화자와 임 사이의 거리감을 좁혀 주는 매개물이며 소원을 비는 대상이다. 따라서 화자가 그리워하고 있는 대상으로 보기는 어렵다.

② '어긔야 어강됴리 / 아으 다롱디리'와 같은 후렴구는 아무런 의미가 없다. 즉 후렴구를 통해 음악적 효과는 높이고 있지만, 중심 내용을 강조하고 있지는 않다.

③ 애상적 분위기는 드러난다. 그렇지만 색채 대비를 활용하고 있지는 않다.

15　　정답 ③

'드듸욜셰라'는 '디딜까 두렵습니다'로 해석되므로, 이는 아내의 걱정스러운 마음이 드러난 구절이다. 따라서 망부석이 된 아내의 처지가 반영되어 있지는 않다. '망부석'은 배경 설화를 통해 알 수 있는 내용이다.

오답 정리

① '돌(달)'은 남편의 무사 귀환을 소망하는 마음을 담은 대상이다. 즉 남편을 기다리는 아내가 남편의 안위에 대해 기원하는 대상으로 볼 수 있다.

② '져재 녀러신고요(시장에 가 계신가요?)'라는 구절을 통해 볼 때, '져재'는 돌아오지 않는 남편이 가 있을 것이라고 아내가 생각하는 곳으로 볼 수 있다.

④ '졈그를셰라(저물까 두렵습니다)'는 시간의 경과에 대한 아내의 불안감이 드러나 있는 구절로 볼 수 있다.

현대어 풀이

어느 행상인의 아내, 〈정읍사(井邑詞)〉
달님이시어, 높이높이 돋으시어, / 멀리멀리 비춰 주십시오.
어긔야 어강됴리 / 아으 다롱디리
(임은) 시장에 가 계신지요. / 아, 진 곳(진 땅)을 디딜까 두렵습니다.
어긔야 어강됴리 / 아으 다롱디리
어느 곳이든 (짐을, 혹은 몸을) 놓으십시오.
내 (임) 가(시)는 곳에 날이 저물까 염려됩니다.
어긔야 어강됴리 / 아으 다롱디리

작품 정리

어느 행상인의 아내, 〈정읍사(井邑詞)〉

갈래	고대 가요, 서정시
성격	서정적, 여성적, 기원적
제재	남편에 대한 염려
주제	남편의 안전을 바라는 여인의 간절한 마음
특징	후렴구 사용
의의	① 한글로 기록되어 전하는 고대 가요 중 가장 오래된 작품 ② 시조 형식의 기원이 되는 작품
연대	백제 시대로 추정
출전	《악학궤범》

※ 〈정읍사〉는 현전하는 유일한 백제 가요로 알려졌으나 2000년 11월부터 2001년 8월까지 부여 능산리고분 옆 절터에서 23개의 목간이 발견되어, 〈숙세가〉라는 백제 시가가 발견되었다. 따라서 현전하는 백제 가요가 두 작품으로 늘어났다.

16　　정답 ③

해설

문장은 '홑문장'과 '겹문장'이 있고, '겹문장'은 다시 '이어진문장'과 '안은문장'으로 나뉜다. '이어진문장'은 다시 '대등하게 이어진문장'과 '종속적으로 이어진문장'이 있다. 〈보기〉는 두 개의 문장이 나란히 이어져 있다는 점에서 '이어진문장'이고, 선후 문장의 순서를 바꾸면 그 의미가 달라진다는 점에서 '종속적으로 이어진문장'이다. 〈보기〉처럼 '종속적으로 이어진문장'은 ③이다.

오답 정리

① 선후 문장의 순서를 바꾸어도 의미가 바뀌지 않기 때문에 '대등하게 이어진 문장'이다.

② 명사형 어미 '-기'가 쓰인 명사절 '우리가 그 일을 하기'가 안겨 있기 때문에 '명사절을 안은문장'이다.

④ 관형사형 어미 '-ㄴ'이 쓰인 관형사절 '어제 간'이 안겨 있기 때문에 '관형절을 안은문장'이다.

17　　정답 ②

해설

1문단의 "태어나면서부터 따뜻한 구들에서 누워 자는 것이 습관이 된 우리 아이들은 사지의 활동량이 적고 발육이 늦어졌다."를 볼 때, 아이들의 발육이 늦었던 이유는 따뜻한 구들에 누워 자는 것이 습관이 되어 활동량이 적었기 때문이지, 구들이 체온을 높였기 때문이 아니다.

오답 정리

①, ③ 2문단의 "구들에 앉아 오랫동안 활동하는 습관은 하반신보다 상반신의 작업량을 증가시켰고 상반신의 움직임이 상대적으로 정교하게 되었다."를 통해 알 수 있다.

④ 2문단의 "구들 생활에 익숙해진 우리 민족은 ~ 농사를 비롯한 야외의 많은 작업에서도 앉아서 하는 습관을 갖게 되었는데"를 통해 알 수 있다.

18　　정답 ④

해설

넓둥글다[널뚱글다 → 넙뚱글다]: 'ㄼ'은 [ㄹ]로 발음하는 것이 원칙(예 여덟[여덜])이다. 그런데 예외적으로 '넓-'이 포함된 복합어는 'ㄹ'을 탈락시켜 [ㅂ]으로 발음한다. 따라서 '넓둥글다'의 표준 발음은 [넙뚱글다]이다.

오답 정리

① 받침 'ㄱ(ㄲ, ㅋ, ㄳ, ㄺ), ㄷ(ㅅ, ㅆ, ㅈ, ㅊ, ㅌ), ㅂ(ㅍ, ㄼ, ㄿ, ㅄ)' 뒤에 연결되는 'ㄱ, ㄷ, ㅂ, ㅅ, ㅈ'은 된소리로 발음한다는 규정에 따라 '국밥'의 표준 발음은 [국빱]이다.

② 어간 받침 'ㄴ(ㄵ), ㅁ(ㄻ)' 뒤에 결합되는 어미의 첫소리 'ㄱ, ㄷ, ㅅ, ㅈ'은 된소리로 발음한다는 규정에 따라 '더듬지'의 표준 발음은 [더듬찌]이다.

③ 관형사형 '-(으)ㄹ' 뒤에 연결되는 'ㄱ, ㄷ, ㅂ, ㅅ, ㅈ'은 된소리로 발음한다는 규정에 따라 '어찌할 바'의 표준 발음은 [어찌할빠]이다.

19

해설

'현란한 마음'은 '마음이 현란하다'라는 문장이 관형절로 안긴 것이다. 주어가 '마음이'인 것을 볼 때, '현란'이 ㉠의 의미로 쓰였음을 알 수 있다.

오답 정리

④를 제외한 나머지는 '현란²(絢爛)'의 예이다.
① '현란²(絢爛)「2」'의 예이다.
②, ③ '현란²(絢爛)「1」'의 예이다.

20
정답 ②

해설

'텔로미어 이론'에 따르면 텔로미어는 세포가 분열할 때마다 조금씩 짧아져서 '일정한 횟수(40~60회)가 지나면' 완전히 닳아버린다. 이 텔로미어가 닳아서 없어지면 더 이상 세포의 분열은 일어나지 않는다. '일회용 카메라'도 한 번 찍을 때마다 필름은 점차 줄어들고 미리 정해진 일정 횟수만큼만 사용하고 나면 더 이상 사용할 수가 없다. 핵심은 '길이'가 아니라 '횟수'이다. 따라서 ㉠을 빗댄 표현으로 가장 적절하다.

21
정답 ②

해설

'삼봉'의 말을 통해 삼동회 회원들이 '데모'를 한 것을 알 수 있다. '동섭'이 "신문에도 한 자도 안 나왔잖아!"라고 말한 것을 볼 때, 그들이 낸 목소리는 언론에 보도도 되지 않을 정도로 성과가 없었음을 짐작할 수 있다. 따라서 ㉠에는 대항해도 도저히 이길 수 없는 경우를 비유적으로 이르는 말인 '계란으로 바위 치기'가 들어가는 것이 가장 자연스럽다.

오답 정리

① 언 발에 오줌 누기: 언 발을 녹이려고 오줌을 누어 봤자 효력이 별로 없다는 뜻으로, '임시변통은 될지 모르나 그 효력이 오래가지 못할 뿐만 아니라 결국에는 사태가 더 나빠짐.'을 비유적으로 이르는 말
③ 불난 집에 부채질한다: '남의 재앙을 더욱 커지도록 만들거나 성난 사람을 더욱 성나게 함.'을 비유적으로 이르는 말
④ 섶을 지고 불로 들어가려 한다: 당장에 불이 붙을 수 있는 섶(땔나무)을 지고 이글거리는 불 속으로 뛰어든다는 뜻으로, '앞뒤 가리지 못하고 미련하게 행동함.'을 놀림조로 이르는 말

22
정답 ②

해설

명령문에서 구체적인 청자가 있는 경우(직접 명령)에는 명령형 종결 어미 '-아라' 또는 '-어라'가 결합하고, 간접 명령문(불특정 다수 대상)의 경우에는 '-(으)라'가 결합한다. 따라서 '쓰다'는 구체적 청자가 있을 경우에는 '-어라'가 결합해 '써라'로 표현하는 것이 적절하고, 간접 명령문의 경우에는 '-(으)라'가 결합해 '쓰라'로 표현하는 것이 적절하다.

오답 정리

① '와라'는 '오다'에 '-아라'가 결합한 것이고, '오너라'는 '오다'에 명령형 어미 '-너라'가 결합한 것이다. '오다'의 어간 '오-'는 어미 '-어라'와는 결합할 수 없다.
③ '하여라(=해라)'는 '하다'에 명령형 종결 어미 '-여라(직접 명령)'가 결합한 말로 허락이 아닌 지시, 명령의 의미를 지니고 있으므로 적절하지 않다. 또한 '하다'의 '간접 명령(불특정 다수 대상)'은 '하라'이다.
④ 명령문에서 직접 명령을 하는 경우에는 종결 어미 '-아라' 또는 '-어라'가 결합해야 한다. 따라서 선생님이 직접 말하는 상황이라고 하였으므로 '고르다'에 '-아라'가 결합한 '골라라('르' 불규칙)'로 표현해야 한다. '고르라'는 간접 명령의 표현이다.

23
정답 ③

해설

'누구'는 잘 모르는 사람을 가리키는 '미지칭 대명사'이기도 하고, 특정한 대상으로 한정되지 않은 '부정칭 대명사'이기도 하다. ㉢의 '누구'만 잘 모르는 사람을 가리키는 '미지칭 대명사'이고, ㉢을 제외한 나머지는 특정한 대상으로 한정되지 않은 '부정칭 대명사'이다. 따라서 성격이 가장 이질적인 하나는 ㉢이다.

※ 의미상 '누구(라도)'의 의미가 가능하면 '부정칭', 영어의 'who'의 의미라면 '미지칭' 대명사이다.

24
정답 ②

해설

'상회(上廻)하다'는 '어떤 기준보다 웃돌다.'라는 의미이다. 문맥상 영국, 미국, 프랑스의 국민 독서량이 우리보다 웃돈다는 의미로 쓰였기 때문에 '상회하다'의 쓰임은 적절하다. 따라서 '상위하다'로 고쳐 쓸 필요가 없다.

※ 상위(相違)하다: 서로 달라서 어긋나다.
　　　　　　　　 예 두 사람의 주장이 상위하다.

오답 정리

① '과언(過言: 지날 과, 말씀 언)'은 '지나친 말'이라는 의미를 지니고 있다. 따라서 '과언' 앞에 '지나친'을 쓰면 의미가 중복된다.
③ 앞 문장이 '이에 비해'로 시작하고 다른 나라의 국민 1인당 1년 독서량을 언급하고 있으므로 그 앞에는 이와 비교할 수 있는 우리나라 국민의 1인당 1년 독서량이 나와야 한다. 따라서 앞 문장과 위치를 바꾸는 것이 적절하다.
④ '모든, 전체'를 뜻하는 한자어 '전(全)'은 한자어 명사 앞에서는 관형사로 쓰이므로 원칙적으로 다음 말과 띄어 쓴다.

해설

3문단에서 "통렬히 반성하여 마음에 한 점도 옛 습관에 물든 더러움이 없게 된 뒤에야 학문에 나아가는 공부를 논할 수 있을 것이다."라고 하였다. 따라서 학문에 나아가면 통렬히 반성해 옛 습관에 물든 더러움을 없앨 수 있다는 것은 제시된 글에 대한 이해로 적절하지 않다.

오답 정리

① 1문단의 "비록 기질에는 ~ 차이가 없을 수 없으나 참답게 알고 실천하여 구습(舊習)을 버리고 그 본성을 되찾을 수 있다면, 털끝만큼도 더 보태지 않아도 온갖 선함을 다 갖출 수 있을 것이다."를 볼 때, 사람은 기질의 차이를 극복하고 선을 실현할 수 있음을 알 수 있다.

② 3문단의 "이러한 습관은 ~ 모름지기 용맹스러운 뜻을 크게 떨쳐 한칼에 나무를 뿌리째 베 버리는 것처럼 하고 마음을 깨끗이 씻어 털끝만 한 찌꺼기도 없도록 해야 한다."를 볼 때, 옛 습관 중에 특히 마음을 해치는 것들을 경계하여야 함을 알 수 있다.

③ 1문단을 보면 뜻을 세우고 학문을 수양한다면 맹자의 말처럼 요순처럼 될 수 있다고 말하고 있다. 즉 누구나 뜻을 세우고 학문에 수양한다면, 성인의 경지에 오를 수 있다는 의미이다.

07회 정답

01. ④	02. ④	03. ③	04. ④	05. ③
06. ④	07. ③	08. ①	09. ③	10. ①
11. ②	12. ④	13. ④	14. ①	15. ②
16. ④	17. ③	18. ④	19. ④	20. ③
21. ①	22. ③	23. ④	24. ②	25. ①

01
정답 ④

해설

겹받침이 모음으로 시작된 조사나 어미, 접미사와 결합되는 경우에는, 뒤엣것만을 뒤 음절 첫소리로 옮겨 발음한다. 이때 'ㅅ'은 된소리로 발음한다. 따라서 [외골쓰로]로 발음한다.

오답 정리

① 맑게[막께 → 말께]: 'ㄹㄱ'은 [ㄱ]로 발음하는 것이 원칙이지만, 어미 'ㄱ' 앞에서는 [ㄹ]로 발음하여 [ㄹ ㄲ]으로 나타난다. 따라서 [말께]가 표준 발음이다.
② 밟게[발:께 → 밥:께]: '밟-'은 자음으로 시작하는 어미 앞에서 [밥]으로 발음한다. 따라서 [밥:께]가 표준 발음이다.
③ 닳도록[달또록 → 달토록]: 'ㅎ'과 'ㄷ'이 만나 'ㅌ'으로 축약된다. 따라서 [달토록]이 표준 발음이다.

심화

겹받침의 표준 발음
제10항 – 겹받침 'ㄳ', 'ㄵ', 'ㄼ, ㄽ, ㄾ', 'ㅄ'은 어말 또는 자음 앞에서 각각 [ㄱ, ㄴ, ㄹ, ㅂ]으로 발음한다.

단어	표준 발음	틀린 발음	단어	표준 발음	틀린 발음
여덟	[여덜]	[여덥]	넓다	[널따]	[넙따]

다만 – '밟-'은 자음 앞에서 [밥]으로 발음하고, '넓-'은 파생어나 합성어의 경우에 [넙]으로 발음한다.

단어	표준 발음	틀린 발음	단어	표준 발음	틀린 발음
밟다	[밥:따]	[발:따]	넓죽하다	[넙쭈카다]	[널쭈카다]

제11항 – 겹받침 'ㄺ, ㄻ, ㄿ'은 어말 또는 자음 앞에서 각각 [ㄱ, ㅁ, ㅂ]으로 발음한다.

단어	표준 발음	틀린 발음	단어	표준 발음	틀린 발음
닭과	[닥꽈]	[달꽈]	읊고	[읍꼬]	[을꼬]

다만 – 용언의 어간 말음 'ㄺ'은 'ㄱ' 앞에서 [ㄹ]로 발음한다.

단어	표준 발음	틀린 발음	단어	표준 발음	틀린 발음
맑게	[말께]	[막께]	묽고	[물꼬]	[묵꼬]

02
정답 ④

해설

'관용(寬容: 너그러울 관, 얼굴 용)'은 '너그럽게 받아들이거나 용서한다.'는 의미이고, '중용(中庸: 가운데 중, 떳떳할 용)'은 '어느 쪽으로나 치우침이 없는 태도'를 의미한다. 따라서 둘은 유의 관계가 아니다.

오답 정리

① '위계(位階: 자리 위, 섬돌 계)'는 '지위나 계층 따위의 등급'을, '서열(序列: 차례 서, 벌일 열)'은 '일정한 기준에 따라 순서대로 늘어섬. 또는 그 순서'를 이르는 말이므로 둘은 유의 관계이다.
② '강조(强調: 강할 강, 고를 조)'는 '어떤 부분을 특별히 강하게 주장하거나 두드러지게 함.'을, '부각(浮刻: 뜰 부, 새길 각)'은 '어떤 사물을 특징지어 두드러지게 함.'을 이르는 말이므로 둘은 유의 관계이다.
③ '금지(禁止: 금할 금, 그칠 지)'는 '법이나 규칙이나 명령 따위로 어떤 행위를 하지 못하도록 함.'을, '불허(不許: 아닐 불, 허락할 허)'는 '허락하지 아니함. 또는 허용하지 아니함.'을 이르는 말이므로 둘은 유의 관계이다.

03
정답 ③

해설

고삿 → 고샅: '마을 입구'라는 말을 볼 때 ⓔ은 '시골 마을의 좁은 골목길'의 의미이다. 따라서 '고샅'으로 표기해야 한다.
※ 고삿: 초가지붕을 일 때 쓰는 새끼

오답 정리

① '구두를 닦는 일. 또는 그 일을 직업으로 하는 사람.'을 뜻하는 단어로 '구두닦이'는 맞는다.
② '비타민 시' 표기는 옳은 표현이다. [바이타민 시(×)]
④ '산기슭이나 호숫가 같은 곳에 지어 여름철에 훈련용, 피서용으로 쓰는 산막(山幕), 별장 따위의 작은 집.'을 뜻하는 단어로 '방갈로'는 맞는다.

04
정답 ④

해설

㉠ 사건이 발생했을 때 은행 계좌 기록은 은행으로부터 넘겨받을 수 있지만, 사적인 정보를 타인에게 넘겨줄 때는 법원의 영장이 필요하다는 내용이다(넘겨받을 수 없다.). 따라서 역접의 접속어 '그러나'가 어울린다.
㉡ 영장이 없으면 자료를 넘겨줄 필요가 없지만(정보가 유출되지 않는다.), 현실에서는 법적 절차 없이 개인의 사적 정보가 유출되고 있다는 내용이다. 따라서 역접의 접속어 '하지만'과 '그렇지만'이 어울린다.

05 정답 ③

해설

'직행열차[지캥녈차]'는 '축약'과 '첨가'가 일어난다. '자음 축약'으로 음운의 수가 '-1'이 되었지만, '첨가'로 음운의 수가 '+1'이 되기 때문에 결과적으로 음운의 개수에는 변함이 없다.

오답 정리

① '닳는다[달른다]'는 '탈락(자음군단순화, [달는다])'과 '교체(유음화, [달른다])'가 일어난다. '탈락'으로 '-1'이 되어 음운의 개수는 하나가 줄었다.

② '삯일[상닐]'은 '탈락(자음군단순화, [삭일])', '첨가(ㄴ첨가, [삭닐])', '교체(비음화, [상닐])'가 일어난다. '탈락'으로 '-1'이 되었지만, '첨가'로 '+1'이 되기 때문에 결과적으로 음운의 개수에는 변함이 없다.

④ '읊고[읍꼬]'는 '탈락(자음군단순화, [읖고])'과 '교체(음절의 끝소리규칙, [읍고])' 그리고 한 번 더 '교체(된소리되기, [읍꼬])'가 일어난다. '탈락'으로 '-1'이 되어 음운의 개수는 하나가 줄었다.

06 정답 ④

해설

'이르다[도착하다]'의 어간 '이르-'에 '-아/-어'가 아닌 '러'가 결합하여 '이르러'가 되는데, 이는 어미 '-아/-어'가 아닌 '-러'로 나타난 것이므로 어미의 모양이 바뀐 예이다.

※ '무엇이라고 말하다.', '대중이나 기준을 잡은 때보다 앞서거나 빠르다.'라는 의미를 가진 '이르다'는 '르' 불규칙 용언으로, ㉠의 예에 해당한다.

오답 정리

① '무겁다'의 어간 '무겁-'에 '-어'가 결합하면 '무거워'가 되는데, 이는 어간의 끝 'ㅂ'이 'ㅜ'로 바뀐 것(ㅂ 불규칙)이므로 어간의 모양이 바뀐 예로 적절하다.

② '듣다'의 어간 '듣-'에 '-어'가 결합하면 '들어'가 되는데, 이는 어간의 끝 'ㄷ'이 'ㄹ'로 바뀐 것(ㄷ 불규칙)이므로 어간의 모양이 바뀐 예로 적절하다.

③ '짓다'의 어간 '짓-'에 '-어'가 결합하면 '지어'가 되는데, 이는 어간의 끝 'ㅅ'이 탈락한 것(ㅅ 불규칙)이므로 어간의 모양이 바뀐 예로 적절하다.

07 정답 ③

해설

문맥상 감동마저 '자아내다'의 의미로 쓰이고 있다. 따라서 '어떤 일에 이끌려 다른 일이 일어난다.'라는 의미를 가진 '유발(誘發: 꾈 **유**, 필 **발**)'이 들어가는 것이 가장 적절하다.

오답 정리

① 추출(抽出: 뺄 **추**, 날 **출**): 전체 속에서 어떤 물건, 생각, 요소 따위를 뽑아냄.

② 창출(創出: 비롯할 **창**, 날 **출**): 전에 없던 것을 처음으로 생각하여 지어내거나 만들어 냄.

④ 촉진(促進: 재촉할 **촉**, 나아갈 **진**): 다그쳐 빨리 나아가게 함.

08 정답 ①

해설

'오늘'은 동사 '만나다'를 수식하므로 관형어가 아닌 부사어이다. 또한 이 경우 '오늘'의 품사는 체언(명사)이 아닌 부사이다.

※ '오늘'은 '명사', '부사'로 통용된다. 격조사를 취할 수 있으면 명사, 용언을 수식하면 부사이다.

오답 정리

② '형의'는 '명사+관형격 조사'로 해당 문장에서 명사 '옷'을 꾸며 주는 기능을 하므로 그 문장 성분은 관형어이다.

③ '착한'은 형용사 '착하다'의 어간 '착하-'에 관형사형 어미 '-ㄴ'이 결합한 관형사형이다. 문장에서 명사 '친구'를 꾸며 주는 기능을 하므로 문장 성분은 관형어이다.

④ '큰'은 형용사 '크다'의 어간 '크-'에 관형사형 어미 '-ㄴ'이 결합한 관형사형이다. 문장에서 명사 '사과'를 꾸며주는 기능을 하는 관형어이다.

09 정답 ③

해설

'구운 게도 다리를 떼고 먹는다'는 '불에 구운 게라 할지라도 혹시 물지 모르므로 다리를 떼고 먹는다.'라는 뜻으로, '틀림없을 듯하더라도 만일의 경우를 생각하여 세심한 주의를 기울여야 낭패가 없음.'을 이르는 말이다.

'돌다리도 두들겨 보고 건너라'는 '잘 아는 일이라도 세심하게 주의를 하라.'라는 말이다.

즉 제시된 두 속담은 모두 '조심성'을 강조하는 말이므로, 두 속담은 '유의 관계'이다. ③을 제외한 나머지는 의미가 상반되므로, 의미 관계가 다른 하나는 ③이다.

오답 정리

① '그 아버지에 그 아들'은 '아들이 여러 면에서 아버지를 닮았을 경우를 이르는 말'이고, '어미 모르는 병 열수(數) 가지를 앓는다'는 '자식을 키우는 부모라도 그 자식의 속은 다 알기 어렵다.'라는 말이므로, 두 속담은 반의 관계이다.

② '되로 주고 말로 받는다'는 '조금 주고 그 대가로 몇 곱절이나 많이 받는 경우를 비유적으로 이르는 말'이고, '가는 말이 고와야 오는 말이 곱다'는 '자기가 남에게 말이나 행동을 좋게 하여야 남도 자기에게 좋게 한다.'라는 말이므로, 두 속담은 반의 관계다.

④ '웃느라 한 말에 초상난다'는 '농담으로 한 말이 듣는 사람에게 치명적인 영향을 주어 마침내는 죽게 한다.'라는 뜻으로, '말을 매우 조심스럽게 해야 한다.'라는 말이고, '고기는 씹어야 맛이요, 말은 해야 맛이라'라는 고기의 참맛을 알려면 겉만 핥을 것이 아니라 자꾸 씹어야 하듯이, '하고 싶은 말이나 해야 할 말은 시원히 다 해 버려야 좋다.'라는 말이므로, 두 속담은 반의 관계이다.

10

[해설]

제시된 작품의 화자는 죽음을 초월한 정열적인 삶을 지향하고 있다. 그런데 ㉠의 '무덤('부정'의 의미)'은 이와는 관련이 없다. 따라서 화자가 지향하는 삶의 모습과 가장 거리가 먼 것은 ㉠이다.

[오답 정리]

② '해바라기'는 항상 태양을 향하는 열정적인 이미지의 소재로, 여기에서 화자는 육체적인 죽음을 강하게 거부하는 태도를 보인다. 서술어 '심어 달라'의 대상이므로 '긍정'의 의미이다.
③ 끝없이 펼쳐진 '보리밭'은 풍성한 생명력을 상징한다. 즉 화자는 죽음을 넘어 자신의 푸르른 삶이 계속되기를 원하는 마음을 드러내고 있다. 서술어 '보여 달라'의 대상이므로 '긍정'의 의미이다.
④ 하늘을 날아오르는 '노고지리'처럼 비상의 꿈을 간직하며 살던 자신의 삶이 영원하기를 소망하고 있다. '노고지리'는 '종다리'의 옛말로 '새'는 '상승'하므로 '긍정'의 의미이다.

[작품 정리]

함형수, 〈해바라기 비명 – 청년 화가 L을 위하여〉

갈래	자유시, 서정시
성격	정열적, 의지적, 낭만적
제재	해바라기
주제	죽음을 넘어선 열정적인 삶의 추구
특징	① 단호한 명령형의 어조를 사용함. ② 대립적인 이미지의 시어를 사용함. ③ 행의 길이가 점점 길어지는 점층적 전개 방식으로 소망을 강조함.
출전	"시인부락"(1936)

11

[해설]

(가)의 실질 형태소는 '나', '산', '가–', '별', '보–'로 5개이고, 형식 형태소는 '는', '으로', '-(아)서', '을', '-았-', '-다'로 6개이다. 따라서 (가)의 실질 형태소의 개수는 형식 형태소의 개수보다 1개가 더 적다.

[오답 정리]

① (가)는 '나', '는', '산', '으로', '가–', '-(아)서', '별', '을', '보–', '-았-', '-다'라는 11개의 형태소로 이루어진 문장이다.
③ (나)의 자립 형태소는 '형', '나', '함께', '바다', '물', '고기'로 6개이고, 의존 형태소는 '은', '와', '로', '가–', '-(아)서', '를', '먹–', '-었-', '-다'로 9개이다.
④ (가)의 실질 형태소는 '나', '산', '가–', '별', '보–'로 5개이고, (나)의 실질 형태소는 '형', '나', '함께', '바다', '가–', '물', '고기', '먹–'으로 8개이다.

[심화]

형태소의 종류

① 자립성 유무에 따라

자립 형태소	혼자 쓰일 수 있는 형태소
의존 형태소	다른 말에 기대어서만 쓸 수 있는 형태소 조사, 어미, 접사 + 용언의 어간

② 의미의 유형에 따라

실질 형태소	실질적인 의미를 지닌 형태소
형식 형태소	문법적인 의미만을 지닌 형태소 조사, 어미, 접사

12

[해설]

마지막 문장에서 "역사학은 ~ 어떠한 역사적 방향에 계속 작용할 것인가를 본질적인 과제로 삼게 되는 것이다."라고 한 것을 볼 때, '미래적 상황'을 염두에 두는 역사가도 많을 것이라는 반응은 적절하다.

[오답 정리]

① 3문단 마지막에서 현대의 역사가들은 후세에 영향력을 미치는 지속적인 의미를 밝혀내는 데 가치를 둔다고 하였다. 따라서 과거 사실의 당시대적 의미 파악에 주력하는 현대 역사가들도 많을 것이라는 반응은 적절하지 않다.
② 3문단의 "역사적 사실의 지속적인 의미를 생각할 수 있다. 예를 들면 그리스의 철학 사상이 그것이다."라고 하였다. '그리스의 철학 사상'은 정신적인 것에 해당한다. 따라서 선지의 '당시대적 의미'가 아닌 '지속적인 의미'로 고쳐야 적절한 반응이다.
③ 2문단의 "그러나 한때 능가할 수 없을 정도로 강력했던 이러한 주장은 20세기의 역사가들에 의해서 그대로 받아들여지지 않았다. 왜냐하면 ~ 절대적 객관성이란 것은 기대될 수 없기 때문이다."를 볼 때, 현대의 역사가들이 이전의 역사가들보다 오히려 학문적 의견 대립이 심할 것을 짐작할 수 있다. 따라서 현대의 역사가들은 이전의 역사가들에 비해 학문적 의견 대립이 줄어들 것이라는 반응은 적절하지 않다.

13

[해설]

한 종류의 감각을 다른 종류의 감각으로 전이시켜 나타낸 표현은 감각적 이미지를 효과적으로 드러내는 방법은 '공감각적 심상'이다. '공감각적 심상'이 나타난 것은 ④이다. ④의 '푸른 물소리'는 청각적 심상을 시각적 심상으로 전이시켜 나타낸 공감각적 심상이다.

[오답 정리]

① 청각적 심상만 나타난다.
② '서(西)으로 가는 달같이'에서 비유법(직유법)이 쓰였다.
③ 시각적 심상만 나타난다.

14

정답 ①

[해설]
'筆頭(필두: 붓 필, 머리 두: 처음에 오는 사람), 法悅(법열: 법 법, 기쁠 열: 이치를 깨달은 기쁨), 傑作(걸작: 뛰어날 걸, 지을 작: 훌륭한 작품), 傍觀(방관: 곁 방, 볼 관: 곁에서 보기만 함)'의 독음은 모두 바르다.

📋 오답 정리
② 倦怠(나태 → 권태): '倦怠(게으를 권, 게으를 태: 게으름)'의 독음은 '권태'이다.
　cf 相衝(상충: 서로 상, 찌를 충): 서로 어긋남.
　　派閥(파벌: 물갈래 파, 문벌 벌): 이해관계에 따라 갈라진 집단
　　發足(발족: 필 발, 발 족): 조직체의 시작
③ 坐礁(자초 → 좌초): '坐礁(앉을 좌, 암초 초: 곤경에 빠짐)'의 독음은 '좌초'이다.
　cf 復活(부활: 다시 부, 살 활): 다시 살아남.
　　請託(청탁: 청할 청, 부탁할 탁): 청하여 남에게 부탁함.
　　遲滯(지체: 더딜 지, 막힐 체): 질질 끎.
④ 起伏(기부 → 기복): '起伏(일어날 기, 엎드릴 복: 높아졌다 낮아졌다 함.)'의 독음은 '기복'이다.
　cf 懲役(징역: 혼날 징, 부릴 역): 죄인을 교도소에 가두는 형벌
　　賻儀(부의: 부의 부, 거동 의): 상가(喪家)에 부조로 보내는 돈이나 물품
　　放縱(방종: 놓을 방, 늘어질 종): 제멋대로 행동함.

15
정답 ②

[해설]
1~3연은 화자가 멀리서 바라본 풍경을 묘사했고, 4~6연은 화자 가까이 있는 풍경을 묘사(원경에서 근경으로)했으며, 7~9연에서 이러한 풍경에서 화자가 떠올리게 된 정서를 말하고 있다.

📋 오답 정리
① 내용 또는 형태의 반복은 운율을 이루고 내용을 강조하기 위한 장치이다. 그런데 제시된 작품에는 같거나 비슷한 내용도 형태도 없다.
③ 긴장된 정서는 짧은 형태로, 이완된 정서는 긴 형태로 표현되었을 때 실감이 난다. 이런 배려를 하여 시행의 길이를 조절한 작품은 아니다. 제시된 작품의 시행 조절은 운율을 맞추기 위한 결과이다.
④ 시간의 순서에 따른 전개로 볼 수는 있지만 꽃의 변화를 묘사한 것은 아니다.

🔎 작품 정리

조지훈, 〈낙화〉

갈래	자유시, 서정시
성격	낭만적, 묘사적, 애상적
제재	낙화

주제	낙화에서 느끼는 삶의 비애
특징	① 시간의 흐름에 따라 화자의 시선이 이동하면서 시상이 전개됨. ② 모든 연이 2행으로 구성되어 절제된 느낌을 줌.
출전	《청록집》(1946)

16
정답 ④

[해설]
3문단에서 전문적인 지식이 부족하거나 시간이 없는 사람들이 간접 투자를 할 수 있는 제도가 '펀드' 투자 제도라고 하였다. 따라서 시간적 여유나 전문성이 부족한 투자자들이 선호하는 금융 자산이 ⓒ임을 알 수 있다. 그러나 제시된 글의 내용만으로 ㉠이 시간적 여유나 전문성이 부족한 일반 투자자들이 선호하는 금융 자산인지의 여부는 확인할 수 없다.

📋 오답 정리
① 1문단과 2문단에서 '주식'과 '채권'은 시세 차익을 얻을 수 있다고 하였다.
② 3문단에서 '주식'과 '채권'은 직접 투자의 성격을, '펀드'는 간접 투자의 성격을 띤다고 하였다.
③ 3문단에서 '펀드'는 '주식'이나 '채권'에 투자하기 위해 조성되는 투자 기금이라고 하였다.

17
정답 ③

[해설]
'전통의 본질'을 설명하면서, 연암의 문학, 신라의 향가, 고려의 가요, 조선 시대의 사설시조, 백자, 풍속화를 예로 들고 있다.

📋 오답 정리
① 대상의 속성을 다른 대상에 빗대어 설명하고 있지는 않다.
② 과거의 일을 회상하는 방식을 사용하고 있지 않다.
④ 익살스러운 문체도 아니고, 글의 목적이 풍자(현실의 부정적 현상이나 모순 따위를 빗대어 비웃음)도 아니다.

18
정답 ④

[해설]
글의 문맥상 ㉣의 주어는 "고대의 특정 ~ 생각할 수 있는 것은"이다. 따라서 서술어를 '전통이기 때문이다'로 고치는 것은 오히려 호응 관계를 해치게 된다. 따라서 ④는 적절하지 않다.

📋 오답 정리
① 제시된 글은 '시기성'에 대한 것이다. 그런데 ㉠은 이와는 관련이 없는 내용이다. 따라서 일관성을 근거로 삭제해야 한다는 수정·보완 방안은 적절하다.
② '수립(樹立: 나무 수, 설 립)'은 '국가나 정부, 제도, 계획 따위를 이룩하여 세움'이라는 뜻이다. 문맥을 고려할 때, '붙좇아서 따름. 혹

은 어떤 일과 더불어 생김' 등을 의미하는 '수반(隨伴: 따를 수, 짝
반)'이 더 적절하다. 따라서 수정·보완 방안은 적절하다.
③ '오해'는 '그릇되게 해석하거나 뜻을 잘못 앎. 또는 그런 해석이나
이해'를 뜻하는 말이다. 따라서 '잘못 알고'와 '오해되는'은 의미가
중복되므로 삭제한다는 수정·보완 방안은 적절하다.

19 정답 ④

해설

속담 '소문난 잔치에 먹을 것 없다'는 떠들썩한 소문이나 큰 기대에
비하여 실속이 없거나 소문이 실제와 일치하지 아니하는 경우를 비
유적으로 이르는 말이다. 이와 의미가 통하는 한자 성어는 '겉은 화려
하나 속은 빈곤함.'을 이르는 '외화내빈(外華內貧: 바깥 외, 빛날 화,
안 내, 가난할 빈)'이다.

오답 정리

① 한강투석(漢江投石: 한나라 한, 강 강, 던질 투, 돌 석): 한강에 돌
던지기라는 뜻으로, '지나치게 미미하여 아무런 효과를 미치지
못함.'을 이르는 말
② 좌불안석(坐不安席: 앉을 좌, 아닐 불, 편안할 안, 자리 석): 앉아
도 자리가 편안하지 않다는 뜻으로, '마음이 불안하거나 걱정스
러워서 한군데에 가만히 앉아 있지 못하고 안절부절못하는 모
양.'을 이르는 말
③ 유비무환(有備無患: 있을 유, 갖출 비, 없을 무, 근심 환): '미리 준
비가 되어 있으면 걱정할 것이 없음.'을 이르는 말

20 정답 ③

해설

〈보기〉는 '민속학'이 어떤 학문인지 정의하고 있다. 따라서 〈보기〉에
쓰인 진술 방식은 '정의'이다. 이처럼 '정의'의 방식이 쓰인 것은 ③이
다. ③에서는 '동요'의 개념을 정의하고 있다.

오답 정리

① 기름 파동을 이겨내기 위한 세계의 움직임의 구체적인 '예시'를
들고 있다.
② '여자'와 '남자'의 사고 유형의 차이점을 제시하고 있다. 따라서
'대조'의 진술 방식이 쓰였다.
④ '울타리'를 통해 '법'의 양면성을 드러내고 있다는 점에서 '유추'의
진술 방식이 쓰였다.

21 정답 ①

해설

'承諾(승낙: 이을 승, 허락할 낙: 청하는 바를 들어줌.)'의 '諾'은 '낙'으
로 읽는다. 이와 독음이 동일한 것은 ①의 '一諾(일낙: 하나 일, 대답
할 낙: 한 번 승낙함.)'이다.

오답 정리

①을 제외한 나머지는 속음 '락'으로 읽는다.
② 受諾(수락: 받을 수, 허락할 락(낙)): 요구를 받아들임.
③ 快諾(쾌락: 쾌할 쾌, 허락할 락(낙)): 남의 부탁을 기꺼이 들어줌.
④ 許諾(허락: 허락할 허, 허락할 락(낙)): 청하는 일을 들어줌.

심화

본음으로 나는 것	속음으로 나는 것
승낙(承諾)	수락(受諾), 쾌락(快諾), 허락(許諾)
만난(萬難)	곤란(困難), 논란(論難)
안녕(安寧)	의령(宜寧), 회령(會寧)
분노(忿怒)	대로(大怒), 희로애락(喜怒哀樂)
토론(討論)	의논(議論)
오륙십(五六十)	오뉴월, 유월(六月)
목재(木材)	모과(木瓜)
십일(十日)	시방정토(十方淨土), 시왕(十王), 시월(十月)

22 정답 ③

해설

글쓴이는 국산 만화 영화를 수출할 수 있도록 정책적으로 활성화하
는 방안을 마련해야 한다며 '국산 만화 영화 육성의 정책적 중요성'을
말하고 있다. 따라서 글의 핵심적인 내용으로 가장 적절한 것은 ③의
'국산 만화 영화를 육성하여 활성화하는 정책 방안을 마련해야 한다.'
이다.

23 정답 ④

해설

(가)와 (나) 모두 깨달음을 다루고 있기는 하지만, '구체적인' 해결 방
안을 제시하고 있지는 않다.
※ (나)의 주제가 '잘못을 미리 알고 고쳐 나가야 한다.'인 것을 볼 때, 상대적으로
(나)가 해결 방안을 제시했다고 볼 수 있다. 그렇다고 하더라도, (가)에서는 구
체적인 해결 방안이 나타나지 않기 때문에 둘의 공통점으로 보기는 어렵다.

오답 정리

① (가)는 배를 탄 경험에서 부패한 사회 현실을 유추해 내고 있고,
(나)는 집수리의 경험에서 얻은 깨달음을 사람과 나라 정치의 경
우에까지 확대하는 유추적 사고를 보이고 있다.
② (가)와 (나) 모두 개인적인 경험을 바탕으로 글을 전개하고 있다.
③ (가)는 '사공에게 술(뇌물)을 먹인 배'와 '먹이지 않은 배'가 대조
적이고, (나)는 '비를 맞은 지 오래된 재목'과 '한 번밖에 비를 맞
지 않은 재목'이 대조적이다.

작품 정리

(가) 이규보, 〈주뢰설(舟賂說)〉

갈래	한문 수필, 설(說)
성격	비판적, 유추적
제재	뇌물을 준 배와 그렇지 않은 배의 속도 차이
주제	뇌물이 횡행하는 세태 비판
특징	① 경험으로부터 깨달음을 이끌어 냄. ② '질문 – 답변 – 깨달음'의 형식으로 이루어짐.
출전	《동문선(東文選)》

(나) 이규보, 〈이옥설(理屋說)〉

갈래	한문 수필, 설(說)
성격	교훈적, 경험적, 유추적
제재	행랑채를 수리한 일
주제	잘못을 미리 알고 고쳐 나가는 자세의 중요성
특징	① '사실 – 의견'의 구성 방식을 취함. ② 유추의 방식으로 글을 전개함.
출전	《동국이상국집(東國李相國集)》

④ 글쓴이는 "나도 도회에 남기고 온 일이 걱정이 됩니다."라고 하였다. 이를 볼 때, 글쓴이는 자신이 떠나온 도시의 삶을 잊지 못하고 있다.

작품 정리

이상, 〈산촌 여정〉

갈래	경수필
성격	감상적, 감각적, 체험적
제재	산촌에서의 생활
주제	산촌의 정경과 그에 대한 도시인의 정서
특징	① 서간체 수필의 형식으로 구성됨. ② 자연적·전통적 소재를 근대적이고 도회적인 이미지로 형상화함.
출전	《매일신보》(1935)

24 정답 ②

해설

'동생은 아껴 둔 새 옷을 입었다.'와 비교해 보면, '보았다'가 행위나 행동의 '시도'를 나타낸다는 것을 알 수 있다. 따라서 ㉠의 사례로 보기 어렵다. 이때의 '보다'는 '시험 삼아 함', '경험함'을 의미하는 보조 동사이다.

오답 정리

①, ③, ④ 모두 '진행'의 의미를 갖는 '보조 동사이다.
① '연탄불이 꺼지니 방이 식었다.'와 비교해 보면 '갔다'가 '진행'의 의미를 나타낸다는 것을 알 수 있다.
③ '삼촌은 한 회사에서 오래 일했다.'와 비교해 보면 '왔다'가 '진행'의 의미를 나타낸다는 것을 알 수 있다.
④ '손님들은 식당에서 음악을 들었다.'와 비교해 보면 '있었다'가 '진행'의 의미를 나타낸다는 것을 알 수 있다.

25 정답 ①

해설

산촌의 시정(詩情)을 표현한 시 등을 볼 때, 글쓴이가 산촌에서 글을 쓰며 지내고 있음을 알 수 있다.

오답 정리

② 글쓴이가 자신의 의지와 상관없이 산촌에 오게 되었는지는 알 수가 없다.
③ 글쓴이가 도시의 생활을 잊지 못하고 있는 것은 맞지만, 산촌 생활에 대한 부정적인 시각을 드러내고 있지도 않다.

08회 정답 및 해설

08회 정답

01. ③	02. ③	03. ②	04. ④	05. ②
06. ①	07. ③	08. ③	09. ①	10. ②
11. ①	12. ④	13. ④	14. ④	15. ③
16. ②	17. ④	18. ①	19. ④	20. ③
21. ③	22. ④	23. ③	24. ①	25. ④

01 정답 ③

해설

(가) '울산[울싼], 샛별[새ː뼐/샏ː뼐], 낙동강[낙똥강]'은 모두 된소리되기가 일어나는 단어이다. 다만, '로마자 표기법'에서 된소리되기는 반영하지 않는다. 따라서 이와 관련이 있는 원칙은 ㉠이다.

(나) '묵호[무코], 집현전[지편전], 오죽헌[오주컨]'은 모두 체언에서 'ㄱ, ㄷ, ㅂ' 뒤에 'ㅎ'이 따르는 경우이므로 이와 관련이 있는 원칙은 ㉢이다. '로마자 표기법'에서 용언의 자음축약은 표기에 반영하나, 체언은 반영하지 않는다. 또한 '묵호(Mukho), 집현전(Jiphyeonjeon), 오죽헌(Ojukheon)'은 모두 고유 명사이므로 첫 글자를 대문자로 표기해야 한다(㉡).

오답 정리

㉡ '울산'과 '낙동강'은 고유 명사이지만, '샛별'은 고유 명사가 아니다. 따라서 ㉡의 규정과 관련이 없다.

㉣ '묵호, 집현전, 오죽헌'은 발음상 혼동의 우려가 없다. 따라서 음절 사이에 붙임표(-)를 쓸 필요가 없다.

심화

주의해야 할 로마자 표기

단어	바른 표기	틀린 표기
종로[종노]	**Jongno**	Jongro
알약[알략]	**allyak**	alyak
묵호[무코]	**Mukho**	Muko
집현전[지편전]	**Jiphyeonjeon**	Jipyeonjeon
낙동강[낙똥강]	**Nakdonggang**	Nakddonggang

02 정답 ③

해설

새침데기	'그와 관련된 일을 하거나 그런 성질을 가진 사람'의 뜻을 더하는 접미사는 '-데기'이다. 따라서 '새침데기'는 바른 표기이다.
알은체	'사람을 보고 인사하는 표정을 지음.'을 이르는 말은 '알은체'와 '알은척' 모두 표준어이다. 따라서 '알은체'는 바른 표기이다.

따라서 ③의 표기가 모두 바르다.

오답 정리

① '타향살이'의 표기는 바르다.

곯병 → 골병	'골병'의 '골'은 '곯-'일 수도 있겠으나 어원이 확실하지 않다. 어원이 확실하지 않은 경우에는 소리대로 적어야 하므로, '골병'이 바른 표기이다.

② '나뭇단[나무딴/나묻딴] (고유어 '나무'와 고유어 '단'이 만난 합성어. 사잇소리현상.)'의 표기는 바르다.

나뭇꾼 → 나무꾼	'나무'와 접미사 '-꾼'이 합쳐진 말이다. 파생어이고, 뒷말의 첫소리가 된소리이기 때문에 사이시옷을 받쳐 적을 근거가 없다. 따라서 '나무꾼'이 바른 표기이다.

④ '부끄러운(기본형 '부끄럽다')'의 표기는 바르다.

바랬다 → 바랐다	'생각이나 바람대로 어떤 일이나 상태가 이루어지거나 그렇게 되었으면 하고 생각하다.'를 의미하는 단어는 '바라다'가 기본형이다. 따라서 과거형은 '바랐다'이다.

03 정답 ②

해설

(가)와 (나)는 각각 자연의 아름다움과 화자의 불우한 처지를 대조하여 화자의 애상적 정서와 안타까움을 부각하고 있다.

04 정답 ④

해설

(가)의 마지막은 "꽃 지는 시절(현재)에 또 너를 만나 보는구나."이다. 화자가 이구년과 '미래'에 다시 만나기를 약속하는 내용은 찾을 수 없다. 따라서 화자가 대상과 미래에 만남을 기약하고 있다고 감상한 ④는 적절하지 않다.

오답 정리

① (가)는 현재의 시점에서 과거를 회상하는 '역순행적 구성'으로 볼 수 있다.

② 이구년은 과거에 명창으로 세도가들의 집을 순회하며 화려한 시절을 보냈음을 추측할 수 있다.

③ 3구에서 알 수 있다.

현대어 풀이

(가) 두보, 〈강남봉이구년(江南逢李龜年)〉

기왕의 집 안에서 (명창 이구년*을) 늘 보았더니
최구의 집 앞에서 (이구년의 노래를) 몇 번을 들었던가?
참으로 이 강남의 풍경이 좋으니
꽃 지는 시절에 또 너를 만나 보는구나.
※ '이구년'은 당나라 현종 때의 명창이다.

(나) 두보, 〈절구(絕句)〉

강물이 푸르니 새가 더욱 희게 보이고,
산이 푸르니 꽃빛이 불타는 것 같구나.
금년 봄이 보건대는 또 (속절없이) 지나가나니,
어느 날이 바로 (고향에) 돌아갈 해인가?

(가) 두보, 〈강남봉이구년(江南逢李龜年)〉	
갈래	한시, 7언 절구
성격	애상적, 회고적
제재	이구년(당 현종 때의 명창)과의 만남
주제	옛 지인을 만난 감회와 인생무상
특징	① 대구법을 통해 화려했던 시절을 회상함. ② 대조법을 통해 과거와 현재를 대비함.
연대	770년(두보 59세)

(나) 두보, 〈절구(絶句)〉	
갈래	한시, 5언 절구
성격	애상적
제재	봄 경치
주제	고향에 대한 그리움
특징	① 색채의 대비를 통해 봄날의 아름다운 경치를 묘사함. ② 선경 후정의 방식을 통해 화사한 자연과 대비되는 망향의 정을 부각함.
연대	764년(두보 53세)

05 정답 ②

[해설]

제시된 글이 들어갈 자리는 마지막 문장에 '이것'이 나타나야 한다. 수면 단계에서 측정되는 뇌파들을 고려할 때, 제시된 문장의 사람이 잠에서 깨는 것을 방지해 주는 역할을 하여 깊은 수면을 유도하는 '이것'은 (다)에서 설명하는 'K-복합체'이다. 따라서 (다)문단 뒤에 들어가는 것이 가장 적절하다. 또한 (라)에서 '깊은 수면으로 진행되면~'이 나타나는 것으로 보아 '깊은 수면의 유도'에 대한 내용이 (라)의 앞 부분에 와야함을 알 수 있다.

06 정답 ①

[해설]

감정(憾情→感情): '감정(憾情: 한할 감, 뜻 정)'은 '원망하거나 성내는 마음'을 의미한다. '감정'을 구체적으로 '기쁨(喜), 노여움(怒), 슬픔(哀), 두려움(懼), 아낌(愛), 미워함(惡), 원함(欲)' 등이라고 제시한 것을 볼 때, '어떤 현상이나 일에 대하여 일어나는 마음이나 느끼는 기분'을 의미하는 '감정(感情: 느낄 감, 뜻 정)'이 어울린다.

📝 오답 정리

② ⓛ: 표출(表出: 겉 표, 날 출): 겉으로 나타냄.
③ ⓒ: 방치(放置: 놓을 방, 둘 치): 내버려 둠.
④ ⓔ: 부합(符合: 부신 부, 합할 합): 서로 맞대어 붙임.

07 정답 ③

[해설]

별에별 → 별의별: '보통과는 다른 갖가지의'의 뜻을 가진 단어는 관형격 조사 '의'가 결합한 '별의별'이다. '별의별(=별별)'은 한 낱말로 관형사이다.

📝 오답 정리

① 눈엣가시: 몹시 밉거나 싫어 늘 눈에 거슬리는 사람
② 개밥에 도토리: 개는 도토리를 먹지 아니하기 때문에 밥 속에 있어도 먹지 아니하고 남긴다는 뜻에서, 따돌림을 받아서 여럿의 축에 끼지 못하는 사람을 비유적으로 이르는 말
④ 옥에 티: 나무랄 데 없이 훌륭하거나 좋은 것에 있는 사소한 흠을 이르는 말

08 정답 ③

[해설]

속담 '말 많은 집은 장맛도 쓰다'는 집안에 잔말이 많으면 살림이 안 된다는 의미로, 말이 많으면 좋을 것이 없다는 것을 함축하고 있다. 또 '물은 깊을수록 소리가 없다.'는 됨됨이가 깊은 사람일수록 자신을 내세우지 않고 함부로 말하지 않는다는 것을 의미한다. 두 속담은 공통적으로 '함부로 말하는 것에 대한 경계'의 의미를 담고 있다.

09 정답 ①

[해설]

㉠ '치러'의 기본형은 '(값을) 치르다'이다. 어간 '치르-'의 'ㅡ'가 어미 '-어'와 결합하는 과정에서 탈락하여 '치르-+-어 → 치러'로 활용한 것이다. 'ㅡ' 탈락은 규칙 활용이다. 이와 활용 양상이 동일한 것은 '따르다'이다. '따르다' 역시 어간 '따르-'의 'ㅡ'가 어미 '-아'와 결합하는 과정에서 탈락하여 '따르-+-아 → 따라'로 활용한다.

㉡ '이르러'의 기본형은 '이르다[장소나 시간에 닿다.]'이다. '이르다'는 '러' 불규칙 용언이기 때문에 어미 '-어' 대신 '-러'를 취한다. 이와 활용 양상이 동일한 것은 '푸르다'이다. '푸르다' 역시 어미 '-어' 대신 '-러'를 취하면서, '푸르-+-러 → 푸르러'로 활용한다.

㉢ '불러'의 기본형은 '(노래를) 부르다'이다. '부르다'는 '르' 불규칙 용언이기 때문에 어미 '-어'와 결합하는 과정에서 어간 '부르-'의 'ㅡ'가 탈락하고 'ㄹ'이 덧생긴다. 이와 활용 양상이 동일한 것은 '오르다'이다. '오르다' 역시 어미 '-아'와 결합하는 과정에서 어간 '오르-'의 'ㅡ'가 탈락하고 'ㄹ'이 생겨, '오르-+-아 → 올라'로 활용한다.

10 정답 ②

해설

(나)의 '연필'은 (가)에서와 마찬가지로 아직까지는 '나'가 사용하는 도구로서의 의미밖에 없다. 따라서 (나)에서 '연필'로부터 깨달음을 얻게 된다는 설명은 적절하지 않다.

오답 정리

① '연필'을 이용하여 '나'가 글을 쓴다는 점에서 (가)에서 '나'와 '연필'은 단순히 사용자와 도구의 관계로 등장한다.
③ '연필'의 생김새를 통해 단정하고 꼿꼿한 내면의 품성을 부여하고 있다.
④ '나는 당신의 살아 있는 연필'로 표현함으로써 '나'와 '연필'을 동일시하고 있다.

작품 정리

이해인, 〈살아 있는 날은〉

갈래	자유시, 서정시
성격	종교적, 구도적, 성찰적
제재	연필
주제	절대자(신)의 뜻에 따른 경건하고 성실한 삶에 대한 다짐
특징	① 평이하고 소박한 표현을 사용함. ② 경건하고 차분한 독백적 어조를 사용함.
출전	《내 혼에 불을 놓아》(1979)

※ 전체 시는 총 5연이다. 마지막 5연 "정결한 몸짓으로 일어나는 향내처럼 / 당신을 위하여 / 소멸하겠습니다."는 제시된 문제에서는 생략되어 있다.

11 정답 ①

해설

제시된 글의 내용을 정리하면, '기본적인 욕구가 충족되면 또 다른 욕구를 갖게 된다.'라는 것이다. 따라서 제시된 글의 내용을 가장 잘 나타낸 것은 농(隴)을 얻고서 촉(蜀)까지 취하고자 한다는 뜻으로, 만족할 줄을 모르고 계속 욕심을 부리는 경우를 비유적으로 이르는 말인 '득롱망촉(得隴望蜀: 얻을 득, 고개 이름 롱(농), 바랄 망, 나라 이름 촉)'이다.

오답 정리

② 기호지세(騎虎之勢: 말탈 기, 범 호, 갈 지, 기세 세): 호랑이를 타고 달리는 형세라는 뜻으로, 이미 시작한 일을 중도에서 그만둘 수 없는 형세를 비유적으로 이르는 말
③ 동가홍상(同價紅裳: 같을 동, 값 가, 붉을 홍, 치마 상): 같은 값이면 다홍치마라는 뜻으로, 같은 값이면 좋은 물건을 가짐을 이르는 말
④ 주마간산(走馬看山: 달릴 주, 말 마, 볼 간, 산 산): 말을 타고 달리며 산천을 구경한다는 뜻으로, 자세히 살피지 아니하고 대충대충 보고 지나감을 이르는 말

12 정답 ④

해설

(라)는 첨단 과학 기술이 가져올 영향에 대해 전망한 내용이 중심을 이루고 있다. 글쓴이는 전반부에서는 첨단 기술이 가져올 긍정적인 효과를 언급한 다음, 후반부에서는 부정적인 영향을 주로 언급하였다. 따라서 (라)는 단순히 사회적 부작용뿐만 아니라 '과학 기술이 가져올 전반적 영향'을 제시하고 있다고 봐야 한다.

13 정답 ④

해설

〈보기〉는 '역설법'에 대한 설명이다. ①~④ 중 '역설법'과 관련이 없는 것은 ④이다. ④에서 화자는 잊지 않았음에도 잊었다고 말하고 있다. 속마음과 다르게 겉으로 말하고 있다는 점에서 '반어법'이 쓰였다.

오답 정리

① '사랑을 위하여서는 / 이별이, 이별이 있어야 하네.'에 역설법이 쓰였다.
② '결별이 이룩하는 축복'에 역설법이 쓰였다.
③ '가슴이 소리 없이 외친다.'에 역설법이 쓰였다.

14 정답 ④

해설

'맞먹다'는 접두사 '맞-'과 먹다가 결합한 파생어이다. '맞-'은 '마주' 또는 '서로 엇비슷하게'의 뜻을 더하는 접두사이다. 따라서 '맞먹다'의 의미는 '대략 비슷하다'이다.

오답 정리

① '덧입다'는 접두사 '덧-'과 '입다'가 결합한 파생어이다. '덧-'은 '거듭' 또는 '겹쳐'의 뜻을 더하는 접두사이다. 따라서 '덧입다'의 의미는 '겹쳐 입다'이다.
② '엿보다'는 접두사 '엿-'과 '보다'가 결합한 파생어이다. '엿-'은 '몰래'의 뜻을 더하는 접두사이다. 따라서 '엿보다'의 의미는 '몰래 보다'이다.
③ '설익다'는 접두사 '설-'과 '익다'가 결합한 파생어이다. '설-'은 '충분하지 못하게'의 뜻을 더하는 접두사이다. 따라서 '설익다'의 의미는 '충분하지 않게 익다'이다.

15 정답 ③

해설

㉠에는 세속적인 욕망에서 벗어나 자연과 더불어 살아가려는 태도를 확인할 수 있다. 이러한 태도가 잘 드러난 것은 ③이다.
③은 자연과 하나가 되어 풍류를 즐기는 작가의 삶을 노래하고 있다.

① 봄날의 정한을 노래하고 있다.
② 임을 사랑하는 마음을 노래하고 있다.
④ 변하지 않을 절개를 노래하고 있다.

🔍 작품 정리

① 이조년, 〈이화(梨花)에 월백(月白)하고〉

갈래	평시조, 서정시
성격	애상적, 감각적, 다정가(多情歌)
제재	배꽃, 달, 은하수, 자규
주제	봄날 밤에 느끼는 애상적인 정서
특징	시각적 심상과 청각적 심상의 조화를 통한 감각적 표현이 뛰어남.
연대	고려 말
출전	"청구영언", "병와가곡집"

② 황진이, 〈청산(靑山)은 내 뜻이요〉

갈래	평시조, 서정시
성격	감상적, 상징적, 은유적, 연정가
제재	청산, 녹수
주제	임을 향한 변함없는 사랑
특징	'불변성'을 상징하는 청산과 '가변성'을 상징하는 녹수를 대조하여 표현함.
연대	조선 중종
출전	"청구영언", "해동가요", "대동풍아"

③ 송순, 〈십 년을 경영하여〉

갈래	평시조, 서정시
성격	풍류적, 낭만적, 전원적, 한정가
제재	전원생활
주제	자연에 대한 사랑과 안빈낙도
특징	의인법과 자연과 하나되는 기발한 발상이 잘 드러남.
연대	조선 선조
출전	"청구영언", "병와가곡집"

④ 성삼문, 〈이 몸이 죽어가서〉

갈래	평시조, 서정시
성격	의지적, 지사적, 절의적
제재	낙락장송
주제	죽어서도 변할 수 없는 굳은 절개
특징	충절을 상징하는 소나무의 이미지를 활용해 자신의 지조를 부각함.
연대	조선 세조
출전	"청구영언"

16
정답 ②

해설

㉠은 'ㅡ'가 'ㅜ'로 바뀌는 변화이다. 이것을 단모음 체계에 비추어 보면 혀의 높낮이나 앞뒤 위치는 변화가 없이 '입술 모양'이 평순 모음에서 원순 모음으로 바뀐 것이다.
㉡은 'ㅗ'가 'ㅜ'로 바뀌는 변화이다. 이것을 단모음 체계에 비추어 보면 혀의 앞뒤 위치나 입술 모양은 그대로이되 '혀의 높낮이'만 중모음에서 고모음으로 바뀐 것이다.
따라서 〈보기〉에 대한 바른 설명은 ②이다.

① ㉡은 혀의 높낮이가 바뀌는 변화가 맞다. 다만, 'ㅡ'와 'ㅜ'는 모두 후설 모음이기 때문에 ㉠에 혀의 앞뒤 위치가 바뀌는 변화가 일어나지 않았다.
③, ④ ㉠과 ㉡에 대한 설명 모두 바르지 않다.

17
정답 ④

해설

글쓴이가 자신의 생각을 보여 주기 위해 상반되는 내용을 대비하고 있지는 않다. 제시된 글은 약한 참새들을 위해 글쓴이가 꾀(속임수) 부린 내용이다.

① 글쓴이가 본 가을 들녘에서 일어난 일을 통해 자연과의 교감이라는 잔잔한 감동을 불러일으키고 있다.
② 참새를 쫓는 더벅머리 떼를 속이는 과정이 해학적이다.
③ 약자(弱子: 약할 약, 사람 자)인 '참새'를 생각하는 다정다감한 글쓴이의 태도를 느낄 수 있다.

🔍 작품 정리

김상용, 〈백리금파에서〉

갈래	경수필
성격	서사적, 해학적, 자연 친화적
제재	가을 들판의 참새 떼와 몰이꾼
주제	자연을 사랑하고 약자를 생각하는 마음

※ 백리금파(百里金派): '벼가 누렇게 익은 황금 들판'의 비유적 표현

18
정답 ①

해설

'새우잠'은 '새우처럼 등을 구부리고 자는 잠. 주로 모로 누워 불편하게 자는 잠'을 이르는 말이다.

'잘 만큼 잔 후에 또 더 자는 잠'을 이르는 말은 '덧잠(=가첨잠)'이다.

19 정답 ④

해설

'입을 딱 벌리다'는 '너무 기가 막혀 어이가 없어 하거나 매우 놀라워하다.'라는 의미이다. 문맥상 '같은 말을 하다'라는 의미의 관용어가 어울린다. 따라서 서로 말이 일치하도록 하다.'라는 뜻의 '입을 맞추다'나 '여러 사람이 같은 의견을 말하다.'라는 뜻의 '입을 모으다'가 어울린다.

오답 정리

① 문맥상 '열정적이다'라는 의미의 관용어가 어울린다. 따라서 '의지나 의욕 따위가 매우 강하다.'라는 뜻을 가진 '피가 뜨겁다'의 쓰임은 적절하다.
② 문맥상 '잊히지 않다'라는 의미의 관용어가 어울린다. 따라서 '잊히지 않고 자꾸 눈에 떠오르다.'라는 뜻을 가진 '눈에 밟히다'의 쓰임은 적절하다.
③ 문맥상 '맥이 빠지다'라는 의미의 관용어가 어울린다. 따라서 '근심에 싸여 기가 죽고 맥이 빠지다.'라는 뜻을 가진 '코가 빠지다'의 쓰임은 적절하다.

20 정답 ③

해설

아버지의 누나는 '姑母(고모: 시어미 고, 어미 모)'로 부른다.

오답 정리

① 누나의 딸은 '甥姪女(생질녀: 생질 甥, 조카 姪, 여자 녀)'이다. '甥姪(생질: 생질 甥, 조카 姪)'은 누나의 '아들'을 이르는 말이다.
  ※ 질녀: 조카 딸, 형제자매의 딸
② 아버지의 형을 이르는 '백부'는 '白(흰 백)'이 아니라 '伯(맏 백)'을 쓴 '伯父(백부: 맏 伯, 아비 부)'로 표기해야 한다.
④ 아버지의 남동생을 이르는 말은 '叔父(숙부: 아재비 숙, 아비 부)'이다. '堂叔(당숙: 집 堂, 아재비 숙)'은 아버지의 사촌 형제를 이르는 말이다.

21 정답 ③

해설

'끽겁(喫怯: 마실 끽, 겁낼 겁)'은 '잔뜩 겁을 먹음.'이라는 의미이다. 이와 의미가 통하는 말은 '무섭거나 놀라서 날카롭게 신경이 긴장되다.'라는 의미를 가진 '머리칼이 곤두서다'이다.
※ 식겁(食怯: 먹을 식, 겁낼 겁): 뜻밖에 놀라 겁을 먹음.

오답 정리

① 눈이 뒤집히다: 충격적인 일을 당하거나 어떤 일에 집착하여 이성을 잃다.
② 귀가 번쩍 뜨이다: 들리는 말에 선뜻 마음이 끌리다.
④ 손톱도 안 들어가다: 사람됨이 몹시 야무지고 인색하다.

22 정답 ④

해설

1단계	(나)와 (마)에는 '아테나'가 공통적으로 등장한다. (나)에서 에로스가 무례하게 웃자, 아테나가 불던 피리를 던졌다고 한 것을 볼 때, (마)가 먼저 나오고, 그 뒤에 (나)가 이어지는 게 자연스럽다.
2단계	(나)에서 던진 피리를 (다)에서 마르시아스가 주웠다고 했다. 따라서 (나) 뒤에 (다)가 이어지는 게 자연스럽다.
3단계	(가)의 '그 피리'는 바로 아테나가 버리고, 마르시아스가 주운 피리이다. 따라서 (다) 뒤에 (가)가 이어지는 게 자연스럽다. 그 뒤에는 (라)가 이어지는 게 자연스럽다.

따라서 '(마) - (나) - (다) - (가) - (라)'의 연결이 자연스럽다.
※ '내던지고(나)' - '줍게(다)'되는 순서를 찾는 것이 문제의 열쇠이다. (나) 뒤에 (다)가 오는 선택지는 오직 하나뿐이다.

23 정답 ③

해설

연수∨차 → 연수차: '-차(次)'는 '목적'의 뜻을 더하는 접미사이다. 따라서 '연수'와 접미사 '-차'는 붙여 써야 한다.
※ '차'가 '목적'을 뜻하지 않는 모든 경우는 '의존명사'로 앞 말과 띄어 써야 한다.
예 1) 수십 차(번, 차례)
  2) 잠이 들려던 차(기회, 순간)
  3) 결혼 10년 차(주기, 경과)

오답 정리

① '감∨들'에서 '들'은 두 개 이상의 사물을 나열할 때, 그 열거한 사물 모두를 가리키거나, 그 밖에 같은 종류의 사물이 더 있음을 나타내는 의존 명사이다. 따라서 앞말 '감'과 띄어 쓴 것은 옳다.
② '이해할∨만은'에서 '만'은 의존 명사이므로, 관형어(용언) '이해할'과 띄어 쓴 것은 옳다.
④ '가던데(가다+그런데)'에서 '-던데'는 연결 어미이다. 따라서 '가다'의 어간 '가-'와 어미 '-던데'를 붙여 '가던데'로 쓴 것은 옳다.

24 정답 ①

해설

'작은 실수로 인해 큰 사고가 났다.'에서 '로'는 '원인'을 나타내고, '우리는 그를 대표로 뽑았다.'에서 '로'는 '자격'을 나타내므로 각각 ㉠, ㉡에 해당하는 예로 적절하다.

오답 정리

② ㉠에서 '로'는 '방법이나 방식'을 나타내고, ㉡에서 '로'는 '수단'을 나타낸다.
③ ㉠의 '로'는 '원인'을 나타낸다. 그러나 ㉡의 '로'는 '방법이나 방식'을 나타낸다.
④ ㉡의 '로'는 '자격'을 나타낸다. 그러나 ㉠의 '로'는 '수단'을 나타낸다.

25

해설

마지막 문단에서 "암석권의 물질들이 녹아서 용암 상태로 지표로 나와 해구 뒤쪽에 열도를 만드는데 이를 호상 열도라 한다. 카리브 해의 섬들, 몰디브 열도, 마리아나 열도 등이 이에 해당된다."를 통해 알 수 있다.

오답 정리

① 1문단의 "육지에서 멀리 떨어진 대양저는 생성 기원이나 지각의 특성 등이 대륙과 상당히 다르다."를 볼 때, 대륙과 유사하다는 설명은 적절하지 않다.

② 2문단의 "대양저 산맥은 지각의 확장 축을 따라 발달한 젊은 현무암으로 이루어진 산악이 연결되어 있다. ~ 지역에 따라서는 지각 운동에 의해 물 밖으로 노출되어 아조레스 제도, 이스터 섬과 같은 섬이 되기도 한다."를 볼 때, 지각이 물 밖으로 노출되지 않는다는 설명은 적절하지 않다.

③ 3문단의 "빠져나온 물이 식을 때 일부 무기 황화물이 침전되어 색깔이 검게 변하지만, 물기둥과 열수공 주변의 색깔이 검은색만 있는 것은 아니다."를 볼 때, 모두 검게 변하는 것은 아니다.

09회 정답 및 해설

09회 정답

01. ①	02. ④	03. ④	04. ②	05. ②
06. ②	07. ③	08. ①	09. ②	10. ①
11. ②	12. ④	13. ③	14. ④	15. ③
16. ①	17. ④	18. ①	19. ④	20. ①
21. ④	22. ①	23. ②	24. ④	25. ③

01 정답 ①

해설

'극심한 가뭄으로 큰 해를 입었다.'는 수정이 필요 없는 자연스러운 문장이다.

오답 정리

② 담배 흡연율 → 흡연율: '담배 흡연율'이 어색하다. '흡연율(吸煙率)'이라는 말 속에 '담배[煙: 담배 연]'라는 의미가 포함되어 있다. 따라서 '담배 흡연율'을 '흡연율'로 고쳐야 자연스러운 문장이 된다.

③ 단점은~포기한다. → 단점은~포기하는 것이다.: 주어 '단점은'과 서술어 '포기한다'의 호응이 어색하다. 주어에 맞춰, 서술어를 주어 '단점은'에 맞춰 '포기하는 것이다'로 고쳐야 자연스러운 문장이 된다.

④ 사육시킨다 → 사육한다: '시키다'를 '하다'로 교체하였을 때 말이 되면, 불필요하게 사동 표현이 쓰인 경우이다. 제시된 문맥에서 '사육시킨다'를 '사육하다'로 바꿔 써도 의미의 전달이 충분하므로, 불필요한 사동 표현이 쓰인 문장이다. 따라서 '사육시킨다'를 '사육한다'로 바꿔야 자연스러운 문장이 된다.

02 정답 ④

해설

<보기>에 제시된 음운 변동 과정 중 '자음군 단순화(탈락)'는 나타나지 않는다.

닫히다	'닫히다 → 다티다'에서는 '자음 축약'이 일어난다. '다티다 → [다치다]'에서는 'ㅣ' 모음 앞에서 'ㅌ'이 구개음 'ㅊ'으로 교체되는 '구개음화'가 일어난다.
홑이불	'홑이불 → 혼이불'에서는 'ㅌ → ㄷ'이 되므로 '음절의 끝소리 규칙'이 적용된다. '혼이불 → 혼니불'에서는 'ㄴ'이 첨가된다. '혼니불 → [혼니불]'에서는 'ㄴ' 앞에서 'ㄷ'이 비음 'ㄴ'으로 교체되는 '비음화'가 일어난다.

03 정답 ④

해설

대치(對峙 → 代置): 문맥상 '기독교'가 '민간 신앙'을 '대신'하고 있다는 의미이다. '대치(對峙: 대답할 **대**, 우뚝 솟을 **치**)'는 '서로 맞서서 버팀'이라는 의미이다. 따라서 ㉣의 '대치'에 대한 표기로 적절하지 않다. 따라서 '다른 것으로 바꾸어 놓음'이라는 의미를 가진 '대치(代置: 대신할 **대**, 둘 **치**)'로 표기해야 한다.

오답 정리

① 차도(差度: 어그러질 **차**, 법도 **도**): 병이 조금씩 나아 가는 정도
※ '瘥度(병 나을 차, 법도 도)'로도 표기한다.

② 신장(伸張: 펼 **신**, 베풀 **장**): 세력이나 권리 따위가 늘어남. 또는 늘어나게 함.

③ 양식(良識: 어질 **양**(량), 알 **식**): 뛰어난 식견이나 건전한 판단

04 정답 ②

해설

바로 다음 문장 "그야말로 견문(見聞)이 적으면 괴이하게 여김이 많다는 뜻이다."에서 ㉠이 포함된 문장의 의미를 다시 설명하고 있다. 이를 볼 때, ㉠은 결국 '견문이 좁은 사람'을 의미한다. 따라서 이와 관련이 있는 말은 '조그만 바늘구멍으로 넓디넓은 하늘을 본다는 뜻으로, 전체를 포괄적으로 보지 못하는 매우 좁은 소견이나 관찰을 비꼬는 말'인 ②의 '댓구멍으로 하늘을 본다'이다.

오답 정리

① 소경 갓난아이 더듬듯: 무엇을 제대로 다루지 못하고서 어름어름 더듬기만 하는 모양을 비유적으로 이르는 말

③ 고슴도치도 제 새끼가 함함하다면 좋아한다: 칭찬을 받을 만한 일이 못 되더라도 좋다고 추어주면 누구나 기뻐한다는 말
※ 고슴도치도 제 새끼는 함함하다고 한다: '어버이 눈에는 제 자식이 다 잘나고 귀여워 보인다.'는 말

④ 장님에게 눈으로 가리키고 벙어리에게 속삭인다: 각각의 일에 합당한 방도를 찾지 못하고 어리석게 행동하여 번번이 실패함을 이르는 말

05 정답 ②

해설

제시된 작품에서 '물쩟'은 '힘없는 백성에게 수탈을 일삼는 관리'를 의미한다. 따라서 ㉠에는 '세금을 가혹하게 거두어들이고, 무리하게 재물을 빼앗음.'의 의미를 지니는 '가렴주구(苛斂誅求: 가혹할 **가**, 거둘 **렴**, 벨 **주**, 구할 **구**)'가 어울린다.

오답 정리

① 허장성세(虛張聲勢: 빌 **허**, 베풀 **장**, 소리 **성**, 기세 **세**): 실속은 없으면서 큰소리치거나 허세를 부림.

③ 침소봉대(針小棒大: 바늘 **침**, 작을 **소**, 몽둥이 **봉**, 큰 **대**): 작은 일을 크게 불리어 떠벌림.

④ 좌정관천(坐井觀天: 앉을 좌, 우물 정, 볼 관, 하늘 천): 우물 속에 앉아서 하늘을 본다는 뜻으로, 사람의 견문(見聞)이 매우 좁음을 이르는 말

작자 미상, 〈일신이 사쟈 ᄒᆞ이〉

내 한 몸 살아가고자 하니 <u>무는 것</u>들 많아 견디지 못하겠구나.
피의 껍질 같은 작은 이, 보리알 같은 살찐 이, 굶주린 이, 알에서 막 깨어난 이, 작은 벼룩, 굵은 벼룩, 강벼룩, 왜벼룩, 기는 놈, 뛰는 놈에 비파같이 넓적한 빈대 새끼, 사령같이 독한 등에, 각다귀, 사마귀, 흰 바퀴벌레, 누런 바퀴벌레, 바구미, 고자리, 부리 뾰족한 모기, 다리 기다란 모기, 야윈 모기, 그리마, 뾰록이, 밤낮으로 쉴 새 없이 물기도 하고 쏘기도 하고 빨기도 하고 뜯기도 하거니 (하는 데다가) 심한 피부병(당비루) 때문에 여기서 (더는) 견디기 어렵구나.
그중에서도 도저히 견딜 수 없는 것은 오뉴월 복더위에 쉬파리인가 하노라.

🔍 **작품 정리**

작자 미상, 〈일신이 사쟈 ᄒᆞ이〉

갈래	사설시조
성격	풍자적, 우의적
제재	물것
주제	가렴주구(苛斂誅求)를 일삼는 탐관오리의 횡포 풍자
특징	곤충(물것)을 장황하게 열거함으로써 삶의 괴로움과 고통을 우의적, 해학적으로 표현함.
출전	《해동가요》

06 　　　　　　　　　　　　　　　　정답 ②

해설
'ㄷ' 불규칙 용언이 모음으로 시작하는 어미와 결합하면 어간의 'ㄷ' 이 'ㄹ'로 교체되는 것은 맞지만, ②의 '불어라'는 '털어놓다'라는 의미 이므로, 기본형은 '붇다'가 아니라 '불다'이다. 다만 '불어라(불-+-어라)'의 활용은 바르다.

📋 **오답 정리**
① '젓다'는 'ㅅ' 불규칙 용언으로, 모음으로 시작하는 어미와 결합하면 어간의 'ㅅ'은 탈락한다. 따라서 '저어(젓-+-어)'의 기본형은 '젓다'가 맞다.
③ '여쭙다'는 'ㅂ' 불규칙 용언으로, 모음으로 시작하는 어미와 결합하면 어간의 'ㅂ'이 'ㅗ/ㅜ'로 교체된다. 따라서 '여쭤워(여쭙-+-어)'의 기본형은 '여쭙다'가 맞다.
　　※ '여쭈다'는 '여쭈어', '여쭤'로 활용한다.
④ '치르다'는 규칙 활용을 하는 용언으로, 모음으로 시작하는 어미와 결합하면 어간의 'ㅡ'는 탈락한다. 따라서 '치렀으니(치르-+-었으니)'의 기본형은 '치렀으니'가 맞다.

07 　　　　　　　　　　　　　　　　정답 ③

해설
'시선', '옷차림', '표정'은 비언어적 표현이고, '억양'과 '발음'은 준언어 적 표현이다.

08 　　　　　　　　　　　　　　　　정답 ①

해설
㉠의 밑줄 친 부분은 '관형어+주어+서술어'로 이루어진 서술절로, 그 속에 또 다른 안긴문장은 없다. 따라서 또 다른 안긴문장이 있다는 설명은 적절하지 않다.

📋 **오답 정리**
② '남의 도움 없이'는 부사어로 서술어 '시작했다'를 수식한다. 여기 서 수식한다는 말은 의미를 한정한다는 뜻이므로 적절한 설명이다.
③ ㉠은 서술어, ㉡은 부사어, ㉢은 관형어 역할을 하고 있다. 따라 서 각각이 문장 속에서 하는 구실이 다르다는 설명은 적절하다.
④ ㉠은 서술절이, ㉡은 부사절이, ㉢은 관형절이, ㉣은 인용절이 안 겨 있다.

09 　　　　　　　　　　　　　　　　정답 ②

해설
(가)에서는 '차라리 죽어서'라는 뜻의 '출하리 싀어디여'라는 표현을 통해 현실에서 임과의 사랑을 체념하고 있음을 알 수 있다.
(나)에도 '출하리 싀여디여'라는 표현이 쓰인 것을 볼 때, (나)의 화자 가 현세적 사랑을 간절히 염원하고 있다는 설명은 적절하지 않다.

📋 **오답 정리**
① 독백으로 마무리한 (가)와 달리, (나)는 마지막 구절에서 다른 여 인이 화자를 위로하는 말로 마무리하고 있다.
③ (가)의 화자는 '범나비'가 되어 임을 쫓아다니겠다는 적극적인 태 도를 보이고 있는 데 반해, (나)에서는 화자가 두 명으로, '찰하리 ~ 비최리라.'의 화자(을녀)와 '각시님 ~ 구존 비나 되쇼셔.'의 화 자(갑녀)가 있다. 여기에서 '각시님'은 둘 중 '을녀'를 말하는 것으 로, 죽어서나 달이 되어 임의 창을 비추겠다는 소극적 태도를 보 이고 있다.
　　※ '화자의 의지와 자세'를 물으면 (가)의 화자가 (나)의 화자보다 적극적이다. 다만 소재만 놓고 따진다면 (가)의 '범나비(호랑나비)'와 (나)의 '낙월' 은 소극적이고, (나)의 '구존비'만이 적극적이다.
④ (나)에서는 화자가 아닌 다른 여인이 '구존비나 되쇼셔.'라고 말함 으로써 다른 사람의 입을 빌려, 임이 자신의 마음을 알아주기를 바라고 있다.

(가) 정철, 〈사미인곡(思美人曲)〉
차라리 죽어서 호랑나비가 되고 싶구나.
꽃나무 가지마다 간 데 족족 앉았다가,
향 묻은 날개로 임의 옷에 옮으리라.
임이야 나인 줄 모르셔도 내가 임을 따르고자 하노라.

(나) 정철, 〈속미인곡(續美人曲)〉
차라리 죽어 없어져서 지는 달이나 되어
임 계신 창 안에 환하게 비추리라.

각시님 달은커녕 굳은비나 되소서.

(가) 정철, 〈사미인곡(思美人曲)〉

갈래	서정 가사, 양반 가사, 정격 가사
성격	서정적, 여성적, 연모적, 주정적, 의지적
운율	3(4)·4조, 4음보 연속체
제재	임금에 대한 사랑
주제	임금을 향한 일편단심, 연군지정(戀君之情)
의의	① 충신연주지사(忠臣戀主之詞)의 대표적 작품 ② 후편 격인 〈속미인곡〉과 더불어 가사 문학의 백미를 이룸.
연대	조선 선조(16세기 말)
출전	《송강가사》

(나) 정철, 〈속미인곡(續美人曲)〉

갈래	서정 가사, 양반 가사, 정격 가사
성격	서정적, 여성적, 연모적, 충신연주지사
운율	3(4)·4조, 4음보 연속체
제재	임에 대한 그리움
주제	임금을 향한 그리움, 연군지정(戀君之情)
특징	① 대화 형식으로 내용을 전개함. ② 순우리말을 절묘하게 구사함.
연대	조선 선조(16세기 말)
출전	《송강가사》

10 정답 ①

해설

'아! 얼마나 불행한 양산백이었던가.'에서 확인할 수 있듯이 서술자가 수시로 개입하고 있다.

오답 정리

② 제시된 부분에는 배경이 되는 시대 상황이 구체적으로 드러나 있지 않다.

③ 현재와 과거의 장면을 교차하고 있지는 않다.

④ 대화 상황이 없는 것은 아니지만, 주로 인물의 행위와 심리, 사건의 경과를 서술자가 요약하여 설명을 통해 해설하고 있다. 즉 '말하기(telling) 기법'을 중심으로 서사를 전개하고 있다.

작품 정리

작자 미상, 〈양산백전(梁山柏傳)〉

갈래	고전소설, 염정소설, 영웅소설
성격	초현실적, 신비적, 영웅적
배경	명나라 헌종 때, 중국 남양
주제	죽음을 초월한 연인의 사랑과 재생 후의 성취

11 정답 ②

해설

(가)의 마지막 문장은 앞 문장과의 의미 관계를 고려할 때 '그러나'가 아니라 인과 관계의 접속어인 '따라서'로 시작하는 것이 자연스럽다. 그런데 (나)는 이를 그대로 두었기 때문에 접속어 연결이 자연스럽지 못한 부분이 있다는 평가는 적절하다.

오답 정리

① (가)의 "자신의 생각과 ~ 굴종일 뿐입니다."는 한 문장이기 때문에 문장의 호흡이 너무 길다. 그래서 (나)에서 두 문장으로 나누었다. 따라서 (나) 문장의 호흡이 길다는 평가는 적절하지 않다.

③ '모색(摸索)'에는 '찾다'라는 의미가 포함되어 있다. 따라서 유사한 의미의 어휘 중 하나를 삭제한 (나)를, 비경제적이라고 평가한 것은 적절하지 않다.

④ 글 전체의 주제가 '관용 정신'인데 (가)의 마지막 문장은 독자성을 강조하여 글의 통일성을 깨뜨리고 있다. 그렇기 때문에 (나)의 마지막 문장과 같이 수정한 것이다. 따라서 (나)에 글의 통일성을 해치는 부분이 있다는 평가는 적절하지 않다.

12 정답 ④

해설

구운몽(九雲夢)에서 '구(九: 아홉 구)'는 성진과 팔선녀 '아홉 사람'을 의미한다. '운(雲: 구름 운)'은 '인생무상의 깨달음'을 의미한다. '몽(夢: 꿈 몽)'은 구성인 '환몽 구조'를 의미한다. 즉 제목을 통해 등장인물인 성진과 팔선녀 아홉 사람이 속세의 삶을 갈망하다가 꿈에서 부귀영화를 누린 후 허망함을 느끼고, 인생의 덧없음을 깨닫는 이야기인 것을 알 수가 있다.

오답 정리

① '인생무상'이 주제는 맞지만, 아홉 개의 개별 이야기가 제시되어 있는 작품은 아니다.

② '환몽구조'와 '세속적 욕망이 헛됨'은 확인할 수 있다. 그러나 아홉 개의 주제를 보여주고 있지는 않다.

③ 부귀영화를 누리고, 그것이 허망함을 보여주는 작품이다.

13 정답 ③

해설

ⓒ과 ⓔ은 양소유가 현실이라고 믿는 현재의 상황, 즉 '성진이 양소유로서 살아가는 꿈.'을 가리킨다.

오답 정리

ⓐ은 속세의 양소유가 꾼 꿈, 즉 몽중몽(夢中夢)에 해당한다.

ⓓ은 성진이 꿈에서 깨어나는 과정에서 정신이 혼미한 상태를 비유한 말이다.

작품 정리

김만중, 〈구운몽(九雲夢)〉

갈래	국문 소설, 몽자류(夢字類) 소설, 양반 소설, 염정 소설, 영웅 소설
성격	전기적, 이상적, 불교적
시점	전지적 작가 시점
배경	시간: 당나라 때 공간: 중국 남악 형산 연화봉 동정호(현실), 당나라 서울과 변방(꿈)
제재	꿈을 통한 성진의 득도(得道) 과정
주제	인생무상(人生無常)의 깨달음을 통한 허무의 극복
특징	① '현실 – 꿈 – 현실'의 이원적 환몽 구조를 지닌 일대기 형식을 취함. ② 유교, 불교, 도교 사상이 나타나며, 그중 불교의 공(空) 사상이 중심을 이룸. ③ 설화 〈조신의 꿈〉의 영향을 받음.

14   정답 ④

[해설]

'덧니'는 '거듭된' 또는 '겹쳐 신거나 입는'의 뜻을 더하는 접두사 '덧-'과 어근 '니(이)'의 결합이므로 파생어이다. '덧붙이다'도 '거듭' 또는 '겹쳐'의 뜻을 더하는 접두사 '덧-'과 '붙이다'의 결합이므로 파생어이다.

오답 정리

① '밥내'는 어근 '밥'과 어근 '내'의 결합이므로 합성어이다. 한편 '마침내'는 어근 '마침'과 '그때까지'의 뜻을 더하고 부사를 만드는 접미사 '-내'의 결합이므로 파생어이다.

② '군불'은 '쓸데없는'의 뜻을 더하는 접두사 '군-'과 어근 '불'의 결합이므로 파생어이다. 한편 '군밤'은 '굽다'의 어근(이자 어간) '굽(군)-'과 어근 '밤'의 결합이므로 합성어이다.

③ '날짐승'은 '날아다니는 짐승'이라는 의미이다. 따라서 '날짐승'은 '날다'의 어근 '날-'과 어근 '짐승'의 결합이므로 합성어이다. 한편 '날고기'는 '말리거나 익히거나 가공하지 않은'의 뜻을 더하는 접두사 '날-'과 어근 '고기'의 결합이므로 파생어이다.

15   정답 ③

[해설]

서술의 주체는 '주어'를, 서술의 객체는 '주어'를 제외한 '목적어, 부사어'가 지시하는 대상을 말한다. 따라서 주체 높임법은 '주어'를 높이는 방법을, 객체 높임법은 '목적어'나 '부사어'를 높이는 방법을 말한다. 그러므로 객체 높임법[모시다, 뵙다(뵈다), 드리다, 여쭙다(여쭈다)를 통해 실현.]은 서술의 객체인 목적어나 부사어가 지시하는 대상을 높이는 방법이라는 ③의 설명은 적절하다.

오답 정리

① '께'는 목적격 조사가 아니라 부사격 조사이다. 따라서 서술의 객체가 '목적어'인 경우가 아니라 '부사어'인 경우에 조사 '께'를 사용한다고 해야 적절한 설명이다.

② 주체 높임법은 주격 조사 '이/가' 대신에 '께서'를 사용해야 하는 것은 맞다. 그런데 주체 높임의 선어말 어미 '-시-'는 서술어에 붙는다. 따라서 '목적어'에 붙여야 한다는 설명은 옳지 않다. 서술어에 붙여야 한다고 해야 적절한 설명이다.

④ '여쭈다', '드리다' 등과 같은 특수 어휘는 서술의 '주체'가 아니라 서술의 '객체'를 높이기 위한 것이다. 따라서 '서술의 주체를 높이기 위해'를 '서술의 객체를 높이기 위해'로 고쳐야 적절한 설명이다.

16   정답 ①

[해설]

제시된 작품의 화자는 건넛산에 내린 봄눈을 바라보며 시상을 전개하고 있을 뿐, 공간의 이동은 나타나지 않는다.

오답 정리

② 1~3연은 화자가 초봄에 눈 덮인 산봉우리를 본 놀람을 영탄적 표현과 공감각적 표현을 통해 효과적으로 나타내고 있다.

③ 모든 연이 2행으로 배치되어 있다. 이를 통해 형태적 안정감을 얻고 있다.

④ 4~6연은 겨우내 잠들어 있던 생명이 깨어나 생동감 있게 움직이는 모습에 대한 감탄을 다양한 감각적 이미지를 통해 구체적으로 형상화하고 있다.

작품 정리

정지용, 〈춘설(春雪)〉

갈래	자유시, 서정시
성격	서정적, 감각적
제재	이른 봄에 내린 눈
화자	비록 꽃샘 추위가 남아 있더라도 핫옷을 벗어던지고 봄이 주는 감각적인 아름다움을 느끼고 싶음.
특징	① 봄에 대한 느낌을 시각, 촉각, 후각적 이미지로 표현한 것이 돋보임. ② 봄에 대한 화자의 태도 – 신선함, 설렘, 신비로운 감정의 교차 ③ 세련되고 순수한 시어의 구사 ④ 역설적 표현
주제	이른 봄에 내린 '춘설'에 대한 감각적인 느낌

17   정답 ④

[해설]

'리더십(leadership)'과 'Yeongdeungpo(영등포)'의 표기는 모두 바르다.

오답 정리

① 꽁트 → 콩트: 파열음은 된소리로 적지 않는다는 규정에 따라 'conte'는 '콩트'로 적어야 한다. 'Baekje(백제)'의 표기는 바르다.

② 플랭카드 → 플래카드: 'placard'는 [plæka:d]로 발음하므로 'ㅇ'을 받쳐 적을 근거가 없다. 따라서 '플래카드'로 적어야 한다.

haedodi → haedoji: '해돋이'의 표준 발음은 [해도지]이다. 따라서 'haedoji'로 적어야 한다.

③ Jongro-gu → Jongno-gu: '종로구'의 표준 발음은 [종노구]이다. 따라서 'Jongno-gu'로 적어야 한다. '지그재그(zigzag)'의 표기는 바르다.

18 정답 ①

[해설]
제시된 글에서 복합식 가습기를 만드는 과정에 대해서는 언급하지 않았다.

📖 오답 정리
② 1문단에 화상의 염려가 없는 점, 운영비가 적게 드는 점, 가습량이 풍부하다는 점이 장점으로 제시되어 있다. 마찬가지로 1문단에서 주변 온도 강하 현상, 백화 현상 등을 단점으로 들고 있다.
③ 1문단에서 "초음파 가습기를 사용할 때에는 물을 매일 갈아 주어야 하며, 가능하면 끓였다 식힌 물을 사용하는 것이 좋다. 그리고 정수 필터도 청소해 주어야 하는 번거로움이 있다."라고 사용 시 유의점을 밝히고 있다.
④ 2문단과 3문단에서 가열식 가습기와 복합식 가습기가 물을 가열한다는 공통점을 지니고 있다고 설명하고 있다.

19 정답 ④

[해설]
④의 첫 번째와 두 번째 문장의 '높다'의 품사는 모두 형용사이다.
※ '높다'는 항상 형용사!

📖 오답 정리
① 첫 번째 '잘못'은 명사(조사를 취함.)이고, 두 번째 '잘못(서술어를 수식)'은 부사이다.
② 첫 번째 '오늘'은 명사(조사를 취함.)이고, 두 번째 '오늘(서술어를 수식)'은 부사이다.
③ 첫 번째 '길다[long]'는 형용사이고, 두 번째 '길다[grow]'는 동사이다.

20 정답 ①

[해설]
'김 국장'은 인간이 원시 모습으로 돌아가지 않는 한 생태계 변화는 불가피하다고 했고, '이 박사' 역시 인간의 생존을 위해서는 어느 정도 생태계의 모습을 바꿀 수 있다고 하였다. 따라서 두 토론자 모두 '인간의 삶을 위해 생태계를 변화시킬 수 있다.'라고 생각하고 있다.

📖 오답 정리
② '이 박사'는 김 국장과 달리 생태 공원이 생태계를 파괴할 수 있다고 했다.

③ '이 박사'는 생물권 보전 구역에 사람을 출입시키지 말아야 한다고 했지만, 김 국장은 이에 반대한다.
④ '김 국장'은 생태 공원의 주목적이 '생태계 보전'과 동시에 '지역 경제 활성화'라고 했다.

21 정답 ④

[해설]
㉠ "소득 수준이 낮아지는 만큼 소비 수준을 낮추기는 어렵다."를 볼 때, 소득 수준은 변해도 소비 수준은 변하지 않음을 알 수 있다. 따라서 '변하지 않음'에 해당하는 말이 들어가야 한다. 그러므로 '변화를 일으킨 물질이 본디의 상태로 돌아오지 아니하는 성질'을 의미하는 '불가역성'이 가장 적절하다.
㉡ "남에게 보여 주기 위해서도 일어난다는 점이다."를 볼 때, '자랑하여 보이는 성질'을 의미하는 '과시성'이 들어가는 것이 가장 적절하다.
㉢ 소비에 대한 결정을 주체적으로 내리지 못하고 선전과 충동에 휩쓸린다는 것이므로 주체성과 반대되는 말이 어울린다. 따라서 '다른 것에 의지하여 생활하거나 존재하는 성질'을 의미하는 '의존성'이 들어가는 것이 가장 적절하다.

22 정답 ①

[해설]
3문단의 첫 번째 문장 "규장각의 소장 자료 중에는 동·서양의 여러 나라들과 접촉한 상황을 보여 주는 것들도 많다."를 볼 때, '세계와의 접촉 노력'을 확인할 수 있다

📖 오답 정리
② 제시된 글의 내용을 통해서는 '탈춤, 판소리 등 서민 문화의 융성'을 확인할 수 없다.
③ 제시된 글의 내용을 통해서는 '부를 중시하는 자본주의 정신의 태동'을 확인할 수 없다.
④ 1문단의 "정조는 당파나 신분을 불문하고 젊고 참신한 능력 있는 젊은 인재들을 규장각에 모았다. ~ 이들 중에는 신분상 당시 관리로 등용되기 어려웠던 서얼 출신들도 상당수 있었다."를 볼 때, 등용 과정에서 신분 질서를 이전보다 상대적으로 덜 중시했음을 알 수 있다.

23 정답 ②

[해설]
㉠ 글의 화제인 '종교 조직'에 대한 다양한 특성을 구체적으로 밝히고 있다.
㉣ 3문단에 종교 조직이 유지되기 위해 충족되어야 하는 조건 3가지를 열거하고 있다.

ⓛ 유사한 성격을 지닌 다른 대상과 비교하여 설명하고 있지 않다.
ⓒ 화제와 상반된 이론을 제시하고 절충 방안을 제시하고 있지 않다.

24   정답 ④

📖 해설

1문단의 "단지 문화와 언어 사이에는 긴밀한 관계가 있는 것만은 사실이다."를 볼 때, 필자는 '문화'와 '언어' 사이에 밀접한 관계가 있음은 인정하고 있다. 따라서 언어와 민족은 불가분의 관계가 아니라는 것은 필자의 견해로 보기 어렵다.

📖 오답 정리

① '종족'은 '민족'으로도 바꿀 수 있다. 1문단의 "과거에는 흔히 어느 특정한 개별 언어는 어느 특정한 종족과 불가분리의 연관성이 있다고 생각했으나, 그것은 잘못된 생각이다."를 통해 알 수 있다.

② 2문단의 "미개 사회의 언어는 미개하고, 문명 사회의 언어는 더 발달하고 복잡한 구조를 가졌다고 생각하는 사람들이 많다. 그러나 이것도 잘못된 생각이다."를 통해 알 수 있다.

③ 마지막 문단의 "그러나 실제로는 언어가 그만큼 우리의 사고를 철저하게 지배하는 것은 아니다."를 통해 알 수 있다.

25   정답 ③

📖 해설

2문단의 "그러나 기준작의 설정을 전적으로 기록에만 의존하는 것도 곤란하다. 왜냐하면 물질자료와 달리 기록은 상황에 따라 왜곡되거나 윤색될 수도 있고, 후대에 가필되는 경우도 있기 때문이다."를 볼 때, 전적으로 문헌사료의 기록에 의존해서 기준작을 설정해야 한다는 것은 제시된 글의 내용과 일치하지 않는다.

📖 오답 정리

① 전체적인 내용을 통해 알 수 있다.

② 4문단의 "한국 불교미술사에서 석굴암은 8세기 중엽 신라 불교 미술의 기준작으로 확고하게 정착되어 있다."를 통해 알 수 있다.

④ 3문단의 "예를 들어, 일본 호류지 금당의 금동약사여래좌상 ~ 이러한 사례는 기준의 선정을 위해서 작품과 관련 기록에 대한 엄격한 사료의 비판이 전제되어야 한다는 것을 잘 보여준다."를 통해 알 수 있다.

10회 정답

01. ②	02. ②	03. ④	04. ③	05. ①
06. ②	07. ④	08. ③	09. ④	10. ④
11. ④	12. ②	13. ②	14. ②	15. ②
16. ③	17. ①	18. ③	19. ④	20. ③
21. ②	22. ①	23. ①	24. ③	25. ③

01 　　　　　　　　　　　　　　정답 ②

해설

'웃다'와 '달려가다'의 주체는 모두 '아기'이다. 따라서 ②는 하나의 의미로만 해석되는 문장이므로, 그 의미가 명확하다.

오답 정리

① '철수'가 '점수를 준' 사람인지, '점수를 받은' 사람인지 의미가 모호하다.
③ '마을 남자들이 각자 다른 1명씩의 여성을 사랑한다.'라는 의미인지, '마을 남자들이 전부 동일한 1명의 여인만을 사랑한다.'라는 의미인지 모호하다.
④ '불법'이 수식하는 대상이 '자금'인지, '자금의 거래'인지 모호하다.

심화

중의성 해소 방법
1) 쉼표의 이용
2) 격 조사나 보조사를 활용
3) 수식어나 어순의 자리 이동
4) 단어나 문장 성분의 추가

02 　　　　　　　　　　　　　　정답 ②

해설

'일부러 애써'라는 의미를 가진 단어인 '구태여'는 표준어이다.

오답 정리

① 치고박으며 → 치고받으며: '서로 말로 다투거나 실제로 때리면서 싸우다.'라는 의미를 가진 단어는 '치고받다'가 표준어이다.
③ 맛쩍어 → 맛적어: '적다[少]'의 뜻이 유지되고 있는 합성어의 경우는 '적다'로 적는다. 따라서 '맛적다'가 표준어이다.
④ 끼여들기 → 끼어들기: '끼다'와 '들다'가 연결 어미 '-어'에 의해 연결되므로 '끼어들기'가 표준어이다.
　　※ '끼어들기'의 표준 발음은 [끼어들기/끼여들기]이다.

03 　　　　　　　　　　　　　　정답 ④

해설

㉠의 '눈'은 신체 기관, ㉡의 '눈'은 그물의 구멍을 이르는 말이다. 둘은 의미적 관련성이 없기 때문에 '동음이의 관계'이다. 이처럼 동음이의 관계인 것은 ④이다.
㉠의 '물'은 생선이 싱싱한 정도를 나타낸 것이고, ㉡의 '물'은 'water'를 의미한다. 둘의 의미적 관련성이 없기 때문에 '동음이의 관계'이다.

오답 정리

① ㉠은 통행로, ㉡은 방법이나 수단의 의미이다. 둘은 의미적 관련성이 있고[way], 하나의 표제어에 실려 있기 때문에 '다의 관계'이다.
② ㉠은 배후, ㉡은 뒷바라지의 의미이다. 둘은 의미적 관련성이 있고[after], 하나의 표제어에 실려 있기 때문에 '다의 관계'이다.
③ ㉠은 신체 기관, ㉡은 받침대의 의미이다. 둘은 의미적 관련성이 있고[foot], 하나의 표제어에 실려 있기 때문에 '다의 관계'이다.

04 　　　　　　　　　　　　　　정답 ③

해설

인왕리	'인왕리'의 표준 발음은 [인왕니]이다. 그런데 '리'는 행정 구역 단위이므로 그 앞에는 반드시 붙임표를 넣고, 붙임표(-) 앞뒤에서 일어나는 음운 변화는 표기에 반영하지 않는다는 규정에 따라 '인왕리'는 'Inwang-ri'로 적어야 한다.
현충사	'현충사'의 표준 발음은 [현ː충사]이다. 다만 장모음의 표기는 따로 하지 않는다. 따라서 '현충사'는 'Hyeonchungsa'로 적어야 한다.

오답 정리

① '임실[임ː실]'과 '낳지[나ː치]'의 로마자 표기는 모두 바르다.
② '벚꽃[벋꼳]'의 로마자 표기만 바르다.
　　※ 단, '벚꽃'은 원래 '소문자로 시작하는 것이 원칙이나, 고유명사(식당명, 책명 등)일 경우 예외적으로 대문자 시작의 표기가 가능하다.

법학	'법학'의 표준 발음은 [버팍]이다. 그런데 체언 내부에서 'ㄱ, ㄷ, ㅂ' 뒤에 'ㅎ'이 따를 때에는 'ㅎ'을 밝혀 적는다는 규정에 따라 '법학'은 'ㅎ(h)'을 밝혀 'beophak'으로 적어야 한다.

④ '대관령[대ː괄령]'의 로마자 표기만 바르다.

극락전	'극락전'의 표준 발음은 [극낙쩐]이 아니라 [긍낙쩐]이다. 따라서 자음 동화는 반영하되 된소리되기는 반영하지 않는다는 규정에 따라 'Geungnakjeon'으로 적어야 한다.

05 　　　　　　　　　　　　　　정답 ①

해설

'금지옥엽(金枝玉葉: 쇠 금, 가지 지, 구슬 옥, 잎 엽)'은 귀한 자손을 이르는 말이다. 따라서 어린 자녀를 애지중지하여 키우는 것을 이르는 말인 '불면 꺼질까 쥐면 터질까'와 의미가 유사하다.

오답 정리

② '점입가경(漸入佳境: 점점 점, 들 입, 아름다울 가, 지경 경)'은 갈수록 좋은 상황이 이어짐을, '노루 피하니 범이 온다.'는 점점 더 상황이 나빠짐을 의미한다. 따라서 두 말은 의미가 유사하지 않고, 상반된다.

  ※ '노루 피하니 범이 온다.'와 의미가 유사한 말은 '설상가상(雪上加霜)'이다.
  ※ '점입가경(漸入佳境)'에는 '시간이 지날수록 하는 짓이나 몰골이 더욱 꼴불견임을 비유적으로 이르는 말'의 의미도 있다.

③ '일석이조(一石二鳥: 하나 일, 돌 석, 두 이, 새 조)'는 동시에 두 가지 이득을 보는 상황을, '변죽을 치면 복판이 운다'는 암시를 조금만 주어도 눈치를 채고 의사소통이 이루어짐을 비유적으로 이르는 말이다. 따라서 두 말은 의미가 전혀 유사하지 않다.

  ※ '일석이조(一石二鳥)'와 의미가 유사한 속담은 '꿩 먹고 알 먹기'이다.

④ '동병상련(同病相憐: 같을 동, 병 병, 서로 상, 불쌍히 여길 련)'은 어려운 처지에 있는 사람끼리 서로 가엾게 여김을 이르는 말이고, '병 주고 약 준다.'는 남을 해치고 나서 약을 주며 그를 구원하는 체한다는 뜻으로, '교활하고 음흉한 자의 행동'을 비유적으로 이르는 말이다. 따라서 두 말은 의미가 전혀 유사하지 않다.

  ※ '동병상련(同病相憐)'과 의미가 유사한 속담은 '과부 설움은 홀아비가 안다.'이다.

06   정답 ②

[해설]

'월(月)'의 음은 '월'이고 뜻은 '달'이다. 해독에서 '月良'을 '드라라'라고 했으므로 '월(月)'은 한자의 뜻을 빌린 표기이다.

오답 정리

① '명(明: 밝을 명)'은 뜻을 빌린 표기이다.
③ '야(夜: 밤 야)'는 뜻을 빌린 표기이다.
④ '이(伊: 저 이)'는 음을 빌린 표기이다.

[💬 현대어 풀이]

> 처용, 〈처용가〉
> 서울 밝은 달밤에 / 밤늦도록 놀고 다니다가
> 들어와 자리를 보니 / 다리가 넷이로구나.
> 둘은 내(아내의) 것이지마는 / 둘은 누군의 것인고?
> 본디 내 것이었지마는 / 빼앗긴 것을 어찌하리오.

07   정답 ④

[해설]

(가)에는 '벼는 서로 어우러져 / 기대고 산다.'라고 하며, '벼'의 공동체적 속성을 드러내고 있다. 하지만 (나)에는 시적 대상인 '풀'의 공동체적 속성이 드러나 있지 않다.

오답 정리

① (나)에는 '풀'의 속성 변화(수동적 → 능동적)가 나타나고 있지만, (가)에는 시적 대상의 속성 변화가 나타나고 있지 않다.

② (가)와 (나) 모두 자연물에 인격을 부여하였을 뿐, 자연과 인간을 대립시키고 있지는 않다.

③ (가)와 (나)의 화자 모두 시적 대상의 모습을 통해 의지적 자세를 보이고 있다.

[🔍 작품 정리]

(가) 이성부, 〈벼〉

갈래	서정시, 참여시
성격	예찬적, 상징적, 참여적
제재	벼
주제	민중의 공동체적 유대감과 강인한 생명력 예찬
특징	① '벼'를 의인화하여 표현함. ② 비유적 표현을 통해 주제를 형상화함.
출전	"우리들의 양식"(1974)

(나) 김수영, 〈풀〉

갈래	자유시, 주지시, 참여시
성격	상징적, 주지적, 참여적, 비판적
제재	풀
주제	민중의 끈질긴 생명력
특징	① 대립적 시상 구조로 주제를 강화함. ② 반복과 대구를 통해 리듬감을 형성함. ③ 상징적 의미를 지닌 시어를 사용하여 주제를 효과적으로 드러냄.
출전	"창작과 비평"(1968)

08   정답 ③

[해설]

'당당당(唐唐唐)'은 뒤의 '당츄ㅈ'의 '당'에 맞춰 리듬감을 고려하면서 운율을 맞추기 위해 삽입한 구절이다.

오답 정리

①, ② '그네'는 이상향에 대한 동경의 의미(①)이나, 민중들의 생활 풍습을 드러내는 소재(②)가 아니다. '그네'는 사대부들의 풍류적인 삶을 드러내는 소재일 뿐이다.

④ 서로 손을 맞잡고 붉은 실로 맨 붉은 그네를 타고 있는 모습이 시각적이고 동적인 이미지로 잘 형상화되어 있다. 다만, 소박하고 정적인 분위기를 형성하고 있다는 설명은 적절하지 않다.

[💬 현대어 풀이]

> 한림제유, 〈한림별곡〉
> 호두나무, 쥐엄나무에,
> 붉은 실로 붉은 그네를 맵니다.
> 당기시라 미시라, 정소년이여.
> 아아, 내가 가는 곳에 남이 갈까 두렵구나.
> 옥을 깎은 것같이 부드러운 양 손길에, 옥을 깎은 것같이 부드러운 양 손길에,
> 아아, 손을 마주잡고 같이 노는 정경, 그것이 어떠합니까? 〈제8장〉

09 정답 ④

해설

5문단을 보면, '배위'는 형이상학적 본체를 인정하지 않는다. 현상의 본체는 현상 그 자체라고 주장하여 사회전체의 질서 속에 인간의 질서를 확립하려 하였다.

오답 정리

① 1문단의 "노자가 말하는 '무'는 '유'와 대립하는 상대적 '무'가 아니라, 그 안에 '유'를 포괄하는 절대적 '무'를 말하며, 결국 모든 것을 초월하는 '도(道)'를 가리키는 것이다."를 통해 알 수 있다.

② 3문단의 "왕필은 ~ 이런 의미에서 '무'는 모든 예법과 제도를 낳는 원천이 된다."를 통해 알 수 있다.

③ 2문단의 "왕필에게 '무'는 ~ 그에 의하면, '무'는 언어를 초월하며 어떠한 구체적인 성질도 없는 절대적인 것이고"를 통해 알 수 있다.

10 정답 ④

해설

'지지(支持: 지탱할 지, 가질 지)하다'는 '어떤 사람이나 단체 따위의 주의·정책·의견 따위에 찬동하여 이를 위하여 힘을 쓰다.'라는 의미이다. 문맥상 교육을 받아야 한다고 '힘주어 말했다'는 의미이다. 따라서 '역설(力說: 힘 역(력), 말씀 설)' 정도가 들어가야 자연스럽다.

오답 정리

① 화두(話頭: 이야기 화, 머리 두): 관심을 두어 중요하게 생각하거나 이야기할 만한 것

② 기폭제(起爆劑: 일어날 기, 터질 폭, 약제 제): 큰일이 일어나는 계기가 된 일

③ 설파(說破: 말씀 설, 깨뜨릴 파): 어떤 내용을 듣는 사람이 납득하도록 분명하게 드러내어 말함.

11 정답 ④

해설

〈보기〉를 분석하면 다음과 같다.

㉠	'곡물'의 표준 발음은 [공물]이다. 'ㄱ'이 비음 'ㅁ'의 영향을 받아 'ㅇ'으로 교체된 것이다. 즉 'ㄱ'이 'ㅇ'으로 변한 것이다. 'ㄱ'과 'ㅇ'은 모두 연구개음이다. 따라서 조음 위치는 변하지 않았다. 한편, 'ㄱ'은 파열음이고 'ㅇ'은 비음이다. 따라서 '곡물[공물]'은 조음 방법만 변한 경우이다. → (가)
㉡	'같이'의 표준 발음은 [가치]이다. 'ㅌ'이 'ㅣ'의 영향을 받아 'ㅊ'으로 교체된 것이다. 즉 'ㅌ'이 'ㅊ'으로 변한 것이다. 'ㅌ'은 치조음이고, 'ㅊ'은 경구개음이다. 따라서 조음 위치가 변했다. 또 'ㅌ'은 파열음이고, 'ㅊ'은 파찰음이다. 따라서 조음 방법도 변했다. 그러므로 '같이[가치]'는 조음 위치와 조음 방법 모두 변한 경우이다. → (나)
㉢	'작다'의 표준 발음은 [작:따]이다. 'ㄷ'이 'ㄱ'과 만나 'ㄸ'으로 교체된 것이다. 즉 'ㄷ'이 'ㄸ'으로 변한 것이다. 'ㄷ'과 'ㄸ'은 모두 치조음이다. 따라서 조음 위치는 변하지 않았다. 또한 'ㄷ'과 'ㄸ'은 모두 파열음이다. 따라서 조음 방법 또한 변하지 않았다. 그러므로 '작다[작:따]는 조음 위치와 조음 방법 모두 변하지 않은 경우이다. → (다)
㉣	'권력'의 표준 발음은 [궐:력]이다. 'ㄴ'이 'ㄹ'과 만나 'ㄹ'로 교체된 것이다. 즉 'ㄴ'이 'ㄹ'로 변한 것이다. 'ㄴ'과 'ㄹ'은 모두 치조음이다. 따라서 조음 위치는 변하지 않았다. 한편 'ㄴ'은 비음이고 'ㄹ'은 유음이다. 따라서 조음 방법은 변했다. 그러므로 '권력[궐:력]'은 조음 방법만 변한 경우이다. → (가)
㉤	'낯'의 표준 발음은 [낟]이다. 'ㅊ'이 음절의 끝소리 규칙에 의해 'ㄷ'으로 교체된 것이다. 즉 'ㅊ'이 'ㄷ'으로 변한 것이다. 'ㅊ'은 경구개음, 'ㄷ'은 치조음이다. 따라서 조음 위치가 변했다. 또한 'ㅊ'은 파찰음이고, 'ㄷ'은 파열음이다. 따라서 조음 방법도 변했다. 그러므로 '낯[낟]'은 조음 위치와 조음 방법 모두 변한 경우이다. → (나)

12 정답 ②

해설

㉡에서 구보는 어디로 갈까 생각하고 있다. 이는 구보가 특별한 목적지 없이 도시를 배회하고 있음을 보여 준다. 따라서 도시에서 분주하게 생활하고 있음을 보여 준다는 설명은 적절하지 않다.

오답 정리

① 앞의 "어머니에게 단 한마디 '네' 하고 대답 못 했던 것을 뉘우쳐 본다."를 통해 짐작할 수 있다.

③ 자기 자리를 찾지 못한다는 것을 통해 방황하는 인물의 삶을 의미함을 알 수 있다.

④ 고독이 준비되어 있다는 표현을 볼 때, 고독을 마음껏 누릴 수 있는 곳이라는 의미이다.

③ '부삽(불을 옮기는 조그마한 삽)'은 결합 전후의 형태가 바뀐다는 점에서 ⓒ의 예가 맞다. 그런데 '불'이 '삽'을 수식하는 형태이므로 ⓔ의 예이다.

④ '소나무'는 결합 전후의 형태가 바뀐다는 점에서 ⓒ의 예가 맞다. 그런데 '솔'이 '나무'를 수식하는 형태이므로 ⓔ의 예이다.

16　정답 ③

[해설]

제시된 글에서 비만인 사람은 식사에 관한 상세한 설명이 주어지거나, 요리가 담긴 접시의 색이 밝을 때 비만인 사람들의 식사량이 증가하였다고 하였고, 표준체중인 사람들에게서는 그러한 현상이 나타나지 않았다고 하였다. 이를 볼 때, 표준체중인 사람들에 비해 비만인 사람들의 식습관은 '외부 자극'에 영향을 받기 쉽다는 사실을 추론할 수 있다.

17　정답 ①

[해설]

ⓖ '구우니[구우니]', '구운[구운]', '구워[구워]'는 소리와 표기가 일치하므로 소리대로 적은 예(표음주의)이다.

ⓛ '굽고'는 [굽:꼬], '굽는'은 [굼:는]으로 소리 나더라도 원형을 밝혀 표기하고 있으므로 어법에 맞도록(표의주의) 한 예이다.

18　정답 ③

[해설]

2문단에서 한옥이 주변의 자연과 함께 어우러지는 것을 중시하는 전통적 가치관을 반영하고 있다고 설명하고 있고, 4문단에서 자연과 동등한 입장에서 자연의 존재론적 특질과 가치를 온전히 인정하겠다는 입장을 반영하고 있다고 설명하고 있다. 이 두 가지 정보를 통해 한옥이 자연을 친화적 대상으로 인식하는 가치관을 반영하고 있음을 이해할 수 있다. 다만, 한옥이 자연을 경외의 대상으로 인식하는 가치관을 반영하여 지어진다는 이해는 적절하지 않다.

오답 정리

① 2문단에서 한옥이 풍경 작용의 다양성을 추구하는 이유를 계절에 따라 달라지는 자연의 기운을 온전히 받아들이기 위한 실용적 목적이 있었기 때문이라고 설명하고 있다.

② 2문단에서 풍경 작용을 좌우하는 '마당', '경치', '창' 등의 세 가지 기준에 따라 건축에 필요한 제반 조건들이 달라진다고 설명하고 있다.

④ 1문단에서 한옥이 연출하는 무궁무진한 가변성은 창을 매개로 삼아 이루어진다고 설명하고 있다.

작품 정리

박태원, 〈소설가 구보 씨의 일일〉

갈래	중편 소설, 심리 소설, 모더니즘 소설, 세태 소설
성격	관찰적, 심리적, 묘사적
배경	시간: 1930년대의 어느 날 공간: 서울 시내
시점	전지적 작가 시점
주제	1930년대 무기력한 소설가의 눈에 비친 도시의 일상과 그의 내면 의식
특징	① 당대 서울의 모습과 세태를 구체적으로 보여 줌. ② 하루에 걸쳐 원점으로 회귀하는 여로 구조를 보임. ③ 한 인물의 의식의 흐름에 따라 서사가 진행됨.
출전	《조선중앙일보》(1934)

13　정답 ②

[해설]

제시된 글에서는 '건축적 공간'과 이와 유사한 개념인 '허공'과의 차이점을 밝히며 건축적 공간에 대해 정의하고 있다. 따라서 '대조'와 '정의'의 전개 방식이 사용되었다.

14　정답 ②

[해설]

'볼썽사납다'는 'ㅂ' 불규칙 용언이므로 'ㅂ'을 'ㅜ'로 교체하여 '볼썽사나웠다(볼썽사납+었+다)'로 표기한 것은 옳다.

※ • 볼썽: 남에게 보이는 체면이나 태도
 • 볼썽사납다: 어떤 사람이나 사물의 모습이 보기에 역겹다.

오답 정리

① 몇일 → 며칠: 어원이 분명하지 않기 때문에 소리 나는 대로 '며칠'로 표기해야 한다.

③ 규정되 → 규정돼: '규정되다'의 활용형으로 '규정되어' 혹은 축약하여 '규정돼'로 표기해야 한다.

④ 불문률 → 불문율: '律(률)'은 모음이나 'ㄴ' 받침 뒤에서는 '율'로 적기 때문에 '불문율(不文律)'로 표기해야 한다.

15　정답 ②

[해설]

②의 '밤낮'은 결합 전후의 형태를 유지한다는 점에서 ⓖ의 예이다. 또한 '밤'과 '낮'이 결합되어 '늘'이라는 새로운 뜻을 나타낸다는 점에서 ⓜ의 예이다.

※ '밤낮'이 '밤과 낮'의 의미일 때에는 '대등 합성어'이다.

오답 정리

① '손발'은 결합 전후의 형태를 유지한다는 점에서 ⓖ의 예가 맞다. 그런데 '손과 발'이라는 의미이므로 ⓔ의 예이다.

※ '손발'이 '마음대로 부리는 사람'의 의미일 때에는 '융합 합성어'이다.

19 정답 ④

해설

제시된 작품에서는 '어둠(시련, 고난)'이 있어야 '별(행복)'을 낳을 수 있다고 말하고 있다. 즉 시련이나 고난이 있어야 진정한 행복을 마주할 수 있다는 의미이다. 따라서 제시된 작품의 주제와 관련이 있는 한자 성어는 쓴 것이 다하면 단 것이 온다는 뜻으로, 고생 끝에 즐거움이 옴을 이르는 말인 '고진감래(苦盡甘來: 쓸 고, 다할 진, 달 감, 올 래)'이다.

오답 정리

① 진퇴양난(進退兩難: 나아갈 진, 물러날 퇴, 두 양(량), 어려울 난): 이러지도 저러지도 못하는 어려운 처지
② 흥진비래(興盡悲來: 일어날 흥, 다할 진, 슬플 비, 올 래): 즐거운 일이 다하면 슬픈 일이 닥쳐온다는 뜻으로, 세상일은 순환되는 것임을 이르는 말
③ 각주구검(刻舟求劍: 새길 각, 배 주, 구할 구, 칼 검): 융통성 없이 현실에 맞지 않는 낡은 생각을 고집하는 어리석음을 이르는 말

작품 정리

정진규, 〈별〉

갈래	자유시, 서정시, 운문시
성격	상징적, 비유적
주제	힘겨운 삶 속에서 볼 수 있는 희망과 꿈의 가치
특징	① 반복과 상징을 통해 희망과 꿈의 의미를 강조함. ② 대비되는 두 시어(어둠과 별)를 통해 삶의 의미를 생각해 보게 함. ③ 역설적 표현으로 희망을 볼 수 없는 사람들이 더 불행하다는 의미를 효과적으로 전달함. ④ 단정적 어조로 희망의 메시지를 전달함.

20 정답 ③

해설

'철겹다'는 '제철에 뒤져 맞지 아니하다.'라는 의미이다. '여름'에 비가 오는 것은 제철에 맞다. 따라서 '철겹다(철겹게)'의 쓰임은 적절하지 않다.

오답 정리

① '버릊다'는 '파서 헤집어 놓다.'라는 의미이므로 그 쓰임이 바르다.
② '갈마보다'는 '양쪽을 번갈아 보다.'라는 의미이므로 그 쓰임이 바르다.
④ '헤찰하다'는 '일에는 마음을 두지 아니하고 쓸데없이 다른 짓을 하다.'라는 의미이므로 그 쓰임이 바르다.

21 정답 ②

해설

'박사'는 게이트키핑은 어느 언론에서나 이루어지는 것으로 이 때 공정성과 진정성이 필요하다는 것이지, 게이트키핑 자체를 하지 말아야 한다고 말하지는 않았다.

오답 정리

① 박사의 세 번째 발언 "외압이 있는 경우 그 기사는 신문에 실리거나 방송을 탈 수 없게 됩니다."를 볼 때, 적절한 반응이다.
③ 박사의 세 번째 발언을 볼 때, 우리가 읽는 모든 기사는 선택된 것임을 알 수 있다.
④ 박사의 네 번째 발언 "신문사가 가진 이데올로기에 따라서 그 신문사가 행하는 게이트키핑의 내용은 달라질 수밖에 없지요."를 볼 때, 기사를 읽을 때 비판적인 태도를 지녀야 한다는 것은 적절한 반응이다.

22 정답 ①

해설

이윤∨보다 → 이윤보다: '보다'는 조사이므로, 명사 '이윤'에 붙여 써야 한다.

오답 정리

②, ③의 '보다'는 비교의 대상이 되는 말에 붙어 '에 비해서'의 뜻을 나타내는 격 조사이다. 명사와 조사는 붙여 쓰기 때문에 각각 '이익'과 '것'에 '보다'를 붙여 쓴 것은 옳다.
④의 '보다'는 '어떤 수준에 비하여 한층 더'라는 뜻을 나타내는 부사이다. 따라서 '자원을'과 띄어 쓴 것은 옳다.

23 정답 ①

해설

'새파랗다(새-/파랗-/-다)'와 '먹었다(먹-/-었-/-다)'는 모두 3개의 형태소로 이루어진 단어이다.

오답 정리

② '큰집(크-/-ㄴ/집)'은 3개의 형태소로 이루어진 단어이고, '기쁘다(기쁘-/-다)'는 2개의 형태소로 이루어진 단어이다.
③ '일거리(일/거리)'는 2개의 형태소로 이루어진 단어이고, '시나브로(시나브로)'는 1개의 형태소로 이루어진 단어이다.
④ '주름치마(주름/치마)'는 2개의 형태소로 이루어진 단어이고, '춤겠니(춤-/-겠-/-니)'는 3개의 형태소로 이루어진 단어이다.
※ '기쁘다(깃+브+다)', '주름(줄+음)'은 통사적으로 분석하면 형태소가 각각 3개와 2개가 가능하다.

24

[해설]

㉠ 바로 다음 문장인 3문단에 "과학의 윤리 상태를 심화시키는 데에 과학 내용의 어려움보다 더 크게"라는 표현이 있으므로 ㉠에 들어갈 내용으로는 ②의 '과학의 내용 자체가 가지는 어려움이 계속 심화되기 때문에'가 가장 적절하다.

25

[해설]

제시된 글의 갈래는 '가전체'이다. 제시된 작품은 '술'이라는 사물을 의인화하여 현실 세계를 비판하고 있는 '우의적(동식물이나 기타 사물을 의인화하여 교훈적이고 풍자적)' 성격을 지니고 있다. 하지만 개인의 정서를 표현한 것은 아니다.

📋 오답 정리

① '가전체'는 사물에 인격을 부여하여 의인화한 것이 특징이다. 제시된 작품에서는 '술'을 의인화하여 표현하고 있다.
② 가전에서는 의인화한 사물의 가계와 생애 및 성품, 공과를 서술하기 위해 여러 가지 역사적 사실과 고사를 인용하는데, 제시된 글에서도 이러한 특징이 드러나고 있다.
④ '국순'의 생애를 시간의 흐름에 따라 서술하고 있다.

🔍 작품 정리

임춘, 〈국순전(麴醇傳)〉

갈래	가전(假傳)
성격	풍자적, 우의적, 교훈적
제재	술(누룩)
주제	간사한 벼슬아치에 대한 풍자
특징	① '도입 – 전개 – 비평'의 구성임. ② 일대기 형식의 순차적 구성임. ③ 의인화 기법을 활용한 전기적 구성임.
의의	① 현전하는 가전 문학의 효시임. ② 이규보의 〈국선생전〉에 영향을 줌.
출전	《서하선생집(西河先生集)》, 《동문선(東文選)》

11회 정답

01. ③	02. ②	03. ②	04. ③	05. ③
06. ④	07. ④	08. ④	09. ③	10. ①
11. ②	12. ③	13. ②	14. ③	15. ④
16. ③	17. ③	18. ④	19. ③	20. ②
21. ③	22. ②	23. ③	24. ②	25. ④

01
정답 ③

[해설]

'데다가'는 의존 명사 '데' 뒤에 더해지는 대상을 나타내는 격 조사 '에다가'가 붙은 '데에다가'의 준말이다. 따라서 '예쁜(형용사)'과 '데다가'를 띄어 쓴 것은 띄어쓰기 규정에 맞다.

[오답 정리]

① 좋을텐데 → 좋을∨텐데: '텐데'는 의존 명사 '터'에 서술격 조사 '이다'의 활용형 '인데'가 결합한 말이다. 의존 명사는 관형어와 띄어 써야 한다. 따라서 의존 명사 '터'가 포함된 '텐데'는 앞의 관형어 '좋을(형용사)'과 띄어 써야 한다.

② 너밖에도 → 너∨밖에도: '밖에'가 '이외에'라는 뜻의 조사일 때는 '부정의 서술어'를 동반한다. 다만 제시문의 '밖에'는 부정의 서술어를 동반하지 않고 명사 '밖(바깥)'과 부사격 조사 '에'가 결합한 것이다. 단어끼리는 띄어 써야 하기 때문에 대명사 '너'와 명사 '밖'은 띄어 써야 한다.

④ 돕는데에 → 돕는∨데에: '데'는 다른 의존 명사 '것'이나 명사 '일'과 바꿔 쓸 수 있다. 즉 '데'는 의존 명사이므로 관형어 '돕는'과 띄어 써야 한다.

[심화]

'뿐', '만큼', '대로'의 띄어쓰기

	의존 명사	조사
뿐	1. 다만 어떠하거나 어찌할 따름이라는 뜻을 나타내는 말 예 소문으로만 들었을 뿐이네. 2. 오직 그렇게 하거나 그러하다는 것을 나타내는 말 예 이름이 나지 않았다 뿐이지 참 성실한 사람이다.	1. '그것만이고 더는 없음' 또는 '오직 그렇게 하거나 그러하다는 것'을 나타내는 보조사 예 이제 믿을 것은 오직 실력뿐이다.
만큼	1. 앞의 내용에 상당한 수량이나 정도임을 나타내는 말 예 노력한 만큼 대가를 얻다. 2. 뒤에 나오는 내용의 원인이나 근거가 됨을 나타내는 말 예 어른이 심하게 다친 만큼 그의 행동도 달라져 있었다.	1. 앞말과 비슷한 정도나 한도임을 나타내는 격 조사 예 집을 대궐만큼 크게 짓다.
대로	1. 어떤 모양이나 상태와 같이 예 들은 대로 이야기하다. 2. 어떤 상태나 행동이 나타나는 그 즉시 예 집에 도착하는 대로 편지를 쓰다. 3. 어떤 상태나 행동이 나타나는 족족 예 기회 있는 대로 정리하는 메모 4. 어떤 상태가 매우 심하다는 뜻을 나타내는 말 예 약해질 대로 약해지다. 5. 할 수 있는 만큼 최대한 예 될수 있는 대로 빨리 오다.	1. 앞에 오는 말에 근거하거나 달라짐이 없음을 나타내는 보조사 예 처벌하려면 법대로 해라. 2. 따로따로 구별됨을 나타내는 보조사 예 큰 것은 큰 것대로 따로 모아 두다.

02
정답 ②

[해설]

발음상 혼동의 우려가 있을 때에는 음절 사이에 붙임표(-)를 쓸 수 있다. 따라서 '반구대'를 'Ban-gudae'로 표기한 것은 옳다.

※ 'Bangudae'로만 표기하면, 'Ban-gudae'인지 'Bang-udae'인지 혼동할 우려가 있다.

[오답 정리]

① 의정부(uijeongbu → Uijeongbu): 고유 명사는 첫 글자를 대문자로 적어야 한다. 따라서 지명인 '의정부'는 'Uijeongbu'로 표기해야 한다.

③ 인왕리(Inwang-ni → Inwang-ri): 붙임표(-) 앞뒤에서 일어나는 음운 변화는 표기에 반영하지 않는다. 따라서 '인왕리'는 [인왕니]로 발음이 되더라도, 'Inwang-ri'로 표기해야 한다.

④ 삼죽면(Samjung-myeon → Samjuk-myeon): 붙임표(-) 앞뒤에서 일어나는 음운 변화는 표기에 반영하지 않는다. 따라서 '삼죽면'은 [삼중면]으로 발음이 되더라도, 'Samjuk-myeon'으로 표기해야 한다.

※ 행정구역을 나타내는 '-도, -시, -군, -구, -읍, -면, -리, -동, -가'와 '-대로, -로, -길'은 반드시 붙임표를 표시해야 한다.

03
정답 ②

[해설]

안절부절하다 → 안절부절못하다: '안절부절'은 부사로 항상 '못하다'와 붙어서 '안절부절못하다(동사)'의 형태로만 쓰이면서 '마음이 불안하고 초조하여 어찌할 바를 모르다.'의 뜻을 지닌다.

※ 부사 '안절부절'도 표준어이다.

[오답 정리]

① '몹시 단단하고 팽팽하게 되다.'라는 의미의 단어는 '땅기다'가 기본형이다. 따라서 '땅겼다'의 표기는 어법에 맞다.

③ '몸가짐이나 언행을 조심하다.'라는 의미의 단어는 '삼가다'가 기본형이다. 따라서 '삼가야'의 표기는 어법에 맞는다.

④ '삐지다'는 본래 '삐치다'의 비표준어였으나 2014년 12월 국립국어원에서 '삐치다'와 동일한 뜻으로 널리 쓰이는 것으로 판단하여 복수 표준어로 인정하였다. 따라서 '삐져서'의 표기는 어법에 맞는다.

부정적인 의미를 지니는 말이 단어 속에 포함되어서 단어를 이루는 말

의미	바른 표기	틀린 표기
마음이 초조하고 불안하여 어찌할 바를 모르다. 예 합격자 발표를 기다리며 <u>안절부절못하다</u>.	안절부절못하다	안절부절하다
1. 전혀 합당하지 아니하다. 예 <u>얼토당토않은</u> 논리 2. 전혀 관계가 없다. 예 사건은 우리의 희망과는 <u>얼토당토않은</u> 방향으로 진행되고 있었다.	얼토당토않다	얼토당토하다
1. 비웃음을 살 만큼 언행이 분수에 넘치는 데가 있다. 예 가난뱅이 주제에 <u>어쭙잖게</u> 자가용을 산대? 2. 아주 서투르고 어설프다. 또는 아주 시시하고 보잘것없다. 예 어마어마한 이름을 뒤집어씌워 그렇지 실은 사건이 될 턱이 없는 <u>어쭙잖은</u> 일이었다.	어쭙잖다	어쭙다

04　　　　　정답 ③

[해설]

주체 높임	주어에 해당하는 인물은 '나'이고, 서술어에는 주체 높임의 선어말 어미 '-시-'가 쓰이지 않았다. 따라서 [주체 높임-]이다.
객체 높임	문장의 목적어가 가리키는 대상은 '아버지'이며 그 인물을 높이는 표현인 '모시다'가 쓰였다. 따라서 [객체 높임+]이다.
상대 높임	문장에 말을 듣는 상대를 높이는 보조사 '요'가 쓰였으므로, [상대 높임+]이다.

05　　　　　정답 ③

[해설]

(가)는 유리왕의 〈황조가〉이고 (나)는 이개의 시조이다.

㉠은 화자와 대비되는 자연적 소재이고 ㉡은 화자와 동일시되고 있는 감정이입의 소재이다. 따라서 ㉠은 화자의 외로운 처지를 효과적으로, ㉡은 이별의 슬픔에 시달리는 화자의 심정을 효과적으로 드러내 주는 소재이다.

(가) 훨훨 나는 꾀꼬리는
　　암수 다정히 노니는데
　　외롭구나! 이내 몸은
　　누구와 함께 돌아갈꼬.
(나) 방 안에 켜져 있는 저 촛불은 누구와 이별을 하였기에
　　겉으로 눈물을 흘리며 속이 타들어 가는 줄을 모르는가?
　　저 촛불도 나와 같아서 눈물만 흘릴 뿐, 속이 얼마나 타는지 모르겠구나.

06　　　　　정답 ④

[해설]

첫 번째 문장에서 '절박한 시기'라는 말과, 안 좋은 상황에 휘말린 상황임을 보여주는 두 번째 문장의 내용을 볼 때, ㉠에는 '몹시 위태로운 상황'에 해당하는 말이 들어가야 한다. 그런데 '돼지에 진주목걸이'는 '값어치를 모르는 사람에게는 보물도 아무 소용없음'을 비유적으로 이르는 말이므로, ㉠에 들어갈 말로 적절하지 않다.

[오답 정리]

① 백척간두(百尺竿頭: 일백 백, 자 척, 장대 간, 머리 두): 백 자나 되는 높은 장대 위에 올라섰다는 뜻으로, 몹시 어렵고 위태로운 지경을 이르는 말

② 누란지세(累卵之勢: 쌓을 누(루), 알 란, 어조사 지, 기세 세): 층층이 쌓아 놓은 알의 형세라는 뜻으로, 몹시 위태로운 형세를 비유적으로 이르는 말

③ 바람 앞의 등불: 언제 꺼질지 모르는 바람 앞의 등불이란 뜻으로, 매우 위태로운 처지에 놓여 있음을 비유적으로 이르는 말
　≒ 풍전등화(風前燈火: 바람 풍, 앞 전, 등불 등, 불 화)

07　　　　　정답 ④

[해설]

제시된 글에서 물체가 물에 젖을 경우 물 분자들이 물체 표면의 전자들로 하여금 빛의 대부분을 물체 내부로 투과되도록 하는 데 영향을 미치기 때문에 물체의 색이 더 선명하게 보이게 된다고 하였다. 이와 관련하여, 물기를 머금은 장미가 더 빨갛게 보이는 이유를 짐작할 수 있다.

08　　　　　정답 ④

[해설]

《훈몽자회(訓蒙字會)》의 상권 첫머리에 '훈몽자회인(訓蒙字會引)'과 '범례'가 실려 있는데, '범례'의 끝에 '언문자모(諺文字母)'라 하여, 그 당시의 한글 체계와 용법에 대한 간단한 설명이 붙어 있다. 이 '언문자모(諺文字母)'는 훈민정음의 28자 중에서 'ㆆ'이 빠진 체계를 보여 준다. 따라서 ④의 설명은 옳다.

[오답 정리]

① 《훈몽자회(訓蒙字會)》는 중종 22년(1527년)에 최세진이 편찬한

'한자 학습을 위한 교습서'는 맞는다. 다만, 그 대상은 '아녀자'가 아니라 '어린이'였다.

② 'ㅿ'과 'ㆆ'은 초성에만 쓰일 수 있다. 그러나 'ㄱ, ㄴ, ㄷ, ㄹ, ㅁ, ㅂ, ㅅ, ㅇ'은 초성과 종성 모두 쓰일 수 있는 자음이다.

③ 《훈몽자회(訓蒙字會)》에서 규정한 모음은 'ㅏ, ㅑ, ㅓ, ㅕ, ㅗ, ㅛ, ㅜ, ㅠ, ㅡ, ㅣ, ·' 11개이다.

※ 'ㅏ, ㅓ, ㅗ, ㅜ, ㅐ, ㅔ, ㅟ, ㅚ, ㅡ, ㅣ'는 국어의 단모음 10개이다.

［ 심화 ］

《훈몽자회(訓蒙字會)》	
정의	최세진(崔世珍)이 어린이들의 한자(漢字) 학습을 위하여 지은 책
간행	1527년(중종 22)
특징	① 자모의 명칭과 순서가 오늘날과 유사함. ② 우리 글자의 명칭으로 '반절(半切)'을 사용함. ③ 'ㆆ(여린히읗)'의 소실을 확인할 수 있는 문서 ④ 'ㆆ(여린히읗)'이 빠진 27자를 초성종성통용팔자(初聲終聲通用八字), 초성독용팔자(初聲獨用八字), 중성독용십일자(中聲獨用十一字)로 나눔.

09 　　　　　　　　　　　　　　　정답 ③

해설

㉠ 앞의 '예사로'라는 말과 연관하여 보면 함부로 쓴다는 의미의 '남용(濫用: 퍼질 남(람), 쓸 용)'과 바꿔 쓸 수 있다.

㉡ 문맥상 올바른 형태로 쓰인다는 의미이므로, '사용(使用: 하여금 사, 쓸 용)'과 바꿔 쓸 수 있다.

오답 정리

① ㉠ 병용(竝用: 아우를 병, 쓸 용): 아울러 같이 씀.
　 ㉡ 통용(通用: 통할 통, 쓸 용): 일반적으로 두루 씀, 서로 넘나들어 두루 씀.

② ㉠ 적용(適用: 갈 적, 쓸 용): 알맞게 이용하거나 맞추어 씀.
　 ㉡ 겸용(兼用: 겸할 겸, 쓸 용): 한 가지를 여러 가지 목적으로 씀.

④ ㉠ 활용(活用: 살 활, 쓸 용): 충분히 잘 이용함.
　 ㉡ 애용(愛用: 사랑할 애, 쓸 용): 좋아하여 애착을 가지고 자주 사용함.

10 　　　　　　　　　　　　　　　정답 ①

해설

㉠ 주어는 '말씀이'이므로, 첫 번째 조건을 충족한다. 또한 '잊히지'는 동사 '잊다'의 어간 '잊-'에 피동 접미사 '-히-'와 연결 어미 '-지'가 결합한 것이다. 따라서 이중 피동 표현이 아니므로 두 번째 조건을 충족한다. 마지막으로 지나친 명사화 구성도 쓰이지 않았다. 따라서 ㉠은 〈보기〉의 조건을 모두 충족한다.

㉡ 주어는 '한글이'와 '사실은'이므로, 첫 번째 조건을 충족한다. '알려져'는 사동사 '알리다'의 어간 '알리-'에 피동의 뜻을 더하는 보

조 동사 '지다'가 '-어지다'의 구성으로 쓰인 것이다. 따라서 이중 피동 표현이 아니므로 두 번째 조건을 충족한다. 마지막으로 지나친 명사화 구성도 쓰이지 않았다. 따라서 ㉡은 〈보기〉의 조건을 모두 충족한다.

오답 정리

㉢ 전체 문장의 주어가 '과학자들이'이므로(서술어는 '연구, 분석한다.') 주어가 생물이기 때문에 첫 번째 조건을 충족하지 않는다. 또한 지나친 명사화 구성이 쓰였기 때문에 세 번째 조건도 충족하지 않는다. 이중 피동 표현은 쓰이지 않았다.

㉣ 앞 문장의 주어가 '학생들이'이므로(서술어는 '참여하다') 주어가 생물이기 때문에 첫 번째 조건을 충족하지 않는다. 이중 피동 표현과 지나친 명사화 구성은 쓰이지 않았다.

11 　　　　　　　　　　　　　　　정답 ②

해설

'흐드러지다'는 '매우 탐스럽거나 한창 성하다.' 또는 '매우 흐뭇하거나 푸지다.'라는 뜻의 고유어로, 형용사 '흐무러지다'와 복수 표준어이다. 따라서 둘을 바꿔 쓸 수 있다. 다만, '흐무러지다'가 '잘 익어서 무르녹다.', '물에 불어서 매우 물렁거리게 되다.', '엉길 힘이 없어 뭉그러지다.'의 뜻의 동사로 쓰일 때에는 '흐드러지다'와 바꿔 쓸 수 없다. 그러므로 '홍시가 터져서 흐드러졌다.'라고 표현한 것은 적절하지 않다. '홍시가 터져서 흐무러졌다.'라고만 표현해야 한다.

• 흐무러지다

동사	1. 잘 익어서 무르녹다. ≒흐무지다 2. 물에 불어서 매우 물렁거리게 되다. ≒흐무지다 3. 엉길 힘이 없어 뭉그러지다.
형용사	1. 매우 탐스럽거나 한창 성하다. =흐드러지다. 2. 매우 흐뭇하거나 푸지다. =흐드러지다.

오답 정리

① ㉠ 암팡스럽다: 형 몸은 작아도 야무지고 다부진 면이 있다.

③ ㉢ 선걸음: 명 이미 내디뎌 걷고 있는 그대로의 걸음

④ ㉣ 길섶: 명 길의 가장자리

12 　　　　　　　　　　　　　　　정답 ③

해설

관형절을 안은문장은 안긴문장에 생략된 문장 성분이 있는지 없는지에 따라 '관계 관형절'과 '동격 관형절'로 나뉜다. '관계 관형절'은 ㉠, ㉢과 ㉣이다.

㉠ '모두를 깜짝 놀라게 할'에는 주어 '소식이'가 생략되어 있다. 따라서 관계 관형절이다.

㉢ '우리가 함께 올랐던'에는 목적어 '산을' 또는 부사어 '산에'가 생략되어 있다. 따라서 관계 관형절이다.

㉣ '내가 태어난'에는 부사어 '1999년에'가 생략되어 있다. 따라서 관계 관형절이다.

ⓒ '너희들이 성공해서 돌아온'에는 생략된 문장 성분이 없이, '사실'을 수식하고 있다. 따라서 동격 관형절이다.

13
정답 ②

제시된 글은 재산권 제도의 발달에 따른 경제 성장을 예로 들어 '제도의 발달과 경제 성장의 상관관계'에 대해 설명하고 있다. 따라서 제목으로는 '경제 성장과 제도 발달'이 가장 적절하다.

14
정답 ③

제시된 글에서는 '소녀들의 대립 원인과 양상'을 '소년의 경우'와 대조(차이점, 같은 범주)하여 설명하고 있다.

① 가설을 설정하고 사례를 통해 이를 입증하고 있지 않다.
② 알기 쉬운 대상에 빗대어 어려운 개념을 풀이하는 '유추'는 쓰이지 않았다.
④ 시간의 흐름에 따른 발달 과정은 나타나지 않는다.

15
정답 ④

'떡 줄 사람은 생각도 않는데 김칫국부터 마신다'는 속담이므로 '풍유법'이다. 그런데 제시된 시에서는 '풍유법'이 쓰이지 않았다.
※ 풍유법: 본뜻을 숨기고 비유하는 말만으로 숨겨진 뜻을 암시하는 수사법. 비유법의 하나로, 속담이나 격언 따위가 여기에 속한다. ≒ 우화법

① 사람이 아닌 '강물'을 사람처럼 표현하여 '말없이' 흐른다고 한 의인법이다. 제시된 시에서도 '수선화'를 사람처럼('네가 물가에 ~ 때문이다.') 표현했다.
② 유사한 어구 '살어리랏다'가 반복되고 있는 반복법이다. 제시된 시에서도 '-지 마라'와 '-이다'가 반복되고 있다.
③ '꽃은 안개와 같고'와 '사람은 구름과 같다'가 짝을 이뤄 반복되는 대구법이다. 제시된 시에서도 5행과 6행, 9행과 10행에서 유사한 어구가 짝을 이뤄 반복되고 있다.
※ '~같이', '~같다'는 '직유법'이다.

16
정답 ③

Tip 시 문제는, 반드시 제목을 먼저 확인한다!
물가에 홀로 핀 '수선화'가 청자이므로, 청자 '너'는 '수선화'이다.

17
정답 ③

제시된 시는 물가에 홀로 핀 수선화를 보며 느낀 외로움의 정서를 수선화에게 이야기하는 형식으로 '모든 존재는 고독하다'라고 풀어내고 있다. 따라서 주제는 ③의 '고독(孤獨: 외로울 고, 홀로 독)의 속성(屬性: 무리 속, 성품 성)'이다.

① 인생(人生: 사람 인, 날 생)의 본질(本質: 근본 본, 바탕 질)
  ※ 본질: 원래 가지고 있는 성질이나 모습.
② 존재(存在: 있을 존, 있을 재)의 의의(意義: 뜻 의, 옳을 의)
  ※ 의의: 의미와 가치
④ 자연(自然: 스스로 자, 그럴 연)의 섭리(攝理: 당길 섭, 다스릴 리)
  ※ 섭리: 원리와 법칙

정호승, 〈수선화에게〉

갈래	자유시, 서정시
성격	서정적, 성찰적
제재	물가에 홀로 핀 수선화
주제	외로움을 수용하는 삶의 태도
특징	① 청자에게 말을 건네는 형식으로 표현함. ② 담담하고 단정적인 어조로 외로움을 순응해야 함을 타이르듯이 이야기함.
출전	《외로우니까 사람이다》(1998)

18
정답 ④

㉠ '여름'은 '열매'라는 뜻이다. 따라서 '實(열매 실)'과 의미가 통한다.
㉡ '내히'는 '내'라는 뜻이다. 따라서 '川(내 천)'과 의미가 통한다.
㉢ '하늘'은 '하늘'이라는 뜻이다. 따라서 '天(하늘 천)'과 의미가 통한다.
㉣ '도죽'은 '도적'이라는 뜻이다. 따라서 '盜(도둑 도)'와 의미가 통한다.

㉠ 夏(여름 하)   ㉡ 我(나 아)
㉢ 一(하나 일)   ㉣ 器(그릇 기)

현대어 풀이

〈용비어천가(龍飛御天歌)〉

뿌리가 깊은 나무는 바람에 흔들리지 않으므로, 꽃이 좋고 열매가 많으니.
샘이 깊은 물은 가뭄에도 그치지 아니하므로, 내가 이루어져 바다에 가나니.

〈2장〉 송축장: 조선 왕조의 무궁한 발전 기원

(고공단보가) 오랑캐 사이에 가사 오랑캐가 덤비거늘, 기산으로 옮아가심도 하늘의 뜻이시니,
(익조가) 오랑캐 사이에 가사 오랑캐가 덤비거늘, 덕원으로 옮아가심도 하늘의 뜻이시니.

〈4장〉 사적찬: 익조에게 내린 하늘의 뜻

(금 태조가) 구렁에 말을 지나게 하시어 도적이 다 돌아가니, 반 길의 높이인들 남이 지나리이까.
(이 태조가) 돌벽에 말을 올리시어 도적을 다 잡으시니, 몇 번을 뛰게 한들 남이 오르리이까.

〈48장〉 사적찬: 조선 태조의 초인적 용맹 찬양

작품 정리

정인지, 권제, 안지 등, 〈용비어천가(龍飛御天歌)〉

갈래	악장, 영웅 서사시, 송축가
성격	서사적, 송축적, 설득적, 권계적
제재	새 왕조의 창업
주제	새 왕조 창업의 정당성
특징	① 서사, 본사, 결사의 구조 속에 작품 창작 동기가 유기적으로 서술됨. ② 2절 4구의 형식에서 1절은 중국 제왕(帝王)의 사적을, 2절은 조선 왕조의 사적을 찬양함.
의의	① 훈민정음으로 기록된 최초의 작품 ② 우리나라 최초의 장편 영웅 서사시
연대	세종 27년(1445)

19   정답 ③

해설

'중과부적(衆寡不敵: 무리 중, 적을 과, 아닐 부(불), 원수 적)'은 '적은 수효로 많은 수효를 대적하지 못함'을 이르는 말이다. 따라서 승리를 한 상황에 쓰기에 적절하지 않은 한자 성어이다.

오답 정리

① '천의무봉(天衣無縫: 하늘 천, 옷 의, 없을 무, 꿰맬 봉)'은 천사의 옷은 꿰맨 흔적이 없다는 뜻으로, 일부러 꾸민 데 없이 자연스럽고 아름다우면서 완전함 또는 세상사에 물들지 아니한 어린이와 같은 순진함을 이르는 말이다. 따라서 다른 사람들에게 잘 속는 동생에게 쓰기에 적절한 한자 성어이다.
② '언어도단(言語道斷: 말씀 언, 말씀 어, 길 도, 끊을 단)'은 말할 길이 끊어졌다는 뜻으로, 어이가 없어서 말하려 해도 말할 수 없음을 이르는 말이다. 부잣집 도련님이 영양실조라는 건 말도 안 되는 상황이므로 '언어도단(言語道斷)'의 쓰임은 적절하다.
④ '화룡점정(畵龍點睛: 그림 화, 용 룡, 점 점, 눈동자 정)'은 무슨 일을 하는 데에 가장 중요한 부분을 완성함을 비유적으로 이르는

말이다. 만찬에서 '디저트 와인'이 가장 중요하다는 의미로 쓰였기 때문에 '화룡점정(畵龍點睛)'의 쓰임은 적절하다.

20   정답 ②

해설

㉡의 '웃음'은 '글쓴이의 말에 고마워하는 선의의 웃음'이다. 따라서 '나'의 행동을 조롱하는 태도가 드러나 있다고 볼 수 없다.

오답 정리

① 글쓴이는 '아저씨'를 '순박하고 건강한 아저씨'라고 말하고 있다. 이를 통해 '아저씨'를 긍정적으로 바라보는 '나'의 태도를 확인할 수 있다.
③ 자신의 행위를 이해해 주지 않는 식구들에 대한 서운함이 드러난다.
④ ㉣은 푸성귀를 다듬던 어린 시절의 글쓴이의 모습을 대상화하여 나타낸 것이다. '스스로를 대상화'한다는 것은 제삼자의 입장에서 자기 자신을 바라볼 수 있는 대상으로 여기는 것을 말한다.

작품 정리

박완서, 〈야채 트럭 아저씨〉

갈래	현대 수필, 경수필, 서정적 수필
성격	일상적, 자연친화적
제재	트럭 아저씨
주제	① 소박한 일상에서 느끼는 기쁨 ② 자연과 사람에 대한 애정
특징	① 자연적이고 인간적인 것을 소중히 여기는 작가의 인생관이 드러남. ② 소박하게 살아가는 작가의 일상을 부드럽고 간결한 문체로 서술함.

21   정답 ③

해설

1단계	(다)는 달에 가서 월석을 가져와 분석하기 전의 이론을, (나)는 실제로 가져와 분석한 후의 결론을 제시하고 있다. 따라서 (다) 뒤에 (나)가 이어지는 게 자연스럽다.
2단계	(나)의 마지막 문장 "지구와 달이 같은 물질에서 동시에 만들어지지도 않았다고 결론지을 수 있었다."와 (마)의 첫 문장 "지구와 달이 다른 장소에서 만들어진 것도 아니고, 같은 물질로 이루어진 것도 아니라면 달은 어떻게 만들어졌을까?"은 이어진다. 따라서 (나) 뒤에 (마)가 이어지는 게 자연스럽다.
3단계	(마)는 예전의 충돌설을, (라)는 새롭게 등장한 충돌설의 내용이다. 따라서 (마) 뒤에 (라)가 이어지는 게 자연스럽다.

따라서 (가) 뒤에는 '(다) - (나) - (마) - (라)'의 순서로 이어지는 것이 자연스럽다.

22 정답 ②

[해설]

'이형태 관계'의 예에 해당하는 것은 ⑦과 ⑥이다.

⑦ '-았-'과 '-었-'는 과거 시제를 나타낸다는 점에서 기능은 동일하지만, 실현되는 환경이 다르다. 양성 모음 아래에서는 '-았-'을, 음성 모음 아래에서는 '-었-'을 쓴다. 따라서 이형태 관계이다.

⑥ '-아서'와 '-어서'는 수단이나 방법을 나타내는 연결 어미라는 점에서 기능은 동일하지만, 실현되는 환경이 다르다. 양성 모음 아래에서는 '-아서'를, 음성 모음 아래에서는 '-어서'를 쓴다. 따라서 이형태 관계이다.

[오답 정리]

⑥ '으로써'는 어떤 물건의 '재료나 원료', '수단이나 방법', '셈의 한계' 등을 나타내는 격 조사이고, '으로서'는 '지위나 신분 또는 자격', '일의 시작점' 등을 나타내는 격 조사이다. 둘의 기능은 서로 동일하지 않기 때문에 이형태로 볼 수 없다.

⑥ '만큼'과 '만치'는 복수 표준어이기 때문에 기능은 유사하다고 할 수 있다. 또한 둘의 실현 환경 역시 동일하다. 따라서 이형태로 볼 수 없다.

23 정답 ③

[해설]

제시된 글은 음악의 재료가 되는 음(音), 장단, 선율, 합주의 순으로 전통 음악의 특징을 다루고 있다. 따라서 제시된 글의 중심 화제는 '전통 음악의 미학적 특징'이다.

24 정답 ②

[해설]

Tip 첨가는 +1, 탈락과 축약은 -1

'늑막염'은 [늑막염 → (비음화) → 능막염 → (ㄴ 첨가) → 능막념 → (비음화) → 능망념]의 과정을 거쳐 발음된다. 1번의 첨가(ㄴ 첨가)와 2번의 교체(비음화)가 일어났고, 음운의 개수는 1개가 늘었다.

[오답 정리]

① '밭이랑'은 [밭이랑 → (음절의 끝소리 규칙) → 받이랑 → (ㄴ 첨가) → 받니랑 → (비음화) → 반니랑]의 과정을 거쳐 발음된다. 따라서 '밭이랑'에는 첨가(ㄴ 첨가)와 교체(음절의 끝소리 규칙, 비음화)가 일어났고, 음운의 개수는 1개가 늘었다.

③ '값어치'는 [값어치 → (자음군 단순화) → 갑어치 → (연음) → 가버치]의 과정을 거쳐 발음된다. 따라서 '값어치'에는 탈락(자음군 단순화)만 일어났고, 음운의 개수는 1개가 줄었다.

④ '닫히다'는 [닫히다 → (자음 축약) → 다티다 → (구개음화) → 다치다]의 과정을 거쳐 발음된다. 따라서 '닫히다'는 축약(자음 축약)과 교체(구개음화)가 일어났고, 음운의 개수는 1개 줄었다.

25 정답 ④

[해설]

건국 신화 등의 설화에는 주인공의 탄생에서부터 죽음까지 신이한 요소들이 많이 드러나는 데 비해, 〈온달전〉에서는 온달의 죽음은 나타나지만 탄생에 대한 내용은 나타나지 않고 온달이 죽고 관이 움직이지 않았다는 내용 외에는 비교적 현실적인 내용으로 이루어져 있다.

[오답 정리]

① 〈온달전〉은 정사(正史)인《삼국사기》〈열전(列傳)〉에 실린 이야기로, 실존했던 인물인 고구려의 장수 온달과 평강 공주의 결연(結緣)을 소재로 하여 구전되던 설화이다.

②, ③ 〈온달전〉에서 평강 공주는 기존의 관습을 뛰어넘어 평민 남자와 결혼하는, 스스로의 삶을 개척해 나가는 주체적인 여성으로 묘사되어 있다.

[작품 정리]

작자 미상, 〈온달전(溫達傳)〉

갈래	영웅 전설, 전(傳)
성격	역사적, 영웅적
제재	온달과 평강 공주의 사랑, 온달의 영웅적 일대기
주제	온달의 입신 출세와 평강 공주의 주체적인 삶의 태도
특징	① 역사상 실존 인물을 다룸. ② 인물에 대한 전(傳) 형식의 설화임.
의의	역사적 인물을 민간에서 설화화하여 전승함.
출전	《삼국사기(三國史記)》

12회 정답

01. ②	02. ①	03. ②	04. ①	05. ④
06. ④	07. ①	08. ③	09. ②	10. ④
11. ③	12. ①	13. ①	14. ②	15. ②
16. ②	17. ③	18. ②	19. ①	20. ③
21. ④	22. ②	23. ②	24. ②	25. ②

01

정답 ②

해설

어간의 끝음절 '하'가 울림소리 뒤에 올 경우 끝음절 '하'의 'ㅏ'가 줄고, 'ㅎ'이 다음 음절의 첫소리와 어울려 거센소리로 준다. 따라서 'ㄴ'은 울림소리이기 때문에 '간편하게'의 준말은 '간편케'가 맞는다.

오답 정리

① 부치고 → 붙이고: 문맥상 '눈을 붙게 하다.', 즉 '눈을 감게 하다.'라는 의미이다. 따라서 '붙다'의 사동사 '붙이다'로 표기해야 한다.
※ 눈을 붙이다(관용어): 잠을 자다.

③ 짐작컨대 → 짐작건대: 어간의 끝음절 '하'가 앞의 받침 소리가 [ㄱ, ㄷ, ㅂ]이면 끝음절 '하'가 아주 줄어든다. 따라서 받침의 소리가 [ㄱ]인 '짐작하건대'의 준말은 '짐작건대'이다.

④ 다렸다 → 달였다: 문맥상 '약재 따위에 물을 부어 우러나도록 끓이다.'라는 의미이다. 따라서 '달이다'의 활용형인 '달였다'로 표기해야 한다.
※ 다리다: 다리미로 문지르다.

[심화]

〈한글 맞춤법〉 제40항

① 어간의 끝음절 '하'의 'ㅏ'가 줄고 'ㅎ'이 다음 음절의 첫소리와 어울려 거센소리가 될 적('-하'의 앞 말 받침이 울림 소리)에는 거센소리로 적는다.

본말	준말	본말	준말
간편하게	간편케	다정하다	다정타
연구하도록	연구토록	정결하다	정결타
가하다	가타	흔하다	흔타

② 어간의 끝음절 '하'가 아주 줄 적에는 준 대로 적는다.

※ '하' 앞에 오는 받침의 소리가 [ㄱ, ㄷ, ㅂ]이면 '하'가 통째로 줄고, 그 외의 경우에는 'ㅎ'이 남는다.

본말	준말	본말	준말
거북하지	거북지	넉넉하지 않다	넉넉지 않다
생각하건대	생각건대	섭섭하지 않다	섭섭지 않다
깨끗하지 않다	깨끗지 않다	익숙하지 않다	익숙지 않다

02

정답 ①

해설

'결코'는 부정 서술어와 호응한다. ①에서는 서술어 '아니었지만'과 바르게 호응하고 있다. 또한 제시된 문장에서 '참여하다(2자리 서술어)'에 대한 주어(모두가)와 필수 부사어(대화에)가 있어서 더욱 자연스러운 문장이 될 수 있다.

오답 정리

② → 한국인은 언제나 집단보다는 개개인의 이해관계를 중심으로 하여 협동한다.: 뒤의 서술어 부분에서 '협동'이라는 말을 사용하고 있으므로, 앞의 주어 부분에서는 '협동'이라는 말을 사용하지 않는 것이 자연스럽다.

③ → 이 작품에서는 세대 간의 갈등을 다루고 있으며 / 힘의 변화에 대한 통찰을 엿볼 수 있다.: 서술어에 해당하는 내용이 '다루고 있으며'와 '엿볼 수 있다'이므로, 이와 호응을 이루도록 하기 위해서는 '이 작품은'을 '이 작품에서는'으로 표현하는 것이 자연스럽다.

④ → 그는 초대를 받으면 / 시간을 아끼기 위해 / 교통편을 신중하게 따져 보는 것이 생활화되어 있었다.: '따지다'는 타동사이므로 목적어가 필요한데, 목적어에 해당하는 내용이 누락되어 있다. 그리고 문맥상으로 볼 때 어순이 어색하며, 주어 '그는'과 서술어 부분 '당연한 일이었다'의 호응 관계도 적절하지 않다.

03

정답 ②

해설

'이충무공'은 '이순신'의 성과 (시)호를 아울러 이르는 말이다. 성과 시호(諡號)는 붙여 써야 하기 때문에 '이충무공'을 붙여 쓴 것은 옳다.

오답 정리

① 자식간에도 → 자식 ∨ 간에도: '간(間)'은 '사이'라는 의미의 명사이다. 단어끼리는 띄어 쓰는 것이 원칙이므로 '자식'과 '간'은 띄어 써야 한다.
※ '간(間)'이 '사이, 관계'의 의미일 때는 의존명사로 앞 말과 띄어 쓰는 것이 원칙이나, 가족 관계 구성을 의미하는 2음절 한자어 뒤에서는 관용적으로 붙여 쓴다. **예** 고부간, 형제간, 숙질간 등

③ 카리브 ∨ 해 → 카리브해: 2017년 3월 고시한 외래어 표기법 일부 개정안에서 "해, 섬, 강, 산 등이 외래어에 붙을 때는 띄어 쓰고, 우리말에 붙을 때는 붙여 쓴다."라는 조항이 삭제되었다. 즉 고유어, 한자어, 외래어에 모두 붙여 쓴다. 이에 따라 '카리브' 뒤의 '해(海)'는 '카리브'와 붙여 써야 한다.

④ 물샐 ∨ 틈 ∨ 없이 → 물샐틈없이: 비유적으로 '조금도 빈틈이 없이'라는 의미를 가진 한 단어이다. 따라서 '물샐틈없이'로 붙여 써야 한다.

'있다'와 '없다'가 붙는 단어

・있다

맛있다	값있다	빛있다	뜻있다
상관있다	재미있다	가만있다	관계있다

※ 빛있다: 곱거나 아름답다.

・없다

맛없다	하릴없다	난데없다	대중없다	속절없다
재미없다	세상없다	쓸모없다	본데없다	느닷없다
형편없다	터무니없다	물샐틈없다	보잘것없다	어처구니없다

※ 속절없다: 단념할 수밖에 달리 어찌할 도리가 없다.

04
정답 ①

해설

보조사 '는' 대신 주격 조사 '가'를 넣으면, '그 일을 하기(가) 쉽지 않았다.'가 된다. 이를 보아, '그 일을 하기'가 주어 역할을 하고 있음을 알 수 있다.

오답 정리

② '그가 범인임(을)'은 목적어 역할을 하고 있다.
③ '집에 가기(에)'는 부사어 역할을 하고 있다.
④ '우리가 행복하기(를)'는 목적어 역할을 하고 있다.

05
정답 ④

해설

제시된 작품은 타국에서 소외받는 이방인으로 쓸쓸하게 지내던 최치원이 고국을 그리워하는 마음을 표현한 것이다. 따라서 주된 정조는 '고향을 그리워하는 마음'을 이르는 '수구초심(首丘初心: 머리 수, 언덕 구, 처음 초, 마음 심)'이다.

오답 정리

① 오상고절(傲霜孤節: 거만할 오, 서리 상, 외로울 고, 마디 절): 서릿발이 심한 속에서도 굴하지 아니하고 외로이 지키는 절개라는 뜻으로, '국화'를 이르는 말
② 연목구어(緣木求魚: 인연 연, 나무 목, 구할 구, 물고기 어): 나무에 올라가서 물고기를 구한다는 뜻으로, 도저히 불가능한 일을 굳이 하려 함을 비유적으로 이르는 말
③ 결초보은(結草報恩: 맺을 결, 풀 초, 갚을 보, 은혜 은): 죽은 뒤에라도 은혜를 잊지 않고 갚음을 이르는 말

작품 정리

최치원, 〈추야우중(秋夜雨中)〉

갈래	한시, 5언 절구
성격	서정적, 애상적
제재	비 내리는 가을밤
주제	① 고국에 대한 그리움 ② 자신의 뜻을 펴지 못하는 지식인의 고뇌
특징	① 자연물을 통해 시적 화자의 정서를 부각함. ② 제목에서 가을과 밤, 비의 조합으로 시의 전체적인 분위기를 조성함.
연대	통일 신라 말(9세기)
출전	"동문선" 권 19

현대어 풀이

가을바람에 이렇게 힘들여 읊고 있건만	추풍/유고음
세상 어디에도 알아주는 이 없네.	세로/소지음
창밖엔 깊은 밤 비 내리는데	창외/삼경우
등불 앞에선 만 리 밖으로 마음 향하네.	등전/만리심

06
정답 ④

해설

㉣은 감옥까지 갔다 온 후에도 또다시 사회주의 운동을 하려는 아저씨에 대한 비난으로, 아저씨는 '사회주의에 대한 미련을 버리지 못하는 것'이지 환상만을 좇고 있는 것은 아니다.

오답 정리

① 아주머니를 업고 다녀도 그 은혜를 다 못 갚는다고 표현한 것을 보아, '나'는 아주머니에 대해 긍정적인 평가를 내리고 있음을 알 수 있다.
② '꼴'이나 '가관'이라는 부정적인 표현을 쓴 것을 보아, '나'는 아저씨에 대해 냉소적인 태도를 보이고 있음을 알 수 있다.
③ 보통학교 사 년 겨우 다녔다고 한 것을 보아, 배운 것은 없음을 알 수 있다. 그렇지만 '시방 앞길이 환히 트인 내게다 대면'을 볼 때, 자신의 미래에 대해 자부심을 보이고 있음을 알 수 있다.

작품 정리

채만식, 〈치숙(痴叔)〉

갈래	단편 소설, 풍자 소설
성격	풍자적, 비판적
배경	시간: 일제 강점기 공간: 서울
시점	1인칭 관찰자 시점
주제	일제 식민 통치에 순응하려는 '나'와 사회주의 사상을 가진 아저씨의 갈등
특징	① 신빙성 없는 서술자를 통해 현실을 이중적으로 풍자함. ② 대화적 문체를 통해 '나'와 '아저씨'의 가치관을 비교함.

07
정답 ①

해설

제시된 작품에서 '밤'은 '그리움의 대상이 되는 평화와 안식이 있는 밤'이다. 이와 분위기가 유사한 것은 ①이다. ①도 오누이들의 정다운 얘기가 오순도순 피어나는 평화로운 '밤'의 분위기가 나타난다.

오답 정리

② 무언가를 상실했던 아픈 기억의 밤이다.
③ 남편을 염려하는 아낙네의 긴장감을 심화하는 밤이다.
④ '주권을 잃은 어두운 현실을 상징'하는 밤이다.

작품 정리

이호우, 〈달밤〉	
갈래	현대 시조(장별 배행 시조), 연시조
성격	향토적, 전통적, 낭만적
제재	낙동강의 달밤
주제	평화롭고 아름다운 이상 세계에의 소망
특징	① 회고적 수법을 사용함. ② 선경 후정(先景後情)의 전개 구조를 지님.
출전	《문장》(1940)

08
정답 ③

해설

동쪽으로 뛰고 서쪽으로 뛴다는 뜻으로, 사방으로 이리저리 몹시 바쁘게 돌아다님을 이르는 말인 '동분서주'는 '東奔西走(동녘 동, 달아날 분, 서녘 서, 달릴 주)'로 표기한다.

오답 정리

① 두문불출(頭門不出 → 杜門不出): '집에만 있고 바깥출입을 아니함.'을 이르는 '두문불출'은 '頭(머리 두)'가 아니라 '杜(막을 두)'를 쓴다. 따라서 '두문불출(杜門不出: 막을 두, 문 문, 아닐 불, 날 출)'로 표기해야 한다.
② 상태(常態 → 狀態): 대치하고 있는 '모양이나 형편'이라는 의미이다. '상태(常態: 항상 상, 모양 태)'는 '보통 때의 모양이나 형편'이라는 의미이다. 문맥상 '사물·현상이 놓여 있는 모양이나 형편'을 의미하므로, '상태(狀態: 형상 상, 모양 태)'로 표기해야 한다.
④ 구경(究竟 → 구경): '흥미나 관심을 가지고 봄.'이라는 의미의 '구경'은 고유어이다.
  ※ 究(연구할 구), 竟(별 경)

✚ 어휘

동음이의(同音異義) 한자어

감정	感情	느낄 감, 뜻 정 어떤 현상이나 일에 대하여 일어나는 마음이나 느끼는 기분 〔예〕 감정이 풍부하다.
	鑑定	거울 감, 정할 정 사물의 특성이나 참과 거짓, 좋고 나쁨을 분별하여 판정함. 〔예〕 고미술품의 감정
	憾情	섭섭할 감, 뜻 정 원망하거나 성내는 마음 〔예〕 서로 감정을 풀고 화해해라.
대사	臺詞	대 대, 말씀 사 연극이나 영화 따위에서 배우가 하는 말 〔예〕 대사를 외우다.
	大使	큰 대, 시킬 사 나라를 대표하여 다른 나라에 파견되어 외교를 맡아보는 최고 직급 또는 그런 사람 〔예〕 주한 프랑스 대사
	大事	큰 대, 일 사 큰일 〔예〕 대사를 치르다.
부정	不正	아닐 부(불), 바를 정 올바르지 아니하거나 옳지 못함. 〔예〕 부정 축재
	不貞	아닐 부(불), 곧을 정 부부가 서로의 정조를 지키지 아니함. 〔예〕 외간 남자와 부정을 저지르다.
	否定	아닐 부, 정할 정 그렇지 아니하다고 단정하거나 옳지 아니하다고 반대함. 〔예〕 그녀는 긍정도 부정도 아닌 미소만 지었다.
	不定	아닐 부(불), 정할 정 일정하지 아니함. 〔예〕 답이 무수히 많은 부정 방정식
장관	長官	길 장, 벼슬 관 국무를 나누어 맡아 처리하는 행정 각 부의 우두머리 〔예〕 행정 안전부 장관
	壯觀	웅장할 장, 볼 관 훌륭하고 장대한 광경 〔예〕 장관을 이루다.
	將官	장수 장, 벼슬 관 군사를 거느리는 우두머리 〔예〕 용맹스러운 장관 앞에 나약한 군사는 있을 수 없다.

09
정답 ②

해설

제시된 문장은 '이에 반하여 추상 충동은'으로 시작하고 있다. 따라서 제시된 문장은 '추상 충동'과 다른 '감정 이입'에 대해 언급하고 있는 ㉡에 들어가는 것이 가장 적절하다.

10 정답 ④

【해설】
(가)에서는 자연의 '드렁츩'처럼 '서로 어울려 살아가는 삶의 모습'을, (나)에서는 '고죽(孤竹)'처럼 '시련 속에서도 이제(夷齊)와 같은 지조 있는 모습'을 각각 자연물을 통해 연상하고 있다.

📋 오답 정리
① (가)와 (나) 모두 추상적인 대상을 구체적인 사물로 형상화하고 있지는 않다.
② 도치법(말의 차례를 바꿈.)은 (나)에서만(묻노라~ 어떤 사이니?) 확인된다.
③ 대구법(문장 성분이 짝이 되어 호응함.)은 (가)에서만 확인된다.

💬 현대어 풀이

(가) 이방원의 시조

이렇게 산들 어떠하며 저렇게 산들 어떠하리.
만수산의 칡덩굴이 서로 얽혀진 것처럼 살아간들 어떠하리.
우리도 이처럼 얽혀져서 한평생을 누리리라.

(나) 서견의 시조

눈 쌓인 바위의 외로운 대나무가 반갑고도 반갑구나.
묻노라, 고죽아! 고죽군(백이, 숙제의 아버지)과 너는 어떤 사이니?
수양산 오랜 청풍에 백이와 숙제(절개의 인물)를 본 듯하구나.

🔍 작품 정리

(가) 이방원의 시조

갈래	평시조
성격	회유적, 설득적, 우의적, 하여가(何如歌)
제재	칡덩굴
주제	정적(政敵)에 대한 회유
특징	현실에 대한 영합을 권유하고자 하는 자신의 의도를, 직설적인 말로 내비치지 않고 칡덩굴에 비유하여 우회적으로 표출함.
연대	고려 말
출전	《청구영언》

(나) 서견의 시조

갈래	평시조
성격	예찬적
제재	눈 속에서 발견한 대나무
주제	지조와 절개의 예찬
특징	① 사물을 의인화하여 말을 건네는 어투를 사용함. ② 비슷한 낱말을 활용해 자연물에서 특정 인물을 이끌어 냄. ③ 고죽과 백이숙제를 동일시해 그들의 절개를 칭송함.
연대	고려 말
출전	《청구영언》

11 정답 ③

【해설】
'장치하다⁴'은 '장치⁵'에 동사 '하다'가 결합한 것이 아니라, '장치⁵'에 동사 파생 접미사 '-하다'가 결합한 것이다. 어근과 접사의 결합이므로 '합성어'가 아니라 '파생어'이다.

📋 오답 정리
① '장치하다¹'과 '장치하다²'는 의미적 관련성이 없기 때문에 동음이의어이다.
② '장치하다²'는 두 가지 이상의 의미를 가지고 있기 때문에 다의어이고, '장치하다¹'은 한 가지 의미만 가지고 있기 때문에 다의어가 아니다.
④ '제도적 장치'의 '장치'는 '장치⁵'의 「2」의 의미로 쓰인 예이다.

12 정답 ①

【해설】
글쓴이가 3문단에서 "이제 자연이 부여한 여러 가지 가능성 중에서 자연 환경과 조화를 이룰 수 있는 가능성을 선택해야 할 때이다."라고 자신의 생각을 밝히고 있다. 따라서 제시된 글의 논지로 가장 옳은 것은 ①이다.

13 정답 ①

【해설】
'의사'는 '생각'이라는 의미이므로 '의사(意思: 뜻 의, 생각 사)'의 표기는 옳다. '파탄'은 '깨짐'이라는 의미이므로 '파탄(破綻: 깨뜨릴 파, 터질 탄)'의 표기는 옳다.

📋 오답 정리
② 피력(披力 → 披瀝): '생각하는 것을 털어놓고 말함.'이라는 의미의 '피력'은 '披瀝(헤칠 피, 스밀 력)'으로 표기해야 한다. 한편 '말다툼'이라는 의미로 '시비(是非: 옳을 시, 아닐 비)'의 표기는 옳다.
③ 진통(鎭痛 → 陣痛): '일이 다 되어 가는 무렵에 겪는 어려움'을 비유적으로 이르는 말인 '진통'은 '陣痛(진칠 진, 아플 통)'으로 표기해야 한다. '鎭痛(진압할 진, 아플 통)'은 아픈 것을 가라앉혀 멎게 하는 일을 의미한다. 한편 '반항하는 감정'이라는 의미로 '반감(反感: 돌이킬 반, 느낄 감)'의 표기는 옳다.
④ 쾌유(快遊 → 快癒): '병이나 상처가 깨끗이 나음.'을 이르는 '쾌유'는 '快癒(쾌할 쾌, 병 나을 유)'로 표기해야 한다. '快遊(쾌할 쾌, 놀 유)'는 '즐겁고 유쾌하게 놂.'을 의미한다. 한편 '부추김'이라는 의미로 '사주(使嗾: 하여금 사, 부추길 주)'의 표기는 옳다.

동음이의(同音異義) 한자어

보수	保守	지킬 보, 지킬 수
		1. 보전하여 지킴.
		2. 새로운 것이나 변화를 적극적으로 받아들이기보다는 전통적인 것을 옹호하며 유지하려 함.
		예 보수 세력
	補修	기울 보, 닦을 수
		건물이나 시설 따위의 낡거나 부서진 것을 손보아 고침. 예 하수도 보수
	報酬	갚을 보, 술 권할 수
		1. 고맙게 해 준 데 대하여 보답을 함. 또는 그 보답 예 가난한 이에게 남몰래 도움을 준 사람에게는 반드시 그 보수가 따를 것이다.
		2. 일한 대가로 주는 돈이나 물품 예 보수가 박하다.
수집	收集	거둘 수, 모을 집
		거두어 모음. 예 식량 수집
	蒐集	모을 수, 모을 집
		취미나 연구를 위하여 여러 가지 물건이나 재료를 찾아 모음. 또는 그 물건이나 재료 예 미술품 수집
	蒐輯	모을 수, 모을 집
		여러 가지 자료를 찾아 모아서 책을 편집함.
연기	延期	끌 연, 기약할 기
		정해진 기한을 뒤로 물려서 늘림. 예 무기한 연기
	煙氣	연기 연, 기운 기
		무엇이 불에 탈 때에 생겨나는 흐릿한 기체나 기운 예 굴뚝에서 연기가 나다.
	演技	펼 연, 재주 기
		배우가 배역의 인물, 성격, 행동 따위를 표현해 내는 일 예 연기 지도
정의	正義	바를 정, 옳을 의
		진리에 맞는 올바른 도리 예 자유와 정의와 진리
	定義	정할 정, 옳을 의
		어떤 말이나 사물의 뜻을 명백히 밝혀 규정함. 또는 그 뜻 예 정의를 내리다.

14 　　　　정답 ②

해설

ⓐ '날씨가 참 춥죠?'는 타인과 상호 작용하여 친밀한 관계를 맺고자 하는 관계 유지 및 친교적 화법이다.

ⓑ '커피 먹다가 잠 못 자서 코피가 나면 어떡해?'는 일생생활의 무료함을 없애고자 하는 오락적 화법이다.

ⓒ '우리 커피보다 몸에 좋은 차를 마시자.'는 청자의 태도 변화를 목적으로 하는 설득적 화법이다.

ⓓ '빨대는 왼쪽에 있습니다.'는 특정 정보를 청자에게 알려 주는 정보 전달적 화법이다.

15 　　　　정답 ②

해설

제시된 글은 사회 통제가 가지고 있는 부작용과 역기능을 비판적 입장에서 분석, 설명하고 있다. 따라서 제시된 글의 중심 화제는 '사회 통제의 부작용과 역기능'이다.

16 　　　　정답 ②

해설

ⓑ 며느리의 "그래서 어머님은 그 발자국 때문에 아들 생각이 더 간절하셨겠네요?"라는 말에서 '어머니'의 '감정'에 대해 공감을 하고 있음을 알 수 있다.

　※ 청자가 '공감'을 나타내는 대표적 반응은 "그랬구나."로 응수하는 것이다.

ⓓ 며느리는 "그래서 어머님은 그 발자국 때문에 아들 생각이 더 간절하셨겠네요?"와 "어머님 그때 우시지 않았어요?"라는 의문형으로 반응을 함으로써 어머니가 '말을 계속할 수 있도록 유도'하고 있다.

🗒 오답 정리

ⓐ 어머니의 특정 '행동'을 격려한 부분은 찾아볼 수 없다.

ⓒ 어머니의 말을 요약하고 정리한 부분은 찾아볼 수 없다.

🔍 작품 정리

이청준, 〈눈길〉

갈래	단편 소설, 순수 소설, 귀향 소설
성격	회고적, 상징적, 서정적
시점	1인칭 주인공 시점
주제	어머니의 무한한 사랑에 대한 깨달음과 인간적 화해
특징	① 회상과 대화를 통해 과거의 사실을 드러내는 역순행적 구성 방식을 취함.
	② 상징적 의미를 가진 소재를 사용하여 주제를 효과적으로 드러냄.
출전	《문예중앙》(1977)

17 　　　　정답 ③

해설

'잠그다(잠그고-잠가)', '뒤따르다(뒤따르고-뒤따라)'는 모두 'ㅡ' 탈락 용언으로 규칙 활용을 한다.

🗒 오답 정리

① '치르다'는 '치르고-치러'와 같이 활용하는 것을 볼 때, 규칙 활용('ㅡ' 탈락)을 한다. 한편 '오르다'는 '오르고-올라'와 같이 활용하는 것을 볼 때, 불규칙 활용('르' 불규칙 용언)을 한다.

② '푸르르다'는 '푸르르고-푸르러'와 같이 활용하는 것을 볼 때, 규칙 활용('ㅡ' 탈락)을 한다. 한편 '푸르다'는 '푸르고-푸르러'와 같이 활용하는 것을 볼 때, 불규칙 활용('러' 불규칙 용언)을 한다.

④ '따르다'는 '따르고-따라'와 같이 활용하는 것을 볼 때, 규칙 활용('ㅡ' 탈락)을 한다. 한편 '오르다'는 '오르고-올라'와 같이 활용하는 것을 볼 때, 불규칙 활용('르' 불규칙 용언)을 한다.

18
정답 ②

해설

(가) '갖은'은 '골고루 다 갖춘. 또는 여러 가지의'라는 의미로 서술성이 없기 때문에 품사는 '관형사'이다. 또한 체언 '노력'을 수식하는 기능을 하므로 문장 성분은 '관형어'이다.

(나) '틀리게'는 동사 '틀리다'의 어간 '틀리-'에 부사형 전성 어미 '-게'가 결합한 것이다. 어미는 품사에 영향을 주지 않기 때문에 '틀리게'의 품사는 '동사'이다. 또한 서술어 '쓰면'을 수식하는 기능을 하므로 문장 성분은 '부사어'이다.

[심화]

품사와 문장 성분

용례	품사	문장 성분
<u>다른</u> 사람들은 어디 있지?	관형사	관형어
내가 주문한 것과 <u>다른</u> 상품이 배송되었다. ⇨ 상품이 내가 주문한 것과 다르다.	형용사	관형어
친구와 <u>같이</u> 사업을 하다.	부사	부사어
아버지는 정말 무쇠 <u>같은</u> 분이셔. ⇨ 무쇠 같다.	형용사	관형어

19
정답 ①

해설

'닳는다'는 [닳는다 → (자음군단순화) → 달는다 → (유음화) → 달른다]의 과정을 거쳐 발음된다. 따라서 '교체(유음화)'와 '탈락(자음군단순화)'가 모두 일어난 단어이다.

오답 정리

② '깎는'은 [깎는 → (음절의 끝소리 규칙) → 깍는 → (비음화) → 깡는]의 과정을 거쳐 발음된다. '교체(음절의 끝소리 규칙, 비음화)'만 나타나고 '탈락'은 나타나지 않는다.

③ '넓은'은 연음법칙에 따라 [널븐]으로 발음된다. 따라서 '교체'와 '탈락' 모두 일어나지 않는다.

④ '닿은'은 [닿은 → (ㅎ탈락) → 다은]의 과정을 거쳐 발음된다. 따라서 '탈락(ㅎ탈락)'만 나타나고 '교체'는 나타나지 않는다.

20
정답 ③

해설

글쓴이는 '국문학과 영문학의 짝짓기를 강요하여 학제의 기형아를 탄생시킨 이른바 학부제로의 개편'은 인문학의 입지를 좁히는 원인으로 작용했다고 지적하고 있다. 따라서 이러한 내용에 화(禍)가 바뀌어 오히려 복(福)이 됨이라는 의미의 '전화위복(轉禍爲福: 구를 전, 재앙 화, 할 위, 복 복)'을 적용하는 것은 적절하지 않다.

오답 정리

① 5문단의 "이것은 새로운 유목 시대가 변신하지 않으려는 정주적 인문학자의 권위주의적 오만을 어느 때보다 용인하지 않으려는

데서 비롯된 것이기도 하다."를 볼 때 적절한 반응이다.

※ 요지부동(搖之不動: 흔들릴 **요**, 갈 **지**, 아닐 **부**(불), 움직일 **동**): 흔들어도 꿈쩍하지 아니함.

② 마지막 문단의 내용을 볼 때, 적절한 반응이다.

※ 온고지신(溫故知新: 따뜻할 **온**, 옛 **고**, 알 **지**, 새로울 **신**): 옛것을 익히고 그것을 미루어서 새것을 앎.

④ 4문단의 내용을 볼 때, 적절한 반응이다.

※ 반면교사(反面教師: 돌이킬 **반**, 낯 **면**, 가르칠 **교**, 스승 **사**): 사람이나 사물 따위의 부정적인 면에서 얻는 깨달음이나 가르침을 주는 대상을 이르는 말

21
정답 ④

해설

④의 두 '다른'은 '딴'이라는 의미로, 서술성이 없다. 따라서 밑줄 친 '다른'의 품사는 관형사로 동일하다.

오답 정리

① 첫 번째 '바른'은 '오른'과 동일한 의미로 서술성이 없기 때문에 품사는 관형사이다. 한편 두 번째 '바른'은 '인사성이 바르다.'처럼 서술성을 가지고 있기 때문에 품사는 형용사이다. 따라서 두 단어의 품사는 동일하지 않다.

② '곧은'은 '성품이 곧다.'처럼 서술성이 있기 때문에 품사는 형용사이다. '오래되어 성하지 아니하고 낡은'이라는 의미의 '헌'은 서술성이 없고, 체언 '돈'을 수식하고 있기 때문에 품사는 관형사이다. 따라서 두 단어의 품사는 동일하지 않다.

③ '가벼운'은 '발걸음이 가볍다.'처럼 서술성이 있기 때문에 품사는 형용사이다. '다른 보통의'라는 의미의 '여느'는 서술성이 없고, 체언 '가족들'을 수식하고 있기 때문에 품사는 관형사이다. 따라서 두 단어의 품사는 동일하지 않다.

[심화]

관형사와 용언의 관형사형의 구별

	관형사	용언의 관형사형
품사	관형사	용언(동사, 형용사)
문장 성분	관형어	관형어
활용 여부	×	○
서술 여부	×	○
용례	그는 <u>어떤</u> 사람이니?	모양이 <u>어떤</u> 가방이 좋아?

※ 용언이라면 앞에 '이/가'의 주격조사가 있거나, 문맥상 서술성을 갖는다.

22
정답 ②

해설

1문단에 기계식 레이더는 기수 부분에 장착되어 있으며 전자파를 주사하는 접시나 평판 모양의 안테나가 회전한다고 제시되어 있다.

오답 정리

① 1문단에서 기계식 레이더의 단점을 극복하기 위해 개발된 것이 AESA 레이더라고 설명하고 있다.

③ 마지막 단락에서 AESA 레이더의 TRM이 고가인 관계로 TRM의 소재에 대한 연구가 진행되고 있다는 내용을 제시하고 있다.

④ 마지막 단락에서 최근 일부 항공기와 해군 함정에 장착된 기계식 레이더가 AESA 레이더로 교체되고 있다는 내용을 제시하고 있다.

23 정답 ②

해설

미혼인 남편의 남동생은 '도련님'이라고 불러야 한다. '서방님'은 결혼한 남편의 남동생을 부르는 말이다.

※ 서방님
 1) '남편'의 높임말
 2) 결혼한 시동생을 이르거나 부르는 말.
 3) 손아래 시누이의 남편을 이르거나 부르는 말

오답 정리

① 남편 누나의 남편, 즉 손위 시누이의 남편은 '아주버님'이라 부른다.

③ 아내의 언니의 남편이 자신보다 나이가 많으면 '형님', 나이가 어리면 '동서'라고 부른다.

④ 타인의 어머니를 높여 '자당(慈堂), 모당(母堂), 북당(北堂), 훤당(萱堂), 대부인(大夫人)'이라고 부른다.

심화

배우자 동기의 호칭어

• 아내의 동기와 그 배우자

구분	아내 오빠	아내 남동생	아내 오빠의 배우자	아내 남동생의 배우자	아내 언니	아내 여동생	아내 언니의 배우자	아내 여동생의 배우자
호칭	형님	처남	아주머니	처남댁, 처남의 댁	처형	처제	형님, 동서	○서방 / 동서

• 남편의 동기와 그 배우자

구분	남편 형	남편 남동생	남편 형의 배우자	남편 남동생의 배우자	남편 누나	남편 여동생	남편 누나의 배우자	남편 여동생의 배우자
호칭	아주 버님	도련님 (미혼) 서방님 (기혼)	형님	동서	형님	아가씨, 아기씨	아주 버님	서방님

24 정답 ②

해설

㉠ '산골'은 현실의 고단함을 잊게 하는 탈속적 공간이자 순수하고 깨끗한 삶의 공간으로, 화자가 나타샤와 함께 흰 당나귀를 타고 가고자 하는 이상적 공간이다.

㉡ '세상'은 가난한 처지의 화자가 사랑을 이루는 것을 어렵게 하는 부정적인 공간으로, 화자가 순수한 삶을 지키고자 능동적으로 버리고자 하는 공간이다.

오답 정리

① ㉠은 화자의 상상 속에 존재하는 공간이고, ㉡은 화자가 존재하는 실재의 공간이다.

③ 화자는 연인인 나타샤와 함께 ㉡에서 벗어나 ㉠으로 가고자 한다.

④ 제시된 시와는 관련이 없는 내용이다.

작품 정리

백석, 〈나와 나타샤와 흰 당나귀〉

갈래	자유시, 서정시
성격	서정적, 낭만적, 이국적, 몽환적
제재	눈, 흰 당나귀
주제	현실을 초월한 이상과 사랑에 대한 의지와 소망
특징	① 유사한 어구를 반복하고 변용함. ② 낭만적·몽환적 분위기가 나타남. ③ 희고 투명한 이미지의 시어를 사용함.
출전	《여성》(1938)

25 정답 ②

해설

㉠ "독서도 마찬가지이다. 다만 자기가 바라는 것만큼 얻을 수 있을 뿐이다."를 통해, 책을 읽으면서 얻어 내는 바는 사람마다 자신의 목표에 따라 달라질 수 있겠다는 반응을 보일 수 있다.

㉢ "독서를 하는 사람은 언제나 한 가지 뜻을 좇아 목표를 이루고자 해야 한다.", "다른 역사적 자취나 사업 혹은 문물 등을 알고자 한다면 역시 그곳에 뜻을 두고 독서해야 한다."를 통해 알 수 있다.

오답 정리

㉡ 제시된 글에서는 '스스로' 독서하는 방법에 대한 설명만 나와 있을 뿐, 다른 사람의 도움을 받으라는 내용은 나와 있지 않다. 따라서 책의 내용이 혼자서 이해하기가 힘들 때는 다른 사람의 도움을 받는 것이 좋겠다는 반응은 적절하지 않다.

13회 정답

01. ④	02. ④	03. ④	04. ④	05. ④
06. ②	07. ④	08. ①	09. ①	10. ①
11. ③	12. ①	13. ②	14. ③	15. ①
16. ③	17. ④	18. ②	19. ③	20. ④
21. ④	22. ④	23. ②	24. ④	25. ②

01
정답 ④

해설

광희문	'니'는 'ㅣ'로 소리가 나더라도 'ui'로 적기 때문에 'Gwanghuimun'으로 표기해야 한다.
압구정동	된소리되기는 표기에 반영하지 않기 때문에 'Apgujeong-dong'으로 표기해야 한다.

오답 정리

① '남원시(Namwon-si)'의 표기는 바르다.

백마	백마(Baekma → Baengma): 자음 사이에서 동화 작용이 일어나는 경우 변화의 결과에 따라 적는다. '백마'는 비음화가 일어나 표준 발음은 [뱅마]이므로 이를 반영하여 'Baengma'로 표기해야 한다.

② '알약'은 [알략]이 표준 발음이므로 'allyak'의 표기는 바르다. 또한 '니'는 'ㅣ'로 소리가 나더라도 'ui'로 적기 때문에 'Uijeongbu-si'의 표기도 바르다.
③ '명륜동[명뉸-동](Myeongnyun-dong)'의 표기는 바르다.

집현전	집현전(Jipyeonjeon → Jiphyeonjeon): 체언 내부에서 'ㄱ, ㄷ, ㅂ' 뒤에 'ㅎ'이 따를 때에는 'ㅎ(h)'을 밝혀 적기 때문에 'Jiphyeonjeon'으로 표기해야 한다.

02
정답 ④

해설

'들치다'와 '들추다'의 의미는 다음과 같다.

들치다	물건의 한쪽 끝을 쳐들다. 예 천막을 들치다.
들추다	1. 속이 드러나게 들어 올리다. 예 이불을 들추다. 2. 무엇을 찾으려고 자꾸 뒤지다. 예 요리책을 들추다. 3. 숨은 일, 지난 일, 잊은 일 따위를 끄집어내어 드러나게 하다. 예 결점을 들추다.

따라서 ④에서는 '들치다'와 '들추다'가 바뀌어 사용되었다.

오답 정리

① '빌리다'는 '일정한 형식이나 이론, 또는 남의 말이나 글 따위를 취하여 따르다.'의 뜻이고, '빌다'는 '남의 물건을 공짜로 달라고 호소하여 얻다.'의 뜻이므로 그 쓰임은 적절하다.
② '붓다'는 '액체나 가루 따위를 다른 곳에 담다.'의 뜻이고, '붇다'는 '분량이나 수효가 많아지다.'의 뜻이므로 그 쓰임은 적절하다.
③ '겉잡다'는 '겉으로 보아 대강 짐작하여 헤아리다.'의 뜻이고, '걷잡다'는 '한 방향으로 치우쳐 흘러가는 형세 따위를 붙들어 잡다.'의 뜻이므로 그 쓰임은 적절하다.

03
정답 ④

해설

'ㄴ'은 'ㄹ'의 앞이나 뒤에서 [ㄹ]로 발음하지만, '2-1' 구조의 일부 한자어는 [ㄴ]으로 발음한다. '상견례'는 '상견-례'의 구조로, 이에 해당한다. 따라서 '상견례'의 표준 발음은 [상견녜]가 맞다.

오답 정리

① 꽃잎[꼰입 → 꼰닙]: '꽃잎'은 [꽃잎 → (음절의 끝소리 규칙) → 꼰입 → (ㄴ첨가) → 꼰닙 → (비음화) → 꼰닙]의 과정을 거쳐 발음된다. 따라서 표준발음은 [꼰닙]이다
② 키읔이다[키으키다 → 키으기다]: 연음 법칙에 따르면 [키으키다]로 발음해야 한다. 그러나 원칙과 달리, 관용을 존중한 발음을 표준 발음으로 인정하기 때문에 표준 발음은 [키으기다]이다.
③ 유리잔[유리짠 → 유리잔]: '유리+잔'의 과정에는 사잇소리 현상이 일어나지 않는다. 따라서 표준 발음은 [유리잔]이다.

> **보충 | 제16항** 한글 자모의 이름은 그 받침소리를 연음하되, 'ㄷ, ㅈ, ㅊ, ㅋ, ㅌ, ㅍ, ㅎ'의 경우에는 특별히 다음과 같이 발음한다.

디귿이[디그시]	디귿을[디그슬]	디귿에[디그세]
지읒이[지으시]	지읒을[지으슬]	지읒에[지으세]
치읓이[치으시]	치읓을[치으슬]	치읓에[치으세]
키읔이[키으기]	키읔을[키으글]	키읔에[키으게]
티읕이[티으시]	티읕을[티으슬]	티읕에[티으세]
피읖이[피으비]	피읖을[피으블]	피읖에[피으베]
히읗이[히으시]	히읗을[히으슬]	히읗에[히으세]

04
정답 ④

해설

㉠ 바로 뒤의 '부패(腐敗)'를 고려할 때, '부정'은 '올바르지 아니하거나 옳지 못함.'이라는 의미이다. 따라서 '不正(아닐 부, 바를 정)'으로 표기해야 한다.
※ **관용구** 부정(不淨)을 타다: 부정한 일로 해를 입다.
㉡ 문맥상 '시작, 기원'의 의미로 쓰였다. 따라서 '發祥(일어날 발, 조짐 상)'으로 표기해야 한다.
㉢ 문맥상 '정돈, 정리, 진정'의 의미로 쓰였다. 따라서 '收拾(거둘 수, 주울 습)'으로 표기해야 한다.

㉠ 부정(不淨: 아닐 **부**, 깨끗할 **정**): 깨끗하지 못함. 또는 더러운 것. 사람이 죽는 따위의 불길한 일

㉡ 발상(發想: 필 **발**, 생각 **상**): 어떤 생각을 해 냄. 또는 그 생각

㉢ 수습(修習: 닦을 **수**, 익힐 **습**): 학업이나 실무 따위를 배워 익힘. 또는 그런 일

05 정답 ④

해설

제시된 글에서 '단정적인 표현'을 사용하고 있기는 하지만, 그믐달에 대한 작자의 느낌을 나타내고 있는 것이지 '단호한 의지'를 드러내고 있는 것은 아니다.

① '그믐달'을 인간적 특성에 견주어 표현하고 있다.

② "나는 그믐달을 몹시 사랑한다."에서 '그믐달'에 대한 작자의 애정을 직접적으로 드러내고 있다.

③ '그믐달'에 대한 독특한 시각과 개성적 관찰(다양한 비유)을 보여 준다.

06 정답 ②

해설

제시된 작품에서 ㉠ '공주'는 버림받은 처지이다. 이러한 '공주'의 처지가 가장 잘 드러난 것은 ②이다. ②에서 화자는 자신의 처지를 벼랑에 버려진 '빗'과 같다고 한탄하고 있다.

① 혼자서 임의 모습을 그리워하며 약을 바치는 화자의 처지가 드러나 있다.

③ 임과 함께 살고 싶다는 애절한 소망을 비는 화자의 처지가 드러나 있다.

④ 홀로 임을 그리워하는 고독한 화자의 처지가 드러나 있다.

💬 **현대어 풀이**

작자 미상, 〈동동(動動)〉

① 5월 5일(단오일)에 아아 단옷날 아침에 먹는 약은
   천 년을 사실 약이기에(임께) 바치옵니다. (임의 장수에 대한 기원)

② 6월 보름(유두일)에 아아 벼랑에 버려진 빗(화자 자신) 같구나.
   돌아보실 임을 잠시나마 따르겠나이다. (임에게 버림받은 처지 비관)

③ 7월 보름(백중일)에 아아 온갖 종류의 음식을 차려 두고
   임과 함께 살아가고자 하는 소원을 비옵나이다. (임을 따르고 싶은 염원)

④ 8월 보름(한가위)에 아아 한가윗날이지마는
   임을 모시고 지내야 오늘이 뜻있는 한가위로다. (임없는 한가위의 쓸쓸함)

🔍 **작품 정리**

나도향, 〈그믐달〉

갈래	경수필
성격	주관적, 낭만적
제재	그믐달
주제	그믐달을 사랑하는 마음
특징	① 다양한 비유와 간결한 문체를 사용함. ② 그믐달을 초승달, 보름달과 대비하여 특성을 드러냄.
출전	《조선 문단》(1925)

작자 미상, 〈동동(動動)〉

갈래	고려 가요
성격	연가(戀歌)적, 민요적, 서정적
제재	달마다 행하는 세시 풍속
주제	임에 대한 송도(頌禱)와 연모(戀慕)의 정
특징	① 분절체 형식으로 서사인 1연과 본사인 12개 연으로 구성됨. ② 영탄법, 직유법, 은유법을 사용함. ③ 세시 풍속에 따라 사랑의 감정을 읊음.
의의	현전하는 최고(最古)의 월령체(달거리) 노래
연대	고려 시대(12~14세기 경)
출전	《악학궤범》

07 정답 ④

해설

〈보기〉의 형태소를 분석하면 다음과 같다.

우리	도	어느	새(=사이)	어른
실질/자립	형식/의존	실질/자립	실질/자립	실질/자립

이	되-	-었-	-더-	-라
형식/의존	실질/의존	형식/의존	형식/의존	형식/의존

따라서 형태소를 종류별로 바르게 분류한 것은 ④이다.

※ '어느새'는 '어느 틈에 벌써'라는 의미로, 관형사 '어느'와 명사 '사이'의 준말인 '새'가 결합한 합성 부사이다.

08 정답 ①

해설

㉠ 앞에서는 일반적인 사람들이 위기상황에서 공황발작을 느끼는 것은 정상적인 생리 반응이라고 하였으나, 뒤에서는 공황장애에서의 공황발작은 아무런 이유 없이 아무 때나 예기치 못하게 발생한다(비정상적 생리 반응)고 하였다. 따라서 ㉠에는 역접의 접속어 '그러나'나 '하지만'이 어울린다.

㉡ 앞에서는 특별한 위기 상황이 아니어도 공황발작이 발생할 수 있고, 뒤에서는 이렇게 공황발작이 나타나면 행동의 변화가 생기게 된다고 하였다. 따라서 ㉡에는 앞 내용의 양상을 받아 뒤의 문장을 이끄는 말인 '이와 같이'가 어울리고 문맥상 결과를 나타내므로 '따라서'도 가능하다.

09 　　　　　　　　　　　　　　　정답 ①

[해설]

어미는 위치에 따라 단어의 끝에 오는 '어말 어미'와, 어말 어미 앞에 오는 '선어말 어미'로 나뉜다. '어말 어미'는 다시 기능에 따라 한 문장을 종결되게 하는 어미인 '종결 어미', 어간에 붙어 다음 말에 연결하는 구실을 하는 '연결 어미', 어간에 붙어 다른 품사의 기능을 수행하게 하는 '전성 어미'로 나뉜다.

㉠의 '-지마는'은 위치로는 '어말 어미'이고, 앞의 내용과 뒤의 내용을 이어 주는 '연결 어미'이다.

[오답 정리]

② ㉡의 '-는-'은 위치로는 선어말 어미이고, 한 문장을 종결되게 하는 종결어미이다.

③ ㉢의 '-을'은 위치로는 어말 어미이고, 어간에 붙어 다른 품사의 기능을 수행하게 하는 전성 어미이다.

④ ㉣의 '-게'는 위치로는 어말 어미이고, 어간에 붙어 다른 품사의 기능을 수행하게 하는 전성 어미이다.

10 　　　　　　　　　　　　　　　정답 ①

[해설]

'할머니'와 '어머니'는 모두 높임의 대상이다. 다만 청자가 '할머니'이기 때문에 압존법에 따라 주어인 '어머니'를 높이지 않은 것은 언어 예절에 맞는다.

[오답 정리]

② 틀리다 → 다르다: 문맥상 몸이 예전과 '같지 않다'라는 의미이다. 따라서 '틀리다[wrong]'가 아니라 '다르다[diffirent]'를 써야 한다.

③ 계십니다 → 있으십니다: '계시다'와 '있으시다'는 모두 '있다'의 높임말이다. 그런데 '계시다'는 직접 높임에만 쓸 수 있다. '아버지의 재주'를 높임으로써 '아버지'를 간접적으로 높이고 있다. 즉 간접 높임 표현이므로 '있으시다'를 써야 한다.

④ 저희나라 → 우리나라: '나라'는 겸양의 대상이 될 수 없다. 따라서 항상 '우리나라'로 표현해야 한다.

[어휘]

뜻을 잘못 알고 쓰기 쉬운 어휘

단어	의미 및 용례
터울	한 어머니로부터 먼저 태어난 아이와 그 다음에 태어난 아이와의 나이 차이 또는 먼저 아이를 낳은 때부터 다음 아이를 낳은 때까지의 사이 예 형과 나는 두 살 터울이다.
고명딸	아들 많은 집의 외딸 예 그 집 막내는 고명딸로 태어나 오빠들 틈에서 귀염을 독차지하며 자랐다.
외동딸	'외딸'을 귀엽게 이르는 말 예 무남독녀 외동딸이 귀하기도 귀하려니와 그 재질과 기상이 아비의 눈에는 더욱 뛰어나 보이었다.
갑부(甲富)	첫째가는 큰 부자 예 장안의 갑부가 돈 한 푼을 아까워하다니.

단어	의미 및 용례
재원(才媛)	재주가 뛰어난 젊은 여자 예 그녀는 미모와 폭넓은 교양을 갖춘 재원이다.
재자(才子)	재주가 뛰어난 젊은 남자 예 사내는 학식이 뛰어난 재자였다.
해후(邂逅)	오랫동안 헤어졌다가 뜻밖에 다시 만남. 예 이 이십 년 만의 해후를 기뻐하기는 이들의 심정은 사실 착잡했다.
수갑(手匣)	죄인이나 피의자의 행동이 자유롭지 못하도록 양쪽 손목에 걸쳐서 채우는 형구 예 밥을 먹는 동안에는 순경들도 수갑을 풀어 주었다.
족쇄(足鎖)	죄인의 발목에 채우던 쇠사슬 예 죄수의 발에 족쇄를 채우다.

11 　　　　　　　　　　　　　　　정답 ③

[해설]

㉠에는 '공감각적 이미지(감각의 전이)'가 나타나지 않는다.

[오답 정리]

① 붉은색과 푸른색의 대조가 나타난다.

② '얻는다는 것은 곧 잃는 것이다'는 역설적인(모순적인) 표현이다.

④ '얻는다는 것은 곧 잃는 것이다'라는 '추상적인 내용'을 '붉은 파와 푸른 새싹'의 구체적인 대상에 빗대어 통해 표현하고 있다.

[작품 정리]

김수영, 〈파밭가에서〉

갈래	자유시, 서정시
성격	상징적, 의지적, 성찰적, 역설적, 비유적
제재	파밭의 푸른 새싹
주제	새로운 사랑(가치)을 얻기 위한 의지
특징	① 각 연이 동일한 구조를 취함. ② 자연물을 통해 인생의 의미를 깨달음. ③ 반복과 역설을 활용하여 주제 의식을 드러냄. ④ 비유와 시각적 이미지를 사용하여 관념적 의미를 구체적으로 형상화함.
출전	"자유문학"(1960)

12 　　　　　　　　　　　　　　　정답 ①

[해설]

'충격'이 원인이 되어 '지진파'가 생겼으므로, ㉠의 '으로'가 '어떤 일의 원인이나 이유를 나타내는 격 조사'이다.

[오답 정리]

② ㉡의 '으로'는 움직임의 방향을 나타내는 격 조사이다.

③ ㉢의 '으로'는 시간을 나타내는 격 조사이다.

④ ㉣의 '으로'는 어떤 일의 방법이나 방식을 나타내는 격 조사이다.

13
정답 ②

해설

식혜 속에 노란 좁쌀은 '동동 뜨는(물 위로 솟아오르다)' 것으로 표현해야 한다. 따라서 '띄우는('뜨다'의 사동)'은 적절하지 않다. 하지만 이를 '띠는(색, 끈, 감정, 임무)'으로 바꾸게 되면 이는 의미가 완전히 달라진다. 따라서 ⓒ을 '띠는'으로 고쳐야 한다는 설명은 적절하지 않다.

오답 정리

① ⓐ의 앞과 뒤의 문장은 서로 다른 내용(할머니, 식혜)이기 때문에, 문단을 나눠야 한다는 설명은 적절하다.
③ '발효되다'라는 뜻을 가진 단어는 '삭다'가 어법에 맞는다. 따라서 '삭는다'로 수정해야 한다는 설명은 적절하다.
④ 2문단의 두 번째 문장에서 '기와 조각'을 찧어 가루로 만든다는 내용이 나와 있다. 글의 흐름상 '깨진 기와 조각'을 줍는 게 먼저이기 때문에, 문장의 순서를 바꿔야 한다는 설명은 적절하다.

14
정답 ③

해설

'주어'인 '주체'를 높이는 '주체 높임법'에는 '직접 높임' '간접 높임'이 있다. ③에서는 '어머니'를 직접적으로 높이고 있으므로, '직접 높임'이다. 한편, ③을 제외한 나머지는 '간접 높임'이다. 따라서 높임법의 종류가 다른 하나는 ③이다.

오답 정리

① '귀'를 높임으로써 주어 '할아버지'를 간접적으로 높이고 있다.
② '눈'을 높임으로써 주어 '할머니'를 간접적으로 높이고 있다.
④ '말씀'을 높임으로써, '교장 선생님'을 간접적으로 높이고 있다.

15
정답 ①

해설

제시된 작품의 주된 갈등은 '성삼'과 '덕재'의 이념 차이로 인한 외적 갈등처럼 보이나, 자세히 보면 반대편 진영의 '덕재'를 호송해야 하는 임무와 과거에 '덕재'와 나누었던 순수한 우정이 대립하는 데에서 오는 '성삼'의 내적 갈등이 작품의 주된 갈등이다.

16
정답 ③

해설

제시된 소설은 '3인칭 관찰자 시점'이나, 부분적으로 등장인물의 속마음이 드러나는 '전지적 작가 시점'도 나타난다. 그런데 ③은 '1인칭 주인공 시점'이다. 따라서 시점이 다른 하나는 ③이다.

오답 정리

① 3인칭 관찰자 시점이다.

② 전지적 작가 시점이다.
④ 전지적 작가 시점이다.

🔍 작품 정리

황순원, 〈학(鶴)〉	
갈래	단편 소설
성격	휴머니즘적
배경	시간: 1950년 6·25 전쟁 당시의 가을 공간: 삼팔선 가까운 곳, 북쪽 마을
시점	3인칭 관찰자 시점 (부분적으로 전지적 작가 시점)
주제	이념을 초월한 인간애의 실현

17
정답 ④

해설

(다)를 볼 때, 제시된 글에서는 이글루가 따뜻해질 수 있는 원리를 '과정'에 따라 설명하고 있다. 따라서 (다)의 마지막 '온도를 높인다.'와 (라)의 처음 '온도가 올라가면'이 연결된다. 그리고 (나)는 결과적으로 이글루 내부가 따뜻해진다는 내용이다. 따라서 '(다) - (라) - (나)'로 배열이 된 ④가 답이다.

※ 순서 문제는 선택지를 잘 이해하고, 꼬리잡기를 해야한다. (다) - (라)의 연결이 핵심이다.

18
정답 ②

해설

4문단에서 '달걀'을 언급하고는 있지만 "달걀에 비난의 화살을 겨눌 수는 없는 것이다"라고 서술하며, 달걀이 우리 몸의 콜레스테롤 수치를 높인다고 단정 지을 수 없다는 내용을 제시하고 있다. 제시된 글에서 콜레스테롤 수치를 높이는 다양한 식품들에 대한 내용은 직접적으로 제시되고 있지 않다.

오답 정리

① 콜레스테롤이 우리 몸에서 하는 역할과 관련한 내용은 1문단의 "콜레스테롤은 필수 영양소로, 우리 몸의 호르몬과 담즙의 재료로 활용되며 세포를 보호하는 등 중요한 역할을 한다."에서 알 수 있다.
③ 콜레스테롤의 섭취량 및 우리 몸의 혈중 콜레스테롤 수치 간 상관관계는 3문단에서 연구원이 쓴 칼럼 내용 중 "이러한 근거를 들어 ○○○ 연구소의 연구원은 자신의 칼럼에서 혈중 콜레스테롤 양은 우리가 먹는 콜레스테롤 양에 전적으로 좌우되지 않는다는 결론을 도출하기도 했다."를 통해 알 수 있다.
④ 콜레스테롤 수치가 낮을 때 겪을 수 있는 문제는 2문단 전체에서 다루고 있다.

19　　정답 ③

해설

ⓒ "광고는 멋진 등장인물들과 다채로운 상품으로 구성된 번쩍이는 외양과 만화경적인 꿈의 세계로 사람들을 끊임없이 초대하고 현혹한다."를 볼 때, '가기이방(可欺以方)'과 관련이 있다.

- 가기이방(可欺以方: 옳을 **가**, 속일 **기**, 써 **이**, 방도 **방**): 그럴듯한 방법으로 남을 속일 수 있음.

ⓔ "특정 상품의 구매가 그들의 정체성을 얻을 수 있다는 기대감과, 소비는 미덕이자 자유로운 선택이라는 현대판 신화들을 만들어 낸다."를 볼 때, '감언이설(甘言利說)'과 관련이 있다.

- 감언이설(甘言利說: 달 **감**, 말씀 **언**, 이로울 **이(리)**, 말씀 **설**): 귀가 솔깃하도록 남의 비위를 맞추거나 이로운 조건을 내세워 꾀는 말

오답 정리

㉠ 천의무봉(天衣無縫: 하늘 **천**, 옷 **의**, 없을 **무**, 꿰맬 **봉**): 1) 천사의 옷은 꿰맨 흔적이 없다는 뜻으로, 일부러 꾸민 데 없이 자연스럽고 아름다우면서 완전함을 이르는 말. 2) 완전무결하여 흠이 없음을 이르는 말. 3) 세상사에 물들지 아니한 어린이와 같은 순진함을 이르는 말

㉡ 감탄고토(甘呑苦吐: 달 **감**, 삼킬 **탄**, 괴로울 **고**, 토할 **토**): 달면 삼키고 쓰면 뱉는다는 뜻으로, 자신의 비위에 따라서 사리의 옳고 그름을 판단함을 이르는 말

20　　정답 ④

해설

방화(防火 → 放火): '방화(防火: 막을 **방**, 불 **화**)'는 '불이 나는 것을 미리 막음'이라는 의미이다. '불에 타고'를 볼 때, '일부러 불을 지름'이라는 의미를 가진 '방화(放火: 놓을 **방**, 불 **화**)'를 써야 한다.

오답 정리

① 사장(死藏: 죽을 **사**, 감출 **장**): 사물 따위가 필요한 곳에 활용되지 않고 썩음.

② 성분(成分: 이룰 **성**, 나눌 **분**): 유기적인 통일체를 이루고 있는 것의 한 부분

③ 발전(發展: 필 **발**, 펼 **전**): 1) 더 낫고 좋은 상태나 더 높은 단계로 나아감. 2) 일이 어떤 방향으로 전개됨.

21　　정답 ④

해설

제시된 글에서는 '유추(1 : 1, 공통점, 다른 범주)'의 전개 방식이 나타나지 않는다.

오답 정리

① 4문단에서 에니그마는 전선으로 이어진 세 부분(자판, 스크램블러, 램프보드)으로 이루어져 있다고 '분석'하였다.

② 5문단에서 스크램블러 안의 회로가 어떻게 구성되어 있는지에 따라 원문 텍스트의 글자가 암호로 바뀌는 '예시'를 들어 설명하였다.

③ 1문단에서 '암호의 종류는 암호를 만드는 방식에 따라 스테가노그래피와 크립토그래피로 나눌 수 있다.'라고 하고, 2문단에서 '크립토그래피는 전치법과 대체법으로 나뉜다.'라고 하며 일정한 기준에 따라 대상을 '분류'한 다음 각각에 대해 자세하게 설명하고 있다.

22　　정답 ④

해설

(라)에서는 정체성 이론이 지닌 장점을 언급하고 있는 것이 아니라, 정체성 이론을 극복하면서 동양 사회가 앞으로 서양 사회와 어깨를 겨루게 되면, '동양 사회의 발전적인 요소를 탐구하려는 노력이 행해질 것을 전망'하고 있다. 따라서 정체성 이론이 지닌 장점을 예를 들어 논증하고 있다는 설명은 적절하지 않다.

23　　정답 ②

해설

제시된 시는 의문문 형식을 통해 절대자(진리)에 대한 탐구 과정을 보여 주지만, 대답이 없어 확답에 도달하기 불가능함을 보여주고 있다. 즉 '대화체'가 아니라 '독백체'이고 '단절감'이 아니라 '동경'의 표현이다.

오답 정리

① "타고 남은 재가 다시 기름이 됩니다."라는 역설적(모순적) 표현을 통해 임을 향해 끊임없이 정진하려는 화자의 의지를 드러낸다.

③ 경어를 사용하여 절대자에 대한 경건한 자세를 보여 주고 있다.

④ "누구의 ~ 입니까."라는 동일한 통사 구조를 반복하여 음악성과 함께 형태적 안정성을 부여하고 있다.

24　　정답 ④

해설

㉠, ㉡, ㉢은 '임의 모습'을 형상화한 것이고, ㉣은 임에 대한 '나의 사랑과 희생정신'을 의미한다.

작품 정리

한용운, 〈알 수 없어요〉

갈래	자유시, 서정시, 산문시
성격	명상적, 관조적, 관념적, 구도적, 역설적
제재	자연 현상
주제	절대적 존재에 대한 동경과 영원히 그를 지키겠다는 의지

특징	① 경어체를 사용하고 의문형의 어구를 반복하여 표현함. ② 자연 현상을 통한 깨달음을 형상화함. ③ 동일한 통사 구조를 반복하여 음악성과 함께 형태적 안정성을 부여함.
출전	《님의 침묵》(1926)

25 정답 ②

[해설]

'동의의 격률'은 서로 의견이 다를 때, 상대방의 의견에 동의한 다음 자신의 생각을 말하라는 규칙이다. 그런데 (나)에는 '동의의 격률'을 지킨 부분은 찾아볼 수 없다. (나)의 영우와 영찬은 문제를 자신의 탓으로 돌려서, 상대방의 부담을 줄이도록 말하는 '관용의 격률'을 고려하여 말할 필요가 있다.

[🗐 심화]

공손성의 원리

요령의 격률	상대방에게 부담이 되는 표현은 최소화하고 상대방에게 이익이 되는 표현을 극대화하는 것. 🔲 죄송하지만 질문을 드려도 될까요?
관용의 격률	요령의 격률을 화자의 관점에서 말한 것으로 화자 자신에게 혜택을 주는 표현은 최소화하고 자신에게 부담을 주는 표현을 최대화하는 것. 🔲 제가 잠시 딴 생각을 해서 그러는데, 다시 말씀해 주시겠어요?
찬동의 격률	다른 사람에 대한 비방을 최소화하고 칭찬을 극대화하는 것. '칭찬의 격률'이라고도 함. 🔲 집이 참 좋네요. 구석구석 어쩌면 이렇게 정돈이 잘되어 있는 지……. 사모님 살림 솜씨가 대단하신데요.
겸양의 격률	자신에 대한 칭찬은 최소화하고 자신에 대한 비방을 극대화하는 것. 🔲 갑순: 너는 참 공부를 열심히 하는구나. 대단해. 민주: 아니야, 게을러서 이제라도 조금 하는 것뿐이야.
동의의 격률	자신의 의견과 다른 사람의 의견 사이의 다른 점을 최소화하고 자신의 의견과 다른 사람의 의견 사이의 일치점을 극대화하는 것. 혹은 상대방의 의견에 동의한 다음 (맞장구) 자신의 생각을 말하는 것. 🔲 수영: 자기야, 오늘 영화 한 편 보는 게 어때? 민성: 영화? 좋지.

14회 정답

01. ③	02. ④	03. ④	04. ③	05. ②
06. ④	07. ③	08. ③	09. ②	10. ②
11. ②	12. ③	13. ②	14. ①	15. ④
16. ④	17. ②	18. ③	19. ②	20. ②
21. ①	22. ①	23. ④	24. ②	25. ②

01
정답 ③

해설

'콘텐츠'와 '들입다(= 들이, 세차게 마구)'의 표기는 어법에 맞는다.
※ 드립다(X)

오답 정리

① 얇다 → 가늘다: 팔과 다리의 '둘레'에 관한 것이므로 '얇다(↔ 두 껍다)'가 아니라 '가늘다(↔ 굵다)'를 써야 한다. 한편 '번번이'는 '매번'이라는 의미이므로 표기가 바르다.

② 겨누면 → 겨루면: '총을 겨누다'의 상황이 아니라 '승부를 다투다'라는 의미이므로 '겨루다'를 써야 한다. 한편 '부딪게 되어'라는 의미이므로 '부딪혀('부딪다'의 피동 '부딪히다')'의 표기는 바르다.

④ 사과하므로써 → 사과함으로써: '사과하는 것으로써'라는 의미이므로 '사과함으로써'로 표기해야 한다. 한편 'ㄴ' 받침 아래에서는 '율'로 표기하기 때문에 '백분율'의 표기는 바르다.

어휘

구별해서 사용해야 하는 어휘

작다(↔ 크다)	적다(↔ 많다)
길이, 넓이, 부피 따위가 비교 대상이나 보통보다 덜하다.	수효나 분량, 정도가 일정한 기준에 미치지 못하다.
예 그는 동생보다 키가 <u>작다</u>.	예 <u>적지</u> 않은 피해를 입다.
다르다(↔ 같다)	틀리다(↔ 맞다)
비교가 되는 두 대상이 서로 같지 아니하다.	셈이나 사실 따위가 그르게 되거나 어긋나다.
예 아들이 아버지와 얼굴이 <u>다르다</u>.	예 그의 말은 분명히 <u>틀렸다</u>.
살지다 형	살찌다 동
살이 많고 튼실하다.	몸에 살이 필요 이상으로 많아지다.
예 가을은 만물이 <u>살지는</u> 계절이다.	예 <u>살쪄서</u> 바지가 작다.
깃들다	깃들이다
아늑하게 서려 들다.	주로 조류가 보금자리를 만들어 그 속에 들어 살다.
예 거리에는 어느새 황혼이 <u>깃들었다</u>.	예 까마귀가 버드나무에 <u>깃들였다</u>.

02
정답 ④

해설

• '핥아'는 겹받침이 모음으로 시작된 어미와 결합하는 경우인데, 이 경우 겹받침의 뒤엣것만을 뒤 음절 첫소리로 옮겨 발음하므로 [할타]로 발음하는 것이 적절하다.

• 값을[갑슬 → 갑쓸]: '값을'은 겹받침이 모음으로 시작된 조사와 결합하는 경우이다. 이 경우 겹받침의 뒤엣것만을 뒤 음절 첫소리로 옮겨 발음하는데, 이때 'ㅅ'은 된소리로 발음하므로 '값을'은 [갑쓸]로 발음해야 한다.

오답 정리

① '넋'의 겹받침 'ㄳ'은 어말 또는 자음 앞에서 [ㄱ]으로 발음하므로, '넋과'는 [넉꽈]로 발음한다. 또한 '앉-'의 겹받침 'ㄵ'은 어말 또는 자음 앞에서 [ㄴ]으로 발음하므로, '앉다'는 [안따]로 발음한다.

② '흙'의 겹받침 'ㄺ'은 어말 또는 자음 앞에서 [ㄱ]으로 발음하므로, '흙과'는 [흑꽈]로 발음한다. 또한 '읊-'은 어말 또는 자음 앞에서 [ㅂ]으로 발음하므로 '읊고'는 [읍꼬]로 발음한다.

③ '앉아'는 연음 법칙에 따라 [안자]로 발음한다. 또한 '닭을' 역시 연음 법칙에 따라 [달글]로 발음한다.

03
정답 ④

해설

㉠ 뒤에 오는 문장이 앞 문장과 동일한 내용을 좀 더 자세하게 부연 설명하고 있다. 따라서 '다시 말하면'이라는 부연의 의미를 가진 '즉'이 들어가는 것이 적절하다.

㉡ 앞뒤 문장의 내용이 상반된다. 따라서 역접의 접속어 '그러나'나 '그렇지만'이 들어가는 것이 적절하다.

㉢ 앞의 문장이 뒤에 오는 문장의 근거가 된다. 따라서 인과의 접속어 '따라서'나 '그러므로'가 들어가는 것이 적절하다.

04
정답 ③

해설

'벗어나다'는 '무엇에서'라는 부사어와 호응한다. ③은 '시름에서'라는 부사어가 쓰였기 때문에 호응 관계는 자연스럽다.

오답 정리

① '전망'을 하는 것은 '사람'이므로 '복지 정책'이 전망한다는 것은 자연스럽지 않다. 따라서 '손질이 불가피할 전망입니다.'를 '손질이 불가피할 것으로 전망됩니다.'로 고쳐야 문장의 호응이 자연스럽다.

② '때로는'과 '순응을' 사이에 '환경에'가 들어가야 서술어와의 호응이 자연스럽다.

④ '남에게서는'을 '남에게는 그런 말을'으로 고쳐야 문장의 호응이 자연스럽다.

05

해설

'버슷하다'는 '두 사람의 사이가 서로 잘 어울리지 않는다.'라는 의미이다. '사귐성이 좋다'는 내용을 볼 때, 문맥상 '버슷하다'의 쓰임은 적절하지 않다.

오답 정리

① '바지런하다'는 '놀지 아니하고 하는 일에 꾸준하다.'라는 의미로, 단어의 의미에 맞게 사용되었다.

③ '기웃하다'는 '무엇을 보려고 고개나 몸 따위를 한쪽으로 조금 기울이다.'라는 의미로, 단어의 의미에 맞게 사용되었다.

④ '소사스럽다'는 '보기에 행동이 좀스럽고 간사한 데가 있다.'라는 의미로, 단어의 의미에 맞게 사용되었다.

어휘

'사람의 특성'과 관련된 필수 고유어

가납사니	1. 쓸데없는 말을 지껄이기 좋아하는 수다스러운 사람 예 <u>가납사니</u> 같은 도시 사람들은 제멋대로 그럴싸한 소문을 퍼뜨리며…. 2. 말다툼을 잘하는 사람
두루치기	한 사람이 여러 방면에 능통함. 또는 그런 사람 예 그는 농사, 운동, 집안 살림 등 못하는 것 없는 <u>두루치기</u>다.
딸깍발이	1. 일상적으로 신을 신이 없어 맑은 날에도 나막신을 신는다는 뜻으로, 가난한 선비를 낮잡아 이르는 말 예 남산골샌님 <u>딸깍발이</u>의 정신이야말로 시대의 양심이다. 2. 일본 사람을 낮잡아 이르는 말 예 아무튼 그 <u>딸깍발이</u>들이 삼포에 드나들고부터 망하고 도망가는 삼농들이 생기기 시작했다니까요.
만무방	1. 염치가 없이 막된 사람 예 욕심도 잘 알듯이 원래 배운 데 없는 <u>만무방</u>이고 2. 아무렇게나 생긴 사람
무녀리	1. 한 태에 낳은 여러 마리 새끼 가운데 가장 먼저 나온 새끼 예 주인네 되는 사람이 동네 집집에 강아지를 나눠주게 되었고, 금순네도 그중의 <u>무녀리</u> 한 마리를 공짜로 얻어다 기르게 된 것이다. 2. 말이나 행동이 좀 모자란 듯이 보이는 사람을 비유적으로 이르는 말 예 영두만 한 <u>무녀리</u>가 없는 줄 알았는데 의곤이에 대면 영두는 오히려 씨억씨억하고 실팍한 터수였다.
무지렁이	아무것도 모르는 어리석은 사람 예 그의 눈에는 내가 세상 물정도 모르는 <u>무지렁이</u>로 보이는 모양이다.
옹춘마니	소견이 좁고 융통성이 없는 사람 예 <u>옹춘마니</u>인 줄 알았더니 수단도 좋으셔라.

06

해설

㉠의 '이루다'는 '몇 가지 부분이나 요소들을 모아 일정한 성질이나

모양을 가진 존재가 되게 하다.'는 의미이다. 이와 가장 유사한 것은 ④이다.

오답 정리

① '어떤 대상이 일정한 상태나 결과를 생기게 하거나 일으키거나 만들다.'의 의미이다.

> ※ 문전성시(門前成市: 문 **문**, 앞 **전**, 이룰 **성**, 시장 **시**): 찾아오는 사람이 많아 집 문 앞이 시장을 이루다시피 함.

②, ③ '뜻한 대로 되게 하다.'의 의미이다.

※ 〈보기〉와 ①, ②, ③, ④는 모두 다의어 관계이다.

07

해설

㉡ '한겨울'의 '한-'은 '한창인'의 뜻을 더하는 접두사이다. 접두사와 어근은 붙여 쓰기 때문에, '한겨울'로 붙여 쓴 것은 옳다.

㉣ 2017년 '해, 섬, 강, 산 등이 외래어에 붙을 때는 띄어 쓰고, 우리말에 붙을 때는 붙여 쓴다.'는 조항이 삭제됐다. 따라서 '나일강'으로 붙여 쓴 것은 옳다.

오답 정리

㉠ 못지 ∨ 않게 → 못지않게: 형용사 '못지않다'는 '일정한 수준이나 정도에 뒤지지 않다.'라는 의미를 가진 한 단어이다. 따라서 '못지않게'로 붙여 써야 한다.

㉢ 한 ∨ 번 → 한번: '1회(one time)'가 아니라 '시험 삼아 시도'해 보자는 의미이다. 따라서 '한번(부사)'으로 붙여 써야 한다.

08

해설

'출퇴근이나 통학 따위로 교통이 몹시 혼잡한 시간'을 이르는 'rush hour'의 외래어 표기는 '러시아워'가 옳다.

오답 정리

① 콘셉 → 콘셉트

② 랑데뷰 → 랑데부

④ 바디랭귀지 → 보디랭귀지

심화

주의해야 할 외래어 표기

바른 표기	틀린 표기	원어
녹다운	넉다운	knockdown
다이아몬드	다이어몬드	diamond
미네랄	미네럴	mineral
시가	시거	cigar
아메리카	어메리카	America
칼럼	컬럼	column
판다	팬더	panda
할리우드	헐리우드	Hollywood

09 정답 ②

해설

'축'은 오징어를 묶어 세는 단위성 의존 명사로, 한 축은 오징어 20마리를 이른다.

오답 정리

① '쌈'은 바늘을 묶어 세는 단위로, 한 쌈은 바늘 24개이다.
③ '두름'은 조기 따위의 물고기를 짚으로 한 줄에 10마리씩 두 줄로 엮은 것으로 20마리를 말한다. 또한 '두름'은 산나물을 10모숨(= 줌) 정도로 엮은 것을 말하기도 한다.
④ '거리'는 오이나 가지 따위를 묶어 세는 단위로, 한 거리는 오이나 가지 50개이다.

[심화]

단위 명사

쾌	1. 북어를 묶어 세는 단위. 한 쾌는 북어 20마리를 이른다. ⑩ 북어 한 쾌 2. 예전에, 엽전을 묶어 세던 단위. 한 쾌는 엽전 10냥을 이른다. ≒ 관 ⑩ 엽전 두 쾌
손	한 손에 잡을 만한 분량을 세는 단위. 조기, 고등어, 배추 따위 한 손은 '큰 것 하나와 작은 것 하나를 합한 것(2마리)'을 이르고, 미나리나 파 따위 한 손은 '한 줌' 분량을 이른다. ⑩ 고등어 한 손 / 파 두 손
두름	1. 조기 따위의 물고기를 짚으로 한 줄에 열 마리씩 두 줄(20마리)로 엮은 것 ⑩ 비웃 두름을 엮다. 2. 고사리 따위의 산나물을 10모숨(= 줌) 정도로 엮은 것 ⑩ 고사리를 두름으로 엮어서 팔다.
톳	김을 묶어 세는 단위. 한 톳은 김 100장을 이른다. ⑩ 상점에 가서 김 세 톳을 사 오너라.
축	오징어를 묶어 세는 단위. 한 축은 오징어 20마리를 이른다. ⑩ 오징어 한 축
거리	오이나 가지 따위를 묶어 세는 단위. 한 거리는 오이나 가지 50개를 이른다. ⑩ 가지 두 거리

10 정답 ②

해설

②는 '얼음(물)'과 '용광로(불)'라는 대립적 속성의 사물을 이용하고(ⓒ), 인생의 열정을, '용광로와 같은'(직유) 그리고 '함선의 기관'(은유) 등으로 비유(⑦)하였기 때문에 〈보기〉의 조건을 모두 충족한다.

오답 정리

①, ③ 대립적 속성의 사물을 이용하고는 있다. 비유적 표현도 쓰였다. 그러나 '열정'에 대한 비유는 아니다.
④ 열정을 비유적으로 드러내지도 않았고, 대립적 속성의 사물이 나타나지도 않았다.

11 정답 ②

해설

글쓴이는 마지막 문단에서 최근 들어 코스튬플레이가 모방하는 캐릭터의 중심이 국산 작품의 캐릭터로 이동하고 있는 점을 들어, 코스튬플레이가 한국적인 문화로 자리매김하게 될 가능성을 조심스럽게 전망하고 있다. 또한 글쓴이는 이와 같이 코스튬플레이가 한국화하는 것을 다행한 일이라고 평가하고 있는데, 이를 통해 코스튬플레이가 나아가야 할 바람직한 방향을 제시하고자 하는 글쓴이의 의도를 짐작할 수 있다.

12 정답 ③

해설

다만 3에서 자음을 첫소리로 가지고 있는 음절의 'ㅢ'는 [ㅣ]로 발음한다고 했다. 따라서 '유희'의 표준 발음은 [유희]가 아니라 [유히]이다.

오답 정리

① 우선 '흰색'의 표준 발음은 [힌색] 하나이다. 그런데 조사 '의'는 [의]로 발음하는 것이 원칙이고, [에]로도 발음할 수도 있다. 따라서 표준 발음은 [힌새긔기준]과 [힌새게기준]으로 2개이다.
② 다만 1에서 용언의 활용형에 나타나는 '져, 쪄, 쳐'는 [저, 쩌, 처]로 발음한다고 했다. 따라서 [가저]만 표준 발음이다.
④ 다만 2에서 '예, 례' 이외의 'ㅖ'는 [ㅔ]로도 발음한다고 했다. 따라서 '계시다'의 표준 발음은 [계:시다], [게:시다] 2가지이다.

[심화]

'ㅢ' 표준 발음

1) '자음 + ㅢ'는 [ㅣ]로만 발음
2) 첫 음절 '의'는 [ㅢ]로만 발음
3) 조사 '의'는 [ㅢ], [ㅔ]로 발음
4) 첫 음절 이외의 '의'는 [ㅢ], [ㅣ]로 발음

단어	표준 발음	잘못된 발음
늴리리	**[닐리리]**	[늴리리]
희떱다	**[히떱따]**	[희떱따]
의사	**[의사]**	[이사]
의심하다	**[의심하다]**	[이심하다]
주의	**[주의/주이]**	[주으]
우리의	**[우리의/우리에]**	[우리으]

13 정답 ②

해설

글쓴이는 '예를 들면'이라는 말을 예로 들면서 이를 문법적으로 분석하는 것보다는 이 말을 제대로, 적절히 사용할 수 있게 하는 것이 올바른 국어 교육이라는 취지의 말을 하고 있다. 이를 볼 때, 글쓴이는 말의 올바른 사용이란 '말이 가진 의미에 맞도록 제 기능을 바르게 하도록 사용하는 것'이라고 생각하고 있음을 알 수 있다. ②는 말의 올바른 사용을 '자신의 감정이나 생각을 정확하게 표현하는 것'이라고 하고 있으므로, 글쓴이의 생각에 가장 가깝다.

📋 오답 정리
②를 제외한 나머지는 모두 말의 '형식적인 측면'을 강조하고 있기 때문에, 말의 '의미나 기능'에 맞는 사용을 주장하는 글쓴이의 생각과는 거리가 멀다.

14   정답 ①

해설
회의적 어조가 나타나 있지 않다. 회의적이란 어떤 일에 의심을 품는 것을 의미한다. 제시된 작품은 오히려 자신의 상황을 명확하게 말하고 있기 때문에 단정적 어조로 보는 것이 적절하다.

📋 오답 정리
② 화자의 처지와 정서는 1연과 5연을 통해서 확인할 수 있다.
③ 화자가 꿈꾸는 이상향을 상징적인 시어 '산호도'를 사용하여 드러내고 있다.
④ 화자의 과거 고통이 촉각적으로 표현된 것은 '소금에 절고', '발목을 오여 쌌다'와 같은 구절에서 확인할 수 있다.

🔍 작품 정리

이육사, 〈노정기〉	
갈래	자유시
성격	감상적, 자기 성찰적
제재	자신의 삶
주제	① 과거의 어두운 삶을 회고 ② 쫓기는 삶의 비애

15   정답 ④

해설
㉠ 1문단의 "전자사전은 일반 사전이나 '기계 가독형 사전'과는 근본적으로 성격이 다른 것이다."를 통해 알 수 있는 내용이다.
㉡ 1문단의 "사람들이 일상적으로 사용하는 일반 언어, 즉 컴퓨터 언어 등의 인공어와 구별되는 '자연어'를" 부분을 통해 알 수 있는 내용이다.
㉢ 2문단의 "이때 각 표제항에 수록된 형태, 의미, 통사에 관한 모든 정보들은 공통된 기준에 따라 일관성 있게 구성되고 제시되어야 한다." 부분을 통해 알 수 있는 내용이다.

16   정답 ④

해설
〈관동별곡〉은 서사, 본사, 결사로 구분되는데, 제시문은 서사에 해당하는 부분이다. 서사의 줄거리는 다음과 같다.

"竹林(죽림, 전남 창평)에 살고 있는데 임금께서 강원도 관찰사의 직분을 내렸다. 연츄문(한양)에 달려가 임금께 하직하고 평구역을 지나 흑수로 가서 치악산에 이르렀다. 소양강을 보고 북관정에 오른다. 그 후 옛날 궁예왕의 대궐 터였던 회양에서 선정을 베풀겠다는 다짐을 한다."
따라서 ④의 '(가)-(마)-(다)-(라)-(나)'가 문맥의 흐름상 자연스럽다.

💬 현대어 풀이

정철, 〈관동별곡〉(제시문을 순서대로 재배열하였음.)
(가)
자연을 사랑하는 마음이 고질병이 되어(천석고황, 연하고질), 대숲에 지내고 있는데,
(임금님께서) 8백 리나 되는 강원도 관찰사의 직분을 맡겨 주시니,
아아, 임금님의 은혜야말로 갈수록 그지없다.
(마)
경복궁 서문인 연추문으로 달려 들어가 경회루 남쪽 문을 바라보며
임금님께 하직하고 물러나니, 옥절이 앞에 서 있다.
평구역[양주]에서 말을 갈아타고 흑수[여주]로 돌아드니,
섬강[원주]는 어디인가? 치악산[원주]이 여기로구나.
(다)
소양강 흘러내리는 물이 어디로 흘러든다는 말인가(임금 계신 한강으로 흘러들겠지, 연군지정)?
임금 곁을 떠나는 외로운 신하가 서울을 떠나매 (우국지정으로) 백발이 많기도 많구나.
동주[철원]의 밤을 겨우 새워 (날이 새자마자) 북관정에 오르니, 임금 계신 서울의 삼각산(북한산) 제일 높은 봉우리가 웬만하면 보일 것도 같구나.
(라)
옛날 태봉국 궁예왕의 대궐 터였던 곳에 까막까치가 지저귀니,
한 나라의 흥하고 망함을 알고 우는가, 모르고 우는가(인생무상, 맥수지탄).
(나)
이곳이 옛날 한(漢)나라에 있던 '회양'이라는 이름과 공교롭게도 같구나.
중국의 회양 태수(太守)로 선정을 베풀었다는 급장유의 풍채를 이곳 회양에서 다시 볼 것이 아닌가(선정에의 포부)?
(회양의) 감영의 안이 별일이 없고, 시절은 마치 3월인 때,
화천 시냇길이 금강산으로 뻗어 있다.

17   정답 ②

해설
화해의 주체는 '친구들'이므로, 진주에 의한 행동의 의미를 담아 사동의 형태로 표현하는 것은 적절하다. 따라서 ㉠의 사례로 적절하지 않다.

📋 오답 정리
① '어머니'는 '취소'를 한 주체이므로 ㉠의 사례이다.
③ '그'는 '고정'을 한 주체이므로 ㉠의 사례이다.
④ '경찰'은 '설득'을 한 주체이므로 ㉠의 사례이다.

18

[해설]

(다)에서는 우리 전통문화 속에 담긴 쾌락 지향적 요소가 일종의 허무주의적 성격이라고 보았다. 따라서 이 둘은 대비되는 것은 아니다. 그러므로 (다)의 중심 화제를 '쾌락 지향적 문화와 대비되는 허무주의'라고 보는 것은 적절하지 않다.

19

정답 ②

[해설]

제시된 작품에서 화자는, 개똥이라는 인물이 방탕한 삶의 결과로 아무도 돌아보지 않는 외톨이(독부)의 상황이 되었음을 말해주고 있다. 따라서 '자기가 저지른 일의 결과를 자기가 받음.'이라는 뜻을 가진 '자업자득(自業自得: 스스로 자, 업 업, 스스로 자, 얻을 득)'을 활용한 반응이 가장 적절하다.

[오답 정리]

① 격세지감(隔世之感: 막을 격, 세대 세, 갈 지, 느낄 감): 오래지 않은 동안에 몰라보게 변하여 아주 다른 세상이 된 것 같은 느낌
③ 안분지족(安分知足: 편안할 안, 나눌 분, 알 지, 발 족): 편안한 마음으로 제 분수를 지키며 만족할 줄을 앎.
④ 자가당착(自家撞着: 스스로 자, 집 가, 칠 당, 붙을 착): 같은 사람의 말이나 행동이 앞뒤가 서로 맞지 아니하고 모순됨.

[💬 현대어 풀이]

내 말이 미친 소리인가 저 인간을 구경하게.
남촌의 한량 개똥이는 부모덕에 편히 놀고
호의호식하지만 무식하고 미련하여 소견머리 없는데다가
눈은 높고 손은 커서 대중없이 주제 넘어
유행에 따라 옷을 입어 남의 눈만 즐겁게 한다.
긴긴 봄날에 낮잠이나 자고 아침 저녁으로 반찬 투정을 하며,
항상 놀고먹는 팔자로 술집에 무상출입하여 매일 취해서 게트림을 하고,
이리 모여서 노름하기, 저리 모여서 투전질(노름질)에
기생첩을 얻어 살림을 넉넉히 마련해 주고 오입쟁이(바람둥이) 친구로다.
사랑방에는 조방꾸니(오입쟁이 심부름꾼), 안방에는 뚜쟁이 할머니가 드나들고,
조상을 팔아 위세를 떨고 세도를 찾아 기웃기웃하며,
세도를 따라 뇌물을 바치느라고 재산을 날리고,
헛된 욕심으로 장사를 하여 남의 빚이 태산처럼 많다. 〈중략〉

아무도 그를 돌아보지 않으니 완전히 외톨이[독부]가 되었단 말인가?
가련하다, 저 인생아, 하루아침에 거지[걸객]가 되었구나.

※ 개똥이: 부모덕으로 호의호식하나 재물을 사치와 낭비로 탕진하고 후에 거지가 된 인물.

[🔍 작품 정리]

작자 미상, 〈우부가(愚夫歌)〉

갈래	가사
성격	비판적, 풍자적, 경세적(警世的)
제재	우부(愚夫)의 잘못된 행동
주제	타락한 양반의 행동에 대한 비판과 경계

특징	① 인물의 잘못된 행동을 적나라하게 서술함. ② 반복, 대구, 열거를 활용하여 시상을 전개함.
출전	《초당문답가》

20

정답 ②

[해설]

'원자 폭탄의 개발' 자체는 창조적인 업적이 맞지만, 사람을 해친다는 점에서 '부정적인 내용'을 가졌다고 볼 수 있다. 따라서 ㉠의 사례로 가장 적절하다.

[📒 오답 정리]

① '유흥 시설'을 창조적 업적으로 보기는 어렵다.
③ '저항 세력'이 대두된 것 자체를 창조적 업적으로 보기는 어렵다.
④ '사이비 종교'를 창조적 업적으로 보기는 어렵다.

21

정답 ①

[해설]

'농도를 묽게 함.'을 이르는 '희석'을 '稀釋(드물 희, 풀 석)'으로 표기한 것은 바르다.

[📒 오답 정리]

② 비견(鄙見 → 比肩): 문맥상 '서로 비슷한 위치에서 견줌. 또는 견주어짐.'이라는 의미이다. 따라서 '比肩(견줄 비, 어깨 견)'으로 표기해야 한다.
한편, '비견(鄙見: 더러울 비, 볼 견)'은 '자신의 의견'을 겸손하게 이르는 말이다.
③ 효시(曉示 → 嚆矢): '우는 화살'이라는 뜻으로 '어떤 사물이나 현상이 시작되어 나온 맨 처음'을 비유적으로 이르는 '효시'는 '嚆矢(부르짖을 효, 화살 시)'로 표기한다.
한편, '효시(曉示: 새벽 효, 보일 시)'는 '깨달아 알아듣도록 타이름.'이라는 의미이다.
④ 염증(炎症 → 厭症): 문맥상 '싫증'이라는 의미이다. 따라서 '厭症(싫을 염, 증세 증)'으로 표기해야 한다.
한편, '염증(炎症: 불탈 염, 증세 증)'은 '생체 조직이 손상을 입었을 때에 체내에서 일어나는 방어적 반응'을 의미한다.

[🧩 어휘]

주요 한자어

한자어	의미와 용례
懶惰	게으를 나(라), 게으를 타
	행동이나 성격이 게으름.
	🔲 그 소식은 나타에 빠져 있는 나에게 경종을 울렸다.
腐心	썩을 부, 마음 심
	걱정으로 마음이 썩음.
	🔲 기업들은 훌륭한 인재 확보를 위해 늘 부심한다.

한자어	의미와 용례
庇護	덮을 비, 보호할 호
	편을 들어 감싸 주고 보호함.
	예 정권의 비호 아래 온갖 불법을 저질렀다.
中傷	가운데 중, 상처 상
	근거 없는 말로 남을 헐뜯음.
	예 차츰 그를 중상하는 사람이 생기기 시작했다.
慧眼	슬기로울 혜, 눈 안
	사물을 꿰뚫어 보는 안목과 식견
	예 미래를 내다볼 수 있는 혜안과 식견을 갖추도록 해라.
脚光	다리 각, 빛 광
	사회적 관심이나 흥미
	예 이제는 선글라스가 패션 제품으로 새롭게 각광을 받고 있다.
固陋	굳을 고, 좁을 루
	낡은 생각에 젖어 고집이 세고 생각이 좁음.
	예 흔히들 보수라고 하면 고루하고 케케묵은 것으로만 생각하는 경향이 있다.

22 정답 ①

해설

제시된 글의 글쓴이는 인류가 현재 매우 심각하고 위태로운 상태에 처해 있다고 말하면서, '더 이상 방치하면 돌이킬 수 없는 혼란에 빠질 수 있기 때문에 미리 대처해야 한다'고 하였다. 따라서 글쓴이가 우려하고 있는 상황은 이미 잘못되어 손을 써도 소용이 없을 때이다. 그러므로 글쓴이가 우려하고 있는 상황과 관련이 있는 속담은 소를 도둑맞은 다음에서야 빈 외양간의 허물어진 데를 고치느라 수선을 떤다는 뜻으로, '일이 이미 잘못된 뒤에는 손을 써도 소용이 없음'을 비꼬는 말인 '소 잃고 외양간 고친다'이다.

오답 정리

② 송충이는 솔잎을 먹어야 한다: 자기 분수에 맞게 처신하여야 함을 비유적으로 이르는 말
③ 양반은 죽을 먹어도 이를 쑤신다: 양반은 체통을 차리느라고 없는 기색을 내지 아니한다는 말
④ 염불에는 맘이 없고 잿밥에만 맘이 있다: 맡은 일에는 정성을 들이지 아니하면서 잇속에만 마음을 두는 경우를 비유적으로 이르는 말

23 정답 ④

해설

시적 화자는 제시된 작품에서 화자의 눈물이 '대동강을 마르지 않게 한다'라고 표현하여 임과 이별하는 슬픔을 대동강 물에 투영(반영)하였다.

오답 정리

① 이별의 슬픔을 드러내고 있을 뿐, 지난날에 대한 후회와 반성은 확인할 수 없다.

② 자연의 현상(비 갠후 더 짙은 풀빛)을 통해 화자의 정감(더 진한 슬픔)을 표출하고 있을 뿐, 이로부터 교훈을 도출하고 있지는 않다.
③ 계절의 변화는 드러나지 않는다.

현대어 풀이

비 갠 긴 둑에 풀빛이 고운데,
남포에서 임 보내며 슬픈 노래 부르네.
대동강 물이야 언제나 마르려나.(마르지 않을 것이다.)
(내가) 이별의 눈물 해마다 푸른 물결에 보태나니.

작품 정리

정지상, 〈송인(送人)〉

갈래	한시, 7언 절구
성격	서정적, 애상적
제재	임과의 이별
주제	이별의 슬픔
특징	① 도치법, 과장법, 설의법을 사용하였으며, 인간사와 자연사를 대비시켜 주제를 효과적으로 드러냄. ② 시적인 이미지를 선명하게 제시하고 함축적인 언어를 사용함.
의의	우리나라 한시 중 이별가의 백미(白眉)
연대	고려 인종(12세기)
출전	"동문선"

24 정답 ②

해설

제시된 글은 의성어와 의태어가 가진 차이점을 중심으로 두 대상을 대조하면서 의성어와 의태어가 가진 특징을 대상과 언어 형식의 관계, 음운 교체, 각운의 측면에서 분석하고 있다.

오답 정리

① 통시적 관점에서 연구 결과를 비교하고 있지는 않다.
③ 두 대상의 차이점을 제시하고 있을 뿐, 대상에 대한 상반된 견해를 소개하는 것은 아니다.
④ 제시된 글에는 다양한 자료와 구체적인 사례가 많이 제시되고 있다. 그러나 어떠한 이론을 제시하고 적용하고 있는 것은 아니다.

25 정답 ②

해설

1단계	(다)는 (가)에서 말한 '가정'의 결과이다. 따라서 선택지에 첫 순서로 제시된 (가)와 (다) 중 (가)가 가장 앞에 나와야 한다.
2단계	(나)는 (가)와 (다)의 가정과 상반되는 내용과 그 이유를 제시한 것이다. 따라서 (다) 뒤에 (나)가 나와야 한다.
3단계	(라)는 (나)의 내용을 풀어서 설명한 것이므로 (나) 뒤에 (라)가 나와야 한다.

따라서 제시된 글을 순서대로 나열하면 '(가) – (다) – (나) – (라)'이다.

15회 정답

01. ①	02. ①	03. ②	04. ④	05. ③
06. ①	07. ④	08. ③	09. ④	10. ③
11. ④	12. ②	13. ②	14. ④	15. ②
16. ③	17. ②	18. ③	19. ④	20. ③
21. ④	22. ③	23. ④	24. ④	25. ②

01   정답 ①

[해설]

㉠ '예, 례' 이외의 'ㅖ'는 [ㅔ]로도 발음한다. 따라서 '지혜'의 표준 발음은 [지혜/지헤]이다. 그러므로 [지헤]는 표준 발음이다.

㉡ 'ㅣ, ㅚ, ㅟ'로 끝나는 어간 뒤에 '어'로 시작하는 어미가 올 때 '어'를 [ㅕ]로 발음할 수 있다. 따라서 '되어[되어/되여]'가 표준 발음이다.

[오답 정리]

㉢ 색연필[새견필 → 생년필]: '색연필'은 [색-연필 → (ㄴ첨가) → 색년필 → (비음화) → 생년필]의 과정을 거쳐 발음된다. 따라서 '색연필'의 표준 발음은 [생년필]이다.

㉣ 학교에[학꾜예 → 학꾜에]: 체언이기 때문에 반모음이 첨가될 환경이 아니다. 따라서 '학교에'의 표준 발음은 [학꾜에]이다. 참고로 받침 'ㄱ, ㄷ, ㅂ' 뒤에 연결되는 'ㄱ, ㄷ, ㅂ, ㅅ, ㅈ'은 된소리로 발음하기 때문에 '학교'의 표준 발음은 [학꾜]가 맞다.

02   정답 ①

[해설]

'잠바', '로션', '비즈니스'의 표기는 모두 바르다.

※ 'jumper'는 '점퍼'로도 표기한다.

[오답 정리]

② 그린랜드 → 그린란드, '도넛'과 '마사지'의 표기는 옳다.

③ 나레이션 → 내레이션, '디스켓'과 '하모니카'의 표기는 옳다.

④ 수퍼맨 → 슈퍼맨, 룩셈부르그 → 룩셈부르크, '맨해튼'의 표기는 바르다.

[심화]

주요 로마자 표기

바른 표기	틀린 표기	바른 표기	틀린 표기
심벌	심볼	타월	타올
쿠션	쿠숀	재킷	자켓
드리블	드리볼	스펀지	스폰지
펜타곤	팬타곤	배터리	밧데리
미스터리	미스테리	심포지엄	심포지움

03   정답 ②

[해설]

〈보기〉는 고려 가요 〈동동〉의 마지막 연으로, 임을 위해 정성스레 진짓상을 차리고 임께서 쓰시라고 가지런히 젓가락을 올렸더니 생각지도 않은 다른 사람이 가져다 써 버린 상황이다. '져(젓가락)'는 화자 자신을 의미한다. 즉 〈보기〉에서 화자는 임이 아닌 엉뚱한 사람에게 시집가게 된 것을 한탄하고 있다. 따라서 힘들여 게를 잡아 가지고는 도로 물에 놓아준다는 뜻으로, '아무런 소득 없이 헛수고만 함'을 이르는 속담인 '게 잡아 물에 놓았다[넣는다]'와 관련이 있다.

[오답 정리]

① 바람 앞의 등불: 언제 꺼질지 모르는 바람 앞의 등불이란 뜻으로, 매우 위태로운 처지에 놓여 있음을 비유적으로 이르는 말

③ 까마귀 날자 배 떨어진다: 아무 관계 없이 한 일이 공교롭게도 때가 같아 어떤 관계가 있는 것처럼 의심을 받게 됨을 비유적으로 이르는 말

④ 호랑이도 쏘아 놓고 나면 불쌍하다: 아무리 밉던 사람도 죽게 되었을 때는 측은하게 여겨진다는 말

[현대어 풀이]

12월 분지나무로 깎은 아아 (임에게) 차려 드릴 소반 위의 젓가락 같구나. 임의 앞에 들어 놓았더니, 손님이 가져다가 입에 물었나이다.

[어휘]

주요 속담

속담	의미와 용례
언 발에 오줌 누기	임시변통은 될지 모르나 그 효력이 오래가지 못할 뿐만 아니라 결국에는 사태가 더 나빠짐. 예 언 발에 오줌 눈다더니, 기분을 풀어 주고자 한 나의 거짓말이 들통이 나 아내를 더 화나게 만들었다. ≒ 아랫돌 빼서 윗돌 괴고 윗돌 빼서 아랫돌 괴기
쇠뿔도 단김에 빼라	어떤 일이든지 하려고 생각했으면 한창 열이 올랐을 때 망설이지 말고 곧 행동으로 옮겨야 함. 예 쇠뿔도 단김에 빼랬다고, 이렇게 뜸들일 것이 아니라 지금 당장 가서 대책을 논의합시다. ≒ 고사리도 꺾을 때 꺾는다
작은 고추가 더 맵다	몸집이 작은 사람이 큰 사람보다 재주가 뛰어나고 야무짐. 예 작은 고추가 더 맵다고 영주가 몸집은 작아도 강단이 있어서 힘들어도 잘해 나갈 수 있을 거야.
야윈 말이 짐 탐한다	제격에 어울리지 않게 욕심을 냄. 예 야윈 말이 짐 탐한다고 네 실력에 벌써 이 곡을 연주하기는 힘들 것이다. ≒ 걷기도 전에 뛰려고 한다 아직 이도 나기 전에 갈비를 뜯는다
소 잃고 외양간 고친다	일이 이미 잘못된 뒤에는 손을 써도 소용이 없음. 예 이미 대규모의 개인 정보 유출 사고가 연이어 일어났는데 정부는 이제 와서 개인 정보 보안법 강화를 발표하다니 소 잃고 외양간 고치기가 따로 없네. ≒ 도둑맞고 사립[빈지] 고친다

04

해설

⊙의 '가다'는 '외부의 충격이나 영향으로 정신을 제대로 차리지 못하는 혼미한 상태가 되다.'라는 의미이다. 이와 의미가 가장 유사한 것은 ④이다.

오답 정리

① '(완곡하게) 사람이 죽다.'라는 의미이다.
② '관심이나 눈길 따위가 쏠리다.'라는 의미이다.
③ '건강에 해가 되다.'라는 의미이다.

05
정답 ③

해설

화자는 ⊙을 따뜻한 연민(불쌍하고 가련하게 여김.)의 시선으로 바라보고 있다. 이와 유사한 태도로 대상을 바라보고 있는 것은 ③의 '여승'이다. ③의 화자 역시 '여승'을 연민의 시선으로 바라보고 있다.

오답 정리

① 연민의 정서와는 관련이 없다. 솟길 바라는 긍정의 대상이다.
② 또 다른 고향으로 가고 싶어 할 뿐, 연민의 정서와는 관련이 없다.
④ '그대'는 자유를 말하는 존재이기 때문에 연민의 정서와는 관련이 없다.

작품 정리

하종오, 〈시내버스 정류장에서〉

갈래	서정시, 자유시
성격	사실적, 서사적, 서술적
제재	시내버스를 기다리는 베트남 결혼 이주 여성
주제	결혼 이주 여성들의 일상적 삶과 애환
특징	① 시적 대상에 대한 관찰과 연상을 통해 시상을 전개함. ② 유사한 대상이나 연상 내용을 나열하며 시상을 전개함. ③ 서사적 진술을 통해 결혼 이주 여성들의 삶을 사실적으로 묘사함.
출전	《입국자들》(2009)

06
정답 ①

해설

⊙ '껍질'은 물체의 겉을 싸고 있는 단단하지 않은 물질을, '껍데기'는 달걀이나 조개 따위의 겉을 싸고 있는 단단한 물질을 이르는 말이다. '사과'의 겉을 싸고 있는 물질은 단단하지 않기 때문에 '(사과) 껍질'을 쓴 것은 어법에 맞는다. 또 '두께'를 나타내기 때문에 '두껍다'라는 표현을 쓴 것도 어법에 맞는다.

ⓒ '낯선'은 '낯설다'의 어간 '낯설-'에 관형사형 전성 어미 '-ㄴ'이 결합한 것이다. 어간의 'ㄹ'은 'ㄴ'으로 시작하는 어미와 결합하면 탈락한다. 따라서 '낯선(낯설-+-ㄴ)'의 활용은 어법에 맞는다. 또 '가지런하다'의 어근 '가지런'에 접미사 '-히'를 결합한 부사 '가지런히'의 표기도 어법에 맞는다.

오답 정리

ⓒ 만족스런 → 만족스러운: '만족스럽다'는 'ㅂ' 불규칙 용언이므로 모음으로 시작하는 어미와 결합하면, 'ㅂ'이 'ㅗ/ㅜ'로 교체된다. 따라서 '만족스런'을 '만족스러운'으로 써야 한다.

ⓔ 개인 → 갠: '날씨가 맑아지다.'라는 의미를 가진 단어의 기본형은 '개다'이다. 따라서 '개인'이 아니라 어간 '개-'에 관형사형 전성 어미 '-ㄴ'이 결합한 '갠'을 써야 한다.

어휘

헷갈리는 어휘

몫	목
1. 여럿으로 나누어 가지는 각 부분 예 자기 몫을 챙기다. 2. 나눗셈에서 피제수를 제수로 나누어 얻는 수 예 6을 3으로 나누면 몫은 2이다.	1. 척추동물의 머리와 몸통을 잇는 잘록한 부분 예 목도리로 목을 감다. 2. 자리가 좋아 장사가 잘되는 곳이나 길 따위 예 어쨌든 목 좋았던 점포를 두고 아득바득 이곳으로 옮겨야 했던 까닭이 뭐야?
꽁지	꼬리
1. 새의 꽁무니에 붙은 깃 예 공작이 꽁지를 폈다. 2. 주로 기다란 물체나 몸통의 맨 끝부분 예 강아지가 어미 꽁지에만 붙어 다닌다.	1. 동물의 꽁무니나 몸뚱이의 뒤 끝에 붙어서 조금 나와 있는 부분 예 고양이가 꼬리를 흔든다. 2. 사람을 찾거나 쫓아갈 수 있을 만한 흔적 예 그놈이 꼬리가 잡히지 않도록 모든 증거물을 없애 버렸다.
노름	놀음
1. 돈이나 재물 따위를 걸고 주사위, 골패, 마작, 화투, 트럼프 따위를 써서 서로 내기를 하는 일 예 그는 노름으로 전 재산을 날렸다.	1. 여러 사람이 모여서 즐겁게 노는 일 예 우리 놀음 계획을 좀 짜 보자. 2. 우리나라 전통적인 연희를 통틀어 이르는 말 예 자, 이제 놀음 한번 신나게 놀아 보세.
껍질	껍데기
1. 물체의 겉을 싸고 있는 단단하지 않은 물질 예 귤의 껍질을 까다.	1. 달걀이나 조개 따위의 겉을 싸고 있는 단단한 물질 예 달걀 껍데기를 깨뜨리다. 2. 알맹이를 빼내고 겉에 남은 물건 예 과자 껍데기

07
정답 ④

해설

영산강	발음상 혼동의 우려가 있을 때에는 음절 사이에 붙임표(-)를 쓸 수 있다. '영산강'의 로마자 표기 'Yeongsangang'은 '영상앙'으로도 혼동할 우려가 있다. 따라서 'Yeongsan'과 'gang' 사이에 붙임표(-)를 붙인 것은 옳다.
춘향전	'춘향전'은 고유 명사이므로 첫 글자를 대문자로 적은 'Chunhyangjeon'의 표기는 옳다.

📑 오답 정리

① '볶음밥[보끔밥](bokkeumbap)'의 표기는 바르다.

동래	'동래'의 표준 발음은 [동내]이다. 따라서 'Dongnae'로 표기해야 한다.

② '첨성대(Cheomseongdae)'의 표기는 바르다.

식혜	'식혜[시켸]'는 체언이다. 체언에서 'ㄱ, ㄷ, ㅂ' 뒤에 'ㅎ'이 따를 때에는 'ㅎ(h)'을 밝혀 적는다. 따라서 '식혜'는 'sikhye'로 표기해야 한다.

③ '옥천(Okcheon)'의 표기는 바르다.

함평군	'도, 시, 군, 구, 읍, 면, 리, 동'의 행정 구역 단위와 '가'는 각각 'do, si, gun, gu, eup, myeon, ri, dong, ga'로 적고, 그 앞에는 붙임표(-)를 넣는다. 따라서 '함평'과 '군' 사이에 붙임표(-)를 넣은 'Hampyeong-gun'으로 표기해야 한다.

※ 다만 '시, 군, 읍'은 생략이 가능하다.

08   정답 ③

【해설】

㉠ 앞에서 말한 '수영장'과 관련을 지으면서, '현실세계'라는 다른 방향으로 내용을 이끌어야 한다. 따라서 화제의 전환을 이끄는 '그런데'가 들어가는 것이 적절하다.

㉡ 현실세계에 사회라는 수영장이 하나밖에 없기 때문에, 갈등이 생긴다는 내용이다. 둘은 인과 관계이므로, '따라서'나 '그래서'가 어울린다.

09   정답 ④

【해설】

부사 '한가득'과 동사 '돌아오다'는 각각 한 단어이다. 따라서 '한가득'과 '돌아오다'를 붙여 쓴 것은 띄어쓰기 규정에 맞는다.

📑 오답 정리

① 이런데 → 이런∨데: '데'는 '곳'이나 '장소'를 뜻하는 의존 명사이다. 따라서 '이런'과 '데'는 띄어 써야 한다.

② 떠난지 → 떠난∨지: '지'는 시간의 경과를 나타내는 의존 명사이다. 따라서 '떠난'과 '지'는 띄어 써야 한다.

③ 김영희양 → 김영희∨양: '양'은 의존 명사이다. 따라서 '김영희'와 '양'은 띄어 써야 한다.

🔎 심화

띄어쓰기

① 한번

한번	한∨번
1. 어떤 일을 시험 삼아 시도함을 나타내는 말 예 한번 해 보다. 2. 기회 있는 어떤 때에 예 우리 집에 한번 놀러 오세요. 3. 어떤 행동이나 상태를 강조하는 뜻을 나타내는 말 예 춤 한번 잘 춘다. 4. 일단 한 차례 예 한번 물면 절대 놓지 않는다.	1. 1번, 1회 예 철수는 한 번 도전해서 성공했다. ※ '번'이 차례나 일의 횟수를 나타내는 경우에는 '한 번', '두 번', '세 번'과 같이 띄어 쓴다. '한번'을 '두 번', '세 번'으로 바꾸어 뜻이 통하면 '한 번'으로 띄어 쓰고 그렇지 않으면 '한번'으로 붙여 쓴다.

② 한잔

한잔	한∨잔
간단하게 한 차례 마시는 차나 술 따위 예 커피 한잔 마시다.	1잔 예 술을 한 잔씩 주고받았다.

10   정답 ③

【해설】

'취침(就寢: 나아갈 취, 잠잘 침)', '박학(博學: 넓을 박, 배울 학)'의 독음은 모두 옳다.

📑 오답 정리

① 末職(미직 → 말직): '末'은 '끝 말'이다. 따라서 '末職(끝 말, 일 직)'의 독음은 '말직'이다. 한편, '反證(반증: 돌이킬 반, 증거 증)'의 독음은 '반증'이 맞다.

② 燒火(조화 → 소화): '燒'는 '사를 소'이다. 따라서 '燒火(사를 소, 불 화)'의 독음은 '소화'이다. 한편, '勃發(발발: 우쩍 일어날 발, 필 발)'의 독음은 '발발'이 맞다.

④ 埋立(이립 → 매립): '埋'는 '묻을 매'이다. 따라서 '埋立(묻을 매, 설 립)'의 독음은 '매립'이다. 한편, '通例(통례: 통할 통, 법식 례)'의 독음은 '통례'가 맞다.

11   정답 ④

【해설】

㉠과 ㉡ 모두 옛것을 바탕으로 새로운 것을 창조한다는 내용이다. 따라서 ㉠과 ㉡ 모두 옛것을 본받아 새로운 것을 창조한다는 의미의 '法古創新(법고창신: 법 법, 옛 고, 비롯할 창, 새 신)'과 관련이 깊다.

📑 오답 정리

① 脣亡齒寒(순망치한: 입술 순, 망할 망, 이 치, 찰 한): 입술이 없으면 이가 시리다는 뜻으로, 서로 이해관계가 밀접한 사이에 어느

한쪽이 망하면 다른 한쪽도 그 영향을 받아 온전하기 어려움을
이르는 말
② 糊口之策(호구지책: 풀칠할 호, 입 구, 갈 지, 꾀 책): 가난한 살림
에서 그저 겨우 먹고살아 가는 방책
③ 街談巷說(가담항설: 거리 가, 말씀 담, 거리 항, 말씀 설): 거리나
항간에 떠도는 소문

주제별 한자 성어

주제	관련 한자 성어
인생무상 (人生無常)	일장춘몽(一場春夢), 남가일몽(南柯一夢), 노생지몽(老生之夢), 초로인생(草露人生), 한단지몽(邯鄲之夢)
위기 상황	누란지위(累卵之危), 명재경각(命在頃刻), 백척간두(百尺竿頭), 일촉즉발(一觸卽發), 풍전등화(風前燈火)
어리석은 사람	목불식정(目不識丁), 어로불변(魚魯不辨), 연목구어(緣木求魚), 숙맥불변(菽麥不辨)
겉과 속이 다름.	구밀복검(口蜜腹劍), 표리부동(表裏不同), 양두구육(羊頭狗肉), 면종복배(面從腹背)
우열을 가리기 어려움.	난형난제(難兄難弟), 막상막하(莫上莫下), 용호상박(龍虎相搏), 백중지간(伯仲之間), 오십보백보(五十步百步)

12 정답 ②

해설

사회자는 청취자들에게 최저 생계비의 의미를 질문을 통해 알려 주
고, (ㄴ) 대학생의 말을 정리해서 말을 하거나 그것을 통해 현실을 비
판하는 발언을 하고 있다. (ㄹ) 마지막 부분에서는 최저 생계비에 대
해 우리가 관심을 가져야 할 핵심적인 발언까지 언급하고 있다.

13 정답 ②

해설

'자기의 의견을 바꾸거나 고치지 않고 굳게 버팀. 또는 그렇게 버티는
성미.'를 이르는 '고집(固執: 굳을 고, 잡을 집)'은 한자어이다.

📋 오답 정리

① '다른 것이 아니라 오로지'를 뜻하는 부사 '다만'은 고유어이다.
③ '억울한 일이나 잘못된 일, 딱한 사정 따위를 말함.'을 이르는
'하소연'은 고유어이다.
④ '사물을 헤아리고 판단하는 작용'을 이르는 '생각'은 고유어이다.

한자어로 착각하기 쉬운 고유어

단어	의미 및 용례
오금	무릎의 뒤쪽 부분 예 오금이 저려 계속 자세를 바꿨다.
화수분	재물이 계속해서 쏟아져 나오는 보물 단지 예 넌 내가 화수분인 줄 아니? 어째 나만 보면 돈 얘기냐!
살포시	아주 가볍고 포근하게, 살며시 예 소녀의 왼쪽 볼에 살포시 보조개가 패었다.
옹골지다	속이 꽉 차 있어서 실속이 있다. 예 겉으로는 저리 보여도 살림 하나는 옹골지게 잘하는 여편네.
투박하다	1. 생김새가 볼품없이 둔하고 튼튼하기만 하다. 예 투박하게 짠 양말 2. 말이나 행동 따위가 거칠고 세련되지 못하다. 예 투박한 사투리는 접어두고 상냥하고 부드러운 말투로 말 했다.

14 정답 ④

해설

제시문의 '〈하사(下詞)〉 중 2수'는 배를 띄워 바다로 나가는 모습을
표현하고 있다. 바다로 나온 배의 앞뒤로는 갈매기가 날고 있고 이미
그 갈매기는 화자와 정답게 속삭이며 흥겨워하고 있는 장면으로,
ⓔ은 갈매기가 나인지 내가 갈매기인지 구별이 가지 않는 주객일치
(主客一致)의 경지, 즉 물아일체(物我一體)를 보여 주고 있다.

※ 물아일체(物我一體): 외물(外物)과 자아, 객관과 주관, 또는 물질계와 정신계
가 어울려 하나가 됨. 문학에서는 특히 '자연과 하나됨'을 일컬어 자주 등장하
는 개념어이다.

📋 오답 정리

① 윤선도의 〈어부사시사(漁父四時詞)〉는 연시조이다. 연시조도 평
시조처럼 3장 형식으로 구성된다. 따라서 평시조와 다르다는 설
명은 적절하지 않다.
② ㉠은 중장과 종장 사이의 후렴구이다. 이 후렴구는 노를 젓는 소
리(의성어)로 시조의 내용과는 아무런 관련이 없다. 따라서 중장
과 종장 사이의 내용을 자연스럽게 연결해 준다는 설명은 적절하
지 않다.
③ ㉡과 ㉢은 '우비'로 '봄'이 아니라 '여름'이라는 계절적 배경을 알
려 주는 소재이다.

💬 현대어 풀이

윤선도, 〈어부사시사(漁父四時詞)〉

〈춘사(春詞)〉 중 1수
앞 포구에 안개 걷고 뒷산에 해 비친다.
배 띄워라 배 띄워라.
썰물은 거의 빠지고 밀물이 밀려 온다.
지국총 지국총 어사와(삐그덕 삐그덕 어기여차)
강촌의 온갖 꽃들이 먼 빛으로 바라보니 더욱 좋구나.

〈하사(夏詞)〉 중 2수
연잎에 밥 싸 두고 반찬일랑 장만 마라.(단사표음, 안분지족)

닻 들어라 닻 들어라.

청댓삿갓은 써 있노라 푸른색의 도롱이를 가져 왔느냐

지국총 지국총 어사와

무심한 갈매기는 나를 쫓는가 내가 저 갈매기를 쫓는가.(물아일체)

🔍 **작품 정리**

윤선도, 〈어부사시사(漁父四時詞)〉

갈래	평시조, 연시조(춘하추동 각 10수씩 전 40수)
성격	풍류적, 전원적, 자연 친화적
제재	자연에서의 어부 생활
주제	자연 속에서 한가롭게 살아가는 어부 생활의 여유와 흥취
특징	① 초장과 중장, 중장과 종장 사이에 고려 가요처럼 후렴구가 있음. ② 대구법, 반복법, 의성법, 원근법 등의 다양한 표현법을 사용함.
연대	조선 효종
출전	《고산유고》

15　　　　정답 ②

해설

(가)와 (나)는 상식의 속성에 대하여, (다)~(바)는 상식과 과학의 차이점에 대하여 서술하고 있다. 따라서 제시된 글을 내용상 두 부분으로 나눈다면 '(가)(나) / (다)(라)(마)(바)'로 나누는 것이 가장 적절하다.

16　　　　정답 ③

해설

(가) '소설'을 구성하는 요소를 인물, 배경, 사건으로 나누어 설명하고 있다. 즉 (가)는 복잡한 현상이나 대상 또는 개념을, 그것을 구성하는 단순한 요소로 분해하는 '분석'의 전개 방식이 적용되었다.

(나) '문학'이 구축하는 세계는 실제 생활과 다르다는 것을 설명하기 위해, '건축가'가 재료를 이용해 건물을 짓는 것에 빗대어 설명하고 있다. 즉 (나)는 다른 범주의 두 개의 비슷한 사물이나 사실에서, 한쪽이 어떤 성질이나 관계를 가질 경우, 다른 사물도 그와 같은 성질이나 관계를 가질 것이라고 추리하는 방법인 '유추'의 전개 방식이 적용되었다.

📖 **심화**

글의 전개 방식

전개 방식		설명
동태적	서사	사건의 전개나 사물의 변화, 인물의 행동을 시간의 흐름에 따라 서술하는 전개 방식 → 시간+who
	과정	어떤 특정한 결말이나 결과를 가져오게 하는 일련의 행동, 변화, 작용 등에 초점을 두는 전개 방식 → 시간+how
	인과	어떤 결과를 가져오게 한 영향 내지 힘, 또는 그러한 힘에 의해 결과적으로 초래된 현상을 중심으로 전개하는 방식 → 시간+why
정태적	정의	어떤 대상 또는 사물의 범위를 규정짓거나 그 사물의 본질을 서술하는 것
	지정	언어를 통해 어떤 의미나 상황을 가리켜 보이는 단순한 설명 방식
	예시	어떤 대상에 대해 구체적인 예를 들어 알기 쉽게 설명하는 방법
	분류	어떤 대상들을 비슷한 특성에 근거하여 구분하여 설명하는 방식
	분석	어떤 복잡한 것을 단순한 요소나 부분들로 나누어 설명하는 방식
	유추	어렵고 복잡한 개념을 설명하고자 할 경우, 보다 친숙하고 단순한 개념과 비교해 나감으로써 좀 더 쉽게 이해할 수 있도록 하는 설명 방식 → 시간＋1：1, 공통점, 다른 범주
	묘사	대상의 형태, 색채, 감촉, 향기, 소리 등을 있는 그대로 그려 내는 방식
	비교와 대조	**같은 범주**의 둘 또는 그 이상의 사물들에 대하여 그들이 지니고 있는 <u>공통점</u>을 밝히면 '비교', 그 <u>차이점</u>을 밝히면 '대조'

17　　　　정답 ②

해설

'미역국을 먹다'를 '떨어지다'로, ⓒ에 들어갈 말을 '항복하다'로 바꾸면 더 간단하다고 하였다. 따라서 '미역국을 먹다'는 관용어로 한 단어가 아니지만, '떨어지다'나 '항복하다'는 한 단어이므로 ②에 '한 단어'가 들어가는 것은 적절하다.

📋 **오답 정리**

① '손을 놓다'는 '하던 일을 그만두거나 잠시 멈추다.'라는 의미를 가진 관용어로, '항복하다'는 의미가 없다. '항복하다'라는 뜻을 가진 관용어는 '손을 들다'이므로, 문맥상 '손을 들다'가 들어가야 한다.

③ 1문단에서 효과적이라는 장점이 있다고 하였는데, 2문단에서는 장점(좋은 점)만 있는 게 아니라고 하였다. 따라서 역접의 접속어 '그러나'나 '하지만'이 들어가야 한다.

④ 한국어 화자는 쉽게 구분할 수 있지만 한국어에 익숙하지 않은 사람은 '쉽게 구분할 수 없다'는 내용이 들어가야 한다. 따라서 '쉽다'가 아닌 '쉽지 않다' 혹은 '어렵다'가 들어가야 한다.

18　　　　정답 ③

해설

제시된 글에서는 '추상적 개념의 구체화'에 대한 설명하고 있다. 그런데 ③에서는 '추상적 개념의 구체화'가 쓰이지 않았다.

📋 **오답 정리**

① '내 모음 버혀 내여(베어 내어) 별 둘을 밍글고져'에서 '마음'이라는 추상적인 개념을 잘라 낼 수 있는 구체적인 대상처럼 표현하였다.

② '흥(興)을 전나귀에 모도 싯고'에서 '흥'이라는 추상적인 개념을 나귀 등에 실을 수 있는 구체적인 대상처럼 표현하였다.
④ '동지(冬至)ㅅ둘 기나긴 밤을 한 허리를 버혀 내여(베어 내어)'에서 '시간'이라는 추상적인 개념을 잘라 낼 수 있는 구체적인 대상처럼 표현하였다.

💬 현대어 풀이

① 정철의 시조
내 마음을 베어서 별 달을 만들고 싶구나.
아득히 넓고 먼 하늘에 번듯이 떠 있으면서
임금님이 계신 곳에 가서 (훤하게) 비추어 보고 싶구나.

② 김천택의 시조
전원에 남은 흥을 (다리) 저는 나귀에 모두 싣고,
계곡을 낀 산 속 익숙한 길로 흥겨워하며 돌아와서,
아이야. 거문고와 서책을 준비하여라. (오늘 하루의 / 내 평생의) 남은 시간을 보내리라.

③ 정철, 〈훈민가(訓民歌)〉
오늘도 날이 다 밝았다. 호미 메고 가자꾸나.
내 논의 김 다 매거든 네 논도 매어 주마.
돌아오는 길에 뽕을 따다가 누에도 먹여 보자꾸나.

④ 황진이의 시조
동짓달 긴 밤의 한가운데를 베어 내어
봄바람처럼 따뜻한 이불 속에 서리서리 넣어 두었다가
정든 임이 오신 밤이면 굽이굽이 펼쳐 내리라.

🔍 작품 정리

① 정철의 시조

갈래	평시조
성격	애상적, 감상적, 연군가
제재	별, 달
주제	연군의 정
특징	추상적 개념인 '마음'을 구체적인 대상인 '별'과 '달'로 형상화하여 표현함.
연대	조선 세조
출전	《송강가사》

② 김천택의 시조

갈래	평시조
성격	전원적, 풍류적, 한정가
제재	전원의 흥취
주제	전원에서 즐기는 풍류
특징	중의법을 사용하여 자연 속에서 여유 있게 풍류를 누리는 화자의 정서를 효과적으로 드러냄.
출전	《청구영언》

③ 정철, 〈훈민가(訓民歌)〉

갈래	연시조(전 16수)
성격	계몽적, 교훈적, 설득적
제재	유교 윤리
주제	유교 윤리의 실천 권장
특징	① 평이하고 정감 있는 어휘를 사용하여 내용을 효과적으로 전달함. ② 순우리말을 사용하여 이해하기 쉬움. ③ 청유 어법을 활용하여 설득력을 높임. ④ 연시조의 형태를 취하고 있으나 각 수가 독립되어 있음. ⑤ '경민가(警民歌)', '권민가(勸民歌)'로 불리기도 하는 일종의 목적 문학임.

연대	조선 선조
출전	《송강가사》

④ 황진이의 시조

갈래	평시조, 서정시
성격	연정가, 감상적, 낭만적
제재	동짓달 기나긴 밤, 연모의 정
주제	임을 기다리는 애타는 마음
특징	① 추상적 개념(밤)의 구체적 사물화('베어 내다'라고 표현) ② 시간적 개념(밤)의 공간화(이불 아래에 넣어둠) ③ 음성상징어(서리서리, 굽이굽이)를 사용하여 표현 효과를 높임.
출전	《청구영언》

19   정답 ④

해설

눈을 뜨면(또는 눈을 뜨고 보게 되면) 산이 '환히' 열린다는 시구에는 '삼각산'에 대한 화자의 '경이감'과 '반가움'이 담겨 있다.

📋 오답 정리

① '도연명이 묻혀 살던' '꽃'과 '술'은 '향락'과 '자아 도취'를 의미하는 것으로, 세속에서의 부귀를 추구하는 삶과는 거리가 있다.
② '도연명이 아니어라'를 볼 때, 화자는 '도연명'과 다른 자세를 갖고 있음을 알 수 있다. 따라서 화자가 닮고자 하는 이상적 인물로 볼 수 없으며 화자는 '향락적'이고 '도취적' 삶이 아니라 '운치 있는 삶(흰 구름 송이나 보며)'을 소망하고 있다.
③ '마음의 가난'을 극복하기 위해서 '삼각산'을 지향하는 것이다. 따라서 산 속에 살아가는 자신의 삶을 나타낸다고 볼 수 없다.

🔍 작품 정리

신석초, 〈삼각산 옆에서〉

주제	자연에서의 무욕과 달관의 경지
성격	탈속적, 동양적, 자연추구적

20   정답 ③

해설

'내역(內譯: 안 내, 통변할 역)'을 순화하여 바꿔 쓴 말이 '명세(明細: 밝을 명, 가늘 세)'이다. 따라서 '명세'를 '내역'으로 바꾼 것은 적절하지 않다.

📋 오답 정리

① '셈하여 넣음.'을 의미하는 '산입(算入: 셀 산, 들 입)'은 '포함(包含: 쌀 포, 머금을 함)'으로 바꿔 쓴다.
② '이미 주도록 되어 있는 돈을 아직 내어 주지 아니함.'을 의미하는 '미불(未拂: 아닐 미, 떨 불)'은 '미지급(未支給: 아닐 미, 지탱할 지, 줄 급)'으로 바꿔 쓴다.

④ '시골에서 여러 민가(民家)가 모여 이룬 마을 또는 그 마을을 이룬 곳'을 이르는 '부락(部落: 거느릴 부, 떨어질 락)'은 '마을'로 바꿔 쓴다.

※ 2021년 군무원 7급 19번 문제의 출제 근거와 동일(2019년 3월 4일 행정안전부가 발표한 '공문서에 사용되는 어려운 한자어 정비 현황' 자료)

21
정답 ④

해설

1단계	ⓒ은 '결과적으로 위기에 빠진 로마'로 시작된다. 따라서 ⓒ 앞에는 위기에 빠진 로마에 관한 ⓔ이 오는 것이 자연스럽다.
2단계	ⓒ에서 '한 사람'에게 모든 권력을 몰아주는 원수의 등장으로 '평화'를 맞이하게 되었다고 했다. ⊙에서는 국가 통치권이 '한 사람'에게 집중되면서 '평화'가 깨졌다는 내용이 이어지고 있다. 즉 ⓒ과 ⊙은 역접 관계이다. 따라서 '하지만'으로 시작하는 ⊙이 ⓒ 뒤에 오는 것이 자연스럽다.

따라서 〈보기〉의 글을 문맥에 맞게 순서대로 배열하면, 'ⓒ - ⓔ - ⓒ - ⊙'이 된다.

22
정답 ③

해설

게거품	사람이나 동물이 몹시 힘들거나 흥분했을 때에 입에서 나오는 거품 같은 침을 이르는 말은 '게거품'이 맞다.
모둠밥	여러 사람이 모두 먹기 위하여 함께 담은 밥을 이르는 말은 '모둠밥'이 맞다.

※ '한데 합치다'라는 뜻을 가진 단어는 '모두다'가 아니라 '모으다'가 표준어이다.

모둠	초·중등학교에서, 효율적인 학습을 위하여 학생들을 작은 규모로 묶은 모임
모음	무엇을 모아 놓은 것

오답 정리

① 목메고 → 목매고: 문맥상 '전적으로 의지하다.'라는 의미이므로 'ㅐ' 모음을 사용한 '목매다'를 쓴다.

※ '목메다'는 '기쁨이나 설움 따위의 감정이 북받쳐 솟아올라 그 기운이 목에 엉기어 막히다.'라는 의미이다.

② • 나무랬다 → 나무랐다: 'ㅣ' 모음 역행 동화가 일어나지 않은 '나무라다'가 표준어이다.
• 구렛나루 → 구레나룻: '귀밑에서 턱까지 잇따라 난 수염'을 이르는 말은 '구레나룻'이 표준어이다.

④ 치루고 → 치르고: '치르다'가 기본형이다. 따라서 '치르고'로 활용해야 한다.

23
정답 ④

해설

'분류(分類: 나눌 분, 무리 류)'는 같은 성질에 따라 종류별로 가르는 것을 이르는 말이다. 따라서 몫을 나누는 상황에는 어울리지 않는다. 문맥상 '분배(分配: 나눌 분, 짝 배)'와 바꿔 써야 자연스럽다.

오답 정리

① 문맥상 서울에 자리를 잡았다는 의미이므로, '정착(定着: 정할 정, 붙을 착)'과 바꿔 쓸 수 있다.

② 문맥상 동호회에서 관계를 끊고 나왔다는 의미이므로 '탈퇴(脫退: 벗을 탈, 물러날 퇴)'와 바꿔 쓸 수 있다.

③ 문맥상 사람들에게 '드러내다'의 의미이므로 '공개(公開: 공변될 공, 열 개)'와 바꿔 쓸 수 있다.

24
정답 ④

해설

제시된 글에서는 '케이크 자르기 모델'과 '경매 모델'을 소개하고 있을 뿐, 두 모델 사이의 유·불리에 대해 언급하고 있지는 않다.

오답 정리

① 3문단의 "케이크 자르기 모델은 ~ 그러나 참여 인원이 많은 경우에는 더 이상 적용할 수 없다는 것이 한계로 지적되었다."를 통해 알 수 있다.

② 5문단에서 "결과는 모두에게 만족스럽다."라고 한 것을 통해 알 수 있다.

③ 1문단에서 케이크 자르기 모델이 실제 생활에 적용할 수 있는 모델이라는 것을 제시하고 논의를 하였다. 따라서 이어지는 경매 모델도 실제 생활에 적용할 수 있다고 볼 수 있다.

25
정답 ②

해설

⊙ 뒤의 "각 눈으로부터 얻는 영상의 차이인 양안시차를 하나의 입체 영상으로 재구성하면서 물체와의 거리를 파악한다."를 볼 때, ⊙에는 '거리'와 관련된 내용이 오는 것이 적절하다. 따라서 '사냥감과의 거리'가 들어가는 것이 가장 적절하다.

※ '빈칸 문제'의 힌트는 '빈칸'의 '앞, 뒤'에 있다.

16회 정답

01. ③	02. ③	03. ②	04. ③	05. ②
06. ②	07. ④	08. ②	09. ①	10. ③
11. ①	12. ③	13. ③	14. ③	15. ④
16. ②	17. ①	18. ④	19. ①	20. ④
21. ④	22. ④	23. ①	24. ③	25. ①

01 정답 ③

[해설]

〈보기〉는 '통일성'에 대한 설명이다. 마지막 문장 "그래서 독서 능력을 효율적으로 신장시킬 수 있는 방안을 제안하고자 한다."를 볼 때, ㉠~㉣에는 독서 능력을 효율적으로 신장시킬 수 있는 방안을 제안한 이유를 밝혀야 한다. 그런데 정보의 종류가 다양하다는 ㉢의 내용은 '이유'와 관련이 없다. 따라서 '통일성'을 고려할 때, 적절하지 않은 문장은 ㉢이다.

02 정답 ③

[해설]

'일절(一切)'은 부정어와 호응한다. 따라서 '일절 답하지 않았다.'라는 표현은 한글 맞춤법 규정에 맞는다.

[오답 정리]

① 지시하는 데로 → 지시하는 대로: '어떤 모양이나 상태와 같이'라는 뜻의 의존 명사는 모음 'ㅐ'를 쓴 '대로'이다. 따라서 '지시하는 대로'로 표기해야 한다.

> [비교] 우리 오늘은 좀 좋은 데로 가자.
> → 이때의 '데로'는 '곳'이나 '장소'를 뜻하는 의존 명사 '데'와 부사격 조사 '로'가 결합한 말이다.

② 잠구는 → 잠그는: '물이 흘러나오지 않도록 차단하다.'라는 뜻의 단어는 '잠그다'가 기본형이다. 따라서 '잠그- + -는 → 잠그는'으로 표기해야 한다.

④ 인정하므로써 → 인정함으로써: 문맥상 '실패를 인정하는 것을 통하여'라는 의미이다. 따라서 '인정하다'의 명사형 '인정함'에 조사 '으로써'를 붙인 '인정함으로써'로 표기해야 한다.

[심화]

일체(一切)와 일절(一切)

• 일체(一切) + 긍정

[명사]
1. 모든 것
   - 예 도난에 대한 일체의 책임을 지다.
   - 예 그는 재산 일체를 학교에 기부하였다.
   - 예 이 가게는 음료 종류의 일체를 갖추고 있다.
2. 전부, 완전히
   - 예 장군한테 병정 단속하는 권한을 일체로 맡기겠다.

[부사] 모든 것을 다
- 예 걱정 근심일랑 일체 털어 버리고 자, 즐겁게 놀자.

• 일절(一切) + 부정, 금지, 끊다

[부사] 아주, 전혀, 절대로의 뜻으로, 흔히 행위를 그치게 하거나 어떤 일을 하지 않을 때에 쓰는 말
- 예 출입을 일절 금하다.
- 예 일절 간섭하지 마시오.
- 예 그는 고향을 떠난 후로 연락을 일절 끊었다.
- 예 할아버지나 삼촌은 끝내 그 이상의 말을 일절 입 밖에 내지 않았다.

03 정답 ②

[해설]

'포달'은 '암상(샘이, 샘)이 나서 악을 쓰고 함부로 욕을 하며 대드는 일'을 이르는 고유어이다.

[오답 정리]

① '몸피'는 '몸통의 굵기'라는 의미이다. '사람 거죽을 싸고 있는 껍질'이라는 뜻의 단어는 '살가죽'이다.

③ '칠칠하다'는 '주접이 들지 아니하고 깨끗하고 단정하다.'라는 의미이다. 따라서 '주접 들고 단정하지 못하다.'는 '칠칠하지 아니하다' 혹은 '칠칠찮다'로 써야 한다.

④ '살잡다'는 '가세를 다시 일으켜 세우다.'라는 의미이다. '마음씨가 부드럽고 상냥하다.'라는 뜻의 단어는 '살갑다'이다.

[어휘]

필수 고유어

애면글면	몹시 힘에 겨운 일을 이루려고 갖은 애를 쓰는 모양 예 그는 집에 돌아와 자기가 애면글면 장만해 놓은 그릇을 부수었다.
곰비임비	물건이 거듭 쌓이거나 일이 계속 일어남을 나타내는 말 예 경사스러운 일이 곰비임비 일어난다.
생게망게	하는 행동이나 말이 갑작스럽고 터무니없는 모양
깨단하다	오랫동안 생각해 내지 못하던 일 따위를 어떠한 실마리로 말미암아 깨닫거나 분명히 알다. 예 사업에 실패했던 원인을 이제야 깨단하게 되다니.
대중없다	1. 짐작을 할 수가 없다. 예 그녀의 행동은 대중없어서 비위를 맞추기가 어렵다. 2. 어떤 표준을 잡을 수가 없다. 예 예기치 못한 일이 많아 집에 돌아오는 시간이 대중없다.
뜨악하다	1. 마음이 선뜻 내키지 않아 꺼림칙하고 싫다. 예 뜨악한 기분 2. 마음이나 분위기가 맞지 않아 서먹하다. 또는 사귀는 사이가 떠서 서먹하다. 예 뜨악한 사이
물색없다	말이나 행동이 형편이나 조리에 맞는 데가 없다. 예 심은 곁에서 물색없는 소리를 하였으나….

너누룩 하다	1. 요란하고 사납던 날씨나 떠들썩하던 상황이 좀 수그 러져 잠잠하다. 　예 울부짖던 바람이 어느새 <u>너누룩하게</u> 가라앉았다. 2. 심하던 병세가 잠시 가라앉다. 3. 감정이나 심리가 좀 느긋하다. 　예 무작정 화를 내던 그는 아내의 말을 듣고 좀 <u>너누룩한</u> 표정 을 짓는다.
겅성드뭇 하다	많은 수효가 듬성듬성 흩어져 있다. 　예 밤하늘에 별들이 <u>겅성드뭇하더니</u> 이내 날이 밝아 왔다.

04　　　　　　　　　　　　　　　　　정답 ③

[해설]

제시된 개요의 주제는 'K-POP의 세계화'이다. 따라서 K-POP을 연주하는 것과 K-POP의 우수성을 알리고 저변을 넓혀야 한다는 것이 전제되어야 한다. 그런데 ㉢은 현지 음악을 연주함으로써 K-POP의 정서를 탈피해야 한다고 하고 있으므로 그 전제에 맞지 않는다.

📋 오답 정리

① 외국 음악의 국내 수입은 'K-POP 세계화의 의의'로 볼 수 없다. 따라서 삭제한다는 수정 방안은 적절하다.
② 'K-POP의 지속적 소개와 전파 노력'은 Ⅱ-2-다 '일회성 콘서트 위주의 행사'의 극복 방안이므로 'K-POP 세계화 방안'의 하위 항목으로 추가할 수 있다.
④ 주제와 내용은 'K-POP의 세계화'이므로 'K‐POP의 우수성 홍보'은 일관성이 없는 결론이 된다. 따라서 'K‐POP의 세계화를 위한 노력 촉구'로 바꾸는 것은 적절하다.

05　　　　　　　　　　　　　　　　　정답 ②

[해설]

㉡ '흩어지다'는 '한데 모였던 것이 따로따로 떨어지거나 사방으로 퍼지다.'라는 의미를 가진 단어이므로, 의미에 맞게 사용되었다.
㉣ '갹출(醵出: 추렴할 갹, 날 출)'은 '같은 목적을 위하여 여러 사람이 돈을 나누어 냄.'이라는 의미를 가진 단어이므로, 의미에 맞게 사용되었다.

📋 오답 정리

㉠ 잃었느냐 → 잊었느냐: 문맥상 '기억하지 못하다'라는 의미이므로 '잊다'의 활용형을 써야 한다.
㉢ 계제 → 개재(介在): 문맥상 '감정의 개입이 변수'라는 의미이므로 '개재(介在: 게일 개, 있을 재)'를 써야 한다.
　※ 계제(階除: 섬돌 계, 사다리 제): 순서나 절차, 형편이나 기회

🧩 **어휘**

혼동하기 쉬운 단어

① 거치다 - 걷히다

거치다	걷히다
1. 무엇에 걸리거나 막히다. 　예 칡덩굴이 발에 <u>거치다</u>. 2. 마음에 거리끼거나 꺼리다. 　예 가장 어려운 문제를 해결했으니 이제 특별히 <u>거칠</u> 문제는 없다.	1. 구름이나 안개 따위가 흩어져 없어지다. 　예 안개가 <u>걷히다</u>. 2. 비가 그치고 맑게 개다. 　예 장마 <u>걷힌</u> 뒤인 것처럼 갑자기 쓸쓸해졌다.

② 들르다 - 들리다

들르다	들리다
지나는 길에 잠깐 들어가 머무르다. 　예 친구 집에 <u>들르다</u>.	사람이나 동물의 감각 기관을 통해 소리가 알아차려지다. 　예 어디서 음악 소리가 <u>들린다</u>.

③ 여의다 - 여위다

여의다	여위다
1. 부모나 사랑하는 사람이 죽어서 이별하다. 　예 그는 일찍이 부모를 <u>여의고</u> 고아로 자랐다. 2. 딸을 시집보내다. 　예 막내딸을 <u>여의다</u>.	1. 몸의 살이 빠져 파리하게 되다. 　예 오래 앓아서인지 얼굴은 홀쭉하게 <u>여위고</u> 두 눈만 퀭하였다. 2. 살림살이가 매우 가난하고 구차하게 되다.

④ 가없다 - 가엾다

가없다	가엾다
끝이 없다. 　예 <u>가없는</u> 어머니의 은혜에 그는 눈물을 흘렸다.	마음이 아플 만큼 안되고 처연하다. 　예 한꺼번에 부모와 형제를 모두 잃은 그 애가 <u>가엾어</u> 보인다.

⑤ 가르치다 - 가리키다

가르치다	가리키다
1. 지식이나 기능, 이치 따위를 깨닫게 하거나 익히게 하다. 　예 그는 그녀에게 운전을 <u>가르쳤</u>다. 2. 그릇된 버릇 따위를 고치어 바로잡다. 　예 저런 놈에게는 버르장머리를 톡톡히 <u>가르쳐</u> 놓아야 한다.	1. 손가락 따위로 어떤 방향이나 대상을 집어서 보이거나 말하거나 알리다. 　예 그는 손가락으로 북쪽을 <u>가리켰</u>다. 2. 어떤 대상을 특별히 집어서 두드러지게 나타내다. 　예 모두들 그 아이를 <u>가리켜</u> 신동이 났다고 했다.

06　　　　　　　　　　　　　　　　　정답 ②

[해설]

본용언과 보조 용언은 띄어 쓰는 것이 '원칙'이지만, 본용언이 '-아/-어'로 연결되면, 붙여 쓰는 것을 '허용'한다. 즉 본용언 '여쭈다'와 보조 용언 '보다'를 띄어 쓰는 것이 원칙이지만, 붙여 쓸 수도 있다. 따라서 '여쭈어 보았다(원칙)'와 '여쭈어보았다(허용)'는 모두 띄어쓰기 규정에 맞는다.

① 빼다박은 → 빼다∨박은: '빼다박다'는 합성어가 아니다. '빼다'와 '박다'는 '본용언+본용언'의 구성이므로 '빼다∨박다'로 띄어 써야 한다.

③ 박∨씨 → 박씨: 문맥상 "'박'이라는 성(姓)을 가진 부인"이라는 의미이다. 따라서 이때의 '-씨'는 '그 성씨 자체', '그 성씨의 가문이나 문중'의 뜻을 더하는 접미사이다. 그러므로 '박씨'로 붙여 써야 한다.

④ 서로보다 → 서로∨보다: '보다'는 '어떤 수준에 비하여 한층 더'라는 의미로, 용언 '나아지다'를 수식하는 부사이다. 따라서 '서로'와 띄어 써야 한다.

　　※ '보다'가 서로 차이가 있는 것을 비교하는 경우, 비교의 대상이 되는 말에 붙어 '-에 비해서'의 뜻을 나타낼 때에는 격 조사이다. 이때는 앞말에 붙여 쓴다.

🖐 심화

본용언과 보조 용언의 띄어쓰기

① 본용언과 보조 용언은 띄어 쓰는 것이 원칙이지만, 붙여 쓰는 것도 일부 허용한다.

② 본용언과 보조 용언을 띄어 써야 하는 경우

띄어 써야 하는 경우	용례	
	○	×
본용언이 합성어인 경우	쫓아내∨버렸다.	쫓아내버렸다.
	집어넣어∨둔다.	집어넣어둔다.
본용언이 파생어인 경우	공부해∨보아라.	공부해보아라.
	휘감아∨버리다.	휘감아버리다.
의존 명사 뒤에 조사가 붙는 경우	읽은∨체를∨한다.	읽은체를한다.
	겨룰∨만은∨하다.	겨룰만은하다.

※ 본용언이 복합어라도 그 활용형이 2음절인 경우에는 붙여 쓸 수도 있다.

원칙	허용	원칙	허용
나가∨버렸다.	나가버렸다.	빛내∨준다.	빛내준다.
구해∨본다.	구해본다.	더해∨줬다.	더해줬다.

07　　　　　　　　정답 ④

📄 해설

㉠ 앞의 문장에서 지방 분해 과정에서 나타나는 체내 세포들의 글리코겐 양 감소에 대해 말하고 있고, 뒤의 문장에서는 이러한 현상이 간세포에서 두드러지게 나타난다고 하면서 앞의 내용을 강조하고 있다. 따라서 ㉠에는 '특히'가 들어가는 것이 적절하다.

㉡ 뒤에 이어지는 문장에서 앞 문장에서 나타나는 현상이 어떤 증상으로 나타나는지 설명하고 있다. 따라서 ㉡에는 '따라서'나 '이로 인해'가 들어가는 것이 적절하다.

㉢ 앞에 서술된 내용이 그 뒤에 이어지는 주장의 근거가 된다. 따라서 ㉢에는 '따라서'나 '그러므로'가 들어가는 것이 적절하다.

08　　　　　　　　정답 ②

📄 해설

㉡은 화자의 분노를 일으키는 외부 요인으로 화자의 반성적 태도와는 전혀 관련이 없다.

① '쇠사슬' 소리가 '내 마음의 뒤'를 따르고 있다고 한 것을 볼 때, 화자의 억압적인 삶을 표현한 것으로 볼 수 있다.

③ 내리는 '진눈깨비'의 하강 이미지를 통해 어둡고 우울한 분위기를 자아내고 있다.

④ '도형수'는 '도형(徒刑, 죄인을 중노동에 종사시키던 형벌)에 처해진 죄수'를 이르는 말이다. 따라서 억압적인 상태에 있는 화자의 상태를 비유한 시어로 볼 수 있다.

🔍 작품 정리

오장환, 〈소야의 노래〉

갈래	자유시, 서정시
성격	감각적, 상징적
제재	잃어버린 조국(모성)
주제	① 잃어버린 모성에 대한 그리움과 비애 ② 일제 강점기의 억압적 현실로 인한 분노와 비애
특징	① 상징적 소재와 객관적 상관물을 통해 화자의 정서를 표현함. ② 시각과 청각의 이미지를 사용해 화자의 정서를 효과적으로 표현함.
출전	《사해공론》(1938)

09　　　　　　　　정답 ①

📄 해설

'ㄼ'은 [ㄹ]로 발음한다. 다만, '넓-'이 포함된 복합어에서는 'ㄹ'을 탈락시켜 [ㅂ]으로 발음한다. '넓적하다'와 '넓둥글다'는 모두 '넓-'이 포함된 복합어이므로, [ㅂ]으로 발음한 것은 옳다.

② • 여덟[여덥 → 여덜]: 어말의 'ㄼ'은 [ㄹ]로 발음하기 때문에 '여덟'의 표준 발음은 [여덜]이다. 한편, '닭'의 표준 발음은 [닥]이 옳다.

③ • 밟고[발ː꼬 → 밥ː꼬]: 'ㄼ'은 [ㄹ]이 원칙이지만, '밟다'의 경우에는 [ㅂ]으로 발음하는 예외적 경우이다. 따라서 표준 발음은 [밥ː꼬]이다.
　• 맑더라[말떠라 → 막떠라]: 용언의 어간 말음 'ㄺ'은 'ㄱ'을 제외한 자음 앞에서 [ㄱ]으로 발음하기 때문에 '맑더라'의 표준 발음은 [막떠라]이다.

④ • 잃는[일는 → 일른]: '잃는'은 [잃는 → (자음군 단순화) → 일는 → (유음화) → 일른]의 과정을 거쳐 발음된다. 따라서 표준 발음은 [일른]이다. 한편, '밝지'의 표준 발음은 [박찌]가 옳다.

심화

'ㅎ'의 발음

① 어간의 'ㅎ'은 모음으로 시작하는 어미 앞에서 탈락한다.(탈락)

단어	표준 발음	틀린 발음	단어	표준 발음	틀린 발음
낳아	**[나아]**	[나하]	닳아	**[다라]**	[달하]

② 체언의 'ㅎ'은 탈락하지 않는다.

단어	표준 발음	틀린 발음	단어	표준 발음	틀린 발음
전화	**[전화]**	[저놔]	올해	**[올해]**	[오래]

③ 'ㅎ' 뒤에 'ㄱ, ㄷ, ㅂ, ㅈ'가 이어지면 축약이 일어나 'ㅋ, ㅌ, ㅍ, ㅊ'로 발음한다.(축약)

단어	표준 발음	틀린 발음	단어	표준 발음	틀린 발음
국화	**[구콰]**	[구과]	놓다	**[노타]**	[논따]

10
정답 ③

해설

소괄호는 내용이 들어갈 자리임을 나타낼 때 쓴다.

오답 정리

① 짝을 이루는 어구들 사이에는 '가운뎃점(·)'을 쓴다.
② 의존 명사 '대'가 쓰일 자리에는 '쌍점(:)'을 쓴다.
④ 문장 중간에 끼어든 어구의 앞뒤에는 '쉼표(,)'를 쓴다.

'쌍점'과 '소괄호'의 기능

쌍점	1. 표제 다음에 해당 항목을 들거나 설명을 붙일 때 쓴다. 예 일시: 2014년 10월 9일 10시 2. 희곡 등에서 대화 내용을 제시할 때 말하는 이와 말한 내용 사이에 쓴다. 예 로미오: (정원에서) 안녕히! 내 사랑. 기회 있을 때마다 반드시 소식을 전하겠소. 줄리엣: 하지만 우리가 다시 또 만날 수 있을까요? 3. 시와 분, 장과 절 등을 구별할 때 쓴다. 예 오전 10 : 20(오전 10시 20분) 두시언해 6 : 15(두시언해 제6권 제15장) 4. 의존 명사 '대'가 쓰일 자리에 쓴다. 예 청군 : 백군(청군 대 백군)
소괄호	1. 주석이나 보충적인 내용을 덧붙일 때 쓴다. 예 니체(독일의 철학자)의 말을 빌리면 다음과 같다. 2. 우리말 표기와 원어 표기를 아울러 보일 때 쓴다. 예 기호(嗜好), 커피(coffee) 3. 생략할 수 있는 요소임을 나타낼 때 쓴다. 예 광개토(대)왕은 고구려의 전성기를 이끌었던 임금이다. 4. 희곡 등 대화를 적은 글에서 동작이나 분위기, 상태를 드러낼 때 쓴다. 예 현우: (가쁜 숨을 내쉬며) 왜 이렇게 빨리 뛰어? 5. 내용이 들어갈 자리임을 나타낼 때 쓴다. 예 우리나라의 수도는 ( )이다. 6. 항목의 순서나 종류를 나타내는 숫자나 문자 등에 쓴다. 예 사람의 인격은 (1) 용모, (2) 언어, (3) 행동. (4) 덕성 등으로 표현된다.

11
정답 ①

해설

'어떤 뜻깊은 일이나 훌륭한 인물 등을 오래도록 잊지 아니하고 마음에 간직함.'을 의미하는 '기념'은 '紀念(벼리 기, 생각할 념)' 혹은 '記念(기록할 기, 생각할 념)'으로 표기한다.

오답 정리

② 장관(將官 → 長官): 국방부의 '우두머리'인 '장관'은 '長官(길 장, 벼슬 관)'으로 표기해야 한다.
  ※ 將(장수 장)
③ 최근(最根 → 最近): '얼마 되지 않은 지난 날부터 현재 또는 바로 직전의 기간'이라는 뜻의 '최근'은 '最近(가장 최, 가까울 근)'으로 표기해야 한다.
  ※ 根(뿌리 근)
④ 절충(折衝 → 折衷): '조건을 조절하여 서로 잘 어울리게 함.'을 이르는 '절충'은 '折衷(꺾을 절, 속마음 충)'으로 표기해야 한다.
  ※ 衝(찌를 충)

어휘

동음이의(同音異義) 한자어

회의	會議	모일 회, 의논할 의 1. 여럿이 모여 의논함. 또는 그런 모임 예 회의를 소집하다. 2. 어떤 사항을 여럿이 모여 의견을 교환하여 의논하는 기관 예 법관 회의
	懷疑	품을 회, 의심할 의 의심을 품음. 또는 마음속에 품고 있는 의심 예 회의가 생기다.
최고	最古	가장 최, 옛 고 가장 오래됨. 예 세계 최고의 금속 활자.
최고	最高	가장 최, 높을 고 1. 가장 높음. 예 최고 높이 2. 으뜸인 것. 또는 으뜸이 될 만한 것 예 최고 미덕
전력	全力	온전할 전, 힘 력 모든 힘 예 전력을 기울이다.
	前歷	앞 전, 지낼 력 과거의 경력 예 전력을 숨기다.
	電力	번개 전, 힘 력 전류가 단위 시간에 하는 일. 또는 단위 시간에 사용되는 에너지의 양 예 전력 공급이 끊기다.
일정	一定	하나 일, 정할 정 어떤 것의 크기, 모양, 범위, 시간 따위가 하나로 정하여져 있음. 예 일정 기준에 도달하다.
일정	日程	날 일, 한도 정 1. 일정한 기간 동안 해야 할 일의 계획을 날짜별로 짜 놓은 것. 또는 그 계획 예 수학여행 일정 2. 그날 해야 할 일. 또는 그것의 분량이나 순서 예 바쁜 일정

의식	意識	뜻 의, 알 식
		1. 깨어 있는 상태에서 자기 자신이나 사물에 대하여 인식하는 작용 📖 의식을 잃다.
		2. 사회적·역사적으로 형성되는 사물이나 일에 대한 개인적·집단적 감정이나 견해나 사상 📖 엘리트 의식
	儀式	거동 의, 법 식
		행사를 치르는 일정한 법식. 또는 정하여진 방식에 따라 치르는 행사 📖 결혼 의식

12
정답 ③

[해설]

'노나'의 기본형은 '노느다'로, '여러 몫으로 갈라 나누다.'라는 의미이다. '노느다'는 어간의 끝 '—'가 모음으로 시작하는 어미 앞에서 탈락하는 규칙 활용을 하는 용언이다. 따라서 '노나(노느- + -어)'의 활용은 어법에 맞는다.

[📋 오답 정리]

① 되뇌인다 → 되뇐다: '되뇌이다'라는 말은 없다. '같은 말을 되풀이하여 말하다.'라는 뜻을 가진 단어는 '되뇌다'이다. 따라서 '되뇐다'로 써야 한다.

② 놀래다 → 놀라다: '놀래다'는 '놀라다'의 사동사이다. 그런데 문맥상 고함소리에 (내가) '가슴이 뛴다.'는 의미이다. 따라서 사동사 '놀래다'의 쓰임은 적절하지 않다. 문맥상 주동사 '놀라다'를 써야 한다.

④ 치뤘으니 → 치렀으니: '치르다'가 기본형이다. '치르다'는 어간의 끝 '—'가 모음으로 시작하는 어미 앞에서 탈락하는 규칙 활용을 하는 용언이다. 따라서 '치렀으니'로 활용해야 한다.

[🖙 심화]

주요 용언의 활용

	기본형	-고	-아/-어	-(으)니
규칙 활용	솟다	솟고	솟아	솟으니
	뽑다	뽑고	뽑아	뽑으니
	걷다[收]	걷고	걷어	걷으니
불규칙 활용	짓다	짓고	지어	지으니
	눕다	눕고	누워	누우니
	걷다[步]	걷고	걸어	걸으니

13
정답 ③

[해설]

'닭싸움'은 점순과 '나'가 감자로 인해 갈등을 겪고 있는 상황을 '간접적'으로 드러낸다.

[📋 오답 정리]

① 현재인 '오늘'에서 감자 사건이 일어난 '나흘 전'으로 이야기가 전개되고 있다. 따라서 역순행적 구성으로 전개된다는 설명은 옳다.

② 점순이의 구애를 '나'는 전혀 알아차리지 못하고 있다. 이처럼 서술자를 '순박한 나'로 설정하여 해학성을 높이고 있다.

④ 사투리, 토속적 어휘를 통해 '향토적(시골스러운)' 분위기를 형성하고 있다.

[🔍 작품 정리]

김유정, 〈동백꽃〉

갈래	단편 소설, 농촌 소설
성격	해학적, 토속적
시점	1인칭 주인공 시점
주제	사춘기 시골 남녀의 순박한 사랑
특징	① 토속적 어휘, 사투리, 비속어, 의성어와 의태어 등을 사용하여 생동감 있게 표현함. ② 현재 → 과거 → 현재의 역순행적 구성으로 전개됨. ③ 우스꽝스런 인물의 행동으로 해학적인 분위기를 조성함.
출전	《조광》(1936)

14
정답 ③

[해설]

'금빛 게으른 울음'은 존재하는 '황소의 울음'이라는 청각적 심상을 존재하지 않는 '금빛'이라는 시각적 심상으로 표현하고 있으므로 '공감각적 심상(청각의 시각화)'이다. 그런데 ③에는 시각적 심상만 나타날 뿐, 감각의 전이가 일어난 공감각적 심상이 나타나지 않는다.

[📋 오답 정리]

① '울음'이라는 청각적 심상을 '붉은빛'이라는 시각적 심상으로 표현하고 있으므로 공감각적 심상(청각의 시각화)이다.

② '태양'이라는 시각적 심상을 '울림'이라는 청각적 심상으로 표현하고 있으므로 공감각적 심상(시각의 청각화)이다.

④ '말소리'라는 청각적 심상을 '향기롭다'라는 후각적 심상으로 표현하고 있으므로 공감각적 심상(청각의 후각화)이다.

[🔍 작품 정리]

정지용, 〈향수(鄕愁)〉

갈래	자유시, 서정시
성격	향토적, 묘사적, 감각적
제재	고향
주제	고향에 대한 그리움
특징	① 참신하고 선명한 감각적 이미지를 사용함. ② 후렴구가 반복되는 병렬식 구조를 보임. ③ 향토적 소재와 시어를 구사함.
출전	《조선지광》(1927)

15
정답 ④

해설

빈칸의 앞을 보면, 가난의 고통이 사람을 더욱 슬기롭고 강인하게 만들어 주기 때문에 일부러라도 가난의 경험을 해야 한다는 내용이다. 따라서 '젊었을 때 겪은 고생은 장래를 위하여 좋다'는 말인 ④가 들어가는 것이 가장 적절하다.

오답 정리

① 고생을 사서 한다: 잘못 처신한 탓으로 하지 않아도 될 고생을 하게 됨을 이르는 말, 여러 가지 정황을 보고는 자신이 스스로 어려운 일을 맡아서 고생을 한다는 말
② 고생 끝에 낙이 온다: 어려운 일이나 고된 일을 겪은 뒤에는 반드시 즐겁고 좋은 일이 생긴다는 말
③ 가난 구제는 지옥 늦이라: 가난한 사람을 구제하는 것은 지옥에 떨어질 징조라는 뜻으로, 그 일이 결국에 가서는 자신에게 해롭게 되고 고생거리가 되니 아예 가난한 사람을 구제할 생각도 하지 말라는 것을 비유적으로 이르는 말

16
정답 ②

해설

내뻗히는 → 내뻗는/내뻗치는: 물줄기가 '내뻗다'의 의미이다. 따라서 '내뻗다'의 활용형 '내뻗는'이나, 강조의 접미사 '-치-'가 붙은 '내뻗치다'의 활용형 '내뻗치는'이 어법에 맞는 표현이다.

> [비교] 뻗히다: 오므렸던 것이 펴지다. '뻗다'의 피동사.

오답 정리

① 'recreation'의 외래어 표기는 '레크리에이션'이 맞는다.
③ 뼈, 관절, 근육 따위가 단단하게 굳거나 아프며 운동하기가 곤란한 증상을 보이는 병을 통틀어 이르는 말인 'rheumatism'의 외래어 표기는 '류머티즘'이 맞는다.
④ '두말할 것 없이 당연히'라는 뜻을 가진 부사는 단모음을 쓴 '으레'가 맞는다.

> [심화]
>
> **주의해야 하는 표기**
>
> | 바른 표기 | 틀린 표기 | 바른 표기 | 틀린 표기 |
> |---|---|---|---|
> | 베개 | 베게 | 실컷 | 싫것 |
> | 산굽이 | 산구비 | 어젯밤 | 어제밤 |
> | 가라테 | 가라데 | 디렉터리 | 디렉토리 |
> | 티브이/텔레비전 | 티비/텔레비전 | 머플러/마후라 | 머프러 |

17
정답 ①

해설

'코가 빠지다'는 '근심에 싸여 기가 죽고 맥이 빠지다.'라는 의미이다. 따라서 '바쁘다'와 바꿔 쓰기에 적절하지 않다. '바쁘다'라는 의미를 가진 관용어로는 '눈코 뜰 사이 없다', '숨 돌릴 사이 없다' 등이 있다.

오답 정리

② 관용어 '앉으나 서나'는 '언제나. 어떤 상황에서나.'라는 의미이므로 '늘'과 바꿔 쓸 수 있다.
③ '소매를 걷어붙이다'는 '어떤 일에 아주 적극적인 태도를 취하다.'라는 의미이므로 '열심히'와 바꿔 쓸 수 있다.
④ '가슴이 방망이질하다'는 '심장이 몹시 두근거리다.'라는 의미이므로 '두근거리다'와 바꿔 쓸 수 있다.

18
정답 ④

해설

• '정 과장'은 관광할 거리가 수 년 전과 달라진 것이 없고, 그로 인해 관광객이 줄어들고 있다는 요지의 발언을 하고 있다. 이것은 '문제 관련 현황 제시'라 볼 수 있다.
• 김 교수는 관광객을 끌 만한 대책을 다른 지역의 사례를 들어 제시하고 있다. 이것은 '문제 해결 방안 제시'에 해당된다.
• '정 과장'이 향교와 고택들을 묶어, 이야기가 있는 전통문화 체험 프로그램을 만들자고 제안한 것은 '김 교수'가 제시한 방안을 문제 상황에 적용하여 좀 더 구체화한 것이라 할 수 있다.

19
정답 ①

해설

밑줄 친 부분에서는 사상이 불온한 집안에서 자랐으니 당연히 생각이 불온하다고 말하고 있다. 따라서 밑줄 친 말과 가장 근접한 뜻을 가진 한자 성어는 '오이를 심으면 반드시 오이가 나온다'라는 뜻으로, '원인에 따른 결과가 생김'을 이르는 말인 '종과득과(種瓜得瓜: 씨 종, 오이 과, 얻을 득, 오이 과)'이다.

= 인과응보(因果應報), 종두득두(種豆得豆)

오답 정리

② 일거양득(一擧兩得: 하나 일, 들 거, 두 양(량), 얻을 득): 한 가지 일을 하여 두 가지 이익을 얻음.
③ 우공이산(愚公移山: 어리석을 우, 공변될 공, 옮길 이(리), 산 산): 우공이 산을 옮긴다는 뜻으로, 어떤 일이든 끊임없이 노력하면 반드시 이루어짐을 이르는 말
④ 금상첨화(錦上添花: 비단 금, 위 상, 더할 첨, 꽃 화): 비단 위에 꽃을 더한다는 뜻으로, 좋은 일 위에 또 좋은 일이 더하여짐을 비유적으로 이르는 말

20
정답 ④

④는 '두 줄 타기' 운동을 직접적으로 지시하지 않고 '바꿔 보지지 않겠습니까?' 라며 간접적으로 은근하게 권유(완곡)하고 있다. 또한 '아슬아슬한'과 '안전한'을 대조적으로 표현하고 있다.

오답 정리
①, ② '두 줄 타기' 문화를 정착하려는 의도에서 벗어난 내용이다.
③ 대조의 표현이 쓰이지 않았다.

21
정답 ④

해설
밑줄 친 부분에서 자연을 있는 그대로 인정하는 것이 어떤가 하고 질문을 던지고 있다. 이와 태도가 유사한 것은 ④이다.
④의 화자도 자연물을 만나면 자연 속에 두고 오라고 말하고 있다. 따라서 자연을 있는 그대로 인정하려는 밑줄 친 부분과 태도가 나타난다.

오답 정리
④를 제외한 나머지는 '인간의 의식이 중심'이 되어 자연물(대상)을 바라보고 있다.

22
정답 ④

해설
욕구를 극대화하는 수단을 강구하는 것은 도구적 합리성을 갖춘 것으로 이해할 수 있으나 자신이 예수나 부처와 같은 성현이라는 믿음을 갖는 것은 믿음이 외적인 실재를 정확히 반영 또는 표상한 것으로 볼 수 없다. 따라서 빈칸에는 '도구적 합리성에는 도달하였으나 믿음의 획득에 관한 합리성을 결여한 사람'이라는 말이 들어가는 것이 가장 적절하다.

23
정답 ①

해설
3문단의 "녹내장을 예방할 수 있는 방법은 아직 알려져 있지 않다."를 통해 알 수 있는 내용이다.

오답 정리
② 3문단의 "녹내장은 대부분 장기간에 걸쳐 천천히 진행되는 경우가 많으므로"를 볼 때, 단기간에 빠르게 진행된다는 것은 글의 내용과 일치하지 않는다.
③ 2문단의 "녹내장은 일반적으로 주변시야부터 좁아지는 것이 주된 증상이며"를 볼 때, '중심시야'에서 '주변시야로 시야결손이 확대된다는 것은 글의 내용과 일치하지 않는다.

④ 3문단의 "녹내장으로 진단이 되면 금연을 해야 하며 가능하면 안압이 올라가는 상황은 피하는 것이 좋다."를 볼 때, 피해야 하는 상황은 '안압의 상승'이다.

24
정답 ③

해설
㉠에서는 단기적으로 쉬운 조화를 추구하는 것이 오히려 장기적인 인간관계나 인간의 조화를 해치게 됨을 말하고 있다. 이러한 상황에는 근본적인 해결책이 아닌 임시방편으로 당장 편한 것만을 택하는 꾀나 방법을 이르는 '고식지계(姑息之計: 시어미 고, 숨쉴 식, 갈 지, 꾀할 계)'이다.

오답 정리
① 곡학아세(曲學阿世: 굽을 곡, 배울 학, 언덕 아, 세대 세): 바른길에서 벗어난 학문으로 세상 사람에게 아첨함.
② 상산구어(上山求魚: 위 상, 뫼 산, 구할 구, 물고기 어): 산 위에 올라가 물고기를 구한다는 뜻으로, 도저히 불가능한 일을 굳이 하려 함을 비유적으로 이르는 말
④ 조삼모사(朝三暮四: 아침 조, 석 삼, 저물 모, 넉 사): 간사한 꾀로 남을 속여 희롱함을 이르는 말

25
정답 ①

해설
관형사와 부사는 수식어로 뒤에 오는 말을 꾸며주는 기능을 하는 품사이다. 관형사는 체언을, 부사는 주로 용언을 수식한다.

㉠	'덧니'의 접두사 '덧-'은 '거듭된' 또는 '겹쳐 신거나 입는'의 뜻을 더하며 명사 '이(니)'를 꾸며 준다. 따라서 체언을 수식하는 '관형사'와 기능이 유사하다.
㉡	'선무당'의 접두사 '선-'은 '서툰', '충분하지 않은'의 뜻을 더하며 명사 '무당'을 꾸며 준다. 따라서 체언을 수식하는 '관형사'와 기능이 유사하다.
㉢	'들끓다(들끓으면서)'의 접두사 '들-'은 '마구', '몹시'의 뜻을 더하며 동사 '끓다'를 꾸며 준다. 따라서 용언을 수식하는 '부사'와 기능이 유사하다.
㉣	'뒤바꾸다(뒤바꿔서)'의 접두사 '뒤-'는 '반대로', '뒤집어'의 뜻을 더하며 동사 '바꾸다'를 꾸며 준다. 따라서 용언을 수식하는 '부사'와 기능이 유사하다.

17회 정답

01. ④	02. ④	03. ④	04. ③	05. ④
06. ③	07. ③	08. ④	09. ①	10. ④
11. ②	12. ②	13. ①	14. ④	15. ②
16. ④	17. ③	18. ④	19. ③	20. ④
21. ②	22. ②	23. ④	24. ③	25. ④

01 　　　　　　　　　　　　　　　　　　　정답 ④

[해설]

㉠ 'ㅢ'는 [ㅣ]로 발음이 되더라도, 'ㅢ(ui)'로 적는다는 규정에 따라 '여의도[여의도/여이도]'는 'Yeouido'로 적는다.

㉡ '왕십리'의 표준 발음은 [왕심니]이다. 자음 사이에서 동화 작용이 일어나는 경우 변화의 결과에 따라 적으므로 'Wangsimni'로 적는다.

㉢ 문화재명, 인공 축조물명은 붙임표 없이 붙여 쓴다는 규정에 따라 'Changgyeonggung'으로 적는다.

[심화]

로마자 표기법

1) 'ㅢ'는 'ㅣ'로 소리 나더라도 'ui'로 적는다.
2) 행정 구역 단위 앞에 붙임표(-)를 넣는다.
3) 붙임표(-) 앞뒤에서 일어나는 음운 변화는 표기에 반영하지 않는다.
4) '시, 군, 읍'의 행정 구역 단위는 생략할 수 있다.

단어	바른 표기	틀린 표기
광희문[광히문]	Gwanghuimun	Gwanghimun
의정부[의정부]시	Uijeongbu-si Uijeongbu	Uijeongbusi
삼죽면[삼중면]	Samjuk-myeon	Samjung-myeon Samjukmyeon
양주군[양주군]	Yangju-gun Yangju	-

02 　　　　　　　　　　　　　　　　　　　정답 ④

[해설]

'짓무르다'는 '르' 불규칙 용언이기 때문에 '짓물러'로 활용한다. 따라서 기본형을 '짓물다'로 착각할 수 있으나, 준말 '짓물다'와 본말 '짓무르다' 중 본말인 '짓무르다'만 표준어이다. 따라서 두 단어는 복수 표준어가 아니다.

[심화]

복수 표준어

제18항 - 다음 단어는 ㄱ을 원칙으로 하고, ㄴ도 허용한다.

ㄱ	ㄴ	비고
네	예	
쇠-	소-	-가죽, -고기, -기름, -머리, -뼈
괴다	고이다	물이 ~. 밑을 ~.
꾀다	꼬이다	어린애를 ~, 벌레가 ~.
쐬다	쏘이다	바람을 ~.
죄다	조이다	나사를 ~.
쬐다	쪼이다	볕을 ~.

제19항 - 어감의 차이를 나타내는 단어 또는 발음이 비슷한 단어들이 다 같이 널리 쓰이는 경우에는, 그 모두를 표준어로 삼는다.

거슴츠레하다/ 게슴츠레하다	구린내/쿠린내	고린내/코린내
교기(驕氣)/갸기	고까/꼬까	나부랭이/너부렁이
꺼림하다/께름하다	꺼림직하다/께름직하다	꺼림칙하다/께름칙하다

제26항 - 한 가지 의미를 나타내는 형태 몇 가지가 널리 쓰이며 표준어 규정에 맞으면, 그 모두를 표준어로 삼는다.

가뭄/가물	가엾다/가엽다	개숫물/설거지물
고깃간/푸줏간	눈대중/눈어림/눈짐작	되우/된통/되게
어이없다/어처구니없다	여태껏/이제껏/입때껏	흠가다/흠나다/흠지다
-이에요/-이어요	일찌감치/일찌거니	우레/천둥

03 　　　　　　　　　　　　　　　　　　　정답 ④

[해설]

형용사 '해쓱하다(= 핼쑥하다)'는 '얼굴에 핏기나 생기가 없어 파리하다.'라는 뜻으로, 표준어이다.

오답 정리

① 데릴고 → 데리고: '데리다'가 표준어이기 때문에 '데리고'로 해야 바른 활용법이다.

② 듬북 → 듬뿍: 한 단어 안에 뚜렷한 까닭없이 나는 된소리는 표기에 반영한다는 규정에 따라 '듬뿍(=듬뿍이)'이 표준어이다.

③ 설레인다 → 설렌다: '설레다'가 표준어이기 때문에, '설렌다'가 바른 활용이다.

어휘

잘못 쓰기 쉬운 어휘

의미	바른 표기	틀린 표기
흐리거나 궂은 날씨가 맑아지다. 예 아침부터 오던 눈이 개고 하늘에는 구름 한 점 없다.	개다	개이다

의미	바른 표기	틀린 표기
마음이 가라앉지 아니하고 들떠서 두근거리다. 예 그를 만나러 갈 생각에 벌써부터 마음이 <u>설렌다</u>.	**설레다**	설레이다
몸가짐이나 언행을 조심하다. 예 어른 앞에서는 행동을 <u>삼가야</u> 한다.	**삼가다**	삼가하다

04 정답 ③

해설

㉠ 부사 '바른대로'는 '사실과 다름없이'라는 뜻을 가진 합성어이다. 한 단어이기 때문에 붙여 쓴 것은 옳다.

㉡ 관형어 '식을' 뒤에 쓰인 '대로'는 의존 명사이다. 따라서 '식을'과 '대로'를 띄어 쓴 것은 옳다.

㉢ 대명사(체언) '나' 뒤에 쓰인 '대로'는 조사이다. 따라서 '나'와 '대로'를 붙여 쓴 것은 옳다.

오답 정리

㉣ 큰∨것∨대로 → 큰∨것대로: 의존명사 '것'은 체언이다. 따라서 뒤에 오는 조사 '대로'와 붙여 써야 한다.

[□ 심화]

'대로'의 품사에 따른 띄어쓰기	
의존 명사	1. 어떤 모양이나 상태와 같이 　예 본 <u>대로</u> 2. 어떤 상태나 행동이 나타나는 그 즉시 　예 집에 도착하는 <u>대로</u> 편지를 쓰다. 3. 어떤 상태나 행동이 나타나는 족족 　예 기회 있는 <u>대로</u> 정리하는 메모 4. 어떤 상태가 매우 심하다는 뜻을 나타내는 말 　예 지칠 <u>대로</u> 지친 마음 5. 할 수 있는 만큼 최대한 　예 될 수 있는 <u>대로</u> 빨리 오다.
조사	1. 앞에 오는 말에 근거하거나 달라짐이 없음을 나타내는 보조사 　예 처벌하려면 법<u>대로</u> 해라. 2. 따로따로 구별됨을 나타내는 보조사 　예 큰 것은 큰 것<u>대로</u> 따로 모아 두다.

✳ 공식: 용언∨대로(의존명사), 체언+대로(조사)

05 정답 ④

해설

'연이율'에서 '리'를 '이'로 적는 것은 '접두사처럼 쓰이는 한자어가 붙어서 된 말이나 합성어에서 뒷말의 첫소리는 'ㄴ, ㄹ'로 나더라도 두음법칙에 따라 적는다.'라는 원칙(두음법칙)을 따른 것이다.

✳ '이율(利律)'의 '률(律)'을 '률'이 아닌 '율'로 적은 것은 '모음이나 'ㄴ' 받침 뒤에 이어지는 ''렬, 률'은 '열, 율'로 적는다."에 따른 것이다.

오답 정리

① 두음법칙에 따라 '年(해 년)'을 본음 '년'이 아닌 '연'으로 적는다. 따라서 '졸업 연도'로 적어야 한다는 설명은 적절하다.

② "접두사처럼 쓰이는 한자가 붙어서 된 말이나 합성어에서, 뒷말의 첫소리가 'ㄴ, ㄹ'소리로 나더라도 두음법칙에 따라 적는다."에 따라 '열+력학'의 결합이므로 두음법칙을 적용하여 '열역학'으로 적는다.

③ '냥(兩)', '냥쭝(兩-)', '년(年)(몇 년)'과 같은 의존 명사는 '냐, 녀' 원음을 인정한다는 규정에 따라 '한 냥'으로 적어야 한다는 설명은 적절하다.

06 정답 ③

해설

(가) 여자 입장에서 오빠의 아내와 남동생의 아내에게 공통적으로 사용할 수 있는 말은 '올케'이다.

(나) 여자의 입장에서 손위 동서와 남자 입장에서 아내의 오빠에게 사용할 수 있는 말은 '형님'이다.

오답 정리

① • 계수: 남자 형제 사이에서 동생의 아내를 이르는 말
　• 형수님: 항렬이 같은 남자들 사이에서 형의 아내를 이르는 말

② • 동서: 시아주버니의 아내를 이르는 말
　• 매형: 손위 누이의 남편을 이르거나 부르는 말

④ • 아가씨: 손아래 시누이를 이르거나 부르는 말
　• 제부: 언니가 여동생의 남편을 이르거나 부르는 말

[□ 심화]

호칭어 '서방님'과 '형님'	
서방님	1. '남편'의 높임말 2. 결혼한 시동생을 이르거나 부르는 말 3. 손아래 시누이의 남편을 이르거나 부르는 말
형님	1. '형'의 높임말 2. 아내의 오빠를 이르거나 부르는 말 3. 손위 시누이를 이르거나 부르는 말 4. 손위 동서를 이르거나 부르는 말

07 정답 ③

해설

"동리자가 수절을 잘하는 부인이라 했는데, 실은 슬하의 아들 다섯이 저마다 성(姓)을 달리하고 있었다."라는 내용을 볼 때, '동리자'는 겉과 속이 다른 인물임을 알 수 있다. 따라서 이를 비판하기에 적절한 말은 '양의 머리를 걸어 놓고 개고기를 판다는 뜻으로, 겉보기만 그럴듯하게 보이고 속은 변변하지 아니함.'을 이르는 '양두구육(羊頭狗肉: 양 양, 머리 두, 개 구, 고기 육)'이다.

오답 정리

① 부화뇌동(附和雷同: 붙을 **부**, 화목할 **화**, 우레 **뇌(뢰)**, 같을 **동**): 줏대 없이 남의 의견에 따라 움직임.

② 허장성세(虛張聲勢: 빌 **허**, 베풀 **장**, 소리 **성**, 기세 **세**): 실속은 없으면서 큰소리치거나 허세를 부림.

④ 연목구어(緣木求魚: 인연 **연**, 나무 **목**, 구할 **구**, 물고기 **어**): 나무에 올라가서 물고기를 구한다는 뜻으로, 도저히 불가능한 일을 굳이 하려 함을 비유적으로 이르는 말

08   정답 ④

해설

㉣은 선상을 배회하며 과거의 일을 생각한다는 말이다. 이는 전쟁을 일으킨 왜적을 막지 못한 데 대한 반성의 태도를 나타내는 것과는 관련이 없다.

오답 정리

① ㉠은 병이 깊다고 그대로 주저앉아 있을 수 없다는 것으로, 나라의 위기상황에서 우국충정을 발휘하려는 화자의 자세를 나타내고 있다.

② ㉡에서 눈을 부릅뜨고 대마도를 굽어보는 행동은 임진왜란을 일으킨 왜적에 대한 강한 분노를 나타낸 것이다.

③ ㉢에서 '황운(黃雲)'은 전쟁의 기운을 비유적으로 나타낸 것이다.

작품 정리

박인로, 〈선상탄〉

갈래	가사, 전쟁 가사
성격	우국적, 비판적, 기원적
제재	임진왜란의 경험
주제	전쟁에 대한 한탄과 우국충정(憂國衷情) 및 평화에 대한 기원
특징	① 민족의 현실을 구체적으로 다룸. ② 왜적에 대한 강한 적개심이 나타남. ③ 한자 성어와 고사의 인용이 많음.
의의	'태평사'와 함께 전쟁 가사의 대표작
연대	조선 선조 38년(1605년)
출전	"노계집"

09   정답 ①

해설

밑줄 친 말은 "음악에 담긴 다양한 요소를 무시하는 구분"으로 특정한 하나의 기준을 가지고 '획일적으로 나눈 구분'을 의미한다. 즉 그 기준이 음악의 전체를 말해 주는 것도 아닌데, 음악과 관련된 부분적인 기준만을 가지고 마치 그 음악을 드러내고 있는 듯 구분해 놓은 것을 의미한다.

10   정답 ④

해설

④의 '학생'은 의미상 서술격 조사 '이다'가 생략된 것으로, 서술어(저 친구가 ~ 학생이다.)로 쓰이고 있다. 따라서 문장 성분은 '서술어'이다.

오답 정리

① 체언을 꾸며 주는 기능을 하는 문장 성분을 '관형어'라고 한다. ㉠의 '학생'은 체언 '신분'을 꾸며 주는 기능을 하고 있기 때문에 (학생의 신분) 문장 성분은 목적어가 아니라 '관형어'이다.

② ㉡의 '학생'은 부사격 조사 '에게'와 결합하여 부사어로 쓰이고 있다.

③ '아니다'나 '되다' 앞에 와서 보충하는 말을 '보어'라고 한다. 따라서 서술어 '아니다(아니니)' 앞의 '학생'은 보어이다. ㉢의 주어는 '저 사람(저 사람이 ~ 학생이 아니니?)'이다.

11   정답 ②

해설

'꼭두각시'는 '표 생원'이 '작은집(=소실, 첩)'을 얻었다는 말을 듣고 '작은 집(small house)'으로 오해하고는, 재목이 성한지, 양지바른 곳인지, 장을 담갔는지 등을 말하고 있다. 이러한 '꼭두각시'의 반응을 보고, '표 생원'은 "어오? 아 이게 무슨 소리여, 장은 무슨 장이며 재목은 무슨 재목?"이라며 비꼬고 있다. 따라서 ㉠에는 '해 줄 사람은 생각지도 않는데 미리부터 다 된 일로 알고 행동한다'는 의미의 '떡 줄 사람은 꿈도 안 꾸는데 김칫국부터 마신다'가 들어가는 것이 가장 적절하다.

오답 정리

① 감나무 밑에 누워서 홍시[연시] (입 안에) 떨어지기를 기다린다[바란다]: 아무런 노력도 아니 하면서 좋은 결과가 이루어지기만 바람을 비유적으로 이르는 말

③ 열 길 물속은 알아도 한 길 사람의 속은 모른다: 사람의 속마음을 알기란 매우 힘듦을 비유적으로 이르는 말

④ 가루는 칠수록 고와지고 말은 할수록 거칠어진다: 가루는 체에 칠수록 고와지지만 말은 길어질수록 시비가 붙을 수 있고 마침내는 말다툼까지 가게 되니 말을 삼가라는 말

작품 정리

작자 미상, 〈꼭두각시놀음〉

갈래	민속극, 인형극 대본
성격	희극적, 풍자적
구성	2마당 7막
주제	지배 계급의 횡포와 그에 대한 풍자
특징	① 막과 막 사이에 줄거리의 연관성이 없음(옴니버스식 구성). ② 무대 밖의 악사나 관중이 등장인물과 수시로 대화할 수 있음. ③ 사투리, 비속어, 언어유희 등 해학적인 표현이 자주 나타남.
의의	현재까지 전래된 유일한 민속 인형극임.
출전	《심우성 채록본》(1970)

12

정답 ②

해설

ⓒ 정년퇴임을 앞둔 부장에게 '그동안 애 많이 쓰셨습니다.'라고 표현한 것은 옳다.

ⓔ 시부모를 부를 때 '아버님/어머님'이라 한다. 단 '시어머니'의 경우 '어머니'의 사용도 가능하다. 따라서 시아버지에게는 '아버님'이라고, 시어머니에게는 '어머니'라고 표현한 것은 옳다.

오답 정리

㉠ '전화 잘못 거셨습니다.'라는 표현은 전화도 제대로 못 거냐는 느낌이므로 언어 예절에 어긋난 표현이다. '전화가 잘못 걸렸습니다'로 표현해야 한다.

ⓒ '춘부장'은 '남의 아버지를 높여 이르는 말'이다. 따라서 자신의 아버지를 높여 이르는 상황에서의 쓰임은 적절하지 않다.

ⓜ 고모는 아버지의 여자 형제를 부르는 말이다. 따라서 남편의 누이를, 아이가 부르는 것과 마찬가지로 '고모'라고 부르는 것은 적절하지 않다.

심화

상황에 따른 인사말

상황	인사말
送年 보낼 송, 해 년	(동료나 아랫사람에게) 한 해 동안 수고하셨습니다. 한 해 동안 보살펴 주셔서 고맙습니다.
新年 새 신, 해 년	새해 복 많이 받으십시오.
生日 날 생, 날 일	생신 축하합니다. / 만수무강하십시오. 더욱 강녕하시기 바랍니다.
停年 머무를 정, 해 년	그동안 애 많이 쓰셨습니다. 벌써 정년이시라니 아쉽습니다.
問病 물을 문, 병 병	얼마나 고생이 되십니까? / 불행 중 다행입니다. 속히 나으시기 바랍니다.
問喪 물을 문, 잃을 상	삼가 조의를 표합니다. / 고인의 명복을 빕니다. 뭐라 드릴 말씀이 없습니다.

13

정답 ①

해설

'사장'이 연봉을 동결하려고 하자, '김 과장'은 자신이 더 많은 연봉을 받아야 한다는 주장을 관철시키기 위해 '가족의 어려운 처지를 언급하며 사장의 동정심(감정)에 호소'하고 있다.

오답 정리

② '사장'이 '김 과장'을 인신공격하는 내용은 찾을 수 없다.

③ '사장'은 '김 과장'의 업무 성과를 근거로 연봉 동결을 결정하였다. 따라서 인과 관계를 따지지 않고, 주관적으로 판단을 내리고 있다고 볼 수 없다.

④ '사장'과 '김 과장' 모두 공적인 상황에 어울리는 정중한 말투를 사용하고 있다.

14

정답 ④

오답 정리

'입학식[이팍씩]'과 '쫴서(죄어서)'는 모두 음운의 축약현상이 나타난다.

입학식	'ㅂ'과 'ㅎ'이 만나 'ㅍ'으로 축약되었다. → 자음 축약
쫴서	'쫴서'를 풀면 '죄어서'이다. 'ㅚ'와 'ㅓ'가 만나 'ㅙ'로 축약되었다. → 모음 축약

오답 정리

① '따라(따르-+-아)'는 'ㅡ' 탈락 현상이, '잃고[일코]'는 자음 축약 현상이 일어났다.

② '백호[배코]'는 자음 축약 현상이, '낳은[나은]'은 탈락 현상(ㅎ)이 일어났다.

③ '물었다(묻-+-었다)'는 교체 현상(ㄷ불규칙)이, '이을(잇-+-을)'은 탈락 현상(ㅅ불규칙)이 일어났다.

15

정답 ②

해설

㉠의 '들다'는 '어떤 범위나 기준, 또는 일정한 기간 안에 속하거나 포함되다.'라는 의미이다. 이와 동일한 의미로 쓰인 것은 ②이다.

오답 정리

① '들다'가 '어떤 일에 돈, 시간, 노력, 물자 따위가 쓰이다.'라는 의미로 쓰였다.

③ '들다'가 '밖에서 속이나 안으로 향해 가거나 오거나 하다.'라는 의미로 쓰였다.

④ '들다'가 '빛, 볕, 물 따위가 안으로 들어오다.'라는 의미로 쓰였다.

어휘

동음이의어 '들다'

들다¹	1. 밖에서 속이나 안으로 향해 가거나 오거나 하다. 예 사랑에 들다. 2. 빛, 볕, 물 따위가 안으로 들어오다. 예 이 방에는 볕이 잘 든다. 3. 방이나 집 따위에 있거나 거처를 정해 머무르게 되다. 예 어제 호텔에 든 손님
들다²	1. 비나 눈이 그치고 날이 좋아지다. 예 날이 들면 떠납시다. 2. 흐르던 땀이 그치다. 예 땀이 들다.
들다³	날이 날카로워 물건이 잘 베어지다. 예 칼이 잘 들다
들다⁴	1. 아래에 있는 것을 위로 올리다. 예 역기를 번쩍 든 역도 선수 2. 설명하거나 증명하기 위하여 사실을 가져다 대다. 예 보기를 들다. 3. '먹다'의 높임말 예 아침을 들다.

※ 문제에 제시된 ㉠과 선택지의 '들다'는 모두 '들다¹'에 속하는 다의어이다.

16

정답 ④

[해설]

2문단에서 "돈이 폐단이 되는 것은 이익을 탐하여 돈 크기를 작게 하기 때문입니다."라고 한 것은 장사꾼을 질책한 말이 아니다. 돈을 주조하는 것은 장사꾼이 아니라 나라(정부)이기 때문이다. 따라서 이익만을 탐하는 장사꾼들을 질책하고 있다는 것은 글쓴이에 대한 적절한 이해가 아니다.

🗐 오답 정리

① 1문단에서 수개월이면 구리를 주조하는 방법을 배워와 돈을 만들어 백성들이 편리하게 사용할 수 있도록 할 수 있었음에도 그렇게 하지 못했던 과거의 사실에 대해 비판적 태도를 보인 것, 4문단에서 금과 은으로 돈을 주조해 '큰 장사꾼이나 멀리 장사하는 사람들'이 유용하게 사용할 수 있도록 해 주어야 한다고 주장한 것 등을 통해 글쓴이가 실용성을 중시하고 있음을 알 수 있다.

② 4문단의 "우리나라의 금과 은이 해마다 중국으로 가는데 이것은 국가가 쇠약해지는 것입니다."를 통해 글쓴이가 금과 은의 유출을 우려하고 있음을 알 수 있다.

③ 3문단의 "한 닢이 얇고 작아 때문에 쓰는 데 있어 절약함이 없으니, 돈을 크게 만든다면 쓰기에 불편할 것이며, 쓰기에 불편해지면 백성의 이익입니다."와 마지막 문단의 "지금부터는 어전 의장(御前儀仗)의 기치(旗幟)와 큰 상사(喪事)에 소용되는 것 이외에는 깁과 비단을 일체 엄금하고, 사삿집에서는 비록 혼인과 상사에 쓰는 것일지라도 일체 엄금하여, 갓끈이나 휘양 따위의 세세한 것도 모두 함부로 입거나 쓰지 못하게 해야 합니다."를 통해 글쓴이가 근검절약의 생활 태도를 장려하고 있음을 알 수 있다.

17

정답 ③

[해설]

'모든 사람들이 두 권씩의 잡지를 가지고 있었다.'는 모든 사람이 각각 2권씩 잡지를 가지고 있다는 의미로만 해석된다. 따라서 의미가 명확한 문장이다.

🗐 오답 정리

① '그는 신발을 신고 있었다.'는 '신발을 신는 행위 중이었다'라는 의미와 '신발을 신은 채(상태) 있었다'라는 의미로 해석될 수 있다.

② '나는 그 음식을 다 먹지 않았다.'라는 '음식을 한 입도 먹지 않았다(전체 부정)'라는 의미와 '음식을 먹긴 했는데 남김없이 먹지는 않았다(부분 부정)'라는 의미로 해석될 수 있다.

④ '그는 웃으면서 매장으로 들어오는 손님에게 인사했다.'는 '그가 웃으면서' 손님에게 인사했다는 의미와 '매장으로 웃으면서 들어오는 손님'에게 그가 인사했다는 의미('웃음'의 주체가 모호)로 해석될 수 있다.

심화

중의성 해소 방법

1) 수식어의 자리나 어순의 교체

   예 아름다운 우리나라의 여인들 → 우리나라의 아름다운 여인들

2) 쉼표의 이용

   예 귀여운 수진과 민주가 걸어온다.
   → 귀여운, 수진과 민주가 걸어온다.(수진과 민주 모두 귀여움)
   귀여운 수진과, 민주가 걸어온다.(수진만 귀여움)

3) 단어나 문장 성분의 추가

   예 나는 형과 아우를 찾아다녔다.
   → 나는 형과 함께 아우를 찾아다녔다.
   나는 혼자서 형과 아우를 찾아다녔다.

4) 격 조사나 보조사를 활용

   예 게으른 토끼와 거북이가 경주를 한다.
   → 게으른 토끼는 거북이와 경주를 한다.

18

정답 ④

[해설]

'아미(蛾眉: 나방 아, 눈썹 미: 아름다운 눈썹), 부각(浮刻: 뜰 부, 새길 각: 특징지어 두드러지게 함)'의 한자 표기는 모두 바르다.

🗐 오답 정리

① 개척(介拓 → 開拓): '介(끼일 개)'가 들어간 '개척'은 없다. '개척'은 '開拓(열 개, 넓힐 척: 거친 땅을 일구어 쓸모 있는 땅으로 만듦.)'으로 표기해야 한다. 한편, '대출(貸出: 빌릴 대, 날 출: 돈이나 물건 따위를 빌려주거나 빌림.)'의 표기는 바르다.

② 반월(反月 → 半月): '반달'을 의미하는 '반월'은 '半月(반 반, 달 월)'로 표기해야 한다. 한편, '교역(交易: 사귈 교, 바꿀 역: 맞무역)'의 표기는 바르다.

③ 당선(堂選 → 當選): '뽑힘'을 의미하는 '당선'은 '當選(당할 당, 가릴 선)'으로 표기해야 한다. 한편, '묵과(默過: 잠잠할 묵, 지날 과: 잘못을 알고도 모르는 체하고 넘김.)'의 표기는 바르다.
   ※ 反(반대 **반**), 堂(집 **당**)

19

정답 ③

[해설]

'그리고'는 서로 비슷한 내용의 두 문장을 이어줄 때 쓰는 접속 부사이다. 그런데 "나의 예상을 비웃기나 하듯"을 볼 때, ⓒ의 앞뒤 내용은 서로 상반됨을 알 수 있다. 따라서 '그리고'가 아니라 역접의 '그러나', '하지만'으로 고쳐야 자연스럽다.

🗐 오답 정리

① '진행되다'의 '-되다'는 일부 명사 뒤에 붙어 피동의 뜻을 더하는 접미사이다. 여기에 피동의 뜻을 나타내는 '-어지다'가 붙어 피동 표현이 중복되었으므로 '진행되지'로 고치는 것이 적절하다.

② '들어나다'는 맞춤법에 맞지 않으므로 '가려 있거나 보이지 않던 것이 보이게 되다.'라는 의미의 '드러나다'가 와야 적절하다.
④ 문장의 주어가 '것은'이므로 이에 맞춰 서술어를 '마음이라는 것이었다'로 고친 것은 적절하다.

20
정답 ④

[해설]

㉠ '이 말은 끝내지 않고 마냥 이어 갈 수가 있다.'라는 내용을 볼 때, 우리는 언어를 사용하여 '무한(無限: 없을 무, 한계 한)'에 가까운 생각들을 표현할 수 있다.

㉡ '애틋하다'는 '섭섭하고 안타까워 애가 타는 듯하다.'라는 의미이고, '중요하다'는 '귀중하고 요긴하다.'라는 의미이다. 문맥상 ㉡에는 '귀중하고 요긴하다.'라는 의미의 '중요하다'가 어울린다.

㉢ 제시된 글에서 설명한 것은 언어의 특성 중 '개방성'에 해당한다.

[심화]

언어의 특성	
기호성	언어는 기호의 한 종류로, 전달하고자 하는 '내용'과 그것을 실어 나르는 '형식'의 두 가지 요소로 구분된다.
자의성	언어 기호의 형식과 내용은 필연적 관계가 아니라 임의적 관계이다.
사회성	언어 기호가 자의적 약속이지만, 일단 사회적 약속으로 언중에게 수용이 되면, 개인이 이것을 마음대로 바꿀 수 없다.(=불(가)역성)
역사성	사회적 약속인 언어는 시간의 흐름에 따라 변화가 생기기도 한다.(=가역성)
개방성	제한된 음운이나 단어를 가지고 무한한 문장을 생성할 수 있다.

21
정답 ②

[해설]

제시된 글의 글쓴이는 '현대인들이 대중문화의 영향 때문에 사회적 가면을 쓴 채, 타자 지향적인 삶의 태도로 살아가고 있다.'라고 말하면서 사람을 단순하게 겉모습만 보고 판단하는 일은 바람직하지 않다고 제시하고 있다. 또한 글쓴이는 현대인들이 사람을 판단할 때, '순간적으로 느껴지는 겉모습보다 자신의 내면적 가치를 소중히 해야 한다.'라고 주장하고 있다. 따라서 글쓴이가 궁극적으로 말하고자 하는 것은 ②이다.

22
정답 ②

[해설]

1문단의 "이러한 행위를 평가하기 위해서는 문제의 행위가 그 전제가 되는 신념 및 지향적 태도로부터 연역적으로 타당하게 도출되는 것인가를 판단해야 한다."와 마지막 문단의 "따라서 행위의 평가는 수

단이 좋은가에 대한 평가도 포함해야 한다."를 볼 때, 제시된 글의 제목으로는 '행위를 평가하기 위해서는 어떤 점을 고려해야 하는가?'가 가장 적절하다.

23
정답 ④

[해설]

모음의 등재 순서는 'ㅏ - ㅐ - ㅑ - ㅒ - ㅓ - ㅔ - ㅕ - ㅖ - ㅗ - ㅘ - ㅙ - ㅚ(괴롭다) - ㅛ(교실) - ㅜ(구름) - ㅝ - ㅞ - ㅟ(귀엽다) - ㅠ(규격) - ㅡ - ㅢ - ㅣ'이다. 자음은 'ㄱ'으로 동일하기 때문에 모음을 기준으로 했을 때, 배열이 바르다.

[오답 정리]

① '왠지'는 '왕'과 '외각' 사이에 들어가야 한다. 사전 등재 순서에 맞게 배열하면 '왕 – 왠지 – 외각 – 외곽 – 요가'이다.
② '의무'는 '이녁' 앞에 와야 한다. 사전 등재 순서에 맞게 배열하면 '유민 – 은퇴 – 은파 – 의무 – 이녁'이다.
③ '찍소리'는 '짤짤이' 뒤에 들어가야 한다. 사전 등재 순서에 맞게 배열하면 '종교 – 좌석 – 진보 – 짤짤이 – 찍소리'이다.

※ 사전 배열(등재) 순서의 기준은 1) 첫 글자의 초성(자음), 2) 첫 글자의 중성(모음), 3) 첫 글자의 종성(받침), 4) 두 번째 글자의 초성(자음) 등의 순서로 판별한다.

[심화]

사전 등재 순서	
초성(자음)	ㄱ - ㄲ - ㄴ - ㄷ - ㄸ - ㄹ - ㅁ - ㅂ - ㅃ - ㅅ - ㅆ - ㅇ - ㅈ - ㅉ - ㅊ - ㅋ - ㅌ - ㅍ - ㅎ
중성(모음)	ㅏ - ㅐ - ㅑ - ㅒ - ㅓ - ㅔ - ㅕ - ㅖ - ㅗ - ㅘ - ㅙ - ㅚ - ㅛ - ㅜ - ㅝ - ㅞ - ㅟ - ㅠ - ㅡ - ㅢ - ㅣ
종성(받침)	ㄱ - ㄲ - ㄳ - ㄴ - ㄵ - ㄶ - ㄷ - ㄹ - ㄺ - ㄻ - ㄼ - ㄽ - ㄾ - ㄿ - ㅀ - ㅁ - ㅂ - ㅄ - ㅅ - ㅆ - ㅇ - ㅈ - ㅊ - ㅋ - ㅌ - ㅍ - ㅎ

24
정답 ③

[해설]

제시된 글에서는 여러 사회 복지 제도의 종류를 유형에 따라 분류하여, 공공 부조와 사회 보험, 사회 수당, 사회 서비스 등으로 제시하고 있다.

25
정답 ④

[해설]

제시된 글에서는 빠른 사회변화 속 다양해지는 수요에 맞춘 주거복지 정책의 예로 예술인을 위한 공동주택, 창업 및 취업자를 위한 주택, 의료안심주택을 들고 있다. 따라서 제시된 글의 주제로는 '다양성을 수용하는 주거복지 정책'이 가장 적절하다.

18회 정답

01. ③	02. ③	03. ②	04. ④	05. ②
06. ④	07. ①	08. ④	09. ②	10. ②
11. ②	12. ③	13. ②	14. ④	15. ③
16. ④	17. ④	18. ④	19. ③	20. ③
21. ④	22. ③	23. ④	24. ④	25. ④

01 정답 ③

[해설]

'권토중래(捲土重來: 말 권, 흙 토, 거듭 중, 올 래)'는 '어떤 일에 실패한 뒤에 힘을 가다듬어 다시 그 일에 착수함'을 비유하여 이르는 말이다. 따라서 단번에 합격한 뒤에 외국어 학원에 등록한 상황과는 어울리지 않는다.

[오답 정리]

① '금의환향(錦衣還鄕: 비단 금, 옷 의, 돌아올 환, 고향 향)'은 비단옷을 입고 고향에 돌아온다는 뜻으로, '출세를 하여 고향에 돌아가거나 돌아옴'을 비유적으로 이르는 말이다. 따라서 세계 대회에서 우승하고 고향에 돌아온 상황에 쓴 것은 적절하다.

② '만시지탄(晩時之歎: 늦을 만, 때 시, 어조사 지, 탄식할 탄)'은 '시기에 늦어 기회를 놓쳤음을 안타까워하는 탄식'을 이르는 말이다. 따라서 좀 더 일찍 시작하지 못한 것을 후회하는 상황에 쓴 것은 적절하다.

④ '호가호위(狐假虎威: 여우 호, 거짓 가, 호랑이 호, 위엄 위)'는 '남의 권세를 빌려 위세를 부림.'을 이르는 말이다. 따라서 아버지의 권세에 기댈 생각이 아닌지 묻는 상황에 쓴 것은 적절하다.

02 정답 ③

[해설]

'피라미드(pyramid)'와 '배갈[白干儿, 고량주]'의 표기는 모두 바르다.

[오답 정리]

① 아울렛 → 아웃렛(outlet)

② 드로인 → 스로인(throw-in)

④ 하일라이트 → 하이라이트(highlight)

03 정답 ②

[해설]

(가)~(라)에서 결론에서 주장하는 바를 논거로 제시하는 '순환 논증의 오류'를 범한 예는 찾을 수 없다.

[오답 정리]

(가) '그동안 왜 한 번도 전화를 안 한 거야? 내가 싫어진 거구나.'는 이것 아니면 저것이라고 단정적으로 추론하는 '① 흑백 논리의 오류'를 범한 것이다.

(나) '그는 오늘 약속 시간을 지키지 못했다. 그는 신의가 없는 사람이다.'는 제한된 정보, 대표성을 결여한 사례 등을 근거로 성급하게 일반화한 '③ 성급한 일반화의 오류'를 범한 것이다.

(다) '귀신은 분명히 있어. 지금까지 귀신이 없다는 것을 증명한 사람은 없으니까!'는 어떤 사실을 증명할 수 없거나 알 수 없다는 것을 근거로 그것이 참 혹은 거짓이라고 주장하는 '무지에 호소하는 오류'를 범한 것이다.

(라) '감기에 걸리면 술을 마시고 잠을 자 봐. 예전에 내가 그래서 나은 적이 있어.'는 전혀 인과 관계가 없는 것을 인과 관계가 있는 것으로 잘못 판단하는 '④ 잘못된 인과 관계의 오류'를 범한 것이다.

[심화]

주요 논리적 오류의 유형	
성급한 일반화의 오류	제한된 정보, 불충분한 자료, 대표성을 결여한 사례 등 특수한 경우를 근거로 하여 성급하게 일반화하는 오류 예 음식점에 가면 음식을 빨리 해 달라고 독촉하고, 운전할 때 앞차가 조금만 늦게 가도 경적을 울려 대잖아. 이런 것을 보면 우리 민족은 성질이 급한 민족임에 틀림없어.
우연과 원칙 혼동의 오류	일반적으로 그렇다고 해서 특수한 경우에도 적용될 수 있다고 생각해 빚어지는 오류, 즉 상황에 따라 적용해야 할 원칙이 다른데도 이를 혼동하여 생기는 오류 예 거짓말을 하는 것은 죄악이다. 그러므로 의사가 환자에게 거짓말을 하는 것은 당연히 죄악이다.
무지에 호소하는 오류	어떤 주장이 반증된 적이 없다는 이유로 받아들여져야 한다고 주장하거나, 결론이 증명된 것이 없다는 이유로 거절되어야 한다고 주장하는 오류 예 그 유명한 '페르마의 마지막 정리'는 거짓임이 분명하다. 어떤 수학자도 그것이 참임을 증명하지 못했으니까.
순환 논증의 오류	결론에서 주장하는 바를 논거로 제시하는 오류 예 훌륭한 덕을 갖춘 사람은 고급 승용차를 타고 다닌다. 그러므로 고급 승용차를 타고 다니는 사람은 훌륭한 덕을 갖춘 사람이다.
흑백 논리의 오류	어떤 주장에 대해 선택 가능성이 두 가지밖에 없다고 생각함으로써 발생하는 오류, 즉 중간이 허용됨에도 불구하고 서로 모순된 주장으로 생각함으로써 발생하는 오류 예 그녀는 나한테 싫다고 말한 적이 없다. 그러므로 그녀가 나를 좋아하는 것은 분명한 사실이다.

04

[해설]

'보옥(寶玉: 보배 **보**, 구슬 **옥**)'은 '아주 단단하고 빛깔과 광택이 아름다우며 희귀한 광물'이라는 의미로, '보석'과 그 의미가 동일하다. 제시된 글에서 천재가 가진 '힘'은 하늘에서 뚝 떨어진 우연한 것이 아니라, 노력으로 발견한 자기의 '숨겨진 능력'이고, 이것을 '보옥'이라고 표현하고 있다. 따라서 ㉠의 의미를 가장 잘 표현한 한자어는 ④의 '잠재력(潛在力)'이다.

※ 잠재력(潛在力: 자맥질할 **잠**, 있을 **재**, 힘 **력**)
－ 겉으로 드러나지 않고 속에 숨어 있는 힘

[오답 정리]

① '성과(成果: 이룰 **성**, 열매 **과**)'는 '이루어 낸 결실'이라는 말이다. '성과'는 ㉠ 자체가 아니라, ㉠을 통해 이루어낸 결과이다.

② '개성(個性: 낱 **개**, 성품 **성**)'은 '다른 사람이나 개체와 구별되는 고유의 특성'을 이르는 말이다. 문맥상 ㉠과 관련이 없다.

③ '정체성(正體性: 바를 **정**, 몸 **체**, 성품 **성**)'은 '변하지 않는 존재의 본질을 깨닫는 성질, 또는 그 성질을 가진 독립적 존재(=아이덴티티)'를 이르는 말이다. 문맥상 ㉠과 관련이 없다.

05

[해설]

'안되다'의 주어가 '안색이'인 것을 볼 때, ②의 '안되다'가 '안되다²'의 「2」로 쓰였다.

[오답 정리]

① 안되고 → 안∨되고: 의사가 되고 싶지 않다는 의미이다. 즉 '되다'를 부정하는 부사 '안'이 쓰인 경우이다. 따라서 제시된 '안되다'의 예로 적절하지 않다.

③ '안되다¹'의 「3」의 예문이다.

④ '안되다²'의 「1」의 예문이다.

[심화]

'잘되다'와 '안되다'	
잘되다 (동사)	1. 일, 현상, 물건 따위가 썩 좋게 이루어지다. 　예 농사가 <u>잘되다</u>. 2. 사람이 훌륭하게 되다. 　예 부모님들은 늘 자식 <u>잘되기</u>를 바란다. 3. 일정한 수준이나 정도에 이르다. 　예 우리 중 <u>잘되어야</u> 두 명만이 합격할 수 있다. 4. (반어적으로) 결과가 좋지 아니하게 되다. 　예 운전면허 시험에 떨어졌다고 하자 사촌 오빠는 <u>잘됐다</u>며 약을 올렸다.
안되다¹ (동사)	1. 일, 현상, 물건 따위가 좋게 이루어지지 않다. 　예 올해는 비가 너무 많이 와서 과일 농사가 <u>안돼</u> 큰일이다. 2. 사람이 훌륭하게 되지 못하다. 　예 자식이 <u>안되기</u>를 바라는 부모는 없다. 3. 일정한 수준이나 정도에 이르지 못하다. 　예 이번 시험에서 우리 중 <u>안되어도</u> 세 명은 합격할 것 같다.

안되다² (형용사)	1. 섭섭하거나 가엾어 마음이 언짢다. 　예 그것참, <u>안됐군</u>. 2. 근심이나 병 따위로 얼굴이 많이 상하다. 　예 몸살을 앓더니 얼굴이 많이 <u>안됐구나</u>.

06

[해설]

㉣의 문장은 통사적(장형) 사동문에 해당되어(~게 하다) 간접 사동문으로만 해석이되고, 형이 동생에게 옷을 입혀 주는 의미(직접)로는 해석할 수 없다.

[비교] 형이 동생에게 옷을 입혔다.(파생적 사동문) → 중의적(직접+간접)

[오답 정리]

① 관형어 '예쁜'이 '언니'를 수식하면 '예쁜 언니가 소유하고 있는 목걸이'라는 의미가 되고, '예쁜'이 '언니의 목걸이'를 수식하면 '언니의 예쁜 목걸이'로 이해되므로 중의성이 발생한다.

② '나는 친구와 함께, 친구 동생을 만났다.'라는 의미로 이해되는 경우와 '나는 혼자서, 친구와 친구 동생 두 사람을 만났다.'라는 의미로 이해되는 경우가 있으므로 중의적이다.

③ 부정 표현으로 인한 중의성이 발생되는 예로 '누나가 아닌 형이 모자를 쓰고 학교에 갔다.', '모자를 쓰지 않고, 누나가 학교에 갔다.', '학교가 아닌 다른 곳에, 누나가 모자를 쓰고 갔다.' 등으로 해석이 가능하다.

07

[해설]

'취직자리가 나다'에서의 '나다'는 '구하던 대상이 나타나다.'의 의미이고, '사과가 나다'에서의 '나다'는 '농산물이나 광물 따위가 산출되다.'의 의미로 '나다'는 두 맥락에서 모두 '생기다'라는 의미이다. 따라서 맥락에 따라 같은 단어가 반대의 의미로 해석되는 예로는 적절하지 않다.

[오답 정리]

② '상속하다'는 '재산을 이어 주다' 혹은 '이어받다'의 의미이다. ㉠은 '유산을 이어받다', ㉡은 '유산을 이어 주다'로 해석되므로 동일한 단어가 맥락에 따라 반대의 의미로 해석되는 사례이다.

③ '대출하다'의 의미는 '돈이나 물건을 빌리거나 빌려주다'이다. ㉠은 '책을 빌리다', ㉡은 '책을 빌려주다'로 해석되므로 동일한 단어가 맥락에 따라 반대의 의미로 해석되는 사례이다.

④ '앞'은 '이미 지나간 시간' 혹은 '장차 올 시간'을 의미한다. ㉠의 '앞'은 '미래', ㉡의 '앞'은 '과거'로 해석되므로 동일한 단어가 맥락에 따라 반대의 의미로 해석되는 사례이다.

※ ①~④의 낱말은 각각 다의어 관계이다.

08 정답 ④

[해설]

'소리 없는 아우성(소리가 없는 소리)'에 나타난 표현법은 모순 형용으로 된 '역설법'이다. '역설법'은 표면적으로는 이치에 안 맞는 듯하나(내용상 모순), 그 속에 심오한 뜻이 담기도록 하는 수사법이다. 그런데 ④에서는 '역설법'이 쓰이지 않았다.

[오답 정리]

① 눈을 감았는데, 보인다고 하였기 때문에 '역설적 표현'이다.
② 임이 떠났는데, 보내지 않았다고 하였기 때문에 '역설적 표현'이다.
③ 고운데, 서럽다고 하였기 때문에 '역설적 표현'이다.

09 정답 ②

[해설]

ⓒ의 '해원'은 '이상향'을 상징하는 시어이다. ⓒ을 제외한 나머지는 '깃발'의 보조 관념이다. 따라서 가리키는 대상이 다른 것은 ⓒ이다.
※ 깃발을 비유한 시어(깃발의 보조관념): 아우성, 손수건, 순정, 애수, 마음

[작품 정리]

유치환, 〈깃발〉

갈래	자유시, 서정시
성격	역설적, 의지적, 상징적
제재	깃발
주제	이상향에 대한 향수와 비애
특징	① '깃발'의 상징적 이미지를 역설을 통해 제시함. ② 동경과 좌절이라는 이원적 대립 구조를 지니고 있음. ③ 관념을 압축하고 정서를 상징화하여 언어의 경제성을 발휘함.
출전	《조선 문단》(1936)

10 정답 ②

[해설]

'유란'은 골짜기에 있고, '백운'은 산에 있는 것으로, 이들은 화자에게 듣기 좋고, 보기 좋은 존재이며, '피미일인'은 화자가 잊지 못하는 대상으로 '임금'을 의미한다. 화자는 자연을 벗 삼아 즐기는 가운데 임금을 그리워하고 있는데, 이때 '유란'과 '백운'은 화자가 심미적으로 완상하는 자연을 의미할 뿐, 임금에 대한 그리움을 투영한 대상은 아니므로 ②의 설명은 적절하지 않다.

[오답 정리]

① '초야 우생'은 '초야(자연)에서 사는 어리석은 인생'을 뜻하는 말로 화자 자신에 대한 겸칭이며, 이를 통해 자연에 묻혀 살아가고자 하는 화자의 삶의 태도를 알 수 있다.
③ '교교백구'는 '갈매기'에 관심을 두지 않고 멀리 마음을 두고 있는, 즉 자연 속에 있어도 벼슬길에 마음을 두고 있는 유학자들을 이르는 표현이므로 자연을 긍정적으로 여기는 화자가 비판적으로 바라보는 대상이다.

④ '어듸'는 '몃 히' 동안 화자가 다녀온 벼슬길을 의미한다. 화자는 벼슬을 그만두고 학문에 정진하고자 하는 마음을 가지고 있으므로 '어듸'는 현재는 멀리하려는 공간이다.

[작품 정리]

이황, 〈도산십이곡〉

갈래	연시조(전 12수)
성격	교훈적, 회고적
제재	자연, 학문
주제	자연 친화적 삶의 추구와 학문 수양에 대한 변함없는 의지
특징	① 도학자의 자연 관조적 자세와 학문 정진에 대한 의지가 잘 나타남. ② 어려운 한자어가 많이 사용되었으며, 반복법, 설의법, 대구법 등을 통해 주제를 부각함.
연대	조선 명종
출전	"진본 청구영언"

11 정답 ②

[해설]

ㄱ. 감탄사 '아아'를 활용한 영탄적 표현을 통해 화자의 안타까움과 그리움을 강조하고 있다.
ㄷ. 시구 '봄이 오던 아침', '봄은 다 가고'를 볼 때, 계절의 변화를 통해 과거와 대비되는 화자의 현재 상황을 드러내고 있다.

[오답 정리]

ㄴ. 제시된 작품에는 '과거형' 진술이 나타나 있다.
ㄹ. 제시된 작품에는 '공감각적 심상'은 드러나지 않는다.

[작품 정리]

윤동주, 〈사랑스런 추억〉

갈래	자유시
성격	과거지향적, 애상적
제재	기차
주제	① 영원한 안식처를 추구하며 기다리는 마음 ② 떠나온 고향에 대한 그리움

12 정답 ③

[해설]

〈보기〉의 '맡다'는 '어떤 일에 대한 책임을 지고 담당하다.'의 의미로 사용되었다. 이와 의미가 유사한 것은 ⓒ과 ⓒ이다.

[오답 정리]

㉠ '어떤 물건을 받아 보관하다.'의 의미로 사용되었다.
㉣ '면허나 증명, 허가, 승인 따위를 얻다.'의 의미로 사용되었다.

다의어 '맡다'

맡다¹	1. (…을) 1) 어떤 일에 대한 책임을 지고 담당하다. (ⓛ, ⓒ) 　예 담임을 맡다. 2) 어떤 물건을 받아 보관하다. (ㄱ) 　예 가방을 맡아 두다. 3) 자리나 물건 따위를 차지하다. 　예 도서실에서 자리를 맡다. 4) 증명에 필요한 자격을 얻다. 　예 졸업장을 맡다. 2. (…에서/에게서 …을) 1) 면허나 증명, 허가, 승인 따위를 얻다. (ⓔ) 　예 관할 구청에서 승인을 맡다. 2) 주문 따위를 받다. 　예 손님한테서 주문을 맡다.

13 　　　　　　　　　　　　　　　　　　　정답 ②

해설

Tip 순서 문제는 1) 제시된 선택지를 잘 이용하기! 2) '꼬리 잡기!' 두 가지를 기억한다.

1단계	(마)에서는 똑같은 정보를 함께 가지고 있다고 했지만, (다)는 서로 다른 정보를 갖고 시장에 참여한다고 하였다. 따라서 '그러나'에 의해 연결된 역접 관계이기 때문에 '(마) – (다)'의 연결이 자연스럽다.
2단계	(나)와 (라) 모두 '거품 현상'을 다루고 있는데, (라)는 '거품 현상'에 대한 구체적인 설명이다. 따라서 '거품 현상'을 언급한 (나)가 앞에 오고 그 뒤에 (라)가 이어지는 게 자연스럽다.

따라서 제시된 글은 '(가) – (마) – (다) – (나) – (라)'로 배열하는 것이 가장 적절하다.

14 　　　　　　　　　　　　　　　　　　　정답 ④

해설

'맥수지탄(麥秀之嘆: 보리 맥, 빼어날 수, 갈 지, 탄식할 탄)'은 고국의 멸망을 한탄함을 이르는 말이다. '효도를 다하지 못한 채 어버이를 여읜 자식의 슬픔'을 이르는 말은 '풍수지탄(風樹之嘆: 바람 풍, 나무 수, 갈 지, 탄식할 탄)'이다.

오답 정리

① 침소봉대(針小棒大: 바늘 침, 작을 소, 몽둥이 봉, 큰 대): 작은 바늘을 큰 몽둥이라고 한다는 뜻으로, '작은 일을 크게 부풀려서 말함'을 비유적으로 이르는 말
② 견문발검(見蚊拔劍: 볼 견, 모기 문, 뺄 발, 칼 검): 모기를 보고 칼을 뺀다는 뜻으로, '사소한 일에 크게 성내어 덤빔'을 이르는 말

③ 오리무중(五里霧中: 다섯 오, 마을 리, 안개 무, 가운데 중): 오 리나 되는 짙은 안개 속에 있다는 뜻으로, '무슨 일에 대하여 방향이나 갈피를 잡을 수 없음'을 이르는 말

15 　　　　　　　　　　　　　　　　　　　정답 ③

해설

밑줄 친 부분의 외국어 맞춤법에는 자신이 있고 우리 맞춤법은 어려워서 자신이 없다고 말한 것은 '남의 것(영어 철자법)'은 잘하나 도리어 '우리의 것(한글 맞춤법)'은 그렇지 않다는 내용이다. 따라서 밑줄 친 상황을 비판하기에 가장 적절한 말은 ③의 '나그네가 도리어 주인 노릇 한다'이다.

※ 나그네가 (도리어) 주인 노릇 한다: 주객이 전도된 경우를 비유적으로 이르는 말

오답 정리

① 고양이 쥐 생각: '속으로는 해칠 마음을 품고 있으면서, 겉으로는 생각해 주는 척함'을 이르는 말
② 소도 언덕이 있어야 비빈다: 언덕이 있어야 소도 가려운 곳을 비비거나 언덕을 디뎌 볼 수 있다는 뜻으로, '누구나 의지할 곳이 있어야 무슨 일이든 시작하거나 이룰 수가 있음'을 비유적으로 이르는 말
④ 호랑이 코빼기에 붙은 것도 떼어 먹는다: 1) '위험을 무릅쓰고 이익을 추구하는 경우'를 비유적으로 이르는 말. 2) '눈앞에 당한 일이 당장 급하게 되어 위험을 무릅쓰고라도 하지 않으면 안 되는 경우'를 비유적으로 이르는 말

16 　　　　　　　　　　　　　　　　　　　정답 ④

해설

A는 우체국까지 얼마나 걸리는지 물었고, B는 10분이 걸린다고 말했다. 화자가 자신의 의도를 언어 행위를 통해 직접적으로 표현한 '직접 언어 행위'가 사용되었다고 볼 수 있다. 한편, ④를 제외한 나머지는 모두 직접 표현된 언어의 의미보다 상황이나 맥락에 따른 추론의 과정을 거쳐 새롭게 생성된 의미를 이용한 의사소통이 이루어지고 있다는 점에서 '간접 언어 행위'가 사용되었다. 따라서 성격이 다른 하나는 '직접 언어 행위'가 이루어진 ④이다.

오답 정리

① "도대체 지금이 몇 시니?" = "일찍 다녀라."
② "제가 어제 전화로 주문한 책 들어 왔나요?" = "주문한 책 주세요."
③ "새로 개봉한 이 영화 재미있대." = "영화 보러 같이 가자."
→ ①, ②는 형식은 의문문이나 실제 내용은 명령문인 간접 언어이고, ③은 형식은 평서형이나 실제 내용은 청유문인 간접 언어이다. 간접 언어는 '주어진 형식과 내용이 다른 언어'이다.

17 정답 ④

[해설]

'국어'는 성의 구별이 없고, 단수와 복수의 개념이 불분명한 것이 특징이다. 이외에도 '높임말과 친족어가 발달했다.', '의성어, 의태어 등 음성 상징어가 발달했다.' 등의 특징이 있다.

📖 오답 정리

① 국어는 '굴절어'가 아니라 '조사, 어미, 접사'가 발달한 '교착어, 첨가어'의 성격을 가진 언어이다.

② '작은 조약돌'처럼 항상 수식어는 피수식어 '앞'에 위치한다.

③ 국어에 '관계 대명사, 전치사'는 없다. 그러나 '접속 조사'는 있다.

18 정답 ④

[해설]

ⓜ의 내용은 이미 우리나라와 같은 사회적 불평등의 과정을 겪었던 선진국들의 경험에서 대책을 배우자는 의도를 지닌 견해로서, 효과적인 대책 마련의 방법이 될 수 있기 때문에 그대로 두어도 좋다. 다만, 좀 더 구체적으로 언급하자는 수정 의견 정도는 바람직하다.

19 정답 ③

[해설]

제시된 글을 통해 국가가 '위기지학'을 권장했는지 여부는 알 수가 없다.

📖 오답 정리

① 2문단의 "위인지학이란, 내면의 공허함을 감추고 관심을 바깥으로 돌려 지위와 명성을 취하는 공부이다."를 통해 알 수 있다.

② 1문단의 "공자는 공부하는 사람의 관심이 어디에 있느냐를 가지고 학자를 두 부류로 구분했다."를 통해 알 수 있다.

④ 3문단의 "이로써 당시 사대부들은 출사(出仕)를 통해 정치에 참여하는 것 외에 학문과 교육에 종사하면서도 자신의 사회적 존재 의의를 주장할 수 있다고 믿었다."를 통해 알 수 있다.

20 정답 ③

[해설]

'모름지기'는 '사리를 따져 보건대 마땅히 또는 반드시'라는 뜻을 가진 부사로, 주로 '~하여야 한다.'라는 서술어와 호응한다. 따라서 ③은 문장 성분 간의 호응이 맞는 문장이다.

📖 오답 정리

① 결코 우연한 일이다. → 결코 우연한 일이 아니다.: '결코'는 '어떤 경우에도 절대로'라는 뜻을 가진 부사로, 주로 '아니다', '없다', '못하다' 따위의 부정어와 함께 쓰인다.

② 여간 고역이다. → 여간 고역이 아니다.: '여간'은 그 상태가 보통으로 보아 넘길 만한 것임을 나타내는 부사로, 주로 부정의 의미

를 나타내는 말과 함께 쓰인다. '여간 고역이 아니다.'는 의미상 '매우 고역(견디기 힘든 일)이다.'의 뜻이다.

④ 마치~음악 소리이다. → 마치~음악 소리 같다.: '마치'는 '거의 비슷하게'라는 뜻을 가진 부사로, 흔히 '처럼', '듯', '듯이' 따위가 붙은 단어나 '같다', '양하다' 따위와 함께 직유적 표현에 쓰인다.

🚩 심화

부사어와 서술어의 호응	
긍정적 호응	과연~했구나
부정적 호응	여간~지 않다, 결코/절대로~아니다, 전혀~없다/아니다
반의적 호응	하물며~랴?
추측적 호응	아마~ㄹ(일) 것이다
가정적 호응	만약/만일~더라도, 혹시~ㄹ(일)지라도, 비록~ㄹ(일)지라도
당위적 호응	모름지기/마땅히/당연히/반드시~해야 한다
비교적 호응	마치/흡사~처럼/같이/와 같다

21 정답 ④

[해설]

'검버섯, 날뛰다, 척척박사'는 국어의 문장 구성 방식과 동일하지 않은 '비통사적 합성어'이다.

검버섯	'검다'의 어간 '검-'이 관형사형 전성 어미 없이 바로 어근 '버섯'과 결합하였다. 따라서 비통사적 합성어이다.
날뛰다	'날다'의 어간 '날-'과 '뛰다'의 어간 '뛰-'가 연결 어미 없이 바로 결합하였다. 따라서 비통사적 합성어이다.
척척박사	부사 '척척'이 명사 '박사'를 수식하는 구조이다. 따라서 비통사적 합성어이다.

📖 오답 정리

① '덮밥(덮다+밥)'은 관형사형 어미가 생략된 비통사적 합성어이고, '받내다(받다+내다)'는 연결 어미가 생략된 비통사적 합성어이다. 그러나 '죄다(죄+다)'는 '부사+부사'의 결합이므로 통사적 합성어이다.
※ 동사 '조이다(죄다)'는 단일어이다.

② '꺾쇠(꺾다+쇠)'는 관형사형 어미가 생략된 비통사적 합성어이고, '우짖다(울다+짖다)'는 연결 어미가 생략된 비통사적 합성어이다. 그러나 '이슬비(이슬+비)'는 '명사+명사'의 결합이므로 통사적 합성어이다.
※ '부슬비(부슬+비)'는 '부사+명사'의 결합이므로 비통사적 합성어이다.

③ '온종일(온+종일)'은 '관형사+명사'의 결합이므로 통사적 합성어이고, '애쓰다(애(를) 쓰다)'는 목적격 조사 '를'이 생략된 통사적 합성어이다. 그러나 '오랫동안(오래+동안)'은 '부사+명사'의 결합이므로 비통사적 합성어이다.

22
정답 ③

해설
'내비게이션(navigation)'의 순화어는 '길도우미', '길안내기'이다.

오답 정리
① '물건을 사서 되넘겨 팔거나 흥정을 붙이는 상인'을 이르는 '중매인(仲買人: 버금 중, 살 매, 사람 인)'의 순화어는 '거간꾼'이다.
② '선택해야 할 길은 두 가지 중 하나로 정해져 있는데, 그 어느 쪽을 선택해도 바람직하지 못한 결과가 나오게 되는 곤란한 상황'을 이르는 '딜레마(dilemma)'의 순화어는 '궁지'이다.
④ '물건값이 오를 것을 예상하고 폭리를 얻기 위하여 물건을 몰아서 사들임.'을 이르는 '매점(買占: 살 매, 차지할 점)'의 순화어는 '사재기'이다.

심화

주요 순화어

순화 대상어	순화어	순화 대상어	순화어
보너스	상여금	노키즈존	어린이 제한 구역
쇼케이스	선보임 공연	벤치마킹	본따르기
바리스타	커피 전문가	러닝 개런티	흥행 보수
블라인드	(정보) 가림	버킷 리스트	소망 목록

23
정답 ④

해설
자연물인 '산꽃', '귀또리', '별'은 화자가 외로움을 달래기 위해 벗 삼고 싶은 대상들이다. 벗 삼고 싶은 대상이 자연물이라고 해서 자연 친화적인 정서가 드러난 것은 아니다.

오답 정리
①, ② '~라도 있으면', '~라도 있다면'이라는 가정의 표현을 반복하여 소망의 간절함을 드러내고 있다.
③ '큰 어둠 가운데 홀로 밝은 불 켜고'에서 시각적 이미지를, '싸늘한 이마 맑게 트이어 기어가는 신경의 간지러움'에서 촉각적 이미지를 통해 주제를 형상화하고 있다.

작품 정리

박용철, 〈싸늘한 이마〉

갈래	자유시, 서정시
성격	감각적, 직설적, 고백적, 애상적
제재	싸늘한 이마
주제	견딜 수 없는 외로움
특징	① 각 연의 1행은 연쇄적으로 이어지며 의미를 형성함. ② 각 연의 2행은 가정적 표현으로 화자의 외로움의 정도를 알게 해 줌. ③ 유사한 문장 구조의 반복으로 운율감을 형성함.
출전	《시문학》(1930)

24
정답 ④

해설
3문단에서 심리 이론은 뇌에 들어 있는 기억, 버릇, 느낌 등 각종 정보의 연속성을 바탕으로 과거의 나와 현재의 나가 동일한 존재임을 증명하는 이론이라고 하였다.

오답 정리
① 3문단의 "신체 이론이 있다. 물론 돌 때의 나와 지금의 내 신체는 많이 변화되었지만, 돌 때의 나로부터 현재의 나까지 시간과 공간이 연속되어 왔으므로 이 연속성을 근거로 동일성을 주장하는 것이다."를 통해 알 수 있다.
② 3문단의 "신체 이론은 두 사람의 영혼이 뒤바뀐 경우에는 수적 동일성을 설명하기 어렵다. ~ 이러한 문제를 해결하기 위해 개인 동일성의 근거를 영혼으로 보는 이론이 바로 영혼 이론이다."를 통해 알 수 있다.
③ 3문단의 "신체 이론이 있다. ~ 그러나 신체 이론은 두 사람의 영혼이 뒤바뀐 경우에는 수적 동일성을 설명하기 어렵다."를 통해 알 수 있다.

25
정답 ④

해설
2문단의 "꽃을 꽂도록 태어났지만 꽃을 꽂으면 원래의 기운을 잃는 것이다."를 볼 때, ㉠에는 '소용되기 위한 것이지만 동시에 그 소용을 거부하는 속성을 지닌다.'가 들어가는 것이 가장 적절하다.

오답 정리
① 제시된 글에서 다룬 내용이 아니다.
② 글쓴이의 시각으로 볼 수 없다. 글쓴이는 효용성과 거리가 멀지만 그 나름의 아름다움을 지닌 대상에 대해 고찰하고 있다.
③ 글쓴이의 시각과 정반대의 내용이다.

19회 정답

01. ②	02. ①	03. ①	04. ③	05. ②
06. ②	07. ④	08. ③	09. ④	10. ④
11. ②	12. ④	13. ④	14. ②	15. ④
16. ②	17. ④	18. ②	19. ②	20. ④
21. ②	22. ③	23. ①	24. ①	25. ②

01
정답 ②

해설

ⓒ '곪다'의 어간 '곪-'의 받침 'ㄹ'은 'ㄴ, ㄹ, ㅂ, 시, 오' 앞에서 탈락한다. 따라서 '곪니다(곪-+-ㅂ니다)'의 표기는 옳다.

ⓓ '날다'의 어간 '날-'의 받침 'ㄹ'은 'ㄴ, ㄹ, ㅂ, 시, 오' 앞에서 탈락한다. 따라서 '나니까(날-+-니까)'의 표기는 옳다.

오답 정리

ⓐ 곱배기 → 곱빼기: 다른 형태소 뒤에서 [빼기]로 발음되는 것은 모두 '빼기'로 적는다는 규정에 따라 '곱빼기'로 표기해야 한다.

ⓔ 전셋방 → 전세방: 한자 합성어에는 사이시옷을 받쳐 적지 않는다. 따라서 '전세(傳貰)+방(房)[전세빵]'의 합성어는 '전세방'으로 표기해야 한다.

ⓕ 아다시피 → 알다시피: '알다'는 규칙 활용을 하는 용언으로, 어간의 끝 'ㄹ'이 'ㄴ, ㄹ, ㅂ, 시, 오' 앞에서 탈락한다. 어미 '-다시피'는 어간의 'ㄹ'이 탈락할 조건이 아니다. 따라서 '알다시피'로 표기해야 한다.

02
정답 ①

해설

제시된 글은 자격루의 구조와 작동 방식을 말하고 있다. 즉 제시된 글은 전체를 부분으로 나누어 설명하는 '분석'의 방식으로 전개하고 있다. 이처럼 '분석'의 방식으로 전개하는 것은 ①이다.

오답 정리

② 법주사 팔상전을 '지정'의 방식으로 설명하고 있다.

③ 탑의 '유래(由來: 말미암을 유, 올 래)'를 설명하고 있다.

　※ 유래: 사물이나 일이 생겨 남. 또는 그 사물이나 일이 생겨난 바.

④ 오늘날까지 남아 있는 백제 석탑을 '예시'를 들어 '나열'하고 있다.

03
정답 ①

해설

'같이'의 표준 발음은 [가치]이므로 'gachi'의 표기는 옳다. 또 고유 명사인 '남산'의 표준 발음은 [남산]이므로 'Namsan'의 표기는 옳다.

오답 정리

② 전주(jeonju → Jeonju): '전주'는 고유 명사이므로 첫 글자는 대문자로 적어야 한다. 한편, 단모음 'ㅚ'는 'oe'로 표기한다. 따라서 '하회탈'을 'Hahoetal'로 표기한 것은 옳다.

③ 묵호(Muko → Mukho): '묵호'는 [무코]가 표준 발음이다. 다만 체언에서 'ㄱ, ㄷ, ㅂ' 뒤에 'ㅎ'이 따를 때에는 'ㅎ(h)'을 밝혀 적어야 한다. 따라서 'ㅎ(h)'을 밝혀 'Mukho'로 표기해야 한다. 한편, 'ㄱ'은 자음 앞이나 어말(종성)에서는 'k'로 적는다는 규정에 따라 'Okcheon'의 표기는 옳다.

④ 신문로(Sinmunro → Sinmunno): '신문-로'의 표준 발음은 [신문노]이다. 자음 사이에서 동화 작용이 일어나는 경우 변화의 결과에 따라 적어야 한다. 따라서 'Sinmunno'로 적어야 한다. 한편, '합정'의 표준 발음은 [합쩡]이다. 된소리되기는 표기에 반영하지 않는다는 규정에 따라 'Hapjeong'의 표기는 옳다.

[심화]

지명의 로마자 표기

단어	바른 표기	틀린 표기
전라도	Jeolla-do	Jeonra-do
충청도	Chungcheong-do	chungcheong-do
경상도	Gyeongsang-do	Kyeongsang-do
경기도	Gyeonggi-do	Gyeongki-do
강릉	Gangneung	Gangreung
김해	Gimhae	Gimhea
원주	Wonju	Wonjoo
포항	Pohang	Phohang
정읍	Jeongeup	jeongeup

04
정답 ③

해설

'퇴락(頹落: 무너질 퇴, 떨어질 락)'은 '낡아서 무너지고 떨어짐.', '지위나 수준 따위가 뒤떨어짐.'이라는 의미이다. 따라서 ⓒ에 대응되는 한자어로 적절하지 않다. '적의 손에'를 볼 때, '적의 성, 요새, 진지 따위를 공격하여 무너뜨림.'을 의미하는 '함락(陷落: 빠질 함, 떨어질 락)'과 바꿔 써야 자연스럽다.

오답 정리

① '하락(下落: 아래 하, 떨어질 락)'은 '값이나 등급 따위가 떨어짐.'이라는 의미이므로, 바꿔 쓰기에 적절하다.

② '추락(墜落: 떨어질 추, 떨어질 락)'은 '높은 곳에서 떨어짐.'이라는 의미이므로, 바꿔 쓰기에 적절하다.

④ '전락(轉落: 구를 전, 떨어질 락)'은 '나쁜 상태나 타락한 상태에 빠짐.'이라는 의미이므로, 바꿔 쓰기에 적절하다.

05 정답 ②

[해설]

ⓒ의 '작다(작은)'와 ⓔ의 '크다(큰)'는 의미가 상반된다. 따라서 ⓒ은 ⓔ의 반의어가 맞다.

📒 오답 정리

① ⓐ과 ⓑ은 의미적 관련성이 없기 때문에 '동음이의어'이다.

ⓐ	다리¹	사람이나 동물의 몸통 아래 붙어 있는 신체의 부분. 서고 걷고 뛰는 일 따위를 맡아 한다.[legs]
ⓑ	다리²	물을 건너거나 또는 한편의 높은 곳에서 다른 편의 높은 곳으로 건너다닐 수 있도록 만든 시설물[bridge]

③ ⓜ과 ⓞ의 '소리'가 다르기 때문에 동음이의어가 아니다. 다만, ⓜ과 ⓞ은 의미가 비슷하기 때문에 '유의어'이다.

ⓜ	키우다	동식물을 돌보아 기르다.
ⓞ	기르다	동식물을 보살펴 자라게 하다.

④ '돼지'는 '가축'의 여러 종류 중 하나이다. 따라서 'ⓢ'이 '상위어'이고, 'ⓗ'이 '하위어'이다.

ⓗ	돼지	멧돼짓과의 포유류
ⓢ	가축	집에서 기르는 짐승. 소, 말, 돼지, 닭, 개 따위를 통틀어 이른다.

[📖 심화]

의미 관계의 유형

유의 관계	의미가 같거나 비슷한 둘 이상의 단어가 맺는 의미 관계 ⬛ 이름 – 성명(姓名) – 존함(尊銜) – 함자(銜字)
반의 관계	의미가 대립되는 둘 이상의 단어가 맺는 의미 관계 ⬛ 삶 – 죽음, 뜨겁다 – 차갑다 등
상하 관계	한 단어가 다른 단어에 포함되는 의미 관계 ⬛ 생선(상위어=상의어) – 갈치, 조기, 명태(하위어=하의어)

06 정답 ②

[해설]

그의 '자취'를 아직까지 알 수 없다는 내용이다. 따라서 '행위의 실적(實績)이나 자취', '평생 동안 한 일이나 업적', '나쁜 행실로 남긴 흔적'을 의미하는 '행적(行績: 다닐 행, 길쌈할 적)'으로 표기한 것은 옳다.

※ '행적'은 '行績(다닐 행, 길쌈할 적)' 외에 '行跡(다닐 행, 자취 적), 行蹟(다닐 행, 자취 적)'으로 표기하기도 한다.

📒 오답 정리

① 만사(晚事 → 萬事): '여러 가지 온갖 일'을 의미하는 '만사'는 '萬事(일만 만, 일 사)'로 표기해야 한다.

③ 주경야독(畫耕夜讀 → 晝耕夜讀): '주경야독'은 낮에는 농사짓고, 밤에는 글을 읽는다는 뜻으로, '어려운 여건 속에서도 꿋꿋이 공부함'을 이르는 말이다. 따라서 '畫(그림 화)'가 아닌, '晝(낮 주)'를 써서 '晝耕夜讀(낮 주, 밭갈 경, 밤 야, 읽을 독)'으로 표기해야 한다.

④ 왕후장상(王侯將上 → 王侯將相): 제왕·제후·장수·재상을 아울러 이르는 '왕후장상'은 '上(위 상)'이 아닌, '相(서로 상)'을 쓴 '王侯將相(임금 왕, 제후 후, 장수 장, 서로 상)'으로 표기해야 한다.

07 정답 ④

[해설]

밑줄 친 부분에서 '서대주'는 다람쥐를 살려주시면 '다람쥐'가 '산군'에게 죽어서도 은혜를 잊지 않을 것이라고 말하고 있다. 따라서 밑줄 친 부분에서는 '죽어서 백골이 되어도 잊을 수 없다는 뜻으로, 남에게 큰 은덕을 입었을 때 고마움의 뜻으로 이르는 말'인 '백골난망(白骨難忘: 흰 백, 뼈 골, 어려울 난, 잊을 망)'의 정조가 나타난다.

📒 오답 정리

① 각골통한(刻骨痛恨: 새길 각, 뼈 골, 아플 통, 한할 한): 뼈에 사무칠 만큼 원통하고 한스러움. 또는 그런 일.

② 감탄고토(甘呑苦吐: 달 감, 삼킬 탄, 쓸 고, 토할 토): '달면 삼키고 쓰면 뱉는다는 뜻으로, 자신의 비위에 따라서 사리의 옳고 그름을 판단함'을 이르는 말

③ 고진감래(苦盡甘來: 쓸 고, 다할 진, 달 감, 올 래): '쓴 것이 다하면 단 것이 온다는 뜻으로, 고생 끝에 즐거움'이 옴을 이르는 말

🔍 작품 정리

작자 미상, 〈서동지전(鼠同知傳)〉

갈래	우화 소설, 송사 소설, 풍자 소설
성격	우의적, 교훈적, 풍자적
시점	전지적 작가 시점
배경	중국 당나라, 옹주
제재	은혜를 모르는 남편 다람쥐와 무고하게 송사 사건에 휘말린 서대주
주제	사필귀정(事必歸正), 권선징악(勸善懲惡)
특징	① 동물을 의인화하여 주제를 형상화함. ② 봉건적 가치관에 대한 비판 의식이 드러남. ③ 대립하는 두 인물을 통해 주제 의식을 효과적으로 드러냄.

08 정답 ③

[해설]

제시된 글의 글쓴이는 당대 사회 현실을 '주관적인 태도'로 비판하고 있다. 따라서 당대 사회 현실을 객관적으로 비판하고 있다는 설명은 적절하지 않다.

📒 오답 정리

① 제시된 글은 서울 양반인 '객'을 풍자 대상(서울 양반 '객'은 '나'에게 납촉을 과시하고, '나'의 반찬을 무시하고, 밥 먹기에 대한 말하기를 가르치고, 배필을 구해 주겠다고 호언장담하는 등 허세를 부림.)으로 삼아 당대의 풍속과 세태를 비판하고 있다.

② 제시된 글은 '나'의 이야기가 중심이 되어 글쓴이의 생각을 드러내고 있다.

④ '나'와 '객' 두 사람의 대화를 통해 사건을 순차적으로 전개하고 있다.

박두세, 《요로원야화기(要路院夜話記)》

갈래	희곡적 수필
성격	풍자적, 해학적, 비판적
배경	시간: 조선 후기 공간: 요로원의 주막
제재	시골 양반과 서울 양반의 대화
주제	양반 사회의 허위와 불합리함 비판
특징	① 이야기 방식을 활용하여 세태를 풍자함. ② 사회에 대한 비판 의식이 드러남.
의의	뛰어난 세태 묘사로 당대의 사회사 연구 재료로 활용됨.
연대	조선 숙종
출전	《요로원야화기(要路院夜話記)》

09　　　　　　　　　　　　　　　　　정답 ④

해설

㉠의 예에 해당하는 것은 '높이다'이다. '높이다'는 형용사 '높다'의 어근 '높-'에 사동의 뜻을 더하고 동사를 만드는 접미사 '-이-'가 결합하여 품사가 동사로 바뀐다.

오답 정리

'꾀보, 애꾸눈이, 넘어뜨리다'는 파생 접미사가 붙어도 품사는 바뀌지 않았다.
① '꾀보'는 명사 '꾀'에 접미사 '-보'가 결합하더라도 품사가 명사로, 품사의 변화가 없다.
② '애꾸눈이'는 명사 '애꾸눈'에 접미사 '-이'가 결합하더라도 품사가 명사로, 품사의 변화가 없다.
③ '넘어뜨리다'는 동사 '넘다'의 어근 '넘-'에 접미사 '-뜨리다'가 결합하더라도 품사는 동사로, 품사의 변화가 없다.

심화

품사를 바꾸는 접미사
1) 명사로 만드는 접미사

접미사	예
-ㅁ/음	믿음, 죽음, 젊음, 수줍음 등
-기	굵기, 크기, 줄넘기, 사재기 등

2) 동사로 만드는 접미사

접미사	예
-하다	운동하다, 공부하다, 씨름하다 등
-대다	번쩍대다, 까불대다 등

3) 형용사로 만드는 접미사

접미사	예
-하다	건강하다, 순수하다, 정직하다 등
-롭다	명예롭다, 신비롭다, 풍요롭다 등
-답다	꽃답다, 정답다, 남자답다 등

4) 부사로 만드는 접미사

접미사	예
-이/-히	많이, 높이, 깨끗이 / 조용히, 나란히, 무사히 등
-내	끝내, 마침내, 저녁내 등

10　　　　　　　　　　　　　　　　　정답 ④

해설

(가)는 이기적인 삶의 자세에 대한 비판적 인식을 통해 소외된 이웃과 더불어 사는 일을 강조하고 있다. (나) 또한 '한 덩이 재'라는 이미지를 제시하며 희생적 삶의 가치를 강조하고 있다. 따라서 (가)만 희생적인 삶의 태도를 강조하고 있다는 ④의 설명은 적절하지 않다.

오답 정리

① (가)와 (나) 모두 타인을 위한 이타적 삶을 강조함으로써 바람직한 삶을 지향하고 있다.
② (가)는 겨울밤 거리의 모습에서, (나)는 연탄 차가 언덕길을 오르는 모습, 연탄이 하얀 재를 남기는 모습 등의 일상을 바탕으로 바람직한 삶의 가치를 발견하고 있다.
③ (가)는 현재의 이기적인 삶에 대한 반성을 촉구하고 있으나, 화자가 자신의 지난 삶을 반성하는 태도는 보이지 않는다. 한편 (나)는 "여태껏 나는 그 누구에게 연탄 한 장도 되지 못하였네."라는 시구를 통해 화자의 지난 삶에 대한 자기반성적 태도를 드러내고 있다.

작품 정리

(가) 정호승, 〈슬픔이 기쁨에게〉

갈래	자유시, 서정시
성격	의지적, 상징적
제재	소외된 이웃들의 슬픔
주제	이기적인 삶에 대한 반성 및 더불어 살아가는 삶의 가치 추구
특징	① 상대방에게 말을 건네는 방식으로 전개함. ② '-겠다'의 반복을 통해 운율감을 형성하고 화자의 의지적인 자세를 효과적으로 나타냄.
출전	《슬픔이 기쁨에게》(1979)

(나) 안도현, 〈연탄 한 장〉

갈래	자유시, 서정시
성격	교훈적, 상징적
제재	연탄
주제	연탄의 자기희생적 모습을 통해 자신의 이기적 삶을 반성함.
특징	① 연탄의 구체적인 속성을 삶의 속성과 결부시킴. ② '-네'라는 종결 어미의 반복을 통해 운율을 형성함.
출전	《외롭고 높고 쓸쓸한》(1994)

11 정답 ②

해설

'순망치한(脣亡齒寒: 입술 순, 망할 망, 이 치, 찰 한)'은 입술이 없으면 이가 시리다는 뜻으로, '서로 이해관계가 밀접한 사이에 어느 한쪽이 망하면 다른 한쪽도 그 영향을 받아 온전하기 어려움'을 이르는 말이다. 그런데 속담 '이 없으면 잇몸으로 산다.'는 '요긴한 것이 없으면 안 될 것 같지만 없으면 없는 대로 그럭저럭 살아 나갈 수 있음'을 이르는 말이다. 따라서 두 말이 의미가 통한다고 보기 어렵다.

오답 정리

① '손해를 크게 볼 것을 생각지 아니하고 자기에게 마땅치 아니한 것을 없애려고 그저 덤비기만 하는 경우'를 비유적으로 이르는 속담인 '빈대 잡으려고 초가삼간 태운다'는 '교각살우(矯角殺牛: 바로잡을 교, 뿔 각, 죽일 살, 소 우)'와 의미가 비슷하다.

  ✱ 교각살우: 소의 뿔을 바로잡으려다가 소를 죽인다는 뜻으로 잘못된 점을 고치려다 정도가 지나쳐 일을 그르침.

③ '배를 먹으면 이까지 하얗게 닦아진다는 뜻으로, 한 가지 일에 두 가지 이로움이 있음'을 비유적으로 이르는 속담인 '배 먹고 배 속으로 이를 닦는다'는 '일거양득(一擧兩得: 하나 일, 들 거, 두 양(량), 얻을 득)'과 의미가 비슷하다.

  ✱ 일거양득: 한 가지 일을 하여 두 가지 이익을 얻음.

④ '자기에게만 이롭도록 일을 하는 경우'를 비유적으로 이르는 속담인 '제 논에 물 대기'는 한자 성어 '견강부회(牽強附會: 끌 견, 강할 강, 붙을 부, 모일 회)'와 의미가 통한다.

  ✱ 견강부회: 이치에 맞지 않는 말을 억지로 끌어 붙여 자기에게 유리하게 함.

12 정답 ④

해설

㉠의 '입각(立脚: 설 입(립), 다리 각)하다'는 '어떤 사실이나 주장 따위에 근거를 두어 그 입장에 서다.'라는 의미이다.

오답 정리

① '제기된 문제를 해명하거나 얽힌 일을 잘 처리하다.'는 '해결(解決: 풀 해, 결정할 결)하다'의 뜻이다.

② '이미 짜인 한 동아리나 대열 따위에 끼어 들어가다.'는 '편입(編入: 엮을 편, 들 입)하다'의 뜻이다.

③ '사물을 인식하여 논리나 기준 등에 따라 판정을 내리다.'는 '판단(判斷: 판가름할 판, 끊을 단)하다'의 뜻이다.

13 정답 ④

해설

제시된 글에서는 신화의 여러 특성을 제시하고 아울러 현재적 의의(의미와 가치)도 강조하고 있다. 따라서 제시된 글의 중심 화제로 '신화의 특성과 현재적 의의'가 가장 적절하다.

14 정답 ②

해설

'작은 차이'는 능동성이 없다. 따라서 '작은 차이가'로 고친 문장의 '능동 표현'은 적절하지 않다. 그러므로 ②는 고치기 전의 '사교육과 공교육은 사실 아주 작은 차이로(차이 때문에) 승패가 결정되고 만다.'가 바른 문장이다.

오답 정리

① '아무리 강조해도 지나치지 않다.'는 번역 투 표현이다. 따라서 '학교 교육은 매우 중요하다.'로 수정한 것은 적절하다.

③ '합격생에만'과 '연연하는'의 호응은 적절하지 않다. 또한 전체 서술어인 '피폐해지고 있다'의 원인이 분명하게 드러나 있지 않다. 따라서 '그저 합격생 수에만 연연한 탓에 우리의 교육은 점점 피폐해지고 있다.'로 수정한 것은 적절하다.

④ '능력'은 '증가'하는 것이 아니라 '향상'하는 것이다. 따라서 '수업 능력을 향상시킬'로 수정한 것은 적절하다.

15 정답 ④

해설

'우리'는 기와를 세는 단위로, 기와 한 우리는 '기와 2,000장'이다. 따라서 '한 우리'가 기와 1,000장이라는 설명은 적절하지 않다.

오답 정리

① '접'은 채소나 과일 따위를 묶어 세는 단위로, 한 접은 채소나 과일 100개를 이른다.

② '쾌'는 북어를 묶어 세는 단위로, 한 쾌는 북어 20마리를 이른다.

③ '꾸러미'는 달걀 10개를 묶어 세는 단위다.

16 정답 ②

해설

'세워야(세우- + -어야)'의 기본형은 '세우다'이다. '세우다'는 규칙 활용을 하는 용언이다.

오답 정리

②를 제외한 나머지는 모두 'ㅂ' 불규칙 용언이다.

① '가볍다'가 기본형이다. 따라서 '가벼운(가볍- + -은)'으로 활용한 것이다.

③ '껄끄럽다'가 기본형이다. 따라서 '껄끄러운(껄끄럽- + -은)'으로 활용한 것이다.

④ '쑥스럽다'가 기본형이다. 따라서 '쑥스러웠다(쑥스럽- + -었다)'로 활용한 것이다.

17 정답 ④

[해설]

대상의 차이점에 주목하여 설명하는 것을 '대조'라고 한다. ④에서는 '여성'과 '남성'의 차이점에 주목하여 설명하고 있다. 따라서 '대조'의 예시로 적절하다.

📖 오답 정리

① '서사'는 사건의 전개나 사물의 변화, 인물의 행동을 시간의 흐름에 따라 서술하는 방식이다. 그런데 선택지는 좋은 글을 쓰기 위한 '과정'을 설명한 것이기 때문에, '서사'의 예시로 적절하지 않다.

② '지정'은 사실을 확인하는 진술로 언어를 통해 어떤 의미나 상황을 가리켜 보이는[pointing)] 단순한 설명의 방식이다. 그런데 선택지는 '신호'의 개념을 '정의'한 것이기 때문에, '지정'의 예시로 적절하지 않다.

③ '분석'은 어떤 복잡한 것을 단순한 요소나 부분들로 나누어 설명하는 방법이다. 그런데 선택지는 '인과'의 방식이 쓰였기 때문에, '분석'의 예시로 적절하지 않다.

18 정답 ②

[해설]

'와/과'는 부사격 조사로 쓰이기도 하고, 접속 조사로 쓰이기도 한다. ②의 '와'는 '사과'와 '배'를 같은 자격으로 이어주고 있기 때문에, 접속 조사이다. 한편, ②를 제외한 나머지는 부사격 조사이다. 따라서 성격이 다른 하나는 ②이다.

📖 오답 정리

① '큰형과'의 '과'는 다른 것과 비교하거나 기준으로 삼는 대상임을 나타내는 격조사이다.

③ '동생과'의 '과'는 상대로 하는 대상임을 나타내는 격조사이다.

④ '악당과'의 '과'는 상대로 하는 대상임을 나타내는 격조사이다.

19 정답 ②

[해설]

(나)는 월명사의 〈제망매가〉로 주제는 '죽은 누이에 대한 추모'이다. 한편 (나)를 제외한 나머지는 '임에 대한 사랑'이 주제이므로, 주제가 가장 이질적인 하나는 (나)이다.

🔍 작품 정리

(가) 백수 광부의 아내, 〈공무도하가(公無渡河歌)〉

갈래	고대 가요, 한역 시가
성격	개인적, 서정적, 체념적, 애상적
제재	물을 건너는 임
주제	임을 여읜 슬픔(이별의 한)

의의	① 집단 가요에서 개인적 서정시로 넘어가는 과도기적 작품
	② 고조선 시대의 노래로 우리나라 최고(最古: 가장 오래된)의 서정시
연대	고조선
출전	《해동역사》

※ (가)의 원문독음
공무도하/공경도하/타하이사/당내공하

(나) 월명사, 〈제망매가(祭亡妹歌)〉

갈래	10구체 향가
성격	추모적, 애상적, 비유적, 종교적
제재	누이의 죽음
주제	죽은 누이에 대한 추모
의의	정제된 형식미와 고도의 서정성을 담은 작품으로 현전 향가의 백미로 꼽힘.
연대	신라 경덕왕 (8세기)
출전	《삼국유사》 권 5

(다) 작자 미상, 〈가시리〉

갈래	고려 가요
성격	서정적, 민요적, 애상적
제재	임과의 이별
주제	이별의 정한(情恨)
특징	간결한 형식과 소박한 시어를 사용하여 이별의 감정을 절묘하게 표현함.
의의	① 우리 민족의 전통적인 정서인 이별의 정한을 노래한 대표 작품
	② 여성적 정조의 원류가 되는 작품

(라) 황진이의 시조

갈래	평시조, 서정시
성격	감상적, 애상적, 여성적, 연정가, 이별가
제재	이별과 그리움(보내고 그리는 정)
주제	임을 그리워하는 마음, 이별의 정한
특징	도치법 혹은 행간 걸침의 수법을 통해 화자의 심리를 표현함.
연대	조선 선조
출전	《청구영언》

20 정답 ④

[해설]

특수한 동사를 사용하여 높임을 실현하는 것은 ⓒ뿐이다. ⓒ에서는 특수한 동사 '드리다'를 통해 객체인 '아버지'를 높이고 있다.

📖 오답 정리

① ㉠은 '할머니'의 '귀'를 높임으로써 실제 높임의 대상인 '할머니'를 간접적(주체 높임 간접)으로 높이고 있다.

② ㉡은 주체 높임의 주격 조사 '께서'와 선어말 어미 '-시-'를 통해 '선생님'을 직접(주체 높임 직접) 높이고 있다.

③ ㉠과 ㉡은 주체 높임의 선어말 어미 '-(으)시-'를 통해 각각 주체(주어)인 '할머니의 귀'와 '선생님'을 높이고 있다.

21

정답 ②

해설

제시된 시에서는 임의 부재로 인한 화자의 외로움을 표현하기 위해 다양한 표현 방식을 사용하고 있다. 그러나 제시된 시에 '공감각적 이미지(감각의 전이)'는 활용되지 않았다.

오답 정리

① '뭐헌다요, 도망가불고, 져불면, 천지일 턴디' 등의 사투리를 통해 토속적(향토적, 전통적) 정취를 드러내고 있다.
③ '~만 저리 ~면 뭐헌다요', '뭔 ~이다요' 등의 통사 구조를 반복하여 운율을 형성하고 있다.
④ 임과 이별하여 외롭고 슬픈 화자의 처지를, '단풍, 물빛, 하얀 억새꽃, 초생달' 등의 자연의 아름다움과 대비하는 방식을 통해 화자의 처지를 한층 부각하고 있다.

작품 정리

김용택, 〈들국〉

갈래	자유시, 서정시
성격	애상적
주제	임에 대한 그리움과 막막한 기다림
특징	① 설의적인 표현으로 정서를 강조함. ② 반복을 통해 떠난 임에 대한 그리움을 강조함. ③ 비유적인 표현을 통해 화자의 암담한 심정을 부각함. ④ 사투리를 통해 안타깝고 답답한 마음을 진솔하게 표현함. ⑤ 화자의 처지와 대비되는 아름다운 자연의 모습을 통해 외로움을 드러냄.

22

정답 ③

해설

19세기 중반부터 20세기 후반에 이르기까지 사진의 언어적 성격이 지닌 의미를 통시적으로 설명하고 있다.

오답 정리

① 화제인 '(저널리즘) 사진의 언어성'에 대한 개념을 정의한 부분은 없다.
② 저널리즘 사진을 일반 독자들의 일상생활 속에서 설명한 부분은 찾을 수 없다.
④ 화제의 문제점을 제시한 부분은 없다. 1문단의 내용은 화제가 가진 문제점이 아니라 사진술 발명 초반에 드러난 사진의 재현성, 기록성의 위상이 크지 않았음을 말하고 있을 뿐이다.

23

정답 ①

해설

제시된 글에서 뉴스의 품질이 떨어지는 원인이 근본적으로 독자에게 있다고 지적하지는 않았다. 따라서 품질이 나쁜 뉴스를 생산하게 만드는 근본적인 원인을 인터넷 뉴스만 보는 독자들의 행위 때문이라는 반응은 적절하지 않다.

오답 정리

② 5문단의 "그들은 매우 전문화되고 깊이 있는 기사를 작성하여 소비자에게 제공하는 대신 인터넷 뉴스 사이트를 유료화했다."를 볼 때, 적절한 반응이다.
③ 2문단의 "인터넷 뉴스 사이트 방문자 수가 증가하면 사이트에 걸어 놓은 광고에 대한 수입도 증가하게 된다."를 볼 때, 적절한 반응이다.
④ 4문단의 "이제 와서 무료로 이용하던 정보를 유료화한다면 소비자들은 여러 이유를 들어 불만을 토로할 것이다."를 볼 때, 적절한 반응이다.

24

정답 ①

해설

글쓴이는 '가을의 조락'을 슬프게 보고, 눈물짓고 안타까워하는 것은 '부질없는 인간의 감상'에 지나지 않음을 언급하고 있다. 하지만 그것이 '아주 정신적인 것'이라 언급한 바 없다. 글쓴이가 그렇게 언급한 것은 '의젓하게 아무런 미련 없이 훌훌 떨어지는 가을 나무'의 모습으로, 이를 통해 가을 나무를 새로운 관점에서 바라보는 것의 의미를 부각하였다고 볼 수 있다.

오답 정리

② 글쓴이는 인간은 '지혜와 경험으로 미리 깨달아' 세상을 통찰할 수 있는 능력을 지닌 존재라고 생각하고 있다. 그리하여 '자연에 관해서든, 인사에 관해서든 어떤 사물의 궁극적인 철리를 깨달아 파악하는 일'이 세상을 살아가는 데 필요하다고 여기고 있음을 알 수 있다.
③ 글쓴이는 '나서 자라서 시들어 죽는 것, 또 다시 죽음으로부터의 부활과 성장을 거쳐 영원한 대자연의 법칙에 순응하는' 일 자체가 이미 대자연의 법칙을 증명해 보여 주는 과정으로 여기고 있음을 알 수 있다.
④ 젊었을 때는 물론 거의 근년까지 글쓴이는 '봄의 새로운 약동과 여름의 성장을 가을의 조락과 겨울의 죽음보다 더 뜻 깊게 여기고 그리고 기다리며, 그렇게 긍정적이고 건전하고 낙관적인 자연관과 인생관을 갖는 것이 옳고 마땅한 것'으로 알아 왔음을 알 수 있다.

[해설]

㉠에서 사랑하는 사람을 잃은 고통스럽고 절망적인 상태에서 겨울 동안 누워서 편히 지냈다고 한 것은 '진술(겉뜻)과 그 의도(속뜻)가 상반(반대)되는 표현인 반어적 표현'이다. 이처럼 반어적 표현이 쓰인 것은 ②이다. 내가 그대를 생각하는 것은 사소한 일이 아님에도 사소한 일이라고 표현하고 있기 때문에 '반어적 표현'이 쓰였다고 할 수 있다.

📋 오답 정리

① '단단히 얽어매는 것이 풀어주는 것입니다'에서 역설법이 쓰였다.
③ '내 마음은 호수요'에서는 은유법이, '옥같이 / 그대의 뱃전에 부서지리라'에서 직유법이 쓰였다.
④ '번개와 같이 떨어지는 물방울은'에서 직유법이, '높이도 폭도 없이 떨어진다.'에서 역설법이 쓰였다.

🔍 작품 정리

문정희, 〈겨울 일기〉

갈래	자유시, 서정시
성격	절망적, 체념적, 반어적
제재	이별
주제	이별로 인한 슬픔과 고통
특징	① 반어적 표현을 통해 슬픔을 극대화함. ② 낮고 어두운 어조로 시의 분위기를 형성함. ③ 직유법을 통해 자신의 정서를 효과적으로 표현함.
출전	《어린 사랑에게》(1991)

20회 정답

01. ③	02. ①	03. ②	04. ②	05. ②
06. ①	07. ①	08. ①	09. ①	10. ②
11. ②	12. ③	13. ④	14. ③	15. ②
16. ④	17. ④	18. ①	19. ④	20. ①
21. ①	22. ③	23. ③	24. ②	25. ①

01
정답 ③

해설

두 명사 '기사(記事)+거리'의 합성 과정에서 뒷말의 첫소리가 된소리로 발음되므로 사이시옷을 받쳐 '기삿거리'로 적는다. 따라서 '기삿거리'가 쓰인 ③의 문장은 한글 맞춤법 규정에 맞는다.

오답 정리

① 아니꼬와 → 아니꼬워: '아니꼽다'는 'ㅂ' 불규칙 용언이다. 'ㅂ' 불규칙 용언 중 어미가 '-와'로 활용되는 것은 '곱다(고와-고와서)'와 '돕다(도와-도와서)'뿐이다. 이 두 단어를 제외한 나머지는 '-워'로 활용된다. 따라서 '아니꼽다'는 '아니꼬워'로 활용해야 한다.

② 낚시대 → 낚싯대: '낚시+대'의 합성 과정에서 뒷말의 첫소리가 된소리로 발음된다. 둘 다 고유어이므로 사이시옷을 받쳐 '낚싯대'로 적어야 한다.

④ 강팍해서 → 강퍅해서: '성격이 까다롭고 고집이 세다.'라는 뜻의 단어는 'ㅑ'를 쓴 '강퍅하다'이다.

심화

틀리기 쉬운 어휘

바른 표기	틀린 표기	바른 표기	틀린 표기
고깔	꼬깔	불문율	불문률
자물쇠	자물쇄	덮이다	덮히다
광주리	광우리	애달프다	애닯다
오랫동안	오랜동안	드러눕다	들어눕다
흉측하다	흉칙하다	결딴나다	절딴나다
업신여기다	없신여기다	휘둥그레지다	휘둥그래지다

02
정답 ①

해설

㉠의 '골몰(汨沒: 빠질 골, 빠질 몰: 한 가지 일에만 파묻힘)'과 '열중(熱中: 더울 열, 가운데 중: 한 가지 일에만 정신을 쏟음.)'과 ㉡의 실정(實情: 열매 실, 뜻 정: 실제의 사정이나 정세)'과 '내막(內幕: 안 내, 막 막: 겉으로 드러나지 않은 속 내용)'은 의미가 서로 유사하기 때문에 '유의 관계'이다.

오답 정리

㉢의 '방해(妨害: 방해할 방, 해칠 해)'와 '협조(協助: 화합할 협, 도울 조)', ㉣의 '소박(素朴: 흴 소, 순박할 박)'과 '화려(華麗: 빛날 화, 고울 려)'는 의미가 상반되므로 '반의 관계'이다.

03
정답 ②

해설

유전 공학이 '장래 가장 촉망받는 학문'에 근접한 말은 유전 공학의 미래가 밝다는 의미이다. 따라서 밑줄 친 말에 가장 근접한 말은 '재주나 지혜가 아주 뛰어나 장래가 촉망되는 아이'를 이르는 '기린아(麒麟兒: 기린 기, 기린 린, 아이 아)'이다.

오답 정리

① '절정(絕頂: 끊을 절, 정수리 정)'은 '사물의 진행이나 발전이 최고의 경지에 달한 상태'를 이르는 말이다.

③ '팔방미인(八方美人: 여덟 팔, 방위 방, 아름다운 미, 사람 인)'은 '여러 방면에 능통한 사람'을 비유적으로 이르는 말, '한 가지 일에 정통하지 못하고 온갖 일에 조금씩 손대는 사람'을 놀림조로 이르는 말, '주관이 없이 누구에게나 잘 보이도록 처세하는 사람'을 낮잡아 이르는 말이다.

④ '아킬레스건(Achilles腱: 힘줄 건)'은 '치명적인 약점'을 비유적으로 이르는 말이다.

04
정답 ②

해설

'숨어서 나오지 아니함.'이라는 의미를 가진 단어는 동음이의어 '은폐(隱閉: 숨을 은, 닫을 폐)'이다. ㉡의 '은폐'는 隱蔽(숨을 은, 가릴 폐)로 '덮어 감추거나 가리어 숨김.'이라는 의미이다.

오답 정리

① 지속(持續: 가질 지, 이을 속): 어떤 상태가 오래 계속됨. 또는 어떤 상태를 오래 계속함

③ 재현(再現: 다시 재, 나타날 현): 다시 나타남. 또는 다시 나타냄.

④ 개입(介入: 끼일 개, 들 입): 자신과 직접적인 관계가 없는 일에 끼어듦.

05
정답 ②

해설

2문단의 "창작자의 저작물은 인류의 지적자원에서 영감을 얻은 결과이다. 그러한 저작물을 다시 인류에게 되돌려 주는 데 저작권의 의의가 있다."를 볼 때, ②의 내용은 제시된 글의 내용과 일치하지 않는다.

오답 정리

① 2문단의 "이렇듯 창작자의 저작물은 인류의 지적자원에서 영감을 얻은 결과이다."를 통해 알 수 있는 내용이다.

③ 2문단의 "저자 사후 50년 동안 적용되는 국내 저작권법에 따라, 애국가가 포함된 〈한국 환상곡〉의 저작권이 작곡가 안익태의 유족들에게 2015년까지 주어진다는 사실이 언론을 통해 알려진 것이다."를 통해 2015년 이후에라야 누구나 자유롭게 이용할 수 있음을 짐작할 수 있다.

④ 3문단의 "인터넷과 같은 매체 환경의 변화는 원본을 무한히 복제하고 자유롭게 이용함으로써 누구나 창작의 주체로서 새로운 문화 창조에 기여할 수 있도록 돕는다."를 통해 알 수 있는 내용이다.

06 정답 ①

[해설]

㉠ 흙이[흘기]: '이'는 조사로, 형식 형태소이다. 겹받침이 '모음으로 시작된 조사나 어미, 접미사'가 결합되는 경우에는, 뒤엣것만을 뒤 음절 첫소리로 옮겨 발음한다. 따라서 '흙이'의 경우 'ㄺ' 중 'ㄱ'을 옮긴 [흘기]가 표준 발음이다.

㉡ 흙만[흥만]: '흙'의 'ㄺ'은 자음 앞에서 [ㄱ]으로 발음한다. 따라서 '흙만'은 [흙만 → (자음군 단순화) → 흑만 → (비음화) → 흥만]의 과정을 거쳐 발음된다. 그러므로 표준 발음은 [흥만]이다.

㉢ 밟고[밥:꼬]: '밟다'의 'ㄼ'은 예외적으로 자음 앞에서 [ㅂ]으로 발음한다. 따라서 '밟고'의 표준 발음은 [밥:꼬]이다.

㉣ 밟는[밤:는]: '밟는'은 [밟:는 → (자음군 단순화) → 밥:는 → (비음화) → 밤:는]의 과정을 거쳐 발음된다. 따라서 표준 발음은 [밤:는]이다.

07 정답 ①

[해설]

사람들이 자신을 부를 때 '시인'이라는 말을 자신의 이름 앞에 붙여서 '시인 박목월'처럼 부르는 것을 두고 화자는 '시인이라는 말은 성명 위에 붙는 관사'라고 하였다. 여기서 '관사'의 '관(冠: 모자 관)'이 모자를 의미한다는 데 착안하여, '시인'이라는 직업으로 살아가는 것을 '낡은 모자를 쓰고 산다.'라고 표현하였다. 이것은 '관'이라는 글자를 이용한 일종의 '언어유희'이다.

🔍 작품 정리

박목월, 〈모일(某日)〉

갈래	자유시
성격	고백적, 비유적, 성찰적
주제	시인으로서의 삶에 대한 감사
특징	① 비유적 시어로 화자의 진정성과 겸허한 태도를 드러냄. ② 단호한 어조로 흔들리지 않는 삶의 태도를 드러냄.

08 정답 ①

[해설]

㉠의 '부인'은 딸 '옥련'이를 잃은 상황이기 때문에 남의 시선을 신경 쓸 겨를이 없다. 따라서 ㉠에는 '내 사정이 급하고 어려워서 남을 돌볼 여유가 없음'을 비유적으로 이르는 말인 '내 코가 석 자'가 어울린다.

📋 오답 정리

② 벙어리 냉가슴 앓듯: 벙어리가 안타까운 마음을 하소연할 길이 없어 속만 썩이듯 한다는 뜻으로, '답답한 사정이 있어도 남에게 말하지 못하고 혼자만 괴로워하며 걱정하는 경우'를 비유적으로 이르는 말

③ 도랑 치고 가재 잡는다: 1) '일의 순서가 바뀌었기 때문에 애쓴 보람이 나타나지 않음'을 비유적으로 이르는 말 2) '한 가지 일로 두 가지 이익을 봄'을 비유적으로 이르는 말

④ 서당 개 삼 년에 풍월 한다: 서당에서 삼 년 동안 살면서 매일 글 읽는 소리를 듣다 보면 개조차도 글 읽는 소리를 내게 된다는 뜻으로, '어떤 분야에 대하여 지식과 경험이 전혀 없는 사람이라도 그 부문에 오래 있으면 얼마간의 지식과 경험을 갖게 된다는 것'을 비유적으로 이르는 말

09 정답 ①

[해설]

㉡은 해가 지고 밤이 되어 가고 있음을 비유적(직유적) 표현을 동원한 묘사를 통해 생생하게 그리고 있다.

🔍 작품 정리

이인직, 〈혈의 누〉

갈래	신소설, 계몽 소설
성격	계몽적, 교훈적
배경	시간: 청일 전쟁(1894)~광무 6년(1902) 공간: 평양, 일본(오사카), 미국(워싱턴)
시점	전지적 작가 시점
주제	신교육 사상과 개화 의식의 고취

10 정답 ②

[해설]

'어두운 남색'을 이르는 '곤색(kon[紺]色)'은 '감색(紺色: 감색 감, 빛 색)'으로 바꿔 쓴다.

📋 오답 정리

① '바로 다음의 해'를 이르는 '익년(翌年: 다음날 익, 해 년)'은 '다음 해'나 '이듬해'로 바꿔 쓴다.

③ '떠나가는 목적지'를 이르는 '행선지(行先地: 갈 행, 먼저 선, 땅 지)'는 '목적지'나 '가는곳'으로 바꿔 쓴다.

④ '물음이나 요구, 필요에 맞추어 대답하거나 행동하다.'라는 의미를 가진 '응(應: 응할 응)하다'는 '협조하다'나 '따르다'로 바꿔 쓴다.
※ 2021년 군무원 7급 19번 문제의 출제 근거와 동일(2019년 3월 4일 행정안전부가 발표한 '공문서에 사용되는 어려운 한자어 정비 현황' 자료)

11 정답 ②

해설

(나)에서는 수식어(꾸미는 말) '같이', '작은'이 있다. '같이'는 '살까'를, '작은'은 '선물'을 수식하고 있다. 수식어가 모두 피수식(꾸밈 받는 말)어 앞에 왔다는 점에서 ②의 이해는 적절하지 않다. 우리말의 어순은 비교적 자유롭지만, 반드시 '수식어+피수식어'의 어순을 지킨다.

오답 정리

① (가)에서 문장의 주어인 '정우'가 문장의 처음에 등장하지 않아도 문장이 이루어진다는 점을 알 수 있다.
③ (가)의 문장이 '정우 퇴사하잖아, 다음 주에.', '정우 다음 주에 퇴사하잖아.'처럼 어순이 바뀌어도 문장의 핵심 의미가 동일함을 알 수 있다.
④ (나)는 '일을 마치다', '작은 선물이라도 같이 사다'의 두 부분으로 나누어 이해할 수 있다. '일을 마치다'의 경우 목적어가 서술어의 앞에 오지만, '같이 살까, 작은 선물이라도?'의 경우 목적어가 서술어 뒤에 왔다. 즉 서술어와 목적어의 어순이 대화에서 고정되어 있지 않다는 것을 알 수 있다.

12 정답 ③

해설

'집시(Gypsy)'와 'Apgujeong(압구정)'의 표기는 모두 옳다.

오답 정리

① • 클락션 → 클랙슨: 'klaxon'의 바른 표기는 '클랙슨'이다. 한편, '낯지(nachi)'의 표기는 옳다.
② • 삐에로 → 피에로: 파열음은 된소리로 표기하지 않기 때문에 '피에로'로 적어야 한다.
  • 세종(sejong → Sejong): '세종'은 고유 명사이기 때문에 첫 글자를 대문자로 적어야 한다.
④ • 죽변(Jukbbyeon → Jukbyeon): '죽변'의 표준 발음은 [죽뼌]이지만, 된소리되기는 표기에 반영하지 않기 때문에 '죽변'은 'Jukbyeon'으로 적어야 한다. 한편, '캐러멜'의 표기는 옳다.

13 정답 ④

해설

㉠ '삯일'은 [삯일 → (자음군 단순화) → 삭일 → (ㄴ 첨가) → 삭닐 → (비음화) → 상닐]의 과정을 거쳐 발음된다. 따라서 총 3회의 음운 변동이 일어난다.

㉡ '옷맵시'는 '옷-맵시'가 결합한 말이다. 따라서 우선 '맵시'가 된소리되기가 일어나 [맵씨]가 된다. 즉 '옷맵시'는 [맵씨 → (된소리되기) → 맵씨 → 옷+맵씨 → (음절의 끝소리 규칙) → 옫맵씨 → (비음화) → 온맵씨]의 과정을 거쳐 발음된다. 따라서 총 3회의 음운 변동이 일어난다.

14 정답 ③

해설

손발(手足) → 손발[手足]: '수족(手足: 손 수, 발 족)'은 고유어 '손발'에 대응하는 한자어이므로 대괄호를 써서 '손발[手足]'로 표기해야 한다.

오답 정리

① 특정한 어구 또는 그 내용에 대하여 의심이나 빈정거림, 비웃음 등을 표시할 때, 또는 적절한 말을 쓰기 어려운 경우에 소괄호 안에 물음표를 쓴다. 따라서 '훌륭한' 뒤에 물음표를 쓴 것은 적절하다.
② 고유어에 대응하는 한자어를 함께 보일 때 대괄호를 쓴다. '연세(年歲: 해 연(년), 해 세)'는 고유어 '나이'에 대응하는 한자어이므로(음이 다를 때) 대괄호를 쓴 것은 적절하다.
④ 문장 내용 중에서 주의가 미쳐야 할 곳이나 중요한 부분을 특별히 드러내 보일 때에는 작은따옴표를 쓸 수 있다. 따라서 '지식'과 '실천'을 강조하기 위해 작은따옴표를 쓴 것은 적절하다.

심화

'따옴표'의 쓰임	
큰따옴표	① 글 가운데서 직접 대화를 표시할 때에 쓴다. 예 "전기가 없었을 때는 어떻게 책을 보았을까?" 　"그야 등잔불을 켜고 보았겠지." ② 남의 말을 인용할 경우에 쓴다. 예 예로부터 "민심은 천심이다."라고 하였다.
작은따옴표	① 인용한 말 안에 있는 인용한 말을 나타낼 때 쓴다. 예 누군가가 큰 소리로 말했다. "여러분! 침착해야 합니다. 　'하늘이 무너져도 솟아날 구멍이 있다.'고 합니다." ② 마음속으로 한 말을 적을 때에 쓴다. 예 그는 '만약 내가 이런 모습으로 돌아간다면, 모두들 깜짝 놀라겠지.'하고 생각했다.

15 정답 ②

해설

'추모(追慕: 쫓을 추, 그리워할 모)'는 '죽은 사람을 그리며 생각함.'의 의미를 지녔으므로 문맥상 적절하지 않으며 '추인(追認: 쫓을 추, 알 인)' 역시 '지나간 사실을 소급하여 추후에 인정함.'을 의미하고 있으므로 문맥상 적절하지 않다. 문맥을 고려한다면 '높이 받들어 우러러 봄.'의 의미를 지닌 '추앙(推仰: 옮길 추, 우러를 앙)'으로 바꿔 쓰는 것이 적절하다.

오답 정리

① ⊙은 '언급하고'에 해당하는 목적어가 빠져 있으므로 '워라밸을'을 넣는 것이 적절하다.

③ ⓒ에 이어지는 문장은 일과 삶의 불균형이 개인에게 미치는 영향과 더불어 사회에 끼치는 영향을 나열하고 있는 것이므로 '단어, 구, 절, 문장 따위를 병렬적으로 연결할 때 쓰는 접속 부사'인 '그리고'로 고쳐 쓰는 것이 적절하다.

④ ⓔ의 '물론 가족과 함께 살지 않는 사람은 이런 문제가 발생하지 않을 것이다.'는 문맥상 불필요한 문장이므로 삭제하는 것이 적절하다.

16 정답 ④

【 해설 】

윤선도의 〈견회요(遣懷謠, 시름을 달래는 노래)〉는 제1수는 '어떤 일이 있어도 신념에 맞도록 살겠다는 강직한 삶'을, 2수는 '결백한 마음의 호소'를, 3수는 '임금을 향한 변함없는 충성의 마음'을, 제4수는 '어버이를 그리는 정[사친(思親)]'을, 제 5수는 '효와 충이 일치한다는 깨달음'을 노래하고 있다. 즉 화자는 세상의 근심을 떨치지 못하고 있다. 따라서 세상의 근심을 떨치고 사는 즐거움을 누리고 있다는 '예리'의 감상은 적절하지 않다.

오답 정리

① 제4수에서 부모님에 대한 그리움을 노래하고 있다.

② 제3수에서 충성심을 시냇물에 비유하여 그치지 않을 것이라고 말하고 있다.

③ 제4수에서 '길고 길고', '멀고 멀고'와 같이 운율을 위해 의도적으로 같은 말을 반복하고 있다.

작품 정리

윤선도, 〈견회요(遣懷謠)〉

갈래	연시조(전 5수)
성격	연군적, 우국적
특징	① 감정 이입을 통해 화자의 정서를 드러냄. ② 대구법, 반복법을 통해 형식적 운율과 주제적 의미를 동시에 강조함.
연대	조선 광해군
출전	《고산유고》

17 정답 ④

【 해설 】

'아라비아 사막'은 화자가 생명을 본질을 깨닫기 위해 '나는 가자'라고 말한 곳이기 때문에 '도피의 공간'으로 볼 수 없다.

오답 정리

① 열렬한 고독 가운데 홀로 서는 공간이므로 '고독의 공간'이다.

② 태양이 뜨겁게 타오르고 일체가 사멸하는 공간이므로 '극한의 공간'이다.

③ 나의 생명의 본질을 찾지 못하면 죽겠다는 의지를 드러내는 '대결의 공간'이다.

작품 정리

유치환, 〈생명의 서〉

갈래	자유시, 서정시
성격	의지적, 관념적, 상징적
제재	생명
주제	생명의 본질 추구
특징	① 관념적 어휘를 사용함. ② 남성적이고 의지적인 어조로 주제를 표현함. ③ 역설적인 시적 논리로 생명의 본질을 추구함.
출전	《동아일보》(1938)

18 정답 ①

【 해설 】

⊙ 주어가 '그듸'라는 2인칭이므로 의문형 어미 '-ㄴ다'를 써야 한다. 따라서 '아니 ㅎ 는다'가 어울린다.

ⓒ 의문사가 존재하지 않고 '목숨'이라는 3인칭 주어가 사용되고 있으므로, '-아' 계통의 의문형 어미가 쓰인 '이싫가'가 어울린다.

ⓒ 의문사 '뉘'가 존재하기 때문에 '-오' 계통의 의문형 어미가 쓰인 '니룛고'가 어울린다.

심화

중세 국어 의문문의 종류

주어		
1·3인칭	판정 의문문	'-아/어' 형의 어미를 사용
	설명 의문문	'-오' 형의 어미를 사용
주어 2인칭		'-ㄴ다' 형의 어미를 사용

19 정답 ④

【 해설 】

⊙ '그런데, 비록, 아주'와 같은 단어들은 구체적인 지시체가 현실 세계에 존재한다고 볼 수 없다. 그러므로 ⊙에는 ⓒ의 "지시체가 존재한다고 보기 어렵다."가 들어가야 한다.

ⓒ '나, 오늘, 여기'와 같은 단어는 기준이 무엇이냐에 따라 의미가 달라지므로 ⓒ에는 ⓑ의 "맥락에 따라 지시체가 달라진다."가 들어가야 한다.

ⓒ 등변 삼각형과 등각 삼각형은 의미는 다르지만 동일한 지시체를 가리키므로 ⓒ에는 ⓐ의 "지시체는 같지만 의미는 다르다."가 들어가야 한다.

20
정답 ①

해설

㉠은 '시간적으로 오래지 않다.'라는 의미로 사용되었다. 이와 의미가 가장 유사한 것은 ①이다.

오답 정리

② '어느 한 곳에서 다른 곳까지의 **거리가** 짧다.'라는 의미로 사용되었다.

③ '서로의 **사이가** 다정하고 친하다.'라는 의미로 사용되었다.

④ '어떤 **수치에** 근접하다.'라는 의미로 사용되었다.

심화

다의어 '가깝다'

가깝다	1. 어느 한 곳에서 다른 곳까지의 거리가 짧다. (②) 예 우리 집은 학교에서 가깝다.
	2. 서로의 사이가 다정하고 친하다. (③) 예 나는 그와 친형제처럼 가깝다.
가깝다	3. 1) 어떤 수치에 근접하다. (④) 예 일어나 보니 정오에 가까운 시간이었다. 2) 성질이나 특성이 기준이 되는 것과 비슷하다. 예 다 큰 녀석이 하는 짓은 어린애에 가깝다.
	4. 1) 시간적으로 오래지 않다. (㉠, ①) 예 둘은 가까운 장래에 결혼할 사이다. 2) 촌수가 멀지 않다. 예 나는 가까운 친척이라곤 이모 한 분이 계실 뿐이다.

21
정답 ①

해설

'찬성 1'은 입론에서 휴일에 학생들이 편하게 공부할 수 있는 시설이 부족하다고 말하고 있으며, '반대 1' 역시 입론에서 휴일에 학생들을 위한 학습 공간이 부족하다는 주장에 공감한다고 말하고 있다. 이를 통해, 찬성 측과 반대 측 모두 휴일에 학생들이 공부할 수 있는 공간이 부족하다는 점을 공통으로 인정하고 있음을 알 수 있다.

오답 정리

② 찬성 측은 휴일에 학교를 개방하면 면학 분위기가 형성되고 수업 분위기도 좋아질 것이라 주장하고 있지만, 반대 측은 휴일에 학교를 개방하면 공부를 하기보다는 체육 시설을 이용하기 위해 학교를 찾는 학생이 많을 것이라 주장하고 있다.

③ 찬성 측과 반대 측 모두 휴일에 학생들이 참여할 수 있는 체험 프로그램이 필요하다는 주장을 언급하지 않았다.

④ 반대 측은 휴일에 학교를 개방하면 안전사고가 발생할 수 있다는 점을 주장하고 있지만 안전사고를 예방하기 위한 대책은 언급하지 않았다.

22
정답 ③

해설

'잘리다'는 '자르다'의 피동사이다. 동사 '자르다'는 파생적 사동사가 존재하지 않기 때문에 능동문 '아이가 종이를 잘랐다.'를 사동 표현으로 바꾸면, '엄마가 아이에게 종이를 자르게 했다.'가 된다.

심화

사동 표현과 피동 표현

| 사동 표현 | (↔ 주동 표현)
주어가 남에게 동작을 하도록 시키는 표현
예 사람들이 얼음을 녹인다.(사동 표현)
　→ 얼음이 녹는다.(주동 표현)
철수가 엄마에게 수첩을 보였다.(사동 표현)
　→ 엄마가 수첩을 보았다.(주동 표현) |
| 피동 표현 | (↔ 능동 표현)
주어가 다른 주체에 의해서 동작을 당하는 표현
예 쥐가 고양이에게 잡히다.(피동 표현)
　→ 고양이가 쥐를 잡다.(능동 표현)
아이가 엄마에게 안기다.(피동 표현)
　→ 엄마가 아이를 안다.(능동 표현) |

23
정답 ③

해설

제시된 글에서는 정보 통신의 급속한 발달이 문화의 상업화를 '가속화'시키고 있다고 하였다. 즉 이전에도 관광, 스포츠, 예술 등 문화 산업은 존재했기 때문에 문화 산업이라는 새로운 분야가 생겼다는 것은 제시된 글의 내용과 일치하지 않는다.

오답 정리

① 4문단의 "인간 가치의 마지막 보루라 할 수 있는 문화 영역마저 상업 영역에 완전히 흡수당하게 되면 사회적 신뢰는 땅에 떨어지고 건강한 시민 사회의 기반은 완전히 허물어지게 된다. 결국 인간의 문명은 위기에 처하게 된다."를 통해 알 수 있다.

② 2문단의 "접속은 인터넷은 물론 전자 제품, 자동차, 주택 같은 다양한 실물 영역에서도 일관되게 발견되는 포괄적 추세이다."를 통해 알 수 있다.

④ 3문단의 "접속의 시대에는 인간의 모든 경험이 다 서비스화될 수 있다."를 통해 알 수 있다.

24
정답 ②

해설

글쓴이는 제조업의 세계화, 즉 글로벌 상품 체인 현상을 바비 인형이라는 유명 상품을 사례로 들어 제시하고 있다. 이를 바탕으로 글쓴이는 세계화의 결과가 전 지구적으로 균등한 결과물을 가져오지는 않는다는 점을 강조하면서 세계화의 문제점을 언급하고 있다. 이로 보아 글쓴이의 궁극적인 주장은 세계화가 특정 국가의 이익만을 가져올 뿐이라는 점에 대해 비판하는 것임을 추론할 수 있다.

25

[해설]
1연에서 '새장 → 구두 → 감옥'로 이미지를 자유롭게 연상하여 시상을 전개하고 있다.

📖 오답 정리

② 화자는 구속적인 삶을 거부하고 자유를 향해 비상하려는 의지를 드러내고 있다. 따라서 화자가 처한 현실을 '부정적'으로 볼 수 있다. 그러나 '체념적(희망을 버리고 단념하는) 태도'를 보이고 있지는 않다.
③ 구체적인 청자는 설정되어 있지 않다.
④ 자유롭게 연상하여 시상을 전개하고 있기 때문에 '인과적 구조'와는 관련이 없다.

🔍 작품 정리

송찬호, 〈구두〉

갈래	자유시, 서정시
성격	관념적, 지성적
제재	구두
주제	현실의 제약에서 벗어나려고 하는 의지
특징	구두를 새장에 비유하여 자유로운 비상의 꿈을 노래함.
출전	《10년 동안의 빈 의자》(1999)

2023 혜원 국어 FINAL
동형 모의고사
군무원편

초판 발행 | 2023년 4월 10일
편 저 자 | 고혜원
발 행 처 | 오스틴북스
등록번호 | 제 396-2010-000009호
주   소 | 경기도 고양시 일산동구 백석동 1351번지
전   화 | 070-4123-5716
팩   스 | 031-902-5716

정   가 | 22,000원
I S B N | 979-11-88426-71-3 13710